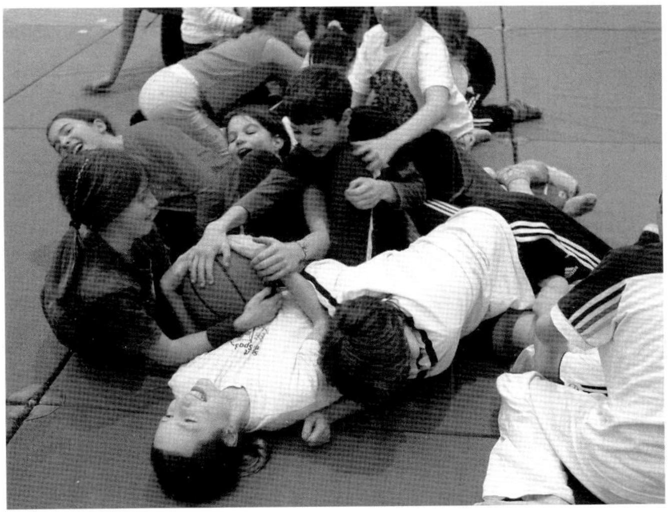

Frank Bächle
Steffen Heckele

999 Spiel- und Übungsformen im Ringen, Raufen und Kämpfen

Bibliografische Information der Deutschen Nationalbibliothek
Die Deutsche Nationalbibliothek verzeichnet diese Publikation in der Deutschen Nationalbibliografie; detaillierte bibliografische Daten sind im Internet über http://dnb.d-nb.de abrufbar.

Bestellnummer 2252

www.hofmann-verlag.de

2., verbesserte Auflage 2011

Titelbild: Dr. Frank Bächle, Eduard-Spranger-Gymnasium, Filderstadt
Fotos: Ulrike Heckele
Zeichnungen: Viola Bächle
Redaktion: Dr. Frank Bächle, Steffen Heckele

Gesamtherstellung: Druckerei Djurcic, Schorndorf
Printed in Germany · ISBN 978-3-7780-2252-8

Inhaltsverzeichnis

Vorwort 4

1 Tipps für die Praxis 5

2 Konzepte für das Ringen, Raufen und Kämpfen

2.1 Umsetzung in der Schule 15

2.2 Zweikampfgemäßes Konzept 16

3 Rituale und Entspannungsübungen

3.1 Rituale 19

3.2 Entspannungsübungen 22

4 Bewegungsfreude auf der Matte entwickeln

4.1 Allgemeine Spiele und Übungen auf der Matte 25

4.2 Staffeln auf und neben der Matte 33

5 Ich vertraue mich meinem Partner an

Vertrauensübungen und Spiele 43

6 Körperkontakt aufbauen

6.1 Von wenig zu viel Körperkontakt 50

6.2 Kooperation in der Akrobatik 67

7 Grundlagen für Raufen und Zweikämpfe

7.1 Kraft, Ausdauer, Beweglichkeit, Schnelligkeit, Koordination 81

7.2 Miteinander kämpfen – gegeneinander kämpfen 120

7.3 Zweikampfspiele/Raufen am Boden 133

7.4 Zweikampfspiele/Raufen im Stand 142

8 Erproben und Anwenden von Zweikampftechniken

8.1 Falltechniken 153

8.2 Abwehrtechniken 160

8.3 Wurftechniken 188

8.4 Bodentechniken 252

8.5 Atemitechniken 284

Verwendete und weiterführende Literatur 309

Vorwort

Dieses Buch bietet Übungen, Spiele und Trainingsformen für die Schule und das Vereinstraining in Zweikampfsportarten an. Es ist aber auch eine Ergänzung für das Training von anderen Sportarten und für den Freizeitsport.

Das Buch ist für die Praxis erstellt, die Übungen können meist ohne großen Materialaufwand leicht umgesetzt werden.

Sind Sie als Lehrperson kein Spezialist für Ringen, Raufen und Kämpfen?
Kein Problem! Lassen Sie sich darauf ein, testen Sie verschiedene Übungen und Sie werden sehr schnell von ihnen überzeugt sein.
Es lohnt sich, immer wieder Übungen aus diesem Buch selbst in anderen Bereichen, wie anderen Sportarten oder in der Freizeit einfließen zu lassen.
Kräfte messen ist natürlich und motivierend. Beim Kämpfen und Raufen nach Regeln gibt es eine sehr große Anzahl von Bewegungsmustern und -erfahrungen, die so im Alltag von Kindern und Jugendlichen nicht mehr erlebt und erfahren werden (können).

Sind Sie Spezialist für Zweikampfsport?
Sie werden begeistert sein von den vielfältigen Möglichkeiten, die die Schulung der konditionellen, koordinativen und andere Fähig- und Fertigkeiten in ihrem Training bieten. Spezielle Techniken für Zweikampfsportarten mit effektiven, abwechslungsreichen Übungen werden die Sporttreibenden motivieren und voranbringen.

Wir wünschen Ihnen und Ihren „Kämpfenden" viel Freude mit diesem Buch.

Dr. Frank Bächle
Steffen Heckele

1 Tipps für die Praxis

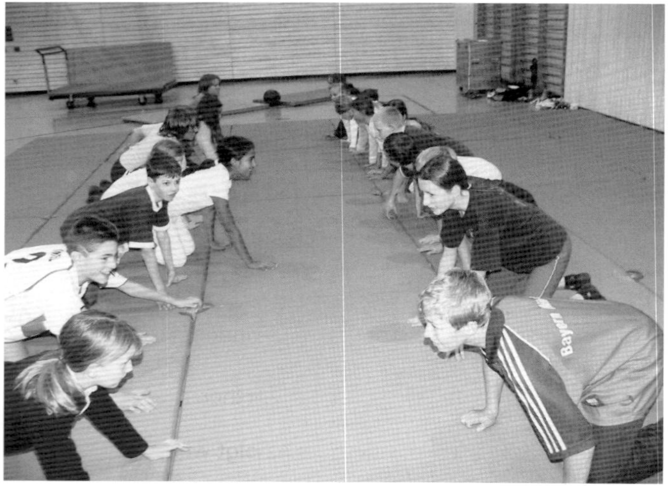

Beim miteinander Kämpfen kommt es zwangsläufig – und auch gewollt – zu einem intensiven Körperkontakt. Dieser Kontakt erstreckt sich, im Gegensatz zu vielen anderen Sportarten, über einen längeren Zeitraum. Dementsprechend wichtig ist der Hygiene- und Sicherheitsaspekt beim Ringen, Raufen und Kämpfen. Die Rahmenbedingungen sollten daher so geschaffen sein, dass die Sicherheit bei den Spiel- und Kampfformen jederzeit gewährleistet wird. Zusätzlich sollten mögliche Risiken bei der Durchführung von Kampfspielformen abgeschätzt werden und bekannt sein. In der Regel ist jedoch zu beobachten, dass im Kampfsport unerfahrene Lehrer, Trainer, Übungs- und Jugendleiter zu Beginn eher zu viel intervenieren.

Alle vorgeschlagenen Spiel- und Übungsformen sind Anregungen, die ausprobiert und variiert, bzw. den jeweiligen personellen und materiellen Voraussetzungen angepasst werden müssen.

Wichtiger Hinweis:

Die hier aufgeführten Übungen, Trainingsformen und Spielideen wurden von den Autoren und vom Verlag sorgfältig ausgewählt und in unzähligen Trainingseinheiten und Schulstunden in der Praxis getestet und geprüft. Die Durchführung erfolgt trotzdem auf eigene Gefahr und entbindet die Anwender nicht von der Beachtung und Abschätzung individueller Gefahrenmomente. Ebenfalls sind entsprechende Sicherheitsaspekte zu planen.

Eine Haftung der Autoren und des Verlags ist ausgeschlossen.

Allgemeine Tipps für die Praxis

- Sorge für gute Organisation, Disziplin und den nötigen Respekt voreinander!
- Erarbeite Regeln und setze Dich konsequent für deren Einhaltung ein!
- Vereinbare klare Kommandos und Signale mit der Übungsgruppe!
- Finde passende Rituale für alle Teilbereiche des Unterrichts!
- Baue zuerst Vertrauen auf, raufe dann um Geräte und kämpfe zuletzt mit dem Partner!
- Stehe, wann immer möglich, selbst als Partner zur Verfügung!
- Biete die Möglichkeit, mit verschiedenen Partnern zu üben!
- Betrachte die vorgeschlagenen Spiel- und Übungsformen als „Anregungen", die „ausprobiert" und „variiert" bzw. den jeweiligen personellen und materiellen Voraussetzungen angepasst werden müssen.

Rituale und Regeln einführen und einhalten (siehe auch Kapitel III)

Rituale und Regeln müssen im Zweikampfsport eine zentrale Rolle spielen. Dabei werden mit den Kämpferinnen und Kämpfern gemeinsam erarbeitete Regeln und Sanktionen besser eingehalten (Regeln auf einem Plakat festhalten).

- Sofortige Kampfunterbrechung bei einem verbalen „Stopp" oder einem Abschlagen auf der Matte/Partner.
- Jeder Kämpfer hat zu jeder Zeit das Recht, den Kampf durch ein Signal zu stoppen.
- Die Anweisungen des Kampfrichters (können Schüler oder Lehrer/Übungsleiter sein) müssen stets befolgt werden.
- Mein Partner/Meine Partnerin wird akzeptiert und ich trage Verantwortung für Ihn/Sie.
- Gelenke dürfen in den Spielen und Übungen nur physiologisch belastet werden. Hebeltechniken werden in Kap. 8 erläutert und sind ausschließlich für Fortgeschrittene gedacht.
- Kratzen, Beißen, Kitzeln, Würgen und Schläge jeglicher Art sind verboten.
- Griffe, die dem Partner Schmerzen bereiten, dürfen nicht angewandt werden.
- Vor und nach jedem Kampf wird ein Handschlag durchgeführt (oder eine Verbeugung, siehe Kapitel III).
- Die Kampfzeit muss allen bekannt sein und durch lautes Rückwärtszählen bekannt gegeben werden.
- Zuschauer sind auf jeden Fall erwünscht (evtl. „Sportreporter" als Gag).
- Regeln mit den Schülern besprechen, schriftlich fixieren und von Schülern erweitern lassen!

Anforderungen an die Geräte

- Alle verwendeten Geräte und Hilfsmittel dürfen nicht beschädigt sein.
- Die Funktion der Geräte muss gewährleistet sein.

Anforderungen an die Kleidung

- Verwende lange Hosen und ggf. lange Oberbekleidung.
- Die Kleidung sollte eng anliegend sein.
- Judoanzüge sind bei vielen Übungen nicht notwendig.

- Die Kleidung, Socken und ggf. Schuhe sollten immer sauber sein.
- Schmuck, wie Kettchen und Ohrringe, Piercings sind abzulegen oder abzukleben.
- Beim Spiel mit Schuhen: Möglichst Schuhe mit dünnen Sohlen.

Anforderungen an die Hygiene

- Hände und Füße müssen gewaschen sein.
- Finger- und Fußnägel müssen kurz sein.
- Lange Haare bevorzugt mit Haarband zusammenbinden.

Anforderungen an die Kampffläche

Die Kampffläche hat eine unmittelbare Auswirkung auf die Bewegungsqualität und die Motivation und Freude der Beteiligten am Kämpfen.

- Im Freien (z. B. Sand) dürfen keine anderen Gegenstände (z. B. Scherben, Steine) auf der Kampffläche sein.
- In der Halle sind glatte und feste Matten zu bevorzugen.
- Die Mattenhöhe muss einheitlich sein.
- Bei den meisten Kämpfen und Spiele keine Weichbodenmatten verwenden.
- Die Matten sind gegen Verrutschen zu sichern (z. B. Verlegen der Matte im Eckbereich, Verlegen der Matte an einer Wand).
- Kontrolliere immer wieder den Aufbau der Übungsfläche (Matten)!
- Nach jedem Kampf ggf. die Matten wieder zusammenrutschen.
- Genügend Kampffläche zur Verfügung stellen.
- Aufbauvorschlag:

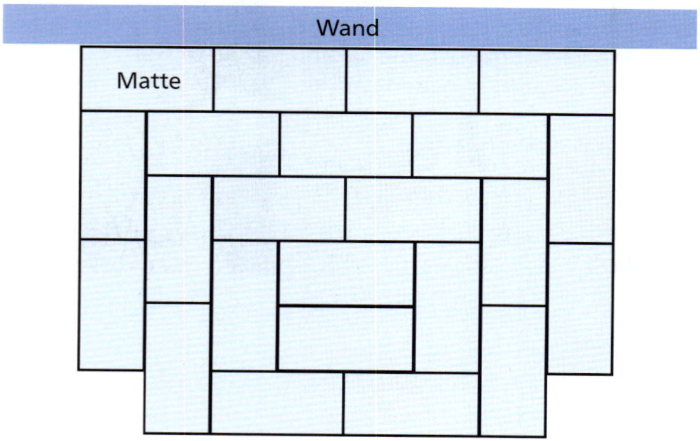

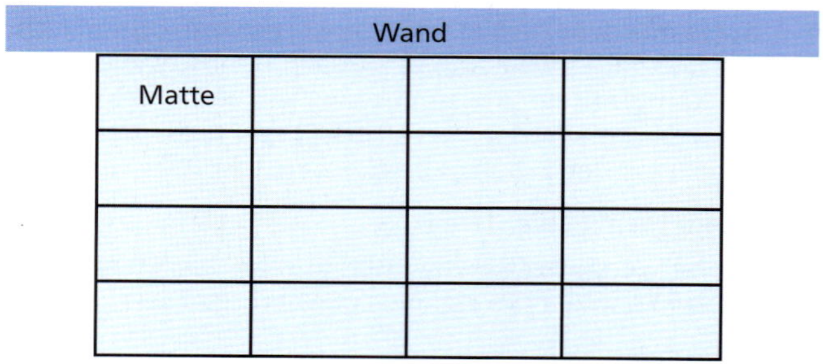

Ein kleiner Überblick über die Grifftechniken:

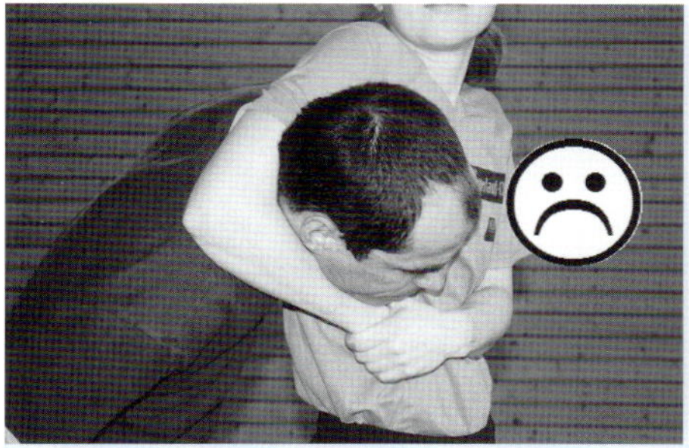

Achtung Verletzungsgefahr!!!!
So nicht den Kopf festhalten – der Kopf darf nie alleine festgehalten werden!!

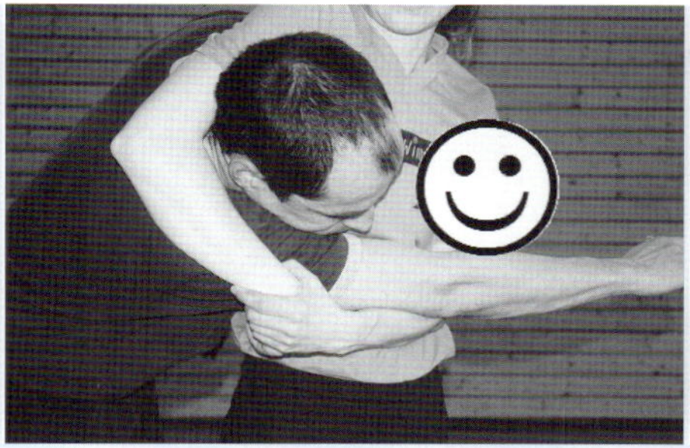

Es muss immer mindestens ein Arm mit dem Kopf eingeschlossen sein!

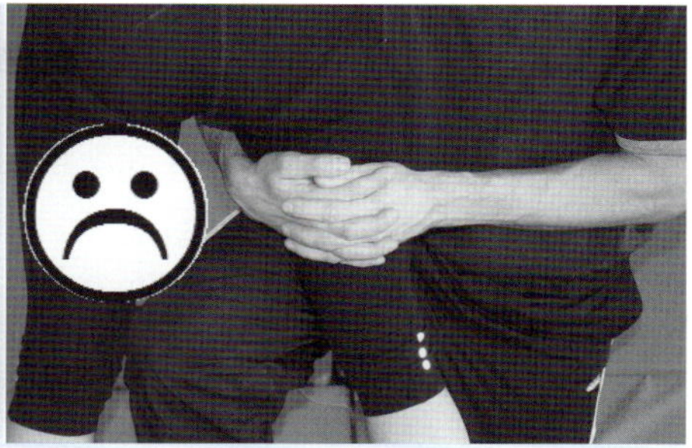

So nicht greifen („Betende Handhaltung")!

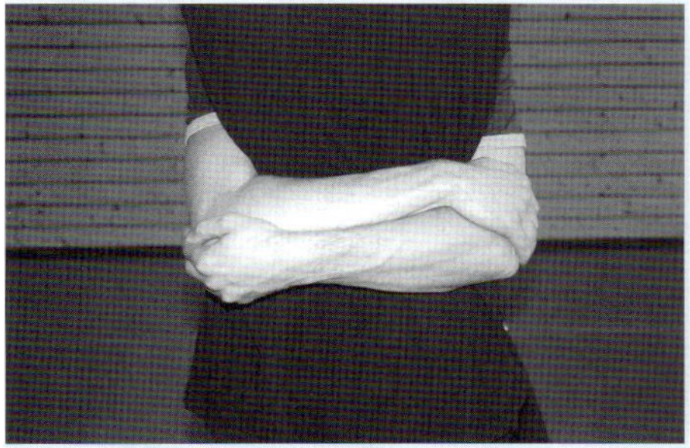

Erlaubte/sinnvolle Griffe
Griff 1

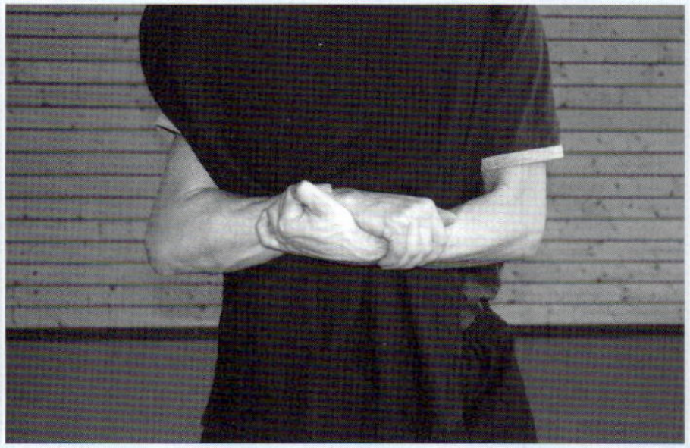

Griff 2

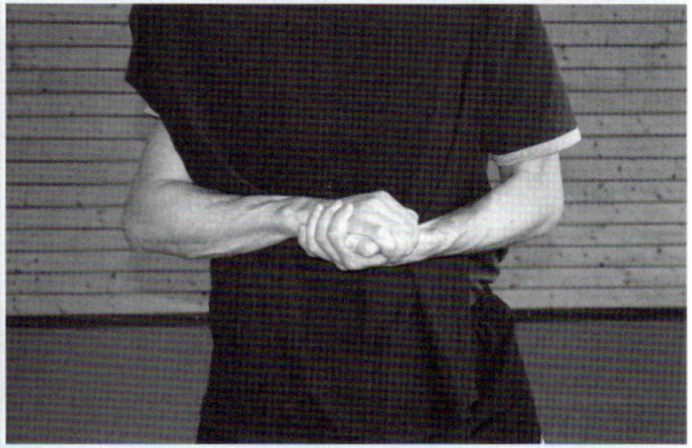

Griff 3

Ein kleiner Überblick über die Grifftechniken:

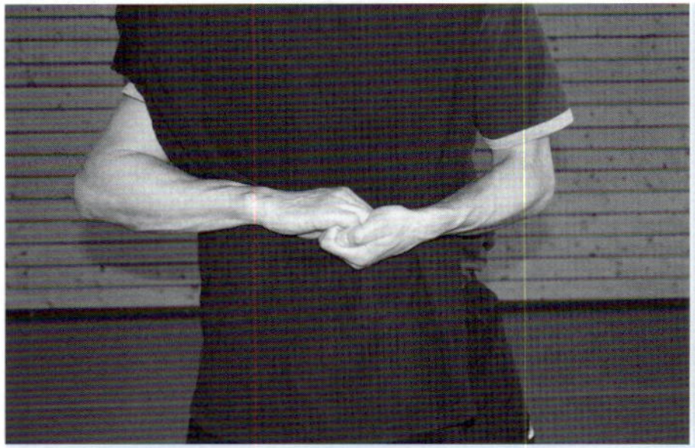

Griff 4

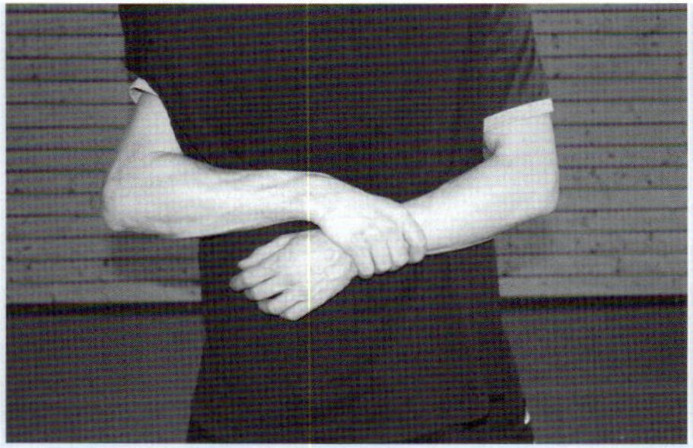

Griff 5

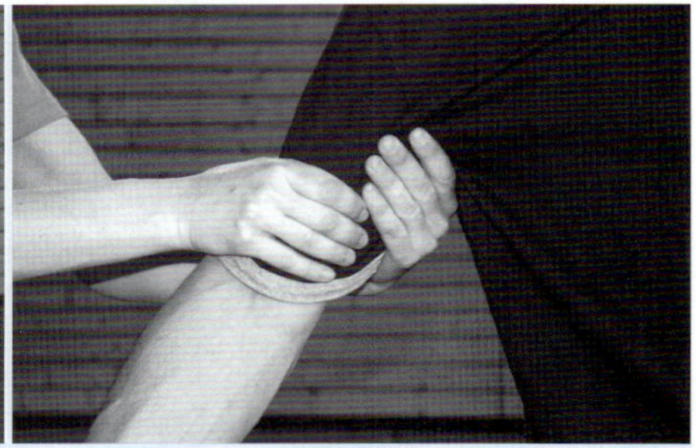

Griff 6

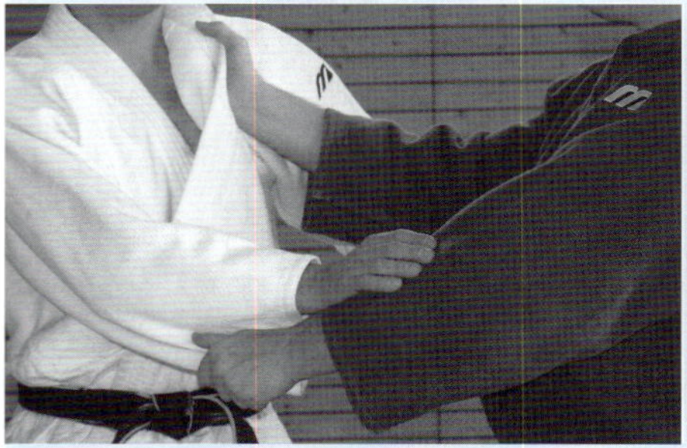

Griffe am Gi
Reversgriff

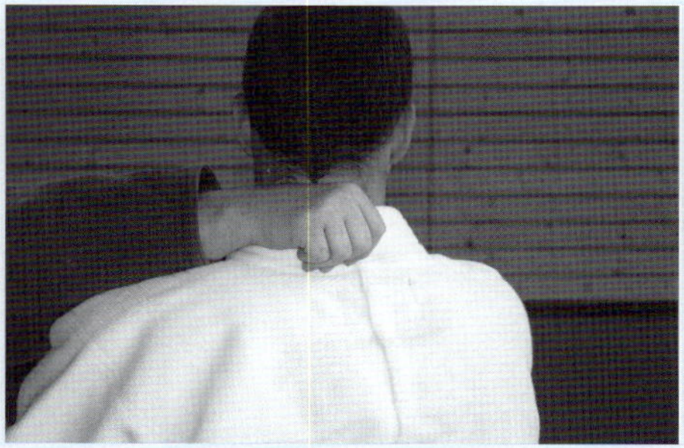

Nackengriff 1

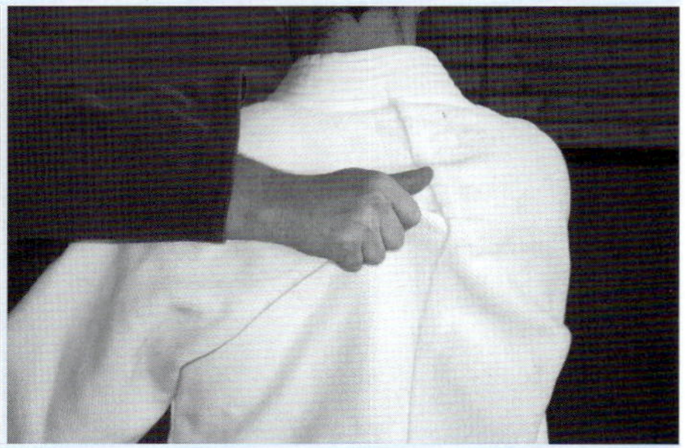

Nackengriff 2

Ein kleiner Überblick über die verwendeten Bezeichnungen:

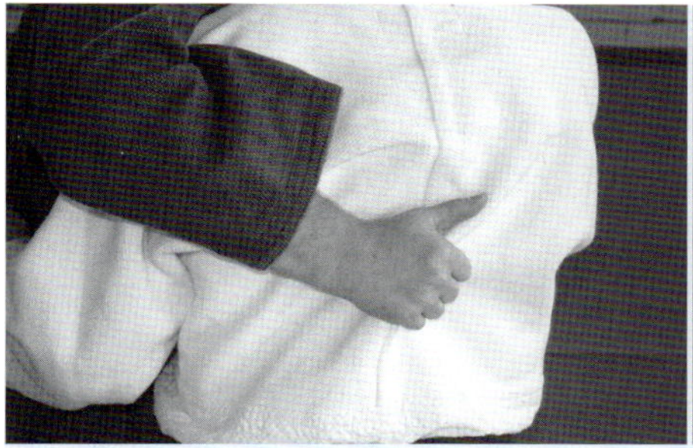
Rückengriff 1

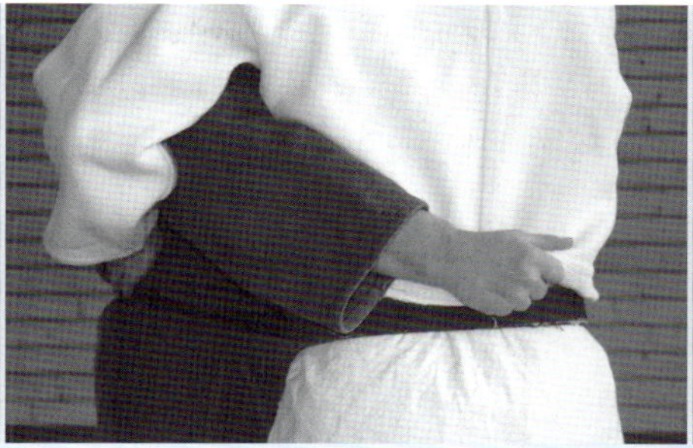
Rückengriff 2

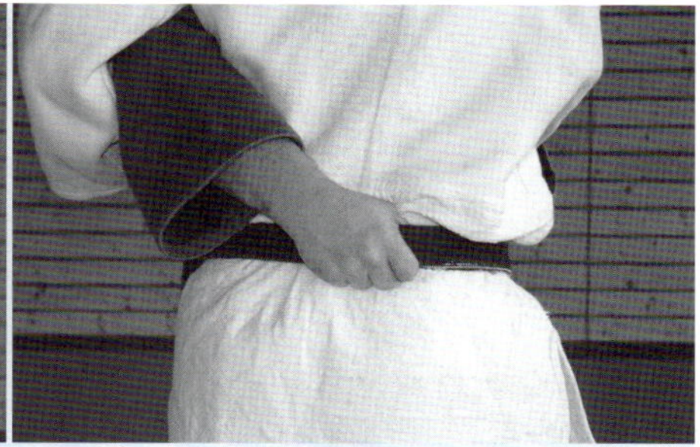
Gürtelgriff

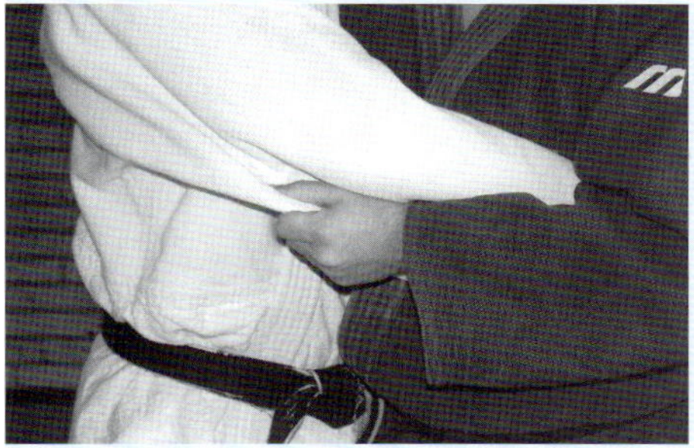
Oberarmgriff

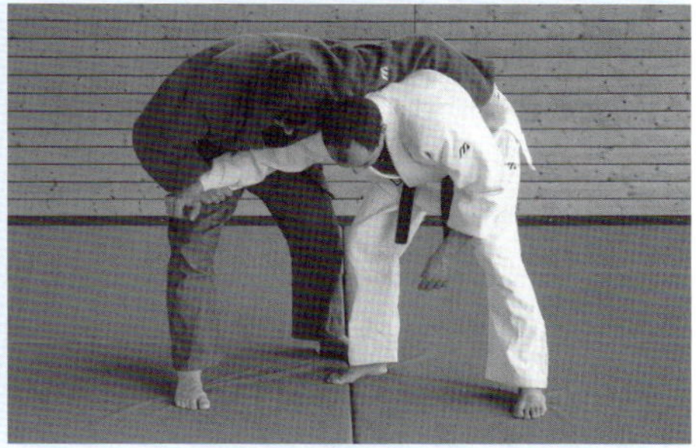
Diagonalgriff

Ein kleiner Überblick über die verwendeten Bezeichnungen:

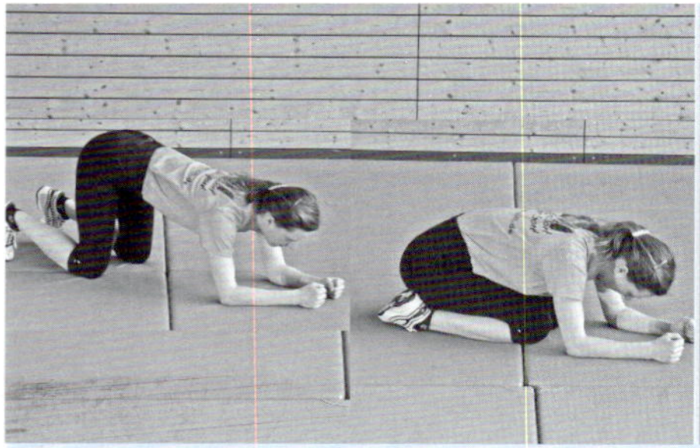

Tiefe Bank 1 Tiefe Bank 2

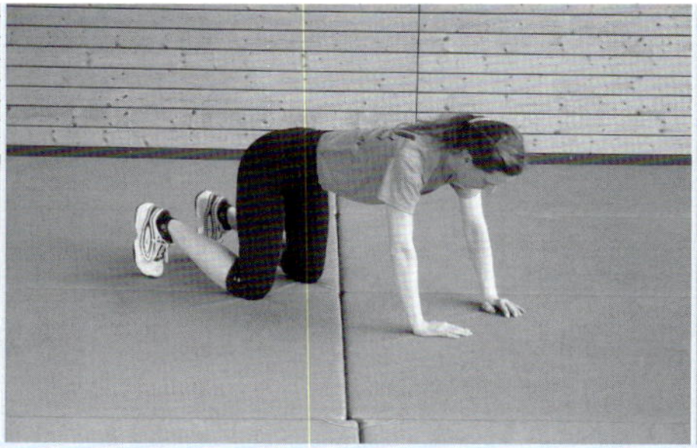

Hohe Bank

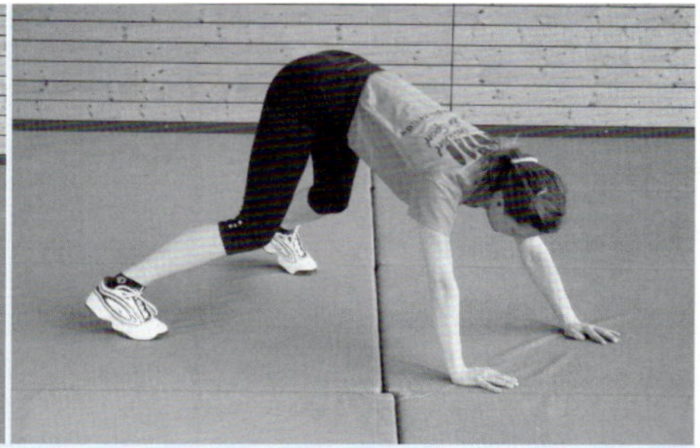

Vierfüßlerstand

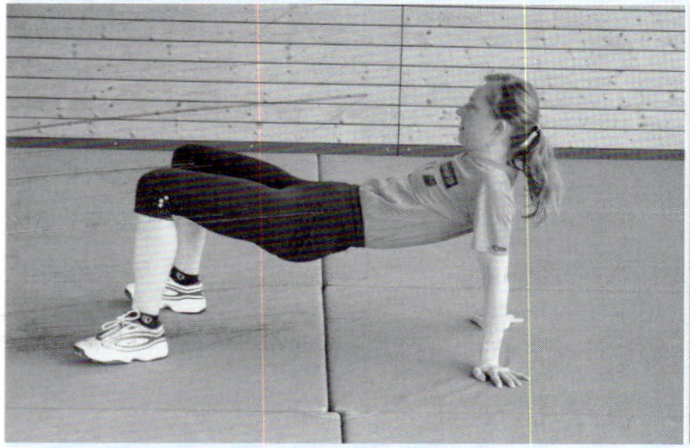

Spinnengang/Krebsgang

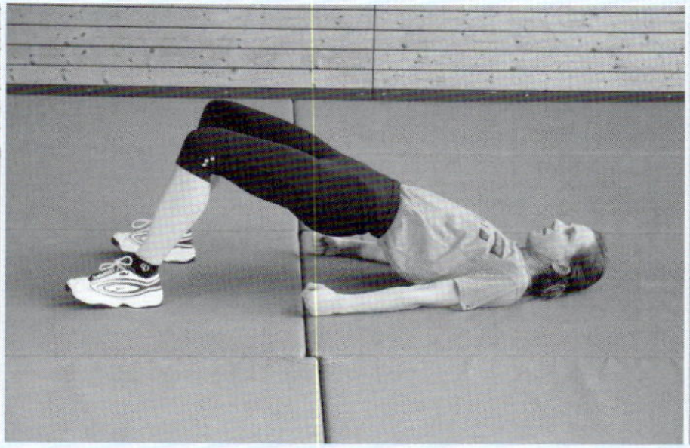

Tiefe Brücke/Schulterbrücke

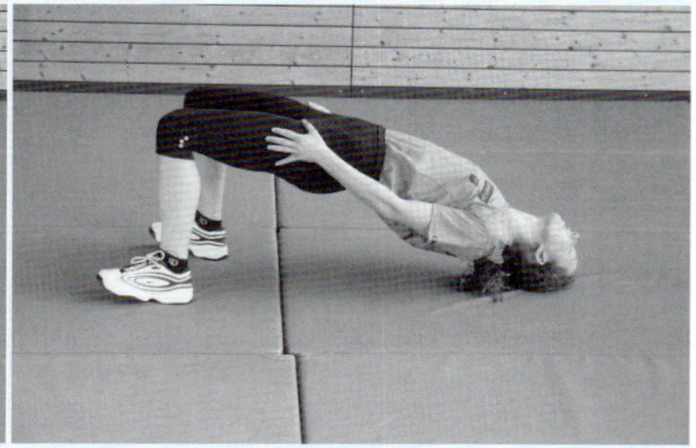

Hohe Brücke/Ringerbrücke

2 Konzepte für das Ringen, Raufen und Kämpfen

2.1 Umsetzung in der Schule 15

2.2 Zweikampfgemäßes Konzept 16

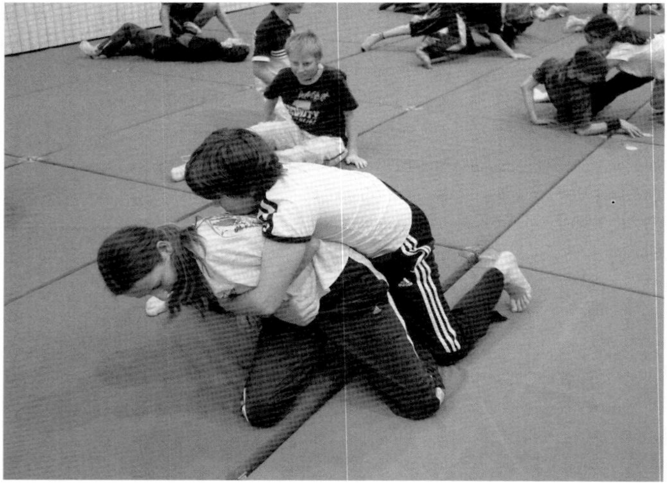

Die Voraussetzungen in der Schule und im Vereinstraining beim Zweikampfsport sind sehr unterschiedlich. Intensiver Körperkontakt im Sportunterricht der Schule kommt nur sehr selten vor, deshalb müssen dort die Schülerinnen und Schüler zuerst daran gewöhnt werden. In der Schule steht nicht der Wettkampf nach dem regulären Wettkampfsystem im Vordergrund. Vielmehr geht es um das Erspüren eines angemessenen Krafteinsatzes, der dauerhaften Fairness im Umgang miteinander und der Erweiterung der Bewegungs- und Körpererfahrung. Das Vereinstraining baut schon auf diesen Punkten auf und geht noch weiter: Hier werden die Sportlerinnen und Sportler für Wettkämpfe auf Turnieren vorbereitet, der kämpferische Umgang miteinander ist dabei schon die Voraussetzung.

Dementsprechend unterschiedlich fallen die Konzepte aus. So muss z. B. in der Schule bei einer heterogenen Gruppenzusammensetzung der Zweikampf behutsam eingeführt werden.

Das Konzept sieht vor, dass zuerst Übungen aus Kapitel 5, dann aus Kapitel 6 und schließlich aus Kapitel 7 behandelt werden. In Kapitel 7 sollten aber die konditionellen Voraussetzungen und das Kämpfen miteinander und gegeneinander noch vor den Zweikampfspielen ihre Anwendung finden. Der Unterschied von Kapitel 7.2 zu 7.3/7.4 besteht darin, dass bei 7.3/7.4 zwei feste Partner/Partnerinnen miteinander kämpfen und diese Paarung nicht stetig wechselt. Am Ende können zur Erweiterung der Bewegungserfahrung spezielle Zweikampftechniken erprobt und angewendet werden.

- Beginne zuerst mit Vertrauensübungen aus Kapitel 5.
- Gewöhne die Schülerinnen und Schüler danach langsam an den intensiven Körperkontakt (Kapitel 6).
- Schaffe die konditionellen Grundlagen, indem Du ab sofort immer Übungen aus Kapitel 7.1 einfließen lässt.
- Nun sollten die Schülerinnen und Schüler in der Gruppe Erfahrungen über einen angemessenen Krafteinsatz sammeln (Kapitel 7.2).
- Sind die Schülerinnen und Schüler den Körperkontakt und das miteinander/gegeneinander Kämpfen gewöhnt, können in den einzelnen Schulstunden Übungen aus den vorhergehenden Kapiteln frei eingesetzt werden oder direkt Zweikampfspiele angewandt werden.
- Inhalte aus Kapitel 8 sollten auf jeden Fall am Ende einer Unterrichtseinheit stehen, um den Schülern/Schülerinnen die Erfahrung zu ermöglichen, dass selbst einfache Zweikampftechniken zu einem schnellen Erfolg führen.

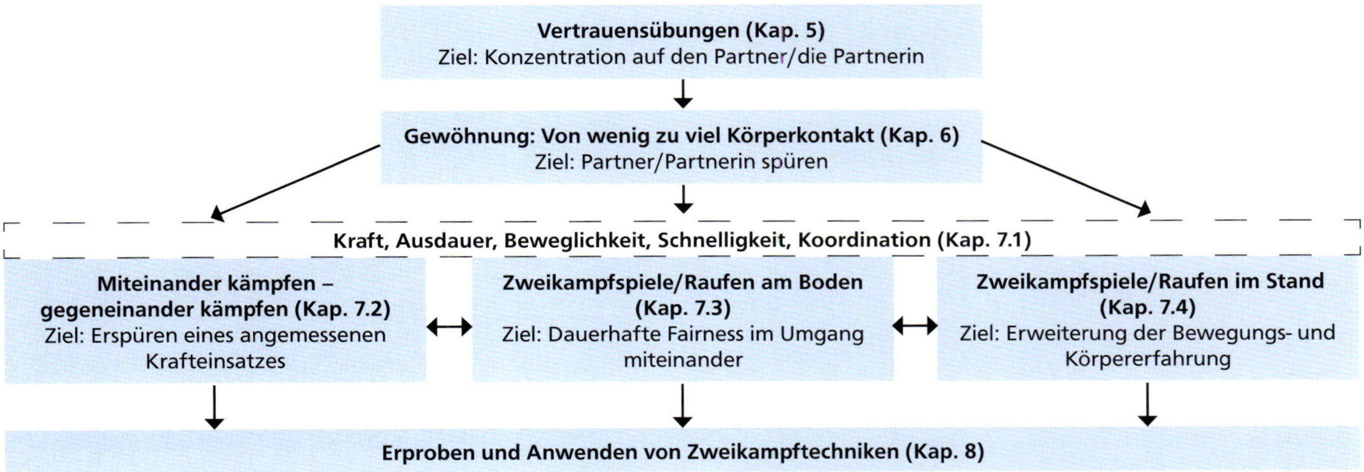

2

Wie oben angesprochen geht es beim Vereinssport in den Kampfsportarten um die Vorbereitung auf Wettkämpfe, das Erlernen von Selbstverteidigungstechniken oder den Spaß in der Gruppe. Mittel zum Zweck sind in allen drei Bereichen das Erlernen, Üben und Trainieren von Zweikampftechniken.

Beim zweikampfgemäßen Konzept geht es darum, nicht Techniken direkt zu vermitteln, sondern immer durch Anwendungssituationen den Bezug zu bestimmten Techniken herzustellen. In der Selbstverteidigung liegt dies auf der Hand. Man wird angegriffen und muss nun versuchen, genau diese Situation erfolgreich zu bewältigen. Im Wettkampfsport der Zweikampfsportarten werden häufig noch die Techniken vermittelt und zwar ohne konkreten Anwendungsbezug. „Diese Technik musst Du unbedingt beherrschen, wenn Du erfolgreich sein willst!" Solche Aussagen sind oft im Training zu hören. Nur wissen die Zweikampfsportler oft nicht, in welcher Situation die Techniken wirklich funktionieren.

Bewegungsaufgaben und Zweikampfspiele sollen im Mittelpunkt des Buches stehen. Wenn die Sportler selbst Standardsituationen erkennen, wird das Verständnis für Techniken zur Lösung dieser Aufgaben viel deutlicher erlebt. Alle Techniken sollten ebenfalls so schnell wie möglich aus der Bewegung bzw. unter offenen Bedingungen geübt werden.

Viel Spaß beim Training.

3 Rituale und Entspannungsübungen

3.1 Rituale 19

3.2 Entspannungsübungen 22

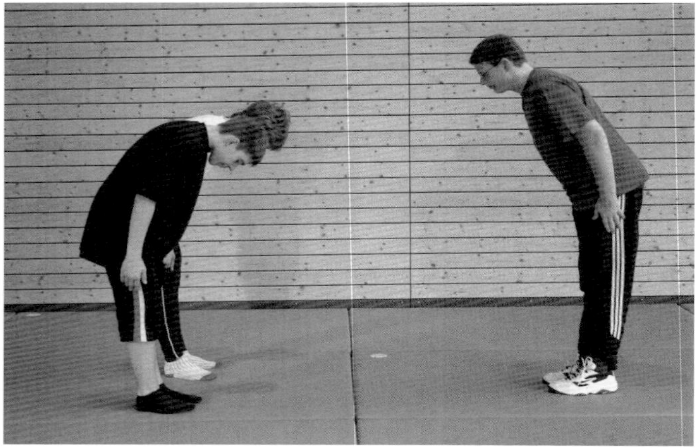

In diesem Kapitel soll auf Formen der Einstimmung auf den Unterricht eingegangen werden. Als erstes werden verschiedene Rituale, wie sie in Kampfsportarten üblich sind, und anschließend modernere Begrüßungsformen vorgestellt. Einige Übungen zur Entspannung, die im Kontext von Ringen, Raufen und Zweikämpfen ebenfalls häufig anzutreffen sind, runden dieses Kapitel schließlich ab. Mit den Ritualen und Entspannungsübungen soll einerseits ein Rahmen für das Üben abgesteckt werden, andererseits die Teilnehmer auf die folgenden Aufgaben vorbereitet und zur Ruhe gebracht werden.

Nr.	**Name der Spielform** Ziele/Akzente	Idee/Beschreibung	Hinweise/Organisation
1	**Verbeugen im Stand** Begrüßung des Partners	Dein Partner und Du stehen sich gegenüber. Beide verbeugen sich voreinander. Achtet darauf, dass ihr ca. einen Meter auseinandersteht und nicht die Köpfe anstößt. Die Beine sind geschlossen und ihr schaut euch gegenseitig an, während ihr euch verbeugt. Der Trainer kann das Kommando „Rei" rufen, die japanische Bezeichnung für die Begrüßung.	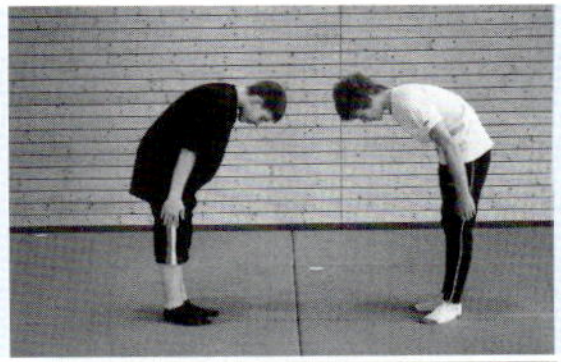
2	**Angrüßen mit der Gruppe im Stand** Begrüßung der Gruppe durch den Trainer	Die Teilnehmer stehen dem Trainer in einer Reihe gegenüber. Auf das Kommando „Rei" verbeugen sich alle voreinander.	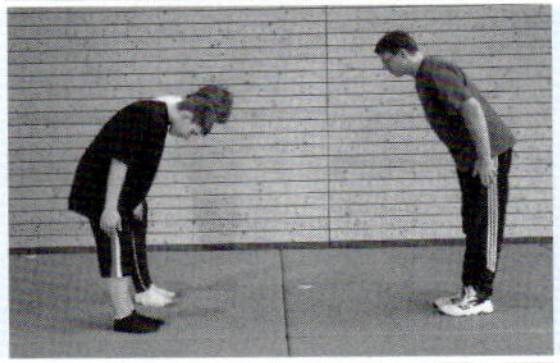
3	**Kreisaufstellung** Begrüßung der Gruppe durch den Trainer	Die Teilnehmer stehen mit dem Trainer in einem Kreis. Auf das Kommando „Rei" verbeugen sich alle voreinander.	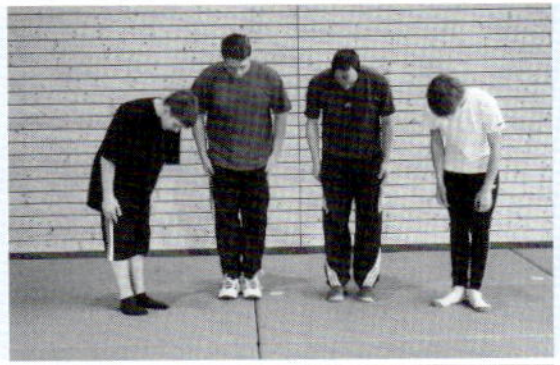
4	**Der Fersensitz** Begrüßung des Partners	Dein Partner und Du knien sich im Fersensitz gegenüber. Beide verbeugen sich voreinander. Achtet darauf, dass ihr ca. einen Meter auseinandersteht und nicht die Köpfe anstößt. Ihr schaut euch gegenseitig an, während ihr euch verbeugt. Der linke Arm wird zuerst auf den Boden geführt, dann der rechte Arm. Wenn Ihr euch wieder aufrichtet erfolgt dies in der anderen Reihenfolge. Der Trainer kann wieder das Kommando „Rei" rufen.	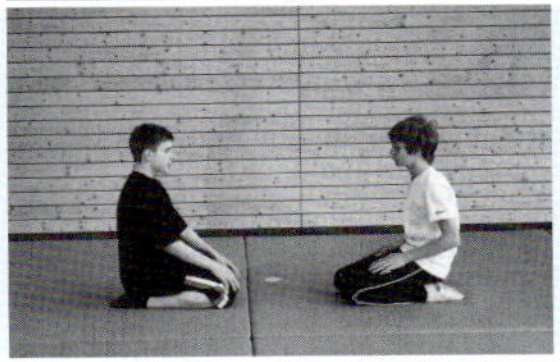
5	**Der Fersensitz in der Gruppe am Boden** Begrüßung der Gruppe durch den Trainer	Die Teilnehmer sitzen dem Trainer in einer Reihe im Fersensitz gegenüber. Auf das Kommando „Rei" verbeugen sich alle voreinander.	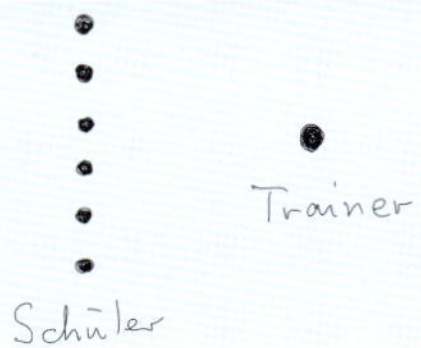

3

Nr.	Name der Spielform Ziele/Akzente	Idee/Beschreibung	Hinweise/Organisation
6	**Der Fersensitz in der Kreisaufstellung** Begrüßung der Gruppe durch den Trainer	Die Teilnehmer stehen mit dem Trainer in einem Kreis. Auf das Kommando „Rei“ verbeugen sich alle voreinander.	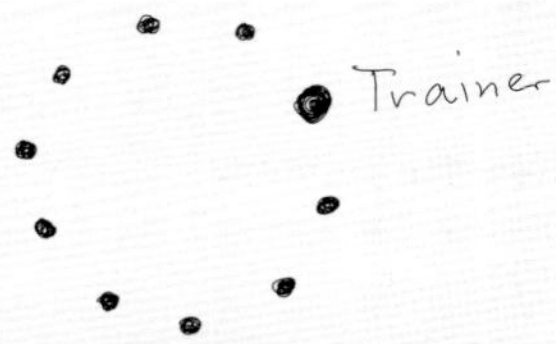
7	**High Five** Begrüßung	Du gibst Deinem Partner „fünf“, in dem ihr euch an den Händen abklatscht. Jetzt beginnt die folgende Übung.	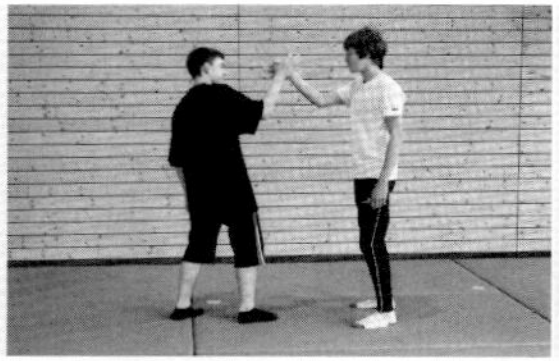
8	**Guten Tag** Begrüßung	Ihr gebt euch die Hand, wie wenn ihr euch begrüßt. Nun geht die nächste Kampfübung los.	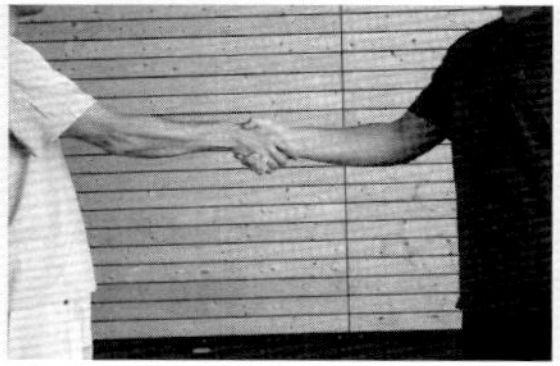
9	**Mannschaftsspalier** Begrüßung von zwei Mannschaften	Eine Mannschaft steht in einer Reihe da und erwartet die andere Mannschaft. Diese läuft nun ein und jeder Spieler schlägt mit einem Spieler der anderen Mannschaft ab. Nun wird dieses Ritual wieder-holt.	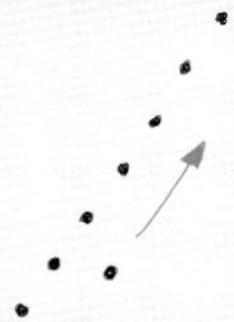
10	**Boxer** Begrüßung des Partners	Du begrüßt Deinen Partner wie ein Boxer, in dem ihr die Fäuste leicht frontal gegeneinanderstößt und anschließend von oben nach unten und umgekehrt stoßt.	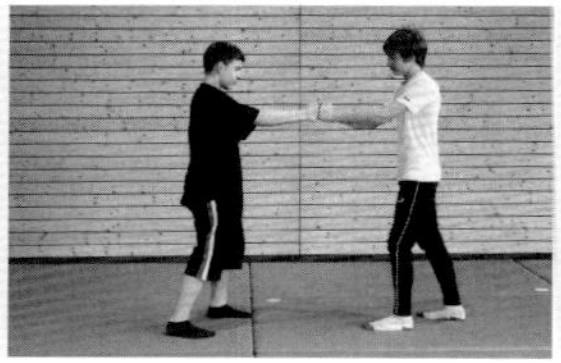

Nr.	Name der Spielform Ziele/Akzente	Idee/Beschreibung	Hinweise/Organisation
11	**Hände halten im Kreis** Begrüßung in (Kinder-)Gruppen	Alle stehen im Kreis und halten sich an den Händen. Nun begrüßt der Leiter die Gruppe und es geht los!	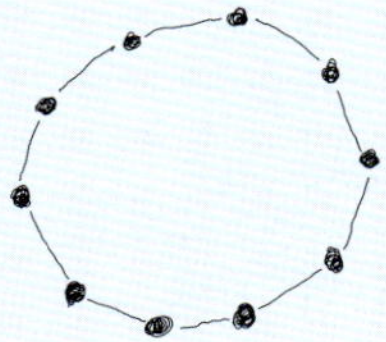
12	**Das Adjektivspiel** Begrüßen und Kennen lernen	Alle Teilnehmer stehen im Kreis, jetzt muss jeder Teilnehmer seinen Vornamen nennen und zum Anfangsbuchstaben ein passendes Adjektiv finden.	Thomas = toller Thomas Frank = flinker Frank
13	**Das Vier-Ecken-Spiel** Begrüßung und Stimmungsbarometer	Der Trainer gibt den vier Ecken des Raumes bestimmte Bedeutungen: Ecke 1: Ich freue mich auf die Stunde! Ecke 2: Ich weiß noch nicht, ob ich heute große Lust habe. Ecke 3: Ich hatte heute einen harten Tag! Der Kreativität sind keine Grenzen gesetzt. Jetzt gehen die TN in die Ecken und sagen einen Satz zur ihrer Erwartung in der Stunde.	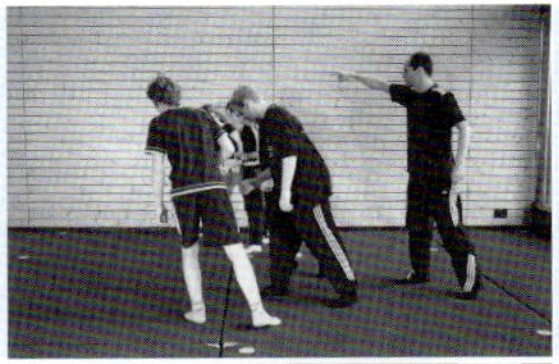
14	**Linienlauf** Kennen lernen und Begrüßung	Alle laufen entlang der Markierungen auf dem Hallenband oder der Mattenlinien. Sobald ihr einen anderen Mitspieler trefft nennt ihr ihm euren Namen.	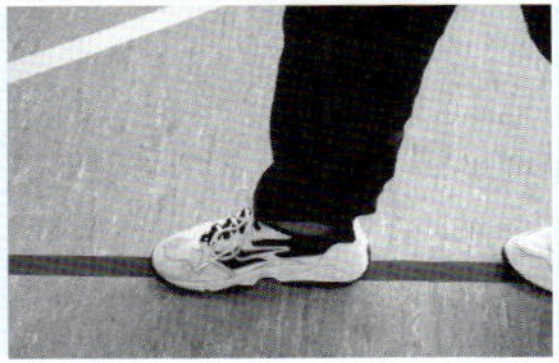
15	**Schulterklopfer** Begrüßung und Aufwärmen	Alle rennen durcheinander. Jeder der vorbeikommt wird auf die Schulter geklopft und so begrüßt.	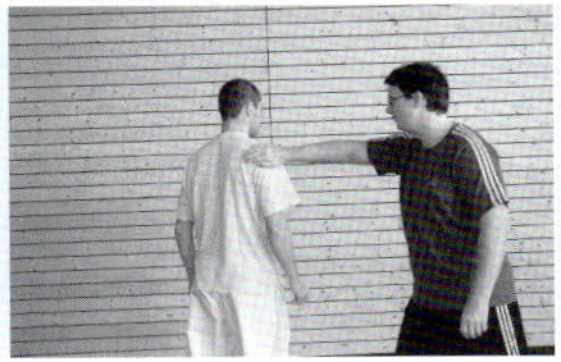

3

Nr.	Name der Spielform Ziele/Akzente	Idee/Beschreibung	Hinweise/Organisation
16	**Gesichtsmassage** Eigenwahrnehmung Entspannung	Du sitzt entspannt hin, schließt Deine Augen und kommst so zur Ruhe. Streiche Dir nun mit beiden Händen über Dein Gesicht: über die Stirn, die Augenbrauen, die Augen und Schläfen. Zu Beginn ganz sanft, dann kannst Du immer kräftiger werden. Dein Kinn, die Wangen und Ohren vertragen auch mehr Druck.	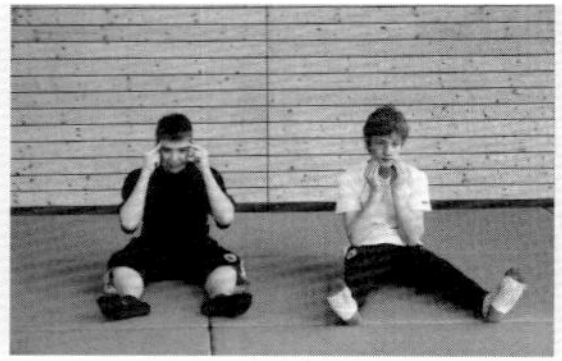
17	**Atemübung** Eigenwahrnehmung Entspannung	Atme tief ein, halte die Luft für einen kurzen Augenblick an und atme wieder aus. Entspanne Dich bei jedem Atemzug.	Mach dabei Deine Augen zu.
18	**Schüttler** Entspannung mit dem Partner, Vertrauen	Du liegst entspannt auf dem Rücken und atmest tief ein und aus. Du bist voll kommen entspannt. Nun schüttelt Dein Partner vorsichtig Deine Beine und Arme, damit Du Dich noch besser erholen kannst.	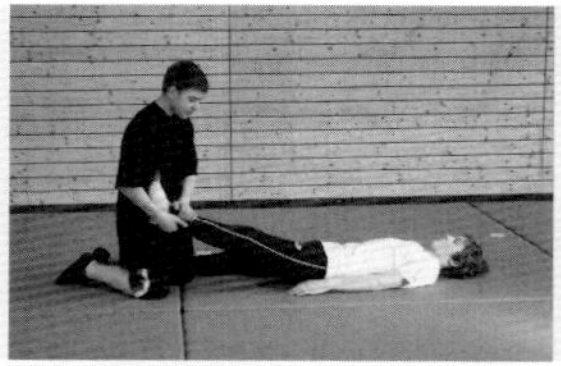
19	**Strecker** Entspannung mit dem Partner, Vertrauen	Du liegst entspannt auf dem Bauch. Nun zieht Dein Partner behutsam an Deinen Armen und anschließend an den Beinen. Vorsichtig ziehen damit Du Deinen Körper angenehm spürst!	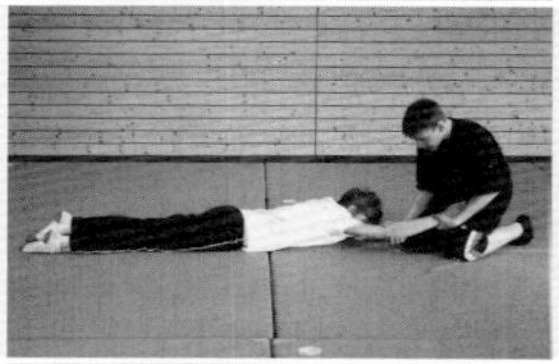
20	**Pizzabäcker** Entspannung mit dem Partner	Du liegst auf dem Bauch. Dein Partner backt eine Pizza auf Deinem Rücken. Zuerst wirst Du durchgeknetet, dann gerollt. Nun kommen die Zutaten darauf und der Käse wird verstreut. Viel Spaß bei der Massage!	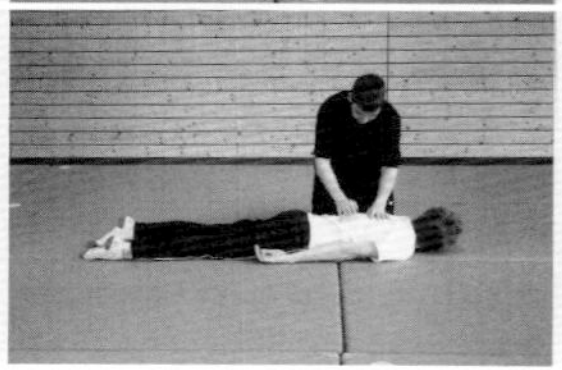

4 Bewegungsfreude auf der Matte entwickeln

4.1 Allgemeine Spiele und Übungen auf der Matte 25

4.2 Staffeln auf und neben der Matte 33

4

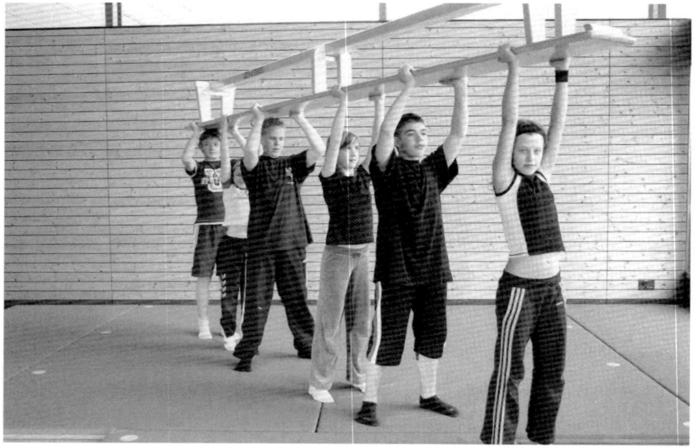

Kinder und Jugendliche haben in der Regel einen sehr hohen Bewegungsdrang und wollen diesen ausleben. Sie haben das Bedürfnis, ihre Kräfte in verschiedenen Situationen zu messen.

Das Spielen auf dem Boden ist geläufig, das Spielen auf einer großen Matte dagegen etwas ungewöhnlich. Deshalb sollten allgemeine Spielformen immer wieder verwendet werden, die nicht ein direktes Kämpfen mit einem Partner oder einer Gruppe erfordern, die jedoch eine Matte benötigen und dementsprechend das Spielen und Üben auf der Matte näherbringen.

Viele der Übungen sind auch zum Aufwärmen und Kräftigen geeignet. Manche sind schon mit einem leichten Körperkontakt verbunden (vergleiche Kapitel 6), der hier aber in der Regel als natürlich empfunden wird. Übungen mit einem intensiveren Körperkontakt befinden sich im nächsten Kapitel.

Darüber hinaus werden im Folgenden Staffelformen aufgeführt, die sehr gut mit der Matte kombiniert werden können.

4.1 Allgemeine Spiele und Übungen auf der Matte

Diese allgemeinen Spiele und Übungsformen machen auch in vielen anderen Sportarten Spaß.

Nr.	Name der Spielform Ziele/Akzente	Idee/Beschreibung	Hinweise/Organisation
21	**Zonenfangen** Koordination Schnelligkeit	Alle bewegen sich auf allen vieren auf der Matte. In der Mitte befindet sich eine Linie, die von allen nur mit einer Rolle vorwärts überschritten werden darf. Ein Fänger versucht die anderen zu fangen. Bei Abschlag wechselt das Abschlagrecht.	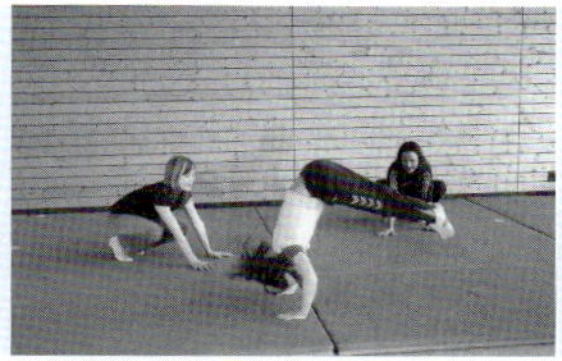
22	**Kleines gelbes U-Boot** Kooperation, Taktik	Ein Spieler befindet sich auf einer Seite, alle anderen auf der anderen Seite der Matte. Der Spieler ruft „kleines, gelbes U-Boot". Alle müssen nun die andere Seite erreichen. Wer dabei abgeschlagen wird muss an dieser Stelle sitzen bleiben und kann dem Fänger als „Krakenarm" helfen.	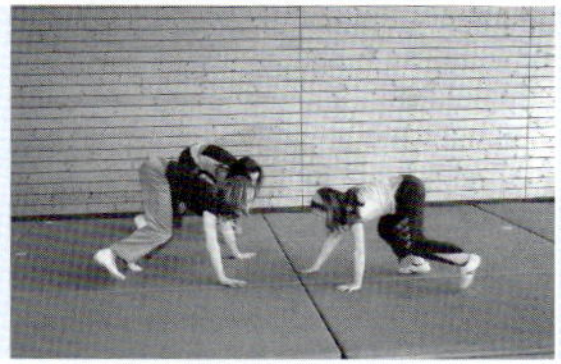
23	**Steh auf!** Gemeinsames Erlebnis Koordination	Zwei (Drei, Vier, Fünf ...) Spielende müssen Rücken an Rücken mit den Armen eingehakt versuchen gemeinsam aufzustehen.	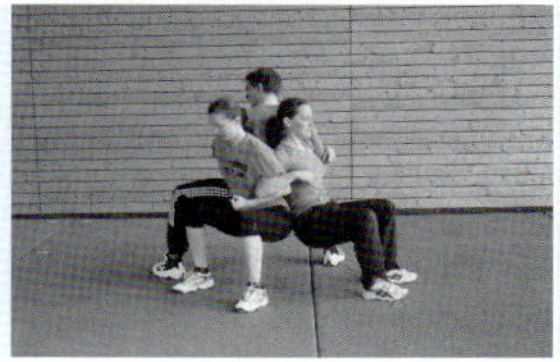
24	**Schwer verletzt** Vertrauen	Ein auf der Matte liegender Patient muss von vier Krankenhelfern jeweils an den Armen und Beinen von einer Seite der Matte zur anderen transportiert werden. Auch als Wettkampf!	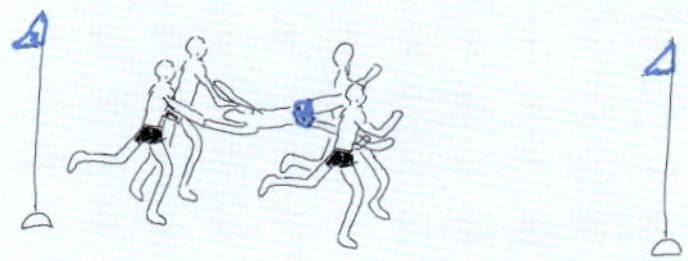
25	**Elefant und Porzellan** Wahrnehmen Vertrauen	Partner A liegt auf dem Boden in Rückenlage und hat die Arme am Körper angelegt. Partner B läuft möglichst nahe ohne Berührung an Partner B vorbei. Variation: Partner A schließt die Augen.	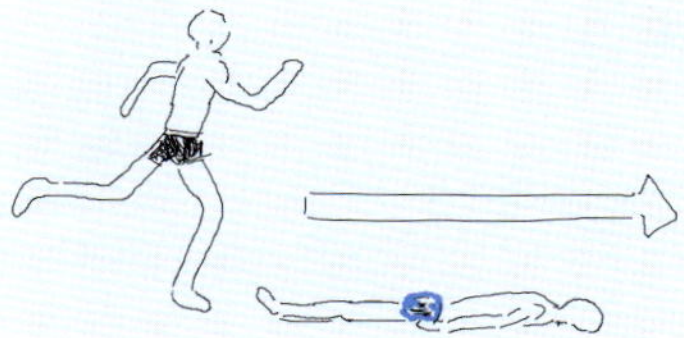

Nr.	Name der Spielform Ziele/Akzente	Idee/Beschreibung	Hinweise/Organisation
26	**Mein Schuh** Rücksichtnahme	Alle ziehen ihren rechten Schuh aus und legen ihn in die Mitte der Matte. Ein Schuh wird entfernt, damit immer ein Schuh weniger in der Mitte liegt, als Mitspieler vorhanden sind. Alle laufen im Kreis um die Matte herum. Auf ein Zeichen muss jeder versuchen einen Schuh zu erhaschen. Wer bleibt übrig? Achtung! Nicht mit den Köpfen zusammenstoßen!	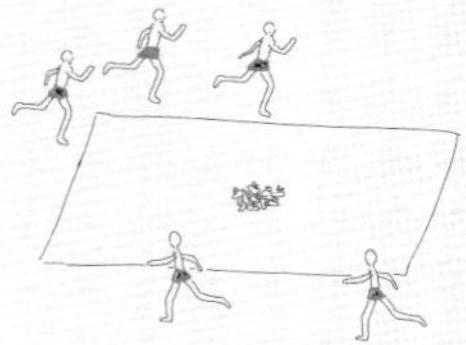
27	**Schwarz-Weiß** Reaktion	Alle liegen in einer Reihe paarweise gegenüber. Eine Reihe ist „schwarz", die andere „weiß". Die Spielleitung sagt „schwarz" oder „weiß" und die genannte Farbe muss die anderen fangen. Variationen in der Ausgangsstellung (sitzen, kniend, Kopfstand) und in den Kommandos sind möglich. Irreführung durch falsche Kommandos wie z. B. „gelb" möglich!	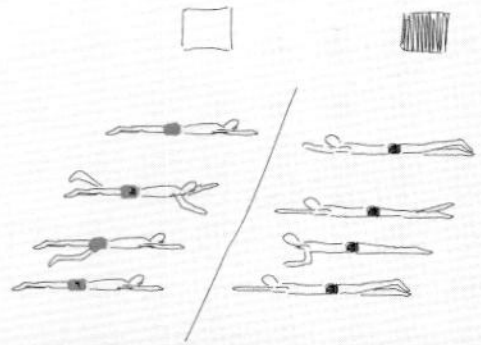
28	**Katze und Vogel** Reaktion Aufmerksamkeit	Ein Kind ist die Katze, die anderen sind die Vögel. Die Katze muss die Vögel fangen, darf sich dabei aber lediglich auf allen vieren bewegen. Die Vögel dagegen hüpfen mit geschlossenen Beinen der Katze davon. Der Vogel, den die Katze als letztes erwischt, wird bei der nächsten Spielrunde zur Katze. Gut zur Gruppeneinteilung geeignet.	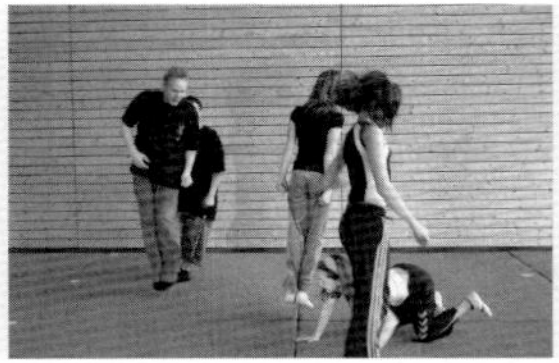
29	**Ein-Minuten-Fangen** Schnelligkeit Kraftausdauer	Mannschaft A befindet sich außerhalb der Matte, Mannschaft B auf der Matte. Fortbewegung nur im Vierfüßlergang. Von Mannschaft A startet der Erste und muss versuchen, in einer Minute so viele der Gruppe B wie möglich zu fangen (Vierfüßler!). Nach einer Minute (Signal durch Spielleitung) kommt der Nächste. Welche Mannschaft fängt mehr Spieler? Auch als normales Fangen möglich.	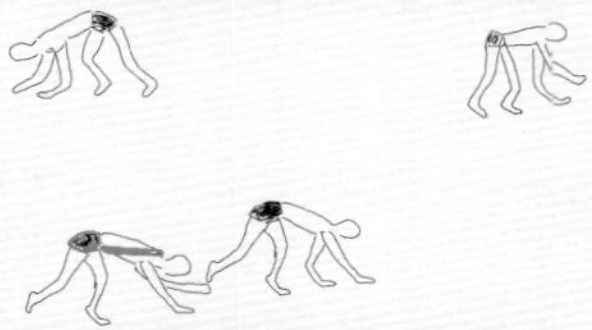
30	**Kreishopsen** Kraft, Koordination	Alle stehen in Vorbeuge in einem Kreis. Eine Position bleibt frei. Der Spieler vor der freien Position hüpft im Bocksprung über alle hinweg. Sobald er an seiner Position angekommen ist startet der Nächste.	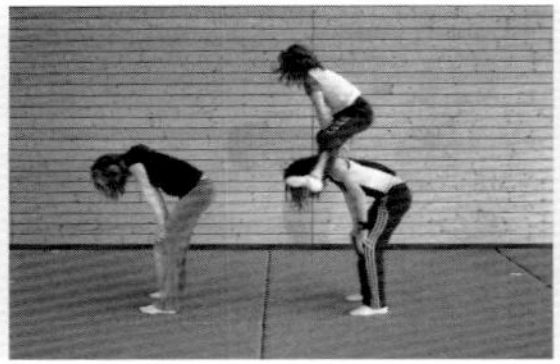

Nr.	Name der Spielform Ziele/Akzente	Idee/Beschreibung	Hinweise/Organisation
31	**Sprungwettbewerb** Sprungkraft	Wer braucht am wenigsten Sprünge, um über die Matte zu springen. Variationen: Mit einem Bein, Sprungkombinationen (z. B. li, li, re, li, li, re).	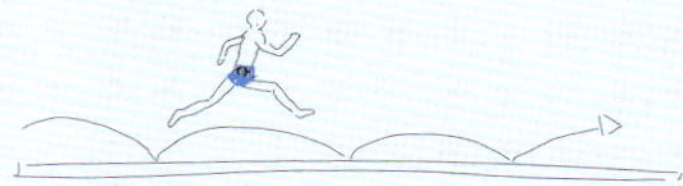
32	**Tennisballmassage** Aufeinander einlassen	Zum Beginn/Ausklang einer Stunde wird der Rücken des Partners/der Partnerin mit einem Tennisball massiert. Rücken, Beine, Arme!	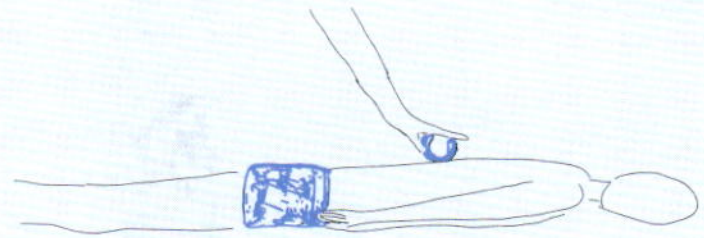
33	**Schranke** Reaktion, Sprungkraft	Zwei Spieler halten ein langes Seil (oder zusammengeknoteter Budogürtel) quer über die Matte. Damit laufen sie hin und her und halten das Seil einmal hoch oder tief über der Matte. Alle anderen Spielenden befinden sich auf der Matte und müssen entweder über das Seil springen oder darunter wegtauchen. Wer hängen bleibt muss eine extra Aufgabe erledigen.	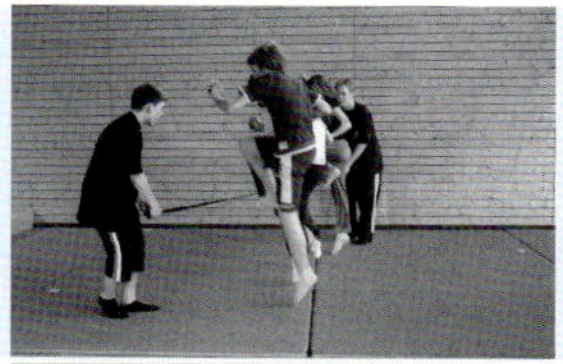
34	**Flugbewegungen** Geschicklichkeit	Alle Spielenden strecken als Flugzeuge ihre Arme aus und bewegen sich so durcheinander auf der Matte, dass sie kein anderes Flugzeug berühren.	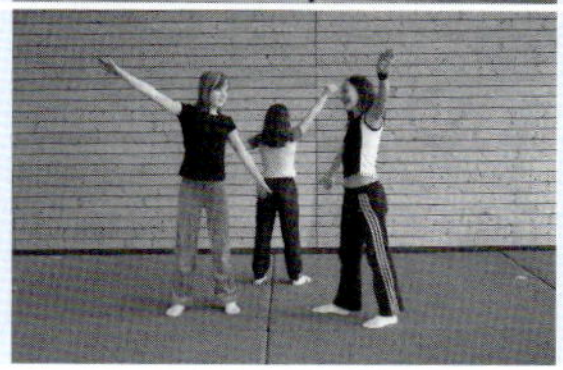
35	**Ferngesteuert** Aufmerksamkeit	Dreiergruppen. Von jeder Dreiergruppe sind zwei die Roboter, ein Spieler steuert die Roboter. Tippen auf die linke Schulter bedeutet Vierteldrehung nach links, rechte Schulter Vierteldrehung nach rechts. Die Roboter laufen dabei immer weiter über die Matte. Kein Roboter darf mit einem anderen Roboter zusammenstoßen.	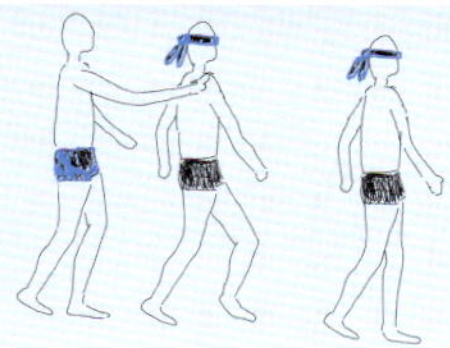

Nr.	Name der Spielform Ziele/Akzente	Idee/Beschreibung	Hinweise/Organisation
36	**Verkehrte Welt** Aufmerksamkeit	Der Spielleiter gibt Kommandos wie „stehen bleiben“, „hinsetzen“, „auf den Bauch liegen“, etc. Die Spielenden müssen schnell genau das Gegenteil ausführen (laufen, stehen, auf den Rücken liegen). Wer etwas falsch macht, muss eine Sonderaufgabe erledigen (Situps, Liegestütz, etc.).	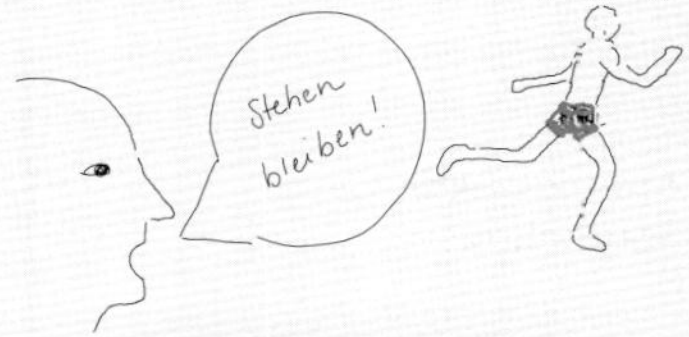
37	**Feuer, Wasser, Sturm** Aufmerksamkeit Reaktion	Alle Spieler laufen durcheinander. Ruft der Spielleiter „Wasser“ müssen sich alle auf Extramatten (oder Turnkästen) retten. Bei „Sturm“ müssen sich alle schnell auf die Matte legen und bei „Feuer“ müssen alle schnell zu einer bestimmten Hallenwand rennen. Der Letzte muss jeweils eine Sonderaufgabe erledigen.	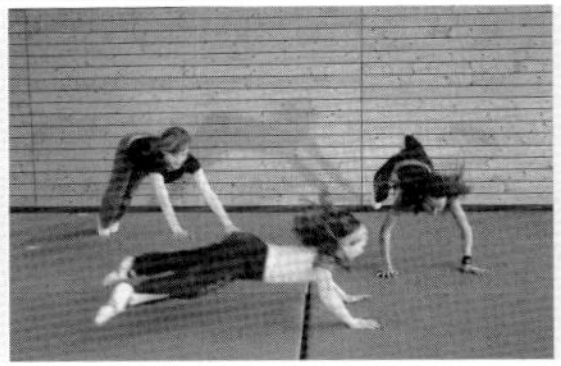
38	**Reise nach Jerusalem** Aufmerksamkeit	Alle Spieler laufen um einen Kreis mit Medizinbällen. Es gibt einen Medizinball weniger als Spielende. Auf ein Signal (z. B. die Musik stoppt) muss jeder versuchen einen Ball zu schnappen. Derjenige ohne Ball scheidet aus.	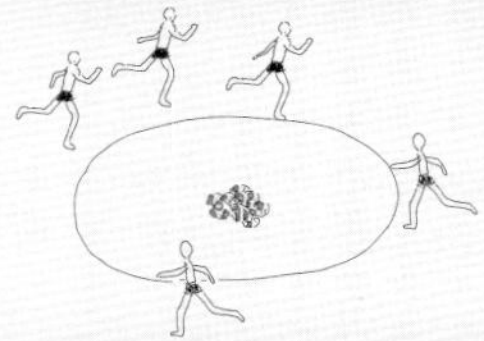
39	**Wackelschlange** Kooperation	Alle Spielende sitzen mit gegrätschten Beinen direkt hintereinander und halten sich an den Hüften des Vordermannes fest. Die so zusammengefügte Schlange versucht sich durch Hüft- und Wackelbewegungen fortzubewegen.	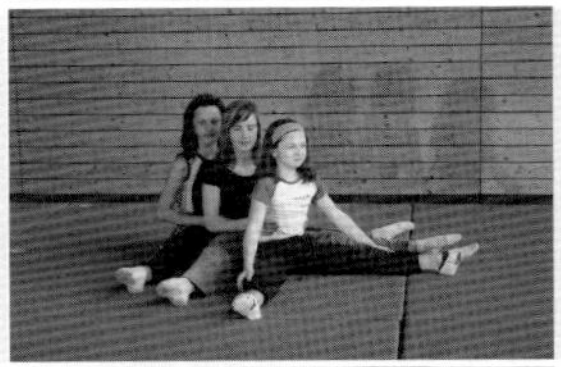
40	**Balanceakt** Kooperation Koordination	Vier oder mehr Spieler liegen im Kreis auf dem Rücken mit den Füßen zueinander. Auf ihren Füßen müssen sie eine Weichbodenmatte balancieren und zuerst in eine, dann in die andere Richtung drehen. Die Weichbodenmatte darf dabei nicht herunterfallen. Welche Gruppe schafft schneller eine (zwei) komplette Drehungen?	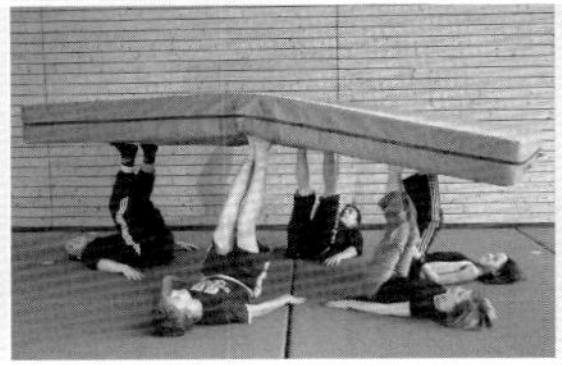

Nr.	Name der Spielform Ziele/Akzente	Idee/Beschreibung	Hinweise/Organisation
41	**Schiefe Ebene Rollen** Mattenkontakt	Eine schiefe Ebene wird aus einzelnen Matten und einer Weichbodenmatte aufgebaut. Auf dieser schiefen Ebene kann man leichter Rollen vorwärts, rückwärts und seitwärts ausüben.	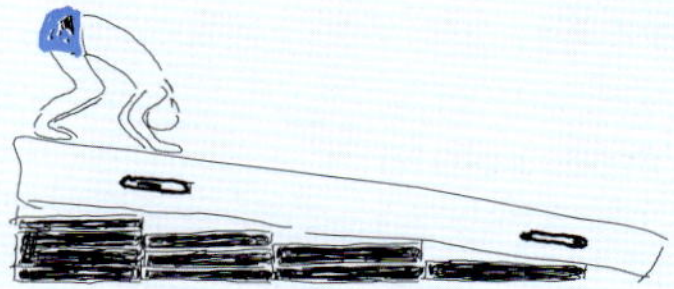
42	**Scherensprung** Koordination Kooperation	Partner A sitzt auf der Matte und öffnet und schließt regelmäßig die gestreckten Beine. Partner B muss so über die Beine hüpfen, dass er mit gegrätschten Beinen neben den geschlossen Beinen, bzw. mit geschlossenen zwischen die gegrätschten Beine des Partners springt ohne ihn zu berühren. Welches Paar schafft es zusammen ganz schnell?	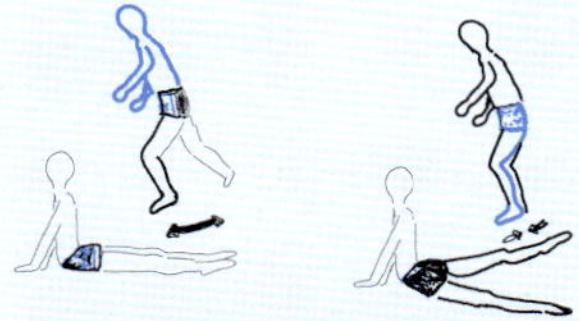
43	**Beinsprung** Koordination	Wie oben, nur dass A die Beine angewinkelt hochhält. B muss über diese Beine mit geschlossenen Beinen springen. Auch im Kreis liegend als Rundlauf mit allen Kämpfern möglich.	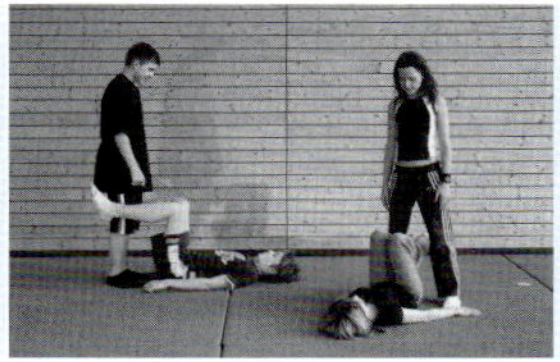
44	**Handstand** Kooperation, Kraft	Ein Kämpfer macht einen Handstand und wird dabei von einem oder zwei Partnern gestützt. Langsam wieder in den Stand runterlassen.	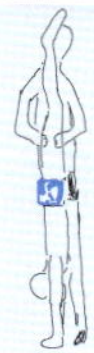
45	**Hüpfebein** Kraft, Ausdauer	Zwei Kämpfende stehen sich gegenüber und halten jeweils das rechte (linke) Bein des anderen. Sie hüpfen dann so zusammen über die Matte. Alternative: Fangspiel in dieser Haltung.	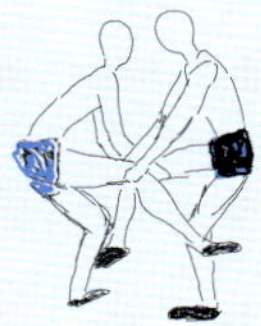

Nr.	Name der Spielform Ziele/Akzente	Idee/Beschreibung	Hinweise/Organisation
46	**Große Kugelei** Koordination	Alle rollen kreuz und quer auf der Matte durcheinander ohne sich zu berühren! Zuerst nur Vorwärtsrollen, nach einer gewissen Zeit auch Rückwärts- und Seitwärtsrollen.	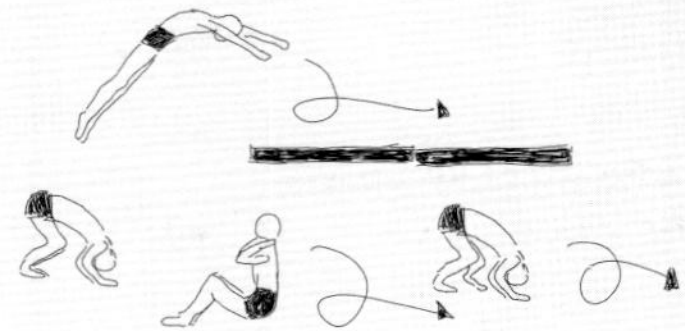
47	**Krabbelkönig** Koordination	Ein Kämpfer steht mit gespreizten Beinen da. Die anderen müssen möglichst schnell durch diese Grätsche krabbeln und danach bis zum Mattenende rennen. Auch als Wettkampf und Staffellauf möglich.	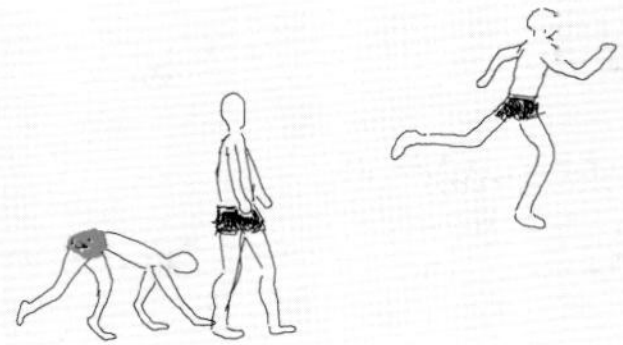
48	**Achterkrabbeln** Koordination Körperkontakt	Partner A befindet sich in der hohen Bank. Partner B krabbelt so schnell wie möglich in einer „8" um die aufgestellten Arme. Dabei sollten sich die Körper so wenig wie möglich berühren.	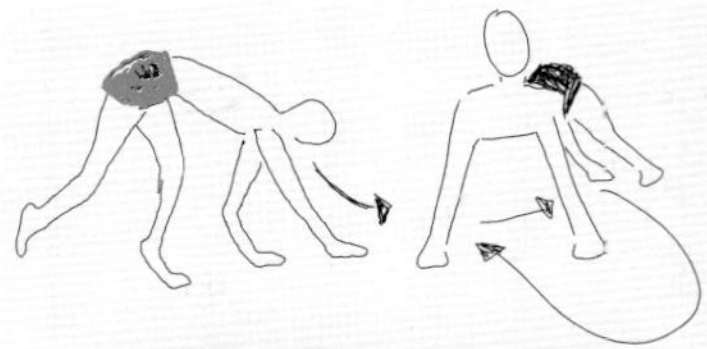
49	**Parallelradfahren** Kooperation Körpernähe	Paarweise liegen die Kämpfenden auf dem Boden, die Fußsohlen berühren sich jeweils. Zusammen wird nun so auf dem Rücken „Rad gefahren". In eine Richtung und dann in die andere Richtung.	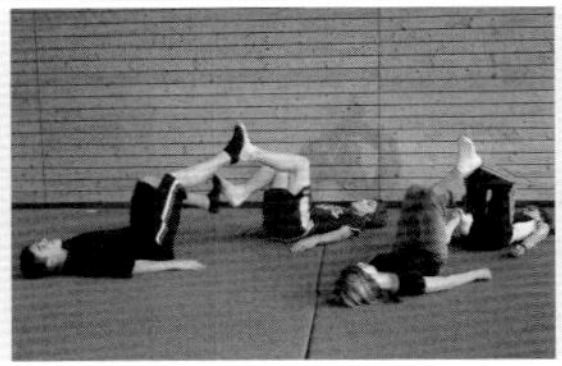
50	**Spezialrolle vorwärts/rückwärts** Koordination	Jeder macht eine/mehrere Rollen vorwärts. Dabei werden die Beine beim Aufstehen gegrätscht. In dieser Grätschposition weiter Rollen. Geht das auch rückwärts?	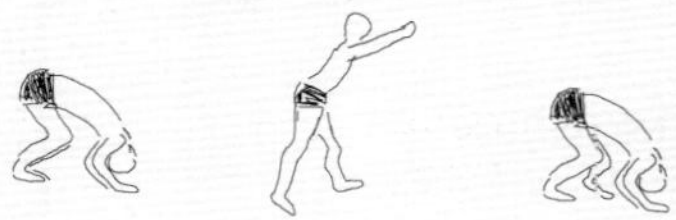

Nr.	Name der Spielform Ziele/Akzente	Idee/Beschreibung	Hinweise/Organisation
51	**Schulterrolle seitwärts** Koordination	Die Spielenden sitzen auf der Matte. Nun muss man versuchen seitlich über die Schultern und den Nacken zu rollen. Achtung: Kopf auf die Brust, ein Arm hinter den Rücken.	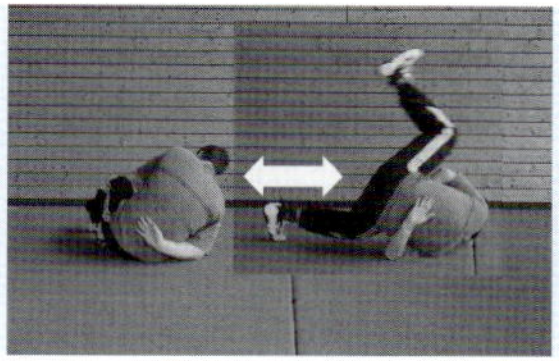
52	**Teigkneten** Koordination	Die Spielenden sitzen auf der Matte und ziehen ihre Füße mit den Fußflächen aneinander ganz nahe zu sich her. Nun beginnen alle gleichzeitig sich in dieser Haltung rumzukugeln, bis sie sich immer wieder im Sitz befinden. Immer in beide Richtungen kneten.	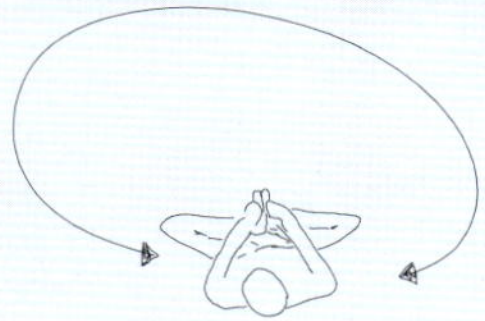
53	**Dreierrolle** Kooperation Koordination, Kraft	In Dreiergruppen liegen die Kämpfenden mit einem kleinen Abstand nebeneinander. Wenn der mittlere Kämpfer seitlich nach außen rollt, muss der jeweilige äußere Kämpfer in Liegestützstellung über ihn springen und seitlich zur anderen Richtung rollen. Dort springt der andere äußere Kämpfer in Liegestützstellung über den rollenden Partner und rollt wieder in die andere Richtung nach außen.	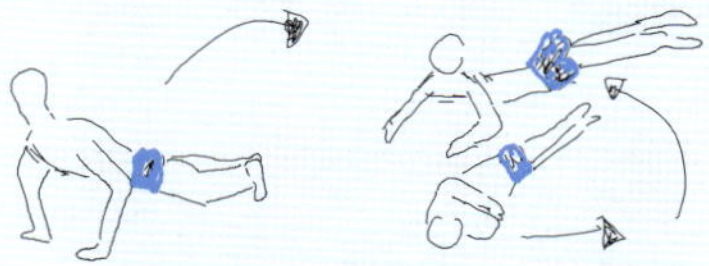
54	**Krabbelkreis** Kooperation	Alle Sportler bilden einen Kreis und befinden sich in der Bankstellung mit dem Kopf zur Kreismitte. Ein Sportler aus diesem Kreis fängt an, abwechselnd unter einer Bank hindurch und über die nächste Bank zu krabbeln, usw. Wenn er an seinem Startpunkt angekommen ist, bildet er wieder eine Bank und der nächste Sportler darf beginnen.	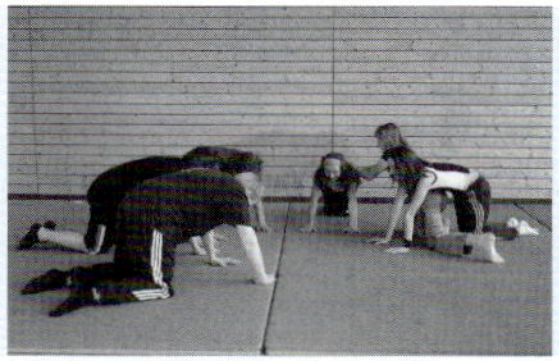
55	**Konzentration!** Konzentration	Der Spielleiter ruft verschiedene Zahlen, bei denen bestimmte Aufgaben erfüllt werden müssen. Beispiele: Bei 1: Auf den Bauch liegen. Bei 2: Still stehen bleiben. Bei 3: Jemanden schnellstmöglich umfassen und abheben. Bei 4: Auf den Rücken liegen usw. Der Letzte muss einmal um die Matte rennen.	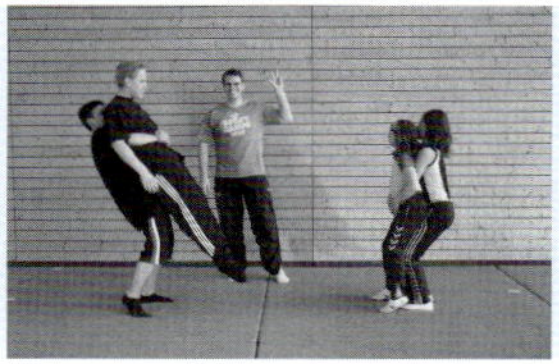

Nr.	Name der Spielform Ziele/Akzente	Idee/Beschreibung	Hinweise/Organisation
56	**Stein, Schere, Papier** Konzentration Koordination	Das klassische Stein, Schere, Papier-Spiel. Der Verlierer muss dabei verschiedene Aufgaben erfüllen: Beispiel 1: Verlierer muss wegrennen und darf nicht vom Gewinner gefangen werden. 2: Verlierer muss vier Rollen vorwärts machen. 3: Verlierer muss ein Rad links und ein Rad rechts schlagen ... usw.	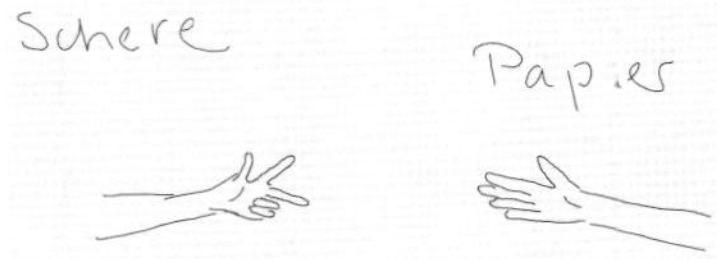
57	**Gürtelklau** Konzentration	Zwei Gruppen liegen sich gegenüber, jeder in der Gruppe erhält eine andere Nummer. In der Mitte liegt ein Gürtel/Seil. Der Spielleiter ruft eine Nummer und die entsprechenden Sportler aus jeder Gruppe müssen versuchen als Erste den Gürtel unter Kontrolle zu bekommen. Variation: Die Sportler müssen zuerst eine Aufgabe erfüllen (Liegestütz, Rolle vorwärts, etc.).	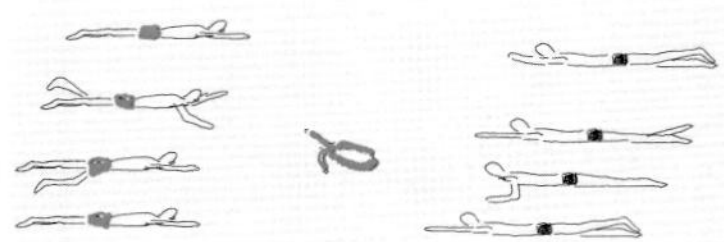
58	**Drachenschwanz** Kooperation	Alle Sportler sitzen hintereinander in einer Reihe. Der vordere („Drachenkopf“) muss den Drachenschwanz fangen. Gelingt ihm das, muss der Drachenkopf an das Ende und der Nächste in der Reihe ist der Drachenkopf.	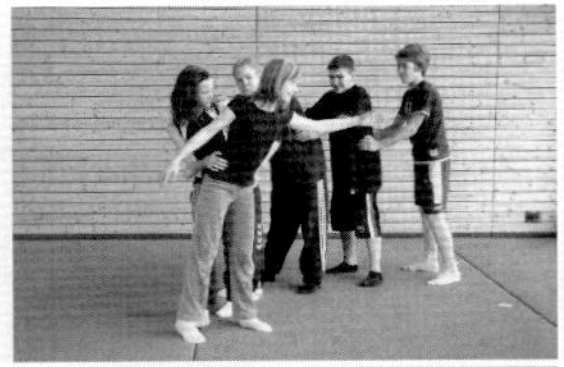
59	**Schlappenhockey** Kraft, Kooperation	Bodenhockey: Mindestens ein Knie muss immer den Boden berühren. Der Tennisball muss mit einem Schuh in der Hand gespielt werden.	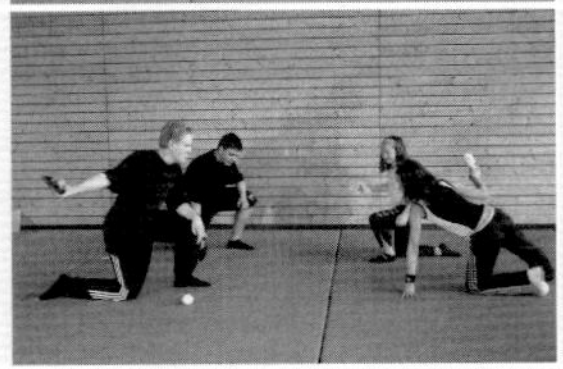
60	**Heiße Kohle** Schnelligkeit	Alle laufen durcheinander. Ein Sportler hat einen Medizinball und muss mit diesem einen Mitspieler so schnell wie möglich berühren. Der Berührte muss als Nächster mit dem Medizinball fangen. Variation: Der Spielleiter zählt laut langsam von 5 auf 0. Wenn bei Null niemand berührt wurde, muss der Fänger eine extra Aufgabe erledigen.	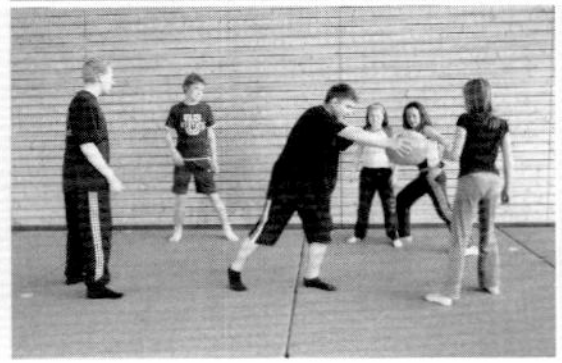

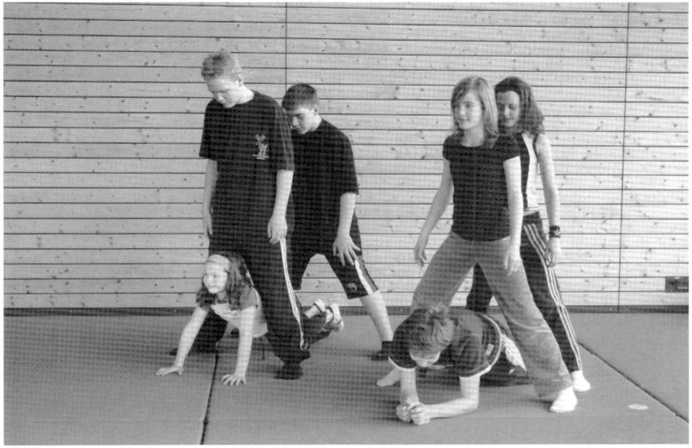

4.2 Staffeln auf und neben der Matte

Der Spielgedanke bei allen Formen der Staffeln ist gleich: Die Läufer einer Mannschaft müssen nacheinander eine gewisse Strecke mit verschiedenen Aufgabenstellungen zurücklegen. Nicht nur die konditionellen Fähigkeiten, sondern auch das „Wir-Gefühl" wird dadurch gestärkt. Zu Beginn werden die verschiedenen Staffelformen beschrieben – sie können als normale Sprintstaffeln dienen. Hier gibt es Unterschiede in der Aufstellung, im Ablauf und in der Übergabe. Die weiteren Aufgabenstaffeln fördern zusätzlich die Ausdauer, Geschicklichkeit usw.

Nr.	Name der Spielform Ziele/Akzente	Idee/Beschreibung	Hinweise/Organisation
61	**Staffel in Reihe** Schnelligkeit	Alle Mannschaftsmitglieder stehen in einer Reihe. Abgeschlagen wird der Nächste in der Reihe.	
62	**Staffel in Linie** Schnelligkeit	Alle Mannschaftsmitglieder stehen in einer Linie. Abgeschlagen wird der Nächste in der Linie.	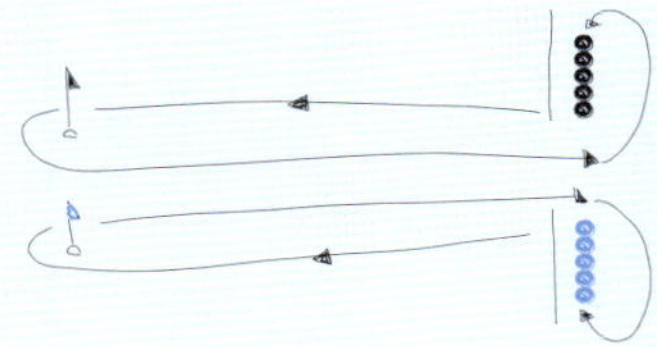
63	**Ablösen mit Stange** Schnelligkeit	Ablösung erfolgt durch Abschlagen. Dabei muss sich zwischen beiden eine Stange befinden.	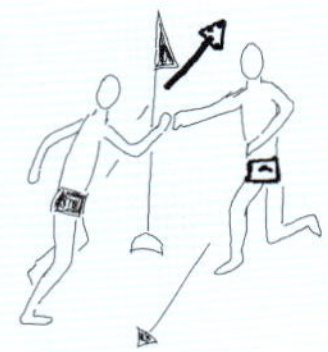
64	**Ablösen durch Mannschafts-umkreisen** Schnelligkeit	Ablösung erfolgt erst, wenn die eigene Mannschaft umkreist wurde und von hinten der Erste in der Linie/Reihe abgeschlagen wird.	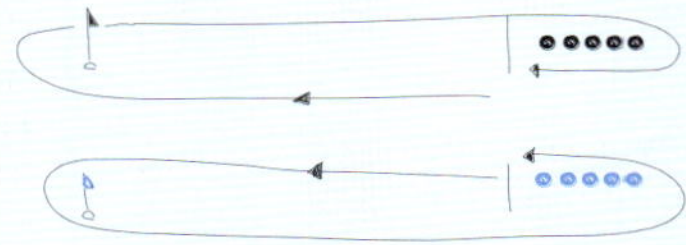
65	**Umkehrstaffel** Schnelligkeit	Jeder läuft eine bestimmte Strecke bis zu einem Wendemal und wieder zurück hinter die Startlinie. Hier kann er auf verschiedene Art und Weise abgelöst werden (siehe oben).	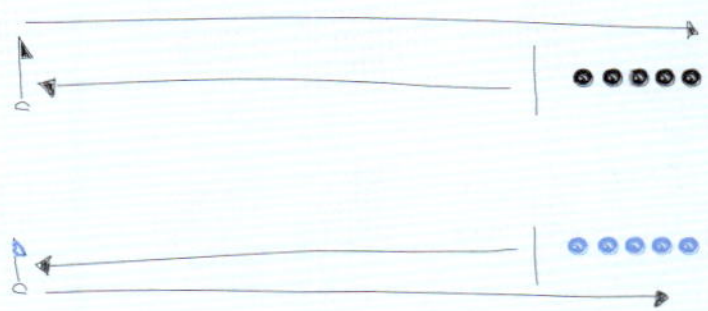

Nr.	Name der Spielform Ziele/Akzente	Idee/Beschreibung	Hinweise/Organisation
66	**Rundlaufstaffel** Schnelligkeit	Alle stehen innerhalb eines Kreises. Die Läufer müssen um diesen Kreis rennen.	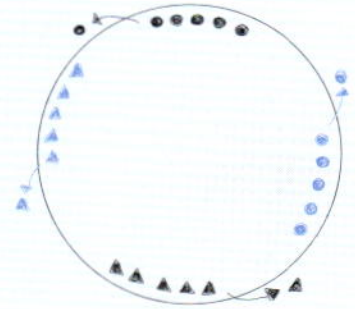
67	**Rundlaufstaffel mit Gruppenkreis-aufstellung** Ausdauer, Schnelligkeit	Jede Mannschaft bildet einen Kreis und alle ordnen sich insgesamt wieder zu einem großen Kreis zusammen. Die Läufer müssen jede Mannschaft einzeln umrunden und zusätzlich im großen Kreis rennen. Wenn Sie bei der eigenen Mannschaft angekommen sind, dürfen sie abgelöst werden.	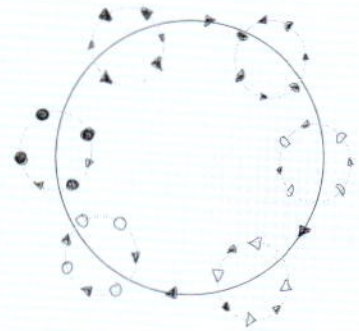
68	**Vierecksstaffel** Schnelligkeit	Mit vier Langbänken wird ein Stern gebildet. Auf jeder Bank sitzt eine Mannschaft. Jeder Läufer muss das Viereck umrunden.	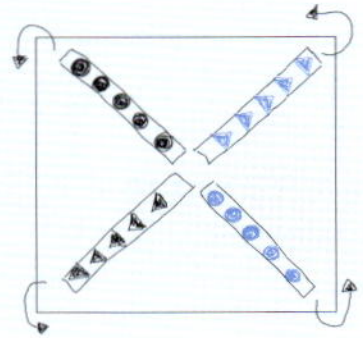
69	**Pendelstaffel** Schnelligkeit	Jede Mannschaft schickt die Hälfte Ihrer Spieler auf die gegenüberliegende Seite der Laufstrecke. Abgelöst wird, wenn eine Strecke zu den gegenüberliegenden Mannschaftsmitgliedern gelaufen wurde. Das Ziel ist erreicht, wenn alle wieder an ihren Ausgangspunkten angekommen sind.	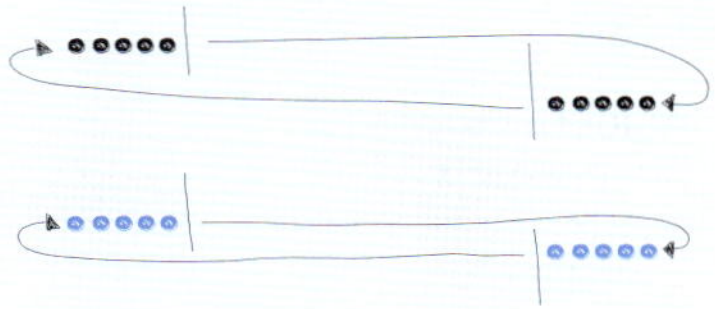
70	**Platzwechselstaffel** Sprungkraft	Der Erste beginnt mit einem Dreisprung. An seiner Landestelle darf der Nächste weiterspringen usw. Welche Staffel springt am Weitesten?	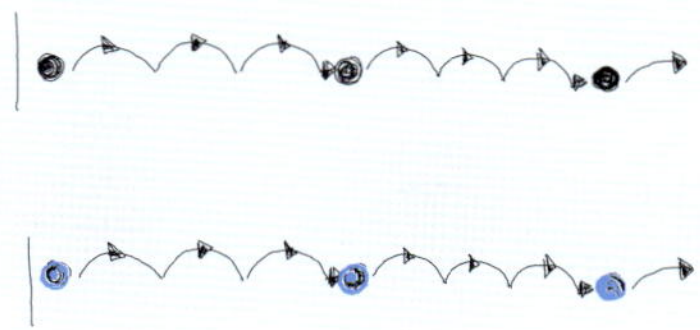

Nr.	Name der Spielform Ziele/Akzente	Idee/Beschreibung	Hinweise/Organisation
71	**1. Hilfe** Kooperation, Kraft Ausdauer	Zwei Gruppen stehen sich an den gegenüberliegenden Enden einer Matte gegenüber. In der Mitte liegen von jeder Gruppe ein paar Mitspieler als „Verletzte". Staffel: Auf ein Signal rennen zwei (oder vier) Mitspieler jeder Gruppe zur Mitte und tragen einen Verletzten zurück. Dann erst dürfen die Nächsten einen Verletzten zu sich holen.	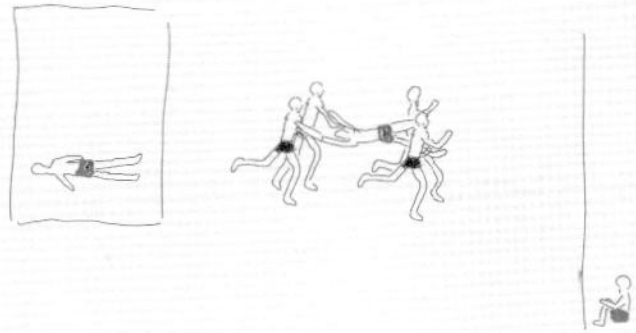
72	**Sechs-Tage-Rennen** Ausdauer	Die Staffelgruppen stehen an den gegenüberliegenden Ecken auf der Matte. Jeweils der Erste jeder Staffel rennt im Uhrzeigersinn um die Matte. Wenn man an der eigenen Staffel ankommt, übergibt man an den Nächsten der Staffel. Welche Staffel holt die andere Staffel ein (berühren der anderen Person)? Auch mit Übungen auf der Matte kombinierbar (Rolle vorwärts, etc.)	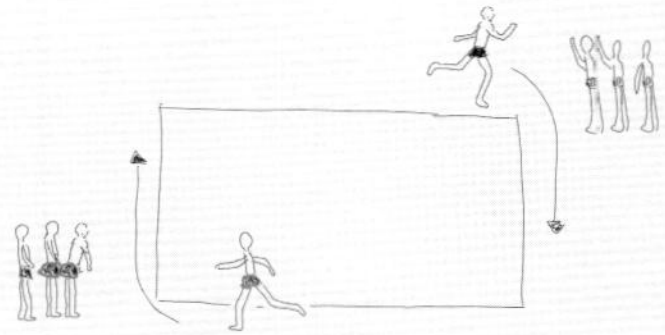
73	**Aufgabenstaffel** Geschicklichkeit Koordination Ausdauer	Die Spielenden der Gruppen müssen bei dieser Staffelform beim Überqueren der Matte verschiedene Aufgaben erledigen. Beispiele: Rolle vorwärts und rückwärts, Rad, Hechtsprung, rückwärts laufen, etc.	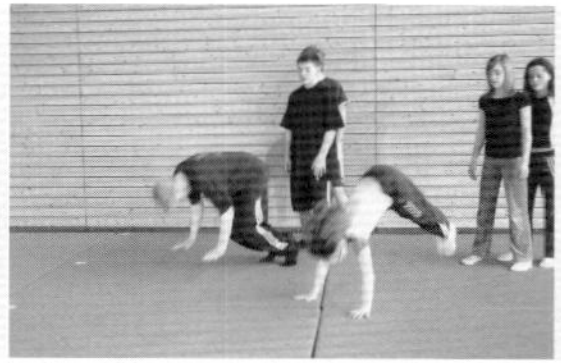
74	**Mattentragestaffel** Kooperation Kraft Ausdauer	Jeweils fünf (mind. vier) Spieler bilden eine Staffelgruppe. Ein Spieler befindet sich auf einer Turnmatte, die anderen müssen die Matte tragen. Jeder der Gruppe muss einmal bis zu einem bestimmten Punkt getragen werden, dann schneller Wechsel. Achtung: Hoch intensive Belastung!	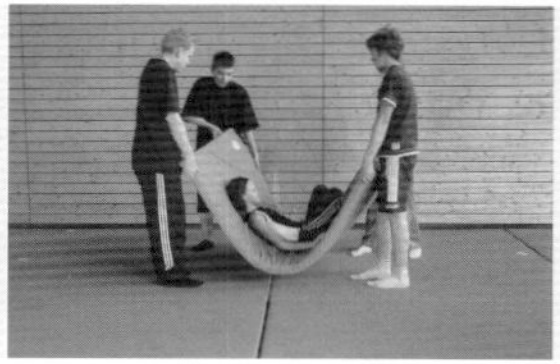
75	**Bocksprungstaffel** Kraft Ausdauer	Zweierpaarungen. Die Paare stehen nebeneinander auf einer Linie der Matte. Partner A macht einen Bocksprung über Partner B und geht selbst sofort in die Bockhaltung über. Dann macht Partner B einen Bocksprung usw. Welches Paar erreicht zuerst das andere Ende der Matte?	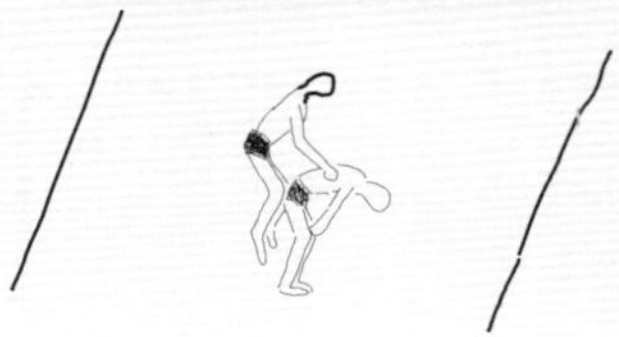

Nr.	Name der Spielform Ziele/Akzente	Idee/Beschreibung	Hinweise/Organisation
76	**Skippingstaffel** Koordination	Auf dem Boden liegen in unregelmäßigen Abständen Reifen. Jedes Staffelmitglied muss so durch die Reifenbahn rennen, dass jeweils jeder Reifen mit einem Fuß berührt wird.	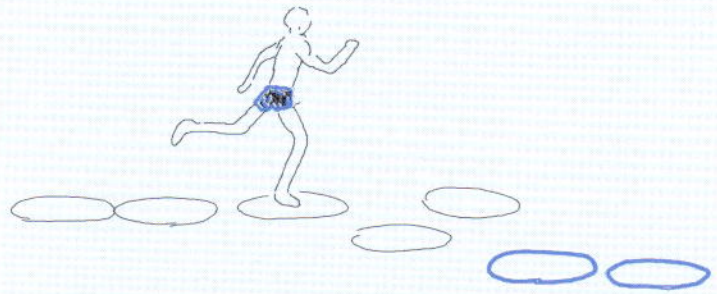
77	**Krabbelstaffel** Kooperation Ausdauer	Zwei Staffelmannschaften: Alle einer Mannschaft stehen mit gegrätschten Beinen hintereinander und bilden damit ein Tunnel. Die letzte Person einer Mannschaft muss durch diesen Tunnel krabbeln, aufstehen und die Hände strecken. Dies ist das Zeichen für den nächsten (hintersten) unten durchzukrabbeln. Welches Team ist als erstes am anderen Ende?	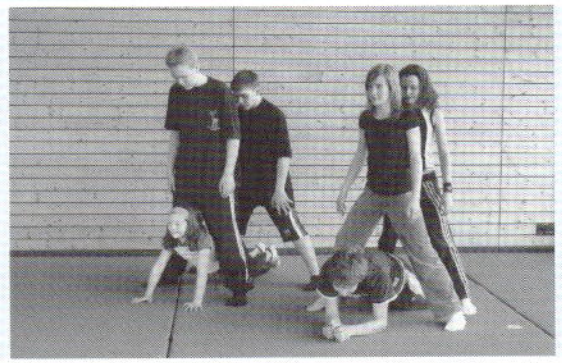
78	**Balltunnel** Kooperation Geschicklichkeit	Zwei Staffelmannschaften: Alle einer Mannschaft stehen mit gegrätschten Beinen hintereinander und bilden damit ein Tunnel. Die vorderste Person muss einen Ball durch die Beingasse geben. Ist der Ball hinten angekommen, muss der Letzte der Reihe nach vorne springen und den Ball wieder durch die Beingasse geben. Das Team, das als Erstes am anderen Ende ankommt hat gewonnen.	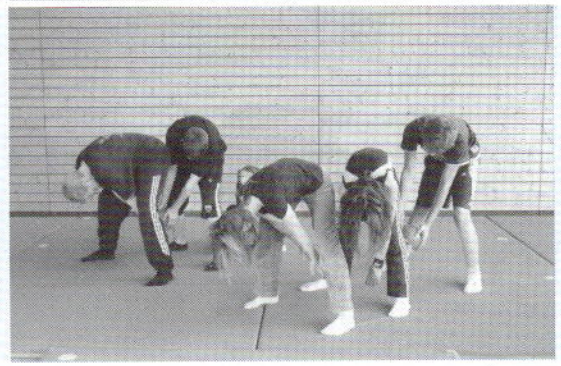
79	**Lastwagen** Kooperation Ausdauer	Fünfergruppen. Jedes Team trägt ein Mannschaftsmitglied an Armen und Beinen bis zu einem Wechselmal. Dort muss ein anderes Mannschaftsmitglied getragen werden. Welche Mannschaft hat alle Mitglieder als erstes die Staffelstrecke getragen?	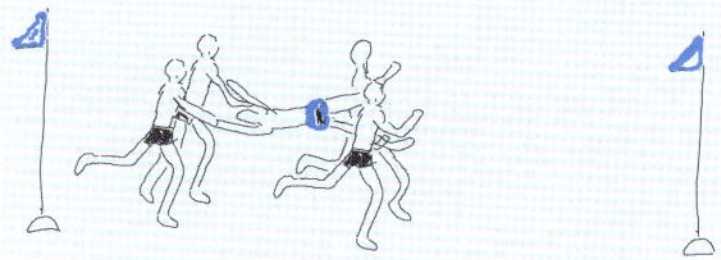
80	**Hängebauchschwein** Ausdauer Kraft	Zweierpaarungen. B klammert sich (mit dem Rücken zur Matte) um den Rumpf von A, während A sich in der Vierfüßlerstellung vorwärts bewegt. Wechsel der Positionen am Ende der Matte. Welches Team ist am schnellsten?	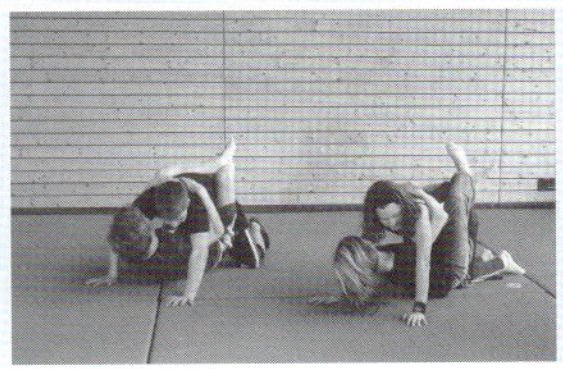

Nr.	Name der Spielform Ziele/Akzente	Idee/Beschreibung	Hinweise/Organisation
81	**Mattenrutschen** Kooperation	Jedes Team hat eine Weichbodenmatte, die mit der glatten Seite auf dem Boden liegt. Auf ein Zeichen darf Person A (oder Personen A und B) auf die Matte springen und sie damit zum Rutschen bringen. Wenn Spieler A auf den nächsten Spieler abgeschlagen hat, darf dieser auf die Matte springen, etc. Welches Team erreicht als erstes die gegenüberliegende Wand?	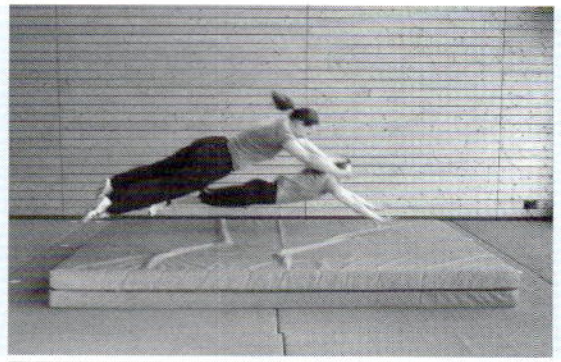
82	**Tausendfüßler** Kraft Kooperation	Das Team befindet sich in Liegestützhaltung hintereinander. Dabei liegen jeweils die Füße auf den Schultern des Hinteren. Auf ein Signal hin bewegt sich der Tausendfüßler nach vorne. Eventuell mit Positionswechsel. Welche Staffel erreicht als Erste das Ziel?	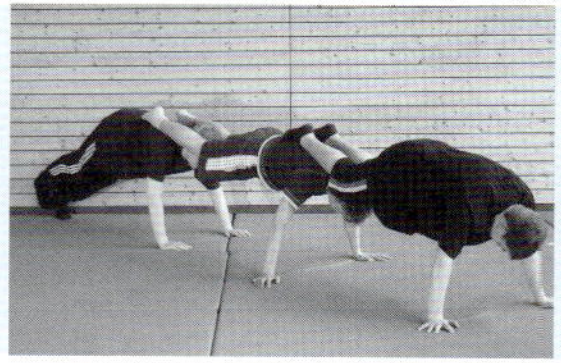
83	**Über den Fluss** Kooperation Gleichgewicht	Jede Mannschaft hat je nach Könnensstand gleich viele Medizinbälle oder einen Medizinball mehr als Mannschaftsmitglieder zur Verfügung. Nur auf den Medizinbällen gehend müssen sie von einem Ende zum anderen Ende der Matte zu gelangen ohne den Boden zu berühren. Welche Staffel ist die schnellste?	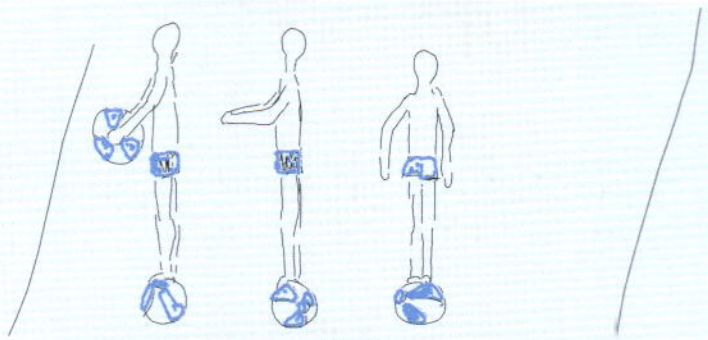
84	**Gürtelsackhüpfen** Kooperation Ausdauer	Ein Seil/Budogürtel wird um die Füße gelegt und an den Enden nach oben gezogen. Die Spieler müssen dann wie beim Sackhüpfen möglichst schnell von einer Seite zur anderen (und zurück) gelangen und auf die nächste Person übergeben.	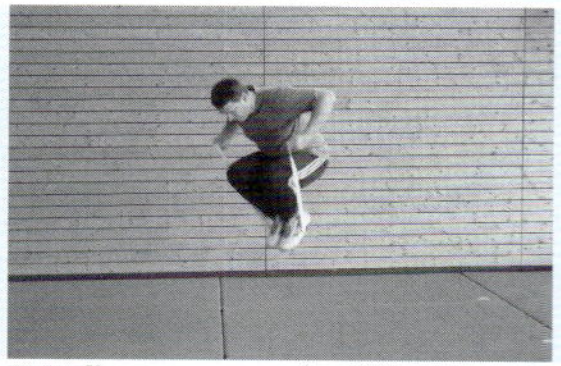
85	**Bankstemmen** Kraft Kooperation	Die Staffelgruppe steht seitlich neben einer Langbank. Auf ein Signal muss sie die Langbank mit beiden Händen auf der einen Seite greifen, mit allen im hohen Bogen über sich auf die andere Seite stemmen, über die Bank steigen und wieder über sich stemmen usw. Gewonnen hat die Mannschaft, die eine Wand erreicht. Kann auch mit der Hälfte der Staffelgruppe gespielt werden. Der Rest muss mit der Bank zurückwandern.	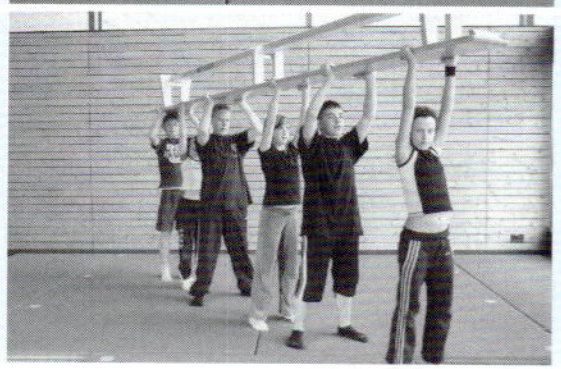

Nr.	Name der Spielform Ziele/Akzente	Idee/Beschreibung	Hinweise/Organisation
86	**Bankrolle** Koordination	Beide Partner befinden sich auf dem Boden nebeneinander in einer tiefen Bank. Ein Kämpfer rollt nun seitlich über den Rücken seines Partners, so dass er sich direkt neben ihm wieder in der tiefen Bank befindet. Welches Zweierteam schafft es am schnellsten von einer Seite der Matte zur anderen Seite?	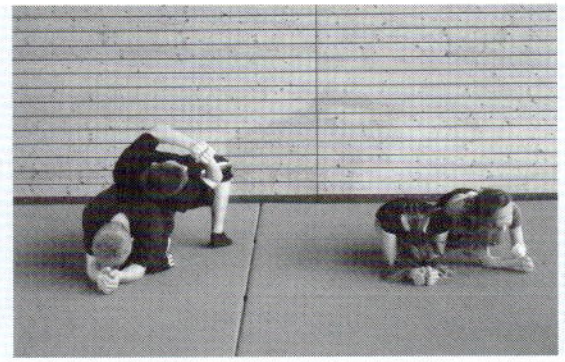
87	**Schubkarre – Einbein** Kraft Ausdauer	Staffel mit Schubkarre. Dabei müssen die Beine immer auf der Höhe der Oberschenkel gehalten werden! Alternative für Könner: Einbeinschubkarre. Es darf nur noch ein Bein festgehalten werden. Dabei nicht mit dem Rücken durchhängen!	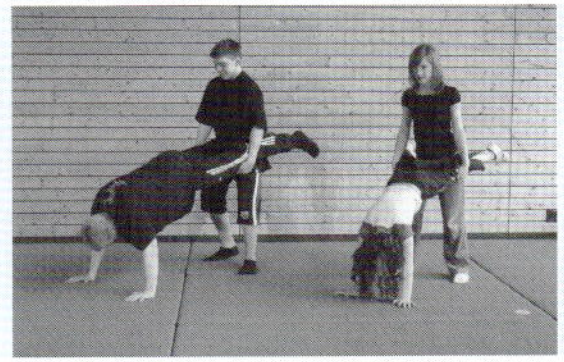
88	**Einbeinhüpfer** Kraft	Im Vierfüßlergang müssen alle an ein Mattenende hüpfen. Dabei darf nur ein Bein den Boden berühren. Auf dem anderen Bein (mit Armen auf dem Boden) zurückhüpfen.	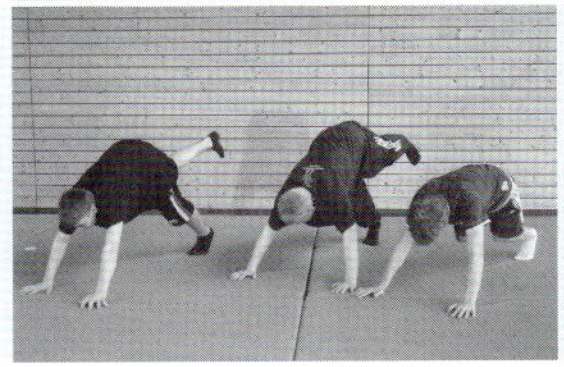
89	**Hindernisstaffel** Kraft Koordination	Ein Kasten und ein Pferd stehen als Hindernis auf der Matte. Der Kasten muss übersprungen werden und unter dem Pferd durchkriechen.	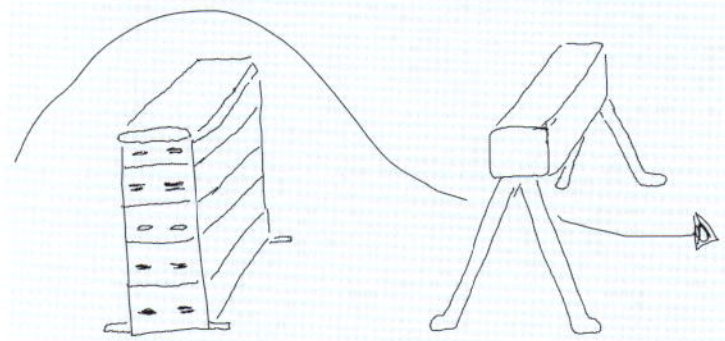
90	**Liegestützhüpfen** Zweikampf Boden-Stand	In der Liegestützstellung hüpfen. Dabei verlassen beide Hände und beide Füße den Boden.	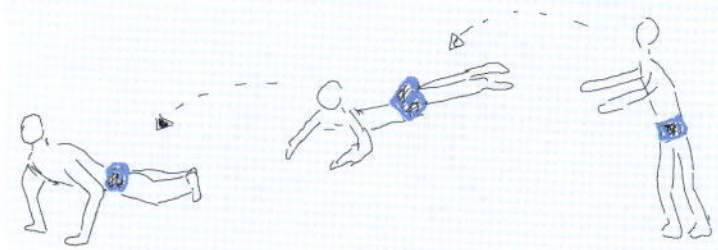

4

Nr.	Name der Spielform Ziele/Akzente	Idee/Beschreibung	Hinweise/Organisation
91	**Elefantenkreisel** Konzentration Koordination	Der Erste jeder Staffel muss die Elefantenhaltung einnehmen (eine Hand an die Nase, den anderen Arm durch diesen Kreis stecken). Mit dem gestreckten Arm auf den Boden zeigen und dann fünfmal schnell im Kreis drehen. Danach über die Matte zum gegenüberliegenden Mattenende laufen und dort den nächsten Mitspieler auf die Reise schicken. Achtung: Genügend Platz zu anderen Gegenständen herstellen!	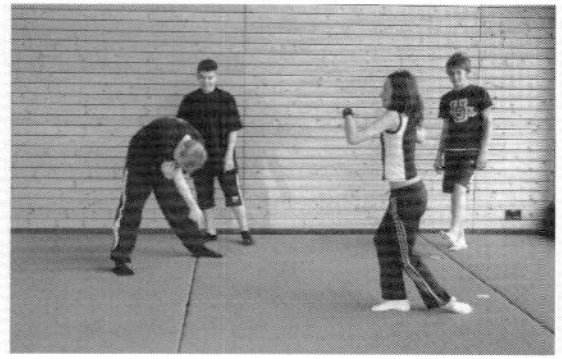
92	**Krebsgang** Kraft	Die einzelnen Staffeln dürfen sich nur im Spinnengang fortbewegen. Bei einer Wendestaffel muss die Richtung, um die der Wendepunkt gegangen werden darf, festgelegt werden.	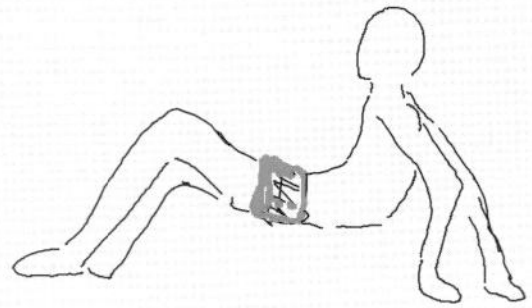
93	**Puzzle-Staffel** Kooperation	Blätter vorbereiten (z. B. Kalenderfotos), auf deren Rückseite eine Aufgabe steht. Blätter in gleich viele Puzzleteile zerschneiden. In der Staffel darf ein Läufer jeweils nur ein Puzzleteil nehmen und an die anderen schon zusammengelegten Puzzleteile anlegen. Ist das Puzzle erfolgreich beendet müssen alle die Aufgabe auf der Rückseite erfüllen. Aufgabe z. B.: Alle vier Ecken der Matte berühren.	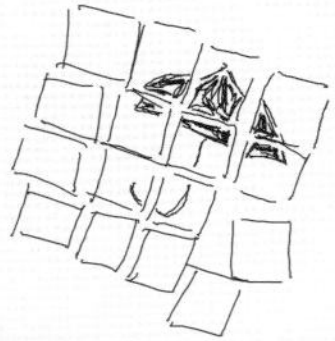
94	**Ballstaffel** Koordination	Jedes Staffelmitglied muss einen Ball rollend vor sich hertreiben, um einen Wendepunkt und zurück zur Staffel rollen. Dabei darf der Ball nie die Hand verlassen.	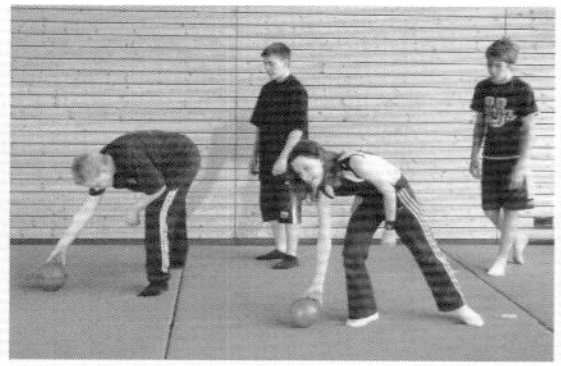
95	**Trockenen Fußes** Kooperation Taktik	Jede Staffel hat eine bestimmte Anzahl Teppichfliesen zur Verfügung (ca. 1–4 Teppichfliesen weniger als Staffelteilnehmer). Jede Staffel muss nun auf die andere Seite der Halle kommen, ohne den Boden zu berühren. Dazu müssen immer die Fliesen von hinten nach vorne gegeben werden.	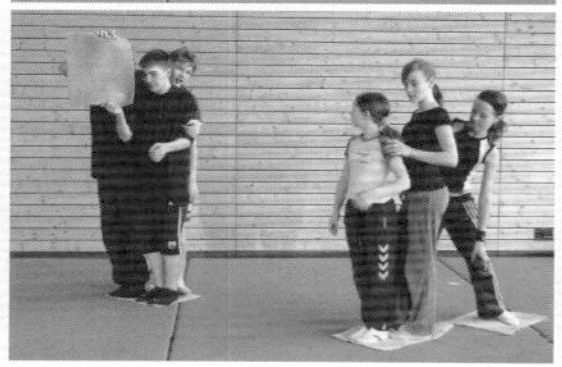

Nr.	Name der Spielform Ziele/Akzente	Idee/Beschreibung	Hinweise/Organisation
96	**Durchreichen** Kooperation Kraft	Alle Staffelmitglieder stehen direkt hintereinander mit gegrätschten Beinen. Der Letzte in der Reihe legt sich auf den Rücken und streckt die Arme nach vorne. Alle müssen ihn nun unter sich durchziehen/ schieben. Wenn der Sportler vorne angekommen ist, steht er auf und der nächste muss von hinten nach vorne durchgereicht werden. Welche Staffel erreicht so zuerst die andere Seite?	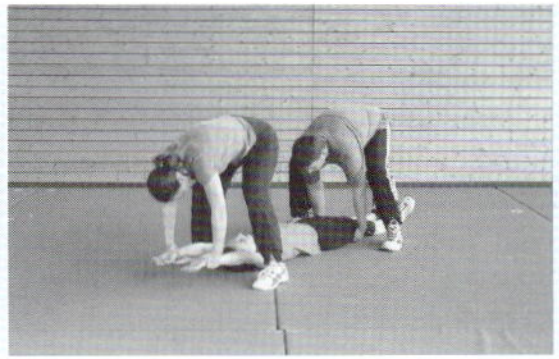
97	**Biathlonstaffel** Kooperation Koordination	Jede Staffel hat zwei Teppichfliesen, die als Skier dienen. Jeweils ein Sportler jeder Staffel muss sich mit den Fliesen fortbewegen (auf jeder Fliese muss immer ein Fuß stehen). Unterwegs müssen Schießaufgaben erledigt werden (z. B. Bälle in einen umgedrehten Kasten werfen). Für jeden Fehlwurf gibt es eine Strafrunde. Die Teppichfliesen werden an den Nächsten in der Staffel weitergegeben.	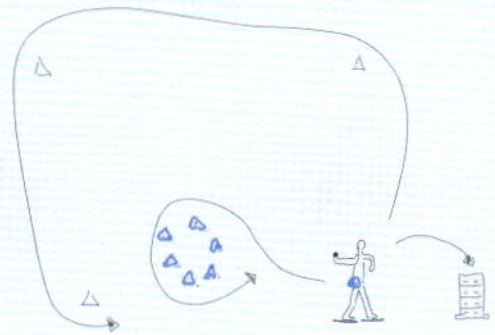
98	**Sprint-Sprungstaffel** Schnelligkeit	Auf dem Hinweg muss gesprintet werden. Auf dem Rückweg über einen „Wassergraben“ springen. Wassergraben mit einem Turnkasten und Weichbodenmatte aufbauen.	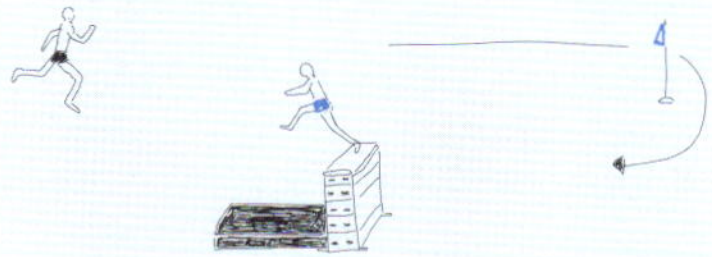
99	**Rechenstaffel** Ausdauer	Auf einem Blatt sind Rechenaufgaben vorbereitet (mindestens doppelt so viele Aufgaben wie Staffelmitglieder). Der Erste jeder Staffel rennt zum Blatt, löst eine Aufgabe, rennt zurück zu seiner Staffel und übergibt an den Nächsten. Welche Staffel hat als Erste alle Aufgaben gelöst?	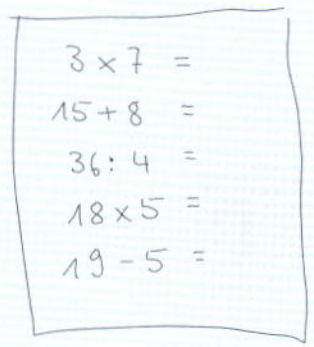
100	**Bingo** Ausdauer	Auf einem Blatt pro Staffel sind im Quadrat 36 Felder durcheinander mit den Zahlen von 1 bis 6 beschriftet. Jedes Staffelmitglied muss zu diesem Blatt rennen, darf mit einem Würfel einmal würfeln, die gewürfelte Zahl abstreichen und zurück dem Nächsten in der Staffel übergeben. Wenn eine Zahl gewürfelt wird, die nicht mehr auf dem Blatt vorhanden ist, muss man ohne Abstreichen zurückrennen.	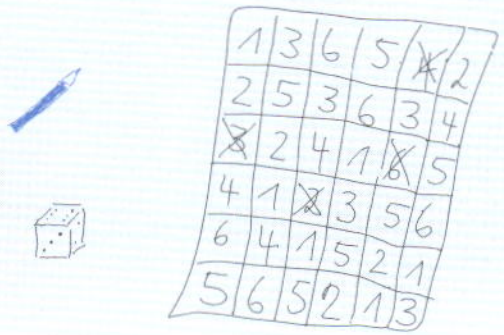

Nr.	Name der Spielform Ziele/Akzente	Idee/Beschreibung	Hinweise/Organisation
101	**Dreibeinstaffel** Kooperation, Kraft	Jeweils zu zweit muss in der Staffelgruppe eine bestimmte Strecke zurückgelegt werden. Dabei dürfen nur drei Füße den Boden berühren.	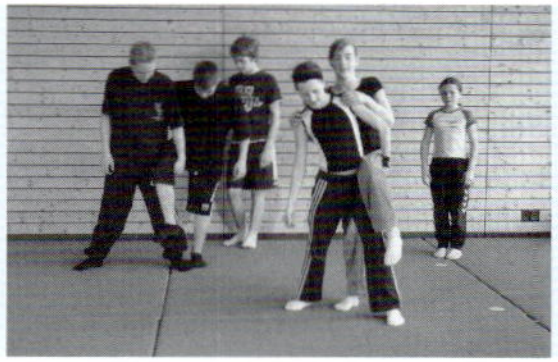
102	**Zeitschätzstaffel** Ausdauer	Jede Staffel muss zusammen eine bestimmte Zeitdauer laufend zurücklegen. Sie muss sich am Ende darauf einigen, ob die vorgegebene Zeit (z. B. 5 Min.) erreicht ist und durch ein lautes „Stopp" dem Spielleiter mitteilen. Die Staffel, die am genauesten die Zeit erreicht hat, hat gewonnen.	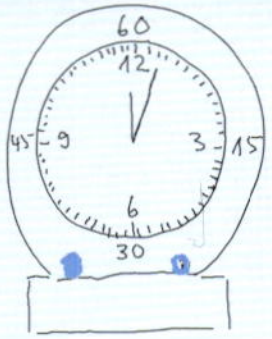
103	**Streckenstaffel** Kooperation Taktik Ausdauer	Jede Staffel muss um die Matte rennen und innerhalb einer vorgegebenen Zeit (z. B. 5 Min.) möglichst viele Runden sammeln. Dabei ist es jeder Staffel selbst überlassen, ob die Staffelmitglieder nach jeder Runde weiter übergeben oder auch mehrere Runden am Stück rennen.	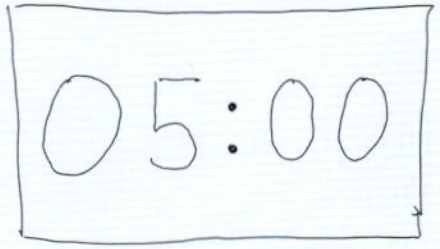
104	**Seilspringstaffel** Koordination	Jedes Staffelmitglied muss Seilspringend eine Wendepunktstrecke zurücklegen. Seil immer an den Nächsten weitergeben.	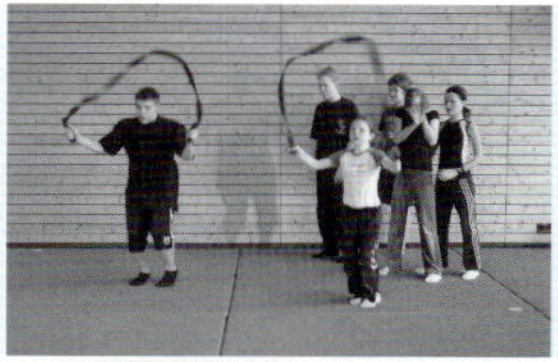
105	**Omnibusstaffel** Kooperation Schnelligkeit	Alleine/zu zweit/zu dritt muss ein Kastenteil um ein Wendemal getragen werden. Dabei immer im Kastenteil laufen!	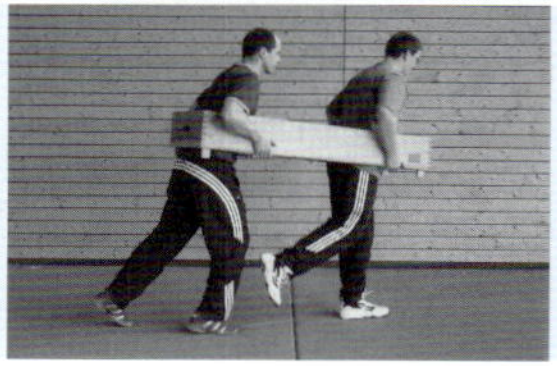

5 Ich vertraue mich meinem Partner an

Vertrauensübungen und Spiele

5

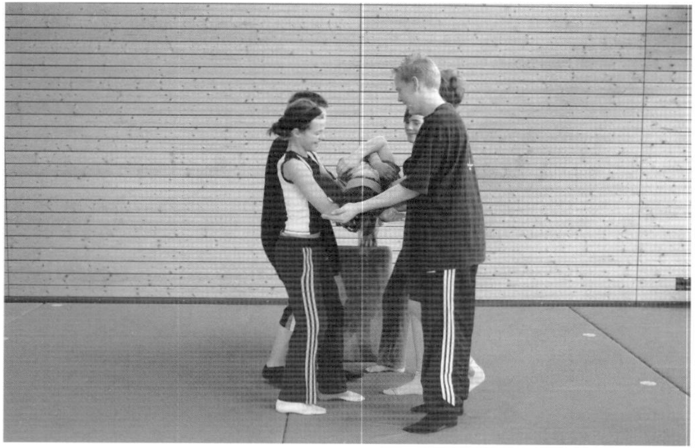

Miteinander kämpfen heißt miteinander agieren und reagieren. Das Miteinander kann jedoch erst entstehen, wenn die Partner gelernt haben, sich gegenseitig zu schätzen, sich zu vertrauen und in der Übung miteinander verantwortungsvoll umzugehen.

Zentral für das miteinander Kämpfen ist das Spüren von Emotionen beim Partner, wie Angst, Siegeswillen usw. Dieses Erspüren fördert und erfordert die Empathie der Übenden.

Vertrauensbildende Übungen und Spielformen haben die Aufgabe, die Distanz zum Partner abzubauen und Emotionen zuzulassen. Es wird geschult, mit sich und den anderen behutsam und achtsam umzugehen.

Die folgenden Übungen haben ein sich „fallen lassen" und „von anderen aufgefangen werden" zum Inhalt. Dieses Spüren der Abhängigkeit von anderen, oftmals auch ohne visuelle Kontrolle, begünstigt die Bildung der Sensibilität in der Gruppe. Gleichzeitig fördern die Übungen und Spielformen die Übernahme der Verantwortung für den Partner und die Rücksichtsnahme auf seine Gefühle und Empfindungen.

Nr.	Name der Spielform Ziele/Akzente	Idee/Beschreibung	Hinweise/Organisation
106	**Baum im Wind** Kooperation Vertrauen	Partnerweise zusammengehen. Einer macht sich ganz steif und lässt sich langsam nach vorne kippen. Dort wird er von seinem Partner sanft aufgefangen und wieder leicht zurückgeworfen. Wenn der Baum nach hinten fällt, muss der Partner schnell herumlaufen und dort wieder sanft den Partner auffangen.	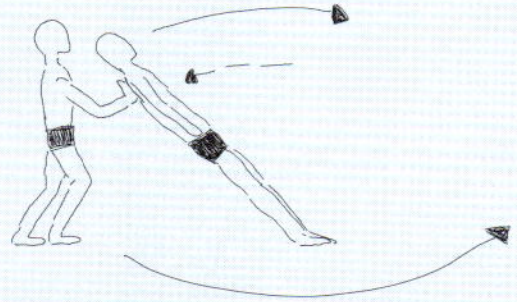
107	**Fingergefühl** Vertrauen Sensibilität	Ein Partner lässt sich am ausgestreckten Zeigefinger blind über die Matte führen. Dabei darf er lediglich den Zeigefinger des anderen Partners berühren.	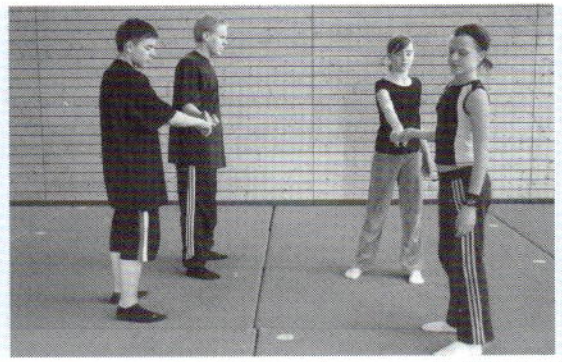
108	**Ohnmacht** Vertrauen spüren	Alle Sportler werden von 1 bis 3 (4, 5 ...) durchnummeriert und verteilen sich auf der Matte. Beim Rufen einer Gruppennummer fallen diese langsam, kontrolliert und laut aufschreiend in „Ohnmacht". Die Mitspieler müssen die Ohnmächtigen am Ende wieder auf die Beine bringen. Der Ohnmächtige muss mit gemeinsamer Hilfe in einem steifen Zustand wie eine Statue auf die Beine gehoben werden.	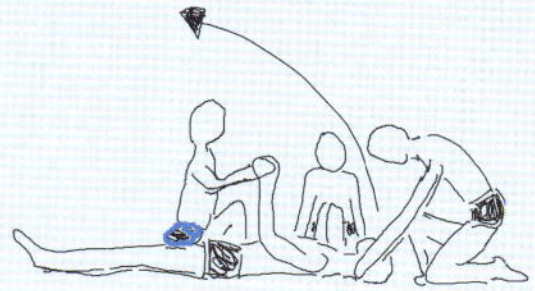
109	**Donnernde Pferde** Vertrauen	Die Hälfte der Gruppe legt sich auf den Rücken, verteilt im Raum und schließt die Augen. Die andere Hälfte läuft durch die Gruppe, springt darüber, galoppiert knapp vorbei.	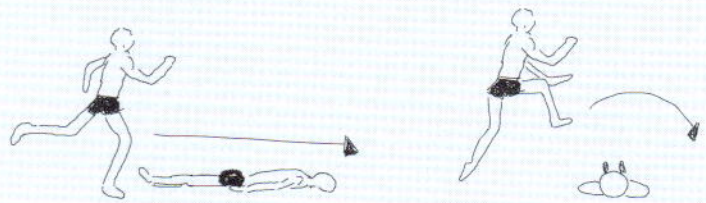
110	**Blind im Wald** Vertrauen entwickeln	Einer der Gruppe steht an einem Ende des Raumes und schließt die Augen. Der Rest der Gruppe steht mit Blick zum Blinden verteilt im Raum. Der Blinde muss durch diesen Wald zur anderen Seite laufen, ohne einen Baum zu berühren. Jedes Mal wenn er in die Nähe eines „Baumes" kommt, gibt der „Baum" einen Laut von sich.	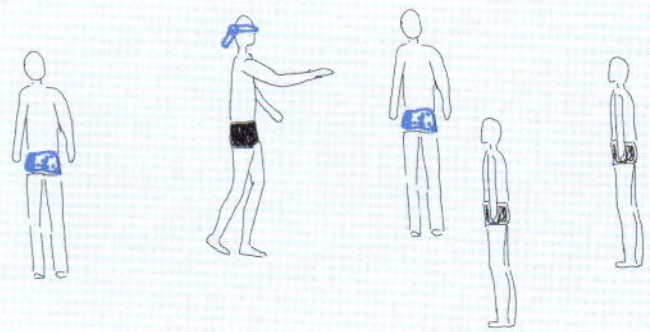

Nr.	Name der Spielform Ziele/Akzente	Idee/Beschreibung	Hinweise/Organisation
111	**Pendel im Kreis** Vertrauen	Die Gruppe stellt sich im Kreis ganz eng zusammen (Schulter an Schulter). Einer stellt sich in die Mitte des Kreises, schließt die Augen und macht sich ganz steif. Nun läßt er sich in eine beliebige Richtung fallen. Die Außenspieler fangen ihn auf (Wichtig: immer mehrere helfen gleichzeitig) und geben ihm einen Impuls in eine andere Richtung, sodass er bald wie ein Pendel im Kreis hin und her bewegt wird.	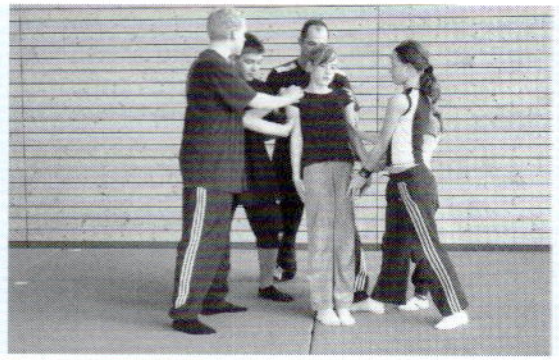
112	**Fall ins Nichts** Vertrauen Körperspannung	Die Gruppe steht in zwei Reihen dicht nebeneinander und jeweils paarweise gegenüber, streckt die Unterarme aus (Handflächen nach oben) und ordnet die Arme im Reißverschlussverfahren an. Einer steht (evtl. mit verbundenen Augen) auf einem Turnkasten und soll sich nun vorwärts oder rückwärts gestreckt (Spannung halten!) in die Arme der anderen fallen lassen.	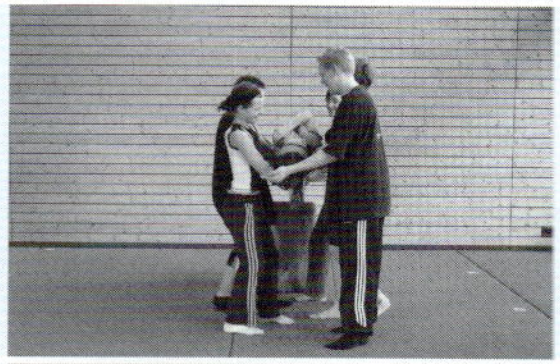
113	**Fliegender Fisch** Kooperation Vertrauen	Die Gruppe stellt sich gleich wie oben auf. Einer legt sich steif auf die Arme. Durch rhythmisches gleichzeitiges Hoch- und Runterbewegen der Arme wird der „Fisch" in der Mitte in eine Richtung transportiert. Achtung: Am Ende der Reihe nicht auf den Boden fallen lassen!	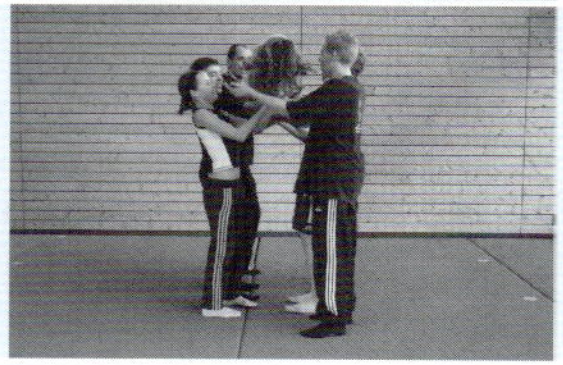
114	**Autofahrt** Vertrauen	Partner A steht mit geschlossenen Augen vor Partner B. Wenn B den Zeigefinger zwischen die Schulterblätter legt läuft A („fährt das Auto") geradeaus. Linke Schulter = links abbiegen, rechte Schulter = rechts abbiegen. Nacken = Rückwärtsgang. Starker Druck = schneller, keine Berührung = Gas weg. Aufpassen! Keine Zusammenstöße!	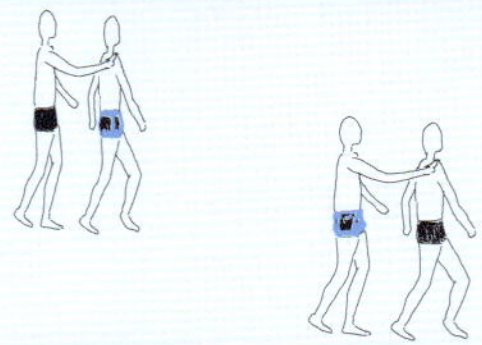
115	**Reißverschluss** Vertrauen	Die Gruppe steht in zwei Reihen dicht beieinander und jeweils paarweise gegenüber. Die Arme werden nach vorne gestreckt und im Reißverschlussverfahren angeordnet. Ein Sportler läuft schnell durch Armreihe durch. Die Arme werden dabei rechtzeitig nach oben weggeführt, damit der Läufer an keinem Arm hängen bleibt.	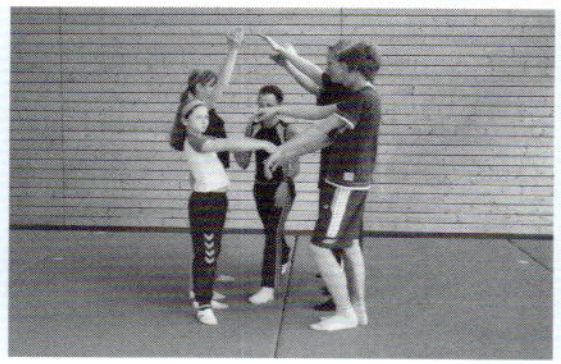

Nr.	Name der Spielform Ziele/Akzente	Idee/Beschreibung	Hinweise/Organisation
116	**Freiflug** Vertrauen Kooperation	Ein Sportler liegt auf einer großen Weichbodenmatte und wird durch die anderen Sportler gleichmäßig und vorsichtig nach oben gehoben. Wenn sich die Matte über Kopfhöhe befindet, wird sie auf ein Zeichen des Spielleiters losgelassen. Die Matte muss dabei flach aufkommen. Zuerst mit offenen Augen, dann mit geschlossenen Augen auf der Matte liegen.	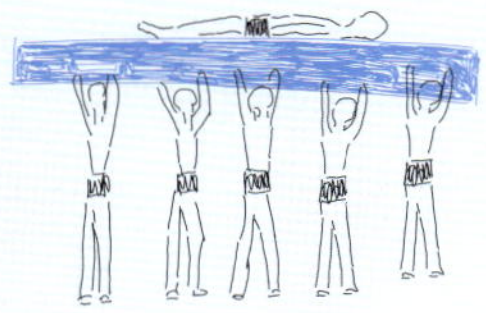
117	**Kreisverkehr** Vertrauen	Jeweils paarweise stehen alle Sportler in einem großen Kreis. Der äußere Partner hat die Augen geschlossen und wird von seinem sehenden Nachbarn im Kreis geführt. Dabei darf nur der Ellenbogen berührt werden. Immer schneller laufen!	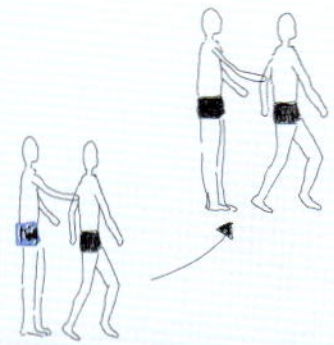
118	**Fotolabor** Vertrauen	Partner A wird mit geschlossenen Augen von Partner B durch einen Raum geführt. Vor verschiedenen Orten darf Partner A nach einem leichten Druck auf den Auslöser (Kopf) die Augen kurz öffnen und ein Bild machen. Kann Partner A alles Gesehene am Ende benennen?	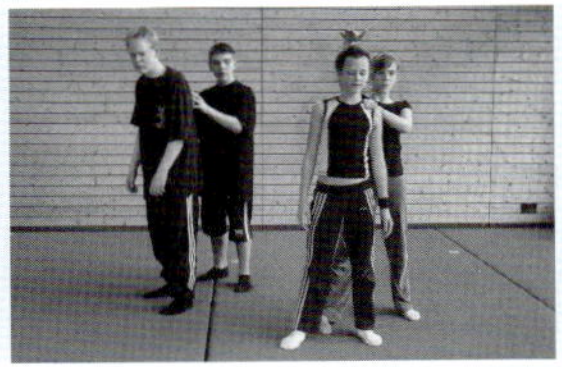
Eigene Ideen			
Eigene Ideen			

5

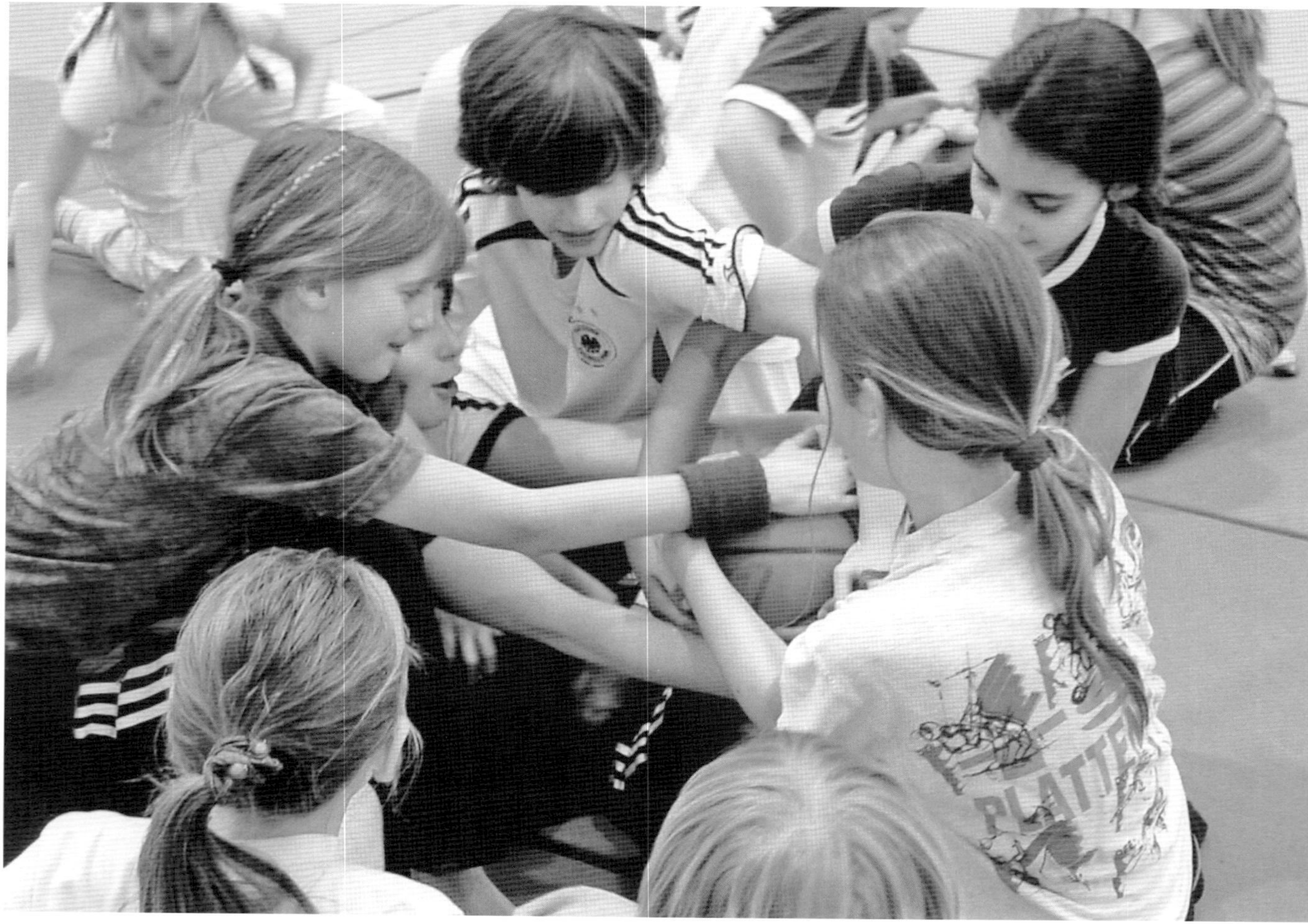

6 Körperkontakt aufbauen

6.1 Von wenig zu viel Körperkontakt 50

6.2 Kooperation in der Akrobatik 67

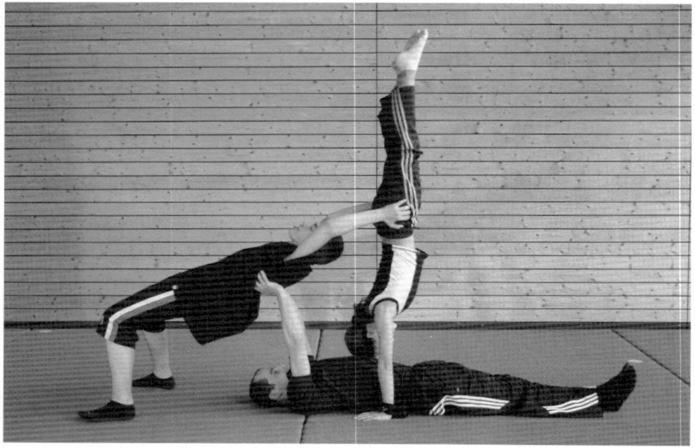

Eine Grundvoraussetzung für das „Zweikämpfen" ist die Überwindung der Distanz und das Zulassen der **Nähe.**
Diese nicht alltägliche Nähe mit Körper- und Hautkontakt ist ein zentraler Punkt von Ringen, Raufen und Zweikämpfen und muss entsprechend behutsam aufgebaut werden.

Zusätzlich sollte das Zweikämpfen von Anfang an als „spielerisches Raufen" mit **fairem** und friedfertigem **Wettkampfgedanken** eingeführt werden, damit eine Chance zu einer positiv erlebten Körpererfahrung besteht.

Ziel der Übungen dieses Kapitels ist es, den Partner zu spüren und damit die Distanz abzubauen.

Dementsprechend sind in diesem Kapitel Übungen zu finden, die mal mehr, mal weniger Körperkontakt benötigen. Manche Übungen sind für Gruppen gedacht, die sich neu bilden, andere sind auch für schon bestehende Gruppen (Verein, etc.) geeignet.

Ebenso finden sich in diesem Kapitel Akrobatik. In der Akrobatik erfahren alle die Notwendigkeit, zu helfen, Unterstützung zu benötigen und zu geben.

6.1 Von wenig zu viel Körperkontakt

Der für das Kämpfen nötige Körperkontakt wird nach diesen Übungen als normal empfunden. Die Übungen sind jedoch auch für Sportler geeignet, die den Zweikampf gewohnt sind.

Nr.	Name der Spielform Ziele/Akzente	Idee/Beschreibung	Hinweise/Organisation
119	**Kontaktbörse** Eisbrecher Distanz abbauen	Alle laufen durcheinander. Wenn Du jemandem begegnest begrüßt Du ihn, indem sich eure Füße (Knie, Ellenbogen, etc.) berühren. Zuerst „ferne" (Fuß, Knie), dann „nahe" (Ohren, Nase) Körperteile ausrufen. Mit Musik. Wenn sie stoppt muss man sich mit Handschlag begrüßen.	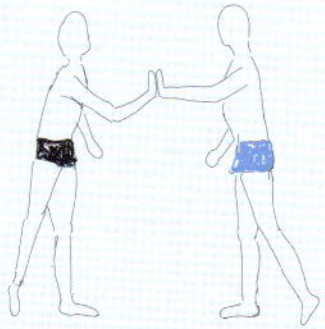
120	**Namensreihe** Kooperation	Alle stehen in einer Reihe auf einer Linie/auf einer Bank. Nun müssen sich alle nach dem Anfangsbuchstaben des Vornamens, nach dem Gewicht, der Größe etc. aufstellen. Variation: Auf der umgedrehten Langbank. Es darf niemand herunterfallen.	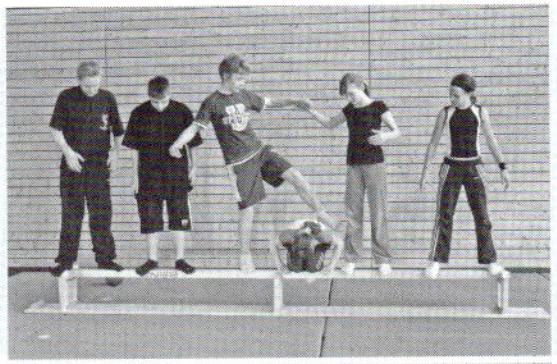
121	**Gordischer Knoten** Kooperation	Alle stehen in einem Kreis, machen die Augen zu und laufen langsam mit gestreckten Armen nach vorne. Sobald man eine andere Hand spürt wird sie erfasst. Wie lange braucht es, bis der Knoten gelöst ist? Man darf dabei die andere Hand nicht loslassen!	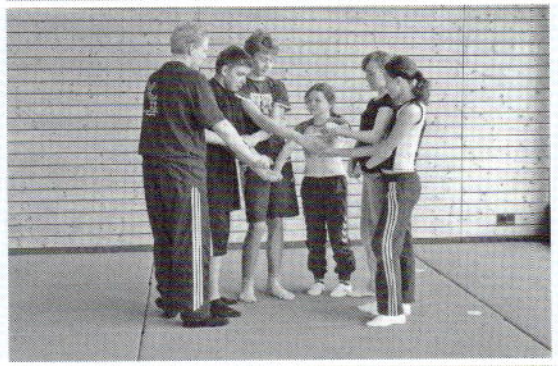
122	**Raubkatzen** Vertrauen	Alle sind Raubkatzen und bewegen sich auf allen vieren über die Matte. Keine Raubkatze berührt dabei die andere. Variation: Geht das auch mit geschlossenen Augen?	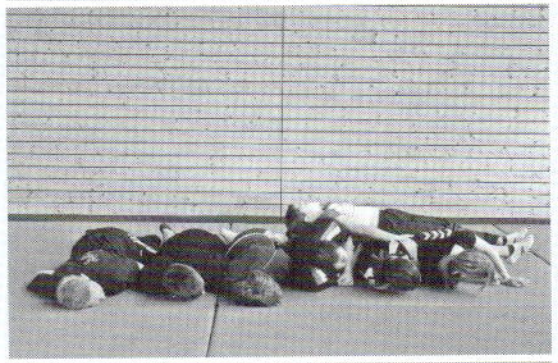
123	**Elefanten** Vertrauen	Die eine Hälfte der Gruppe liegt als Baumstämme ruhig auf dem Boden. Die andere Hälfte läuft vorsichtig als Elefanten über die gesamte Matte und Baumstämme.	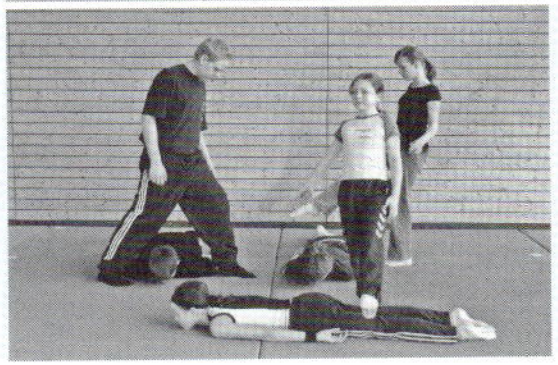

Nr.	Name der Spielform Ziele/Akzente	Idee/Beschreibung	Hinweise/Organisation
124	**Förderband** Miteinander	Alle liegen direkt nebeneinander auf dem Boden. Einer legt sich quer darüber und wird von den anderen durch gemeinsames seitliches Rollen transportiert.	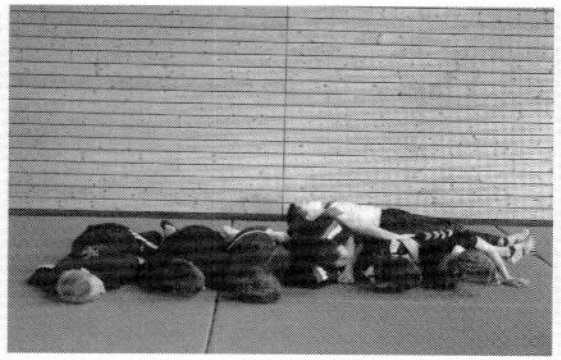
125	**Pakettransport** Kooperation	Drei bis vier stehen mit dem Rücken zueinander im Kreis. Dabei klemmen sie einen Medizinball ein. Welche Gruppe schafft es, den eingeklemmten Ball zu einem entfernten umgedrehten Kasten ohne Hände zu transportieren und abzulegen. Auch als Staffel möglich!	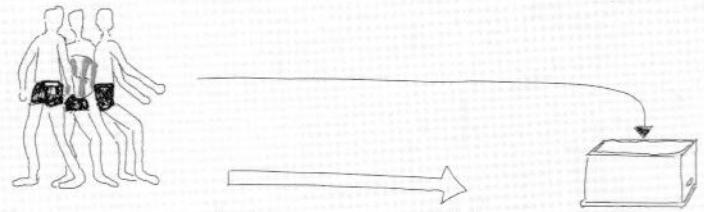
126	**Schnellimbiss** Körperkontakt	Alle laufen durcheinander. Bei „Hamburger“ legen sich zwei übereinander, bei „Cheeseburger“ drei, bei „Pommes“ legen sich vier nebeneinander, bei „Pommes mit Ketchup“ legt sich zusätzlich einer quer über die vier „Pommes“. Gut zur Gruppeneinteilung geeignet.	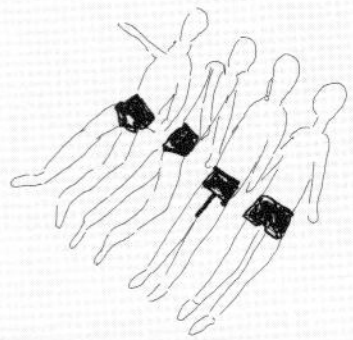
127	**Druck – Gegendruck** Kräfte spüren	Partner A ist im Vierfüßlerstand (oder steht, liegt etc.) und macht sich ganz steif. Partner B versucht mit leichtem Druck/Zug gegen verschiedene Körperteile (Fuß, Schulter, Rumpf etc.) Partner A aus dem Gleichgewicht zu bekommen.	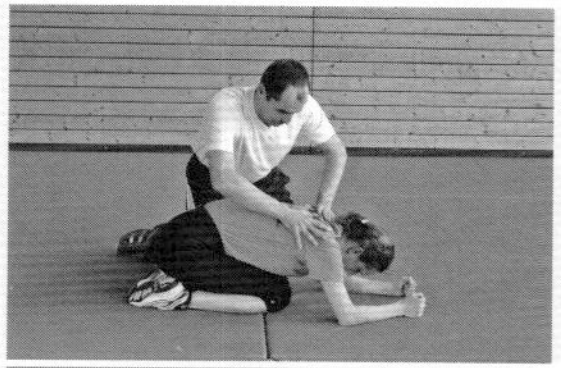
128	**Schlangen im Urwald** Vertrauen	Die eine Hälfte der Gruppe liegt als Baumstämme und Steine ruhig auf dem Boden. Die andere Hälfte kriecht vorsichtig über Stock und Stein. Geht das auch mit geschlossenen Augen?	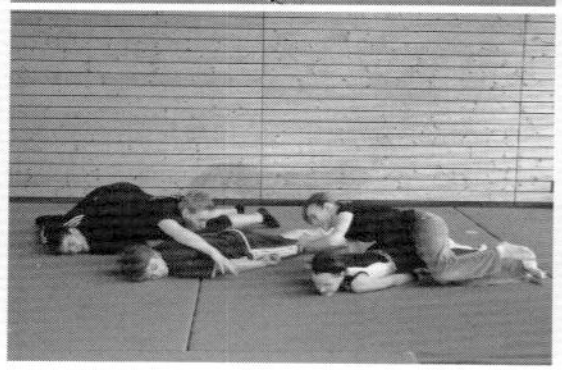

Nr.	Name der Spielform Ziele/Akzente	Idee/Beschreibung	Hinweise/Organisation
129	**Erlöserfangen** Körperkontakt	Die gefangene Person muss mit erhobenen Händen stehen bleiben und kann erst wieder befreit werden, wenn sie von jemandem umarmt und/oder hochgehoben wird.	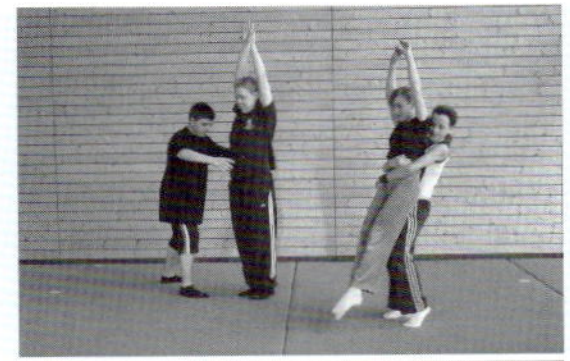
130	**Eingerollt** Kooperation Koordination	Paarweise stehen die Partner nebeneinander und haben einen gespannten Budogürtel/Seil zwischen sich in der Mitte. Ein Partner dreht sich um sich selbst und rollt damit den Gürtel um die Hüfte auf. Am Ende dreht er sich in die andere Richtung, während der Partner zeitgleich durch Körperdrehung den Gürtel um die eigene Hüfte aufrollt. Hin und her geht das …	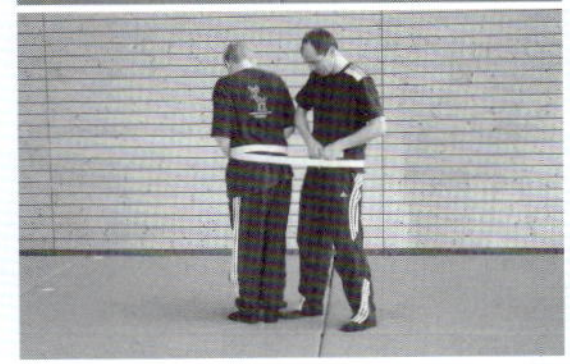
131	**Hochwasser** Kooperation Distanz abbauen	Es werden verschiedene „Rettungsinseln" (Kleinkästen, Teppichfliesen etc.) in der Halle verteilt. Wenn die Musik stoppt, kommt die Flut und es müssen sich alle auf diese Rettungsinseln retten. Nach jedem Mal immer mehr Rettungsinseln wegstellen.	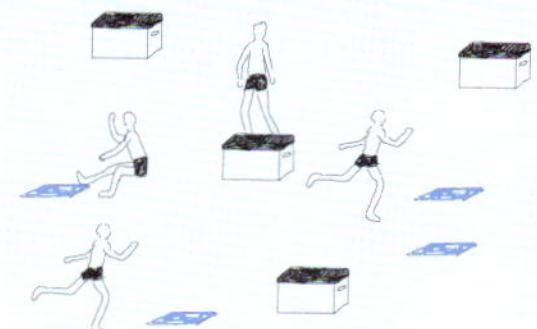
132	**Kontrollraum** Kooperation Vertrauen	Mindestens 6–8 Sportler tragen einen anderen. Dieser darf sagen, in welche Position (sitzend, kopfüber, seitlich liegend, etc.) er langsam und behutsam getragen werden soll.	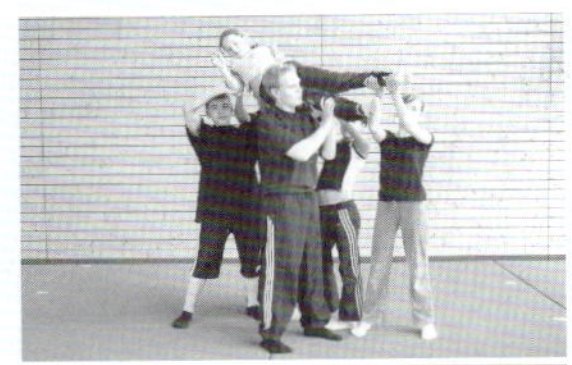
133	**Durcheinander** Rücksichtnahme	Alle krabbeln und kriechen übereinander und durcheinander über die Matte.	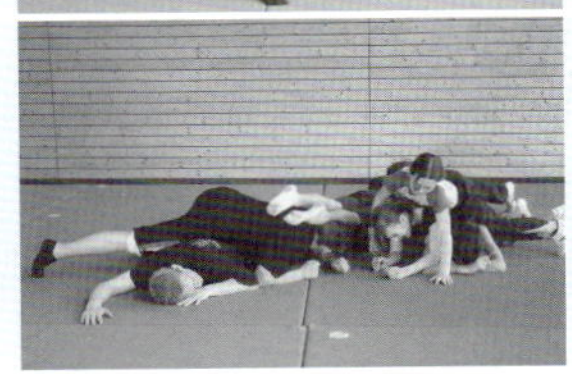

6

Nr.	Name der Spielform Ziele/Akzente	Idee/Beschreibung	Hinweise/Organisation
134	**Schüttelbank** Kooperation	Alle befinden sich in der hohen Brücke seitlich nebeneinander, dabei berühren sich jeweils die Schultern und der Po. Jemand legt sich quer darüber und wird von den Unteren durchgeschüttelt.	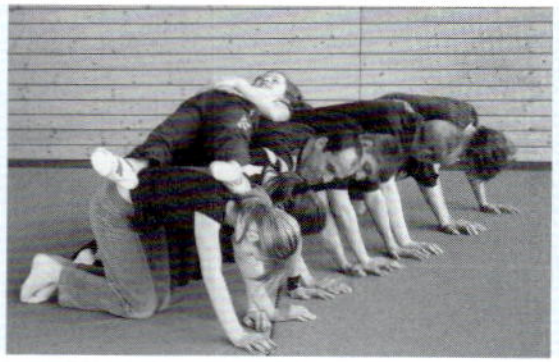
135	**Geheimsprache** Erlebnis Gefühl Distanz abbauen	Auf dem Rücken von Partner A „schreibt" Partner B in Großbuchstaben eine Nachricht. Partner A muss diese Nachricht erraten. Zuerst nur mit Zahlen beginnen, dann Buchstaben und zum Schluss ganze Sätze.	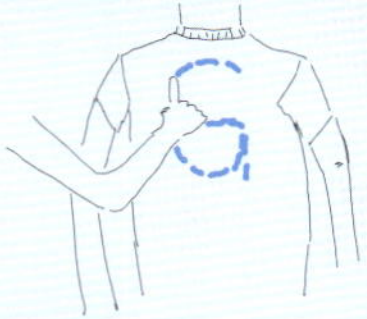
136	**Größentest** Kooperation	Alle müssen sich mit geschlossenen/verbundenen Augen der Größe nach aufstellen. Mit oder ohne Sprechen!	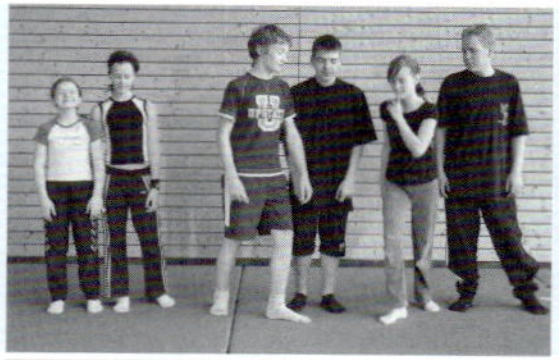
137	**Händeraten** Erlebnis Körpernähe	Einer steht mit geschlossenen Augen in der Mitte. Alle anderen dürfen eine oder beide Hände auf dessen Oberkörper legen. Nun muss er die Anzahl der Hände, die ihn berühren erraten. Bei Mädchen: Nur Rücken!	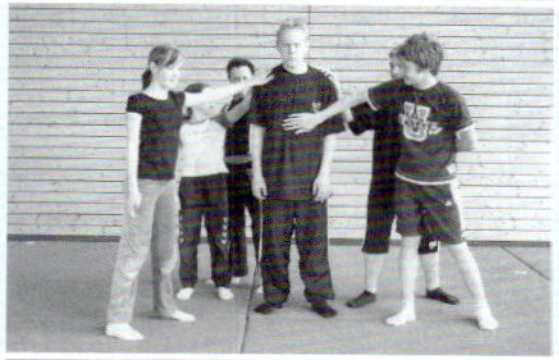
138	**Vorsicht!** Vertrauen Konzentration	Mehrere Spieler bilden im Stehen einen engen Innenstirnkreis. Einer steht in der Mitte und wird von allen an den Armen und der Kleidung gehalten. Wenn er nun plötzlich „ohnmächtig" wird, müssen ihn alle vor dem Sturz auf die Matte retten.	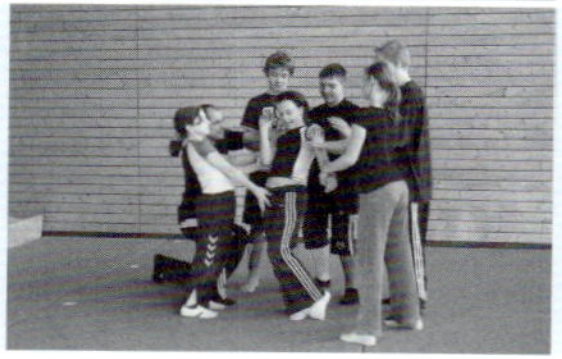

Nr.	Name der Spielform Ziele/Akzente	Idee/Beschreibung	Hinweise/Organisation
139	**Paarlauf** Vertrauen	Partner A hält die Augen geschlossen und wird von Partner B sicher durch die Halle geführt. Ist dies auch im schnellen Lauf möglich?	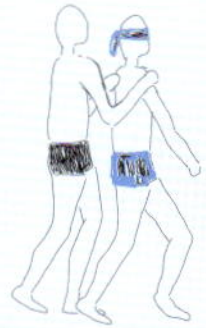
140	**Auftauen** Kooperation, Taktik	Erlöserfangen: Erlösen („Auftauen") der Gefangenen ist nur möglich durch längeren Körperkontakt (Handhalten, Rücken rubbeln).	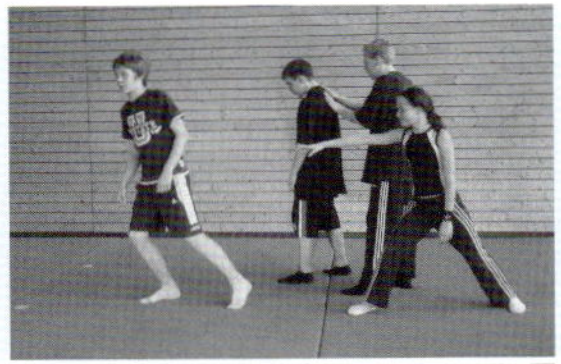
141	**Gletscherspalte** Aufeinander Rücksicht nehmen	Wer kann durch die Gletscherspalte laufen? Die Gletscherspalte wird durch zwei aufgestellte und aneinandergelehnte Weichbodenmatten gebildet, die von allen anderen gehalten werden. Mal mehr mal weniger stark zusammendrücken!	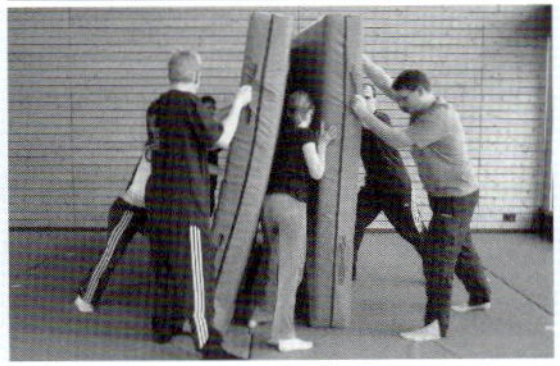
142	**Engpass** Aufeinander Rücksicht nehmen	Zwei Gruppen stehen auf einer Seite und müssen durch einen Engpass (z. B. zwei Turnkästen, Achtung: Gegen Kippen sichern!) möglichst schnell auf die andere Seite gelangen. Durchgang nach und nach verengen.	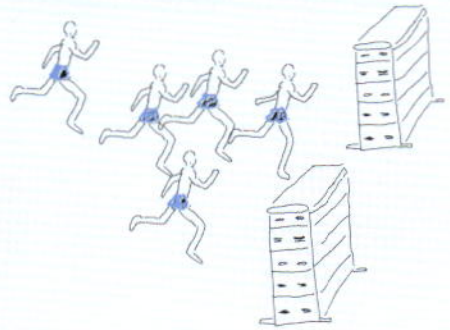
143	**Fotolabor** Vertrauen	Partner A wird mit geschlossenen Augen von Partner B durch einen Raum geführt. Vor verschiedenen Orten darf Partner A nach einem leichten Druck auf den Auslöser (Kopf) die Augen kurz öffnen und ein Bild machen. Kann Partner A alles Gesehene am Ende benennen?	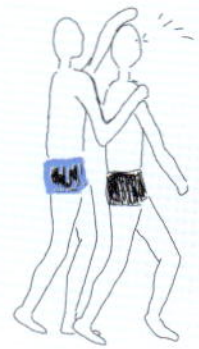

Nr.	Name der Spielform Ziele/Akzente	Idee/Beschreibung	Hinweise/Organisation
144	**Roboter** Kooperation	Partner A ist ein Roboter und wird von Partner B durch die Halle geführt. Dabei wird die Richtung immer durch leichten Druck auf die Schultern vorgegeben. Geht das auch ohne Berührung, nur mit Sprache?	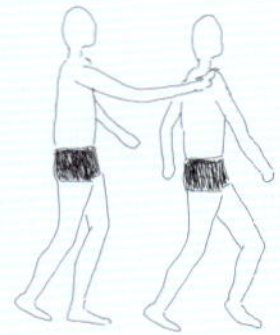
145	**Huckepack** Kooperation Taktik	Es gibt einen Fänger. Die anderen können sich dem Fangen entziehen, in dem sie bei einem Partner Huckepack auf den Rücken springen. Wird jemand gefangen, wechselt das Fangrecht.	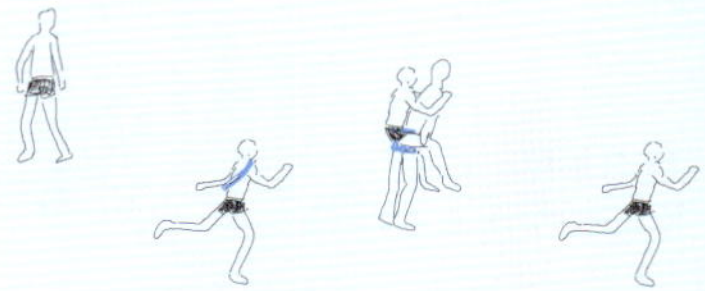
146	**Sandwich** Aufeinander Rücksicht nehmen	Zwei/drei Spieler legen sich zwischen zwei Weichbodenmatten. Alle anderen dürfen sich vorsichtig darauflegen oder vorsichtig darüber-laufen.	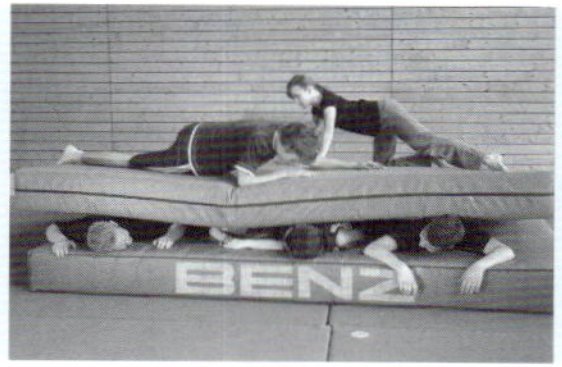
147	**Kreisverkehr** Vertrauen	Partner A führt Partner B im großen Kreis um die Matte. Partner B schließt die Augen. Immer schneller laufen...	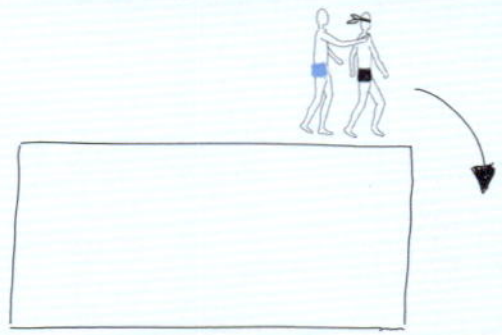
148	**Platzwechsel** Kooperation	Alles stehen auf einer oder zwei Langbänken. Nun müssen die Plätze getauscht werden, ohne dass jemand herunterfällt. Die Äußeren müssen nach ganz außen auf die andere Seite. Geht das auch mit geschlossenen Augen?	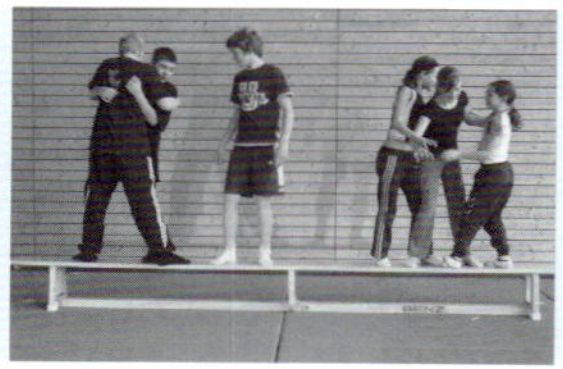

Nr.	Name der Spielform Ziele/Akzente	Idee/Beschreibung	Hinweise/Organisation
149	**Figurbau** Kooperation, Taktik	Es werden Zweiergruppen (Dreier, Vierer, etc.) gebildet. Welche Gruppe schafft es, z. B. nur mit zwei Füßen und drei Händen den Boden zu berühren. Viele Variationen sind möglich mit Knie, Ellenbogen, Kopf, etc.	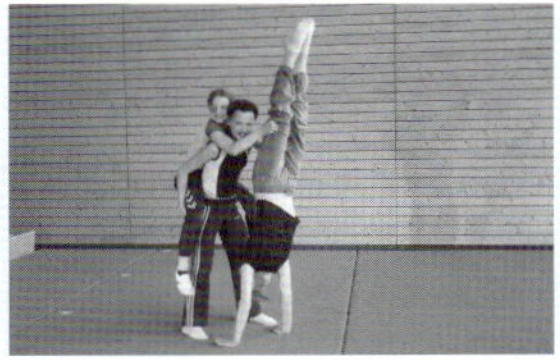
150	**Figurlauf** Kooperation, Taktik	Welche Gruppe schafft es, mit lediglich zwei (drei, vier, ...) Füßen und drei (zwei, vier, ...) Händen auf dem Boden eine bestimmte Strecke zurückzulegen?	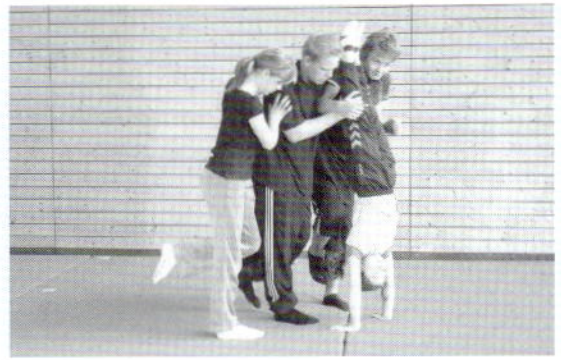
151	**Flussüberquerung** Kooperation, Taktik	Die ganze Gruppe muss mit einer bestimmten Anzahl von Teppichfliesen einen Fluss überqueren. Der Hallenboden darf dabei nicht berührt werden.	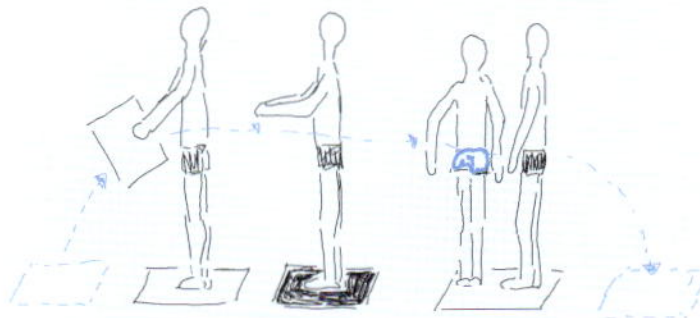
152	**Sitzkreis** Miteinander, Erlebnis	Alle stehen ganz eng Rücken an Rücken im Kreis. Auf ein Kommando setzen sich alle auf den Schoß der Hinteren.	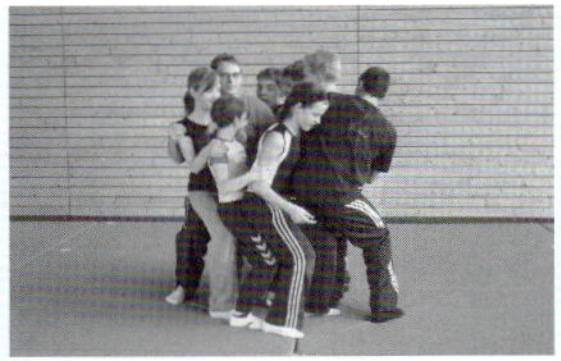
153	**Spinnennetz** Vertrauen, gute Zusammenarbeit	Alle umschlingen ein Seil oder den Judogürtel in der Mitte und bilden dadurch ein Netz. Einer setzt sich in das Netz und wird von den anderen eine bestimmte Strecke getragen. Auch als Staffel möglich!	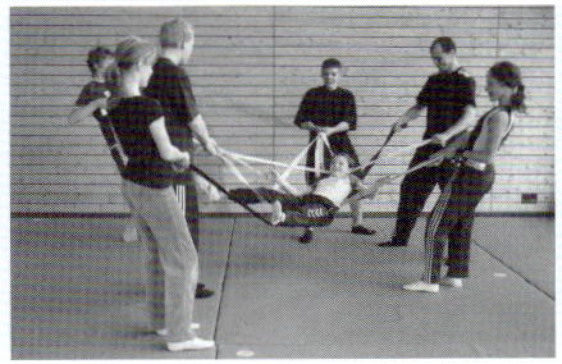

Nr.	Name der Spielform Ziele/Akzente	Idee/Beschreibung	Hinweise/Organisation
154	**Doppelrolle** Vertrauen naher Körperkontakt	Zwei liegen nebeneinander und halten sich ganz fest umschlungen. Welches Paar kommt durch seitliches Rollen vorwärts?	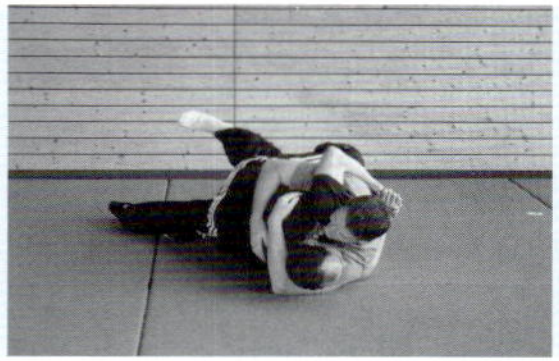
155	**Handklatschen** Reaktion	Zwei Übende stehen sich gegenüber, die eigenen Handflächen liegen aufeinander, die Fingerspitzen berühren die Fingerspitzen des Partners. Einer darf versuchen, die Handrücken des anderen zu treffen, während dieser ausweicht.	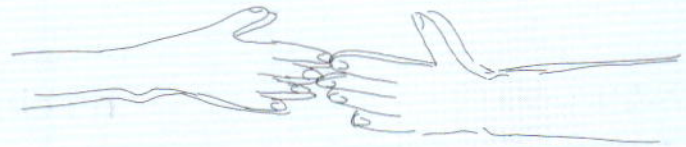
156	**Vogelhaus** Schnelligkeit	Die Hälfte der Übenden steht in einem Innenstirnkreis mit gegrätschten Beinen. Die Anderen laufen um diesen Kreis herum. Auf ein Signal müssen die Äußeren durch die gegrätschten Beine durchkriechen. Wer bleibt übrig oder ist letzter?	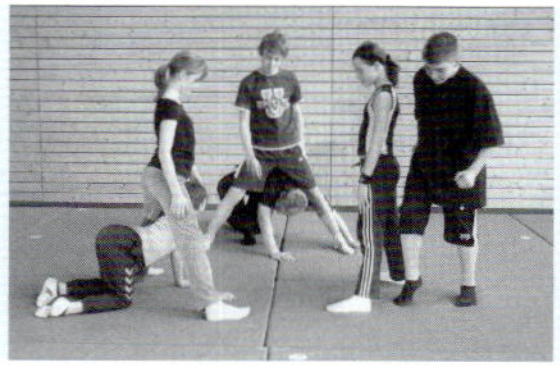
157	**Zwillinge** Gefühl Sensibilität	Alle dürfen sich jeweils paarweise ein bestimmtes Kennzeichen (Wäscheklammer, Tücher, Uhren) aussuchen, dass das Paar an der gleichen Stelle trägt. Die Augen werden verbunden. Wer findet seinen Partner wieder, ohne zu sprechen?	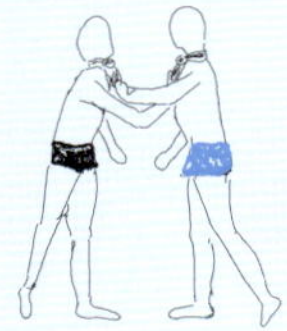
158	**Siamesische Vierlinge** Kräfte spüren	Vierergruppen halten sich an einem, zu einem Ring gebundenen Gürtel fest. Mit einem Signal versuchen alle, zu einem anderen Eck zu gelangen (oder Matteneck), ohne den Gürtel loszulassen.	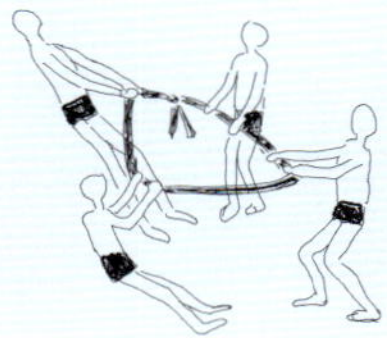

Nr.	Name der Spielform Ziele/Akzente	Idee/Beschreibung	Hinweise/Organisation
159	**Rüttelbank** Körperkontakt	Paarweise zusammen. Partner A legt sich bäuchlings auf den Rücken von Partner B, der sich in einer hohen Bank befindet. Partner B schüttelt dabei leicht Partner A durch.	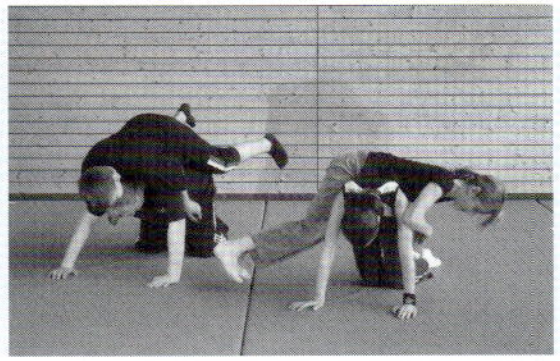
160	**32 Karten** Körperkontakt	Alle sitzen im Kreis. Jeder erhält das Bild einer Spielkarte (Herz, Karo, Pik, Kreuz). Der Spielleiter mischt die Karten und deckt sie von oben her auf. Die Spieler, deren Karte gezogen wird, dürfen im Uhrzeigersinn einen Platz weiter und auf den Schoß sitzen. Sitzt schon jemand auf dem eigenen Schoß, darf man nicht weiterrutschen. Wer ist als Erster durch den Kreis?	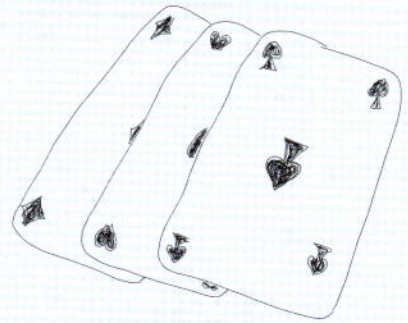
161	**Drachenschwanz** Kooperation Gemeinsamkeit	Alle halten sich an der Hüfte des Vordermannes fest. Der Letzte erhält ein lockeres Tuch in den Hosenbund. Nun muss der Erste der Reihe (der Drachenkopf) versuchen, das Tuch zu fangen.	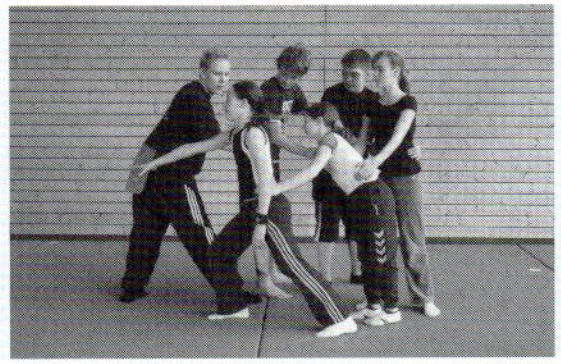
162	**Die Brücke** Rücksichtnahme	Mehrer Schüler befinden sich in einer engen Bankstellung nebeneinander und bilden so eine Menschenbrücke. Die anderen dürfen vorsichtig über die Brücke krabbeln.	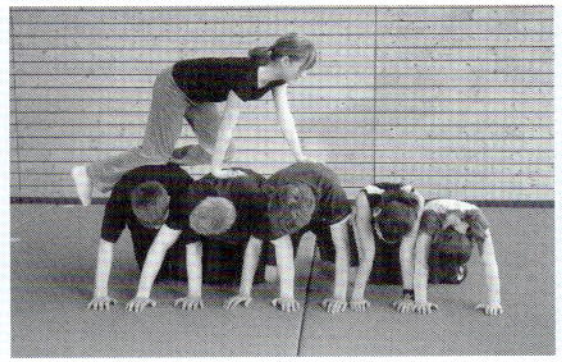
163	**Schattenfangen** Reaktion	Fangen: Der Fänger darf nur dann abschlagen, sobald er dieselbe Bewegung wie der zur Fangende durchgeführt hat (Rolle vorwärts, Richtungsänderung, etc.).	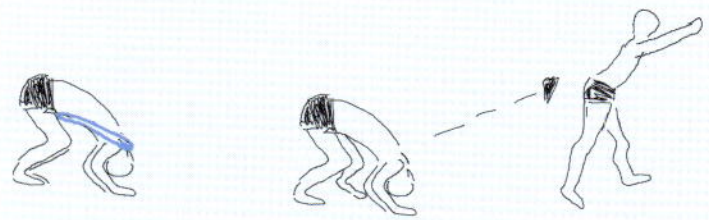

6

Nr.	Name der Spielform Ziele/Akzente	Idee/Beschreibung	Hinweise/Organisation
164	**Ringgruppen** Reaktion Schnelligkeit	In der ganzen Halle liegen viele Gymnastikreifen verteilt. Alle laufen durcheinander. Auf ein Signal hin (Musik stoppt) ruft der Spielleiter eine Zahl. Nur die genannte Anzahl darf sich in einem Reifen aufhalten. Wer bleibt übrig?	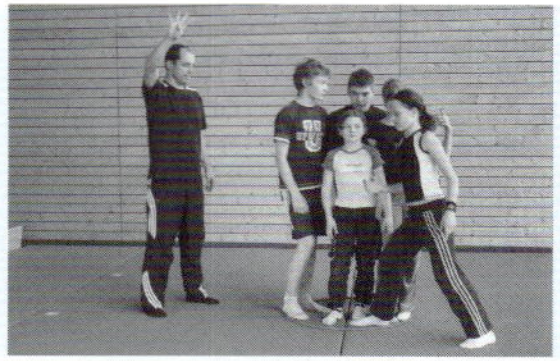
165	**Knoten knüpfen** Körperkontakt	Alle stehen in einem Kreis und halten sich an den Händen. Nun muss man einen möglichst schwierigen Knoten knüpfen, ohne die Hände loszulassen. Schafft man zusammen ein großes Touhwabohu?	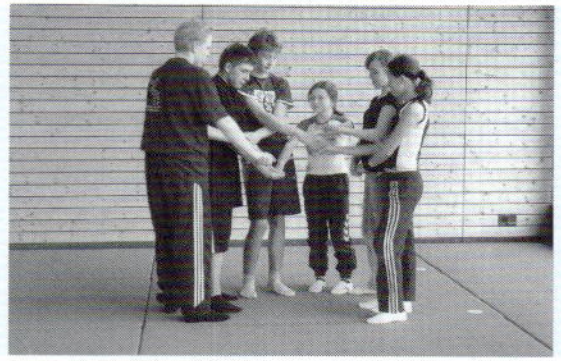
166	**Goofy** Vertrauen	Alle müssen mit geschlossenen Augen durch die Halle laufen. Einer wird vom Spielleiter zum Goofy ernannt und bleibt stehen. Treffen sich zwei, müssen sie fragen: „Goofy"? Erhalten sie ein Ja, werden sie ebenfalls zu Goofy und bleiben stehen. Es müssen alle Mitspieler zu Goofy werden. Der Spielleiter muss aufpassen, dass niemand gegen einen Gegenstand läuft.	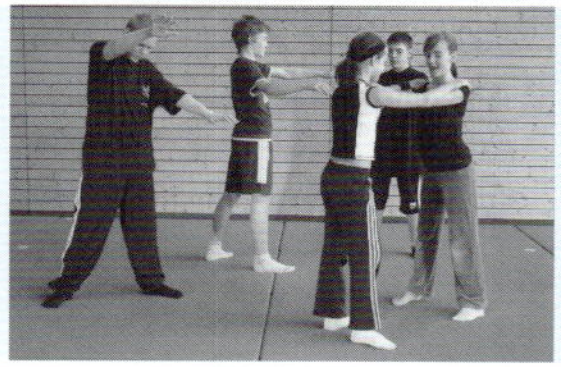
167	**Baumtransport** Kooperation Kraft	Die Hälfte der Spieler sind Bäume, die in der ganzen Halle verteilt stehen. Die andere Hälfte muss die Bäume so schnell wie möglich zu einem Holzlager (z. B. Matte) abtransportieren. Welche Gruppe ist die Schnellste?	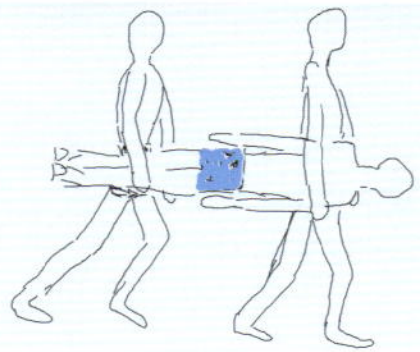
168	**Leblos** Vertrauen Entspannung	Partnerweise: Partner A liegt reglos auf dem Rücken. Partner B darf vorsichtig die Arme und Beine leicht anheben und vorsichtig wieder auf die Matte zurücklegen.	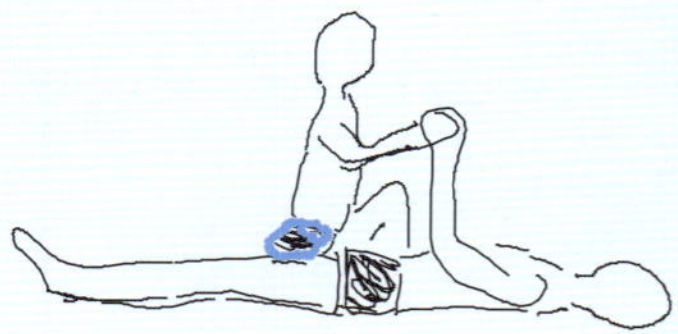

Nr.	Name der Spielform Ziele/Akzente	Idee/Beschreibung	Hinweise/Organisation
169	**Monster** Vertrauen	Alle Spieler laufen mit geschlossenen Augen durch die Halle. Einer wird geheim vom Spielleiter zum Monster ernannt. Trifft dieser auf einen anderen Mitspieler muss er einen grässlichen Schrei ausstoßen und der andere wird ebenfalls zum Monster. Treffen sich zwei Monster und schreien, werden sie wieder zu Menschen. Der Spielleiter muss aufpassen, dass niemand gegen einen Gegenstand läuft.	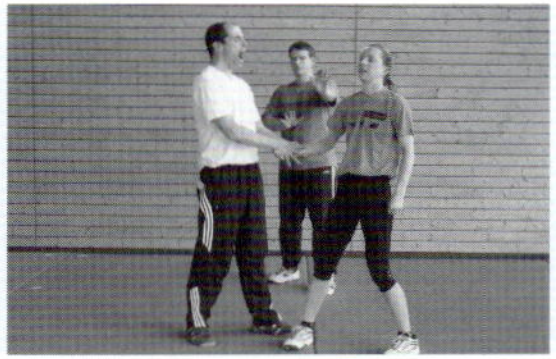
170	**Sanitäterfangen** Körperkontakt Kooperation	Zwei bis drei Fänger versuchen die Gruppe einzufangen. Wer gefangen wird, muss „verletzt" auf den Rücken liegen. Er kann wieder befreit werden, indem zwei bis vier „Sanitäter" ihn zu einem Krankenhaus (Matte) transportieren. Während des Transports dürfen die Sanitäter nicht gefangen werden.	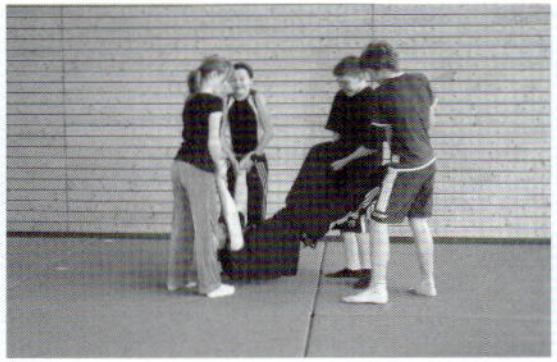
171	**Kämpferkneten** Aufeinander einlassen	Am Ende einer Einheit legt sich Partner A auf den Bauch und Partner B knetet und klopft leicht mit den Fingerspitzen dessen Rücken. Zum Schluss kann der Rücken mit flachen Händen von oben bis unten abgestrichen werden. Partnerwechsel!	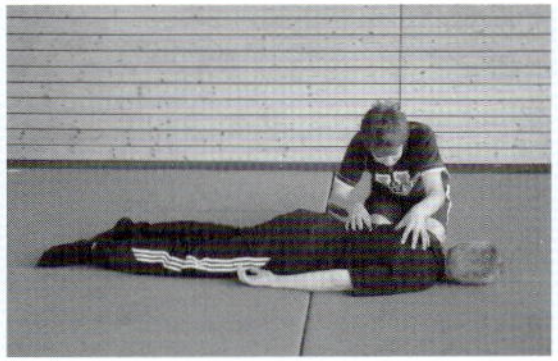
172	**Rückenmassage** Gefühl entwickeln	Alle stehen in einem Kreis hintereinander. Nun wird der Rücken des Vorderen mit beiden Händen vorsichtig von oben nach unten abgestrichen, sodass jeder massiert und massiert wird. Variation: Leichtes Abklopfen des Rücken.	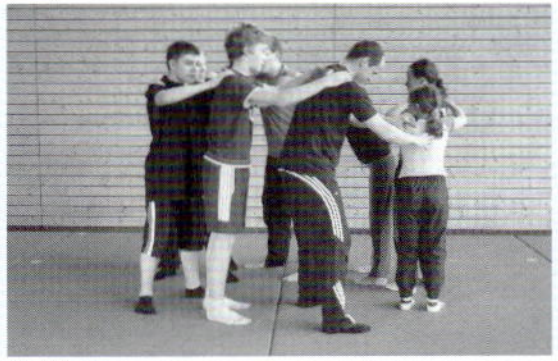
173	**Schlafende Bären** Kooperation Kraft	Die Hälfte der Spieler liegen als schlafende Bären kreuz und quer durcheinander auf der Matte und dürfen sich nicht bewegen. Bärenjäger müssen die Bären zu einer anderen Matte bringen und dort genau gleich hinlegen.	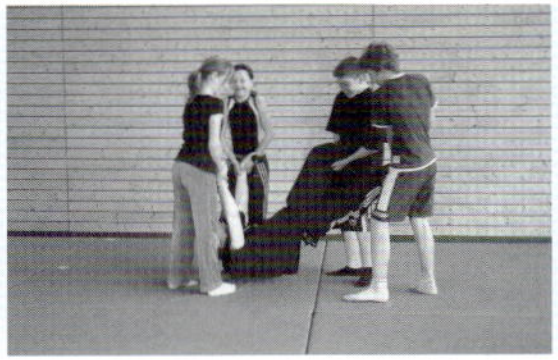

Nr.	Name der Spielform Ziele/Akzente	Idee/Beschreibung	Hinweise/Organisation
174	**Regenwürmer** Aufeinander eingehen	Jeweils drei Spieler befinden sich in der Bankstellung hintereinander und halten sich an den Fußfesseln fest (ein Kopf und ein Ende). Alle Regenwürmer bewegen sich dann kriechend übereinander und untereinander weg.	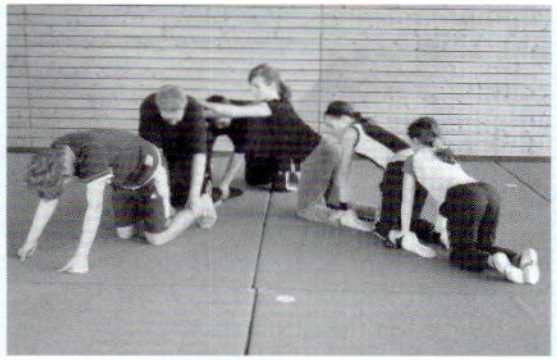
175	**Henne und Habicht** Kooperation, Taktik	Vier Spieler stehen hintereinander und fassen die Hüfte des Vordermannes. Vor der Henne und ihren Kücken steht ein Habicht. Dieser muss versuchen, das Kücken am Ende der Reihe zu fangen.	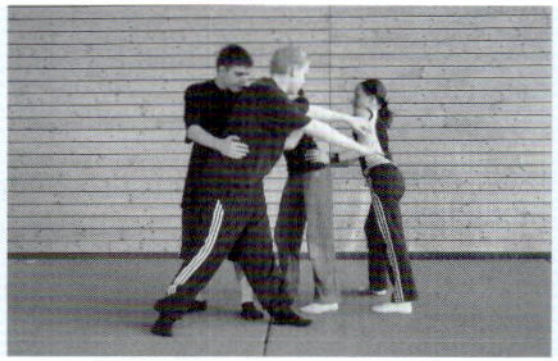
176	**Baumrolle** Körperkontakt erleben	Alle liegen nebeneinander auf dem Bauch. Ein Spieler muss sich nun als Baum vorsichtig parallel liegend über die anderen hinwegrollen. Dabei sollte der Körper möglichst gestreckt bleiben.	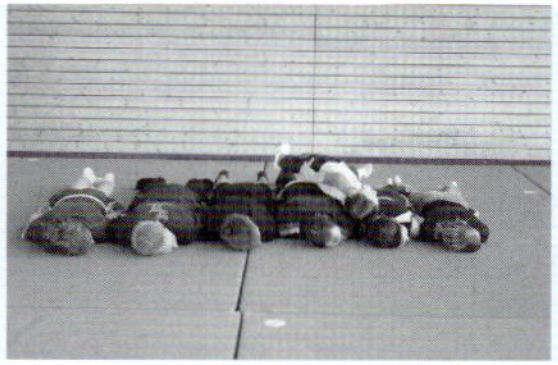
177	**Schneckenhaus** Kooperation Körperkontakt	Alle stehen hintereinander und halten ihren Vordermann an der Hüfte. Nun beginnt der Vorderste in immer engeren Kreisen zu gehen. Wird das Schneckenhaus zu eng, muss er irgendwo durch die Kette krabbeln und alle hinter sich herführen.	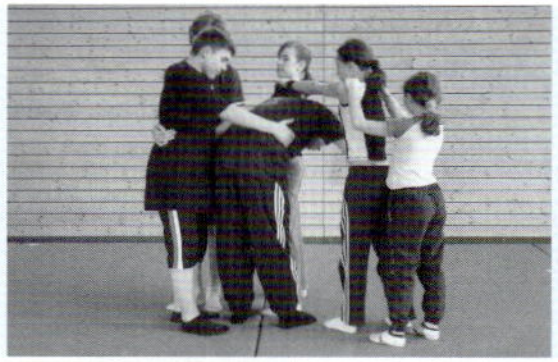
178	**Den Kreis brechen** Kraft, Fairness	5 Spieler bilden einen Kreis. Ein weiterer Spieler steht in dem Kreis und versucht auszubrechen. Die Spieler vom Kreis müssen dies verhindern.	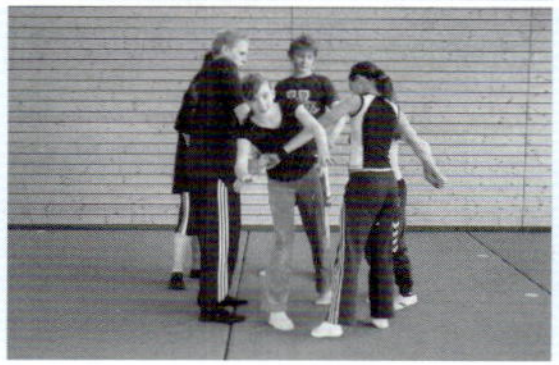

Nr.	Name der Spielform Ziele/Akzente	Idee/Beschreibung	Hinweise/Organisation
179	**Gehender Sitzkreis** Kooperation	Alle stehen im Kreis ganz dicht hintereinander. Auf ein Signal hin müssen sich alle gleichzeitig hinsetzen, sodass jeder jeweils auf dem Schoß des Hintermannes sitzt. Wenn alle sitzen, im Sitzen gemeinsam im Kreis gehen.	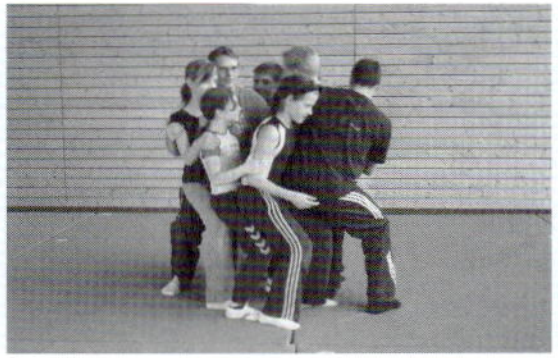
180	**Schutzkreis** Kooperation Taktik	Fünf Spieler bilden einen Kreis. Ein Spieler befindet sich außerhalb des Kreises und muss versuchen einen anderen Spieler, der sich im Kreis befindet, zu fangen. Alle Spieler vom Kreis müssen dies verhindern.	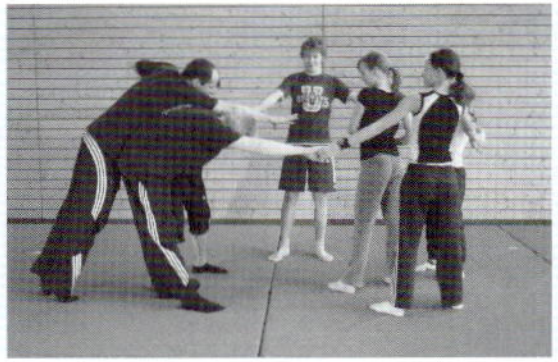
181	**Drunter und drüber** Körperkontakt erleben	Zwei Gruppen befinden sich an zwei gegenüberliegenden Mattenseiten. Auf eine Kommando müssen sie sich auf allen vieren krabbelnd oder kriechend, drunter und drüber zur Gegenseite bewegen.	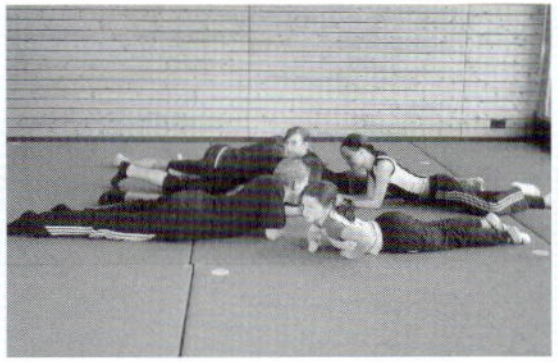
182	**Höhlengang** Vertrauen sich einlassen	Alle bilden eine Gasse und strecken die Arme aus, so dass sich die Fingerspitzen gerade nicht berühren. Durch die Gasse müssen nun einzelne Spieler mit verbundenen Augen durchgehen. Dabei werden sie durch die Gasse durch sanftes Korrigieren und Schieben geführt.	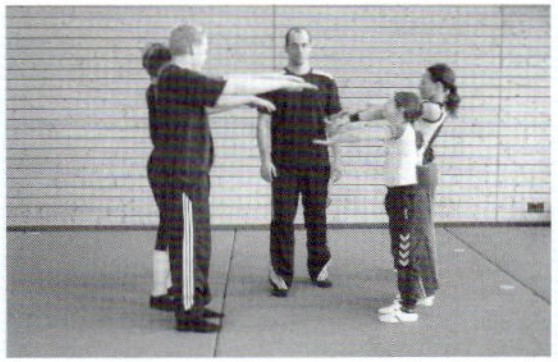
183	**Mattenfangen** Kooperation	Im Raum liegen zwei Turnmatten. Ein Fänger. Die anderen können sich dem Fangen entziehen, indem sie zusammen eine Matte aufrecht als Schutzzaun verwenden.	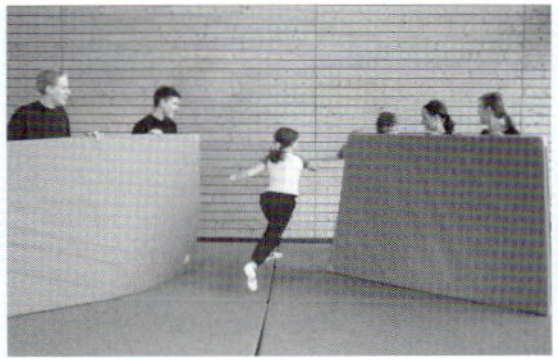

6

Nr.	Name der Spielform Ziele/Akzente	Idee/Beschreibung	Hinweise/Organisation
184	**Ausverkauf** Taktik Durchsetzungs- vermögen	Zwei Gruppen stehen sich gegenüber. Zwischen ihnen befinden sich zwei Turnkästen, die einen größeren Spalt frei lassen. Auf ein Zeichen hin müssen alle versuchen, durch diesen Spalt zur anderen Seite zu kommen. Nach und nach wird die Spaltbreite verringert.	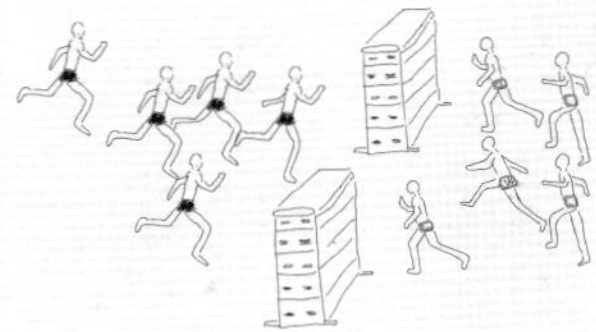
185	**Zwillingsfußball** Taktik	Zwei nebeneinander stehende Spieler haben die inneren, benachbarten Beine zusammengebunden. Es wird nach normalen Fußballregeln gespielt.	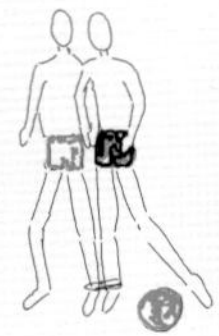
186	**Partneraufstehen** Kooperation Kraft	Zwei (drei, ...) Partner sitzen Rücken an Rücken mit eingehängten Armen auf der Matte. Gelingt es, zusammen aufzustehen? Gelingt dies auch ohne eingehängte Arme?	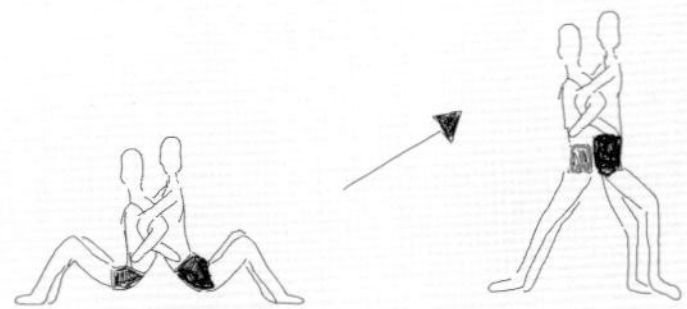
187	**Popoklatschen** Kräfte regulieren	Alle befinden sich in einem Innenstirnkreis mit gegrätschten Beinen. Zwei befinden sich innerhalb des Kreises. Partner A darf dabei Partner B so lange (sanft!) auf den Hintern klopfen, bis der durch die gegrätschten Beine eines Spielers im Kreis krabbelt. Ab diesem Moment nimmt Spieler B die Position des Kreisspielers ein und der Kreisspieler darf auf den Hintern von Partner A klopfen.	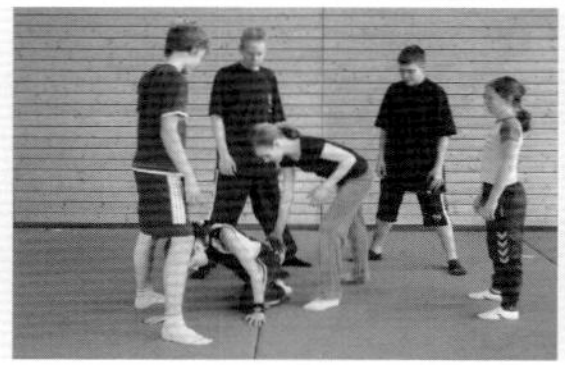
188	**Bodenrugby** Rücksichtnahme Taktik	Zwei Gruppen spielen gegeneinander. Zwei gegenüberliegende Ecken der Matte sind jeweils die Touchdown-Zone, auf der ein Ball abgelegt werden muss. Alle bewegen sich nur im Vierfüßlergang vorwärts.	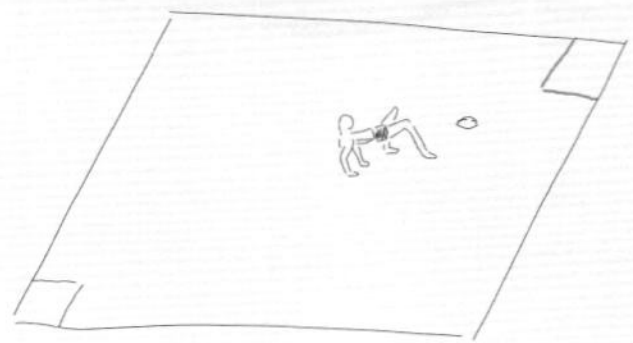

Nr.	Name der Spielform Ziele/Akzente	Idee/Beschreibung	Hinweise/Organisation
189	**Geteiltes Paar** Taktik Durchsetzungs-vermögen	Zwei Spieler starten an verschiedenen Ecken der Halle und versuchen sich zu berühren. Alle anderen Mitspieler stehen dazwischen und versuchen die beiden durch Abdrängen (mit dem Körper, nicht mit den Armen) daran zu hindern. Natürlich darf der Weg versperrt werden.	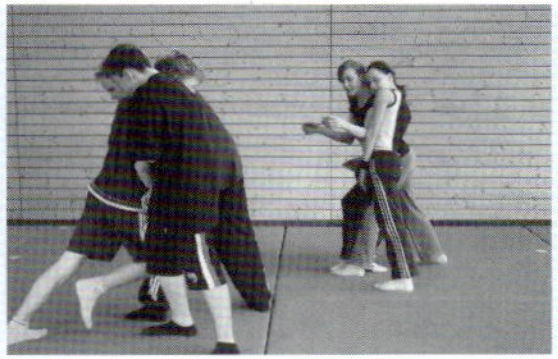
190	**Kettenfangen** Taktik	Das Spiel beginnt mit einem Fänger. Wird jemand gefangen, müssen sich diese an den Händen halten und weiterfangen. Ist eine Dreiergruppe erfolgreich, werden zwei Gruppen gebildet (2 x 2). Der letzte übrig gebliebene „Freie“ wird neuer Fänger. Variation: Die Gruppe teilt sich nicht und die Kette wird immer länger.	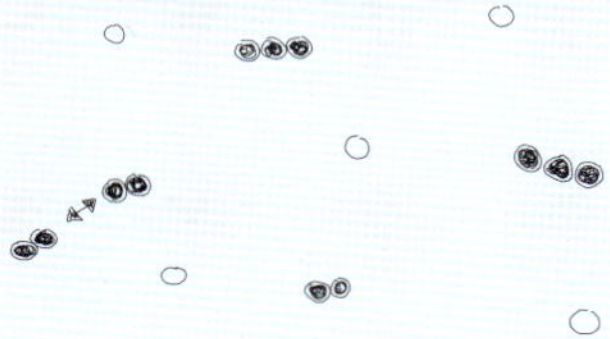
191	**Zur Salzsäule** Körperkontakt Taktik	Ein Spieler (Wächter) befindet sich in der Mitte eines Kreises und bewacht einen Schatz. Mehrere Räuber versuchen, diesen Schatz zu heben. Sobald sie den Kreis betreten, dürfen sie abgeschlagen werden und erstarren auf der Stelle zur Salzsäule. Derjenige, der den Schatz erobert, wird neuer Wächter.	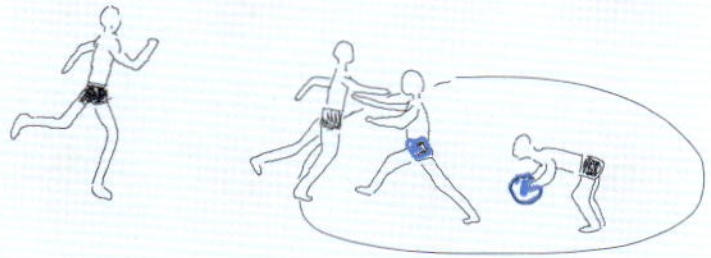
192	**Hände hoch!** Körperkontakt	Die gefangene Person muss mit erhobenen Händen stehen bleiben und kann erst wieder befreit werden, wenn sie von jemandem umarmt wird und/oder hochgehoben wird.	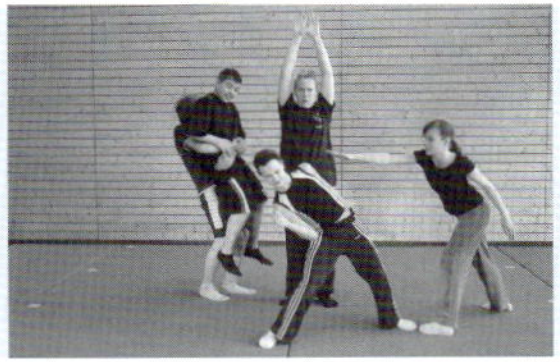
193	**Rettungsring** Körperkontakt aufbauen	Ringseil: Bis auf einen Teilnehmer stehen alle in einem Kreis und halten mit beiden Händen ein zusammengeknotetes Seil fest. Der Teilnehmer in der Mitte soll versuchen die Hände der Äußeren zu berühren. Gewechselt wird bei dem Berühren einer Hand. Die Teilnehmer des äußeren Kreises dürfen bei Gefahr ihre Hände vom Seil lösen, wobei das Seil nie den Boden berühren darf.	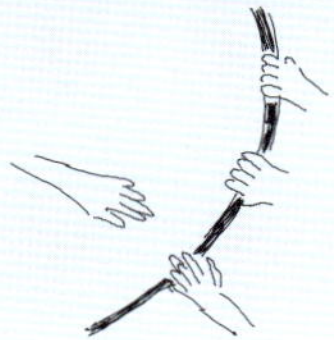

6

Nr.	Name der Spielform Ziele/Akzente	Idee/Beschreibung	Hinweise/Organisation
194	**Schwimmen** Körperkontakt spüren	Partner A befindet sich in Bankstellung, Partner B legt sich auf dem Bauch quer dazu auf dessen Rücken. Nun versucht B möglichst viele verschiedene Schwimmtechniken zu vollführen, ohne das Gleichgewicht zu verlieren.	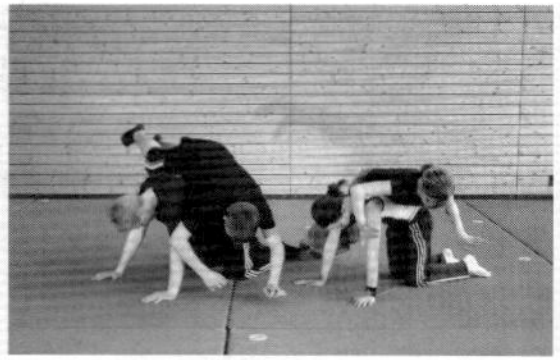
195	**Überschlag** Kooperation Vertrauen	Für Geübte: Beide Partner stehen Rücken an Rücken, halten sich an ihren gestreckten Armen an den Händen fest. Ein Partner geht langsam in die Knie, bis sich der Po unter dem Po des anderen Partners befindet. Durch ein leichtes nach vorne gehen des unteren Partners kann der Obere eine Rolle rückwärts über den Rücken machen und kommt auf dem Boden mit beiden Füßen wieder auf.	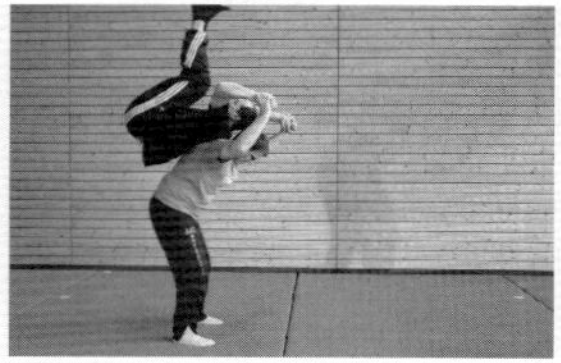
196	**Partnerrolle** Kooperation Körperkontakt	Ein Kämpfer befindet sich in der hohen Bank. Der andere rollt nun vorwärts über diese Bank und schiebt sich dann rückwärts unter der Bank hindurch. Wer schafft das am schnellsten?	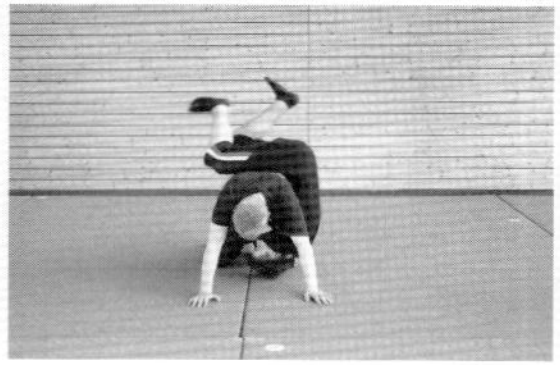
197	**Fußtrommeln** Koordination	Zwei stehen sich gegenüber und halten sich an den Armen fest. Auf ein Zeichen müssen beide abwechselnd ihre Fußsohlen der rechten und danach der linken Füße aneinanderklatschen. Wer schafft 30 Fußsohlenberührungen am schnellsten?	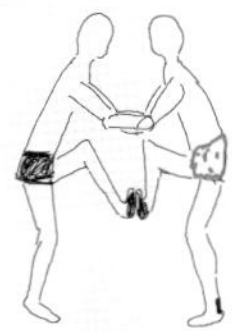
Eigene Ideen			

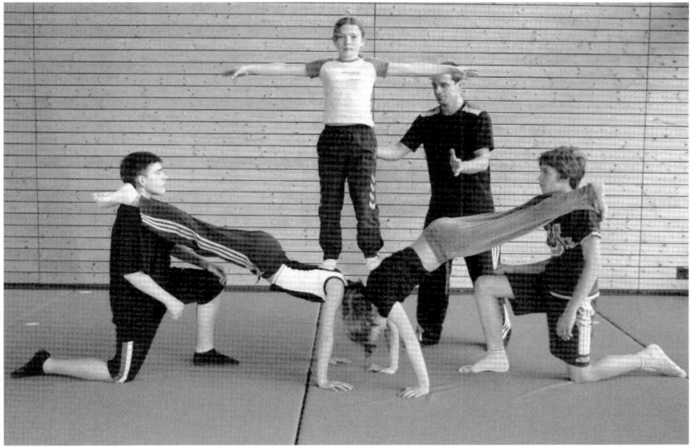

6.2 Kooperation in der Akrobatik

Die Akrobatik ist ein elementarer Bestandteil im Ringen, Raufen und Kämpfen. Die Partner müssen miteinander kooperieren, agieren und sich vor allem aufeinander verlassen. Nur durch ein miteinander können die einzelnen Formen der Akrobatik gelingen. Jeder wird dabei gebraucht: Große und starke Personen als wichtige Stützen, die kleineren und leichteren Personen als Spitze. Ohne eine längere Übungsphase miteinander wird es nicht möglich sein, eine stabile Struktur zu schaffen. Ganz nebenbei werden die wichtigen Grundlagen des Ringen und Raufens, die Kraft, die Koordination und das Gleichgewicht geschult.

Die Akrobatik geht von der Einerakrobatik bis hin zur Fünferakrobatik. Die Übungen sind dabei so angeordnet, dass sie einfach beginnen und immer schwieriger werden.

Alle Übungen sind auf der Matte durchzuführen.

Bei der Akrobatik sind wenige wichtige Punkte zu beachten, um Verletzungen vorzubeugen. Diese werden im Folgenden genannt.

Achtung! Stehe bei der Akrobatik nie mit Schuhen auf Deinen Partner! Stehe nie auf die Wirbelsäule!

6

Standpositionen und Griffhaltungen

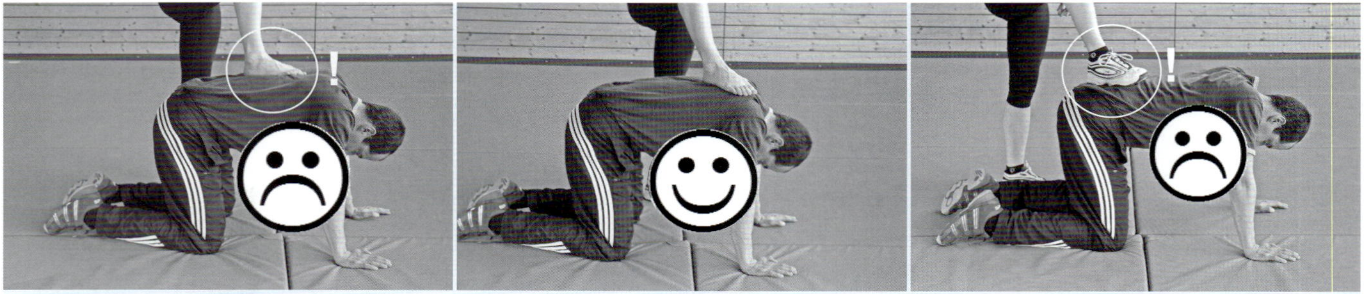

Ohne Schuhe und
nicht auf die Wirbelsäule stehen!

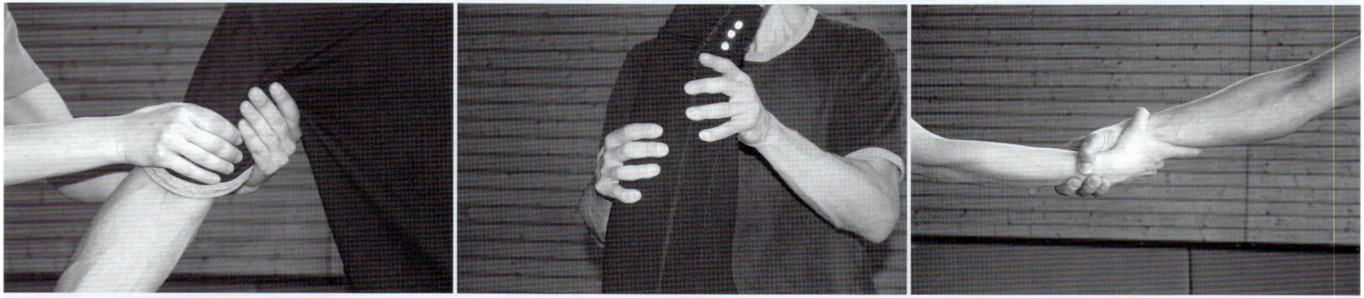

Mögliche Partnergriffhaltungen

Nr.	Name der Spielform Ziele/Akzente	Idee/Beschreibung	Hinweise/Organisation
198	**Turnerbrücke** Kraft Koordination	Gerader Rücken, Gesäß in die Höhe.	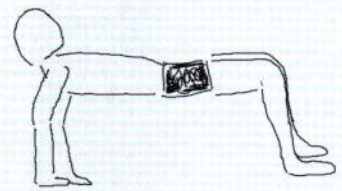
199	**Liegestützstand** Kraft Koordination	Gerader Rücken, Körperspannung.	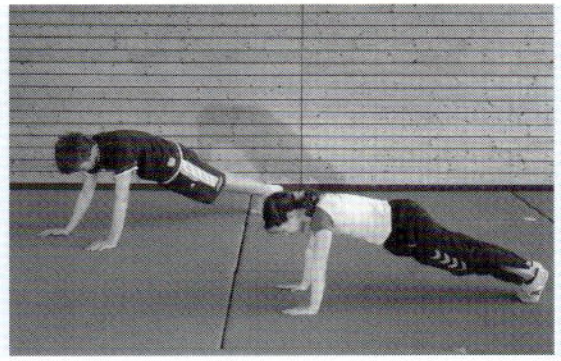
200	**Seitstand** Kraft Koordination	Körper ist gerade und hängt nicht durch. Vereinfachung: Auf den Unterarmen balancieren.	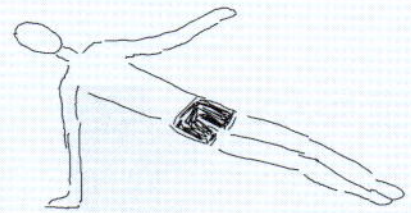
201	**Ägypter** Koordination Gleichgewicht	Wie eine Standwaage beim Turnen. Dabei auf einem Bein stehen bleiben. Gleichgewicht halten. Bein immer wieder wechseln.	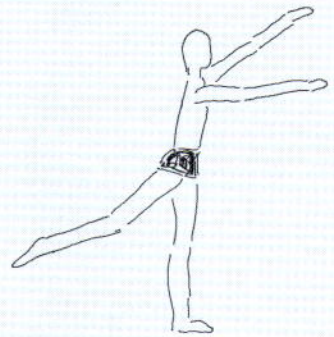
202	**Kopfstand 1** Koordination	Dreieck zwischen Händen und Kopf bilden. Rumpfmuskulatur anspannen!	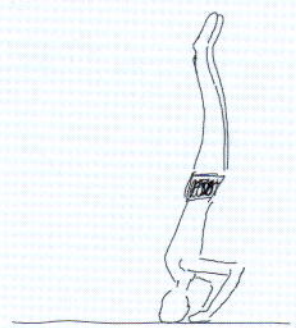

Nr.	Name der Spielform Ziele/Akzente	Idee/Beschreibung	Hinweise/Organisation
203	**Kopfstand 2** Koordination Gleichgewicht	Zusätzlich die Beine in unterschiedlicher Haltung positionieren. Wenn man umfällt: Rolle vorwärts ausführen!	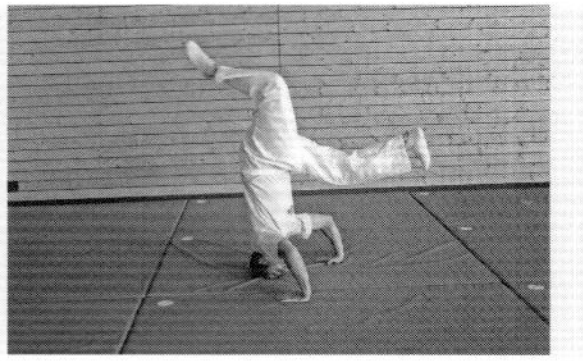
204	**Unterarmstand** Kraft Kooperation	Für Fortgeschrittene! Nur mit Hilfestellung: Der Partner hilft langsam in den Stand und hält das Gleichgewicht. Körperspannung beibehalten.	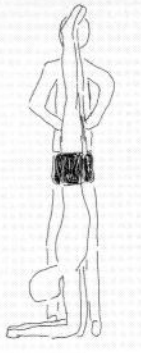
205	**Handstand 1** Kraft Kooperation	Nur mit Hilfestellung: Der Partner hilft langsam in den Stand und hält das Gleichgewicht. Körperspannung!	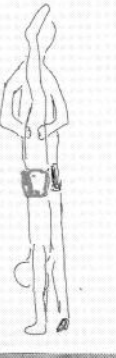
206	**Handstand 2** Kraft Kooperation Gleichgewicht	Wie oben. Nur zusätzlich Beine unterschiedlich positionieren. Hilfestellung durch Partner muss immer vorhanden sein!	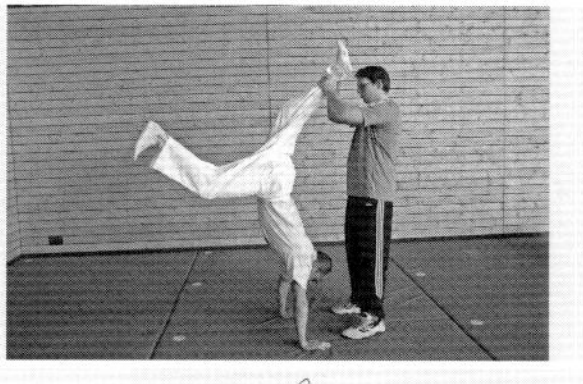
207	**Einarmstand** Kraft Gleichgewicht Kooperation	Nur für sehr geübte Athleten. Partner hilft immer. Handstand mit einem Arm. Wer schafft es, das Gleichgewicht zu halten. Körperspannung auf jeden Fall beachten.	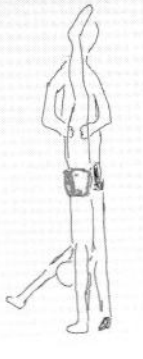

Nr.	Name der Spielform Ziele/Akzente	Idee/Beschreibung	Hinweise/Organisation
208	**Schwäne** Kooperation	Vorderer Partner legt seine Beine vorsichtig auf den Schultern des hinteren Partners ab.	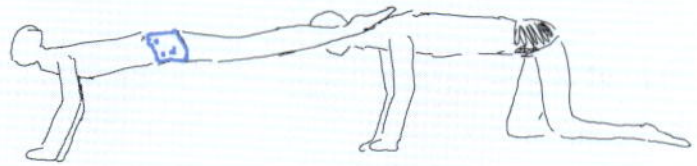
209	**Brückenschlag** Kooperation	Beide Partner müssen Körperspannung halten.	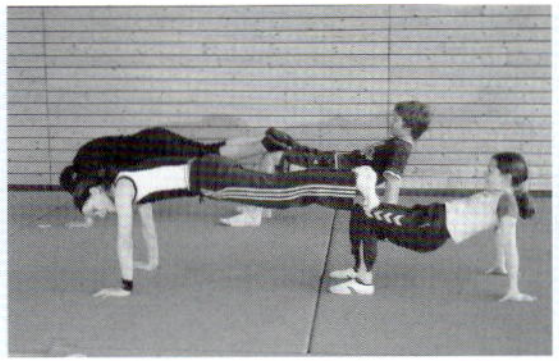
210	**Doppelbank** Kooperation Gleichgewicht	Gerader Rücken. Oberer Partner stützt sich nur am Gesäß und an den Schultern ab. Köpfe in die gleiche oder in die entgegengesetzte Richtung.	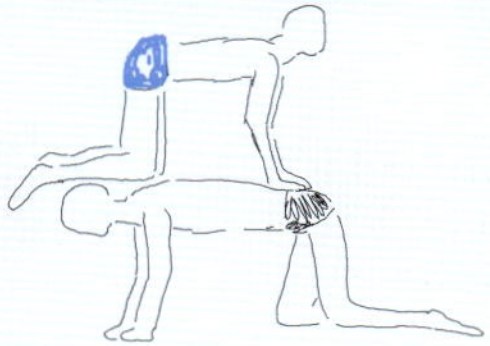
211	**Doppelliegestütz** Kooperation Kraft Gleichgewicht	Mit gestreckten Armen geht es leichter. Oberer Partner muss unbedingt den Rücken gerade halten.	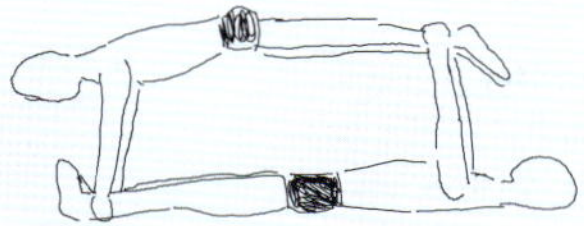
212	**Bankstand** Kooperation Gleichgewicht.	Nur auf dem Gesäß stehen. Wirbelsäule darf nicht belastet werden. Geht das auch nur auf einem Bein?	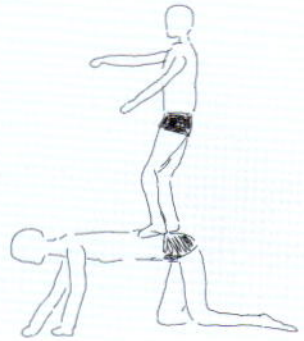

6

Nr.	Name der Spielform Ziele/Akzente	Idee/Beschreibung	Hinweise/Organisation
213	**Bankstand rücklings** Kooperation Gleichgewicht	Unterer Partner streckt Gesäß in die Höhe, Beine anspannen!	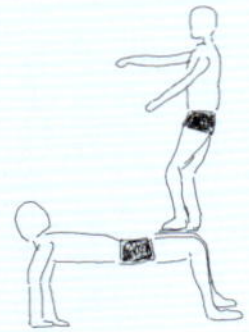
214	**Partnerwaage** Kooperation Kraft Gleichgewicht	Wenn sich der obere Partner streckt, wird es für den unteren Partner leichter, das Gleichgewicht zu halten. Beine festhalten und zusammendrücken.	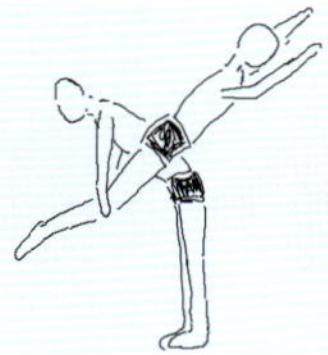
215	**Kerzenhang** Kooperation Gleichgewicht Kraft	Die Wirbelsäule des unteren Partners muss flach auf dem Boden aufliegen.	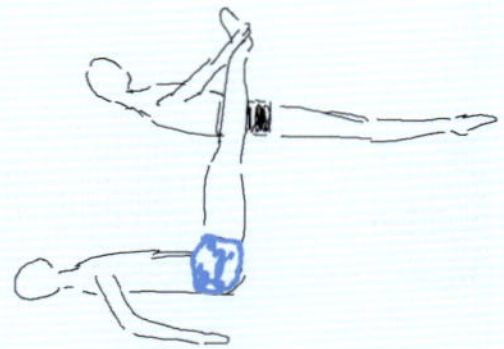
216	**Skiflieger** Kooperation Gleichgewicht Kraft	Der untere Partner kann zuerst mit den Armen stützen helfen. Der obere Partner kann sich mit dem Rücken oder der Brust zum unteren Partner befinden.	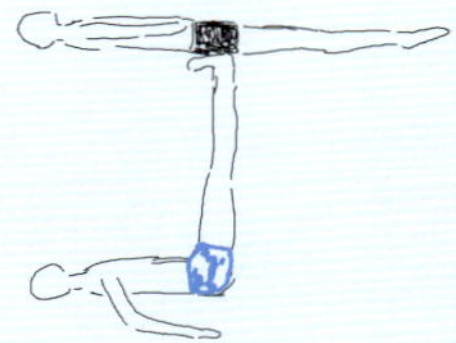
217	**Hochsitz** Kooperation Gleichgewicht Kraft	Der untere Partner kann zuerst mit den Armen stützen und sichern.	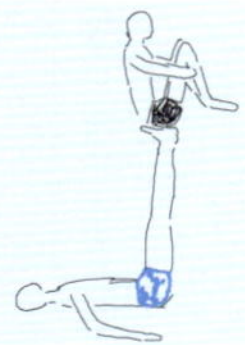

Nr.	Name der Spielform Ziele/Akzente	Idee/Beschreibung	Hinweise/Organisation
218	**Ausguck** Kooperation Gleichgewicht Kraft	Ein dritter Partner muss beim Aufstieg helfen. Über das Knie langsam auf die Schulter steigen.	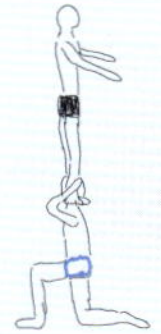
219	**Freier Kopfstand** Kooperation Gleichgewicht Kraft	Der untere Partner muss eine stabile Bankstellung beibehalten. Wenn der obere Partner aus Versehen überkippt, einfach abrollen, bzw. Falltechnik anwenden.	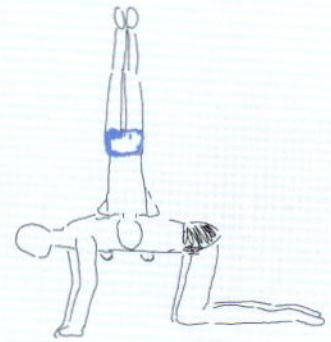
220	**Im Gleichgewicht** Kooperation Gleichgewicht Kraft	Gerader Rücken!	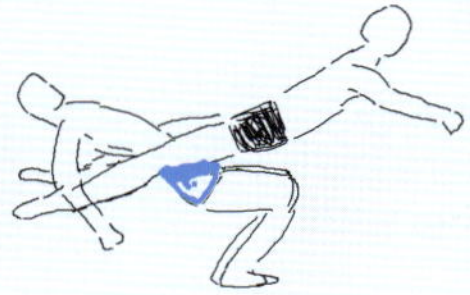
221	**Freier Kopfstand 2** Kooperation Gleichgewicht Kraft	Am Anfang kann der untere Partner den oberen Partner aktiv stützen!	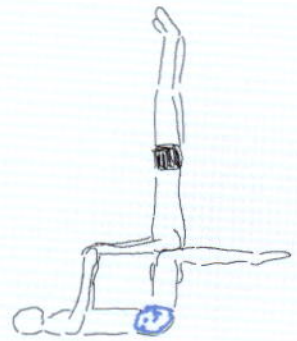
222	**Zweier-Handstand** Kooperation Gleichgewicht Kraft	Dritter Partner muss stützen und sichern, bis Handstand vollständig erfolgt ist.	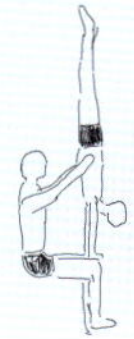

Nr.	Name der Spielform Ziele/Akzente	Idee/Beschreibung	Hinweise/Organisation
223	**Gipfelkreuz** Kooperation Gleichgewicht Kraft	Nicht auf der Wirbelsäule stehen.	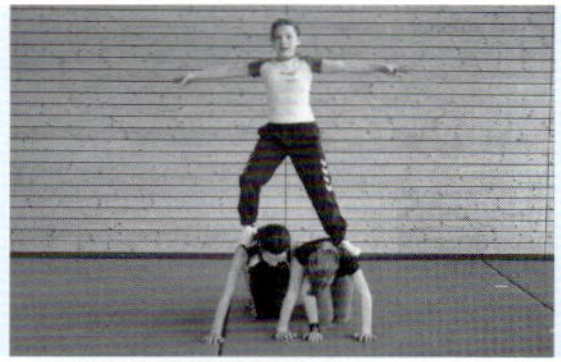
224	**Zugbrücke 1** Kooperation Gleichgewicht Kraft	Liegestützstellung einhalten. Rücken gerade halten!	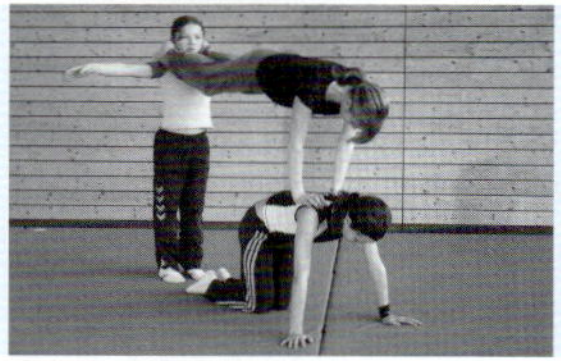
225	**Zugbrücke 2** Kooperation Gleichgewicht Kraft	Liegestützstellung einhalten. Rücken gerade halten!	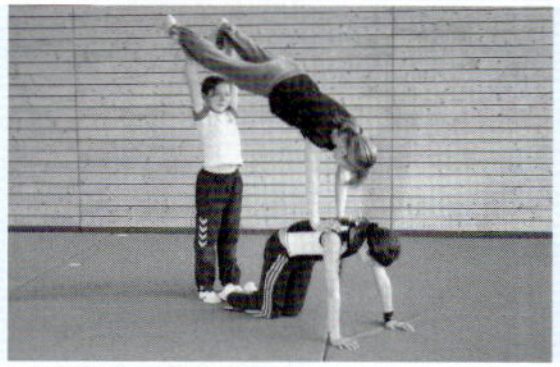
226	**Torbogen** Kooperation Gleichgewicht Kraft	Nicht auf der Wirbelsäule stehen! Mit Aufstiegshilfe arbeiten (vierter Partner).	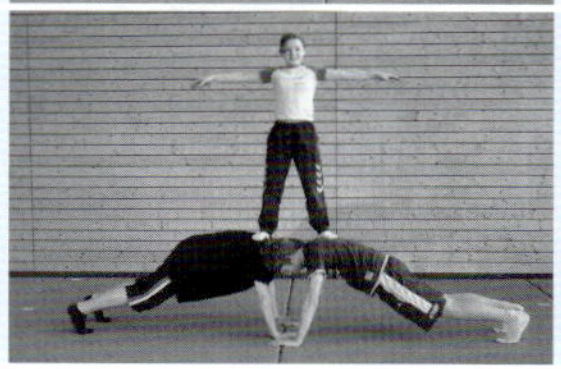
227	**Aussichtsturm** Kooperation Gleichgewicht Kraft	Nicht auf der Wirbelsäule stehen! Mit Aufstiegshilfe arbeiten (vierter Partner).	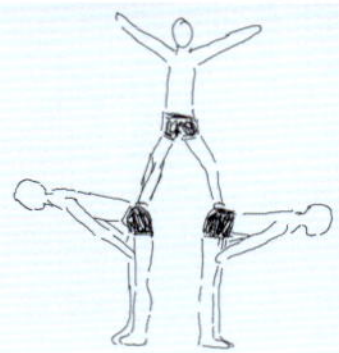

Nr.	Name der Spielform Ziele/Akzente	Idee/Beschreibung	Hinweise/Organisation
228	**Stütze** Kooperation Gleichgewicht Kraft	Handstand mit vierter Person abstützen.	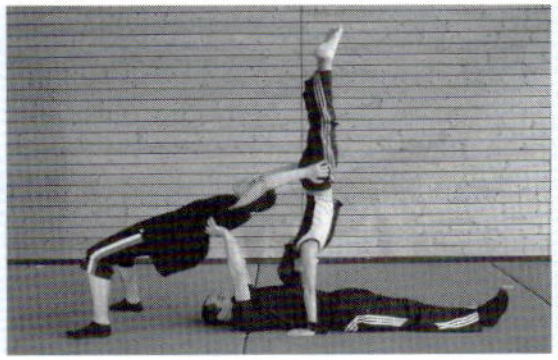
229	**Zweibein** Kooperation Gleichgewicht Kraft	Nicht auf der Wirbelsäule stehen!	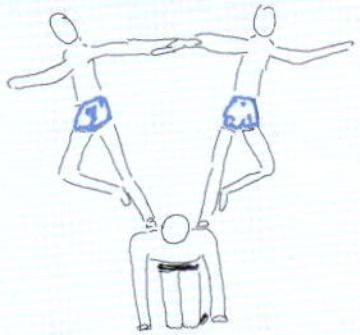
230	**Aussichtsturm 2** Kooperation Gleichgewicht Kraft	Unten eine stabile Brücke bauen! Beim Aufstieg helfen!	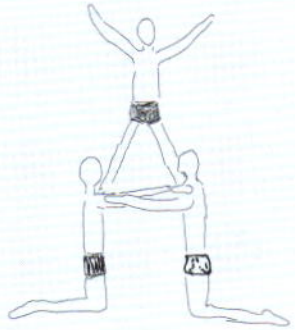
231	**Circus** Kooperation Gleichgewicht Kraft	Langsam mit weiterer Partnerhilfe in den Handstand aufschwingen.	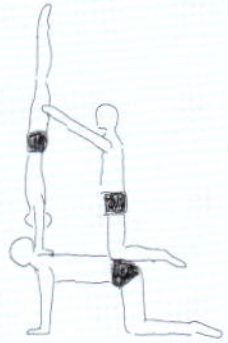
232	**Ausgeglichen** Kooperation Gleichgewicht Kraft	Langsam beide Seiten leicht zurücklegen. Der rechte Partner muss immer als Widerlager dienen.	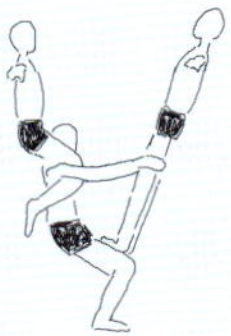

Nr.	Name der Spielform Ziele/Akzente	Idee/Beschreibung	Hinweise/Organisation
233	**Hoch hinaus 1** Kooperation Gleichgewicht Kraft	Langsam auf- und absteigen. Nicht auf die Wirbelsäule stehen.	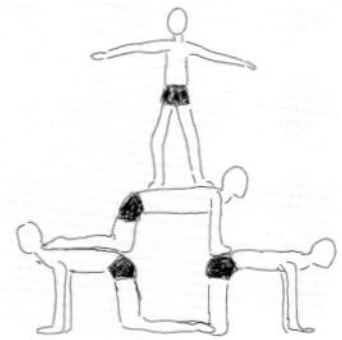
234	**Hoch hinaus 2** Kooperation Gleichgewicht Kraft	Langsam auf- und absteigen. Nicht auf die Wirbelsäule stehen.	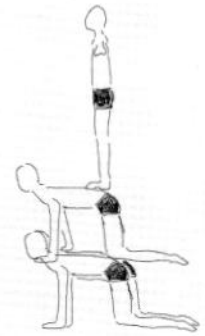
235	**Torbogen** Kooperation Gleichgewicht Kraft	Fünfte (sechste) Person muss den schrägen Handstand sichern. Gerader Rücken.	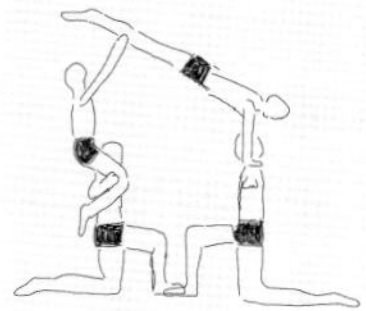
236	**Oben und unten** Kooperation Gleichgewicht Kraft	Handstand mit geradem Rücken.	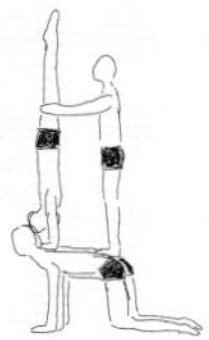
237	**Karussell** Kooperation Gleichgewicht Kraft	Beide hängenden Personen müssen gleichzeitig nach außen gebracht werden. Am besten mit einem Turnkasten als Erhöhung arbeiten. Obere Person muss von weiteren Helfern gesichert werden.	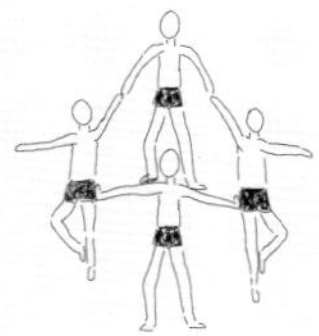

Nr.	Name der Spielform Ziele/Akzente	Idee/Beschreibung	Hinweise/Organisation
238	**Sitzung** Kooperation Gleichgewicht Kraft	Einfache Fünferakrobatik.	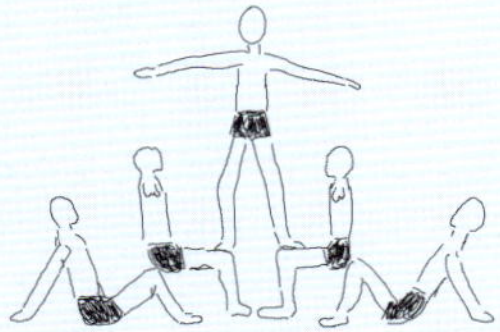
239	**Podest** Kooperation Gleichgewicht Kraft	Nicht auf die Wirbelsäule stehen.	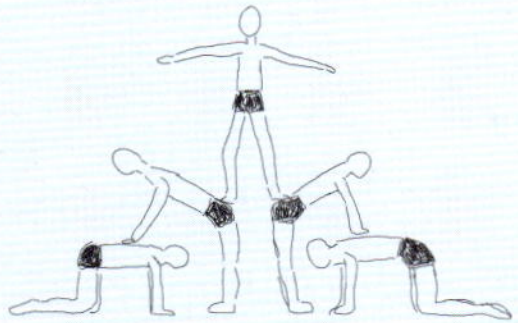
240	**Klammeraffen** Kooperation Gleichgewicht Kraft	Stabile Bank einnehmen. Nicht zu weit auseinander stehen.	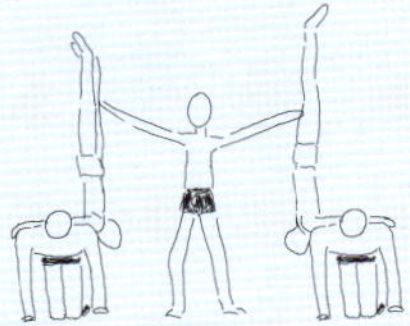
241	**Standfest** Kooperation Gleichgewicht Kraft	Nicht auf die Wirbelsäule stehen.	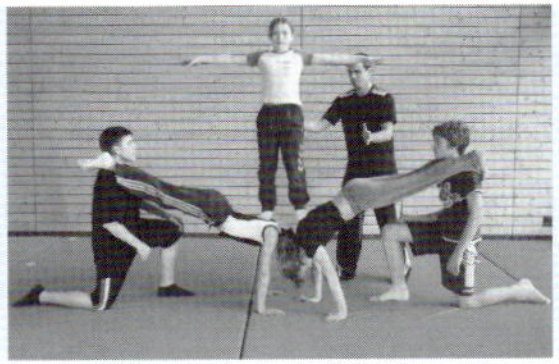
242	**Bankstand** Kooperation Gleichgewicht Kraft	Nicht auf die Wirbelsäule stehen.	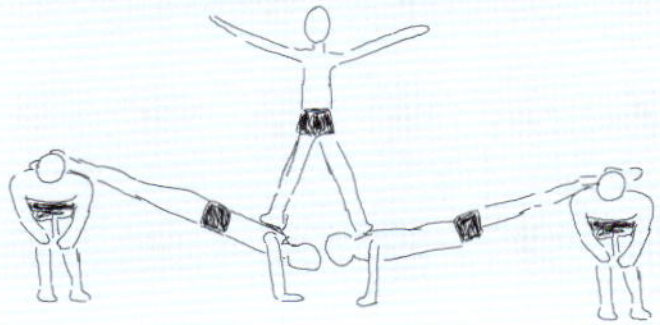

6

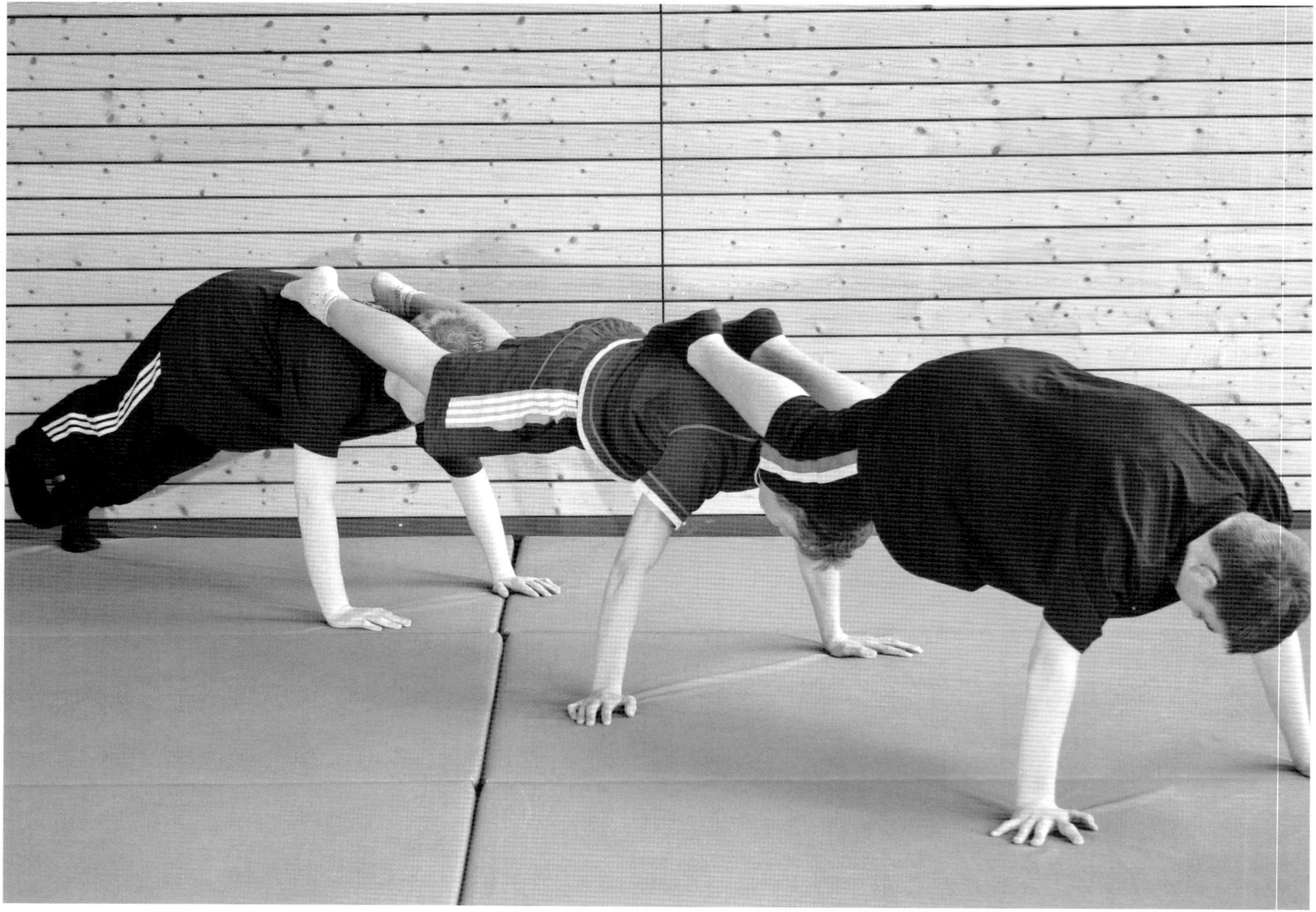

7 Grundlagen für Raufen und Zweikämpfe

7.1 Kraft, Ausdauer, Beweglichkeit, Schnelligkeit, Koordination 81

7.2 Miteinander kämpfen – gegeneinander kämpfen 120

7.3 Zweikampfspiele/Raufen am Boden 133

7.4 Zweikampfspiele/Raufen im Stand 142

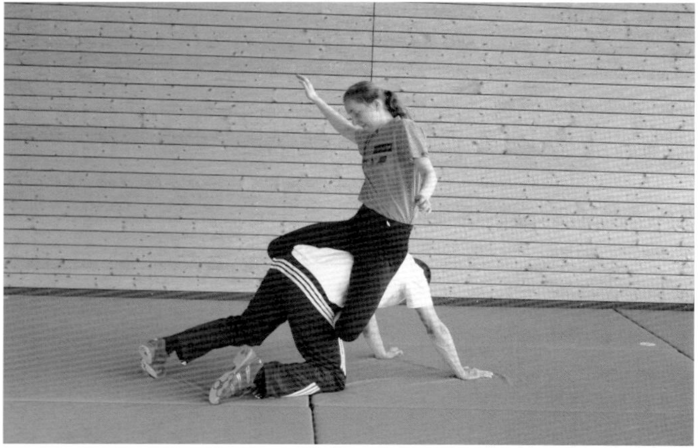

Die Anforderungen an die Kämpfer im Zweikampfsport sind sehr hoch anzusiedeln. Die Psyche, Kondition, Taktik und Technik sind in diesem Sport sehr stark miteinander verflochten. Die in diesem Kapitel angebotenen Spiel- und Übungsformen bieten eine große Anzahl von Handlungsmöglichkeiten für Trainer und Lehrende, um die verschiedenen genannten Faktoren anzusteuern. Während es in der Schule in aller Regel um ein Neulernen der kampfspezifischen Grundlagen gehen wird, ist im Vereinstraining ein stetiges Wiederholen und Trainieren notwendig. Erst dann können sich die Kraft, Ausdauer usw., aber auch der Kampfgeist entsprechend entwickeln und festigen.

Im nächsten Abschnitt werden die konditionellen Fähigkeiten und andere Faktoren in Übungen und Spielen geschult.

Danach werden spielerische Übungen für den Zweikampf in der Gruppe, sowie das Raufen und Kämpfen zu zweit am Boden und im Stand aufgeführt.

Wie in Kapitel 2 angesprochen, empfiehlt es sich für den Sportunterricht in der Schule zuerst Gruppenkampfspiele und erst danach Zweikampfspiele durchzuführen, während im Kampfsporttraining eines Vereins mit genügender Vorerfahrung der Trainierenden, die Übungen gemischt werden können.

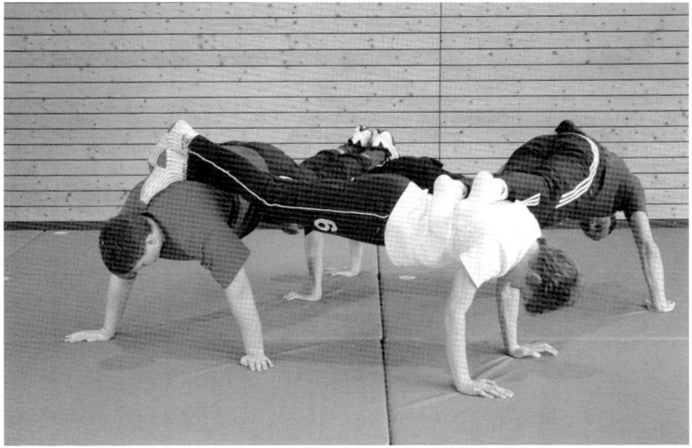

7.1 Kraft, Ausdauer, Beweglichkeit, Schnelligkeit, Koordination

Basisfertigkeiten für alle Sportarten, aber insbesondere zentral wichtige und leistungsbestimmende Faktoren im Zweikampfsport sind unter anderem die konditionellen Fähigkeiten, wie Kraft, Ausdauer, Beweglichkeit, Schnelligkeit als auch koordinative Fähigkeiten, wie z. B. die Gleichgewichts-, Orientierungsfähigkeit, sowie viele mehr.

In der Schule können Übungen aus diesem Abschnitt auch bei anderen Sportarten zu Beginn oder am Ende der Unterrichtsstunde durchgeführt werden.

Die Spiel- und Übungsformen helfen speziell beim Ringen, Raufen und Kämpfen Verletzungen vorzubeugen oder die Kampffähigkeit herzustellen und zu erhalten. Dazu müssen die Sportlerinnen und Sportler immer wieder diese Faktoren üben und trainieren. Um monotone Wiederholungen vorzubeugen sollten verschiedene Übungen den Trainingsalltag auflockern.

Viele Spiel- und Übungsformen, die die Schnelligkeit der Sportler fördern, sind auch in Kapitel 4.2 der Staffelspiele zu finden.

Nr.	Name der Spielform Ziele/Akzente	Idee/Beschreibung	Hinweise/Organisation
243	**Ballartist** Gleichgewichtsfähigkeit	Wer kann auf Leder-, wer auf Kunststoffmedizinbällen stehen? Wer kann sich auf ihnen fortbewegen? Wettbewerb: Auf ein Signal müssen alle möglichst lange auf den Bällen stehen bleiben. Zuwerfen von weiteren Medizinbällen, während man auf einem steht.	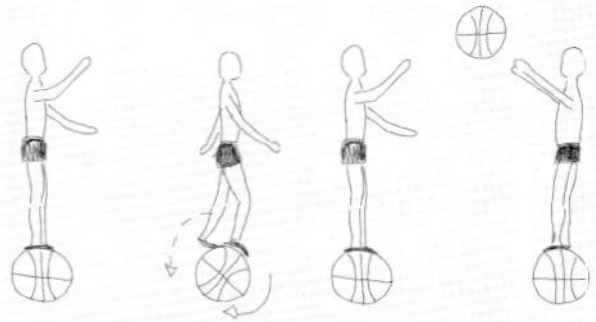
244	**Kreisballfangen** Kooperation Kraft	Eine Gruppe von 3–6 Spielern stehen in einem Kreis. Ein weiterer Spieler befindet sich im Kreis im Vierfüßlerstand. Die Kreisspieler rollen sich einen Ball zu und versuchen den Spieler im Kreis abzutreffen. Dieser weicht aus.	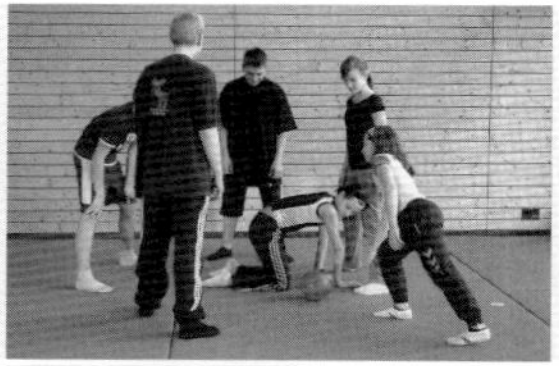
245	**Dauersteher** Gleichgewicht	Zwei Spieler stehen sich in leichter Grätschstellung gegenüber und berühren sich nur mit den Handflächen. Die Füße dürfen nicht bewegt werden. Wer schafft es, den anderen durch Schieben und Ausweichen aus dem Gleichgewicht zu bringen? Variation: Fußposition auf einer Linie hintereinander oder nur auf einem Bein stehend.	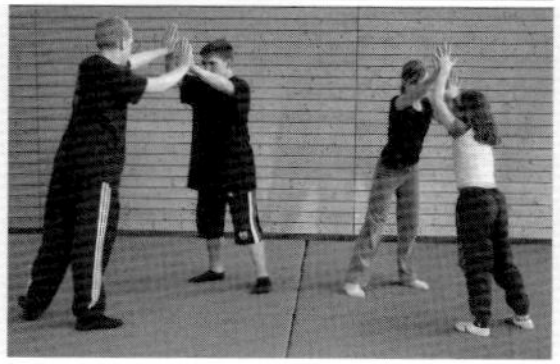
246	**Dauersteher 2** Gleichgewicht	Wie oben, nun ist die Griffhaltung aber über das Handgelenk (Doppelhandgelenkgriff) oder an den Ellenbogen.	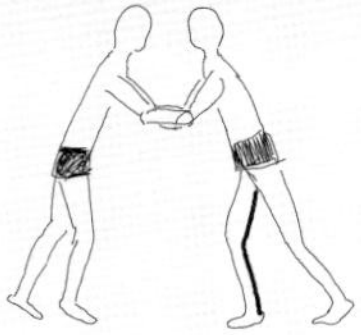
247	**Beinhüpfen** Gleichgewicht Koordination	Die Fußspitze muss gefasst werden und durch das Bein wie beim Seilspringen gesprungen werden. Beide Seiten!	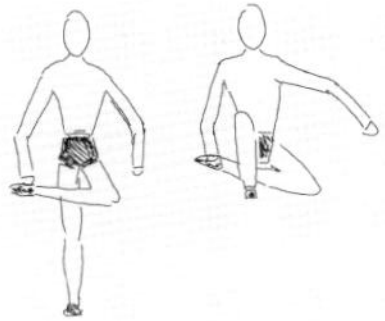

Nr.	Name der Spielform Ziele/Akzente	Idee/Beschreibung	Hinweise/Organisation
248	**Schiefer Turm** Kraft Koordination	Wer schafft es lange im Unterarmstand stehen zu bleiben?	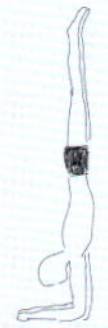
249	**Kalinka** Kraft Koordination	Hocke – Beinkreisen rechts und links herum.	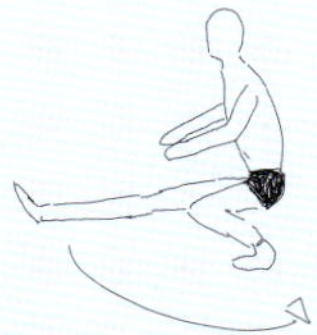
250	**Elefantenstand** Kraft Koordination	Wer schafft es lange im Elefantenstand stehen zu bleiben?	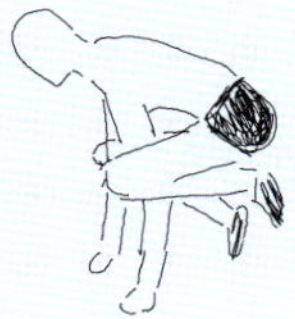
251	**Zwergenstand** Gleichgewicht	Die Paare befinden sich im Kniestand und versuchen bei Ellenbogen- oder Doppelhandgelenksgriff, sich aus dem Gleichgewicht zu bringen. Achtung: Nur seitlich drücken, nicht nach hinten! Variation: Mit einem aufgestellten Bein oder im Hockstand.	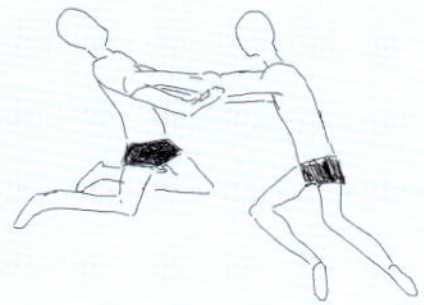
252	**Hürdensitz** Koordination	Aus dem Hürdensitz, ohne die Füße vom Platz zu bewegen aufstehen, sich drehen und in den Hürdensitz in die andere Richtung gehen.	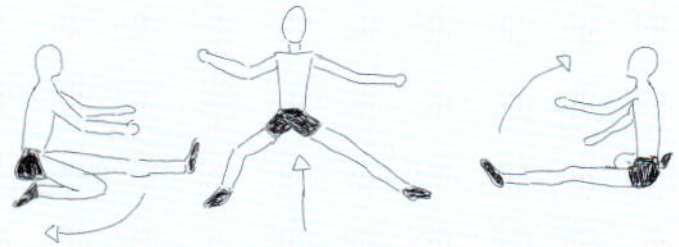

7

Nr.	Name der Spielform Ziele/Akzente	Idee/Beschreibung	Hinweise/Organisation
253	**Doppelrolle** Koordination Kraft	Paarweise zusammen wird eine Doppelrolle ausgeführt. Wettkampf: Welches Paar schafft es am schnellsten bis an das andere Ende der Matte?	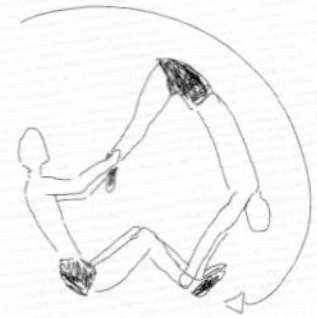
254	**Ein- und Ausstieg** Kooperation Koordination	Beide Partner halten sich an den Händen. Wer schafft es eine ganze Kreisdrehung zu vollführen, ohne die Hände loszulassen. Mit und ohne „Ein und Ausstieg“. Variation: Im Sitzen und im Stehen.	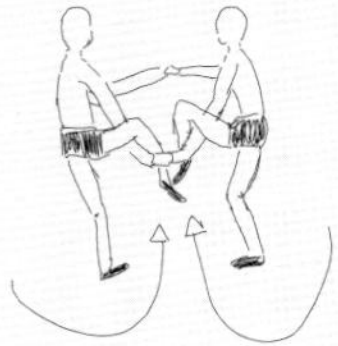
255	**Schwertransport** Kraft Kooperation	5er-Gruppen. Vier tragen eine Matte und der Fünfte liegt auf dieser Matte. An einem Wendemal wechseln die Träger. Welche Gruppe ist die schnellste? Intensives Spiel!	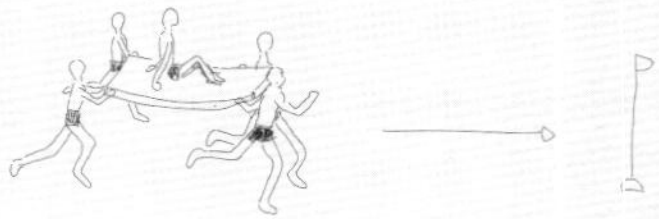
256	**Einbein** Koordination Kraft	Partner A fasst den Fuß von Partner B. Partner A wird im Kreis, vor- und rückwärts geführt. Variationen: Partner A springt über das Bein von Partner B. Hand- und Fußfassung möglich.	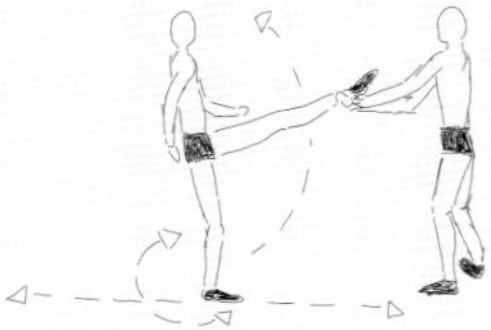
257	**Zweibein** Koordination Gleichgewicht	Wie oben, nur dass sich die Partner gegenseitig die Hand und den Fuß fassen (oder nur den Fuß). Vor- und Rückbewegungen, aus dem Gleichgewicht bringen.	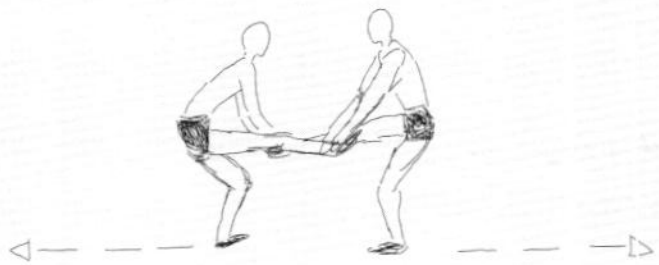

Nr.	Name der Spielform Ziele/Akzente	Idee/Beschreibung	Hinweise/Organisation
258	**Partnersprung** Ausdauer	Sprünge über den Partner (er befindet sich mal in Bockstellung, mal in der Bank). Zurück immer durch die Beine oder die Brücke tauchen. Wettkampf: Auf Zeit, 1 Minute.	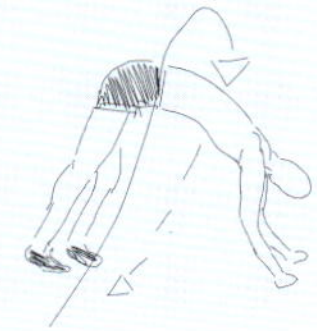
259	**Körperwandern** Kraft, gemeinsame Koordination	Partner A nimmt Partner B auf den Arm. Partner B muss nun um den Körper von Partner A wandern, ohne den Boden zu berühren.	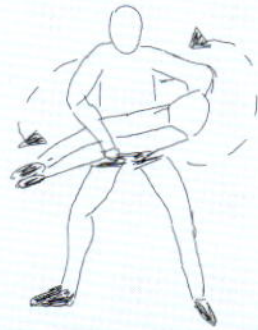
260	**Oberschenkel-schwingen** Kraft	Partner wird im Untergriff gefasst und von rechts nach links und zurück auf die Oberschenkel geschwungen.	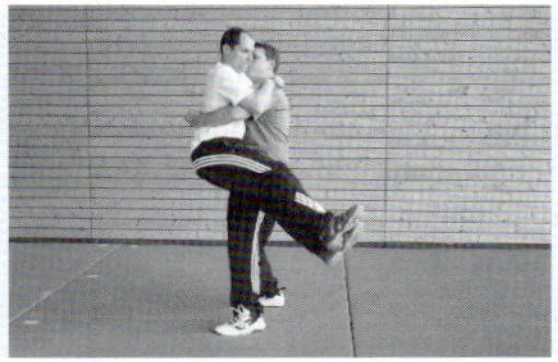
261	**Partnertragen** Kraft	Der Partner wird wie ein Sack von einem Ende der Matte zum anderen Ende getragen. Variation im Tragen möglich (z. B. Huckepack). Partnertragen über verschiedene Matten oder Hindernisse möglich.	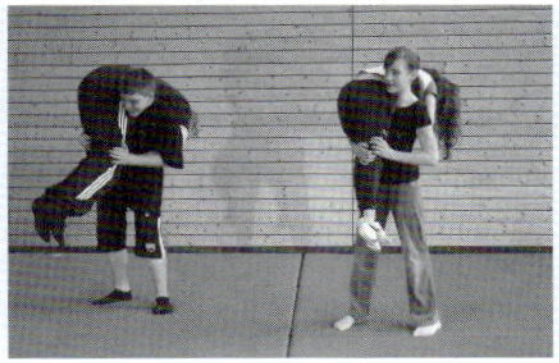
262	**Wechselrollen** Koordination, Kraft	3 Spieler. Alle befinden sich in Liegestützstellung. Der linke Spieler fängt an und springt über den mittleren Spieler, der sich nach außen rollt. Danach springt der andere äußere Spieler über den neuen Mittelspieler usw. Variation auch mit Vorwärtsrollen möglich.	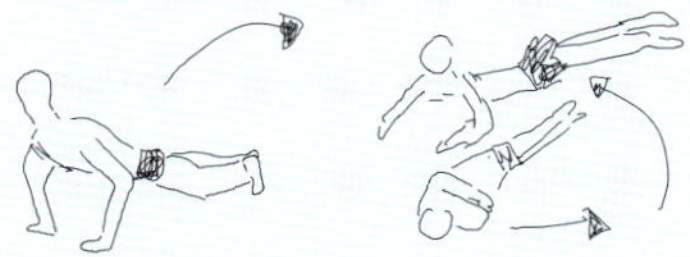

Nr.	Name der Spielform Ziele/Akzente	Idee/Beschreibung	Hinweise/Organisation
263	**Partnerrad** Koordination	A befindet sich in Bauchlage, B schlägt über A hinweg Räder. Variationen: A befindet sich in Bank- oder in Kauerstellung. B schlägt Räder, indem er sich bei A am Rücken abstützt.	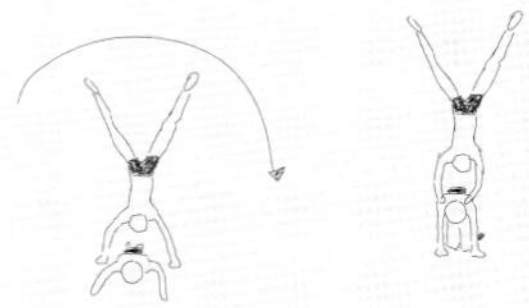
264	**Brett** Kraft Rumpf	Alle stützen sich auf den Unterarmen und den Füßen mit dem Gesicht zum Boden. Dabei den Rücken möglichst gerade halten. Variation: Ein Arm und das gegengleiche Bein in Wirbelsäulenverlängerung strecken.	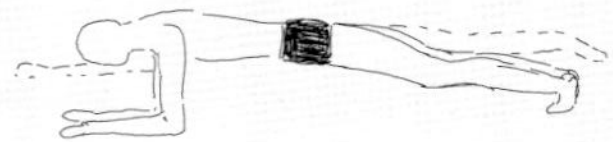
265	**Fliegen** Kraft Körperspannung	Partner A legt sich rücklings auf den Boden und hebt die Beine. Partner B stellt sich so an A, dass dessen Füße mit den Zehen nach außen an der Hüfte anliegen. Zuerst fassen beide an den Schultern, dann an den Händen. A streckt die Beine und Arme und hebt dadurch B in die Horizontale. B streckt sich ebenfalls.	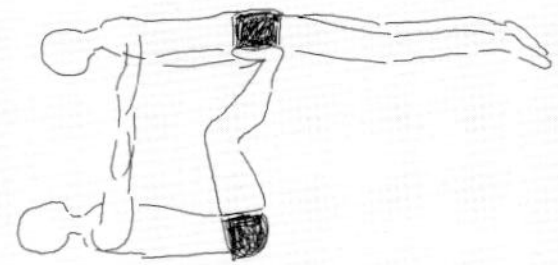
266	**Jurtenkreis** Kooperation Kraft	Alle stellen sich in einen Innenstirnkreis und halten sich an den Händen oder an den Unterarmen. Nun wird im Kreis reihum 1, 2, 1, 2 abgezählt. Auf ein Kommando lehnen sich alle mit der Nummer 2 nach vorne, die mit der Nummer 1 nach hinten (und andersherum). Arme sind dabei gestreckt. Die Füße müssen dabei hüftbreit auf dem Boden stehen bleiben.	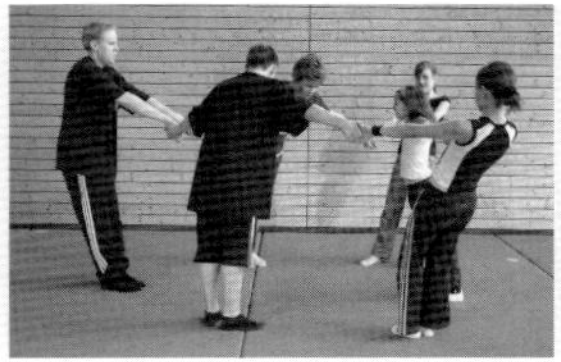
267	**Kletteraffe** Rücksichtnahme Kraft	A klettert an einer Sprossenwand hoch. Gleichzeitig versucht B ihn daran zu hindern und ihn von der Sprossenwand wegzuziehen. Dabei auf die Stopp-Regel achten!	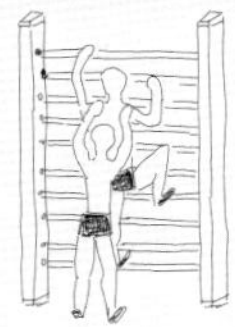

Nr.	Name der Spielform Ziele/Akzente	Idee/Beschreibung	Hinweise/Organisation
268	**Schubkarrenlauf** Kooperation Kraft	Partner A befindet sich in Schubkarrenhaltung und wird von Partner B an den Oberschenkeln, nahe dem Gesäß (nicht an den Unterschenkeln!), gehalten. A läuft mit den Händen, während B schiebt.	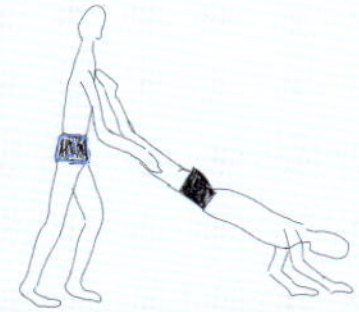
269	**Liegestütz Viereck** Kraft	Vier Sportler bilden ein Quadrat. Jeder legt bei einem Partner die Beine auf den Schultergürtel. Nun machen alle gemeinsam Liegestützen.	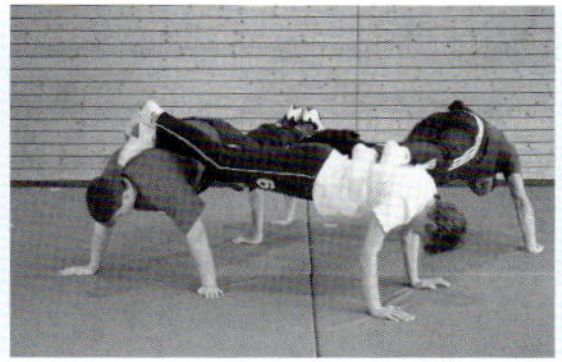
270	**Transport** Kooperation Taktik Kraft	2er-Gruppen. Medizinbälle müssen zu zweit mit zwei Stäben in einer Wendepunkt- oder Parcourstrecke transportiert werden. Welche Gruppe ist die schnellste?	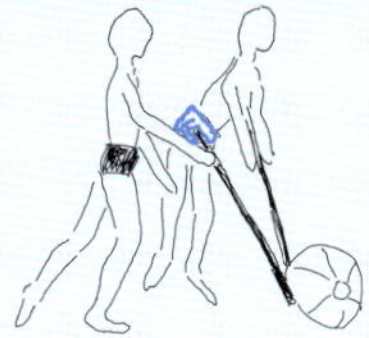
271	**Steinhart** Körperspannung	Partner A liegt auf der Seite und hebt die gestreckten Beine und Arme leicht vom Boden an. Partner B versucht ihn durch leichtes Antippen aus dieser Ausgangsstellung zu bringen.	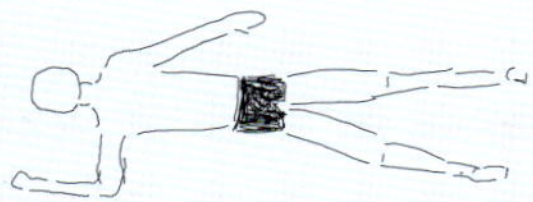
272	**Angewachsen** Körperspannung	Partner A steht mit leicht gebeugten Knien schulterbreit stabil da. Partner B versucht ihn durch leichten Druck und Zug aus dem Gleichgewicht zu bringen. Variation: Partner A schließt die Augen.	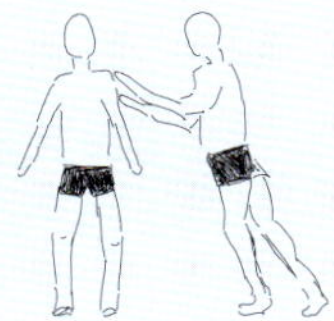

Nr.	Name der Spielform Ziele/Akzente	Idee/Beschreibung	Hinweise/Organisation
273	**Bankschwingen** Kraft Kooperation	Die ganze Gruppe sitzt seitlich an einer Langbank und schaut in die gleiche Richtung. Auf ein Kommando packen alle gleichzeitig die Langbank und heben sie von einer Seite über den Kopf zur anderen Seite und wieder zurück. Variation: Es wird, wenn die Bank auf der anderen Seite abgestellt wurde, ohne die Hände zu lösen, über die Bank gesprungen.	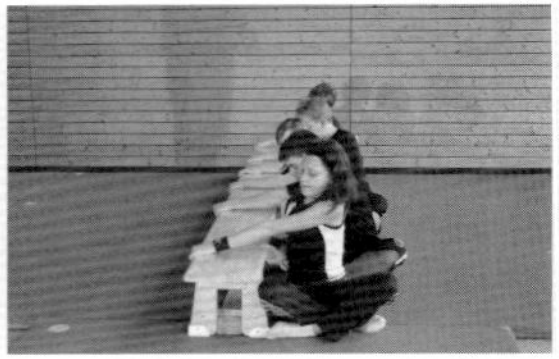
274	**Gleichgewichtstanz** Gleichgewicht Körperspannung	Zwei Partner stehen sich gegenüber und pressen die Handflächen aneinander. Zusätzlich berühren sich die Innenseiten ihrer rechten Füße (oder linken Füße). Durch Drücken und Schieben soll der Partner aus dem Gleichgewicht gebracht werden.	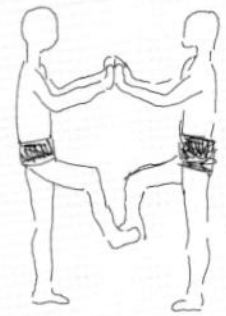
275	**Unterarmstützen 1** Kraft	Du gehst in den Unterarmstütz und hältst Dich so lange wie möglich mit geradem Rücken oben.	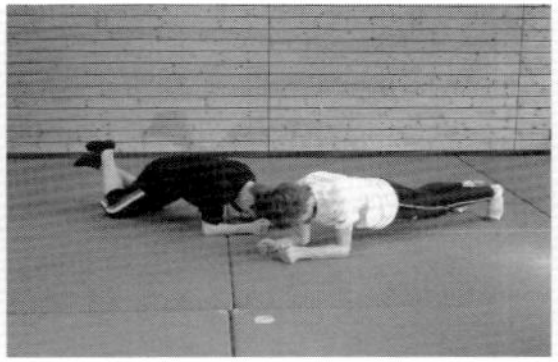
276	**Tauklettern** Kraft	Die Schüler müssen an den hängenden Tauen (mit und ohne Beine) hochklettern. Vorsicht: Langsam herunterklettern, da sonst die Hände verbrennen können. Weichbodenmatte unterlegen! Variation: Jeweils eine Hand an ein anderes Tau (an zwei Tauen hochklettern).	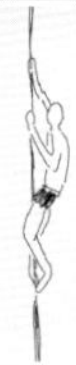
277	**Tarzanschwingen** Kraft	Die Schüler schwingen am Tau von einem zum anderen Kasten. Durch Matten absichern. Variation: Es muss ein zwischen den Beinen eingeklemmter Ball hin- und hertransportiert werden.	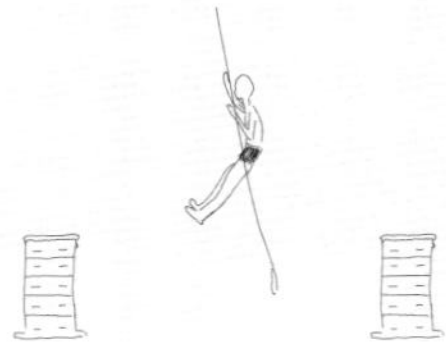

Nr.	Name der Spielform Ziele/Akzente	Idee/Beschreibung	Hinweise/Organisation
278	**Wanderstand** Kraft	Partner A befindet sich im Handstand und wird von Partner B gehalten. Nun bewegen sich beide vorwärts – rückwärts, seitwärts. Achtung: Immer Körperspannung beibehalten!	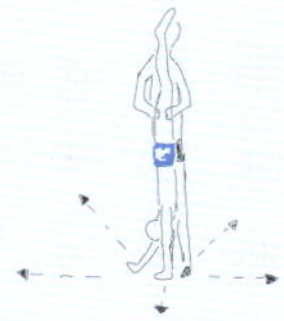
279	**Tauziehen im Gleichgewicht** Gleichgewicht, Taktik	Zwei Partner stehen sich gegenüber auf einer umgedrehten Langbank. Wer schafft es, den Partner mit einem Seil von der Bank zu ziehen, ohne selbst auf den Boden zu kommen.	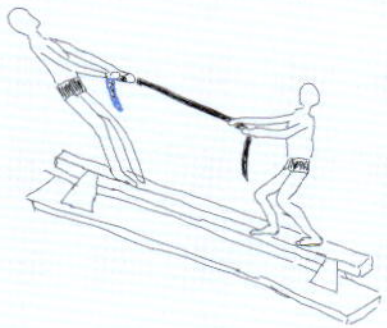
280	**Fallobst** Gleichgewicht, Kraft	Zwei Kämpfer stehen auf einer umgedrehten Langbank und halten jeweils einen Medizinball vor sich. Mit diesem Medizinball versuchen sie nun, sich gegenseitig von der Bank zu stoßen. Variation: Ohne Medizinball oder mit weichem Gegenstand, z. B. Schwimmnudel.	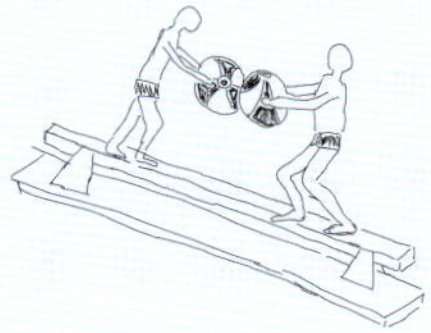
281	**Bankkegeln** Gleichgewicht, Kraft	Zwei Kämpfer stehen sich gegenüber auf jeweils einer umgedrehten Langbank. Durch einen Druckpass auf Brusthöhe versuchen sie den Partner von der Bank zu stoßen, wenn er den Ball auffängt.	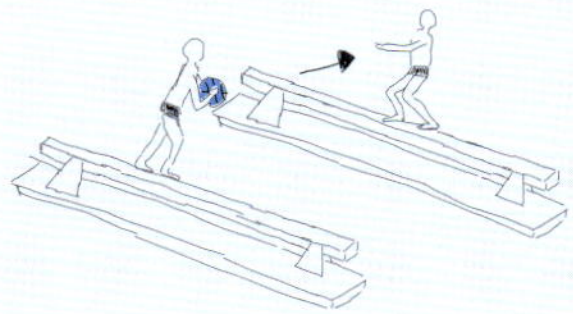
282	**Tauziehen** Kraft, Kooperation	Paarweise mit einem kleinen Seil, Budogürtel oder mit zwei Gruppen und einem Tauziehseil. Wer schafft es den/die anderen über eine Linie zu ziehen.	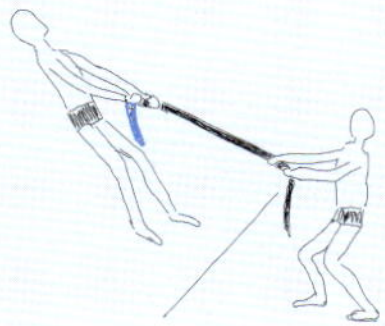

Nr.	Name der Spielform Ziele/Akzente	Idee/Beschreibung	Hinweise/Organisation
283	**Menschenziehen** Kraft	Dito wie oben, jedoch ohne Tau und Seil. Der Partner wird lediglich an der Hand gepackt und es wird versucht, ihn über eine Linie zu ziehen.	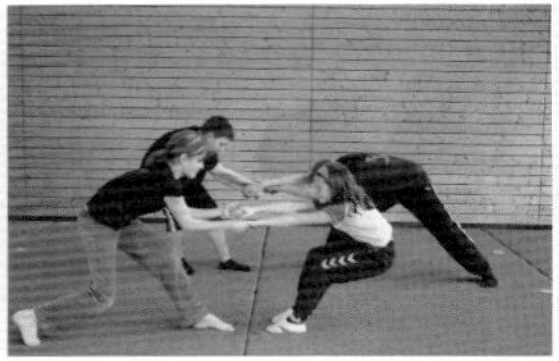
284	**Banktransport** Kraft Kooperation	Eine Langbank wird von zwei Schülern eine bestimmte Strecke getragen. Welche Gruppe ist die schnellste? Variation: Durch einen Parcours tragen.	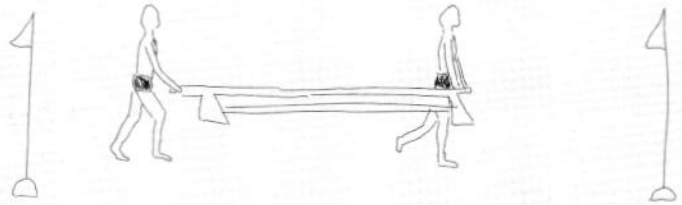
285	**Brückenbau** Kooperation Kraft	Zwei oder drei Schüler versuchen, sich im Stehen in unterschiedlichen Positionen gegenseitig so anzulehnen, dass sie nicht umfallen. Wer schafft es, eine möglichst weit ausladende Brücke zu bauen?	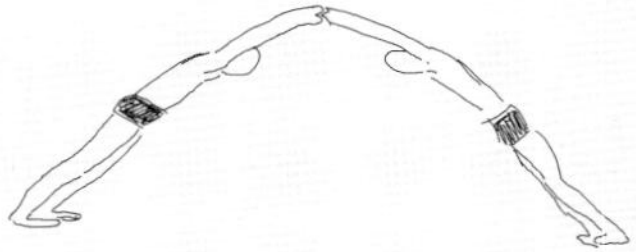
286	**Floß** Gleichgewicht	Bälle werden unter eine Niedersprungmatte gelegt. Um die Niedersprungmatte werden Turnmatten gelegt, sodass die Bälle nicht davonrollen können. Wer schafft es, die Niedersprungmatte zu überqueren? Variation: Im Vierfüßlergang, alleine oder in der Gruppe.	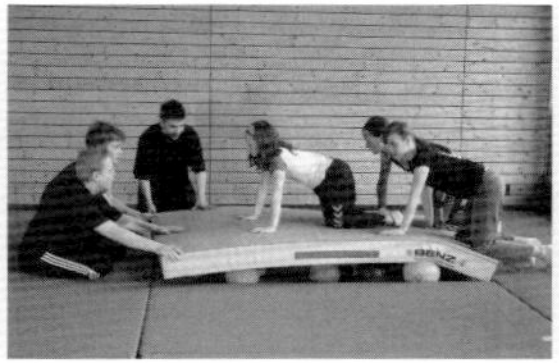
287	**Wackelsteg** Gleichgewicht	Basketbälle werden unter einen Kastendeckel gelegt. Nun muss dieser vorsichtig überquert werden. Variation: Im Vierfüßlergang, alleine oder in der Gruppe.	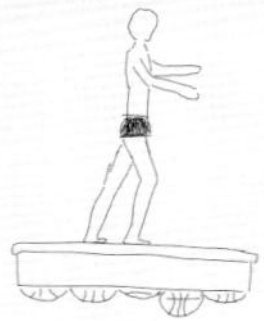

Nr.	Name der Spielform Ziele/Akzente	Idee/Beschreibung	Hinweise/Organisation
288	**Schwebesitz** Gleichgewicht	Eine umgedrehte Langbank liegt auf 5–6 Gymnastikstäben. An den Enden liegen Matten, sodass die Langbank nicht weit rollen kann. Die Langbank muss nun alleine oder in der Gruppe überquert werden.	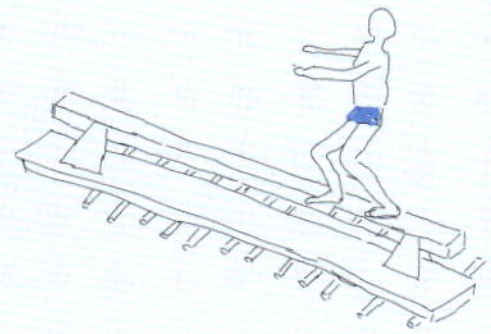
289	**Langbankziehen** Kraft Rumpf	Eine Langbank ist in der Sprossenwand schräg eingehängt. Wer kann sich auf der Langbank auf dem Bauch liegend hochziehen? Wer kann daran hochklettern?	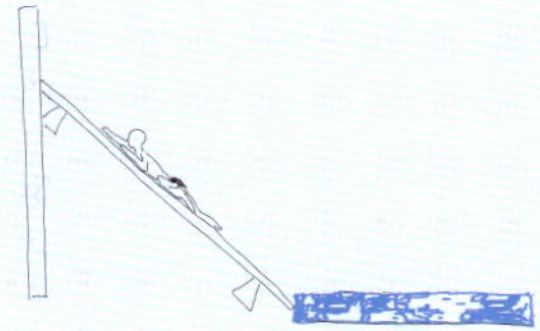
290	**Langbankrudern** Kraft Rumpf	Dito, wie oben. Jedoch wird ein Seil an einer Sprosse befestigt und die Übenden ziehen sich daran im Sitzen, Stehen oder Liegen hoch.	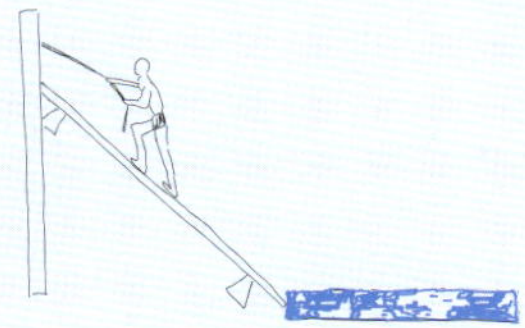
291	**Eiger Nord** Kraft Geschicklichkeit	Eine Weichbodenmatte wird an eine Sprossenwand angelehnt und festgebunden. Ein Tau wird von oben heruntergehängt. Wer schafft es, die Eiger Nord zu besteigen?	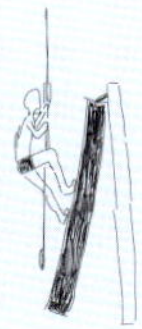
292	**Ben Hur** Kraft Kooperation Gleichgewicht	Drei Personen gehen zusammen. Einer steht auf zwei Teppichfliesen und hält mit den Händen die Mitte eines Seiles. Seine zwei Partner ziehen ihn eine bestimmte Strecke oder durch einen Parcours. Immer auf den „Wagenführer“ achtgeben.	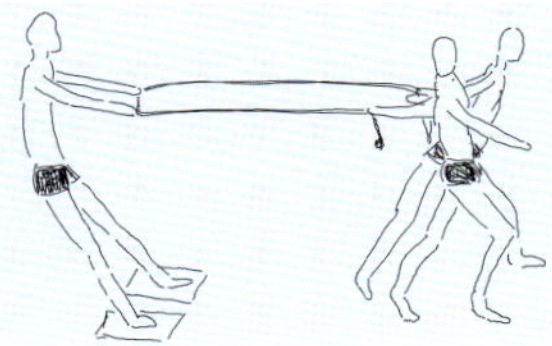

7

Nr.	Name der Spielform Ziele/Akzente	Idee/Beschreibung	Hinweise/Organisation
293	**Unterarmstützen 2** Kraft	Jetzt gehst Du in den seitlichen Unterarmstütz. Du kannst entweder auf das Knie oder das gestreckte Bein gehen. Den Arm beliebig halten.	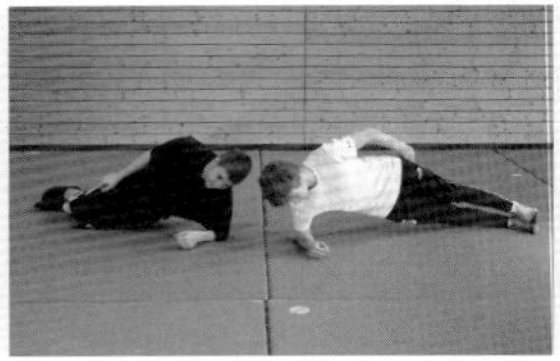
294	**Downhill-Rolle** Orientierung	Eine Weichbodenmatte wird an einer Längsseite mit zwei normalen Matten erhöht. Wer schafft es, möglichst schnell mit Rollen vorwärts oder Rollen rückwärts die schiefe Ebene zu durchrollen? Wer schafft möglichst viele Rollen auf der Ebene?	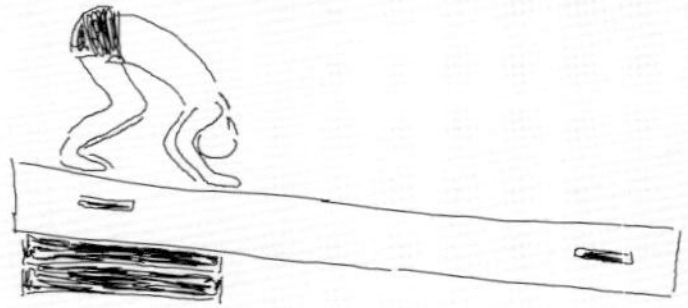
295	**Diagonalbodenturnen** Orientierung Koordination	Auf der Diagonalbahn der Matte werden verschiedene Bodenturnübungen ausgeführt. Zurücklaufen um die Matte! Beispiele: Rolle vorwärts, Rolle rückwärts, Rad, Radwende, Flugrolle, Rolle seitwärts (um Körperlängsachse).	Genügend Abstand zum Vordermann!
296	**Kraftweg** Kraft Koordination Orientierung	Auf der Diagonalbahn der Matte werden verschiedene Bodenturnübungen mit höherem Krafteinsatz ausgeführt: Handstandlauf, Spinnengang, Froschgang, Rolle rückwärts in den Handstand, Handstand abrollen, Handstützüberschlag, Doppelrolle (2 Partner halten sich jeweils an den Unterschenkeln, Vorderseite zueinander). Zurücklaufen um die Matte!	Langsam zurücklaufen. Pausen zulassen!
297	**Downhill-Rolle 2** Orientierung Koordination	Zwischen zwei auf Langbänken liegenden Weichbodenmatten steht ein Minitrampolin. Bei einer Matte wird eine schiefe Ebene gebildet. Weitere Matten zur Absicherung verwenden! Wer schafft eine schöne Flugrolle?	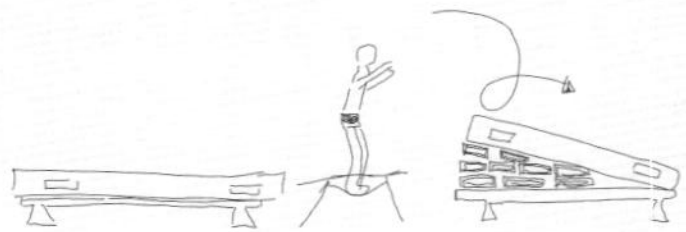

Nr.	Name der Spielform Ziele/Akzente	Idee/Beschreibung	Hinweise/Organisation
298	**Partnerrolle** Koordination	Partner A befindet sich in Bankstellung. Partner B steht seitlich zu ihm und macht eine Rolle über Partner A. Wer schafft es ohne seinen Partner zu berühren?	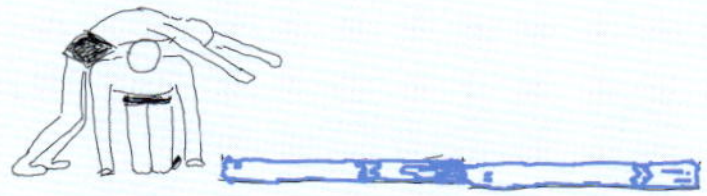
299	**Partnerhechtrolle** Koordination	Dito, wie oben. Jedoch nimmt Partner B Anlauf und vollführt eine Flugrolle über Partner A.	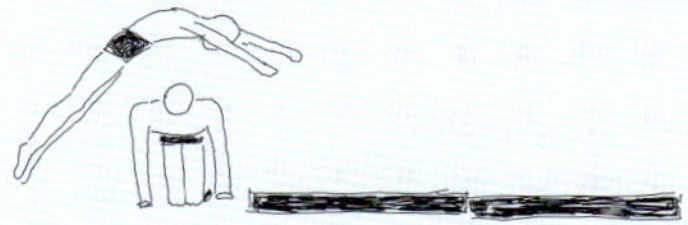
300	**Partnerstütz-überschlag** Koordination	Partner A befindet sich in Bankstellung. Partner B steht erhöht seitlich neben A auf einem Turnkasten und schwingt auf dessen Rücken zum Handstützüberschlag auf. Achtung: Nur mit Hilfestellung und für geübte Personen! Zwei Personen stehen seitlich am Kasten und sichern das Aufschwingen, zwei Personen befinden sich neben Partner A und stützen B beim Überschlag an Schulter und Gesäß.	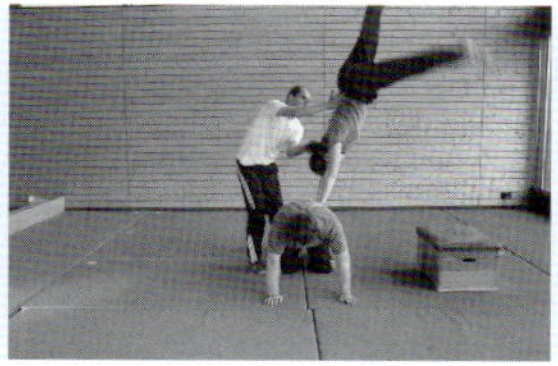
301	**Gestaltenspringen** Körperspannung	Schüler springen vom dreiteiligen Kasten auf ein Minitrampolin und dann auf eine oder zwei Weichbodenmatten. Immer auf den Beinen aufkommen! Es sind keine Salti erlaubt! Wer macht einen Sprung vor, wer kann ihn nachmachen?	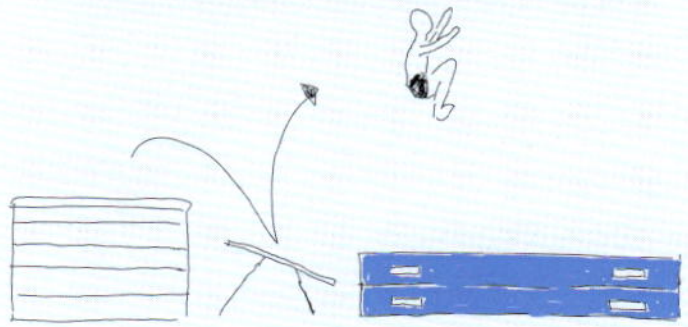
302	**Rutschbahn** Gleichgewicht	Zwei/drei Langbänke werden in der Sprossenwand eingehängt. Schüler sollen auf der schiefen Ebene mit Teppichfliesen auf dem Hosenboden oder auf den Knien runterrutschen. Mit Matten seitlich absichern. Wer schafft es im Stehen?	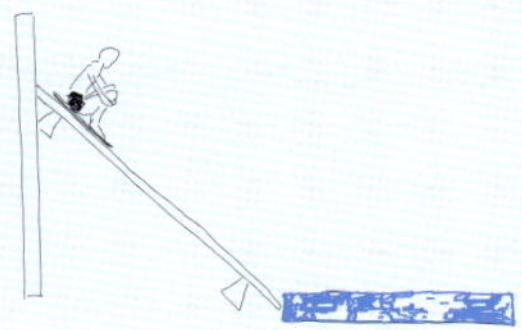

Nr.	Name der Spielform Ziele/Akzente	Idee/Beschreibung	Hinweise/Organisation
303	**Schubkarrenlauf 2** Kraft	Partner A befindet sich in Schubkarrenhaltung und wird von Partner B an den Unterschenkeln oder an den Füßen gehalten. Gerader Rücken! Die normale Schubkarre an den Oberschenkeln muss schon gehalten werden können!	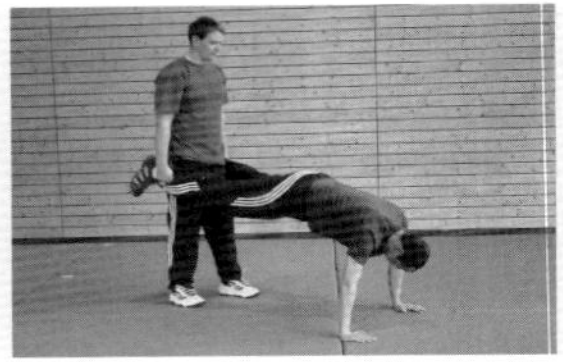
304	**Torwarttraining** Fallen lernen	Partner A kniet auf der Matte und erhält von Partner B weit links oder rechts einen Ball zugerollt. Partner A muss links oder rechts abkippen und sich strecken, um den Ball zu erreichen. Variation: Partner A befindet sich in der Hocke oder steht.	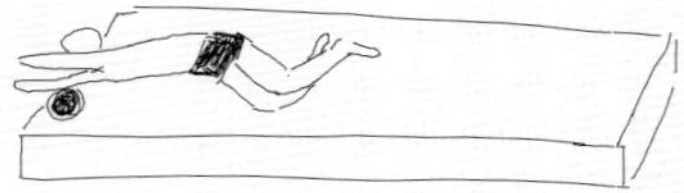
305	**Zielwurf** Fallen lernen	Partner A sitzt auf der Matte und hat einen Ball in der Hand. Er wirft den Ball hinter sich, indem er sich nach hinten abrollt. Vorsicht: Kinn muss dabei auf der Brust anliegen. Variation: Im Knien oder in der Hocke.	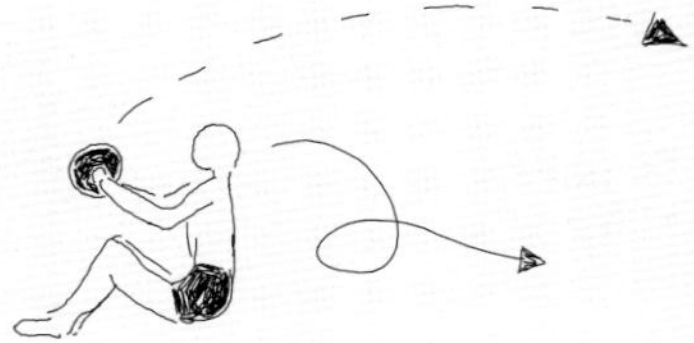
306	**Umfaller** Fallen lernen	Partner A kniet auf der Matte. Partner B läuft um Partner A herum und stößt ihn leicht von der Seite/von hinten oder vorne um. Variation: Partner A befindet sich in der Hocke.	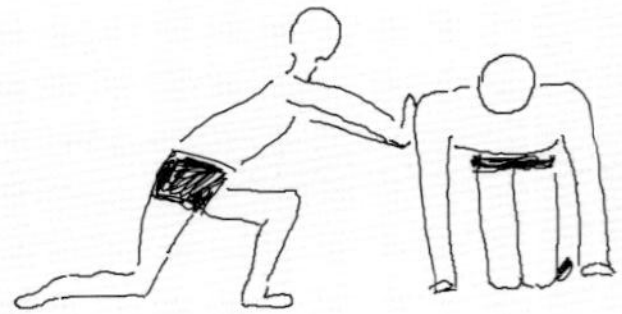
307	**Rutschhecht 1** Fallen lernen	Jeder hat einen Ball und wirft ihn sich selbst vor. Wer schafft es, den Ball am weitesten vorzuwerfen und ihn dann noch zu erreichen, bevor er den Boden berührt? Am besten lange Socken über die Hände streifen. Variation: Ein Partner wirft ihn vor.	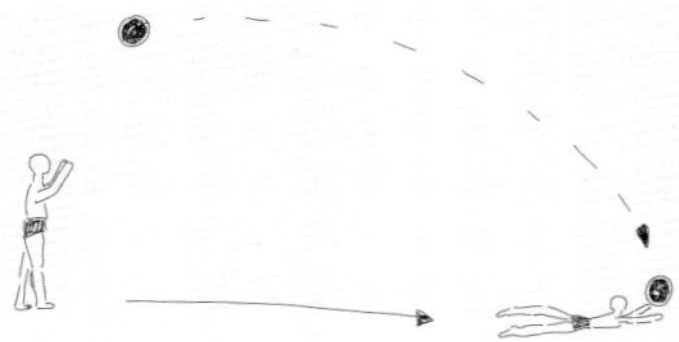

Nr.	Name der Spielform Ziele/Akzente	Idee/Beschreibung	Hinweise/Organisation
308	**Rutschhecht 2** Fallen lernen	Partner A befindet sich vor einer Weichbodenmatte und erhält von B einen Ball zugeworfen, sodass er ihn gerade noch im Hechtsprung erreichen kann.	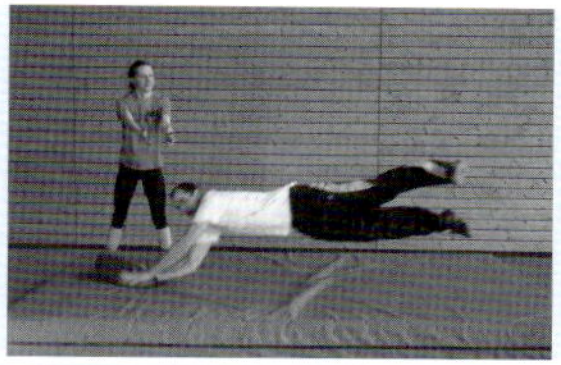
309	**Alles im Griff** Koordination Bodengefühl	Alle prellen durcheinander und müssen verschiedene Aufgaben erledigen: Im Sitzen prellen, während des Prellens wälzen, sich rollen, drehen, etc.	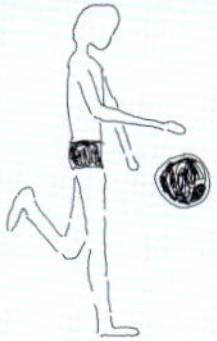
310	**Monument** Körperspannung	Partner A stellt sich wie ein Monument hin. B drückt leicht von verschiedenen Seiten an das Monument. Dabei soll A steif und fest stehen bleiben. Auch am Boden, z. B. in Banklage, linkes Bein und rechter Arm strecken und andersherum.	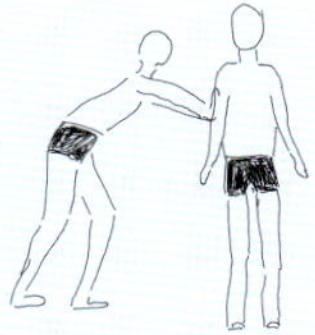
311	**Einstürzende Wände** Fallen lernen	Die Gruppe steht mit frontwärts an einer quer aufgestellten Weichbodenmatte. Auf ein Signal lassen sich alle nach vorne fallen. Dabei fällt die Weichbodenmatte um. Variation: Mit dem Rücken zur Matte stehen.	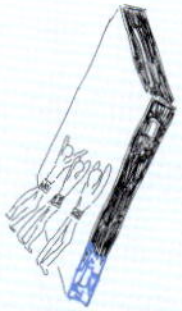
312	**Fallobst** Fallen lernen	Die ganze Gruppe läuft durcheinander. Auf ein Zeichen (Musik aus) müssen sich alle möglichst schnell auf den Boden werfen. Variation: Die Fallrichtung wird angegeben (nach vorne, hinten, etc.).	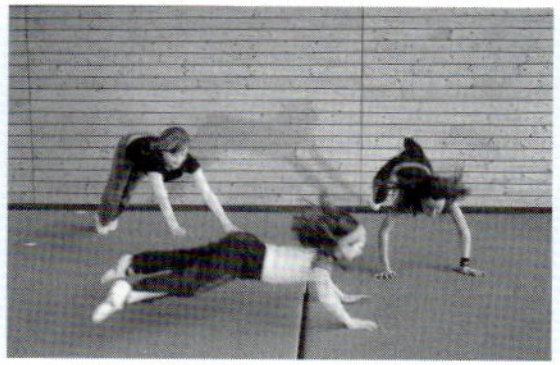

7

Nr.	Name der Spielform Ziele/Akzente	Idee/Beschreibung	Hinweise/Organisation
313	**Freiflug** Fallgefühl Körperspannung	Einer liegt auf einer Weichbodenmatte und wird von der Gruppe über Kopfhöhe hochgehoben. Auf ein Zeichen lassen alle zusammen die Matte flach fallen, sodass ein kurzer Freiflug entsteht. Kopf an Brust, Beine, Po und Bauch anspannen! Variation: Person steht auf der Weichbodenmatte.	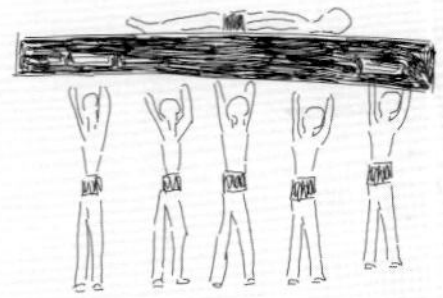
314	**Mattenrutschen** Fallen lernen	In Kleingruppen: Die Schüler springen bäuchlings auf eine am Boden liegende Matte, sodass sie vorwärts rutscht. Matte mit rutschender Seite auf den Boden legen. Nächste Kleingruppe darf erst auf die Matte springen, wenn keiner mehr auf ihr liegt.	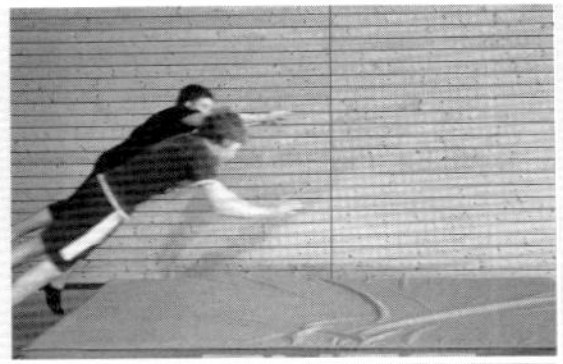
315	**Widerstandslauf** Kraftausdauer	Partner A wird von Partner B an der Hüfte festgehalten. A muss gegen diesen Widerstand versuchen wegzulaufen.	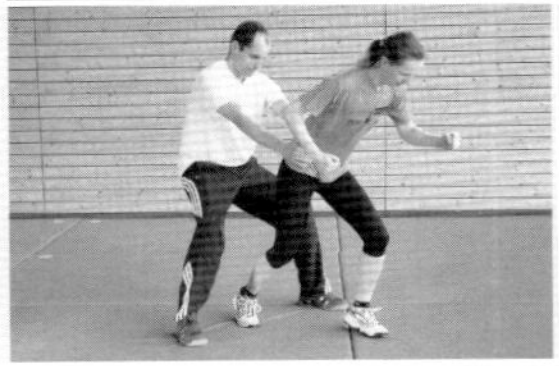
316	**Kämpfende Affen** Kraft	Zwei Kämpfer ziehen sich an zwei benachbarten Tauen hoch und versuchen, den Partner zu Boden zu zwingen (Schlagen ist nicht erlaubt).	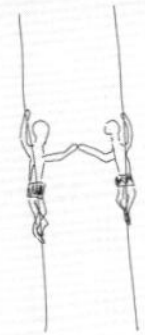
317	**Geräteparcours** Kraft Geschicklichkeit	Aus verschiedenen Turngeräten wird ein Kletter-, Balancier- und Koordinationsparcours aufgebaut. Alle müssen diesen Parcours durchqueren. Variation: Der Boden darf dabei nicht berührt werden. Durchqueren auf Zeit In verschiedenen Gangarten (Vierfüßler etc.).	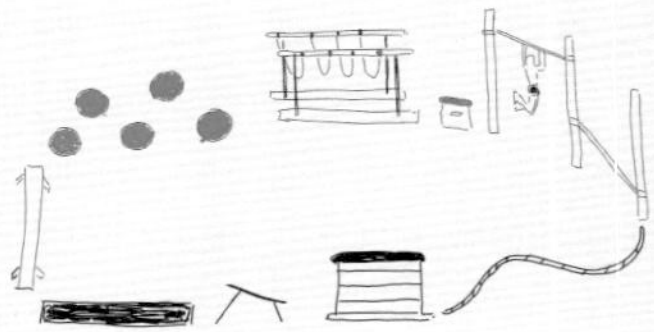

Nr.	Name der Spielform Ziele/Akzente	Idee/Beschreibung	Hinweise/Organisation
318	**Gesprengte Ketten** Kooperation, Kraft	4 Spieler binden sich jeweils an den Händen und Füßen zusammen. Die Gruppe muss nun die Sprossenleiter gemeinsam hoch und wieder runterklettern.	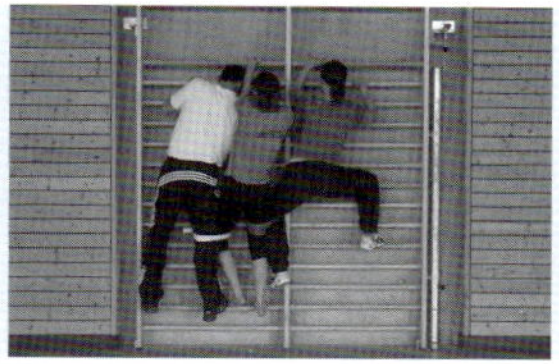
319	**Balltransporter** Kraft	Reckstangen werden auf verschiedenen Höhen eingehängt. Nun muss ein Ball zwischen die Beine geklemmt werden und von einer Seite zur anderen hangelnd transportiert werden.	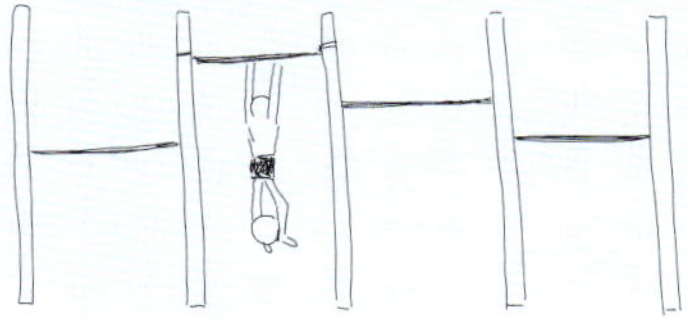
320	**Partnerhilfe** Kraft, Kooperation	Wer kann einen Partner Huckepack ein Stück über Stock und Stein (Gegenstände, Turnkasten) tragen?	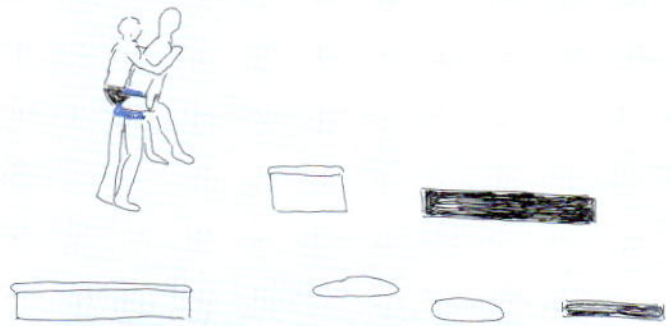
321	**Liegestütztunnel** Kraft, Kooperation	Alle befinden sich in Liegestützstellung. An beiden Seiten befinden sich zwei Spieler, die einen Ball immer wieder von links nach rechts unter den Liegestützenden durchrollen. Dabei immer runter in Liegestütz und wieder hoch gehen!	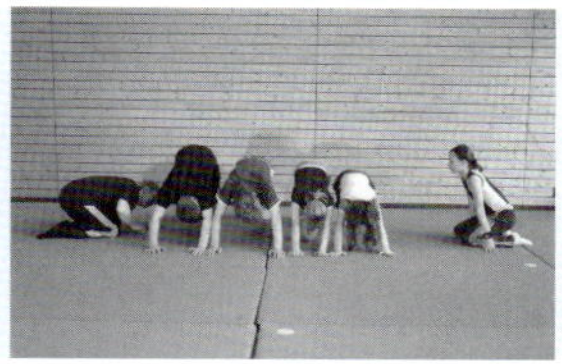
322	**Tischklettern** Gewandtheit, Kraft	Wer kann einmal um einen Tisch (einfacher: Pferd) klettern ohne den Boden zu berühren?	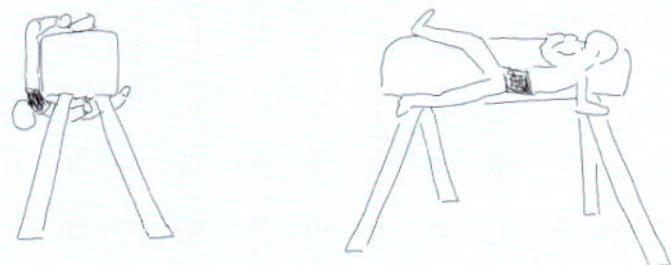

Nr.	Name der Spielform Ziele/Akzente	Idee/Beschreibung	Hinweise/Organisation
323	**Partnerwälzen** Rücksichtnahme Orientierungsfähigkeit	Wer kann den Partner in verschiedenen Formen überrollen? Rollen vorwärts, seitwärts etc. ...	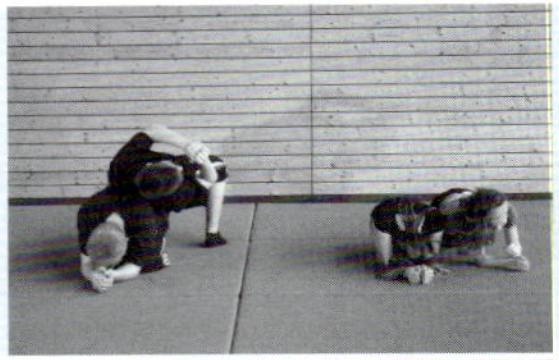
324	**Partnerüberschlag** Kraft Koordination	Partner A befindet sich in der stabilen Banklage. B greift mit beiden Armen unter dem Körper von A durch und macht eine Rolle vorwärts. Dabei hält sich B die ganze Zeit fest. Wer schafft es auch wieder zurück? Variation: Auf Zeit.	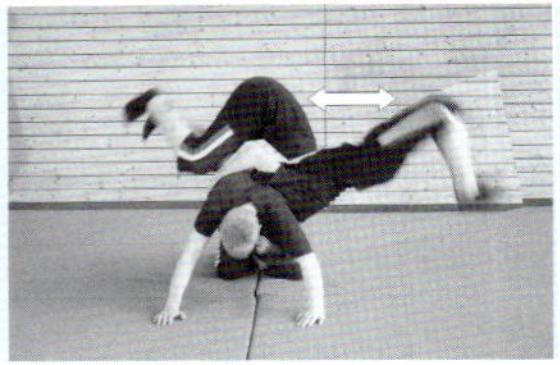
325	**Langhandstand** Kooperation Kraft	Vierergruppe: A geht in den Handstand, macht sich ganz steif und wird von B stetig an den Oberschenkeln unterstützt. C und D bewegen nun A leicht hin und her.	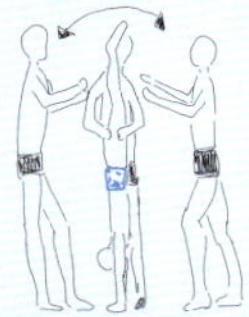
326	**Riesenrolle** Kooperation Kraft Koordination	Wer schafft es zu dritt eine Riesenrolle auszuführen?	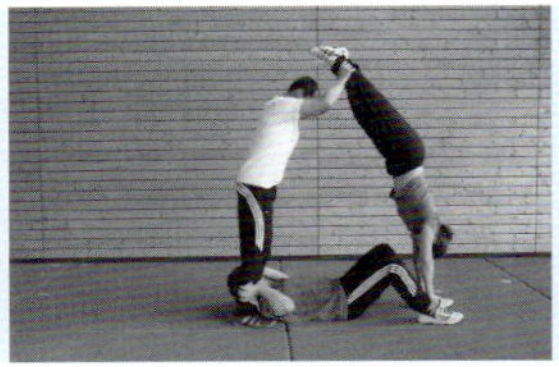
327	**Die Wände hoch** Kooperation Kraft	A und B stehen hintereinander, beide mit Blick zu einer Wand. A stützt B mit dem Oberkörper und den Armen während B versucht, die Wand hochzulaufen (sehr schwierig für beide!).	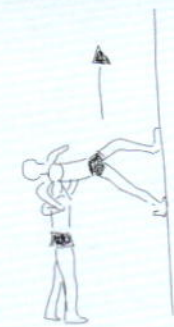

Nr.	Name der Spielform Ziele/Akzente	Idee/Beschreibung	Hinweise/Organisation
328	**Partnerkniebeuge** Kraft Koordination	A hält sich an einer Sprossenwand oder der Wand fest, während sich B auf dessen Schultern setzt. A führt Kniebeugen durch – Rücken gerade, an der Sprossenwand/Wand festhalten, Fußstellung zur Wand. B unterstützt A, indem er sich auch an der Sprossenwand/Wand festhält.	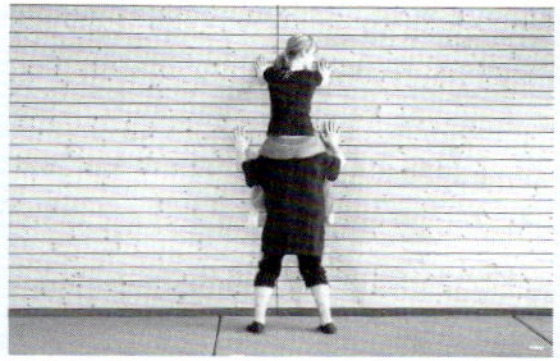
329	**Kommando** Aufmerksamkeit	Alle laufen durch die Halle. Der Spielleiter gibt eine Aufgabe vor (Vierfüßler, hochklettern, in ein Eck, etc.). Die Aufgabe darf jedoch erst ausgeführt werden, wenn zuvor das Wort „Kommando“ gesagt wird.	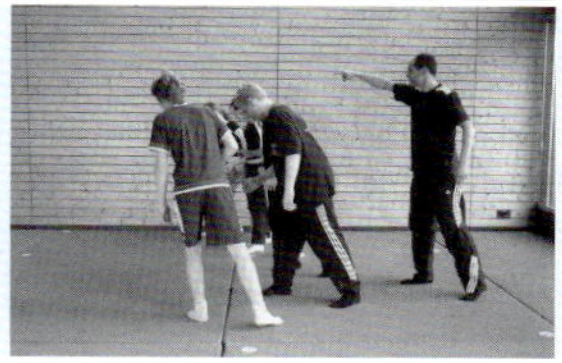
330	**Schrägseilhangeln** Kraft	A hält ein hängendes Tau seitlich weg. B muss sich an diesem schrägen Tau hochhangeln.	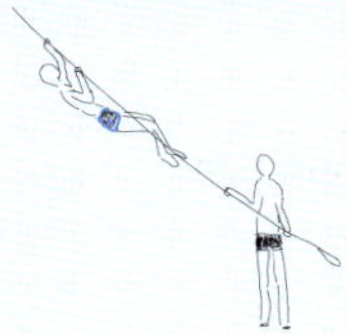
331	**Kraftakt** Kraft	Wer schafft es, eine Kletterstange mit einem zwischen den Beinen eingeklemmten Ball hochzuklettern? Variation: Der Ball darf nur vorne auf die Füße gelegt und nicht geklemmt werden (sehr schwer!).	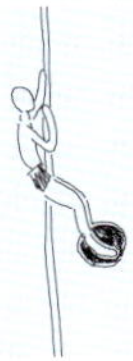
332	**Partnerklettern** Reaktion	Partner A steht steif wie ein Baum da. Währenddessen versucht B an A einmal herumzuklettern ohne den Boden zu berühren.	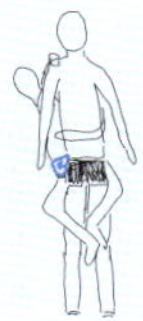

Nr.	Name der Spielform Ziele/Akzente	Idee/Beschreibung	Hinweise/Organisation
333	**Doppelliegestütz** Kraft, Kooperation	Partner A liegt auf dem Rücken. Partner B befindet sich bäuchlings über A. Beide halten die Fußfesseln des Partners. Nun machen beide gemeinsam Liegestützen. Welche Paarung schafft die meisten Liegestütze?	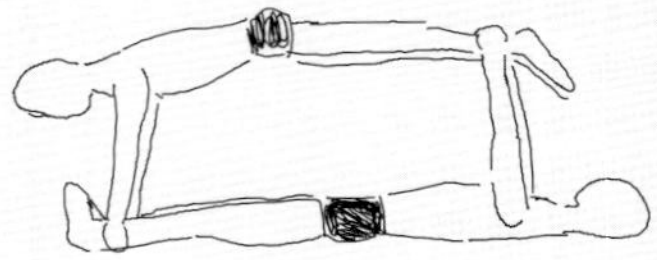
334	**Uhrfangen** Kraft	In einem Reifen befinden sich zwei Spieler in Liegstützhaltung, sodass sich ihre Fußsohlen berühren. Auf ein Signal beginnen die Spieler, sich in der gleichen Richtung in der Liegestützstellung zu drehen. Wer erreicht als Erster seine Ausgangsstellung? (Oder: Wer holt zuerst den anderen ein?)	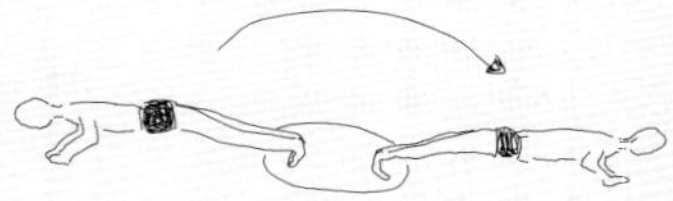
335	**Reitertauziehen** Ausdauer	Partner A befindet sich in Bankstellung, B reitet auf seinem Rücken. Nun tritt ein Reiter gegen einen anderen Reiter im Tauziehen an.	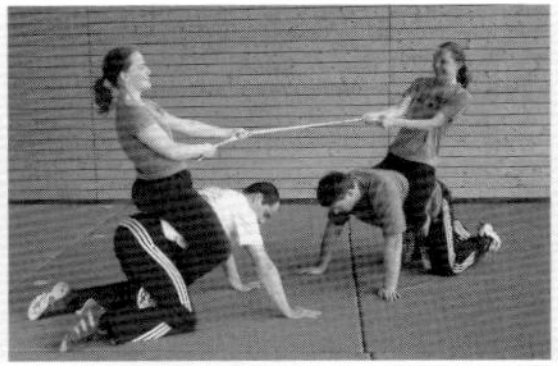
336	**Bola-Bola** Aufmerksamkeit Koordination	Ein Schüler steht in der Mitte eines Innenstirnkreises und schleudert ein Seil auf Bodenhöhe immer im Kreis herum. Alle anderen müssen rechtzeitig hochspringen, um nicht an den Füßen umwickelt zu werden.	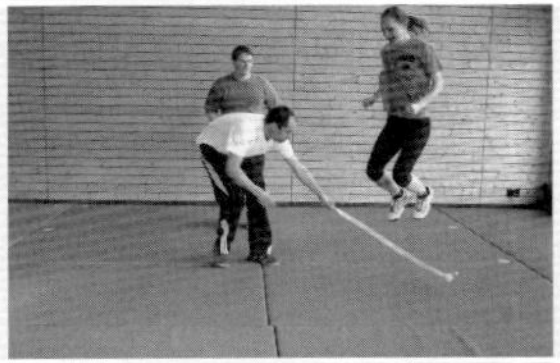
337	**Liegestütze auf dem Gymnastikball** Kraft	Auf einem oder zwei Gymnastikbällen machst Du Liegestütze.	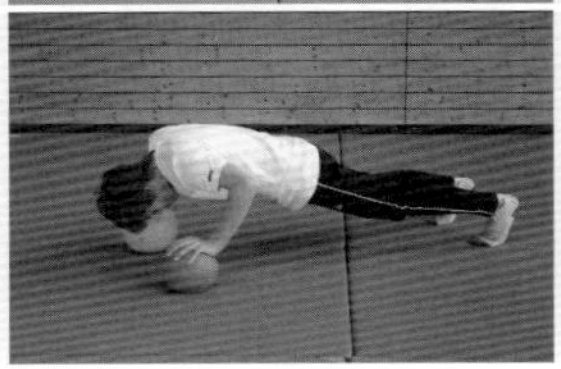

Nr.	Name der Spielform Ziele/Akzente	Idee/Beschreibung	Hinweise/Organisation
338	**Schnelle Hände** Aufmerksamkeit	Alle bis auf einen stehen in einem Innenstirnkreis und halten mit gestreckten Armen ein Seil vor sich. Ein Schüler steht in der Mitte und muss versuchen, eine Hand am Seil abzuschlagen. Die Äußeren dürfen das Seil kurzzeitig loslassen um nicht abgeschlagen zu werden. Das Seil darf dabei nicht auf den Boden fallen. Bei Berührung wird der Fänger gewechselt.	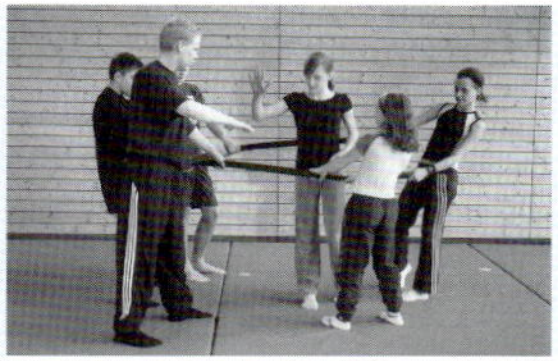
339	**Kletterfelsen** Kraft Kooperation	Partner A befindet sich in der stabilen Bankstellung, B klettert vorsichtig an A herum. Wer schafft es einmal ganz herumzuklettern?	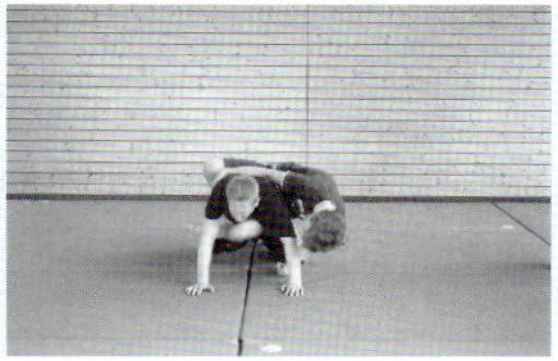
340	**Ballpresse** Kraft Taktik	Partner A legt sich flach auf einen Medizinball. Partner B muss versuchen ihn herauszuziehen. Variation: A darf die Hände benutzen oder nicht.	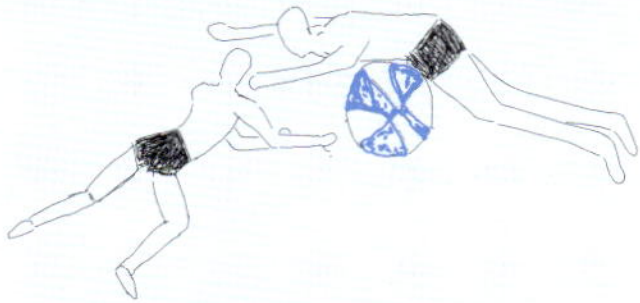
341	**Krokodile** Ausdauer Taktik	Mehrere Schüler befinden sich im Vierfüßlergang (die Krokodile), sie müssen versuchen die anderen normal auf der Matte laufenden Schüler (die Krokojäger) zu fangen. Wird jemand gefangen, wird er ebenfalls zum Krokodil. Wird dagegen ein Krokodil von einem Krokojäger von hinten an den Hüften umklammert, scheidet das Krokodil aus.	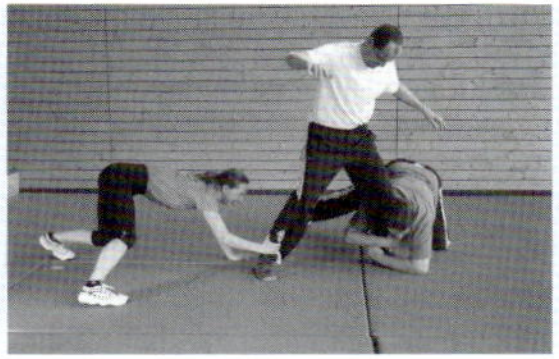
342	**Zugmaschine** Kraft	Partner A liegt mit dem Bauch auf dem Boden und hält ein Seilende in der Hand. In der Mitte des Seils befindet sich eine Wäscheklammer. Partner B zieht am anderen Ende des Seils. A muss versuchen die Wäscheklammer zu erreichen, bevor ihn B über eine Ziellinie gezogen hat.	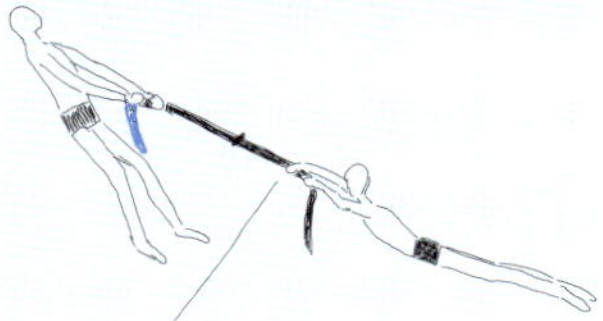

Nr.	Name der Spielform Ziele/Akzente	Idee/Beschreibung	Hinweise/Organisation
343	**Krebsgang** Kraft Ausdauer	Partner A bildet eine Bank. B muss versuchen möglichst schnell unter dieser Brücke durchzurobben und danach über die Bank zu springen. Variationen: Auf Zeit – wer schafft die meisten Sprünge? Partner A befindet sich in Rückenlage in der flachen Bank.	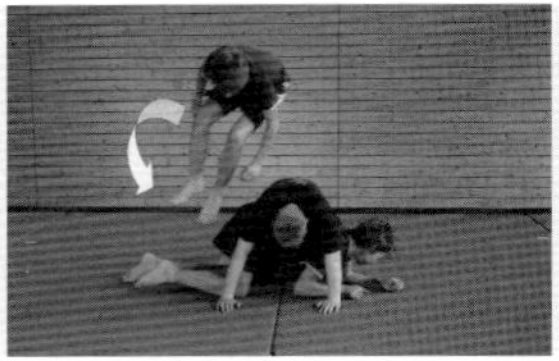
344	**American Gladiator** Gleichgewicht Taktik	Auf einer umgedrehten Langbank befinden sich zwei Kämpfer. Auf ein Signal müssen sie versuchen sich gegenseitig mit einem Kissen (oder einer Schwimmnudel) von der Bank zu holen. Es sind nur Schläge auf den Rumpf erlaubt. Matten zum Absichern verwenden!	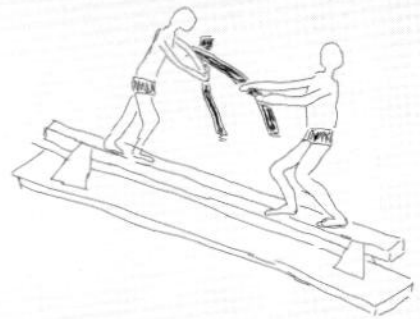
345	**Brückenstütz** Kraft	Du befindest Dich in der Liegestütz- oder in der Unterarmstützposition. Linker Arm und rechtes Bein strecken. Danach rechter Arm und linkes Bein strecken. Gerader Rücken!	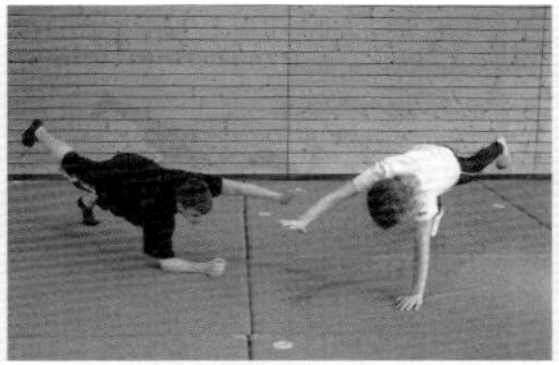
346	**Statue** Kräfte spüren	Partner A ist im Vierfüßlerstand (oder steht, liegt etc.) und macht sich ganz steif. Partner B versucht mit leichtem Druck/Zug gegen verschiedene Körperteile (Fuß, Schulter, Rumpf etc.) Partner A aus dem Gleichgewicht zu bekommen.	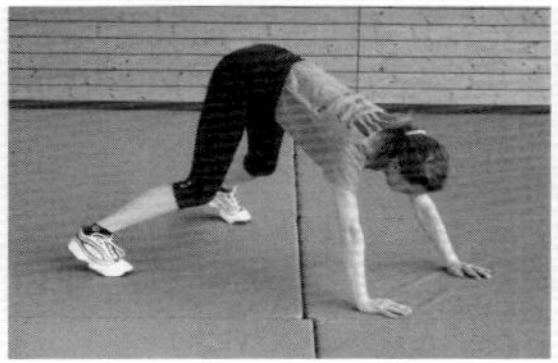
347	**Reiterziehkampf** Ausdauer Kraft und Gleichgewicht	Im Team ist einer das Pferd und einer der Reiter. Die „Pferde" zweier Teams blicken in die entgegengesetzte Richtung. Die Reiter sind über ein an der Brust zusammengeknotetes Seil miteinander verbunden. Das Team hat gewonnen, wenn der gegnerische Reiter herunterfällt oder das Pferd über eine Linie gezogen wurde. Auch mit mehreren Teams spielbar!	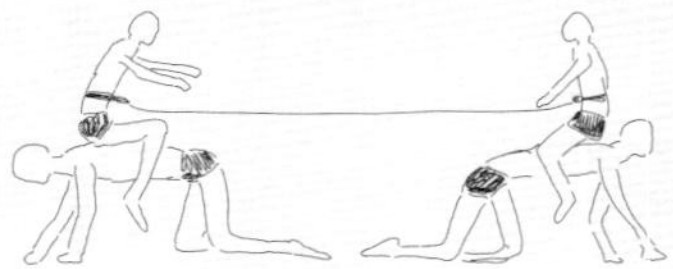

Nr.	Name der Spielform Ziele/Akzente	Idee/Beschreibung	Hinweise/Organisation
348	**Stangenduell** Kraft Ausdauer	Zwei Partner stehen jeweils am Ende einer 2–3 m langen Stange. Gewonnen hat derjenige, der den Partner über eine Linie geschoben hat.	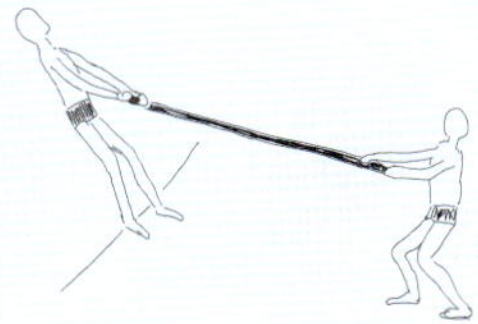
349	**Schiebung** Kraft Ausdauer	Zwei Partner stehen oder sitzen Rücken an Rücken. Wer schafft es, seinen Gegner über eine Linie zu schieben?	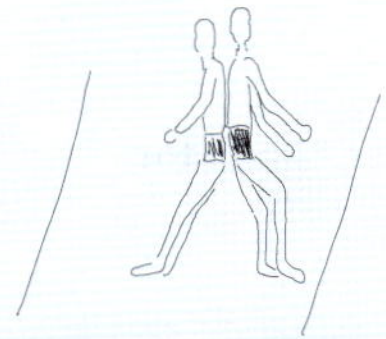
350	**Tanz um den Marterpfahl** Kraft Ausdauer Geschicklichkeit	Mehrere Spieler halten sich an den Händen und laufen in schnellem Tempo um einen Kreis. Auf ein Signal muss jeder versuchen die anderen durch Ziehen und Schieben in den Kreis zu bringen. Wer den Kreis betritt muss eine Zusatzaufgabe machen (Kniebeugen, etc.).	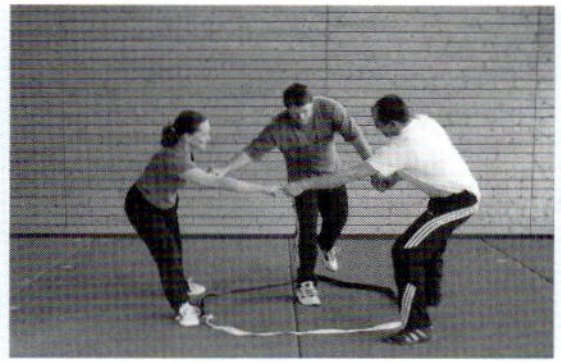
351	**Standfest** Ausdauer	Ein Spieler muss sich mit einem Bein in einem Ring befinden und darf diesen nicht verlassen. Ein anderer Spieler hüpft auf einem Bein und versucht den anderen durch Ziehen, Schieben und Stoßen mit einem Bein aus dem Ring zu befördern. Gleichzeitig darf der Angreifer nicht das andere Bein auf den Boden setzen.	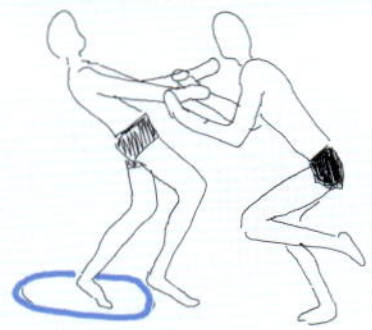
352	**Zugnummer** Gleichgewicht Kraft	Zwei Spieler stehen sich gegenüber und reichen sich die linke (rechte) Hand und setzen den linken (rechten) Fuß an den Außenseiten aneinander. Wer schafft es durch Ziehen und Schieben, den anderen zum Abheben des vorderen Beines zu bewegen?	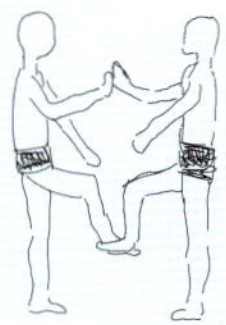

7

Nr.	Name der Spielform Ziele/Akzente	Idee/Beschreibung	Hinweise/Organisation
353	**Linienkampf** Gleichgewicht	Zwei Spieler stehen sich gegenüber. Dabei müssen beide ihre Füße auf eine Linie stellen (alle Füße stehen auf einer Linie). Durch Ziehen und Schieben müssen sie nun versuchen, ihren Gegner aus dem Gleichgewicht zu bringen. Auch auf einer Langbank, Medizinball, etc. möglich!	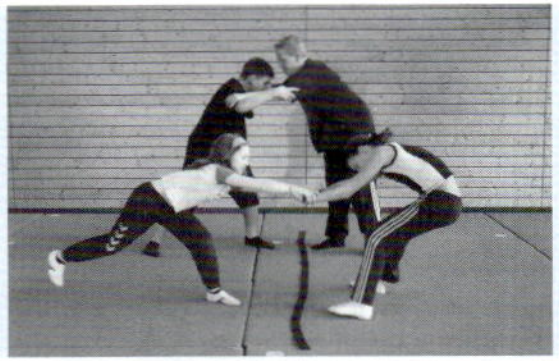
354	**Unterarmstützen 3** Kraft	Nun sitzt Du mit gestreckten Beinen auf dem Boden. Stützte Dich auf die Unterarme und drücke Dein Becken gerade nach oben. Variation: Mit gestreckten Armen.	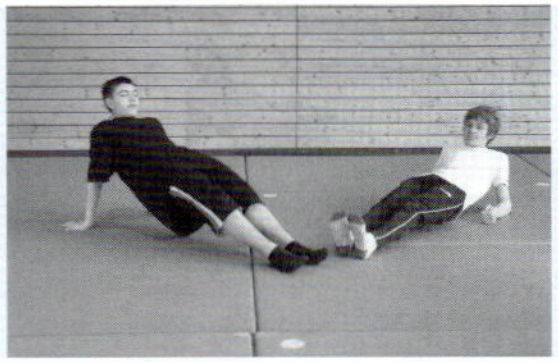
355	**Indiana Jones vorwärts** Kraft Ausdauer	Zweierteams. Partner A liegt auf dem Bauch, Partner B steht vor ihm. Beide halten sich jeweils am Ende eines Seils (Budogürtel) fest. Auf ein Signal hin muss B versuchen A mit dem Seil über die Matte zu ziehen, während A sich am Seil entlang hangelt und versucht, B am Ende am Bein zu ziehen. Kommt B vorher ans Mattenende, bevor im A das Bein festhalten kann?	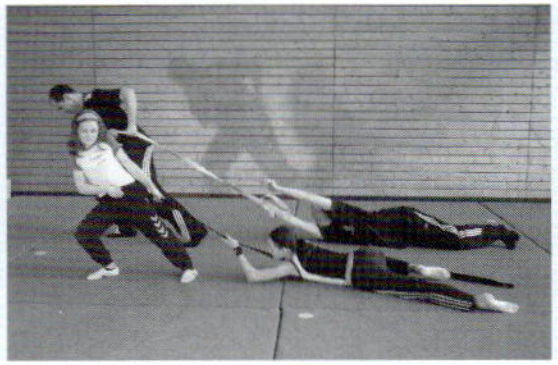
356	**Spiegelbild** Koordination	Alle stehen sich paarweise gegenüber. Partner A macht Übungen vor, die Partner B spiegelbildlich nachmachen muss. Auch Bodenübungen mit einbauen!	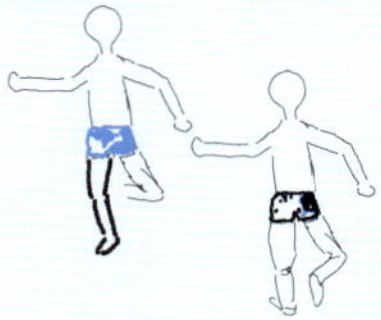
357	**Brett anheben** Körperspannung	Partner A liegt mit dem Rücken auf dem Boden und spannt den ganzen Körper an. Partner B umfasst dessen Fußgelenke und hebt dieses „Brett“ langsam an. Am Ende sollten nur noch die Schulterblätter und der Kopf von A auf dem Boden liegen. Langsam wieder runterlassen.	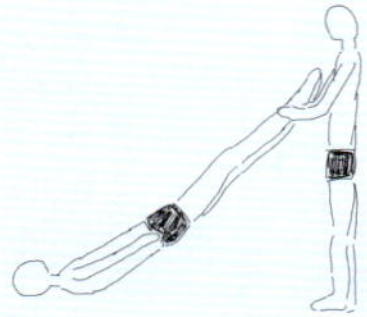

Nr.	Name der Spielform Ziele/Akzente	Idee/Beschreibung	Hinweise/Organisation
358	**Brett seitlich anheben** Körperspannung	Wie oben, nur dass sich Partner A seitlich auf dem Unterarm abstützt. Auch hier langsam anheben und wieder absenken.	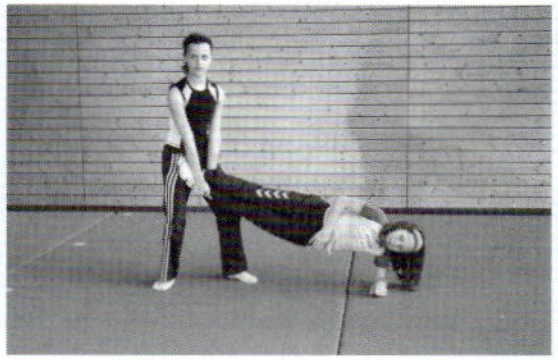
359	**Gefällte Statue** Körperspannung	Partner A liegt auf dem Boden und spannt seinen ganzen Körper an. Einer oder besser zwei andere Partner gehen zusammen in Hockstellung und greifen mit beiden Händen an die Schulterblätter von A. Danach versuchen sie, ihn auf die Füße zu stellen.	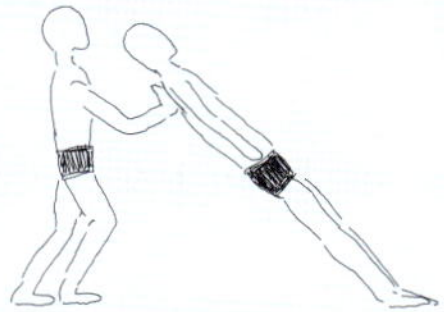
360	**Das V** Körperspannung Kooperation Gleichgewicht	Zwei Partner halten sich die Hände. Auf ein gemeinsames Kommando lehnen sich beide zurück, bis die Arme gestreckt sind. Die Beine müssen dabei gestreckt bleiben.	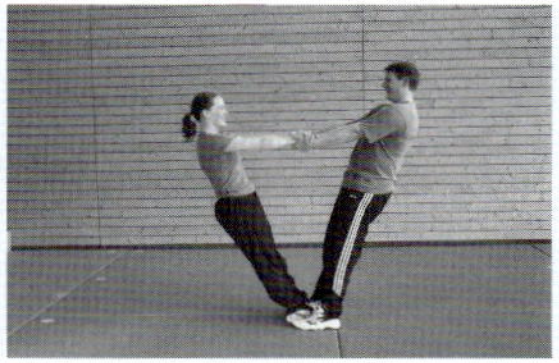
361	**Das L** Körperspannung Kooperation Gleichgewicht	Zwei Partner halten sich die Hände. Auf ein gemeinsames Kommando lehnen sich beide zurück, bis die Arme gestreckt sind. Die Beine müssen dabei angewinkelt werden. Auch rücklings Rücken an Rücken möglich. Absenken, bis die Beine angewinkelt sind.	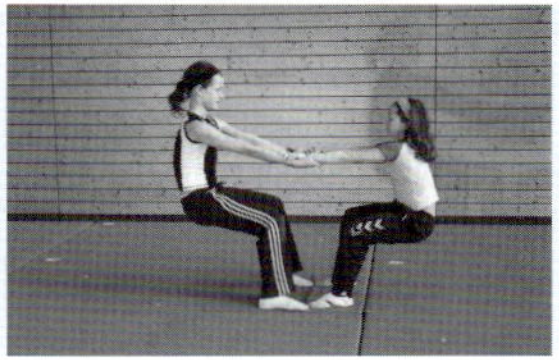
362	**Statisch-dynamische Liegestütz** Kraft Ausdauer	Es werden eine Minute lang Liegestützen praktiziert. Die ersten 10 Sek. wird hoch- und runtergegangen, die nächsten 10 Sek. wird die Liegestützstellung kurz vor dem Boden gehalten. Diese Übung wechselt alle 10 Sek.	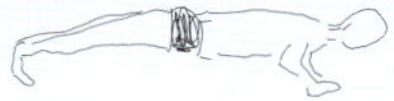 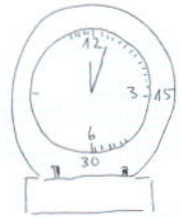

Nr.	Name der Spielform Ziele/Akzente	Idee/Beschreibung	Hinweise/Organisation
363	**Statisch-dynamische Situps** Kraft Ausdauer	Wie bei den Liegestützen: Abwechselnd eine Minute lang zehn Sekunden Situps, und zehn Sekunden mit leicht angehobenem Oberkörper halten. Die Beine müssen dabei abgewinkelt aufgestellt werden.	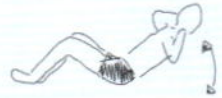 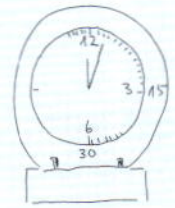
364	**Statisch-dynamische Kniebeugen** Kraft Ausdauer	Wie bei den Liegestützen: Abwechselnd eine Minute lang zehn Sekunden Kniebeugen, und zehn Sekunden mit angewinkelten Beinen in der Beugehaltung halten. Die Füße müssen dabei parallel nach vorne zeigen.	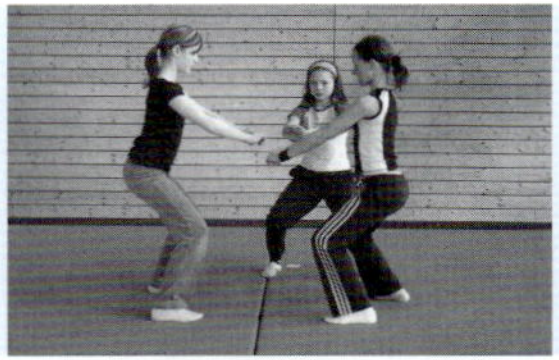
365	**Statisch-dynamische Rumpfheben** Kraft Ausdauer	Wie bei den Situps: Abwechselnd eine Minute lang zehn Sekunden Rumpfheben, und zehn Sekunden mit leicht angehobenem Oberkörper halten. Der Rumpf darf nur leicht und muss ohne Schwung abgehoben werden. Die Beine müssen dabei stets auf der Matte liegen.	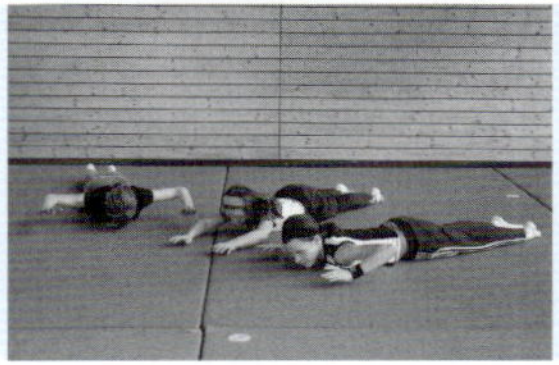
366	**Medizinball-Stand** Koordination Gleichgewicht	Wer schafft es, auf einem Medizinball möglichst lange stehen zu bleiben? Erweiterung: Mit dem anderen, freien Bein in die Luft Buchstaben oder Zahlen schreiben. Mit den Armen kreisen.	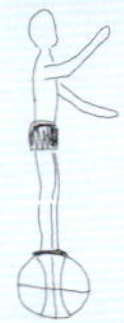
367	**Torwart** Koordination Gleichgewicht Kraft	Partner A hat einen Ball und wirft B diesen zu. Partner B steht dabei auf zwei Medizinbällen und wirft den Ball zurück. Erweiterung: A macht mit dem Ball Situps und wirft jedes Mal beim hochgehen den Ball zu B. Erst wenn der Ball wieder zurückkommt darf er wieder runtergehen. Geht das Gleiche auch nur auf einem Medizinball?	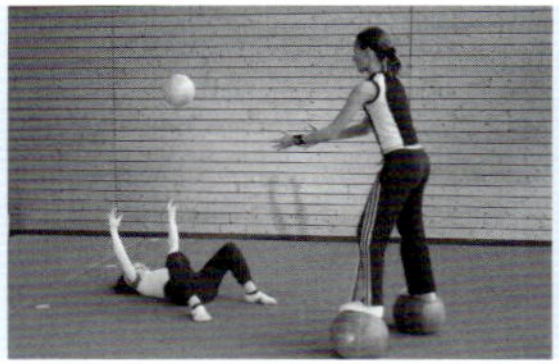

Nr.	Name der Spielform Ziele/Akzente	Idee/Beschreibung	Hinweise/Organisation
368	**Koordinationsliegestütz** Kraft, Gleichgewicht Koordination	Es werden Liegestützen auf einem oder zwei Medizinbällen ausgeführt. Wer schafft mehr Liegestützen?	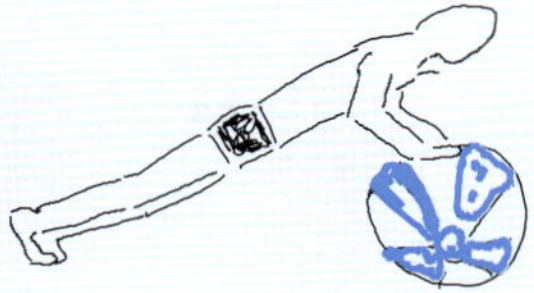
369	**Trommelkönig** Kraft Koordination	In einem Halbkreis liegen vier Medizinbälle (Entfernung jeweils in Greifweite). Ein Kämpfer muss nun in Liegestützstellung auf den Medizinbällen von links nach rechts und wieder zurückstützen, ohne mit den Händen den Boden zu berühren.	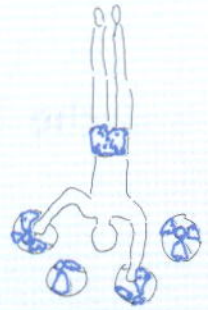
370	**Steinbrücke** Koordination Gleichgewicht	Auf dem Boden liegen in einer Reihe viele Medizinbälle in Schrittweite. Wer schafft es, über die Medizinbälle zu gehen, ohne den Boden zu berühren? Auch auf Zeit möglich!	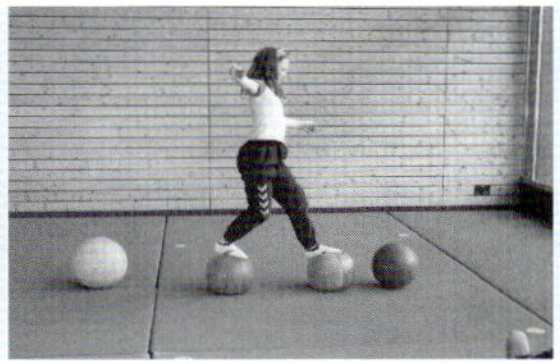
371	**Flussüberquerung** Koordination Gleichgewicht	Ein Spieler hat drei Medizinbälle, um von einem Ende zum anderen Ende der Matte zu gelangen. Dabei darf der Boden nicht berührt werden. Auch als Wettkampf möglich – wer ist schneller?	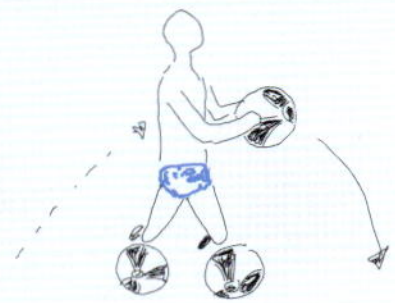
372	**Schattenschlagen** Gleichgewicht Koordination	Eine Person steht mit einem Bein auf einer Weichbodenmatte und vollführt mit dem anderen Bein Schattenschläge nach vorne und seitwärts. Auch mit Partner möglich. Mit dem anderen Bein den Boden nicht berühren!	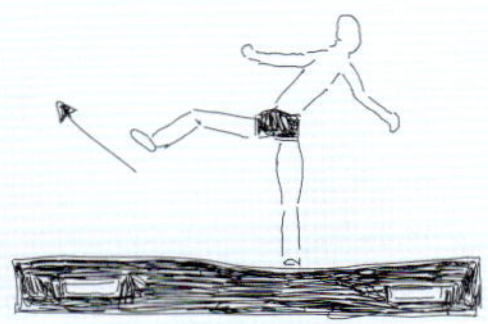

Nr.	Name der Spielform Ziele/Akzente	Idee/Beschreibung	Hinweise/Organisation
373	**Weichbodenmatten-knieheben** Ausdauer	Auf einer Weichbodenmatte werden Skippings- und oder Kniehebeübungen durchgeführt. Einmal Schulterbreit, dann wieder enge Beinführung.	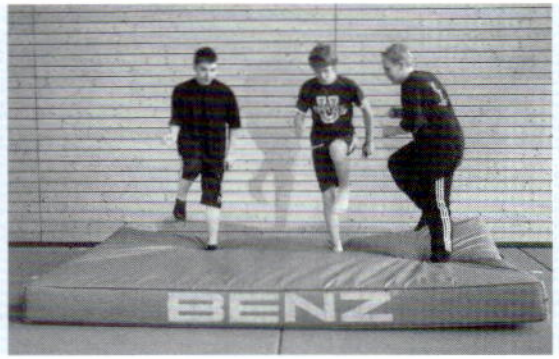
374	**Seilspringen** Koordination	Mit dem Budogürtel oder dem Seil verschiedene Seilsprünge durchführen. Beine zwischendrin grätschen, laufen beim Seilspringen, Seitgalopp, etc.	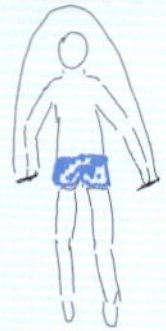
375	**Powerseilsprung** Koordination, Kraft	Ein ganz kurzes Seil (Budogürtel vierfach zusammenlegen) wird zum Seilsprung verwendet. Wer kann mit dem kürzesten Seil Seilsprünge machen?	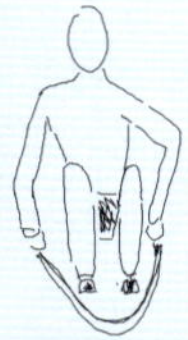
376	**Ausweichen** Reaktion, Kooperation	Partner A schwingt leicht mit einem Gürtel umher. Partner B muss diesem Gürtel geschickt ausweichen, sodass er nicht vom Gürtel berührt wird. Gegenseitige Rücksichtsnahme ist gefordert!	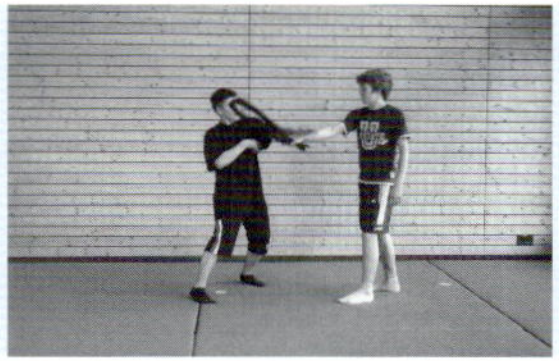
377	**Sitzhüpfer** Koordination, Kraft	Alle sitzen auf der Matte und lassen einen Gürtel/ein Seil so um sich mit einem Arm rotieren, dass sie immer wieder im Sitz auf dem Gesäß hochhüpfen müssen, damit das Seil unter dem Gesäß durchschwingen kann.	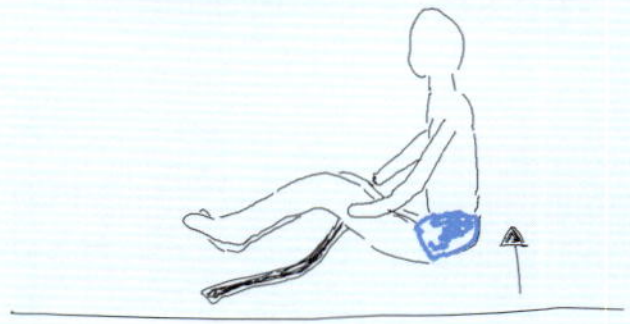

Nr.	Name der Spielform Ziele/Akzente	Idee/Beschreibung	Hinweise/Organisation
378	**Stützsprung** Kraft Ausdauer	Die Kämpfer machen Stützsprünge über Langbänke. Dabei immer mit beiden Armen auf die Langbank stützen und ohne Zwischensprung über die Langbank von links nach rechts hüpfen. Variation: Immer mit beiden Beinen gleichzeitig auf die Bank springen und dann so herunterspringen, dass sich die Bank zwischen den Beinen befindet. Arme halten immer Kontakt zur Bank!	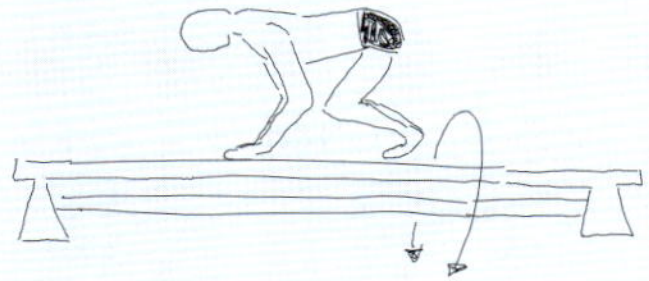
379	**Kalinka** Kraft Ausdauer	Wechselseitig mit den Füßen auf die Bank springen. Wenn der linke Fuß die Bank oben berührt, berührt gleichzeitig der rechte Fuß die Matte. Ergänzung: Zusätzlich mit Armkreisen, Schattenboxen etc.	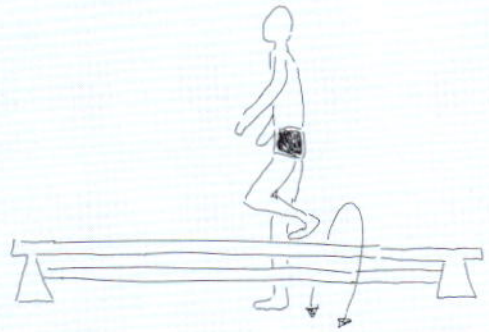
380	**Schwebebalken** Gleichgewicht Koordination	Eine umgedrehte Langbank wird als Schwebebalken verwendet. 1. Eine Person muss verschiedene Übungen auf der Langbank machen (z. B. Bälle fangen, mit einem Bein Zahlen in die Luft schreiben). 2. Zwei oder mehrere Personen begegnen sich und müssen aneinander vorbeikommen, ohne den Boden zu berühren.	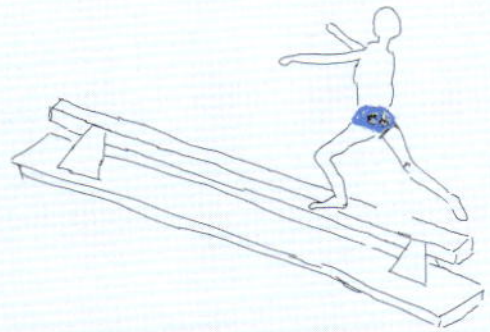
381	**Jonglage** Koordination	Bälle, Keulen, Tücher etc. jonglieren. Wer schafft es mit drei Gegenständen eine Kreisjonglage oder mit zwei Gegenständen und nur einer Hand eine Jonglage?	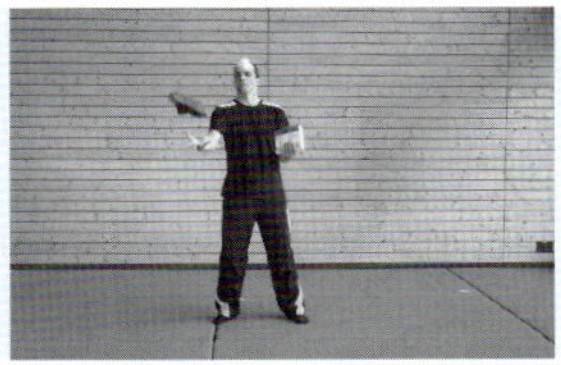
382	**Komet** Reaktion	Person A sitzt auf dem Boden, Person B steht dahinter und lässt einen Ball fallen, den A ohne hochzusehen noch vor dem Boden fangen muss. Schwieriger wird es, wenn der Ball aus einer höheren Höhe fallen gelassen wird.	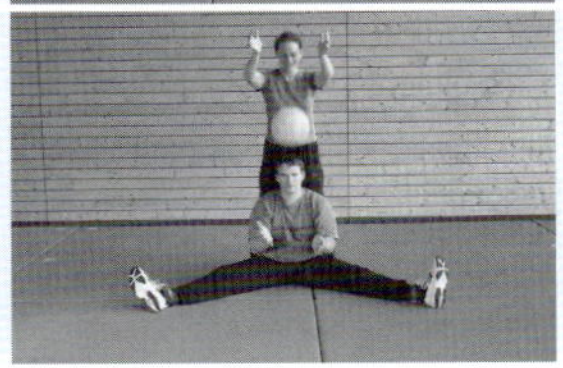

Nr.	Name der Spielform Ziele/Akzente	Idee/Beschreibung	Hinweise/Organisation
383	**Schildkrötenlauf** Gleichgewicht Kooperation Koordination	Partner A befindet sich in der Bankstellung, Partner B liegt rücklings auf ihm, sodass sie sich Rücken an Rücken befinden. B muss, während sich A vorsichtig vorwärtsbewegt, das Gleichgewicht halten, ohne sich festzuhalten. Am Anfang am besten mit einem dritten Partner als Stütze.	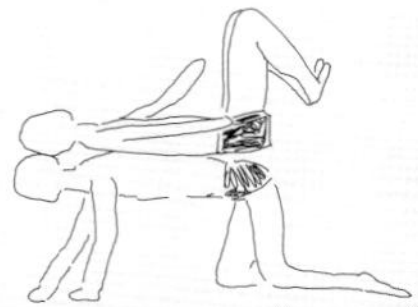
384	**Handstand aufrollen** Kraft Kooperation	Beide stehen sich mit dem Gesicht gegenüber. Partner A macht einen Handstand, legt die Beine um den Nacken von B und verschränkt die Füße. Dann zieht sich A mit einem Bauchaufzug an Partner B hoch, bis er sich an dessen Nacken festhalten kann. Danach langsam die Füße lösen und mit Partnerunterstützung in den Stand zurück. B sichert während der ganzen Ausführung seinen Partner.	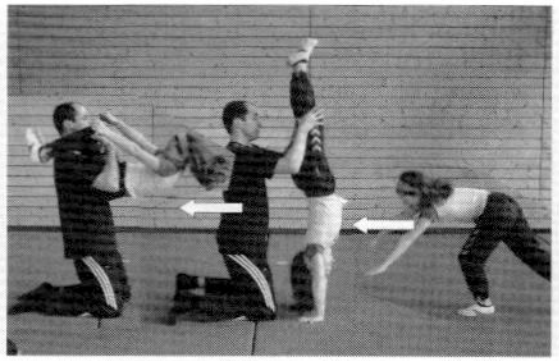
385	**Handstand aufrollen 2** Kraft Kooperation	Wie oben, nur dass sich Partner B mit dem Rücken zu A befindet, der einen Handstand macht. B hält die Beine von A fest und beugt sich leicht nach vorne. Damit kommt A gleich wieder auf die Beine.	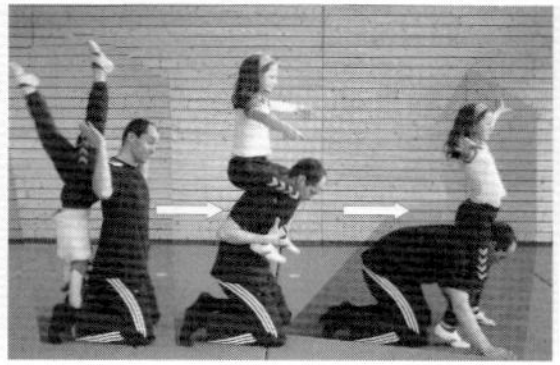
386	**Handstandrolle vorwärts** Koordination	Partner A befindet sich in der hohen Bank. Partner B macht seitlich einen Handstand, sodass er mit seinem Rücken über den Rücken seines Partners rollt und auf den Beinen wieder aufkommt.	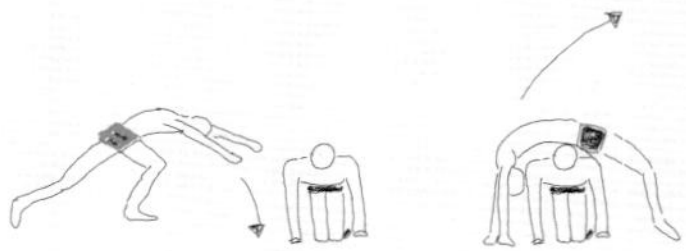
387	**Kopfstandrolle rückwärts** Koordination	Wie oben, nur dass sich B rückwärts an die Seite des in der Bank befindlichen Partners setzt. Rolle rückwärts in einen flüchtigen Kopfstand zurück in den Stand.	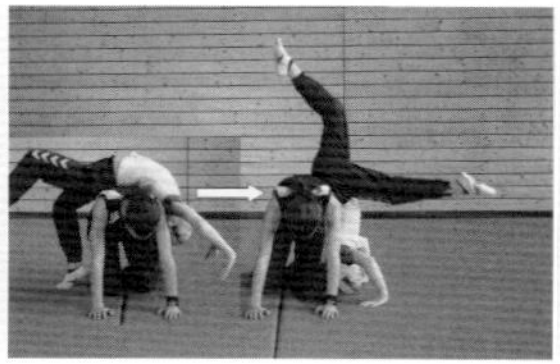

Nr.	Name der Spielform Ziele/Akzente	Idee/Beschreibung	Hinweise/Organisation
388	**Bankziehen** Kraft Kooperation Koordination	Partner A befindet sich in der hohen Bank. B schiebt sich auf dem Rücken mit den Beinen voraus unter A hindurch und versucht sich an ihm hochzuziehen. Am Ende soll eine Rolle über den Rücken von Partner A möglich sein!	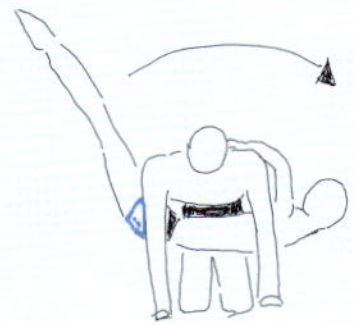
389	**Surfen** Kraft Koordination	Für Geübte: Ein Kämpfer befindet sich in der Banklage. Der andere Kämpfer steht auf Höhe der Schulterblätter auf dessen Rücken. Danach bewegt sich der untere Kämpfer langsam vorwärts, der obere muss das Gleichgewicht halten. Beim Aufsteigen auf den Rücken nicht auf die Wirbelsäule stehen.	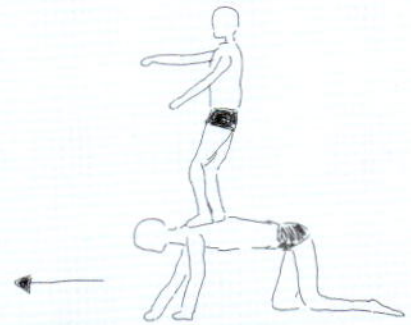
390	**Skiflieger** Kraft Kooperation Koordination	Paarweise: A befindet sich in der Rückenlage auf dem Boden und streckt seine Füße an die Hüfte von B. B hüpft in eine Skispringerhaltung, A muss ihn stützen. Wer kann auch nur auf einem Bein skifliegen?	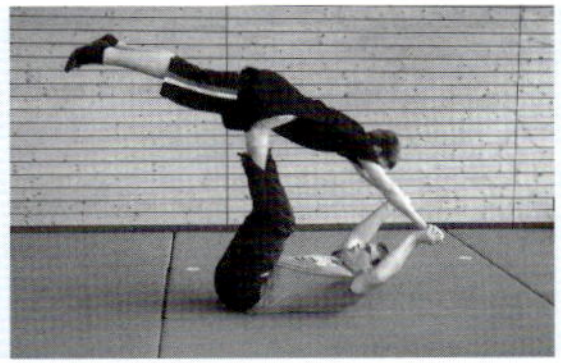
391	**Grätschsprung** Kraft Kooperation	Paarweise stehen sich die Kämpfer frontal gegenüber. Partner A springt B zur Grätsche an, verschränkt hinter dessen Rücken die Beine und vollführt so eine Rolle über den Kopf rückwärts. Dabei unterstützt und sichert B die gesamte Bewegung.	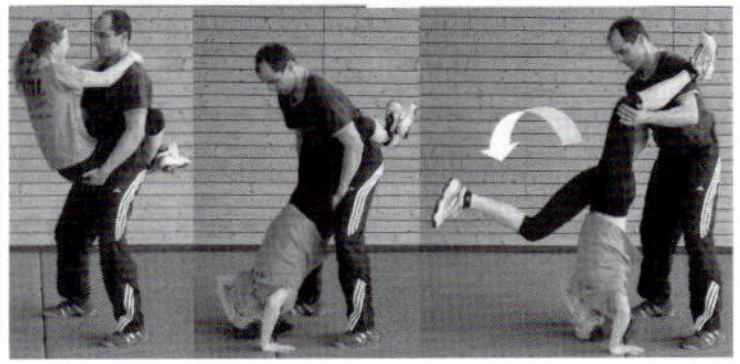
392	**Reaktionssprünge** Reaktion	Partner A springt mit geschlossenen Beinen auf einen Sprung Richtung Partner B. Dieser zeigt erst beim Aufkommen die Richtung des nächsten Sprungs an. Diese Richtung muss Partner A sofort ohne Zwischenhüpfer beim nächsten Sprung einschlagen.	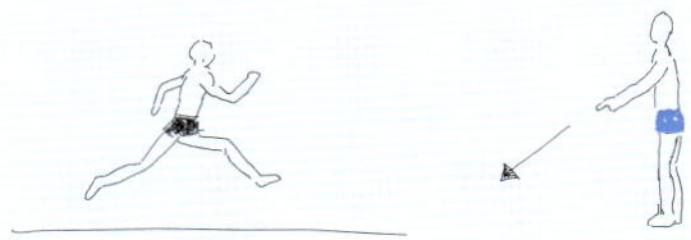

Nr.	Name der Spielform Ziele/Akzente	Idee/Beschreibung	Hinweise/Organisation
393	**Handflächensprünge** Kraft Ausdauer	Partner A hält die Arme gestreckt nach vorne, Handflächen zeigen zum Boden. B muss einen Hocksprung machen und dabei mit seinen Knien die beiden Handflächen des Partners berühren. Höhe langsam steigern.	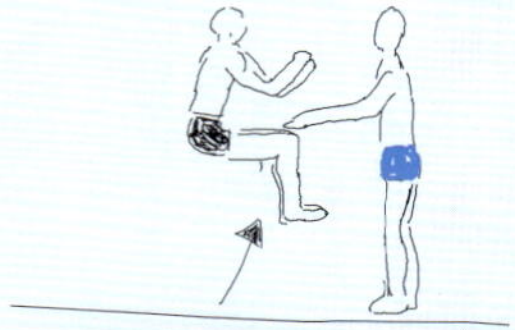
394	**Liegestützbrücke** Kraft	Ein Kämpfer liegt mit dem Rücken auf dem Boden, der andere liegt auf ihm, Bauch zueinander, Kopf jeweils an den Beinen des Partners. Beide vollführen gleichzeitig Liegestütze. Nach einer gewissen Anzahl von Liegestützen wechselt die Position oben und unten.	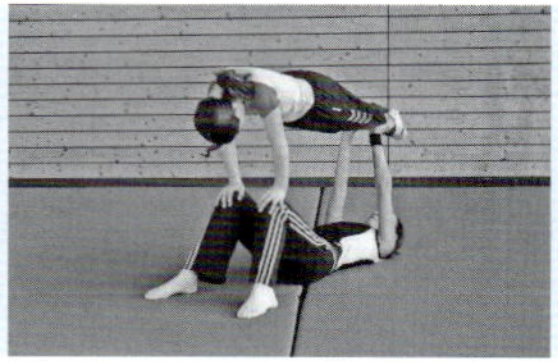
395	**Bocksprungtauchen** Kraft Ausdauer	Ein Kämpfer springt im Bocksprung über den anderen und taucht sofort zwischen dessen Beinen hindurch. Wer schafft mehr Bocksprünge in einer Minute?	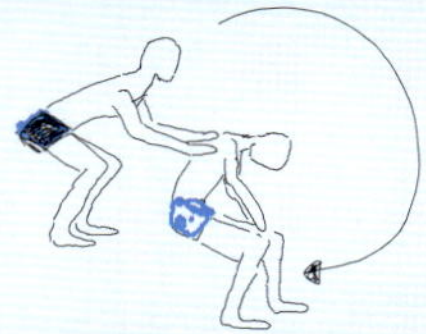
396	**Amerikanische Wende** Kraft Koordination	Der Kämpfer befindet sich in der Vierfüßlerstellung. Er muss auf ein Zeichen versuchen, sich möglichst schnell einmal seitlich zu drehen, bis die Vierfüßlerstellung wieder erreicht ist. Dabei dürfen nur die Hände und Füße den Boden berühren.	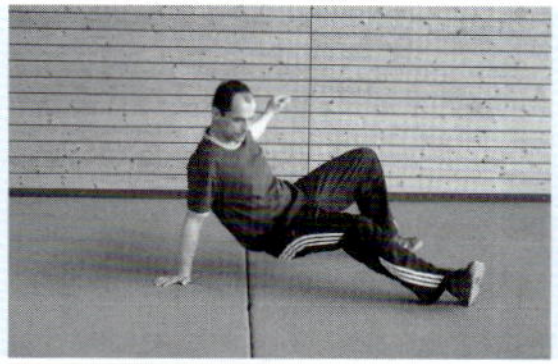
397	**Hampelmann-variationen** Koordination	Der Hampelmann mit gleichzeitigem Beine grätschen und Arme seitlich hochschwingen wird variiert mit Arme vorne wechselseitig hochschwingen und/oder Beine in wechselseitiger Schrittstellung hüpfen.	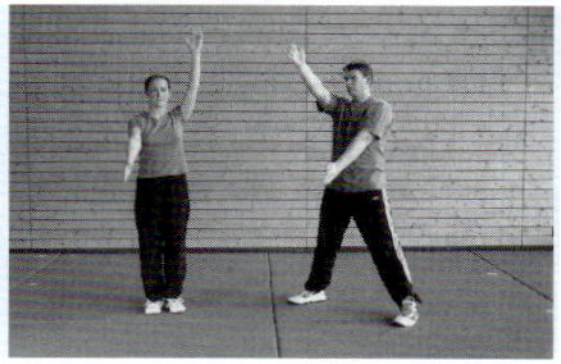

Nr.	Name der Spielform Ziele/Akzente	Idee/Beschreibung	Hinweise/Organisation
398	**Armkreisen verkehrt** Koordination	Armkreisen, jedoch jeweils die Arme in eine andere Richtung. Wenn der rechte Arm vorwärts kreist, kreist der linke rückwärts und anders herum.	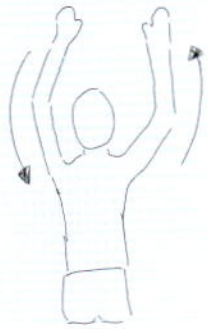
399	**Kopfstand mit Beinbewegung** Koordination	Jeder Kämpfer befindet sich im Kopfstand (Kopf und die beiden Hände bilden ein Dreieck). In dieser Stellung mit den Beinen verschiedene Bewegungen ausführen: Beine grätschen, vor- und rückwärts bewegen, Fußkreisen, etc.	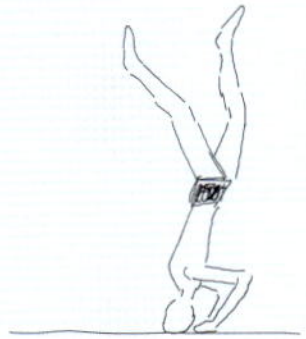
400	**Rolle rückwärts in Handstand** Koordination, Kraft	Jeder vollführt eine Rolle rückwärts in den flüchtigen Handstand.	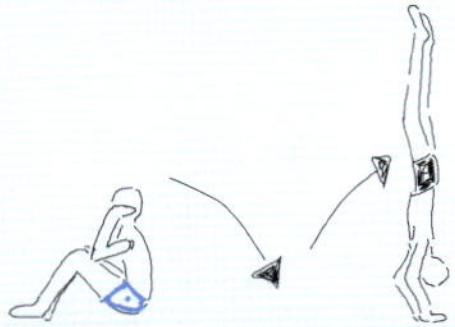
401	**Liegestützsprung** Koordination	Jeder befindet sich in der Liegestützhaltung. Auf ein Zeichen springen alle mit den Beinen durch die Brücke, die durch die Arme gebildet wird. Kopf hoch!	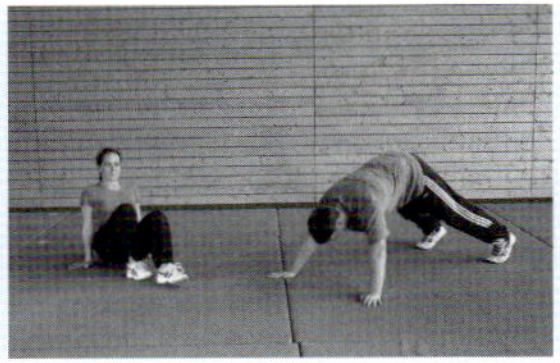
402	**Kniewechselhopser** Kraft	In Vierfüßlerstellung mit den Füßen wechselseitig zu den Händen springen. Linker Fuß zur linken Hand, während das rechte Bein streckt und anders herum. Dabei jedes Mal den Kopf heben und nach vorne schauen!	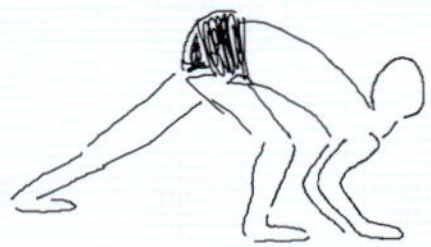

Nr.	**Name der Spielform** Ziele/Akzente	Idee/Beschreibung	Hinweise/Organisation
403	**360°** Koordination	Im Stand wird mit einem Sprung eine vollständige Drehung vollführt, sodass man danach in die gleiche Richtung schaut. Zuerst einmal versuchen, eine 180°-Drehung zu schaffen.	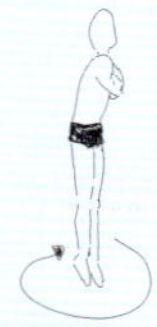
404	**Schulterstütze** Kraft, Kooperation	Ein Sportler steht auf einem kleinen Turnkasten, während zwei Partner links und rechts von ihm stehen. Auf ein Zeichen stützt er sich links und rechts jeweils auf einer Schulter der Partner. Diese müssen dann versuchen, ihn eine bestimmte Strecke zu tragen, ohne dass er das Gleichgewicht verliert.	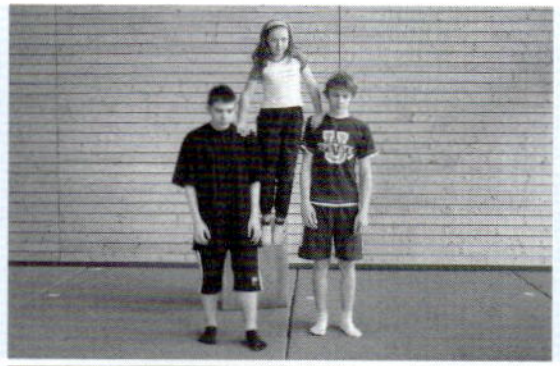
405	**Indiana Jones rückwärts** Kraft	Dein Partner hält einen ca. 2 m langen Gürtel und Du liegst auf dem Rücken am Ende des Gürtels. Nun rennt Dein Partner weg und versucht eine Linie zu überqueren. Du musst Dich am Gürtel hochhangeln und Deinen Partner antippen, bevor er das Ziel erreicht hat!	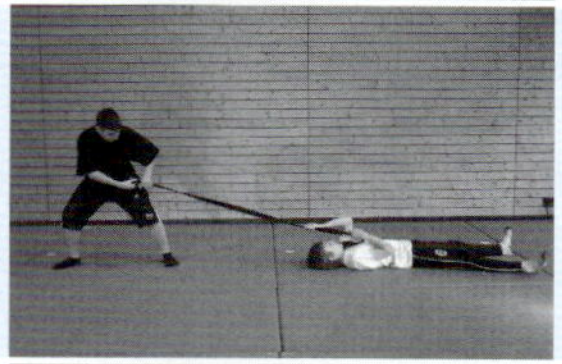
406	**Skiweitsprung** Kraft	Du stehst wie ein Skispringer in der Hocke. Auf Kommando springst Du so weit Du kannst aus dieser Hocke. Springe eine Mattenbahn ohne Pause.	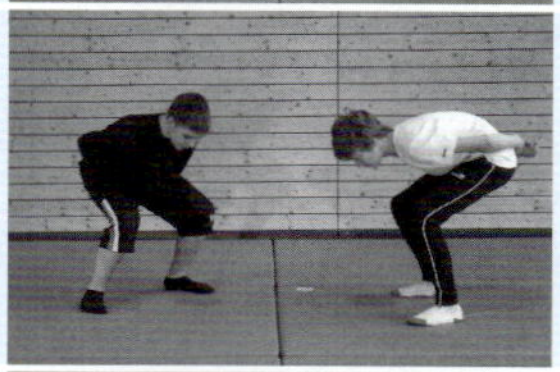
407	**Handstandliegestütz** Kraft	Schwinge Dich in den Handstand und stützte Dich an der Wand oder am Partner ab. Mache nun drei bis fünf Liegestützen in mehreren Sätzen.	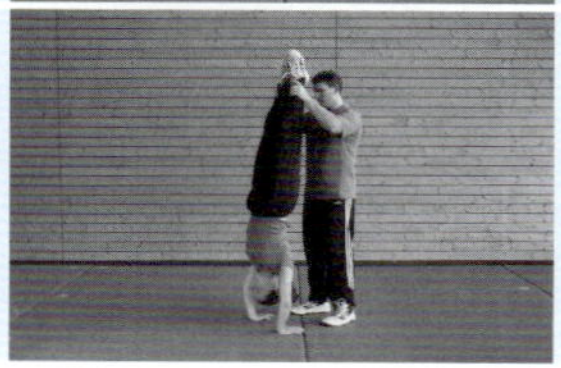

Nr.	Name der Spielform Ziele/Akzente	Idee/Beschreibung	Hinweise/Organisation
408	**Liegestütz Sprünge** Kraft, Ausdauer	Du bist in einer mittleren Liegestützposition. Springe in dieser Position insgesamt zehn Meter weit.	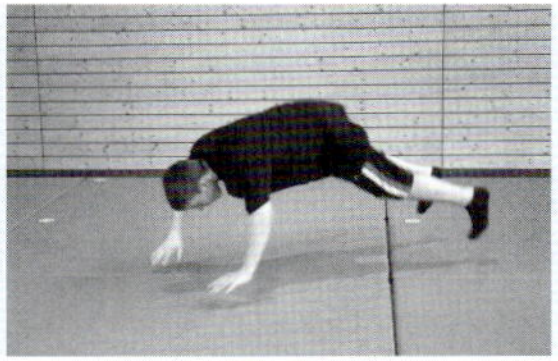
409	**Gesäßwanderung** Ausdauer, Kraft	Du sitzt mit gestreckten Beinen auf dem Boden. Nur durch den Einsatz der Beine bewegst Du Dich jetzt fort.	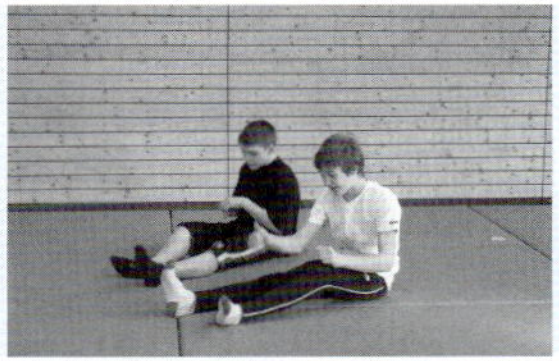
410	**Unterarmziehen** Kraft	Du liegst auf dem Bauch und hast Deine Arme nach vorne gestreckt. Du ziehst Deinen Körper durch die Unterarme nach vorne. Zieh so weit Du kommst!	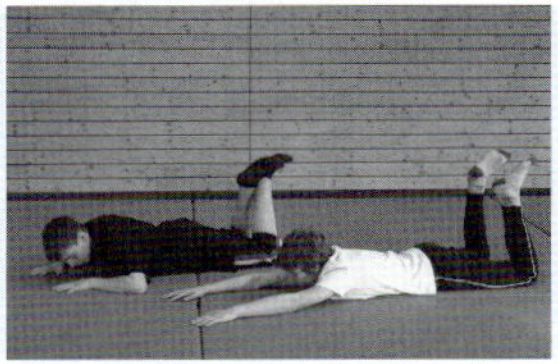
411	**Aufreißen** Kraft	Du hast einen Basisgriff gewählt. Ziehe Deinen Partner an Deine Seite heran!	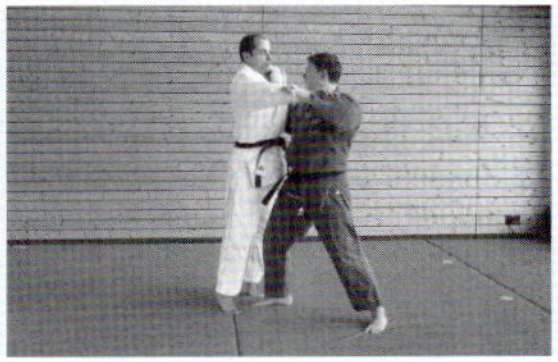
412	**Situps 1** Kraft	Du liegst auf dem Rücken und hast Deine Beine angewinkelt. Nun drückst Du Dein Becken nach oben und trainierst die unteren Bauchmuskeln.	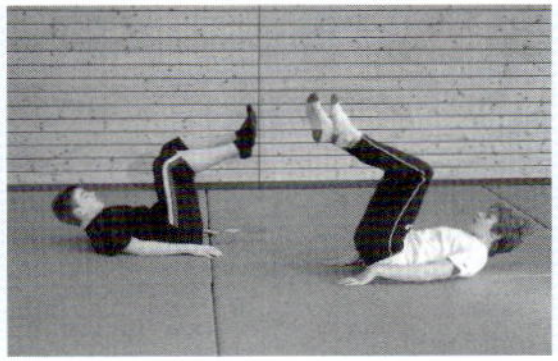

Nr.	Name der Spielform Ziele/Akzente	Idee/Beschreibung	Hinweise/Organisation
413	**Situps 2** Kraft	Nun werden die geraden Bauchmuskeln trainiert. Stelle Deine Fersen auf die Matte und gehe maximal 45 Grad nach oben. Mache bis zu 30 Wiederholungen in einem angemessenen Tempo.	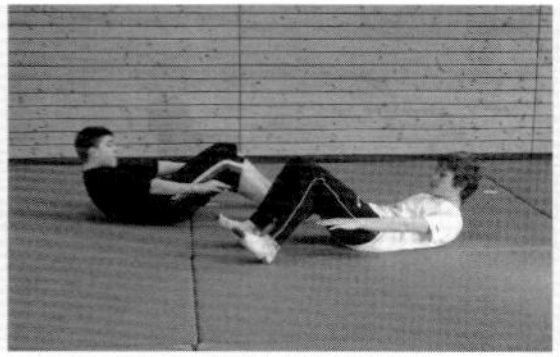
414	**Situps 3** Kraft	Jetzt werden die kurzen, oberen Bauchmuskeln trainiert. Deine Beine sind in der Hüfte und im Knie 90 Grad angewinkelt. Ein Ball liegt auf den Unterschenkeln. Rolle den Ball mit beiden Händen vor zu den Füßen. Blicke zur Decke.	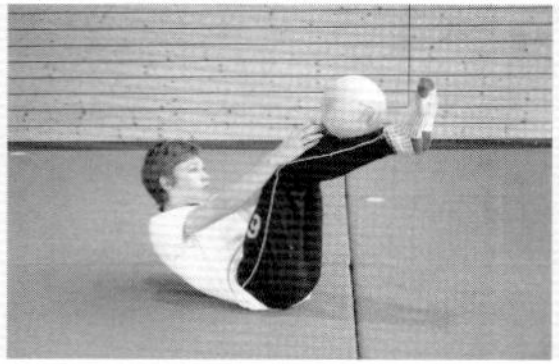
415	**Der Käfer (Situps 4)** Kraft	Beim Käfer bewegst Du immer das diagonale Knie zum Ellenbogen. Mache diese Übung in einem angemessenen Tempo.	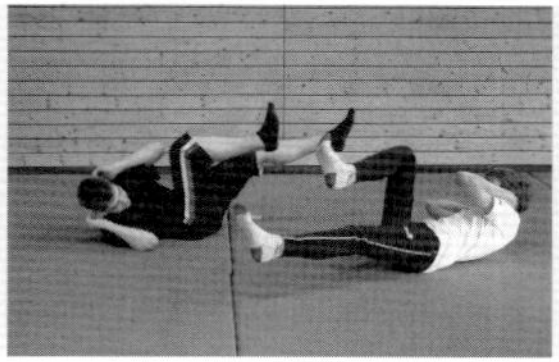
416	**Zeitlupentritte** Kraft	Trete alle Techniken die Du kannst in Zeitlupe. Achte darauf, dass Du das Bein immer gut zurückziehst.	ZZZZeitluuuuuppppeeeee
417	**Beinschlinge 1** Kraft	Ziehe Dein Knie bis zur Brust und stoße das Bein nun langsam nach unten auf Kniehöhe. Achte auf den korrekten Einsatz der Hüfte.	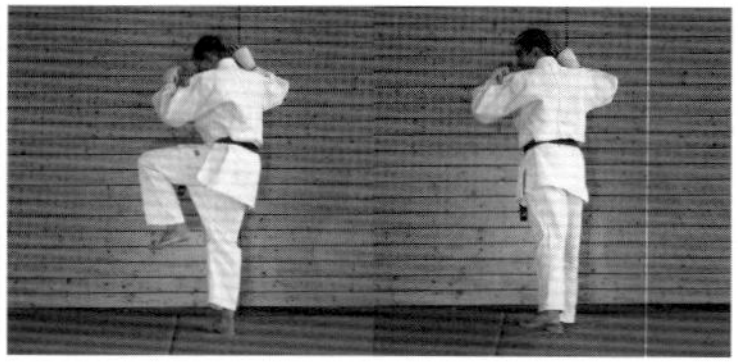

Nr.	Name der Spielform Ziele/Akzente	Idee/Beschreibung	Hinweise/Organisation
418	**Beinschlinge 2** Kraft	Nun hast Du Dein Knie zur Brust gezogen. Von hier aus schnappst Du Dein Bein auf Deine eigene Kinnhöhe bzw. die Höhe, die Du optimal kontrollieren kannst. Du kannst Dich auch an der Wand abstützen!	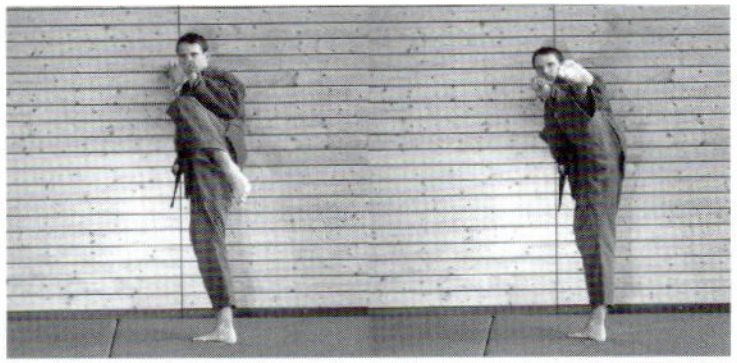
419	**Beinschwünge 1** Kraft	Du hältst Dich an der Wand fest und schwingst in Deiner natürlichen Bewegungsamplitude Dein Bein gestreckt nach vorne und lässt es nach hinten auspendeln. Nicht ruckartig schwingen!	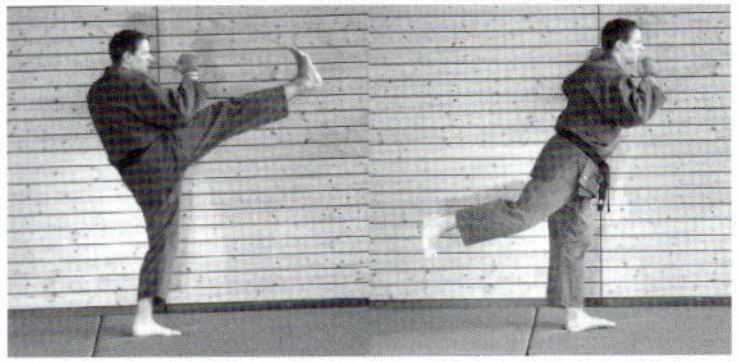
420	**Beinschwünge 2** Kraft	Jetzt schwingst Du Dein Bein seitlich! Nicht ruckartig arbeiten! Schön mit der Hüfte arbeiten.	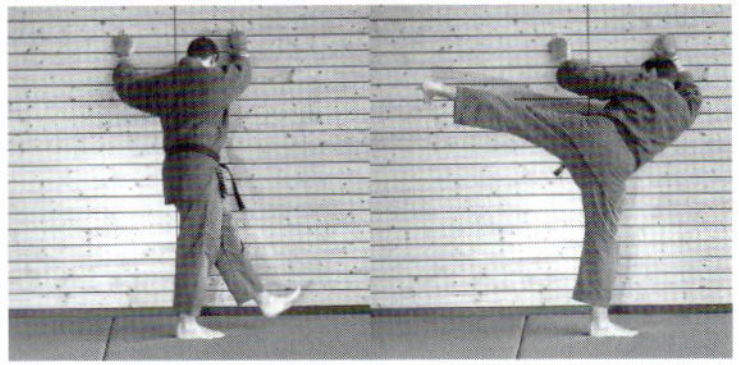
421	**Beinschwünge 3** Kraft	Jetzt schwingst Du das Bein nach hinten, wie eine Ballerina. Auch jetzt nicht maximal nach hinten schwingen.	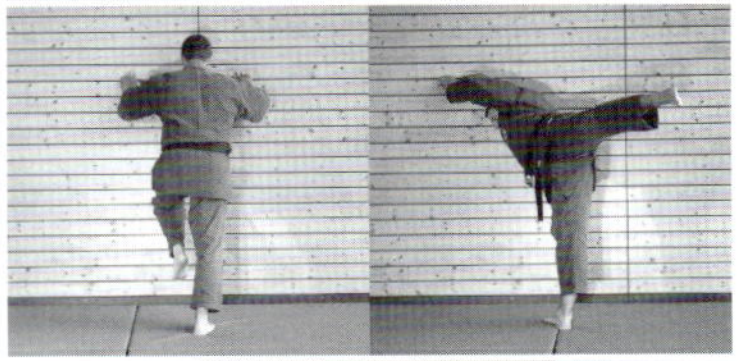
422	**Beinpresse mit Partner** Kraft	Du liegst auf dem Rücken und Dein Partner sitzt auf Deinen Füßen. Du bewegst ihn hoch und runter, wie in einer Beinpresse.	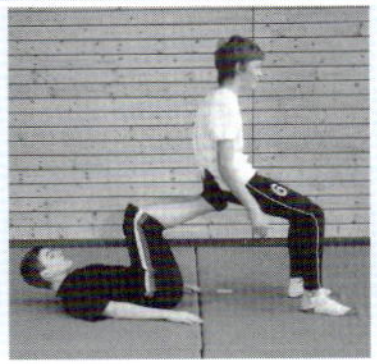

Nr.	Name der Spielform Ziele/Akzente	Idee/Beschreibung	Hinweise/Organisation
423	**Dehnung Brust 1** Beweglichkeit	Durch rhythmische Bewegungen der Schultermuskulatur werden die Arme nach hinten gezogen. Die Arme werden durch Anspannung der Armstrecker ganz gestreckt. Nicht zu heftig wippen!	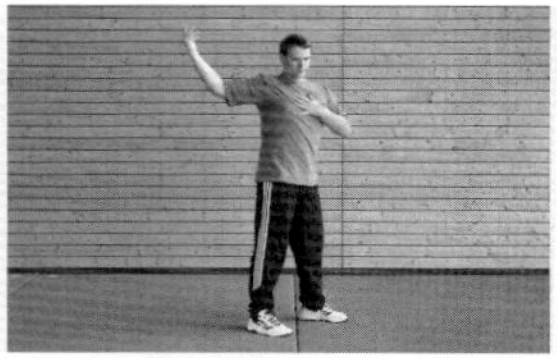
424	**Dehnung Brust 2** Beweglichkeit	Seitlich an der Wand stehend wird der ausgestreckte Arm etwas über Schulterhöhe mit der Hand die Wand zu berühren. Kopf und Oberkörper in die Gegenrichtung drehen.	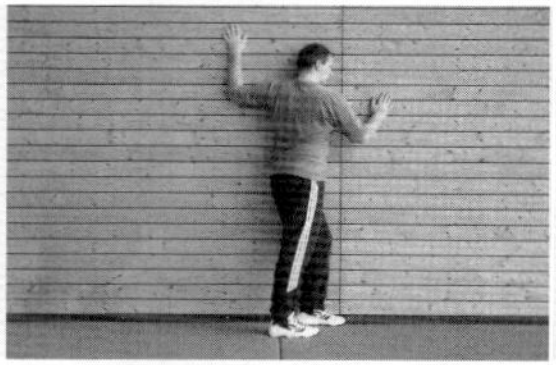
425	**Dehnung Oberschenkel 1** Beweglichkeit	Dehnung der Oberschenkelvorderseite: Aus der Seitenlage mit fixierter Hüfte wird das obere Bein in die Dehnungsposition gebracht und gehalten. Lege dabei die untere Hand auf Dein abgewinkeltes Knie. Der Oberkörper muss gerade sein.	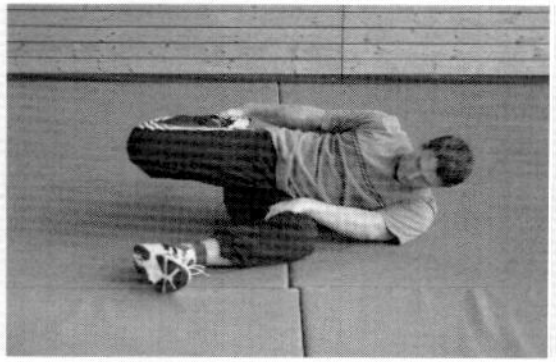
426	**Dehnung Oberschenkel 2** Beweglichkeit	Dehnung der Oberschenkelrückseite: Lege Dich flach auf den Rücken. Beuge ein Bein und ziehe das Knie zur Brust. Das zur Brust gezogene Knie wird langsam nach oben geschoben. Die Hände fixieren das Bein in der Dehnstellung.	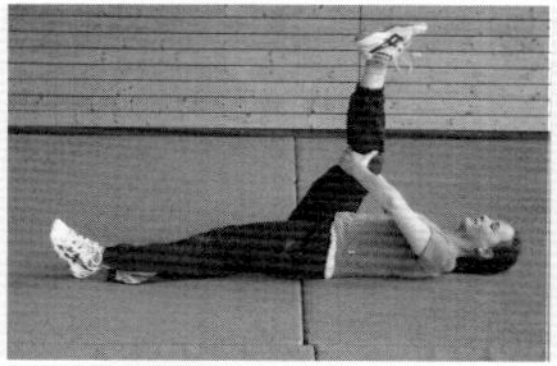
427	**Dehnung Oberschenkel 3** Beweglichkeit	Dehnung der Oberschenkelrückseite: Stelle ein gestrecktes Bein bei leichtem Ausfallschritt auf der Ferse auf. Das hintere Bein anwinkeln, mit geradem Oberkörper nach vorne lehnen.	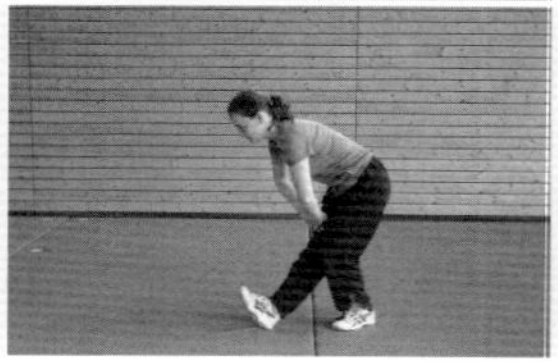

Nr.	Name der Spielform Ziele/Akzente	Idee/Beschreibung	Hinweise/Organisation
428	**Dehnung Rückenmuskulatur** Beweglichkeit	Bequemen Sitz mit gebeugten Knien und leicht gespreizten Beinen einnehmen. Oberkörper beugen und unter den Beinen durch die Fußrücken fassen. Langsam bis zur Dehnung nach vorne ziehen.	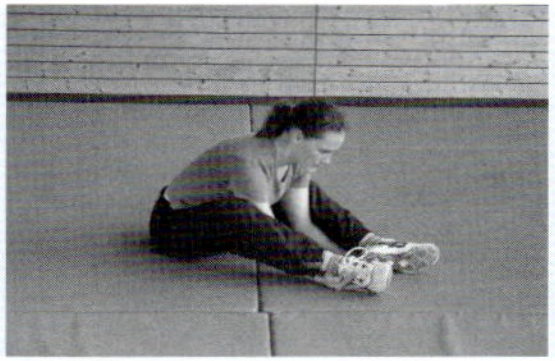
429	**Dehnung Oberschenkelinnenseite 1/Lende** Beweglichkeit	Nehme eine tiefe Bankstellung ein und schiebe Deine angewinkelten Beine seitlich auseinander, so dass Deine Oberschenkelinnenseite und der Lendenbereich gedehnt werden.	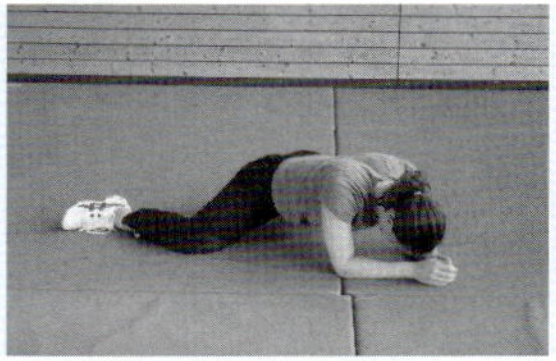
430	**Dehnung Oberschenkelinnenseite 2** Beweglichkeit	Nehme eine Spagatstellung ein und schiebe Deine Beine so weit wie möglich in gestreckter Position nach außen. Der Oberkörper muss immer senkrecht und gerade bleiben!	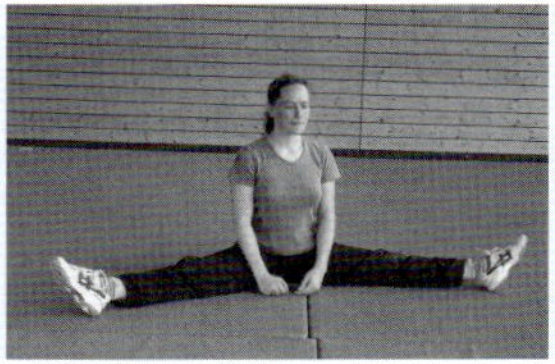
431	**Dehnung seitliche Rumpfmuskulatur** Beweglichkeit	Im aufrechten Stand werden beide Arme über dem Kopf gefasst und zu einer Seite gezogen, während die Beine überkreuzt werden.	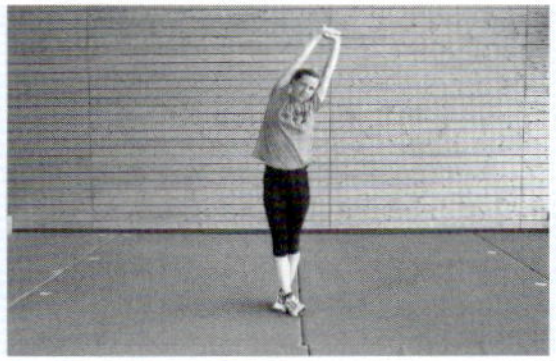
432	**Dehnung Wadenmuskulatur** Beweglichkeit	Schulterbreiter Stand in Schrittstellung mit geradem Oberkörper. Beide Fersen berühren den Boden, wobei das vordere Bein angewinkelt und das hintere gestreckt ist. Das Standbein wird immer leicht gebeugt und wieder in die Startposition zurückgeführt.	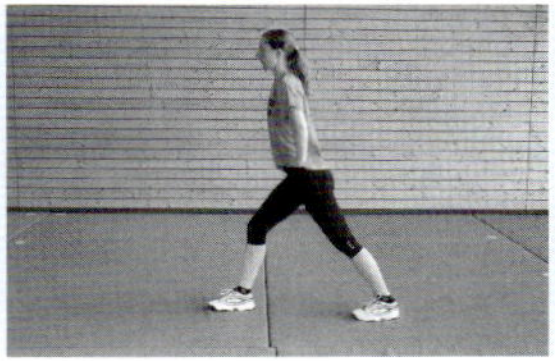

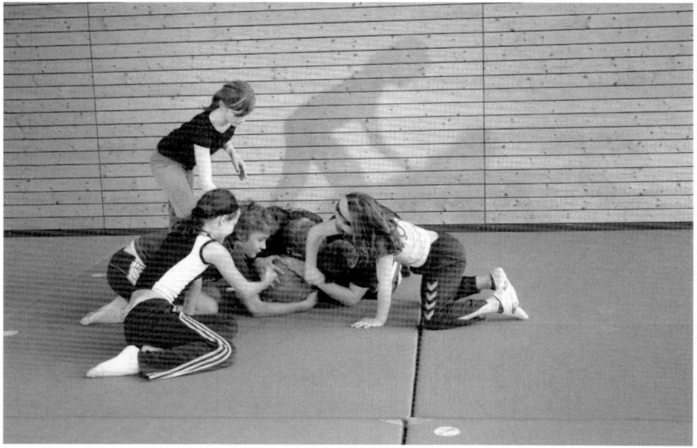

7.2 Miteinander kämpfen – gegeneinander kämpfen!

Das Ziel der Übungen beim miteinander Kämpfen/gegeneinander Kämpfen besteht darin, einen angemessenen Krafteinsatz zu erspüren. Es wird in Gruppen gekämpft oder es kommt zu zufälligen Paarungen, die sich nach einer kurzen Zeit wieder trennen. Dazu wird sehr oft um Geräte (Bälle, Tücher etc.) gekämpft und eher selten direkt mit einem Partner. Erst nachdem die Übenden den Krafteinsatz einschätzen können, kann man zu weiteren Übungen übergehen, die eine Technik benötigen oder die direkte Auseinandersetzung mit einem Partner bedeuten. Natürlich können und sollten immer wieder Übungen aus den vorhergehenden Kapiteln gewählt und durchgeführt werden. Denn nur durch eine ständige Wiederholung der Übungen kann eine gute Grundlage für das Raufen und Kämpfen geschaffen und erhalten werden.

Nr.	Name der Spielform Ziele/Akzente	Idee/Beschreibung	Hinweise/Organisation
433	**Musikalische Bälle** Schnelligkeit, Durchsetzungsvermögen	Es gibt halb so viele Bälle wie Teilnehmer. Alle Teilnehmer laufen frei im Raum auf Musik. Beim Stopp der Musik versuchen die Teilnehmer einen Medizinball zu sichern und sie müssen ihn ca. 10–15 Sek. lang verteidigen. Nach einem weiteren Signal darf kein Ball mehr erkämpft werden. Spieler mit Ball erhalten Pluspunkt.	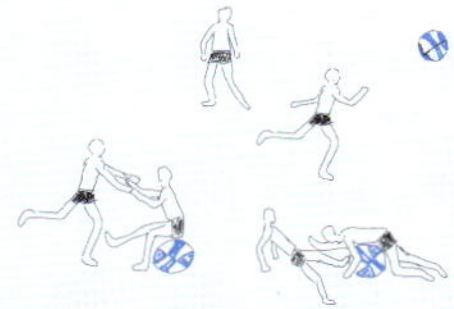
434	**Tücherklau** Miteinander um Gegenstände kämpfen	Bunte Tücher werden lose am Körper angebracht. Wer kann die meisten Tücher in seinen Besitz bringen? Als Partner- oder Gruppenspiel durchführbar.	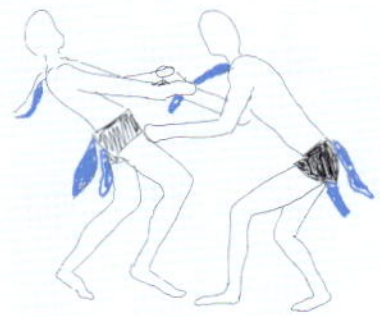
435	**Inselkönig** Rücksichtnahme Taktik	Alle Spieler befinden sich in einer Zone auf der Matte. Auf ein Signal hin versuchen alle, sich gegenseitig aus der Zone zu drängen. Jeder Spieler, der mit beiden Füßen die Matte außerhalb der Zone berührt, scheidet aus. Wer hält sich am längsten?	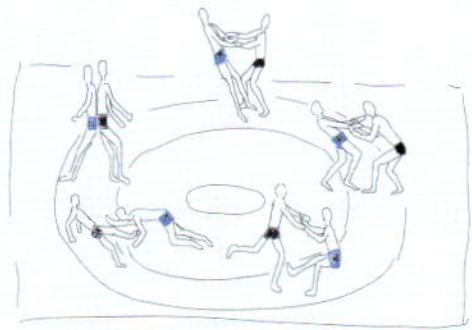
436	**Tücherklau am Boden** Taktik	Bunte Tücher werden lose am Körper angebracht. Wer kann ab einem Signal die meisten Tücher sammeln. Dabei muss immer mindestens ein Knie auf dem Boden bleiben. Variation: Man beginnt mit fünf Tüchern und muss möglichst alle losbekommen. Dabei dürfen die Tücher in Socken, Hosenbund, Ärmel gesteckt werden.	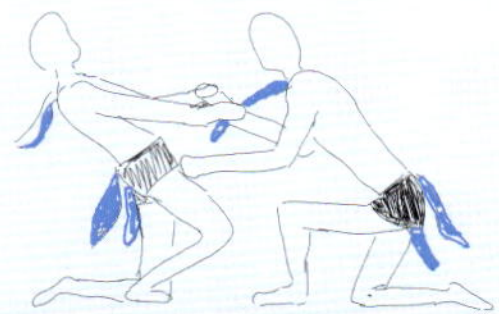
437	**Geladener Ball** Kraft Durchsetzungsvermögen	Die Gruppe bildet einen Innenstirnkreis und hält sich an den Händen. In der Mitte liegt ein Medizinball. Nun muss versucht werden, dass andere aus dem Kreis den Ball berühren, man selbst aber nicht.	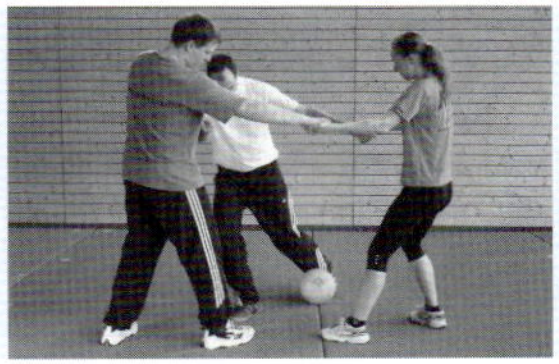

Nr.	Name der Spielform Ziele/Akzente	Idee/Beschreibung	Hinweise/Organisation
438	**Schatzbewachung** Durchsetzungsvermögen	Jeweils zwei Spieler verteidigen einen Medizinball. Zwei weitere versuchen den Ball zu erkämpfen. Gekämpft wird auf den Knien oder im Stand.	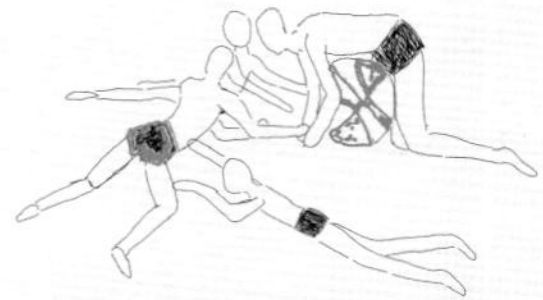
439	**Schatzhüter** Taktik Kraft	Ein Medizinball wird durch eine Gruppe von 6–8 Spielern so geschützt, dass sie kniend einen Außenstirnkreis bilden und sich an den Armen unterhaken. Ein bis zwei Kämpfer versuchen den Ball zu klauen.	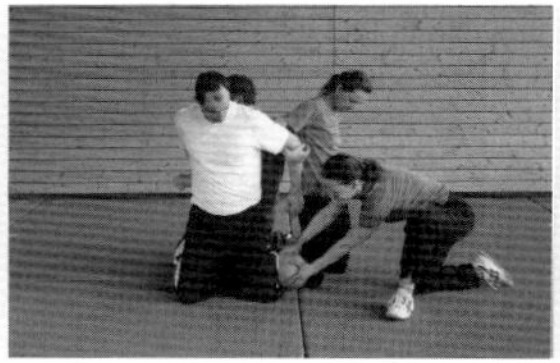
440	**Schuhkampf** Durchsetzungsvermögen	Es kämpfen jeder gegen jeden. Das Ziel ist es, den anderen die Schuhe oder die Socken auszuziehen. Treten ist verboten!	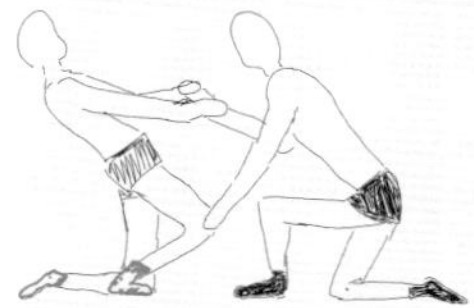
441	**Mattenflucht** Taktik Kooperation	Zwei Gruppen befinden sich auf der Matte. Auf ein Signal hin versucht eine Gruppe von der Matte zu fliehen. Schafft es die andere Gruppe dies zu verhindern?	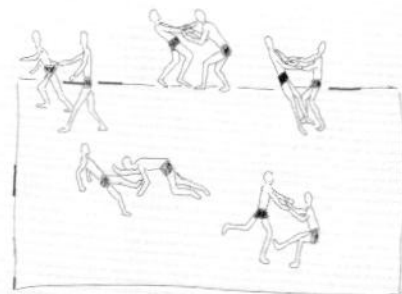
442	**Auf die Insel!** Kraft Koordination	Zwei Gruppen: Eine Gruppe befindet sich auf der Matte, die andere Gruppe sitzt um die Matte – die Füße müssen die Matte berühren. Auf ein Signal versucht die Gruppe auf der Matte die andere Gruppe auf die Matte zu ziehen.	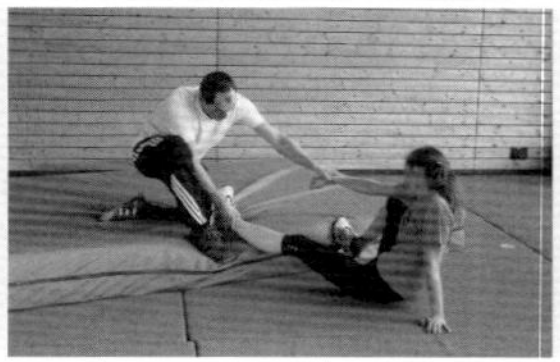

Nr.	Name der Spielform Ziele/Akzente	Idee/Beschreibung	Hinweise/Organisation
443	**Die Luft aus dem Ball** Kraft Kooperation	In Dreiergruppen: Einer nimmt eine tiefe oder hohe Bankstellung ein. Die zwei Partner versuchen auf ein Signal hin, ihn flach auf den Boden zu legen.	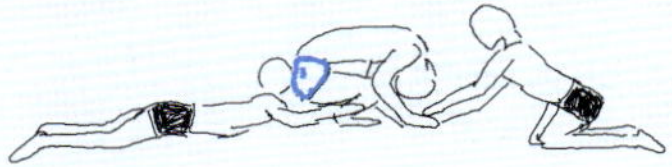
444	**Auf die Bälle, ...!** Kooperation Taktik	Zwei Mannschaften befinden sich jeweils hinter einer Linie („Touchdownzone"). In der Mitte befinden sich mehrere Bälle. Auf ein Signal müssen alle versuchen, so viel Bälle wie möglich hinter ihre Linie zu bekommen.	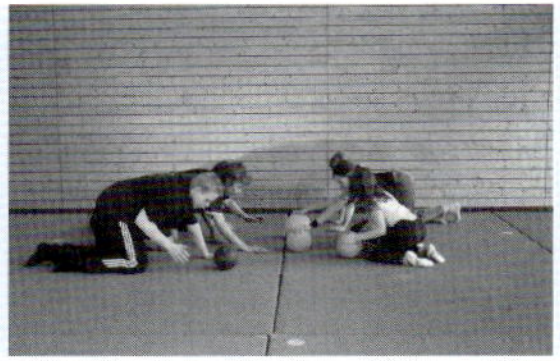
445	**Auf die Bälle 2!** Taktik Kraft	Wie oben, jedoch werden die Mannschaftsmitglieder geheim durchnummeriert. Der Spielleiter ruft eine Zahl und rollt einen Ball in die Mitte. Nur die zwei genannten Spieler müssen in die Mitte stürmen und versuchen den Ball zu erobern.	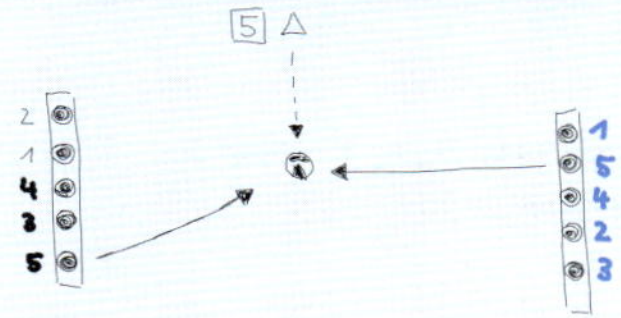
446	**Weg die Bälle** Kooperation Taktik	Zwei Mannschaften befinden sich jeweils hinter einer Linie („Touchdownzone"). Jede Mannschaft hat eine gleich Anzahl von Bällen. Auf ein Zeichen muss jede Mannschaft versuchen, ihre Bälle in der gegnerischen Touchdownzone abzulegen. Es darf pro Person maximal ein Ball getragen werden.	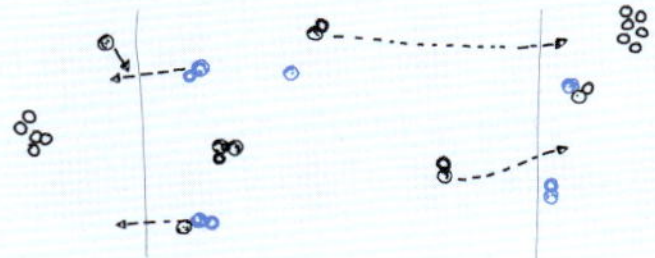
447	**Vier Felder Kampf** Taktik, Durchsetzungsvermögen	Mit Seilen/Kreide wird auf dem Boden vier Felder markiert. In einem Feld stehen vier Kämpfer. Auf ein Zeichen versuchen sich alle, gegenseitig in das nächste Feld zu schieben (in oder entgegen dem Uhrzeigersinn). Wer im Anfangsfeld stehen bleibt, hat gewonnen. Die anderen kämpfen weiter, bis alle Felder belegt sind.	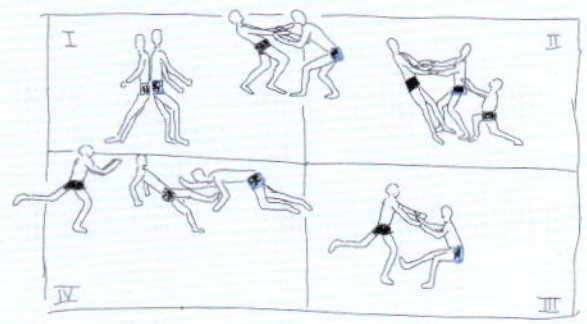

Nr.	Name der Spielform Ziele/Akzente	Idee/Beschreibung	Hinweise/Organisation
448	**Gruppenkampf** Kooperation Taktik	Zwei Mannschaften stehen/knien sich an einer Linie gegenüber. Jede Mannschaft hat ein Lager (Matte) im eigenen Feld ca. 5 m von der Linie entfernt. Auf ein Zeichen versucht jede Mannschaft gegnerische Mitglieder ins eigene Lager zu ziehen. Sobald ein Körperteil das Lager berührt muss man im Lager bleiben. Welche Mannschaft zieht mehr Gegner ins eigene Lager?	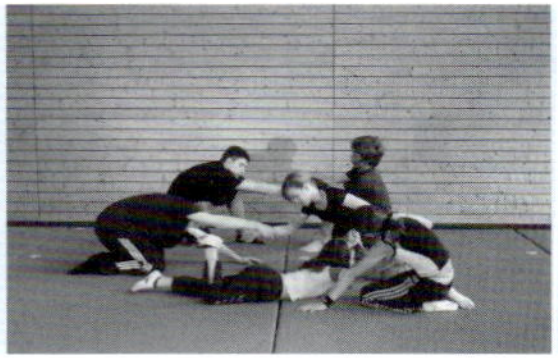
449	**Kreiskampf** Rücksichtnahme Taktik	Alle bilden einen Innenstirnkreis und haken gegenseitig ein. Nun muss versucht werden, die Nachbarn zu einem Bodenkontakt mit dem Knie oder dem Po zu zwingen. Wer den Boden so berührt scheidet aus.	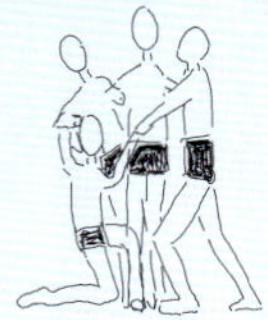
450	**Kampf um die Krone** Kooperation Taktik	Drei Gruppen bilden Innenstirnkreise, in dem sie mit den Armen einhaken. Auf ein Zeichen versuchen alle gleichzeitig, einen in der Halle liegenden Medizinball in ihre Mitte zu bekommen. Welcher Gruppe gelingt es die Krone zu gewinnen?	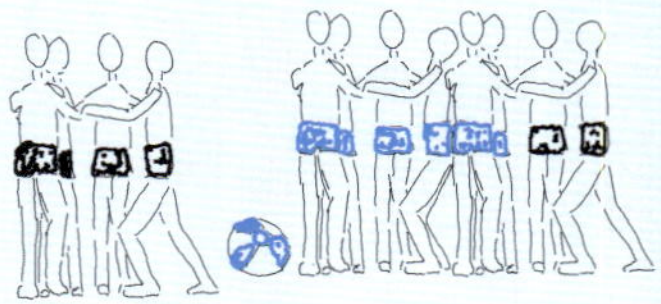
451	**Entführung des Königs** Kooperation Taktik	Zwei Mannschaften stehen sich gegenüber. Jede Mannschaft hat geheim einen König gewählt. Auf ein Zeichen versucht jede Mannschaft, den gegnerischen König ausfindig zu machen und in ihre Burg (Matte) zu ziehen.	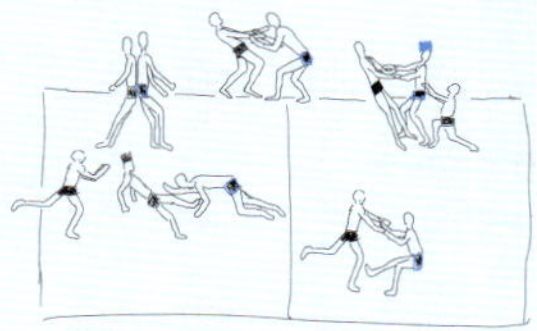
452	**Grenzgänger** Kooperation Taktik	Zwei Mannschaften stehen sich an einer Linie gegenüber. Hinter jeder Mannschaft befinden sich in ca. 5 m Entfernung eine Grenze aus am Boden liegenden Seilen. Auf ein Signal muss jede Mannschaft versuchen, hinter die gegnerische Grenze zu gelangen. Erst wenn man mit beiden Beinen die Grenze überschreitet ist man sicher. Welcher Mannschaft gelingt es als Erstes die gegnerische Grenze zu überschreiten?	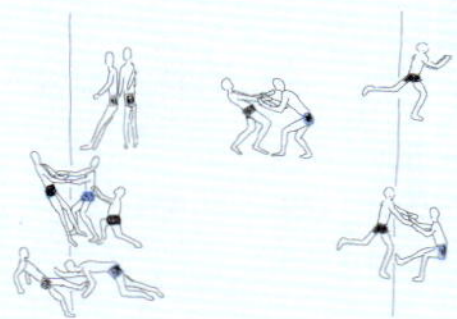

Nr.	Name der Spielform Ziele/Akzente	Idee/Beschreibung	Hinweise/Organisation
453	**Flucht** Kraft, Durchsetzungsvermögen, Taktik	Vier bis fünf Spieler bilden einen Innenstirnkreis und halten sich an den Händen. Im Kreis befinden sich ein oder zwei Schüler. Auf ein Zeichen müssen die Schüler im Kreis versuchen auszubrechen.	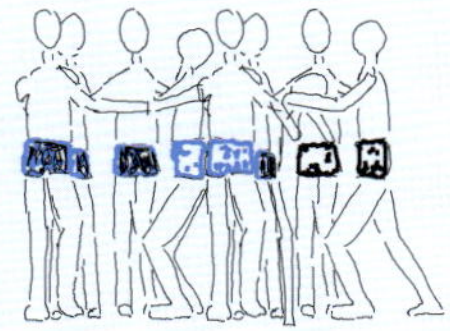
454	**Verflixtes Fünfeck** Kraft, Durchsetzungsvermögen	Ein Tau wird fest zusammengebunden und bildet einen Kreis. Im Kreis befinden sich fünf Spieler, hinter jedem Spieler befindet sich in einem sicheren Abstand jeweils ein Gegenstand (z. B. ein Tuch). Auf ein Zeichen muss jeder Spieler versuchen den Gegenstand zu erreichen.	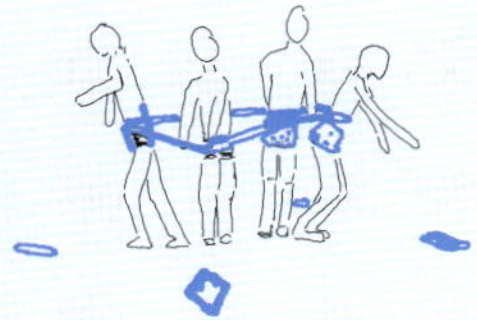
455	**Kletterkampf** Kraft	Zwei Kämpfer befinden sich hängend an der Sprossenwand und versuchen sich beide von der Wand zu drängen, bis jemand den Boden berührt. Schlagen ist natürlich nicht erlaubt.	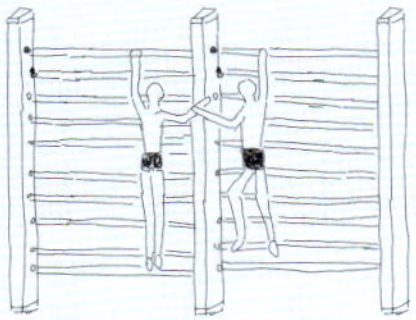
456	**Angeklebt** Kraft Rücksichtsnahme	Partner A steht auf einer Sprosse und hält sich mit beiden Händen fest. B fasst A von hinten um den Bauch – gelingt es B seinen Partner von der Sprossenwand wegzuziehen? Nicht ruckartig ziehen!	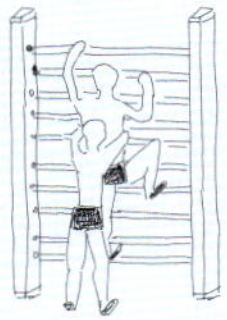
457	**Gefangen** Reaktion, Durchsetzungsvermögen	Alle stehen mit gegrätschten Beinen in einem Kreis, linke Schulter zur Kreismitte. Einer krabbelt durch die gegrätschten Beine. Auf ein Signal des Spielleiters muss derjenige, durch den gegrabbelt wird, seine Beine schnell zusammenpressen. Schafft es der Eingeklemmte, sich wieder zu befreien?	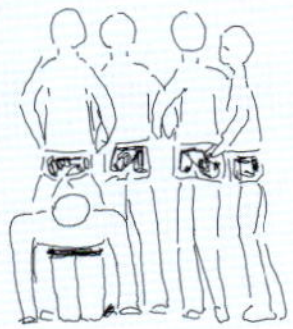

7

Nr.	Name der Spielform Ziele/Akzente	Idee/Beschreibung	Hinweise/Organisation
458	**Reiterkampf** Kooperation Taktik Kraft	Jeweils zu zweit zusammen. Partner B befindet sich in der Bankstellung. A sitzt auf dem Rücken von B. Welchem Reiter gelingt es, die anderen Reiter aus dem Sattel zu holen?	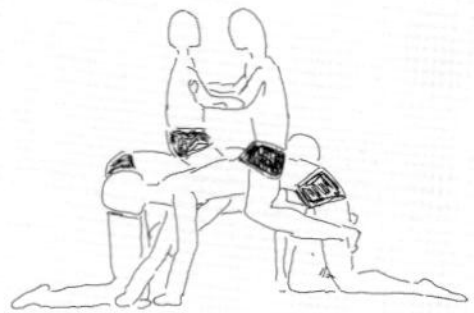
459	**Gruppenzug** Taktik	Zwei gleich große Gruppen stehen sich an einer Linie jeweils paarweise gegenüber. Auf ein Signal muss jeder versuchen seinen Partner über diese Linie zu ziehen. Welche Mannschaft hat nach einer bestimmten Zeit die meisten zu sich herübergezogen?	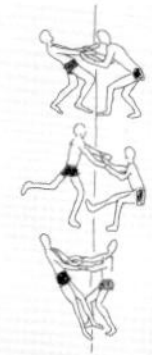
460	**Eingeklemmt** Kooperation Kraft	Vier bis sechs Spieler stehen in einem engen Innenstirnkreis und klemmen in ihrer Mitte einen Medizinball ein. Die anderen versuchen diesen Medizinball herauszuziehen. Wem es gelingt erhält einen Punkt. Die Spieler im Kreis dürfen nicht mit den Füßen abwehren!	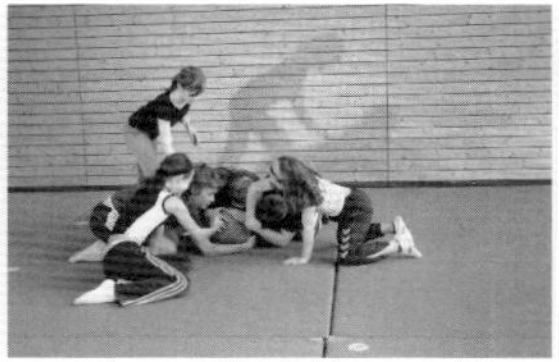
461	**Tauziehen 2** Miteinander Kraft	Zwei Gruppen mit jeweils zwei bis fünf Schülern machen Tauziehen gegeneinander. Dabei stehen die Schüler innerhalb einer Gruppe hintereinander und umschlingen ihren Vordermann um die Hüfte. Nur die vordersten Schüler jeder Gruppe halten sich an den Armen. Welche Gruppe kann die andere Gruppe über eine Linie ziehen?	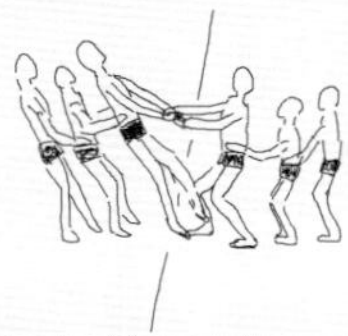
462	**Boden polieren** Kraft	Alle Spieler haben zwei Teppichfliesen und bewegen sich so vorwärts, dass jede Hand eine Teppichfliese schiebt. Wer schafft es, die anderen so anzustoßen, dass sie eine Hand von einer Fliese abheben müssen? Bei jedem Abheben muss die Teppichfliese abgegeben werden.	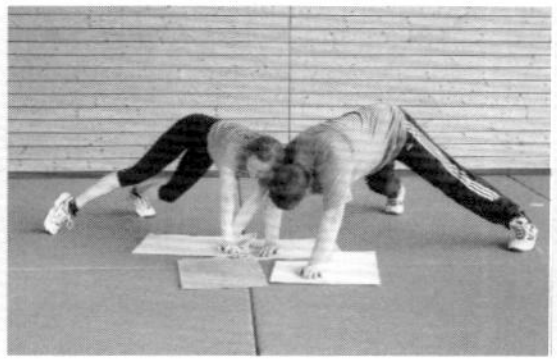

Nr.	Name der Spielform Ziele/Akzente	Idee/Beschreibung	Hinweise/Organisation
463	**Gruppenfight** Vertrauen, naher Körperkontakt	Jeder kämpft gegen jeden – es gibt nur eine zeitliche Beschränkung! Stopp-Regel beachten. Jeder, der einen anderen auf die Schultern zwingt erhält einen Punkt.	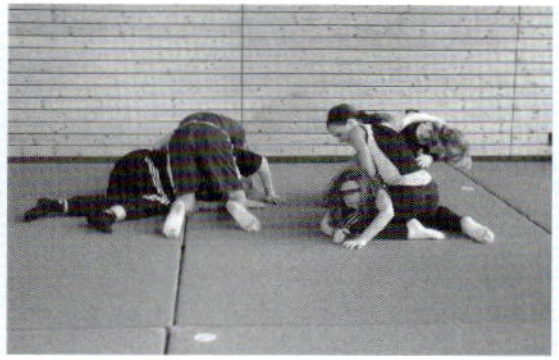
464	**Spinnenkampf** Kraft	Alle befinden sich im Spinnengang. Wer schafft es, andere durch wegziehen der Beine mit dem Po auf den Boden zu zwingen. Variation: Wegziehen nur mit den eigenen Beinen erlaubt.	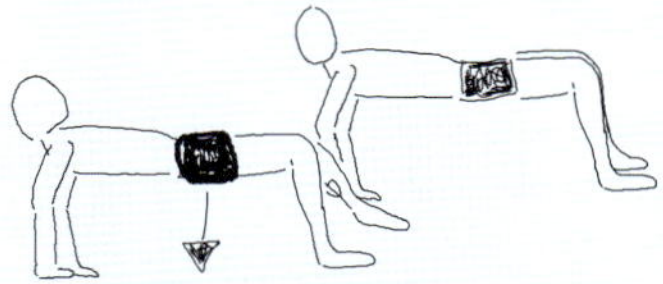
465	**Bodenfight** Kraft Ausdauer	Alle befinden sich mit mindestens einem Knie auf dem Boden. Auf ein Signal kämpft jeder gegen jeden. Diejenigen, die mit beiden Schultern die Matte berühren scheiden aus und müssen die Matte verlassen.	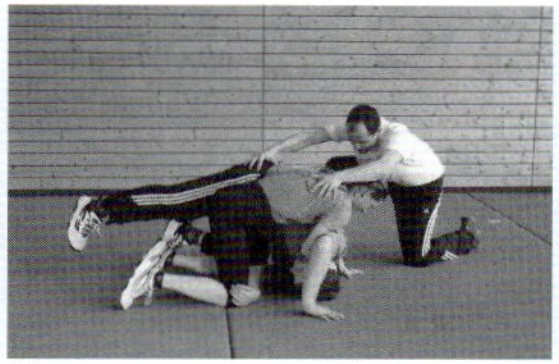
466	**Mattenkönig** Kooperation Taktik	Zwei Gruppen befinden sich auf der Matte. Jede Gruppe hat einen König, der allen bekannt ist. Auf ein Zeichen hin versucht jede Gruppe den gegnerischen König in ihre eigene Hälfte zu ziehen und gleichzeitig ihren eigenen König zu verteidigen.	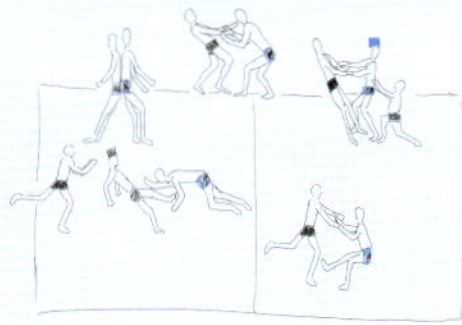
467	**Zwilling, Drilling ...** Kraft Taktik	Zwei, drei oder vier Spieler stehen jeweils in einer Ecke der Matte und wollen als „Geschwister" zueinander. Wem gelingt es, sich zu berühren, während alle anderen versuchen das zu verhindern? (Im Stand und am Boden).	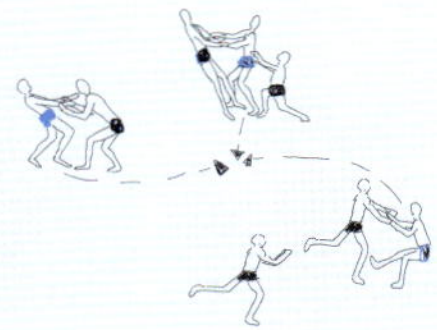

Nr.	Name der Spielform Ziele/Akzente	Idee/Beschreibung	Hinweise/Organisation
468	**Zwilling, Drilling ... 2** Kraft Taktik	Zwei, drei oder vier Spieler halten sich in der Mitte fest umschlungen. Gelingt es den anderen, diese „Geschwister“ voneinander zu trennen? (Im Stand und am Boden).	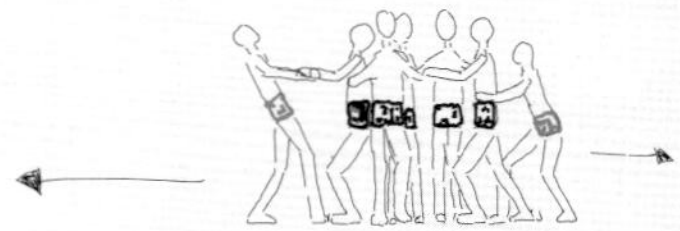
469	**Möhrenziehen** Körperkontakt Kraft	Alle bis auf einen Spieler liegen in der Mitte der Matte auf dem Rücken. Sie halten sich gegenseitig an den Händen fest. Der freie Spieler muss die „Möhren“ auf dem Boden herauszuziehen. Möhren, werden auch zum Gärtner. Achtung: Nur flach über den Boden ziehen, nicht ins Hohlkreuz ziehen! Variation: Alle liegen auf dem Bauch.	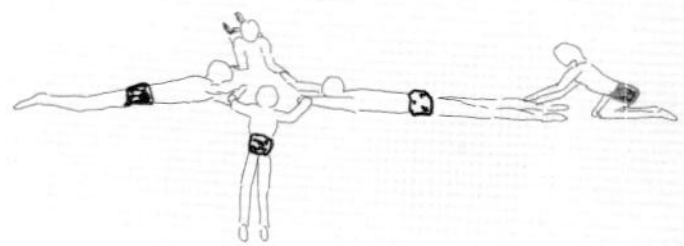
470	**Von einer auf die Nächste** Taktik Kraft	Die Matte wird in vier Zonen eingeteilt. Alle befinden sich in der ersten Zone, mindestens ein Knie ist immer auf dem Boden. Auf ein Signal fangen alle an sich gegenseitig in die nächste Zone zu schieben. Das geht so lange, bis nur noch jeweils einer in den ersten Zonen ist und der Rest sich in der letzten Zone befindet.	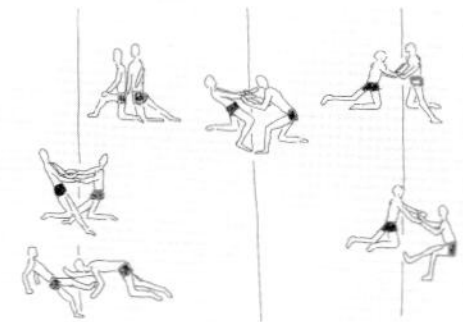
471	**Wand verschieben** Kooperation Kraft	Zwei Gruppen haben eine aufgestellte Weichbodenmatte zwischen sich. Alle lehnen mit dem Rücken gegen die Matte. Welche Gruppe schafft es nach einem Signal die andere Gruppe hinter eine Linie zurückzudrängen?	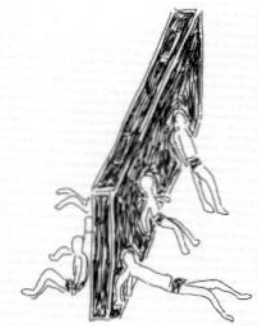
472	**Minutenkampf** Taktik Kraft Ausdauer	Zwei Gruppen: Eine befindet sich auf der Matte, immer mindestens ein Knie befindet sich auf dem Boden. Von der anderen Mannschaft startet der Erste und muss versuchen in einer Minute so viel wie möglich auf den Rücken zu drehen. Nach einer Minute muss er wieder von der Matte und der Nächste der äußeren Gruppe startet. Welche Gruppe schafft es, mehr auf den Rücken zu drehen?	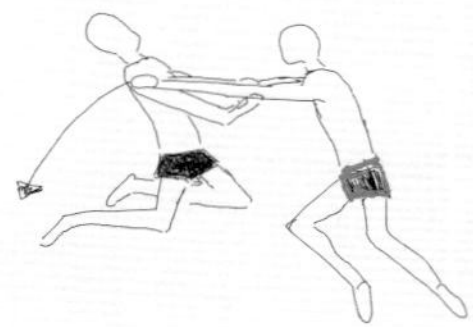

Nr.	Name der Spielform Ziele/Akzente	Idee/Beschreibung	Hinweise/Organisation
473	**Schildkröten-wanderung** Taktik, Kraft Technik	Alle Spieler bis auf einen befinden sich an einer Seite der Matte. Auf ein Signal müssen alle auf die andere Seite krabbeln, ein Knie ist immer auf dem Boden! Der Schildkrötenfänger in der Mitte muss versuchen jemanden auf den Rücken zu drehen. Im nächsten Durchgang sind alle auf den Rücken gedrehte zusätzliche Schildkrötenfänger.	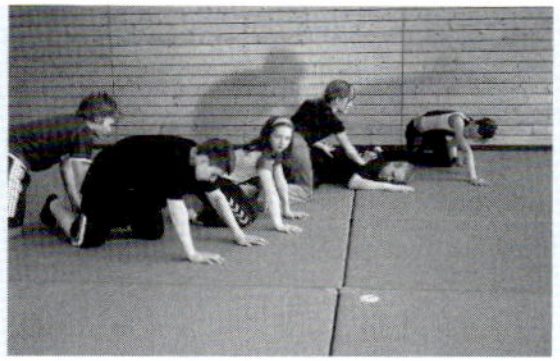
474	**Kampf um die Socke** Kraft Technik	Alle befinden sich auf der Matte. Mindestens ein Knie befindet sich stets auf der Matte. Auf ein Signal hin müssen alle versuchen sich gegenseitig die Socken auszuziehen. Wer hat nachher mehr Socken in der Hand?	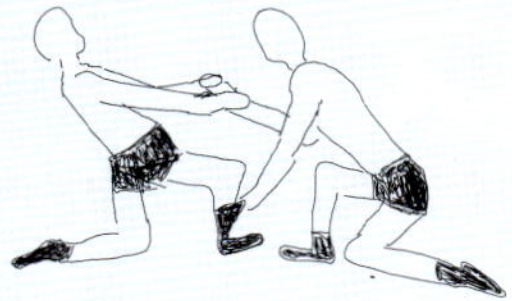
475	**Klotz am Bein** Kraft Taktik	Alle befinden sich an einer Mattenseite im Stand. Ein Spieler muss sich auf allen vieren fortbewegen. Dieser Spieler muss versuchen die anderen abzuschlagen oder sie zu Fall zu bringen. Gelingt ihm dies, werden die Gefangenen (Gestürzten) zu Fängern.	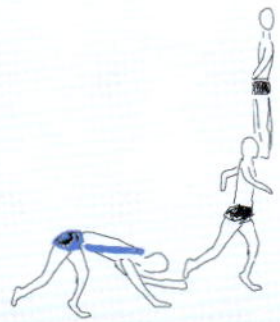
476	**Block** Kraft Taktik	Alle befinden sich hinter einer Linie auf einer Hallenseite. Ein Spieler in der Mitte muss versuchen jemanden an der Überquerung zur anderen Seite zu hindern. Gelingt ihm dies für eine gewisse Zeit, wird der Aufgehaltene ebenfalls zu einem Fänger.	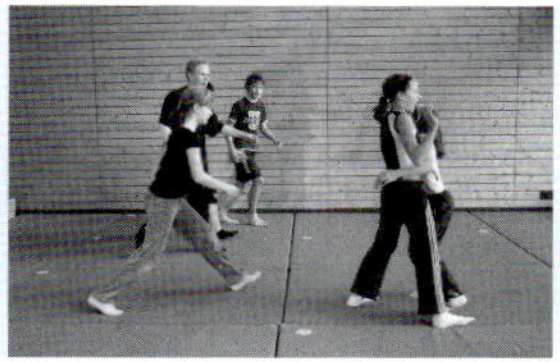
477	**Gegengleich** Kooperation Taktik	Zwei Mannschaften: Jede Mannschaft hat in der gegenüberliegenden Seite einen Reifen, in dem ein Medizinball liegt. Auf ein Signal hin müssen sie versuchen ihren Medizinball aus ihrem Reifen in den gegnerischen Reifen abzulegen, während die andere Mannschaft das Gleiche versucht. Der Ball und mindestens ein Knie muss dabei immer Bodenkontakt haben. Immer fair bleiben!	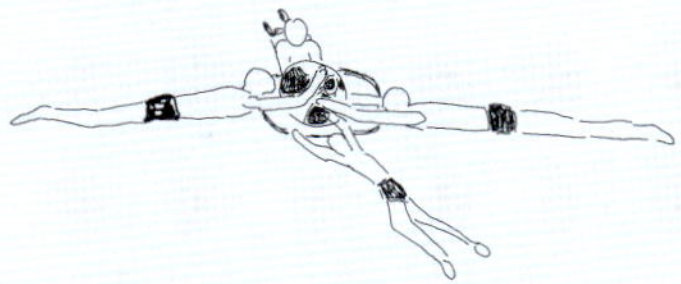

Nr.	Name der Spielform Ziele/Akzente	Idee/Beschreibung	Hinweise/Organisation
478	**Rückenschieberei** Taktik Kraft	Zwei Mannschaften stehen sich paarweise Rücken an Rücken in einer Gasse an einer Linie auf. Welcher Mannschaft gelingt es die andere Mannschaft so über die Linie zu schieben?	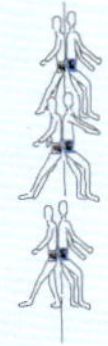
479	**Inselkampf** Kraft Technik	In der Halle sind halb so viele Mattenteile wie Spieler verteilt. Jede Matte bedeutet eine andere Kampfweise (Bodenrandori, Schildkröte rumdrehen, Plattfuß etc.). Auf ein Signal hin (z. B. Musik stoppt) finden sich immer zwei Spieler zusammen und kämpfen in dieser bestimmten Kampfform, bis das Signal zum Weitermachen kommt (z. B. Musik spielt) oder ein Sieger feststeht.	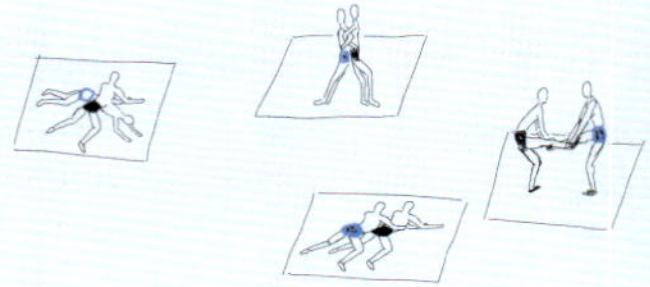
480	**Platztausch** Taktik	Alle Spieler bis auf einen Spieler stehen verteilt in Reifen in der Halle. Auf ein Signal müssen alle den Platz wechseln. Dabei versucht auch der eine Spieler ohne Reifen einen Reifen zu erwischen. Wenn alle einen Reifen haben, darf derjenige, der übrig bleibt, noch 10 Sekunden versuchen, einen anderen aus dessen Reifen zu verdrängen. Danach beginnt das Spiel wieder von Neuem.	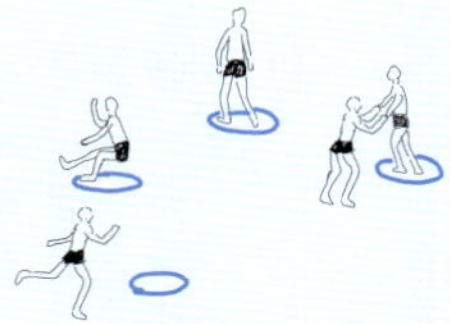
481	**Schiebung** Kampf um Geräte	Zwei Mannschaften versuchen jeweils eine Weichbodenmatte über die gegnerische Linie zu schieben.	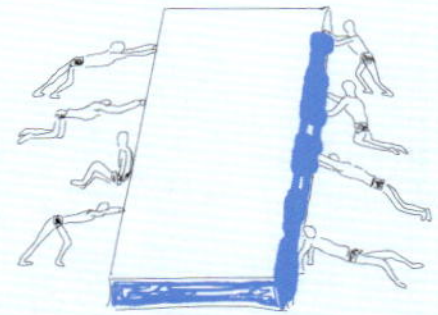
482	**Verbotener Kreis** Zweikampf	Mit einem Seil/Gürtel werden Kreise gebildet. Alle laufen durcheinander. Auf ein Signal müssen alle versuchen die anderen in einen Kreis zu schieben/ziehen.	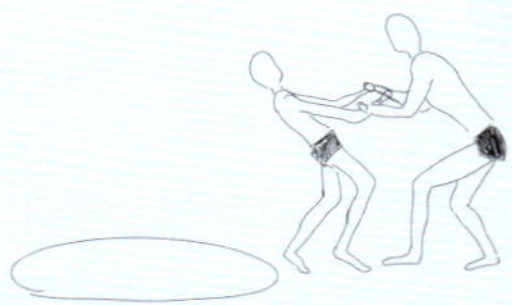

Nr.	Name der Spielform Ziele/Akzente	Idee/Beschreibung	Hinweise/Organisation
483	**Rugby** Als Mannschaft gegeneinander kämpfen	Zwei nicht zu große Mannschaften versuchen einen Medizinball hinter den Mattenrand der jeweils anderen Mannschaft zu legen. Nur auf allen vieren fortbewegen. Nur der Ballführende darf festgehalten werden. Auch mit mehr Bällen möglich.	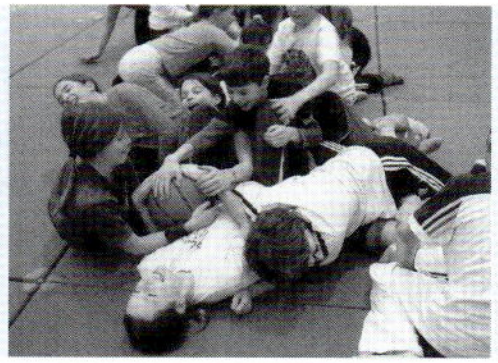
484	**Gedränge** Kooperation Kraft	Wie nach Rugbyart stehen sich zwei Mannschaften gegenüber. Schulter an Schulter, bzw. die Schulter an das Gesäß des Mitspielers. Ziel: Die gegnerische Mannschaft zurückzuschieben. Achtung: Hände dürfen Boden nicht berühren! Gerader Rücken!	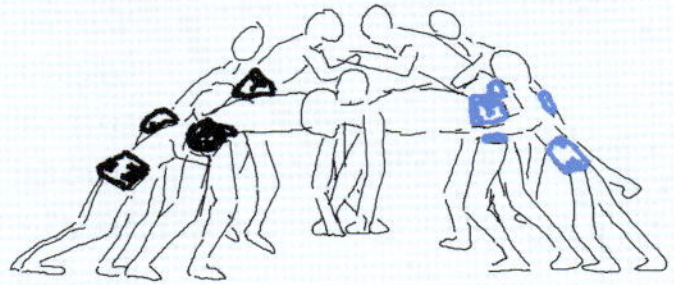
485	**Mannschaftsschiebung** Körperkontakt erleben	An den Armen untergehakt bilden zwei Mannschaften eine Kette, die sich gegenübersteht. Gewonnen hat die Mannschaft, die als erste die andere Kette rückwärts oder vorwärts über eine Linie geschoben hat oder die die andere Kette zum Reißen gebracht hat.	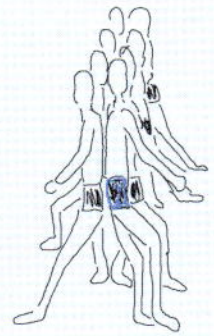
486	**Aus dem Kreis** Kooperation Kraft	Ein Spieler steht in einem Kreis. Zwei bis drei Spieler, die außerhalb stehen, müssen den Spieler aus dem Kreis ziehen (oder schieben), ohne selbst den Kreis zu betreten.	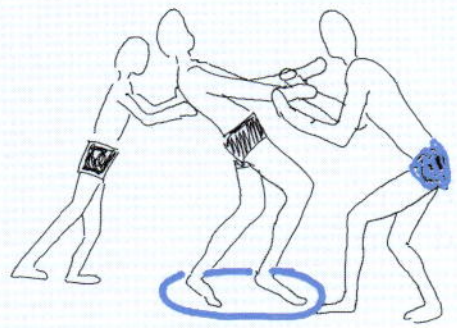
487	**Starker Kreis** Kooperation Kraft	Mannschaften mit drei/vier Spielern bilden jeweils einen Kreis, in denen sich die Spieler unterhaken. Auf ein Signal hin müssen die Mannschaften gleichzeitig versuchen mit allen Spielern auf eine Weichbodenmatte zu gelangen. Dabei darf der eigene Kreis nicht geöffnet werden.	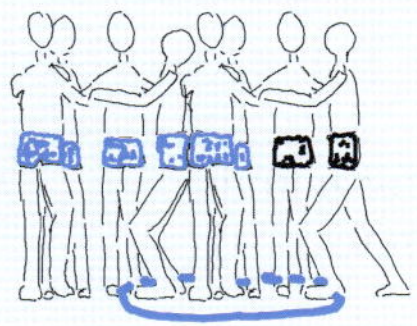

Nr.	Name der Spielform Ziele/Akzente	Idee/Beschreibung	Hinweise/Organisation
488	**Vulkaninseln** Geschicklichkeit Aufmerksamkeit	Mit Reifen (oder verschiedenfarbige Matten) werden mehrere Inseln auf der Matte markiert. Sobald jemand eine dieser Inseln berührt oder betritt, muss er eine Sonderaufgabe erledigen (Situps, Liegestütz, etc.). Alle versuchen sich dabei gegenseitig in eine entsprechende Insel zu schieben/ziehen.	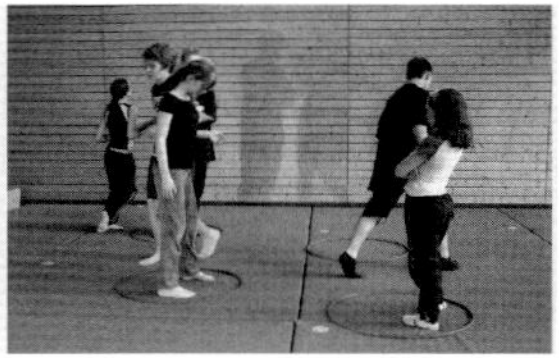
489	**Fliegenklatsche** Reaktionsfähigkeit	Die Budogürtel werden zweimal zusammengelegt gehalten. Ein Spieler darf sich nur auf einem Bein hüpfend fortbewegen. Kann er mit seinem Budogürtel jemanden anderen abschlagen, so wechselt das Schlagrecht. Die anderen dürfen aber den Fänger ebenfalls versuchen mit dem Gürtel abzuschlagen, ohne natürlich selber von seinem Budogürtel berührt zu werden.	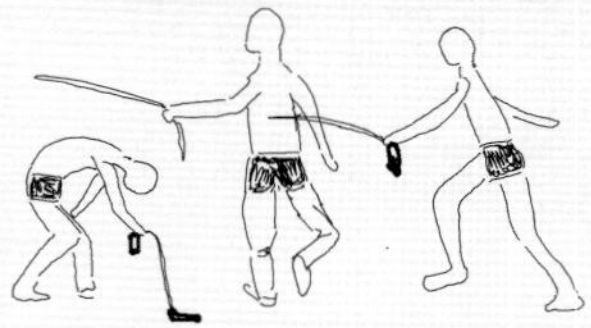
490	**Jeder gegen jeden** Koordination Aufmerksamkeit	Alle befinden sich innerhalb einem markierten Feld. Wenn jemand das Feld verlässt ist er ausgeschieden oder muss eine Sonderaufgabe erledigen. Es scheidet jeder aus, der das Feld mit einem Körperteil verlässt oder von jemanden anderen auf dem Fußspann berührt wird. Gleichzeitig dürfen leichte Klapse auf den Po verteilt werden. Auch als Bodenspiel spielbar.	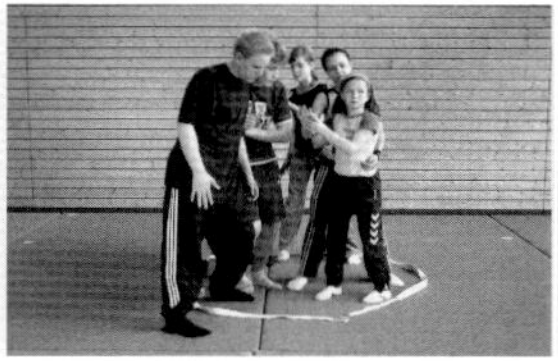
491	**Baumfällen** Kraft Kooperation	Zwei Fänger dürfen sich nur auf den Knien über die Matte bewegen. Der Fänger muss den Läufer zu Boden bringen. Alle Läufer, die so gefangen sind, werden ebenfalls zum Fänger.	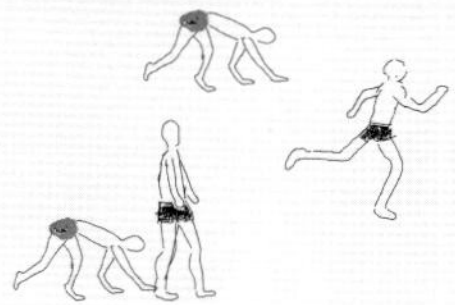

Eigene Ideen

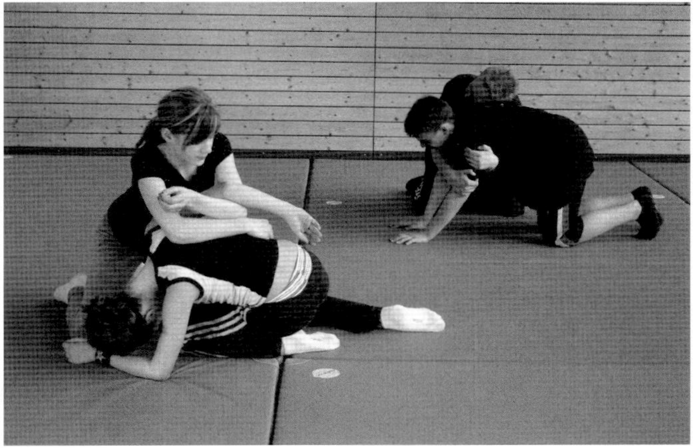

7.3 Zweikampfspiele/Raufen am Boden

Mit den Übungen dieses Kapitels findet der Übergang zu den Zweikämpfen statt. Hier finden sich überwiegend Spiel- und Übungsformen, bei der sich ein oder beide Kämpfer auf dem Boden bewegen. Stürze aus großer Höhe und die dadurch resultierende erhöhte Verletzungsgefahr werden dadurch vermieden. Eine vorausgehende Fallschule ist daher nicht notwendig.

Je nach Gruppenvoraussetzung können Zweikämpfe um Geräte dem Kampf mit direktem Körperkontakt vorangestellt werden. Vor allem im Sportunterricht an Schulen kann dadurch eine noch vorhandene Scheu beim direkten, intensiven Körperkontakt abgebaut werden.

Weitere, speziellere Übungen für den Zweikampf am Boden finden sich in Kapitel 8.

Nr.	Name der Spielform Ziele/Akzente	Idee/Beschreibung	Hinweise/Organisation
492	**Medizinballziehen** Kraft	Zwei Kämpfer liegen sich gegenüber in Bauchlage. Ein zwischen ihnen liegender Medizinball soll über eine bestimmte Markierung gezogen werden.	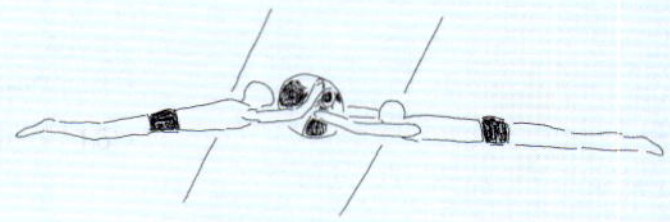
493	**Hockkampf** Gleichgewicht Koordination Matte	Die Kämpfer befinden sich im Hockstellung, mit den Händen werden die Sprunggelenke gehalten. Wer schafft es, den anderen aus dem Gleichgewicht zu bringen.	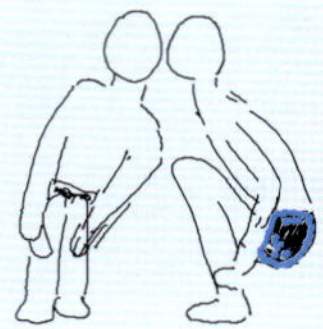
494	**Liegestützkampf** Kraft Koordination	Beide Kämpfer befinden sich in Liegestützstellung, Köpfe zueinander. Wer schafft es, durch Ziehen und Schieben an den Armen den Partner in Bodenlage zu bringen. Achtung: Nicht auf das Ellenbogengelenk schlagen, nicht hebeln!	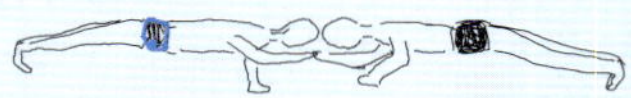
495	**Rodeo** Kraft	Ein Partner befindet sich in Bankstellung, der andere sitzt auf dem Rücken und hat die Füße hinter dessen Oberschenkel verschränkt. Wie lange kann sich der Obere auf dem Rücken halten, wenn sich der Untere wie ein wild gewordenes Rodeopferd bewegt.	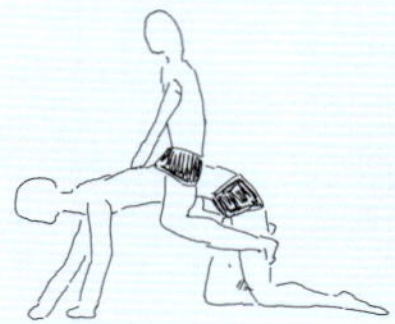
496	**Sumoringen am Boden** Kraft Taktik	Paarweise befinden sich die Partner auf den Knien. Es wird versucht, den Partner aus einem begrenzten Feld zu drängen.	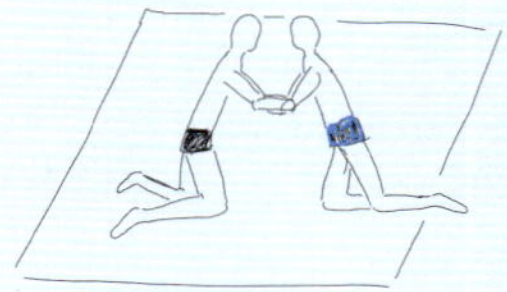

Nr.	Name der Spielform Ziele/Akzente	Idee/Beschreibung	Hinweise/Organisation
497	**Schildkröte umdrehen** Zweikampf am Boden	Partner A kniet in der niedrigen Bank oder liegt auf dem Bauch. Partner B versucht, diese Schildkröte herumzudrehen.	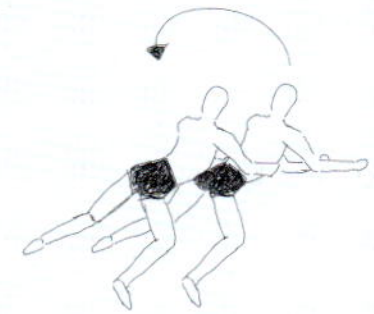
498	**Katzenkampf** Kraft	Beide Kampfpartner befinden sich in der Bankposition und versuchen sich gegenseitig umzudrehen.	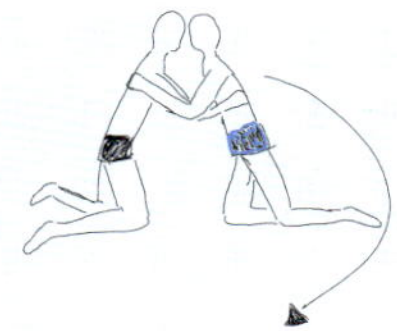
499	**An den Rücken** Ausdauer Kraft	Partner A befindet sich in Banklage, Partner B befindet sich vor ihm, legt seine Brust auf die Schultern von A und verschränkt die Arme hinter dem Rücken. Nun muss B auf ein Signal versuchen, sich immer mit Brustkontakt so bewegen, dass er hinter A zum Stehen kommt. A dreht sich dabei immer weg.	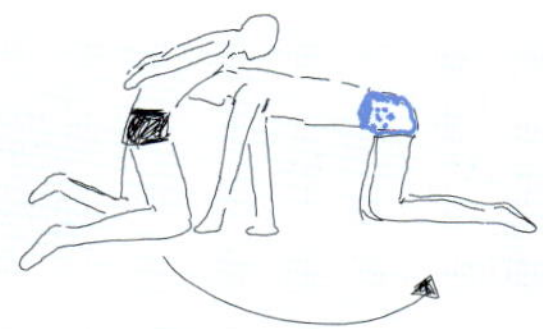
500	**Mausefalle** Kraft	Partner A befindet sich in Banklage. Partner B versucht unter Partner A durchzukriechen. Plötzlich bricht A wie eine Mausefalle zusammen und klemmt B ein, der versuchen muss weiter durchzukommen.	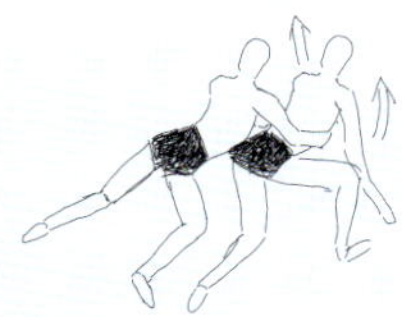
501	**Schwebesitzkampf** Gleichgewicht Kraft	Die Spieler befinden sich paarweise im Schwebesitz (Situp-Haltung). Sie berühren sich nur an den Fußsohlen. Wer kann den anderen aus dem Gleichgewicht bringen, sodass mit einem Fuß der Boden berührt wird.	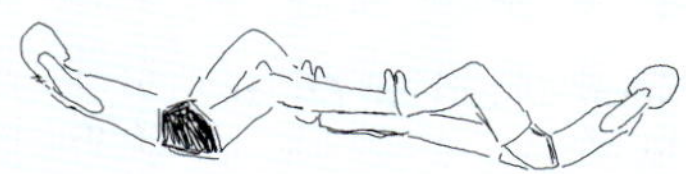

7

Nr.	Name der Spielform Ziele/Akzente	Idee/Beschreibung	Hinweise/Organisation
502	**Rückenkampf** Kraft Taktik	Beide Partner sitzen Rücken an Rücken, die Arme werden gegenseitig ineinander verhakt. Wer kann ab einem Signal den anderen Partner zuerst in die Bauchlage zwingen?	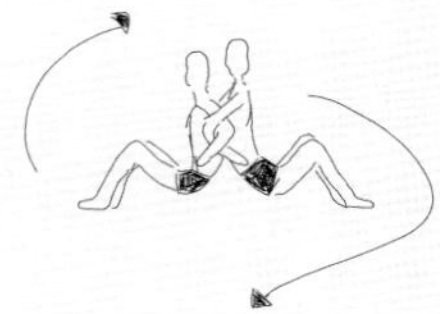
503	**Pfannkuchen** Kraft	Ein Partner befindet sich in der Bank- oder Vierfüßlerstellung. Der andere versucht den Partner durch Schieben, Ziehen, Drücken oder Belasten in die Bauchlage zu überführen.	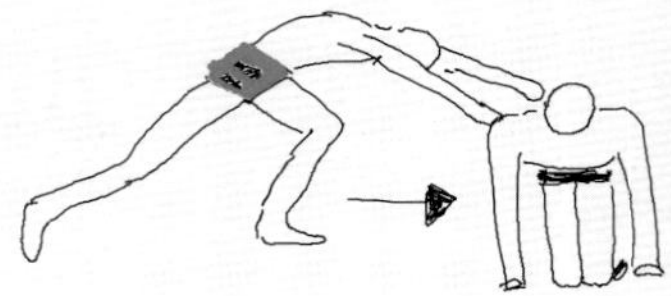
504	**Armhakeln im Kniestand** Taktik Kraft	Die Partner „stehen“ sich im Kniestand Seite an Seite gegenüber und haken ihren rechten (oder linken) Arm ein. Wer schafft es, in den Rücken des Partners zu kommen?	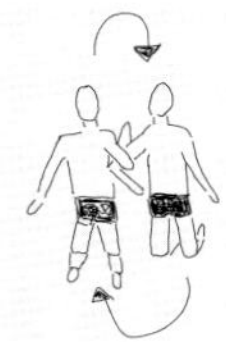
505	**Samurai** Kraft, Durch-setzungsvermögen	Zwei Schüler „stehen“ sich im Kniestand gegenüber und versuchen, den Partner dazu zu bringen, mit der Schulter die Matte zu berühren.	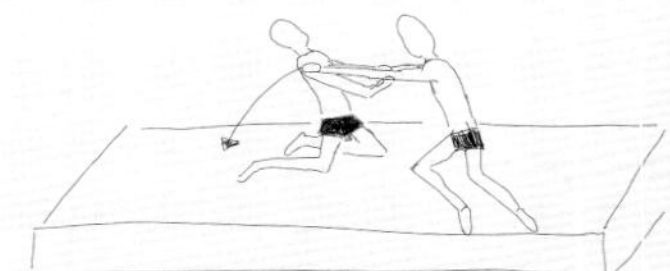
506	**Gesprengte Fesseln** Kraft Rücksichtsnahmen	Partner A liegt auf dem Bauch (auf dem Rücken) und wird von Partner B mit verschiedenen Griffhaltungen an den Armen, Rumpf und Beinen gehalten. Partner A muss sich aus diesen Fesseln befreien. Wettkampf: Wer schafft es, 20 Sek. seinen Partner festzuhalten?	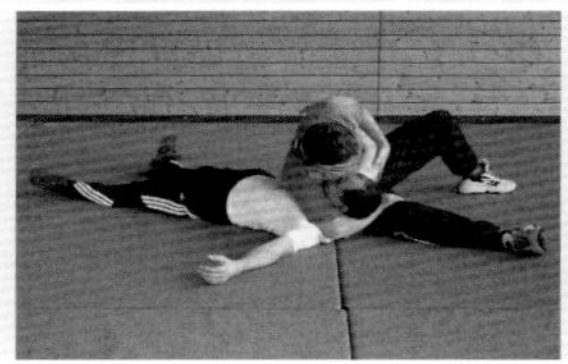

Nr.	Name der Spielform Ziele/Akzente	Idee/Beschreibung	Hinweise/Organisation
507	**Runter von der Matte** Kraft	Zwei Partner befinden sich Rücken an Rücken. Auf ein Kommando versuchen sie sich gegenseitig von der Matte zu drängen. Variationen: In Liegestützstellung, im Knien.	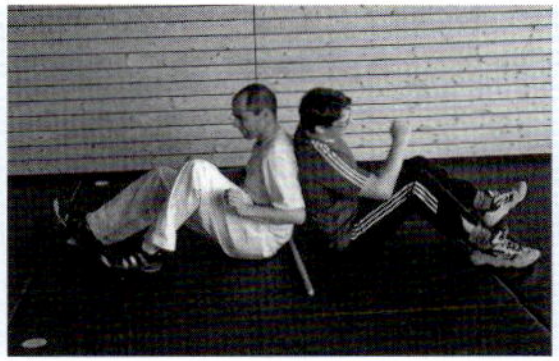
508	**Handicap** Kraft, Technik	Beide Partner befinden sich im Kniestand und versuchen gleichzeitig den anderen auf den Rücken zu bringen. Dabei hat einer zusammengebundene Beine oder Arme, bzw. muss einen Gegenstand (z. B. ein Tuch) mit einer Hand festhalten.	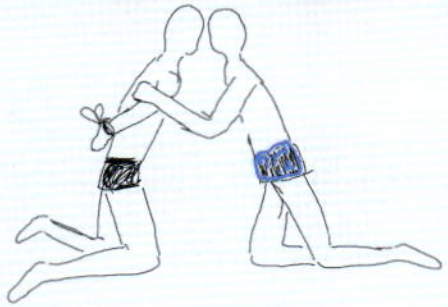
509	**Baumstammrollen** Kraft, Technik	Partner A liegt auf dem Bauch, Arme sind in Verlängerung des Körpers gestreckt. Partner B muss A auf den Rücken drehen. Variation: Partner A darf die Arme seitlich legen („Äste" sind gewachsen).	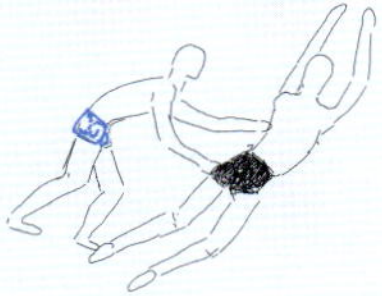
510	**Festgenagelt** Technik	Partner A liegt auf dem Bauch. B muss A so am Boden fixieren, dass A sich nicht befreien kann. Wettkampf: 30 Sekunden halten.	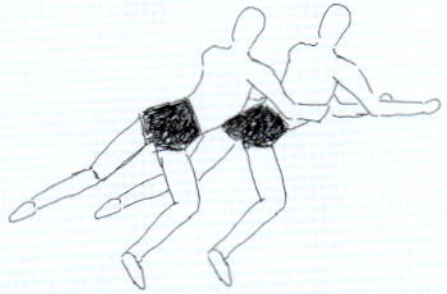
511	**Auf den Rücken!** Vertrauen Konzentration	Der Spielleiter gibt immer die Angriffsrichtung (vom Fuß, Kopf, seitlich) und die Körperposition vor (Bank, Kniestand, Bauchlage, etc.). Auf ein Signal starten die Bodenkämpfe bis in die Rückenlage.	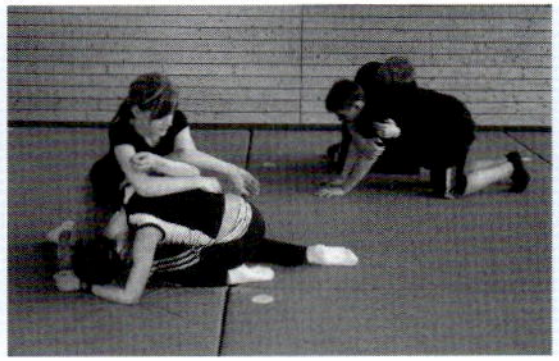

7

Nr.	Name der Spielform Ziele/Akzente	Idee/Beschreibung	Hinweise/Organisation
512	**Steinziehen** Kraft Taktik	Partner A befindet sich in der stabilen Bankstellung. B hält A von hinten an der Hüfte fest während A versucht nach vorne zu krabbeln.	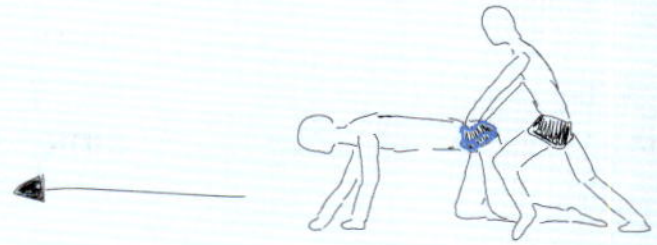
513	**Geschnappt** Taktik, Durch-setzungsvermögen	Partner A befindet sich in der Bankstellung. Partner B robbt unter seinem Partner hindurch. A legt sich plötzlich auf B nieder und hält ihn mit einem regelgerechten Haltegriff fest. Gelingt es B sich aus dieser Falle zu befreien?	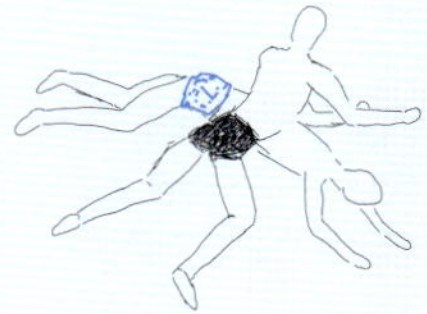
514	**Deine Farbe** Durchsetzungs-vermögen	Zwei Partner erhalten jeweils eine Wäscheklammer, die am T-Shirt am Rücken befestigt wird, ohne dass der andere die Farbe sieht. Start ist im Kniestand, Gesichter zueinander. Wer kämpft sich als Erster an den Rücken des Partners und kann die Farbe nennen?	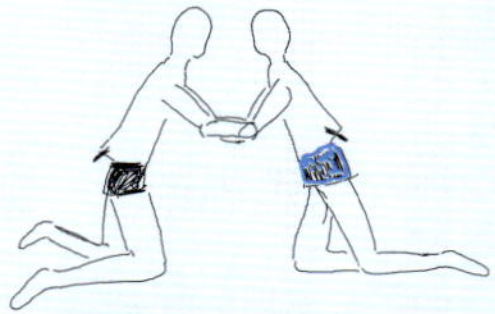
515	**Beinhakeln 3** Kraft Technik	Zwei Partner liegen auf Hüfthöhe nebeneinander auf dem Rücken. Die aneinanderliegenden Beine werden verhakt. Wer schafft es, seinen Partner zu einer Rolle rückwärts zu veranlassen?	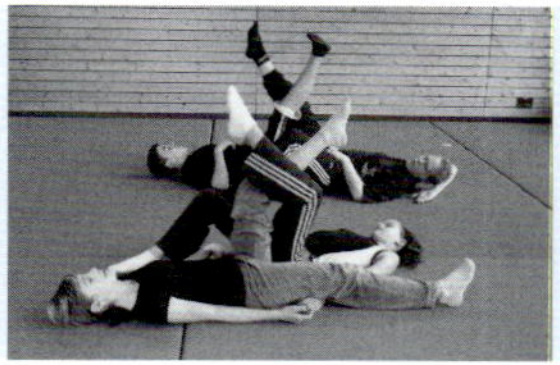
516	**Zublinzeln** Durchsetzungs-vermögen	Alle knien im doppelten Innenstirnkreis hintereinander. Einer ist alleine und blinzelt einem anderen zu. Kann dieser seinem Hintermann entkommen, darf derjenige, der jetzt alleine ist, wieder blinzeln. Die Hintermänner haben die Hände auf dem Rücken.	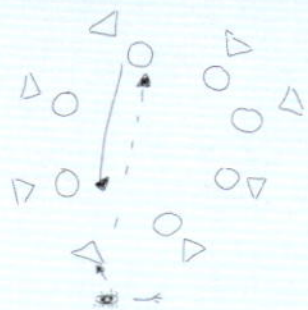

Nr.	Name der Spielform Ziele/Akzente	Idee/Beschreibung	Hinweise/Organisation
517	**Ballschiebung** Kraft Taktik	Beide Kämpfer befinden sich in Bauchlage, ein Medizinball befindet sich zwischen ihnen auf einer Linie. Wem gelingt es, den Ball über die Linie zu schieben? Variation: Schieben im Sitzen, schieben im Kniestand.	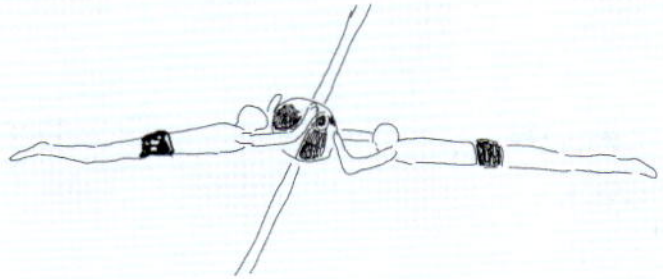
518	**Fußfangen** Reaktionsvermögen Taktik	Beide Partner sitzen Rücken an Rücken. Wem gelingt es, nach einem Signal, zuerst den Fuß des Partners zu berühren?	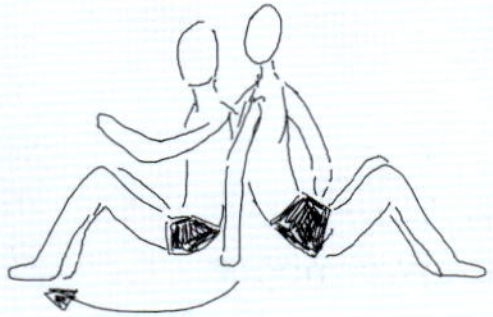
519	**Fußfessel** Reaktionsvermögen Kraft	Partner A und B sitzen sich gegenüber und halten jeweils einen Fuß des anderen fest. Wer schafft es, als erster nach einem Signal aufzustehen?	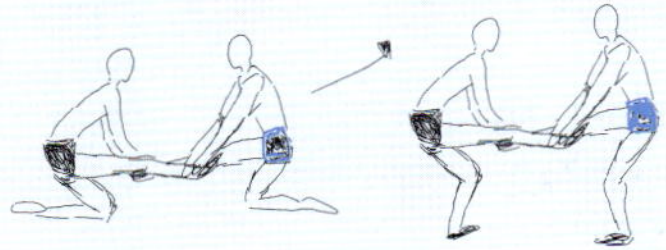
520	**Spinnenstand** Kraft Technik	Beide Partner befinden sich im Spinnengang, Rücken an Rücken. Auf ein Signal hin, müssen sie so versuchen, ihren Partner mit dem Po auf den Boden zu zwingen.	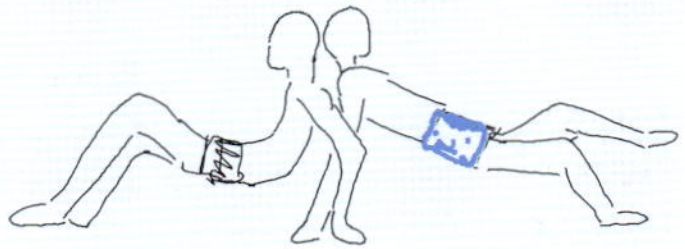
521	**Schulterschieben** Durchsetzungs- vermögen	Zwei Partner befinden sich in Bankstellung gegenüber, die inneren Schultern berühren sich dabei. Wer schafft es auf ein Signal, seinen Partner wegzuschieben?	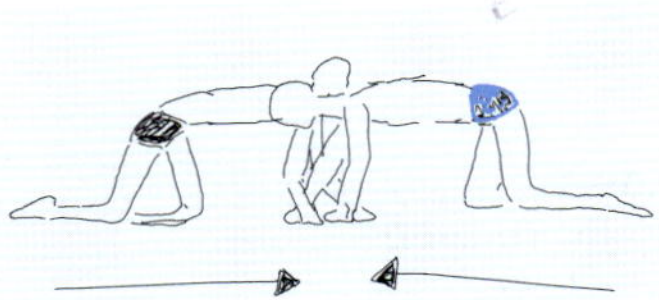

7

Nr.	Name der Spielform Ziele/Akzente	Idee/Beschreibung	Hinweise/Organisation
522	**Festgeklebt** Kraft	Partner A sitzt auf dem Boden, Partner B steht. Beide reichen sich eine Hand. Auf ein Signal muss B versuchen, A vom Boden abzuheben, während A versucht, B auf den Boden zu ziehen.	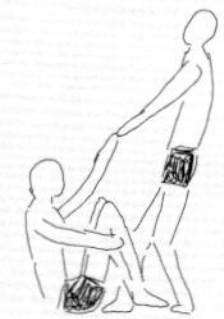
523	**Wegschieben** Kraft	Zwei Partner sitzen, mit den Armen eingehakt, Rücken an Rücken. Auf ein Signal versucht jeder den anderen wegzuschieben.	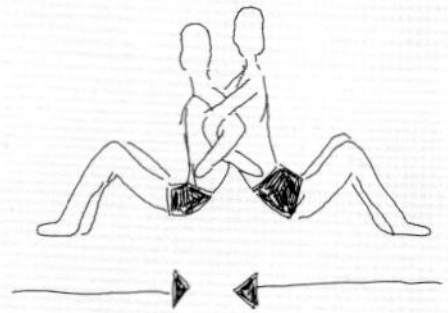
524	**Blindenkampf** Reaktionsvermögen Kraft	Beide Partner befinden sich im Kniestand und im Körperkontakt. Einer oder beide haben die Augen verbunden. Wer schafft es, den anderen auf den Rücken zu bringen?	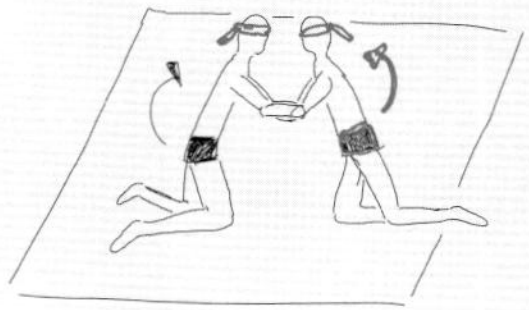
525	**Kampf um das Strumpfband** Kraft, Technik	Beide Partner befinden sich im Kniestand. Beide haben jeweils ein Tuch um den rechten Oberschenkel gebunden. Wer schafft es, auf ein Zeichen dem anderen das Strumpfband abzunehmen?	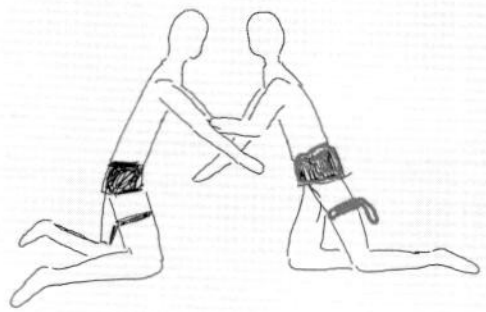
526	**Von Fesseln befreien** Kraft, Geschicklichkeit	Kämpfer A umgreift Kämpfer B am Kopf, Rumpf etc. Kämpfer B muss versuchen sich zu befreien.	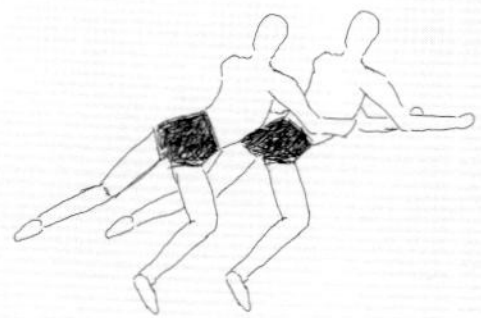

Nr.	Name der Spielform Ziele/Akzente	Idee/Beschreibung	Hinweise/Organisation
527	**Liegestützschub** Kraft	In Liegestützstellung Schulter an Schuler wird versucht, den Gegner über eine Linie zu schieben. Auch im Stand möglich!	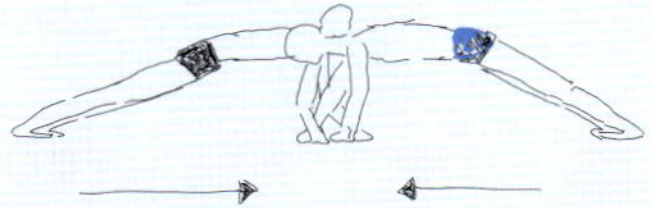
528	**Bärenringen im Kniestand** Kraft Ausdauer	Beide Partner haben jeweils einen Arm am Rumpf des Partners und den anderen am Arm des Partners. Ziel ist es beide Arme um den Rumpf des Partners zu schließen!	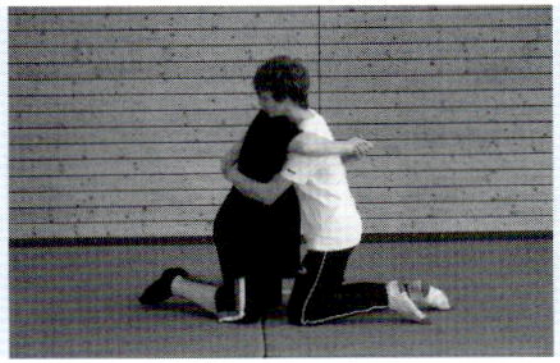
529	**Rodeo aufsitzen** Gleichgewicht	Dein Partner befindet sich in der Bank. Du versucht auf ihn aufzusitzen und er versucht dies zu verhindern.	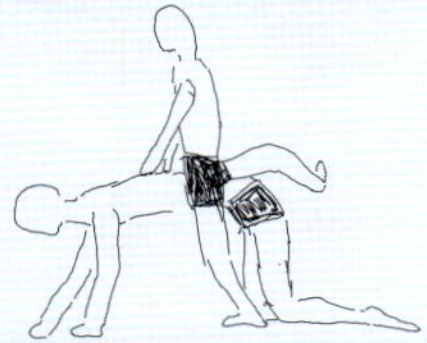
530	**Rodeo verkehrt herum** Gleichgewicht Koordination	Dein Partner befindet sich in der Bank. Du sitzt verkehrt herum auf Deinem Partner. Er versucht Dich abzuwerfen und Du umklammerst ihn mit Deinen Beinen.	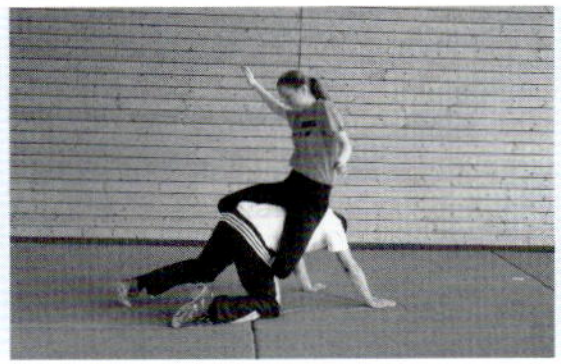

Eigene Ideen

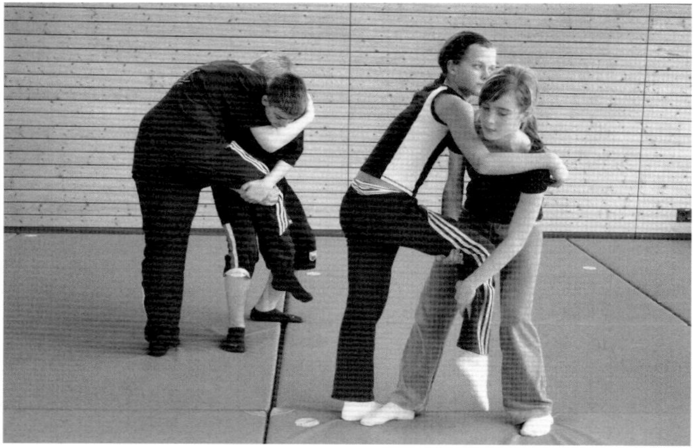

7.4 Zweikampfspiele/Raufen im Stand

Vor dem Erproben und Anwenden von Zweikampftechniken in Kapitel 8 sollten vor allem für Anfänger im Vereinstraining und für den Sportunterricht in Schulen Zweikampfspiele und das Raufen im Stand durchgeführt werden. Die Spiel- und Übungsformen benötigen in der Regel noch keine speziellen Zweikampftechniken. Vielmehr sollen der Krafteinsatz und die direkte Auseinandersetzung mit dem Partner im Vordergrund stehen.

In diesem Kapitel sind wieder Übungen mit Kämpfen um Geräte oder direktem Körperkontakt zu finden. Manchmal ist ein Fallen in den Übungen auf die Matte erwünscht, um eine Gewöhnung an das Fallen zu ermöglichen.

Wichtig ist dabei für genügend Kampf- und Sturzfläche für die Übenden zu sorgen.

Weiterführende spezielle Übungen für den Zweikampfsport im Stehen finden sich auch in Kapitel 8.

Nr.	Name der Spielform Ziele/Akzente	Idee/Beschreibung	Hinweise/Organisation
531	**Hahnenkampf** Gleichgewicht und Zweikampf im Stand	Man darf nur auf einem Bein stehen. Dabei sollte der Partner mit verschränkten Armen so angerempelt werden, dass er mit beiden Füßen den Boden berühren muss. Kopf aufrecht halten, Arme an den Körper anlegen.	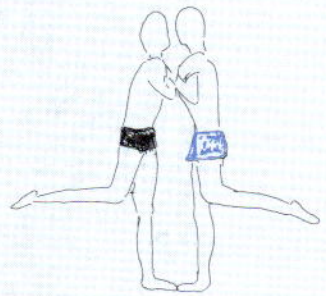
532	**Beinhakeln** Kraft	A und B haken die rechten Unterschenkel ineinander. Wer schafft es, seinen Partner so hinter eine Linie zu ziehen?	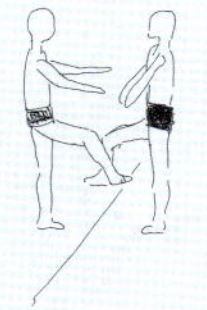
533	**Beinhakeln 2** Kraft Taktik	Wie oben, jedoch haken sich beide an den Füßen ein, Gesicht voneinander weggedreht. Wer schafft es, seinen Partner so hinter eine Linie zu ziehen.	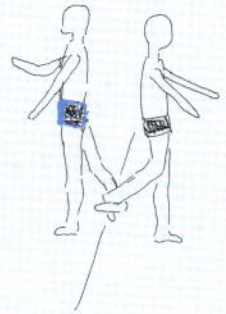
534	**Bärenringen** Kraft Taktik	Zwei Partner versuchen sich im Stand gegenseitig vom Boden abzuheben, indem sie den Partner um die Hüfte fassen und hochheben.	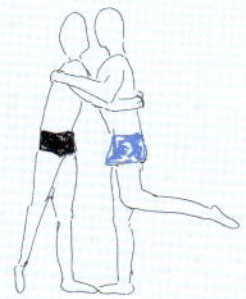
535	**Froschkampf** Kraft Taktik	Zwei Kämpfer befinden sich im Hockstand gegenüber und versuchen sich durch anrempeln und täuschen, sich gegenseitig aus dem Gleichgewicht zu bringen. Arme bleiben verschränkt am Körper angelehnt. Variation: Beide Kämpfer müssen leicht in der Hocke hüpfen.	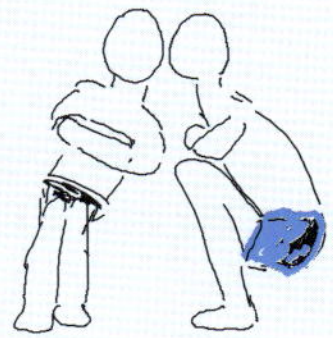

Nr.	Name der Spielform Ziele/Akzente	Idee/Beschreibung	Hinweise/Organisation
536	**Störrischer Esel** Taktik Körperspannung	Partner A steht fest auf einer Stelle. Partner B versucht, A von der Stelle wegzuschieben. Zuerst nur schieben! Variation: A befindet sich in verschiedenen Stellungen (Hock-, Knie-, Bankstellung).	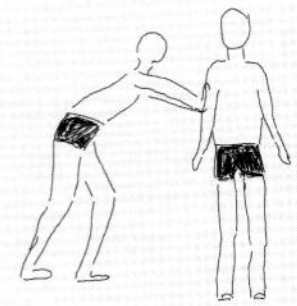
537	**Sumoringen im Stand** Kraft Taktik	Es wird versucht, den Partner aus einem begrenzten Feld zu drängen. Verlässt der Partner das Feld oder berührt er mit einem Knie den Boden, hat er verloren.	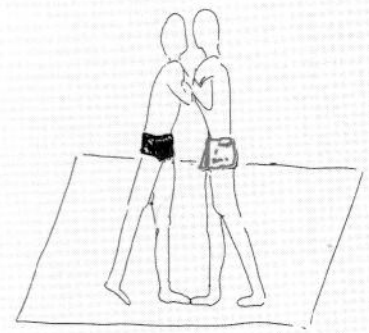
538	**Schiebezug** Kooperation	Zwei Partner stehen sich gegenüber. Mit verschiedenen Griffarten an den Händen, Oberarmen, Schultern, Umfassen der Hüfte, des Fußgelenks ... muss einer den anderen schieben und ziehen.	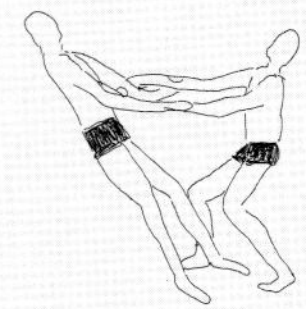
539	**Linienziehen** Kräfte messen	Zwei Kämpfer stehen jeweils mit beiden Füßen auf einer Linie. Wer schafft es, durch Ziehen und Schieben den Gegner von der Linie zu bewegen, ohne selbst die Linie zu verlassen. Beide Hände müssen die Hände des Partners greifen.	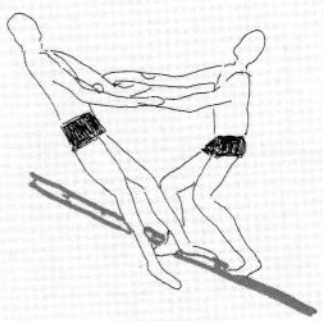
540	**Plattfuß** Durchsetzungs-vermögen	Zwei Kämpfer fassen sich an den Händen und versuchen sich gegenseitig leicht auf die Füße zu treten. Die Kontakte werden gezählt. Wer schafft die höchste Punktezahl?	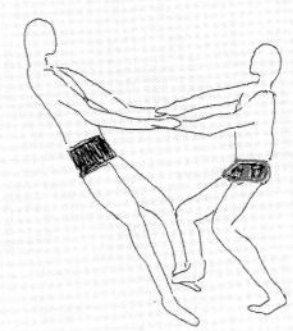

Nr.	Name der Spielform Ziele/Akzente	Idee/Beschreibung	Hinweise/Organisation
541	**Schinkenklatschen** Durchsetzungs- vermögen	Zwei Partner reichen sich die rechte oder die linke Hand. Partner A versucht die Oberschenkelrückseite (oder Po, oder Unterschenkel) von Partner B zu berühren. Dieser verteidigt. Wer schafft mehr Berührungen?	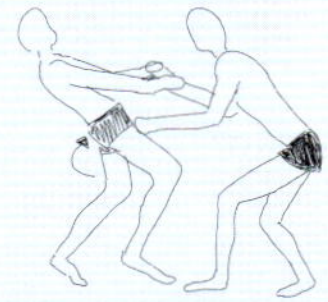
542	**Zwiegriff abheben** Kraft Taktik	Zwei Kämpfer umfassen sich im Zwiegriff (Griff, bei dem beide Partner Brust an Brust stehen, jeweils einen Arm einklammern und ihre Hände hinter dem Rücken des Partners verschließen). Jeder versucht seinen Partner vom Boden abzuheben.	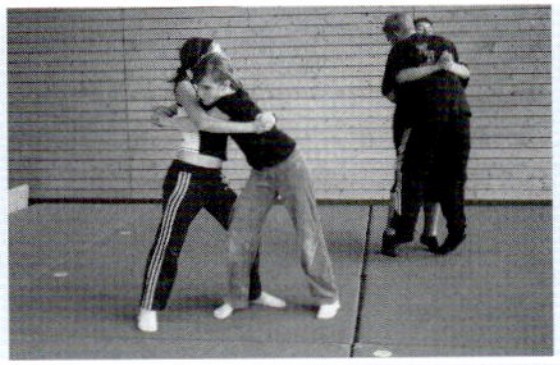
543	**Aus dem Gleichgewicht** Kraft Gleichgewicht	Partner A hält das Bein von Partner B am Oberschenkel (entweder ist das Bein schon abgehoben oder es ist noch auf dem Boden). Auf ein Signal hin muss Partner A versuchen, Partner B in die Bodenlage zu bringen.	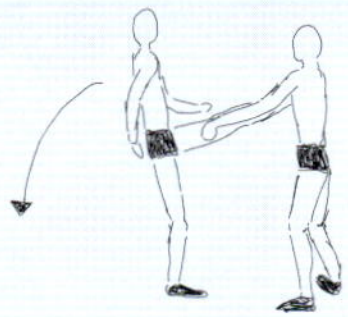
544	**Der dicke Bauch** Taktik	Partner A versteckt einen Ball unter seinem T-Shirt. Der Partner soll versuchen, diesen zu entwenden. Weglaufen ist nicht erlaubt!	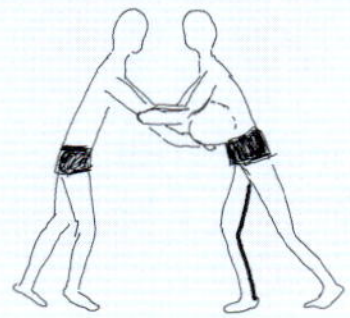
545	**Der Säureteich** Kraft Geschicklichkeit	Ein Reifen („Säureteich") liegt zwischen zwei Kämpfern. Sie fassen sich an beiden Armen mit dem Unterarmgriff. Auf ein Zeichen hin versuchen sie sich gegenseitig in den Säureteich zu ziehen. Wem gelingt es? Variation: Jeder hat einen Fuß im Säureteich – wer kann den anderen verdrängen?	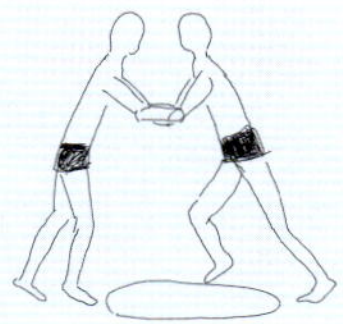

7

Nr.	Name der Spielform Ziele/Akzente	Idee/Beschreibung	Hinweise/Organisation
546	**Komm herein!** Durchsetzungs-vermögen	Zwei Schüler besitzen jeweils eine eigene, in der Halle verstreut liegende Behausung (Matte). Auf ein Zeichen versuchen sie ihren Partner in das eigene Haus zu ziehen.	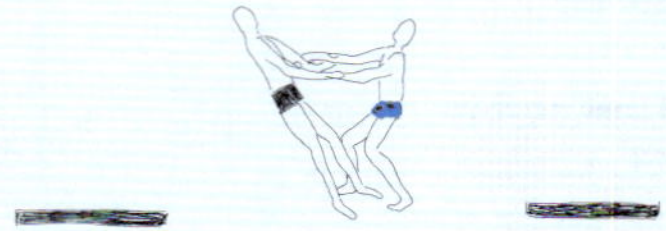
547	**Ich umarme Dich!** Technik Kraft	Zwei Kämpfer stehen sich gegenüber. Auf ein Zeichen versuchen beide, den Partner so zu umarmen, dass seine beiden Arme eingeklemmt sind. Wer kann so seinen Partner als Erstes umarmen?	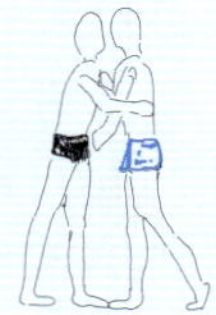
548	**Farbenkampf** Durchsetzungs-vermögen	Zwei Partner erhalten jeweils eine Wäscheklammer, die am T-Shirt am Rücken befestigt wird, ohne dass der andere die Farbe sieht. Start ist im Stand, Gesichter zueinander. Wer kämpft sich als Erster an den Rücken des Partners und kann die Farbe nennen?	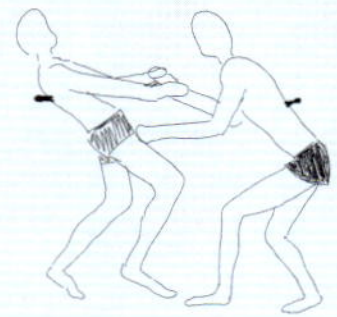
549	**Zusammengekettet** Gleichgewicht Taktik	Zwei Partner stehen sich gegenüber und sind mit Seilen an den Beinen zusammengebunden (rechte Beine zusammen oder linke Beine zusammen). Auf ein Signal müssen sie versuchen sich gegenseitig aus dem Gleichgewicht zu bringen.	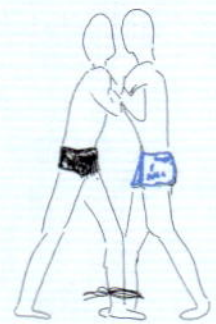
550	**Umkämpfter Ball** Koordination Taktik	Zwei Spieler haben einen Ball zwischen den Beinen eingeklemmt und stehen sich gegenüber. Wem gelingt es, den Ball des Partners herauszuschlagen, ohne selbst den Ball zu verlieren?	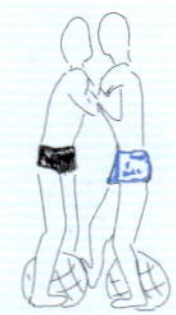

Nr.	Name der Spielform Ziele/Akzente	Idee/Beschreibung	Hinweise/Organisation
551	**Liniengang** Gleichgewicht Taktik	Zwei Partner stehen so auf einer Linie, dass beide Füße die Linie berühren. Wer kann den anderen aus dem Gleichgewicht bringen, dass er einen Fuß von der Linie abheben muss?	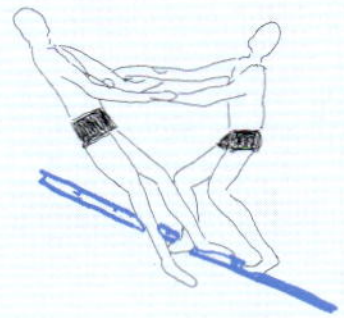
552	**Ballschieben** Kraft, Durch- setzungsvermögen	Zwei Partner stehen sich gegenüber, zwischen ihnen liegt ein Medizinball. Wem gelingt es, mit dem rechten (linken) Bein den Ball zum Partner über eine Linie zu schieben. Es darf nicht gekickt werden! Der Kontakt zum Ball muss immer vorhanden sein!	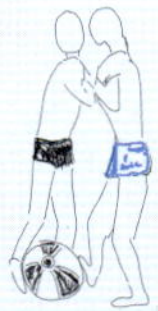
553	**Abgehobenes Bein** Kraft Technik Ausdauer	Partner A hält das Bein von B abgehoben. Auf ein Signal hin muss B versuchen sein Bein wieder auf den Boden zu bringen. A versucht dabei B umzuwerfen.	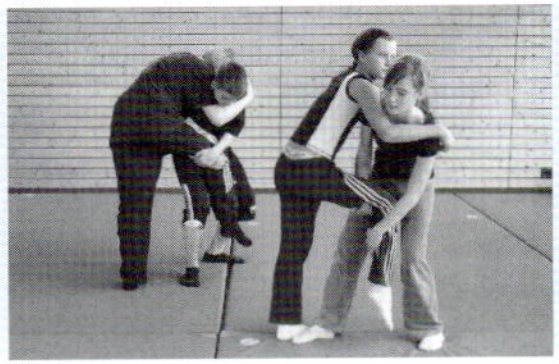
554	**Schuhplattler** Schnelligkeit	Zwei Partner versuchen sich gegenseitig an den Füßen zu berühren. Achtung: Es darf nicht mit dem Kopf gestoßen werden!	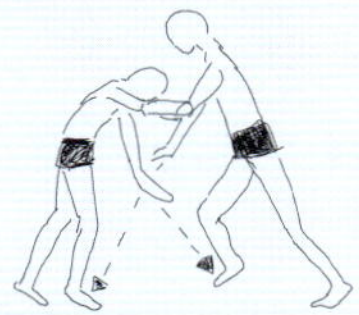
555	**Um die Füße rum** Reaktion	Dein Partner liegt auf dem Rücken und Du stehst bei seinen Beinen. Du musst nun bei einem Signal neben ihn kommen und ihn mit einer Haltetechnik fixieren.	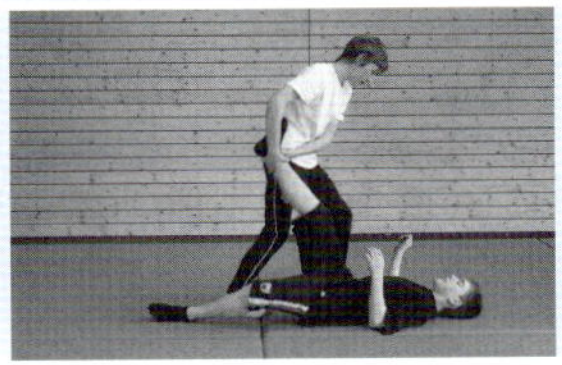

Nr.	**Name der Spielform** Ziele/Akzente	Idee/Beschreibung	Hinweise/Organisation
556	**Kampf ums Band** Taktik Schnelligkeit Reaktion	Zwei Partner stehen sich gegenüber. Zwischen ihnen liegt ein Band. Das Band muss hinter die eigene Linie transportiert werden. Sobald jemand das Band erfasst, darf er vom anderen am Weglaufen gehindert werden. Schafft er es hinter die eigene Linie, erhält er einen Punkt. Ansonsten bekommt der andere den Punkt.	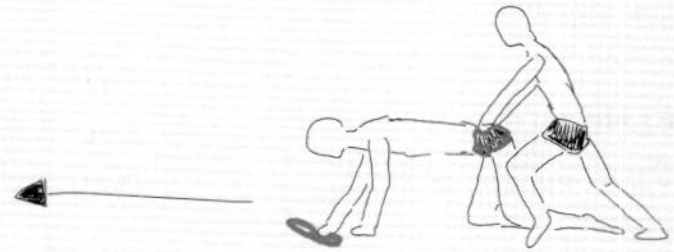
557	**Boden wischen** Gleichgewicht Technik	Beide Partner stehen jeweils mit einem Fuß auf einer Teppichfliese. Auf ein Signal müssen sie gegenseitig versuchen, sich aus dem Gleichgewicht zu bringen, sodass der Fuß von der Fliese abgehoben wird.	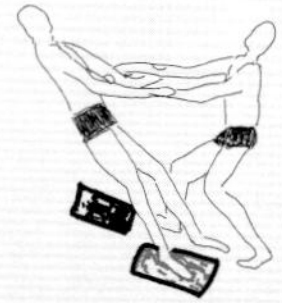
558	**Prallsack** Kraft Durchsetzungs-vermögen	Beide Partner halten einen Medizinball vor sich und müssen versuchen, sich gegenseitig aus einem Kreis zu drängen. Dabei dürfen sich nur die Medizinbälle berühren.	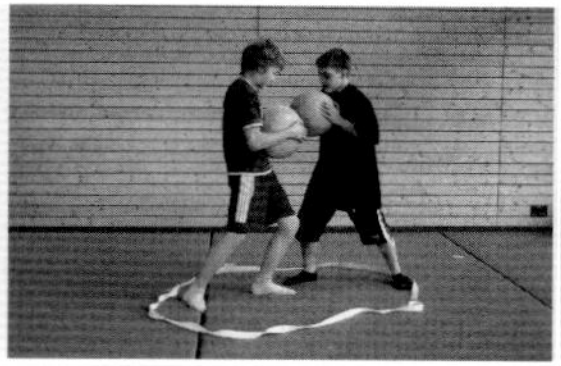
559	**Diebstahl** Taktik Kraft	Beide Partner stehen. Partner A hat einen Medizinball in der Hand und muss versuchen zu verhindern, dass ihn Partner B bekommt.	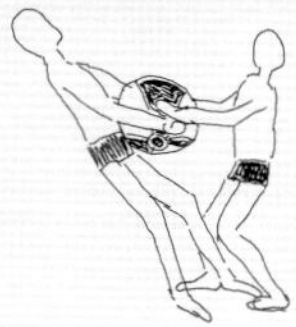
560	**Rückenkampf** Kraft	Partner A und B stehen Rücken an Rücken. Die Arme sind eingehakt. Wer schafft es, seinen Partner rückwärts hinter eine Linie zu schieben.	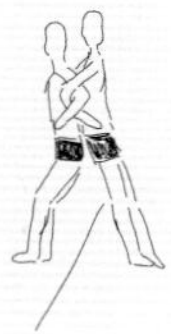

Nr.	Name der Spielform Ziele/Akzente	Idee/Beschreibung	Hinweise/Organisation
561	**Bleib weg!** Durchsetzungsvermögen	Zwei Schüler besitzen jeweils eine eigene, in der Halle verstreut liegende Behausung (Matte). Auf ein Zeichen versuchen sie jeweils gegenseitig in das Haus ihres Partners zu gelangen.	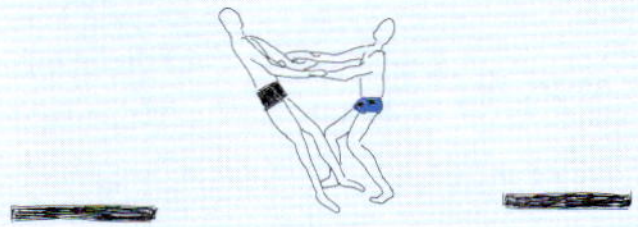
562	**Gürtelklau** Zweikampf	Beide Partner versuchen sich gegenseitig den umgebundenen Budogürtel auszuziehen. Wer wird es schaffen?	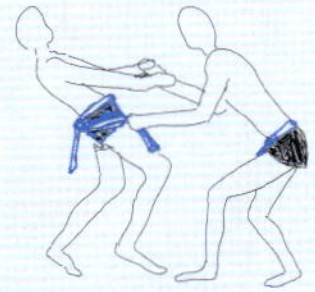
Eigene Ideen			
Eigene Ideen			
Eigene Ideen			

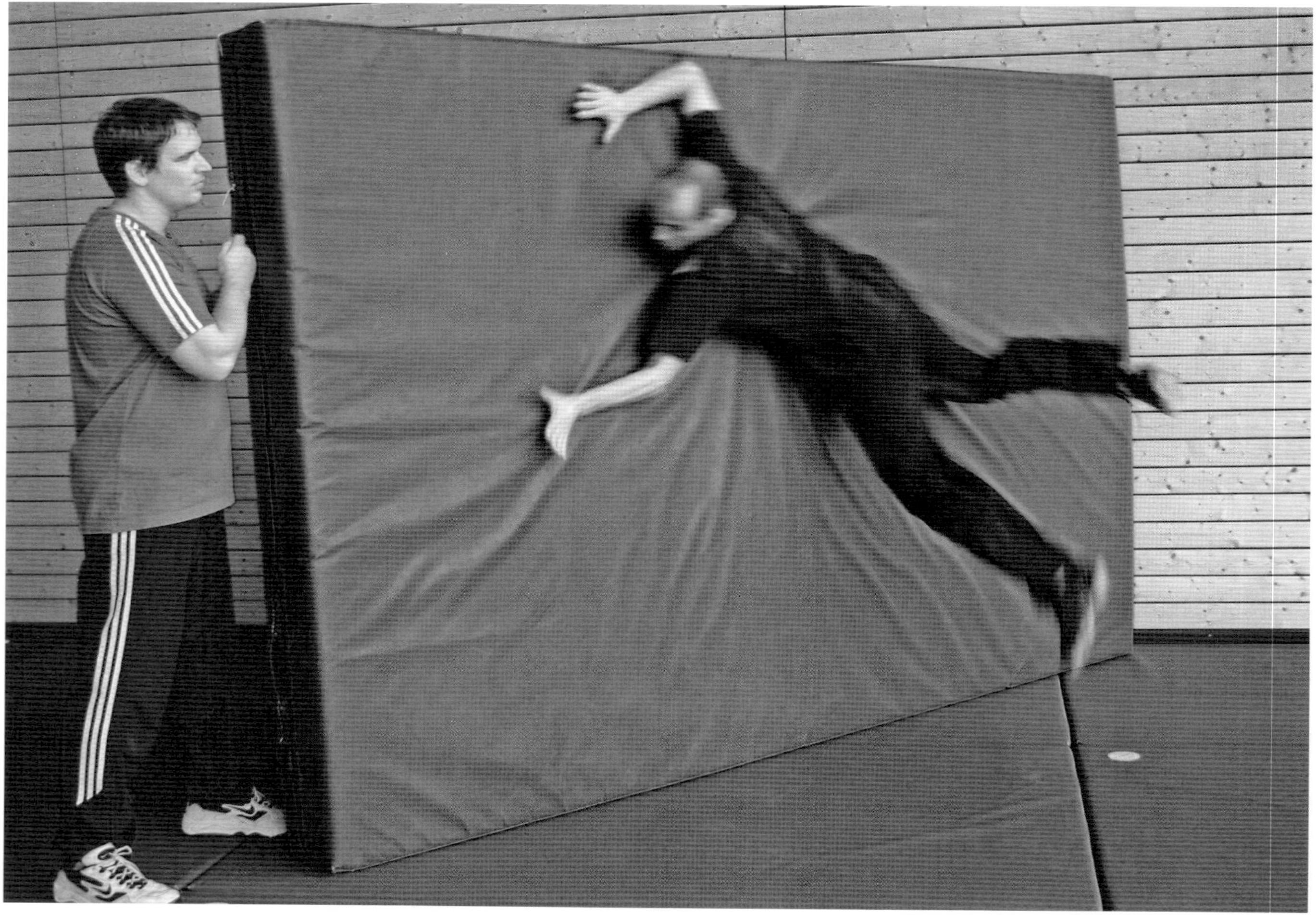

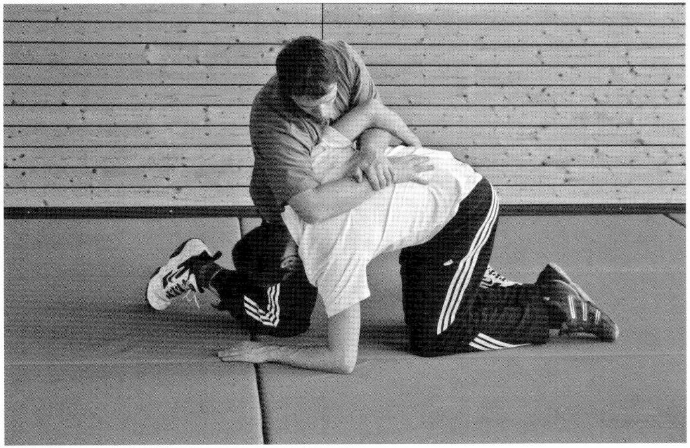

8 Erproben und Anwenden von Zweikampftechniken

8.1 Falltechniken 153

8.2 Abwehrtechniken 160

8.3 Wurftechniken 188

8.4 Bodentechniken 252

8.5 Atemitechniken 284

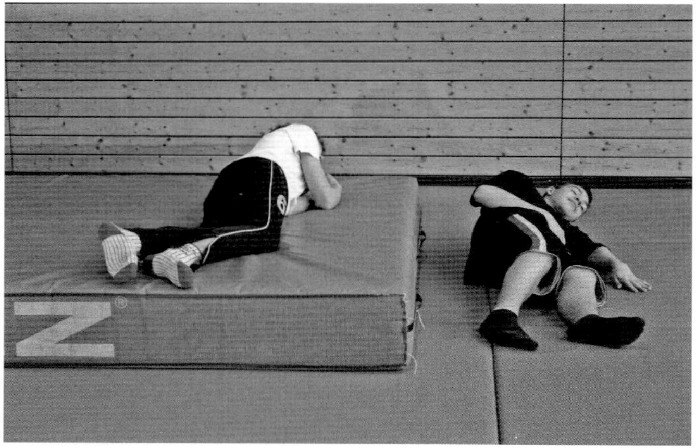

In Kapitel 8 werden Techniken aus den verschiedensten Kampfsportarten vorgestellt und erläutert. In erster Linie sollen jedoch Spiel- und Übungsformen zu den Techniken vorgestellt werden.

An erster Stelle sind Übungen zum sicheren Fallen, allerdings keine klassischen Falltechniken zu finden, anschließend folgen Abwehrtechniken gegen Angriff mit und ohne Kontakt (Schläge und Tritte). Die Wurftechniken werden in Kapitel 8.3 behandelt und mit vielen Übungsformen dargestellt. Bei den Bodentechniken stehen vor allem Haltetechniken im Blickpunkt. Zusätzlich werden noch die bedeutend Hebeltechniken erläutert. Im letzten Kapitel werden noch Atemitechniken behandelt. Diese sind aus verschiedenen Gründen sehr wichtig: Um sich gegen Angriffe verteidigen zu können, muss man wissen, wie diese korrekt ausgeführt werden. In vielen Zweikampfsportarten sind Atemitechniken Hauptbestandteil des Trainings und müssen deshalb ständig geübt und trainiert werden. Die Technikauswahl wurde eingeschränkt und nur die wesentlichen Techniken werden vorgestellt.

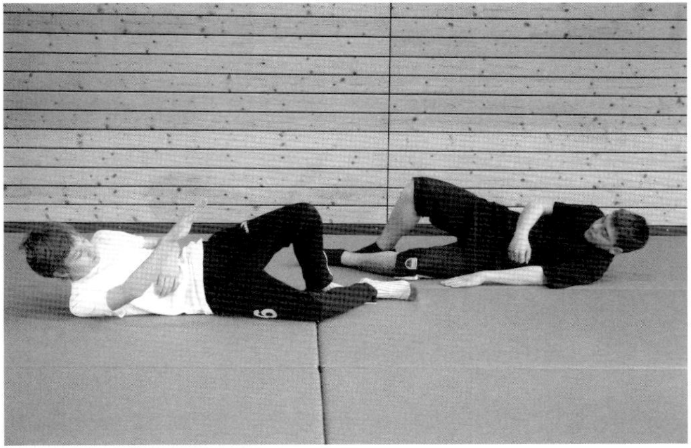

8.1 Falltechniken

Übungen zum sicheren Fallen

Die ersten Spiel- und Übungsformen beschäftigen sich mit dem sicheren Fallen. Hierbei sollen keine Techniken vermittelt, sondern Übungsformen vorgestellt werden, um alle folgenden Übungen verletzungsfrei durchführen zu können.

Wichtig ist, dass man den Teilnehmern von Beginn an deutlich macht, dass man zum Spaß miteinander kämpft, man sich nicht abstützen darf und kein falscher Ehrgeiz entstehen soll.

Es werden bewusst keine klassischen Falltechniken vermittelt. Diese sind in der einschlägigen Literatur zu finden. Außerdem benötigt man ausreichend Trainingszeit, um Falltechniken zu automatisieren. Alle Trainer im Verein wissen um den Stellenwert der Falltechniken und die Lehrer in der Schule werden sich in erster Linie mit dem Komplex Ringen und Raufen beschäftigen und auseinandersetzen.

8

Nr.	Name der Spielform Ziele/Akzente	Idee/Beschreibung	Hinweise/Organisation
563	**Scheibenwischer** Vorübung Falltechnik seitwärts	Man liegt auf dem Rücken und streckt alle viere von sich, wobei die Knie angewinkelt sind. Nun dreht man sich wie ein Scheibenwischer von einer zur anderen Seite und liegt immer in der richtigen Bodenposition wie bei einer Falltechnik seitwärts.	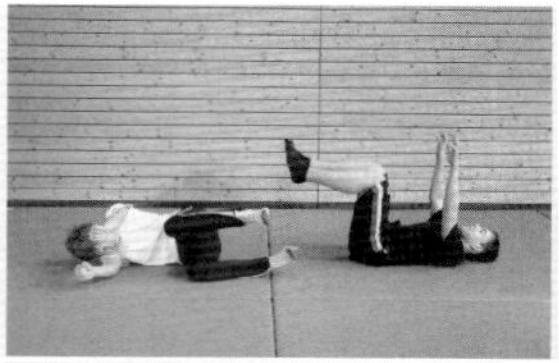
564	**Mattenklopfer** Vorübung Falltechnik seitwärts	Lege Dich auf eine Körperseite und strecke den unteren Arm am Boden aus. Klopfe nun mit der Handfläche des Armes auf die Matte, um sie vom Staub zu befreien!	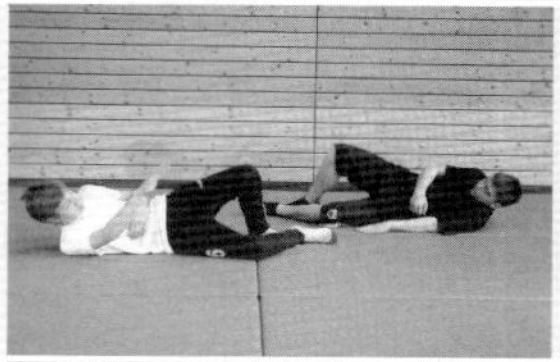
565	**Druckerwalze** Vorübung Falltechnik seitwärts	Mit gestreckten Armen rollst Du über eine Weichbodenmatte und landest schließlich nach einem „Ministurz“ auf der normalen Matte.	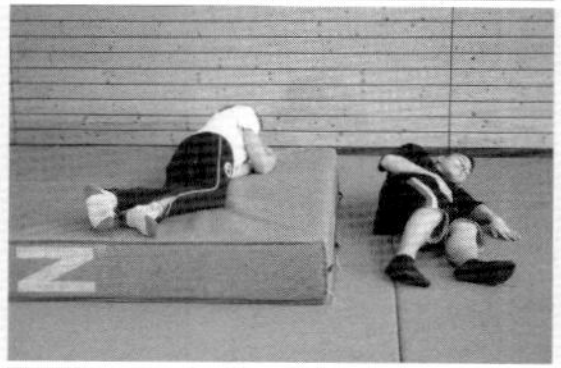
566	**Der Luftballon** Vorübung Falltechnik	Du läufst als Luftballon auf der Matte durcheinander. Wenn Dich der Fänger anpickt, fällst Du so auf den Boden, dass Du Dir nicht weh tust.	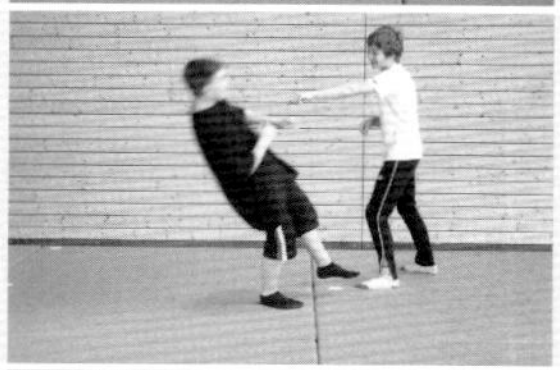
567	**Flugzeugspiel** Vorübung Falltechniken	Du rennst als Flugzeug, mit ausgestreckten Armen über die Matte. Auf Kommando landest Du auf dem Boden in der Position, die der Spielleiter vorgibt.	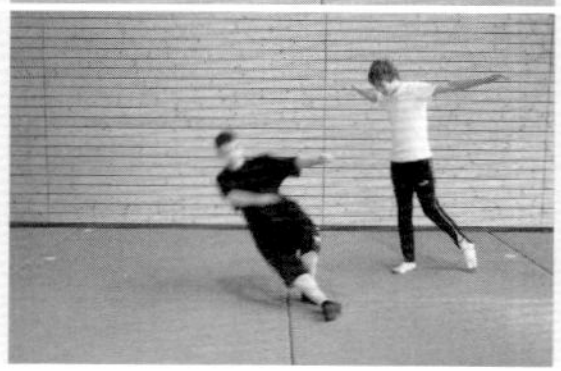

Nr.	Name der Spielform Ziele/Akzente	Idee/Beschreibung	Hinweise/Organisation
568	**Rückenschaukel** Grobform Falltechnik rückwärts	Du setzt Dich in die tiefe Hocke und überkreuzt die Arme vor Deinem Oberkörper. Nun rollst Du gemütlich über den Rücken ab.	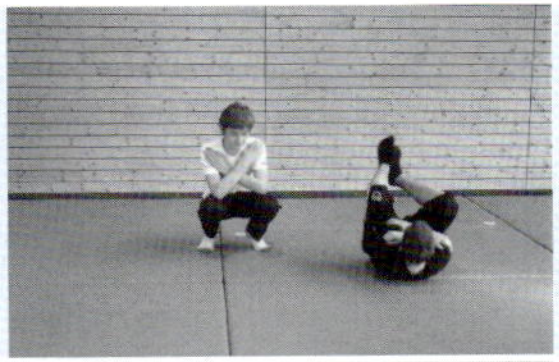
569	**Rückenschaukel mit Abschlagen** Grobform Falltechnik rückwärts	Du setzt Dich in die tiefe Hocke und überkreuzt die Arme vor Deinem Oberkörper. Nun rollst Du gemütlich über den Rücken ab und schlägst nach der Landung mit beiden Armen eng am Körper auf die Matte.	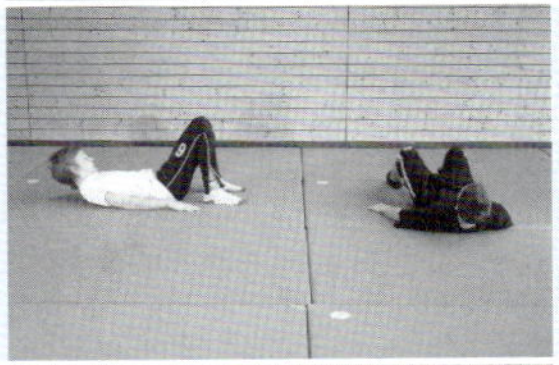
570	**Schlafspiel** Vertrauens- und Vorübung Falltechnik seitwärts	Zwei Kinder laufen miteinander über die Matte. Plötzlich wird ein Kind müde. Der wache Partner legt den anderen behutsam auf den Boden und positioniert den anderen in seitlicher Fallposition.	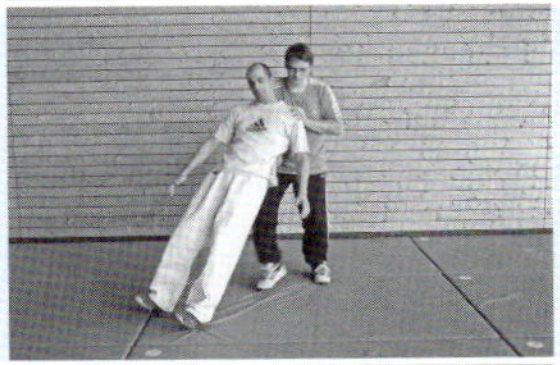
571	**Der Wackelrücken** Vorübung zur Falltechnik seitwärts	Du sitzt auf dem Rücken des Partners. Dieser kippt entweder nach rechts oder links. Du landest in der seitlichen Fallposition.	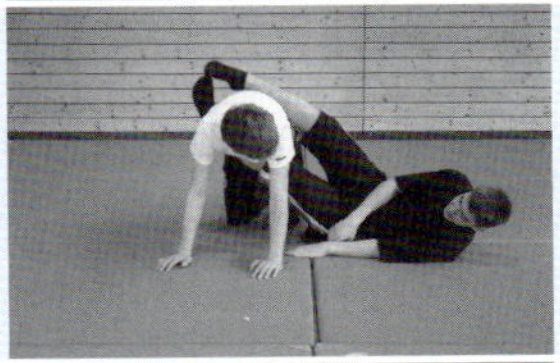
572	**Reiter vom Pferd (vorwärts)** Vorübung zu Falltechniken	Du sitzt wie ein Cowboy auf Deinem Partner. Dieser versucht Dich abzuwerfen, ohne dass er die Arme vom Boden löst!	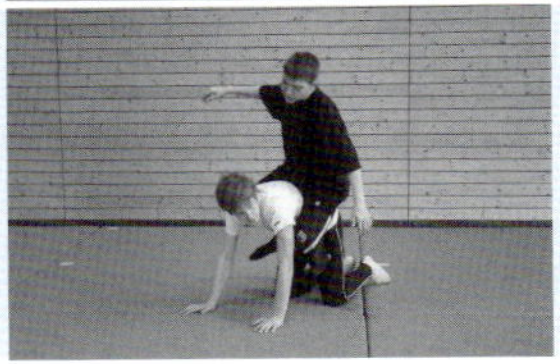

8

Nr.	Name der Spielform Ziele/Akzente	Idee/Beschreibung	Hinweise/Organisation
573	**Wallrunner** Grobform Sturz vorwärts	Du bist der Wallrunner! Renne in die Weichbodenmatte bis sie umfällt! Drehe Deinen Kopf zur Seite, damit Du Dir nicht weh tust. Du kannst vorwärts, rückwärts oder auch seitwärts gegen die Matte rennen. Variante: Renne mit geschlossenen Augen gegen die Weichbodenmatte.	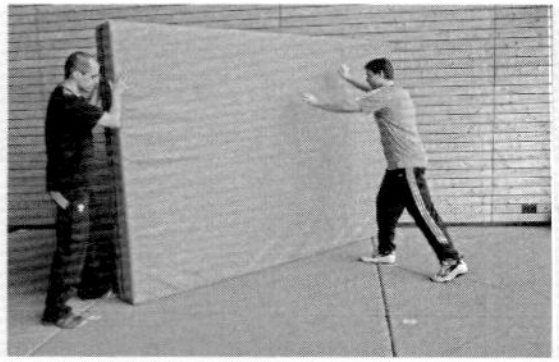
574	**Stuntman** Grobform Falltechniken	Jetzt springst Du gegen die Weichbodenmatte und führst verschiedene Stunts aus. Springe auch mit einem Partner.	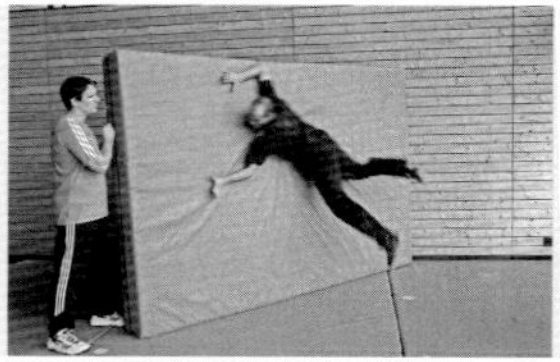
575	**Hans guck in die Luft 1** Grobform Sturz vorwärts	Renne auf die flache Matte zu, bis Du stolperst. Drehe Deinen Kopf zur Seite oder Rolle über die Matte hinweg. Jetzt mit geschlossenen Augen.	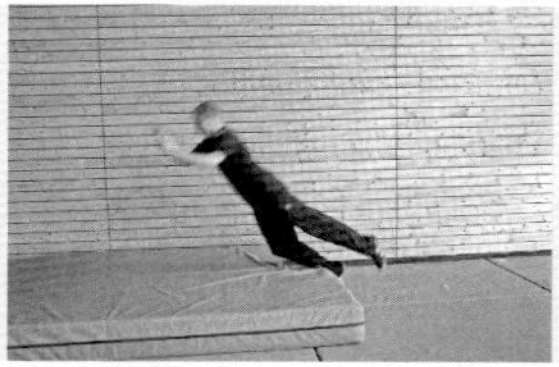
576	**Hans guck in die Luft 2** Grobform Sturz rückwärts	Nun rennst Du rückwärts auf die Matte zu. Renne auf einer Linie rückwärts. Sobald Du stolperst drückst Du Dein Kinn an die Brust und fällst bequem auf Deinen Rücken.	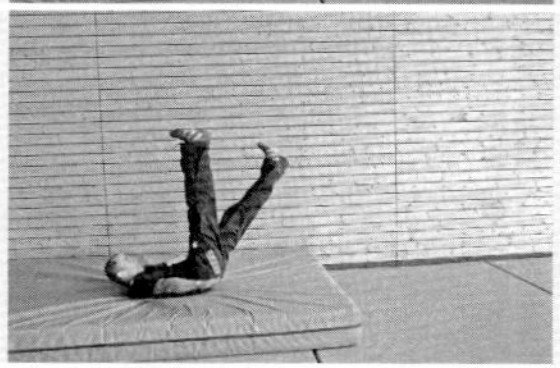
577	**Roll on** Grobform Rolle vorwärts	Du liegst auf dem Pezziball. Lege beide Hände auf eine Seite des Balls und Rolle über Deinen Rücken zurück in den Stand. Strenge Dich an, damit Du wieder stehen kannst!	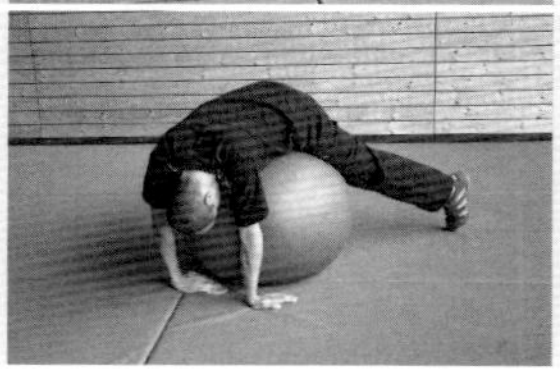

Nr.	Name der Spielform Ziele/Akzente	Idee/Beschreibung	Hinweise/Organisation
578	**Reiter vom Pferd (rückwärts)** Vorübung zu Falltechniken	Jetzt sitzt Du verkehrt herum im Reitsitz auf dem Partner. Er versucht Dich durch geschickte Bewegungen im Rumpfbereich abzuwerfen.	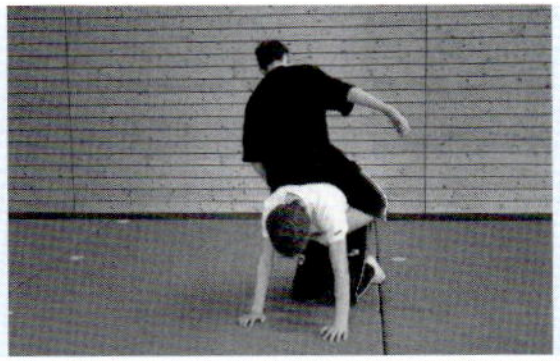
579	**Erdbeben** Vorübung zur Falltechnik rückwärts	Alle sitzen in Hockposition in einem Kreis um den Leiter und strecken ihre Arme nach vorne. Der Trainer schubst nun alle Teilnehmer in beliebiger Reihenfolge um. Nach dem erfolgreichen Sturz gehen die Teilnehmer wieder zurück in die Ausgangsposition.	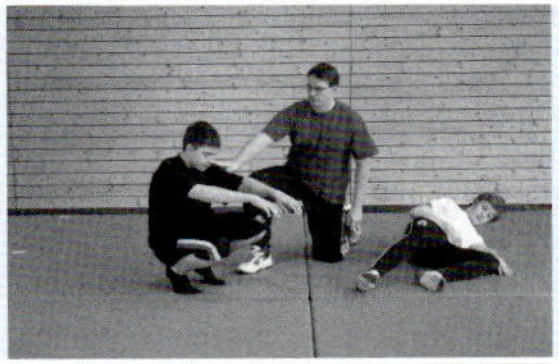
580	**Flip der Grashüpfer** Fallen rückwärts	Wie Grashüpfer bewegen sich die Kinder in der Hockposition aufeinander zu. Sobald sich zwei treffen, berühren sie sich an den Handflächen und drücken sich gegenseitig in die Fallposition rückwärts.	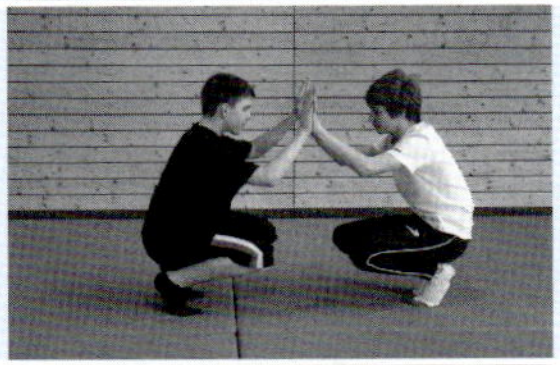
581	**Hahnenkampf** Falltechnik rückwärts	Alle Teilnehmer befinden sich mit ihrem Partner in der Hockposition und berühren sich an den Handflächen. Beide versuchen nun gleichzeitig, sich auf den Rücken zu werfen. Gewonnen hat, wer in der Hockposition bleibt.	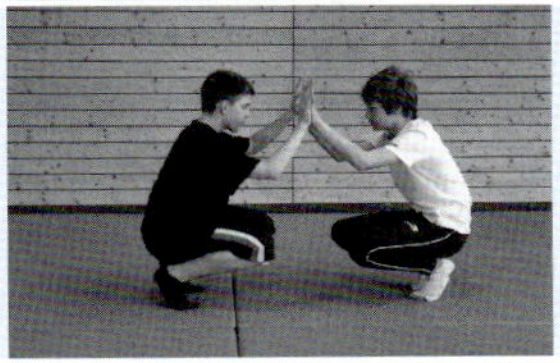
582	**Lastwagen** Vorübung zur Rolle vorwärts	Ein Partner befindet sich in der Bankposition. Der andere liegt quer über dem Partner. Der Untere transportiert den Oberen über die Matte.	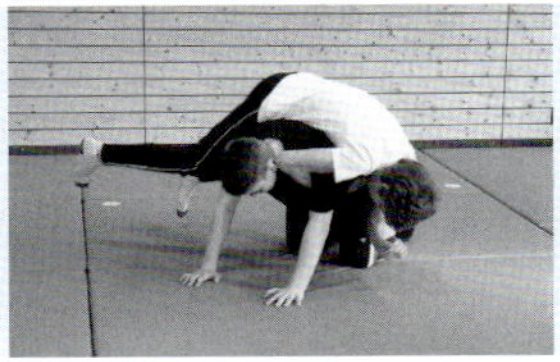

8

Nr.	Name der Spielform Ziele/Akzente	Idee/Beschreibung	Hinweise/Organisation
583	**Der Lastwagen kippt ab** Vorübung zur Rolle vorwärts	Ein Partner befindet sich in der Bankposition. Der andere liegt quer über dem Partner. Der Untere transportiert den Oberen über die Matte. Sobald genügend Platz ist, wird der Obere seitlich abgekippt. Der Untere umgreift den Kopf des Oberen und unterstützt dessen Fallbewegung.	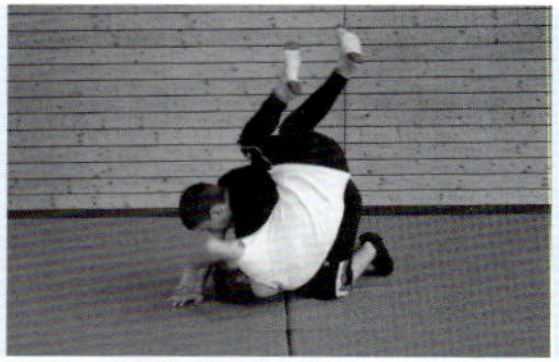
584	**Schlafmützen fangen** Falltechnik seitwärts	Ein oder zwei Fänger sind im Einsatz. Sobald ein Spieler abgeschlagen ist, kann er durch einen Mitspieler befreit werden, wenn dieser ihn mit der Falltechnik seitwärts sanft zu Boden führt.	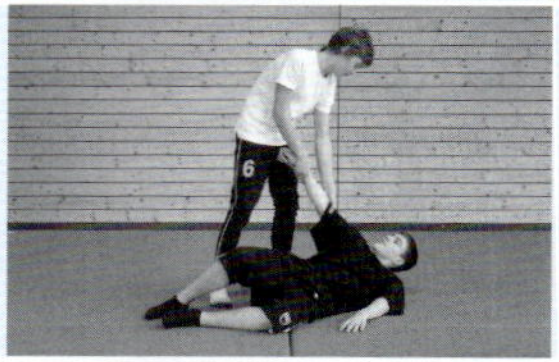
585	**Pferde fangen** Rolle vorwärts	Alle Spieler bewegen sich auf allen vieren durch die Halle. Wird ein Pferd gefangen, begibt es sich in die Bankposition. Die Befreiung erfolgt durch einen Partner, der sich über das Pferd legt und unten durchrollt.	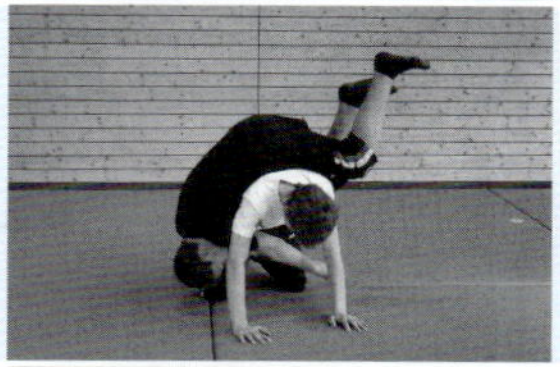
586	**Hockesitzer** Falltechnik rückwärts	Ein Fänger versucht die Mitspieler abzuschlagen. Ist ihm dies gelungen, muss der Abgeschlagene in die Hockposition sitzen. Sobald ihn jemand nach hinten in die Falltechnik rückwärts schubst, ist der Gefangene wieder frei.	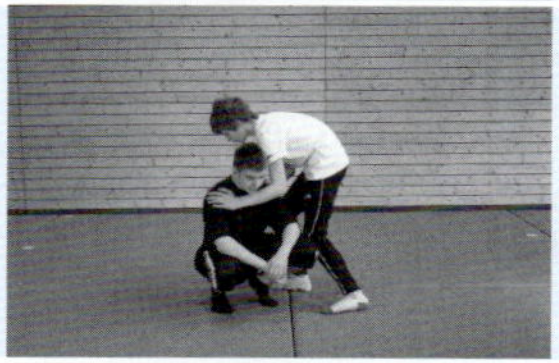
587	**Beingreifer** Falltechnik rückwärts	Zwei Partner stehen sich gegenüber. Einer steht breitbeinig da, während der andere mit einem Bein zwischen die Beine des anderen steht. Nun zieht dieser beide Beine nach außen und führt den Fallenden langsam zu Boden. Der Fallende rutscht mit beiden Händen am Rücken des Partners entlang und verlangsamt so den Sturz.	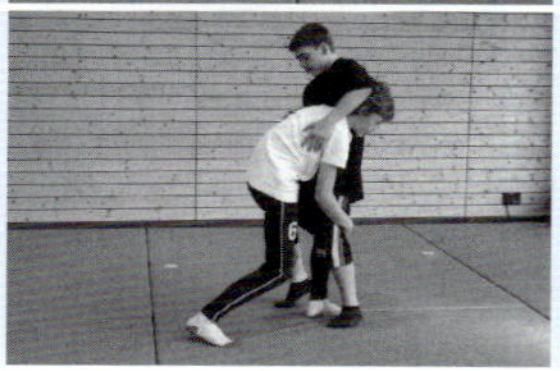

Nr.	Name der Spielform Ziele/Akzente	Idee/Beschreibung	Hinweise/Organisation
588	**David und Goliath** Falltechnik seitwärts	Ein Partner kniet vor dem anderen. Der Stehende fasst den Knienden mit einer Hand an der Schulter, mit der anderen am Unterarm. Nun dreht sich der Stehende mit dem Rücken zum Knienden und führt diesen durch Zug und Druck mit den Armen in die seitliche Fallposition.	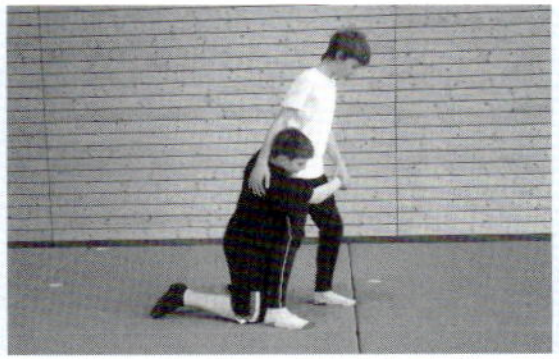
589	**Weich wie eine Feder** Übung für alle Falltechniken	Du bewegst Dich über die Matte. Einer schubst Dich leicht von allen Richtungen an und Du fällst weich und leise wie eine Feder mit der passenden Falltechnik zu Boden.	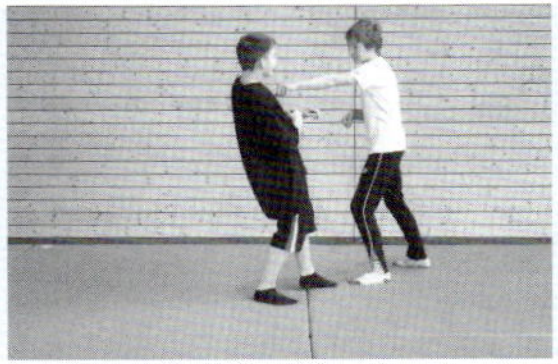
590	**Knieblockierer** Falltechnik seitwärts	Ein Partner kniet vor Dir. Der Stehende fasst den Knienden mit einer Hand an der Schulter, mit der anderen am Unterarm. Nun blockiert der Stehende entweder mit dem rechten oder linken Fuß ein Knie des Partners und bringt ihn durch Zug und Druck in die seitliche Fallposition.	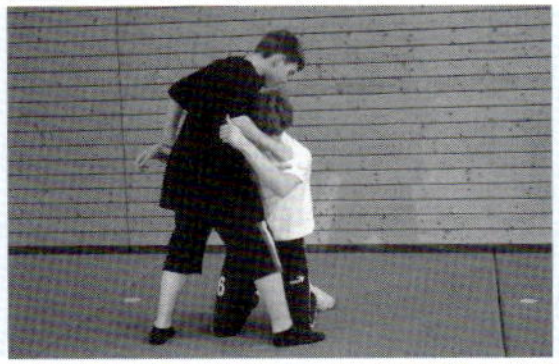
591	**Clownsgesicht 1** Rolle vorwärts	Man mache ein Clownsgesicht auf die Matte (z.B. mit Kreide oder Tape). Du stellst Dich auf die Augen, die Stützhand kommt auf die Nase, die Rollhand daneben. Nun machst Du eine Rolle.	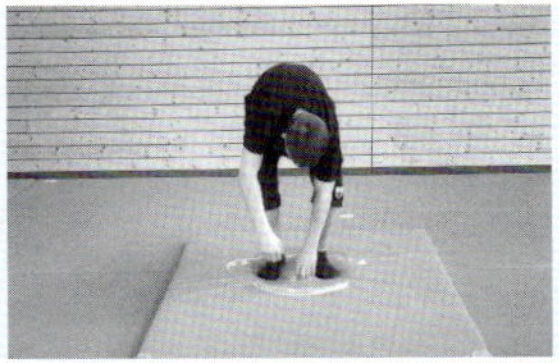
592	**Clownsgesicht 2** Schulterwurfeingang mit Rolle vorwärts	Dieses Mal stellst Du Dich auf den Mund. 1. Schritt auf das Auge. 2. Schritt auf das 2. Auge (dabei die Eindrehbewegung). Anschließend eine direkte Rolle.	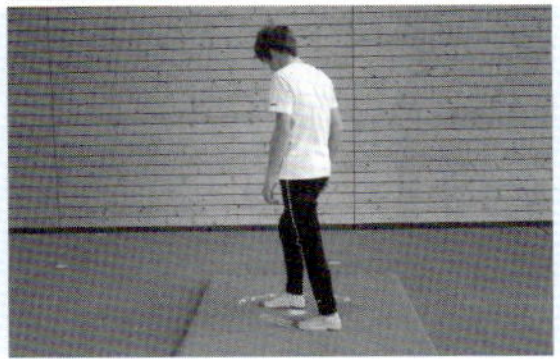

8

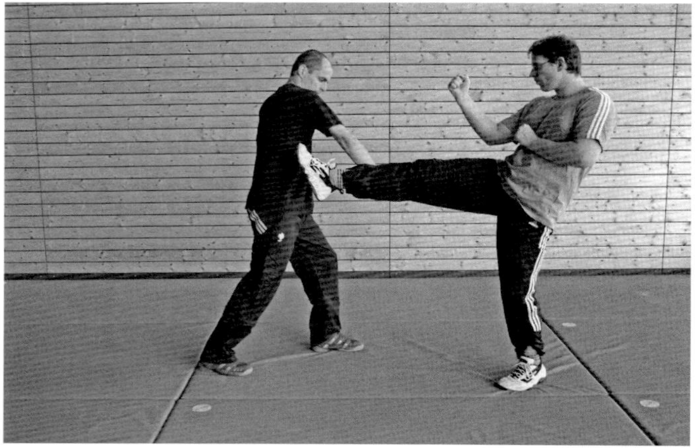

8.2 Abwehrtechniken

Dieses Kapitel beginnt mit Übungsformen, die Reflexe nutzen und so zu verschiedenen Abwehrtechniken hinführen. Anschließend werden die Abwehrtechniken durch Bildreihen und viele vorbereitende bzw. ergänzende Übungen behandelt.

Abwehrtechniken setzen sich aus Blocktechniken, Lösetechniken und dem Sprengen von Umklammerungsangriffen zusammen. Abschließend werden zu jeder Technik noch Möglichkeiten für die Selbstverteidigung gezeigt. Viel Spaß beim Üben.

Nr.	Name der Spielform Ziele/Akzente	Idee/Beschreibung	Hinweise/Organisation
593	**Zeitungsklatschen** Schutz des Kopfes	Ein Spieler hat eine aufgerollte Zeitung in der Hand. Nun versucht dieser den anderen mit der Zeitung an der Wange zu berühren. Der Verteidiger schützt sich, indem er mit dem angewinkelten Unter- und Oberarm seinen Kopf schützt.	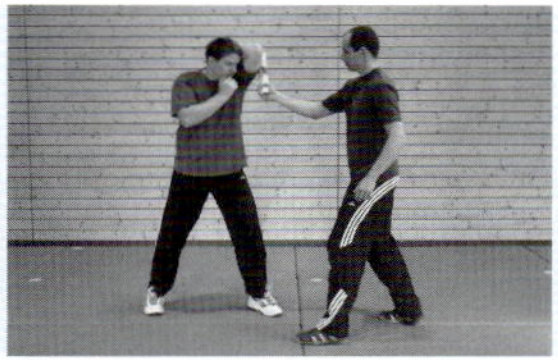
594	**Luftballon klatschen** Schutz des Kopfes	Ein Spieler hat einen Luftballon in der Hand. Nun versucht dieser den anderen mit dem Luftballon am Kopf zu treffen. Der Verteidiger schützt sich, indem er mit dem angewinkelten Unter- und Oberarm seinen Kopf schützt.	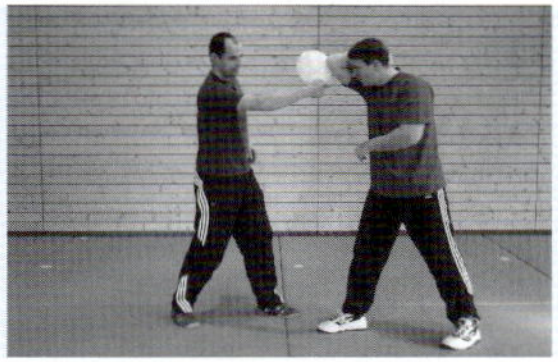
595	**Backpfeifenspiel** Schutz des Kopfes	Ein Spieler versucht den anderen mit einer Backpfeife an der Wange zu treffen. Der Verteidiger schützt sich, indem er mit dem angewinkelten Unter- und Oberarm seinen Kopf schützt.	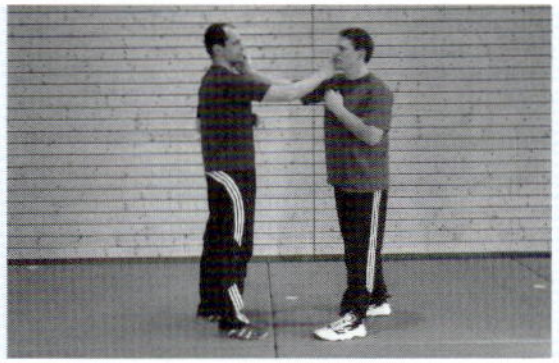
596	**Unterarmblock nach außen** Koordinationsübung	Beide Partner machen mit rechts einen Unterarmblock nach außen und berühren sich unterhalb des Handgelenks. Dies wird nun rhythmisch rechts und links geübt.	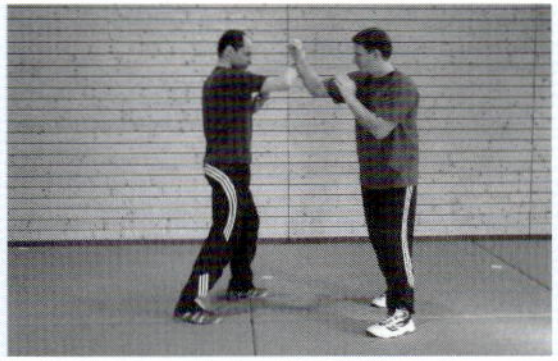
597	**Unterarmblock nach unten außen** Koordinationsübung	Beide Partner machen mit rechts einen Unterarmblock nach unten außen und berühren sich unterhalb des Handgelenks. Dies wird nun rhythmisch rechts und links geübt.	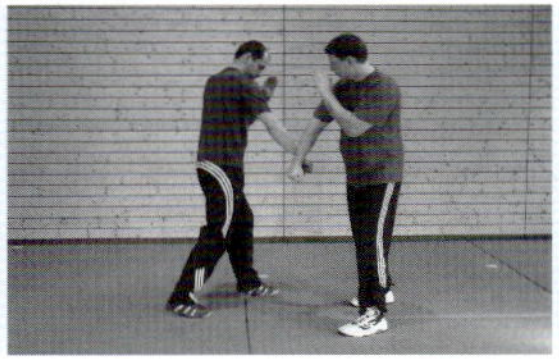

Nr.	Name der Spielform Ziele/Akzente	Idee/Beschreibung	Hinweise/Organisation
598	**Unterarmblock nach innen** Koordinationsübung	Beide Partner machen mit rechts einen Unterarmblock nach innen und berühren sich unterhalb des Handgelenks. Dies wird nun rhythmisch rechts und links geübt.	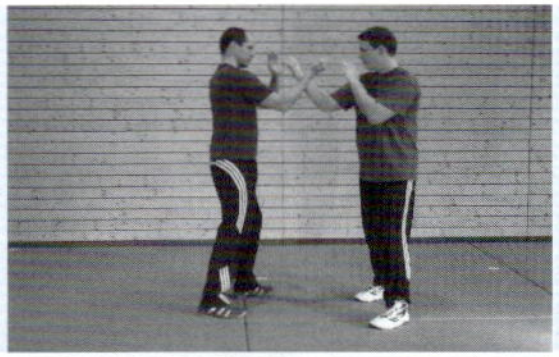
599	**Unterarmblock nach außen und unten außen** Koordinationsübung	Beide Partner machen mit rechts einen Unterarmblock nach außen, gefolgt von einem Unterarmblock nach unten außen und berühren sich unterhalb des Handgelenks. Dies wird nun rhythmisch rechts und links geübt.	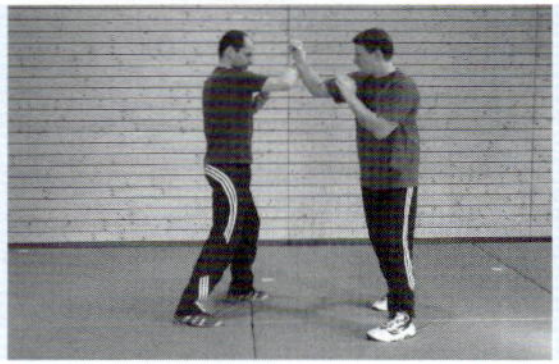
600	**Unterarmblock nach außen und innen** Koordinationsübung	Beide Partner machen mit rechts einen Unterarmblock nach außen, gefolgt von einem Unterarmblock nach außen mit links. Nun folgt zweimal der Unterarmblock nach innen. Dies wird nun rhythmisch rechts und links geübt.	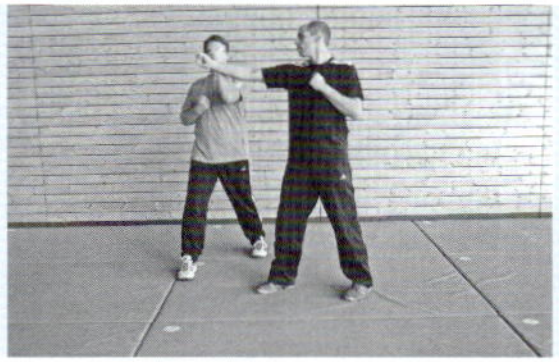
601	**Alle Unterarmblöcke** Koordinationsübung	Beide Partner machen mit rechts einen Unterarmblock nach außen, gefolgt von einem Unterarmblock nach unten außen und berühren sich unterhalb des Handgelenks. Nun folgt jeweils ein Unterblock nach innen mit rechts und links. Dies wird nun rhythmisch rechts und links geübt.	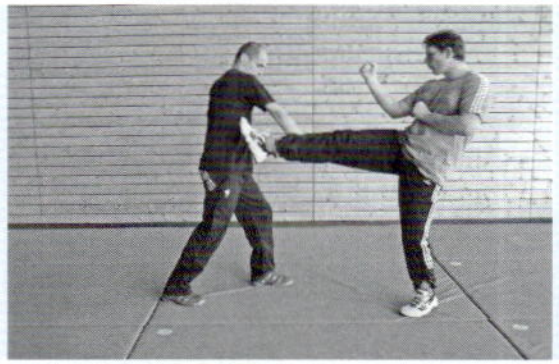
602	**Unterarmblock nach oben** Schutz des Kopfes	Dein Partner versucht, Dich mit dem Luftballon von oben am Kopf zu treffen. Du wehrst den Luftballon mit einem Unterarmblock nach oben ab.	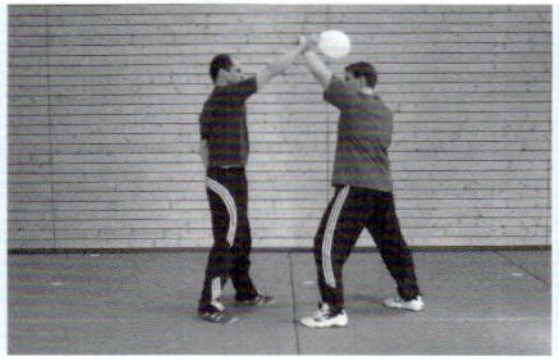

Unterarmblock nach innen

603

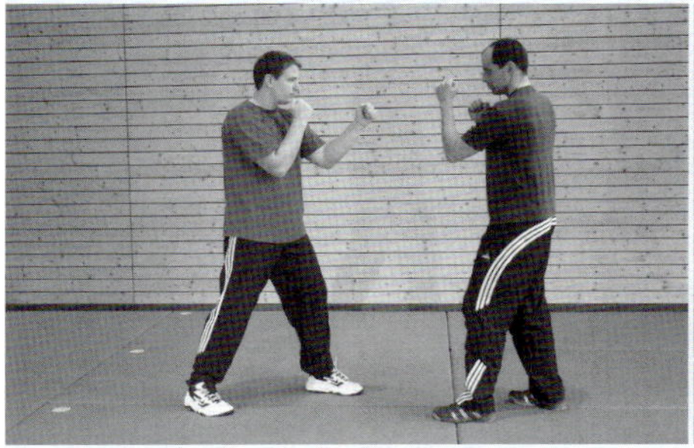

Bild 1:
Dein Partner und Du stehen sich in der Verteidigungsstellung gegenüber.

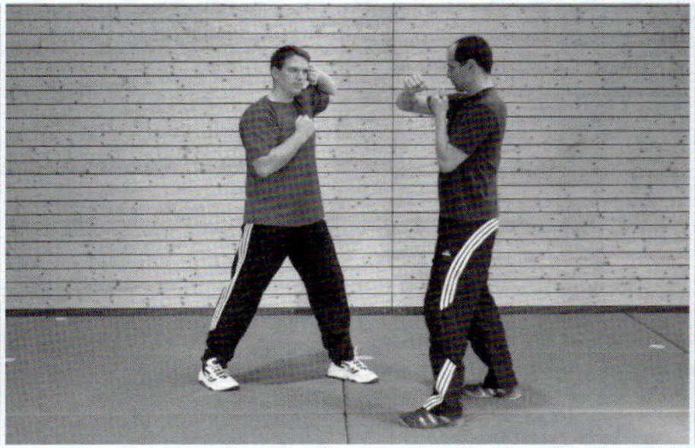

Bild 2:
Du wirst mit einem Schlag von innen zu Deinem Kopf angegriffen. Sobald Du den Angriff erkennst, gehst Du mit Deinem linken Bein nach außen und holst an Deinem Ohr zu einem Unterarmblock nach innen aus.

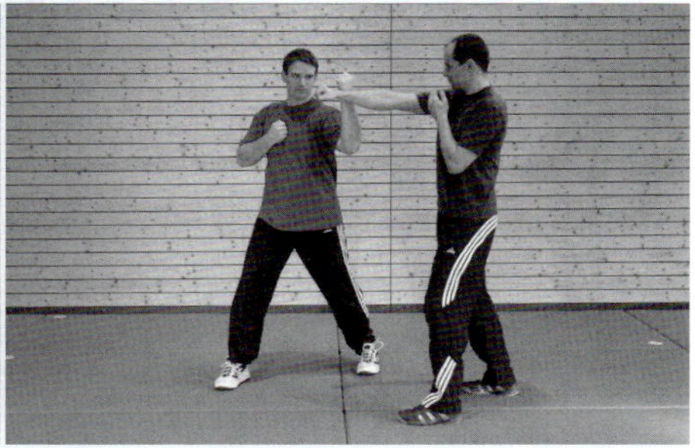

Bild 3:
Jetzt blockst Du den Arm des Partners kurz hinter dem Handgelenk.

Nr.	Name der Spielform Ziele/Akzente	Idee/Beschreibung	Hinweise/Organisation
604	**Der Unterarmblock nach innen** Spielform	Schütze Deinen Gürtelknoten! Dein Partner versucht Deinen Gürtelknoten zu ergreifen. Du schützt Dich mit einem Unterarmblock nach innen.	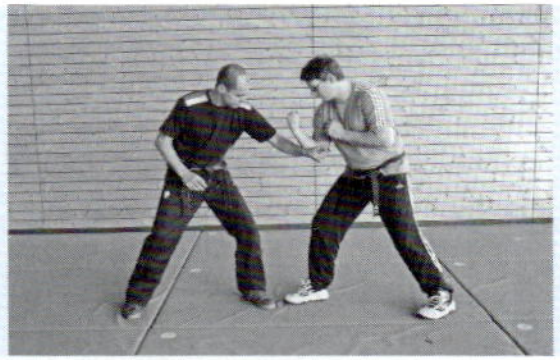
605	**Unterarmblock nach innen** Übungsform für die Technik 1	Dein Partner versucht, Dich mit dem Luftballon von innen leicht zu treffen. Du wehrst den Luftballon ab, in dem Du Deinen Partner kurz hinter dessen Handgelenk mit Deinem Unterarm blockst und gleichzeitig einen Ausfallschritt zur Seite mit Deinem linken Bein machst.	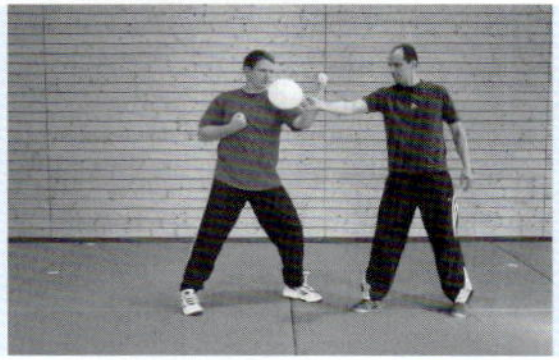
606	**Unterarmblock nach innen** Übungsform für die Technik 2	Zwei Partner stehen sich gegenüber. Beide machen nun mit ihrem linken Bein einen Schritt diagonal nach vorne und führen gleichzeitig einen Unterarmblock nach innen aus. Jetzt auf der anderen Seite üben.	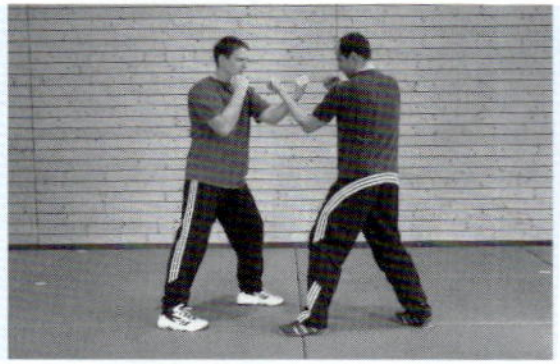
607	**Unterarmblock nach innen** Übungsform für die Technik 3	Dein Partner versucht, Dich mit beiden Händen um den Hals zu fassen. Bevor ihm dies gelingt machst Du wieder einen Schritt zur Seite und führst mit dem nun vorderen Arm einen Unterarmblock nach innen außen.	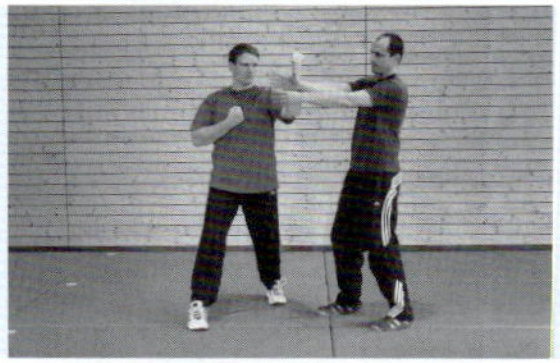
608	**Unterarmblock nach innen** Übungsform für die Technik 4	Du wirst an einem Handgelenk festgehalten. Mit einem Unterarmblock nach innen und dem passenden Schritt sprengst Du den Festhalteangriff Deines Partners. Vorsicht: Nicht zu fest abwehren!	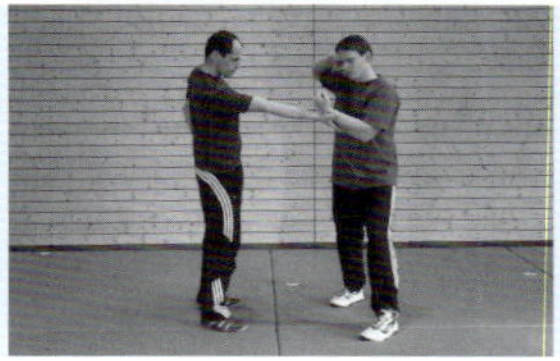

Unterarmblock nach außen

609

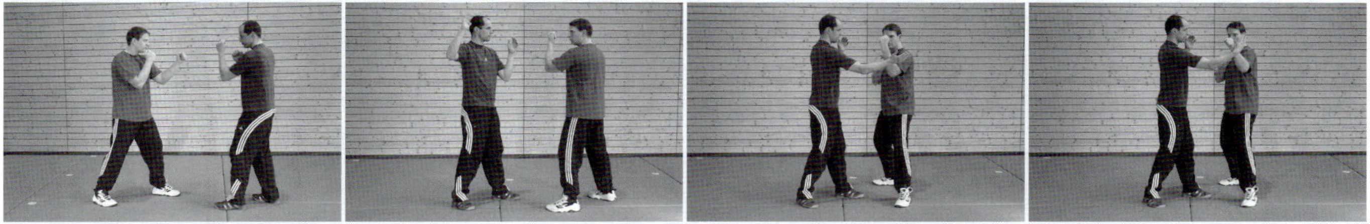

Bild 1:
Dein Partner und Du stehen sich in der Verteidigungsstellung gegenüber.

Bild 2:
Du wirst mit einer Backpfeife zu Deinem Kopf angegriffen.

Bild 3:
Du drehst Dich von dem Angriff weg und blockst die Backpfeife mit Deinem Unterarm, in Höhe des Handgelenks.

Bild 4:
Dabei hast Du Dich um ca. 90° gedreht.

Nr.	Name der Spielform Ziele/Akzente	Idee/Beschreibung	Hinweise/Organisation
610	**Der Unterarmblock nach außen 1** Spielform	Vorsicht Backpfeife! Dein Partner und Du, ihr versucht euch locker eine Backpfeife zu geben. Der Unterarmblock nach außen ist eine sehr gute Schutztechnik!	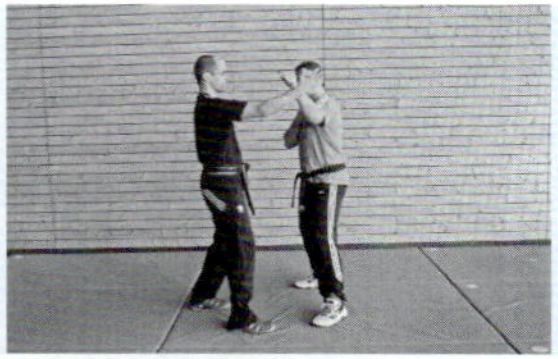
611	**Unterarmblock nach außen 2** Übungsform für die Technik	Dein Partner versucht, Dich mit dem Luftballon von außen leicht zu treffen. Du wehrst den Luftballon ab, indem Du Deinen Partner kurz hinter dessen Handgelenk mit Deinem Unterarm blockst und gleichzeitig einen Ausfallschritt zur Seite mit Deinem rechten Bein machst.	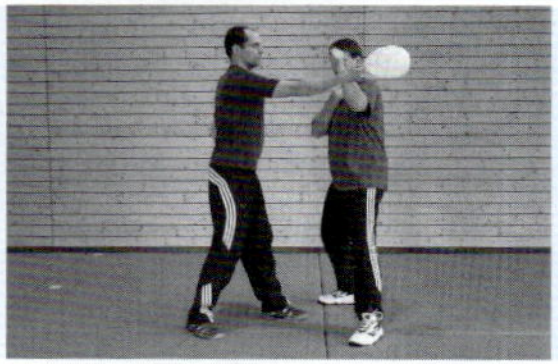
612	**Unterarmblock nach außen 3** Übungsform für die Technik	Dein Partner versucht, Dich mit dem Luftballon von außen leicht zu treffen. Du wehrst den Luftballon ab, indem Du Deinen Partner kurz hinter dessen Handgelenk mit Deinem Unterarm blockst und gleichzeitig einen Ausfallschritt zur Seite mit Deinem linken Bein machst.	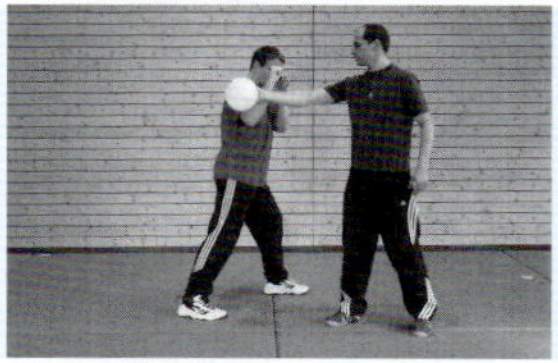
613	**Unterarmblock nach außen 4** Übungsform für die Technik	Zwei Partner stehen sich gegenüber. Beide machen nun mit ihrem linken Bein einen Schritt diagonal nach vorne und führen gleichzeitig einen Unterarmblock nach außen mit dem rechten Arm aus. Jetzt auf der anderen Seite üben.	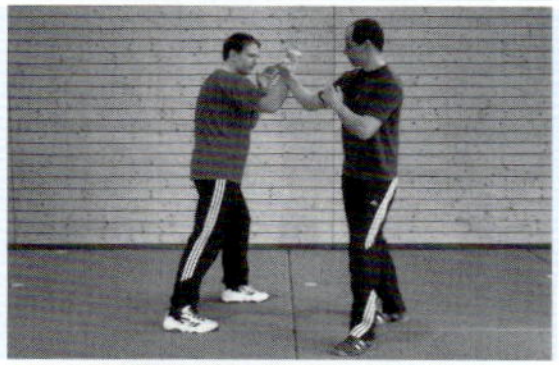
614	**Unterarmblock nach außen 5** Übungsform für die Technik	Dein Partner versucht, Dich mit beiden Händen um den Hals zu fassen. Bevor ihm dies gelingt, machst Du einen Schritt zur Seite und machst mit beiden Armen einen Unterarmblock nach außen.	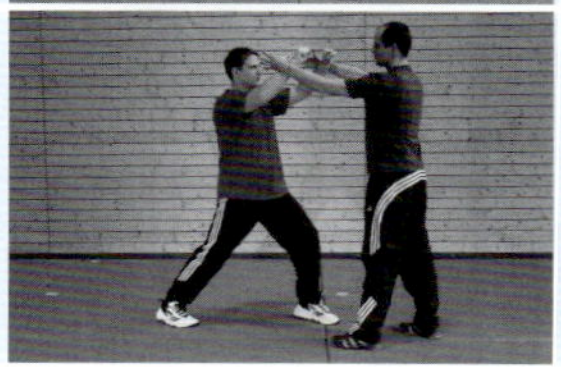

Unterarmblock nach oben

615

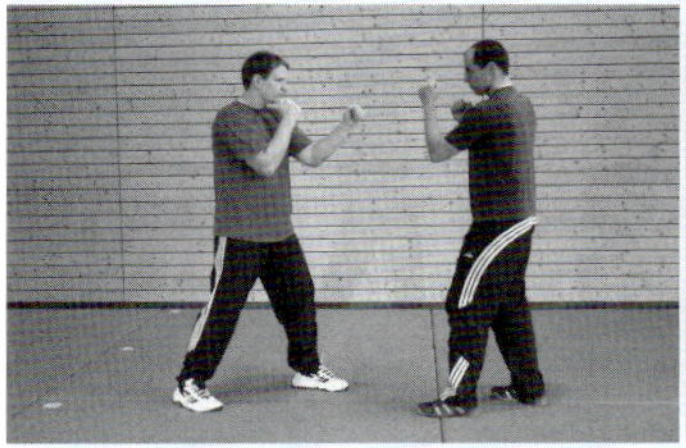

Bild 1:
Dein Partner und Du stehen sich in der Verteidigungsstellung gegenüber.

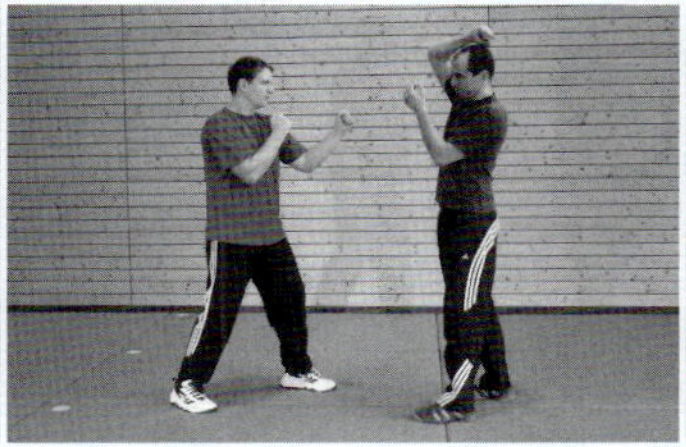

Bild 2:
Du wirst mit einem Faustschlag von oben zur Nase angegriffen.

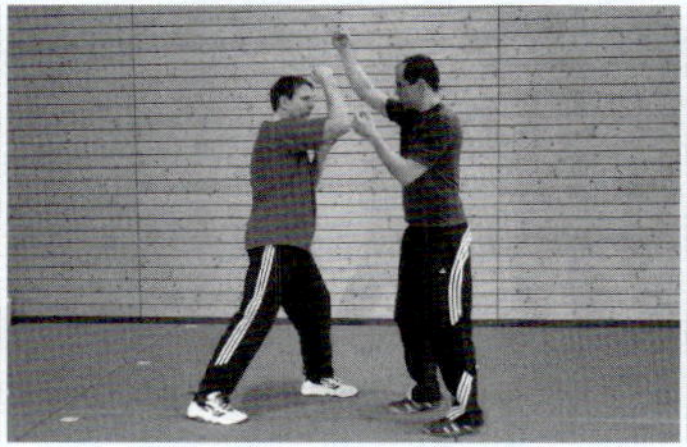

Bild 3:
Du weichst dem Angriff mit einem Schritt mit dem linken Bein zur Seite aus. Gleichzeitig führst Du Deinen rechten Arm zum Schutz nach oben.

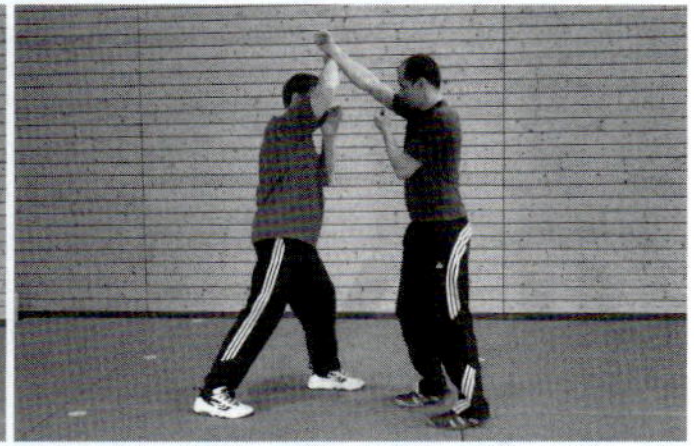

Bild 4:
Jetzt wehrst Du den Arm in Höhe des Handgelenks ab.

Nr.	Name der Spielform Ziele/Akzente	Idee/Beschreibung	Hinweise/Organisation
616	**Unterarmblock nach oben 1** Technik lernen	Dein Partner versucht, Dich mit einer Zeitung von oben auf dem Kopf zu berühren. Du wehrst die Zeitung mit einem Unterarmblock nach oben ab.	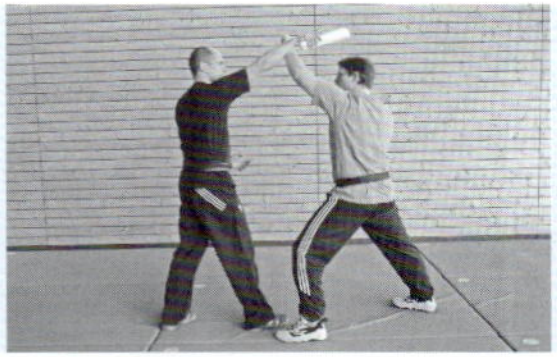
617	**Unterarmblock nach oben 2** Übungsform für die Technik	Dein Partner versucht, Dich mit dem Luftballon von oben leicht zu treffen. Du wehrst den Luftballon ab, indem Du Deinen Partner kurz hinter dessen Handgelenk mit Deinem Unterarm blockst und gleichzeitig einen Ausfallschritt zur Seite machst.	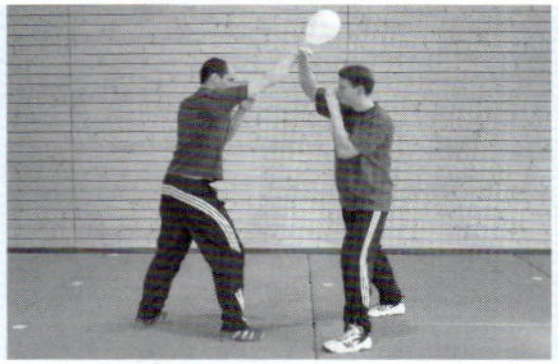
618	**Unterarmblock nach oben 3** Übungsform für die Technik	Dein Partner versucht, Dich von oben in die Haare zu fassen. Du verhinderst dies durch einen Unterarmblock nach oben. Du kannst wahlweise mit rechts oder links abwehren.	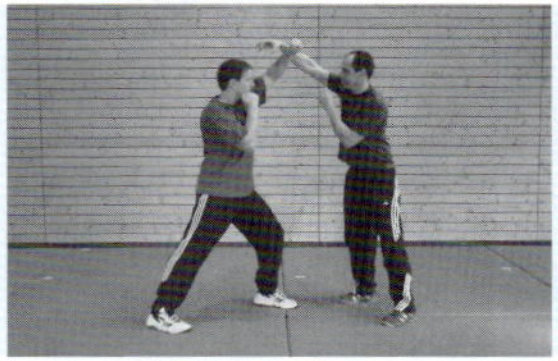
619	**Unterarmblock nach oben 4** Übungsform für die Technik	Jongliere einen Luftballon mit dem Unterarmblock nach oben durch den Raum.	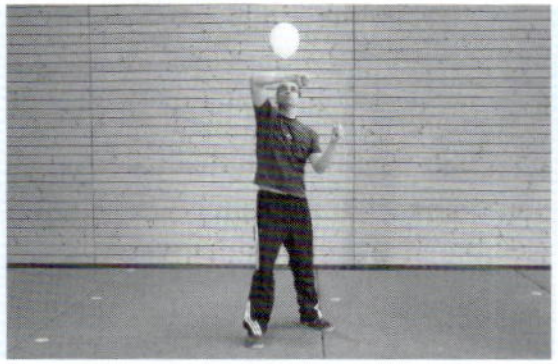
620	**Unterarmblock nach oben 5** Übungsform für die Technik	Ein Partner versucht, Dich mit einer Pratze von oben zu treffen. Du wehrst die Pratze mit einem Unterarmblock nach oben ab.	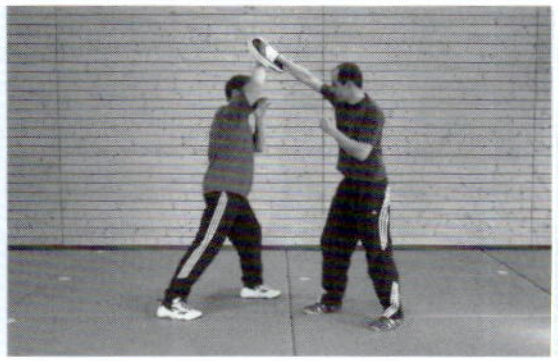

Abwehrtechnik für Anfänger: Unterarmblock nach unten außen

621

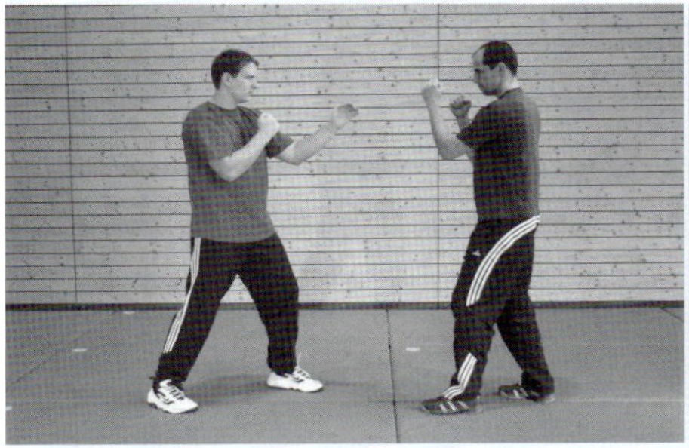

Bild 1:
Dein Partner und Du stehen sich in der Verteidigungsstellung gegenüber.

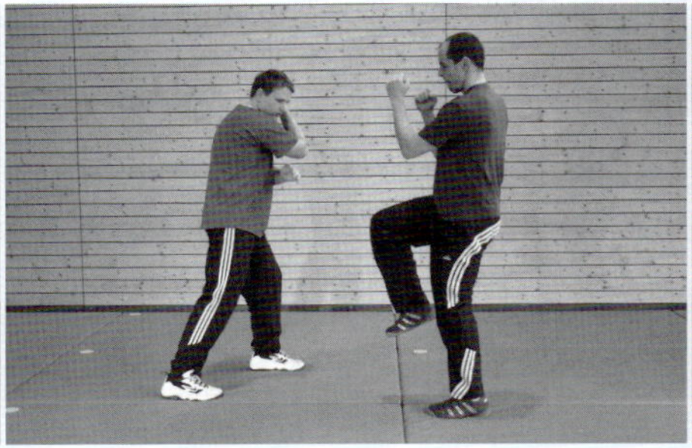

Bild 2:
Du wirst mit einem Fußstoß vorwärts zum Bauch angegriffen. Und weichst mit dem vorderen Bein zur Seite aus.

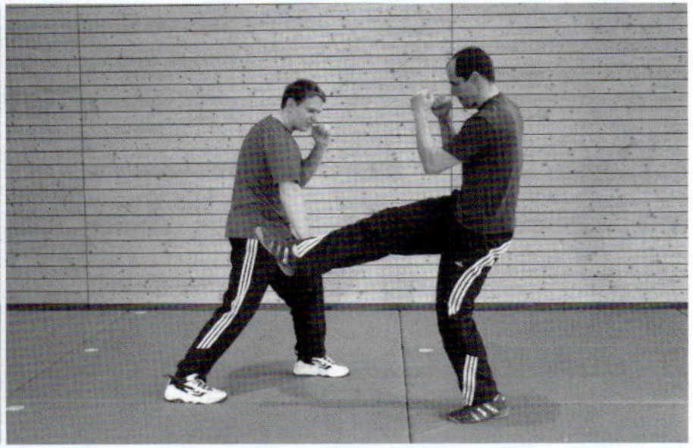

Bild 3:
Du holst an Deinem Ohr mit Deinem rechten Arm zum Block aus und stoppst den Angriff in Höhe des Fußgelenks.

Nr.	Name der Spielform Ziele/Akzente	Idee/Beschreibung	Hinweise/Organisation
622	**Unterarmblock nach unten außen 1** Technik lernen	Dein Partner versucht, Dich mit einem Fußtritt zu treffen. Blocke die Technik wie in der Bildreihe beschrieben!	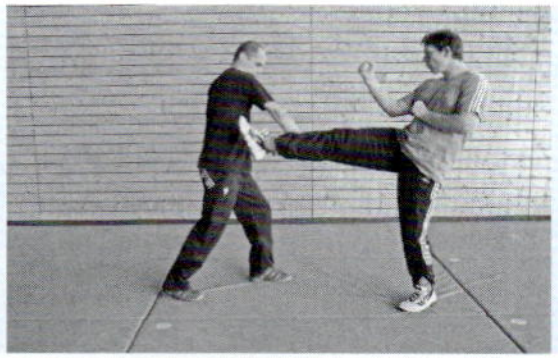
623	**Unterarmblock nach unten außen 2** Übungsform für die Technik	Dein Partner versucht, Dich mit dem Luftballon von außen leicht am Oberschenkel zu treffen. Du wehrst den Luftballon ab, in dem Du Deinen Partner kurz hinter dessen Handgelenk mit Deinem Unterarm blockst und gleichzeitig einen Ausfallschritt zur Seite mit Deinem rechten Bein machst.	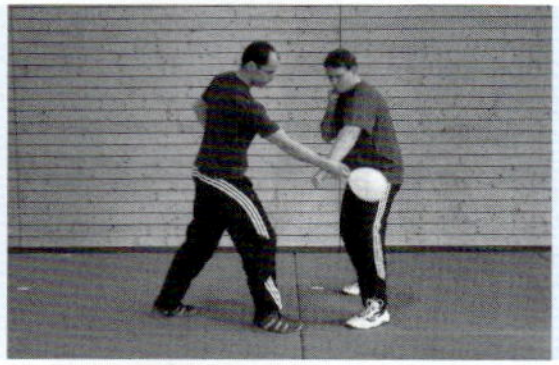
624	**Unterarmblock nach unten außen 3** Übungsform für die Technik	Dein Partner versucht, Dich mit dem Luftballon von innen leicht am Oberschenkel zu treffen. Du wehrst den Luftballon ab, indem Du Deinen Partner kurz hinter dessen Handgelenk mit Deinem Unterarm blockst und gleichzeitig einen Ausfallschritt zur Seite mit Deinem linken Bein machst.	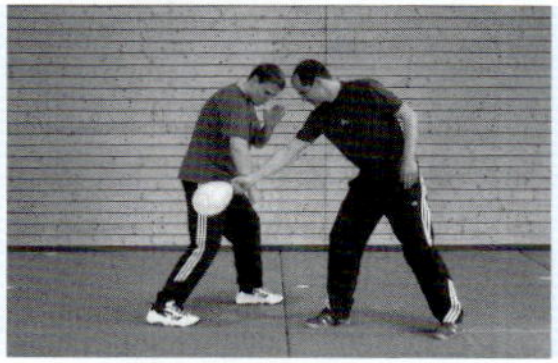
625	**Unterarmblock nach unten außen 4** Übungsform für die Technik	Zwei Partner stehen sich gegenüber. Beide machen nun mit ihrem linken Bein einen Schritt diagonal nach vorne und führen gleichzeitig einen Unterarmblock nach außen mit dem rechten Arm aus. Jetzt auf der anderen Seite üben.	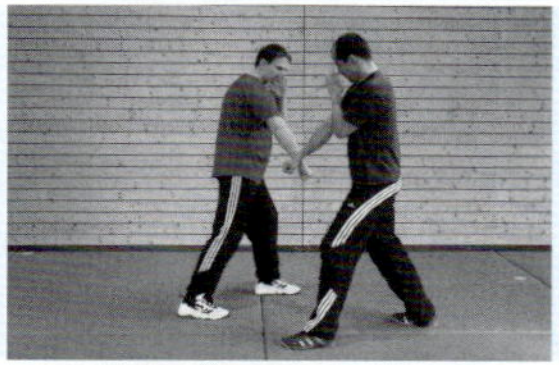
626	**Unterarmblock nach unten außen 5** Übungsform für die Technik	Dein Partner versucht, Dich am Gesäß zu berühren. Du wehrst die Berührung durch den Unterarmblock nach unten außen ab.	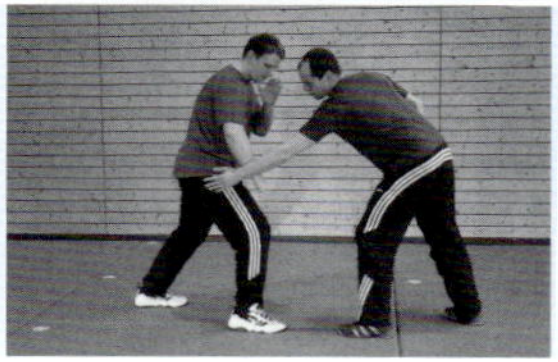

Abwehrtechnik für Anfänger: Unterarmblock nach unten innen

627

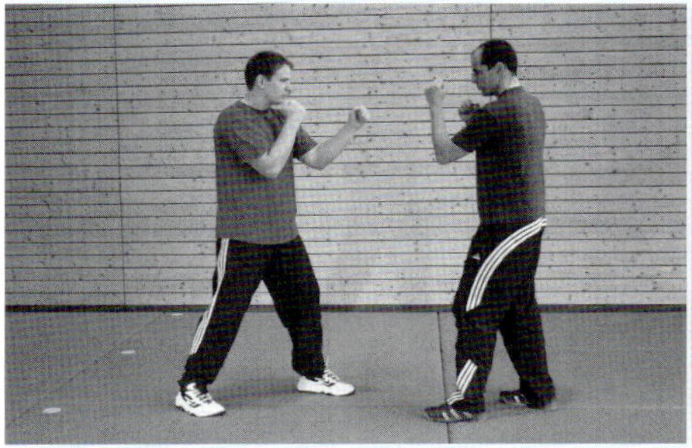

Bild 1:
Dein Partner und Du stehen sich in der Verteidigungsstellung gegenüber.

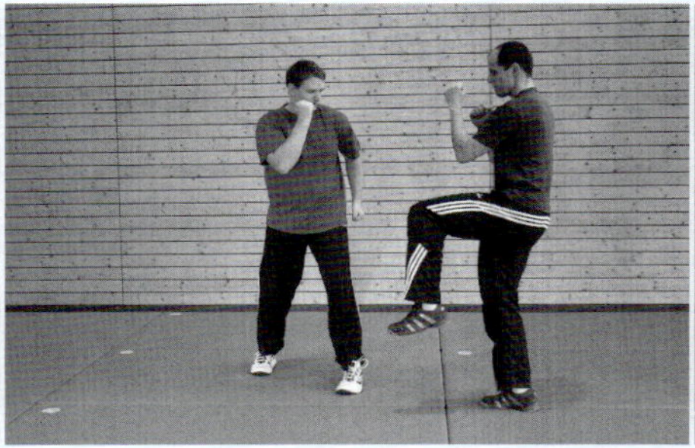

Bild 2:
Du wirst mit einem Fußstoß vorwärts zum Bauch angegriffen. Nun weichst Du mit einer Drehung nach hinten aus und holst gleichzeitig an Deiner Hüfte zum Block aus.

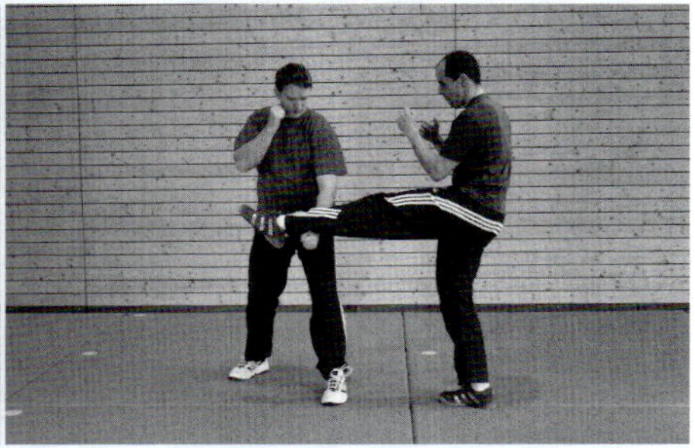

Bild 3:
Abschließend blockierst Du mit Deinem linken Arm den Angriff kurz hinter dem Fußgelenk.

Nr.	Name der Spielform Ziele/Akzente	Idee/Beschreibung	Hinweise/Organisation
628	**Unterarmblock nach unten innen 1** Spielform	Du hast Stifte in Deinem Gürtel. Vorsicht! Dein Partner versucht diese zu stehlen! Schütze Dich mit dem Unterarmblock nach unten innen.	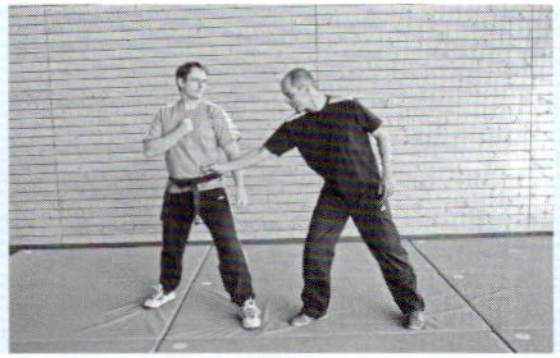
629	**Unterarmblock nach unten innen 2** Übungsform für die Technik	Dein Partner versucht, Dich mit dem Luftballon von innen leicht am Oberschenkel zu treffen. Du wehrst den Luftballon ab, indem Du Deinen Partner kurz hinter dessen Handgelenk mit Deinem Unterarm blockst und gleichzeitig ein Drehung nach hinten machst.	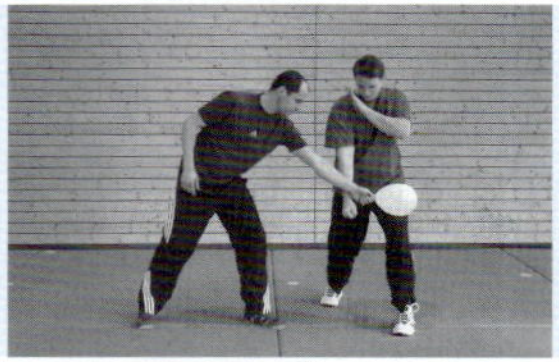
630	**Unterarmblock nach unten innen 3** Übungsform für die Technik	Dein Partner möchte Dich in den Bauch pieksen. Mache eine Schrittdrehung nach hinten und schütze Dich durch einen Unterarmblock nach unten innen.	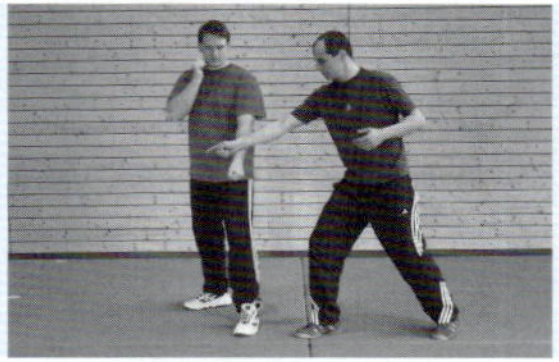
631	**Unterarmblock nach unten innen 4** Übungsform für die Technik	Dein Partner versucht, Dich am Gesäß zu berühren. Du wehrst die Berührung durch den Unterarmblock nach unten innen und eine Schrittdrehung ab.	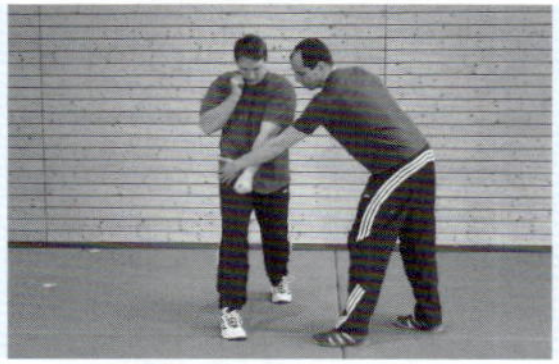
632	**Unterarmblock nach unten innen 5** Übungsform für die Technik	Dein Partner und Du spielen sich einen Luftballon oder Softvolleyball mit dem Unterarmblock nach unten innen zu.	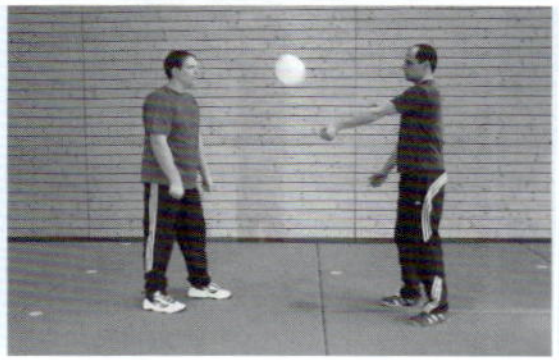

Abwehrtechnik für Anfänger: Handfegen

633

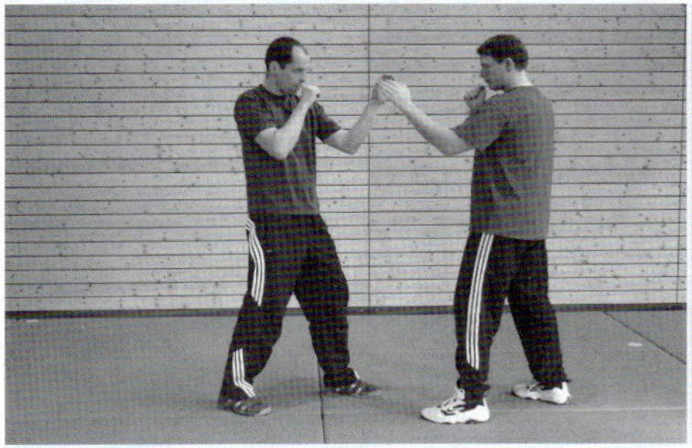

Bild 1:
Dein Partner und Du stehen sich in der Verteidigungsstellung gegenüber.

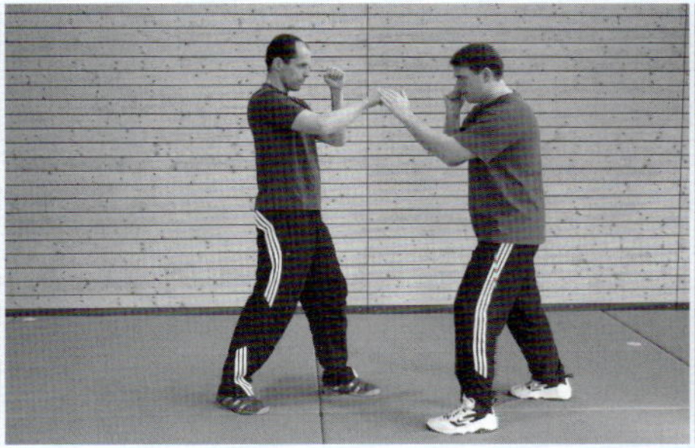

Bild 2:
Du wirst mit einem Fauststoß zur Nase angegriffen. Nach einem Schritt nach links versuchst Du schon jetzt Kontakt zum Angriffsarm herzustellen.

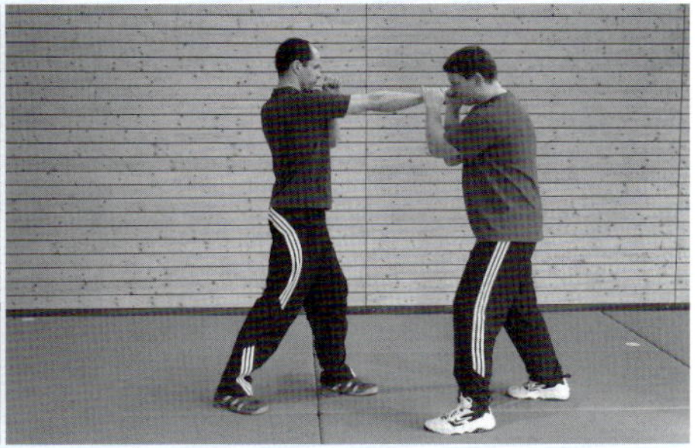

Bild 3:
Nun fegst Du den Arm in Höhe des Handgelenks locker an Deinem Kopf vorbei.

Nr.	Name der Spielform Ziele/Akzente	Idee/Beschreibung	Hinweise/Organisation
634	**Handfegen 1** Trainingsform	Du wirst mit einem Fauststoß zum Kopf angegriffen. Fege die Technik zur Seite und kontere mit einem Fauststoß zum Körper.	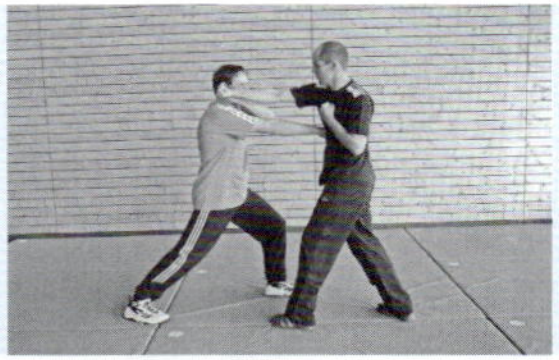
635	**Handfegen 2** Übungsform für die Technik	Dein Partner versucht, Dich mit einer Hand von vorne an den Hals zu fassen. Wehre seine Bewegung mit einem Handfegen ab und mache einen Ausfallschritt zur Seite.	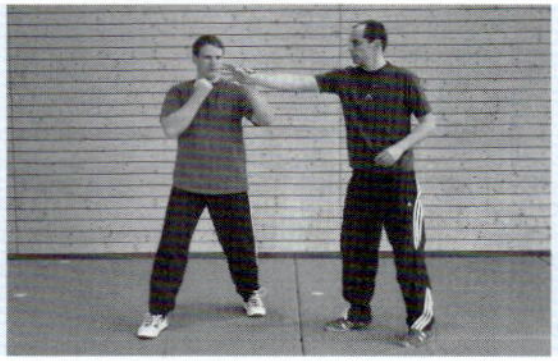
636	**Handfegen 3** Übungsform für die Technik	Jetzt versucht Dein Partner, Dich mit dem Ju-Jutsu-Gürtel von oben zu treffen. Du machst eine Schrittdrehung und fegst sein Handgelenk und den Gürtel zum Boden.	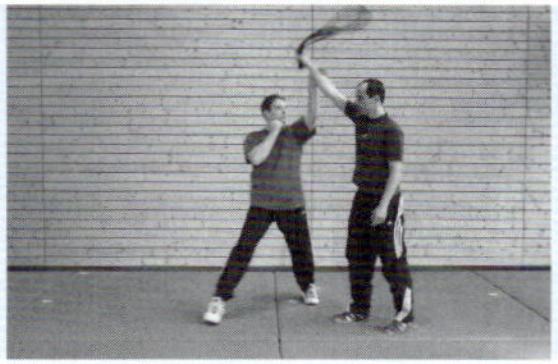
637	**Handfegen 4** Übungsform für die Technik	Ihr greift euch abwechselnd mit dem Gürtel von oben an und weicht mit einer Schrittdrehung und einem unterstützenden Handfegen aus!	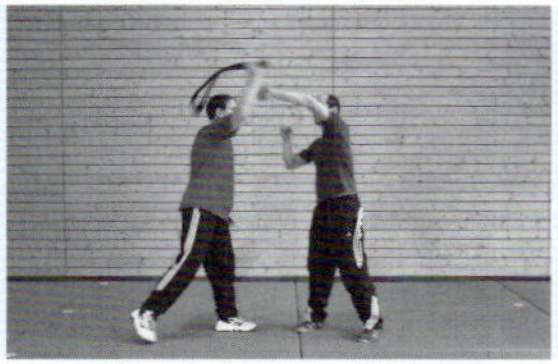
638	**Handfegen 5** Übungsform für die Technik	Dein Partner versucht, Dich an Deinen Gürtel zu fassen. Jetzt fegst Du seine offene Hand wie beim Unterarmblock nach unten außen weg.	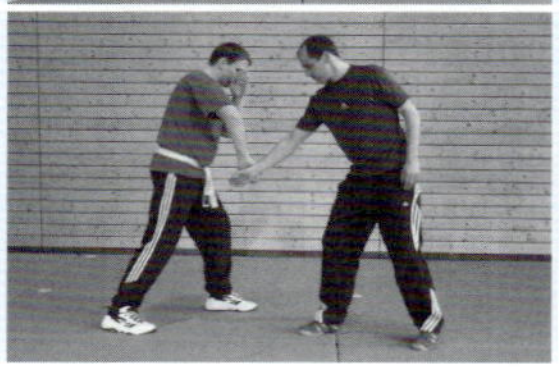

Abwehrtechnik für Anfänger: Griffsprengen

639

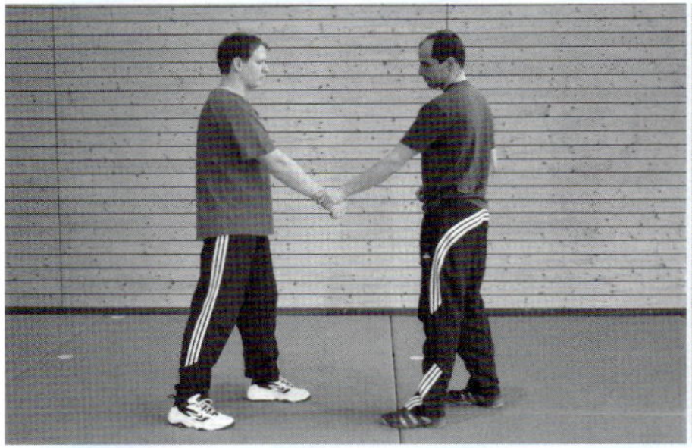

Bild 1:
Dein Partner ergreift Dein gegenüberliegendes Handgelenk.

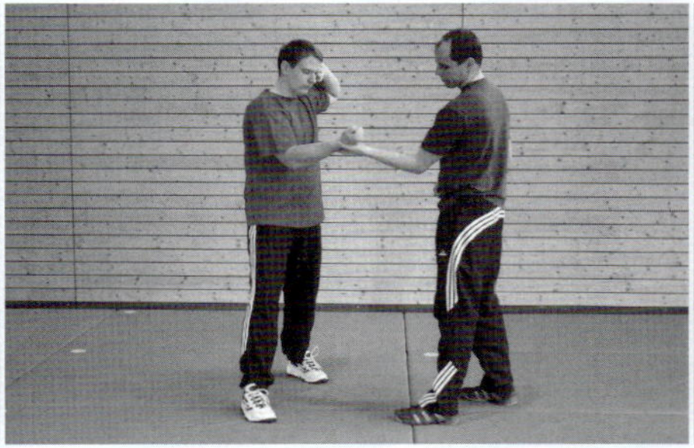

Bild 2:
Du drehst den gefassten Arm nach oben und holst mit dem anderen am Ohr aus.

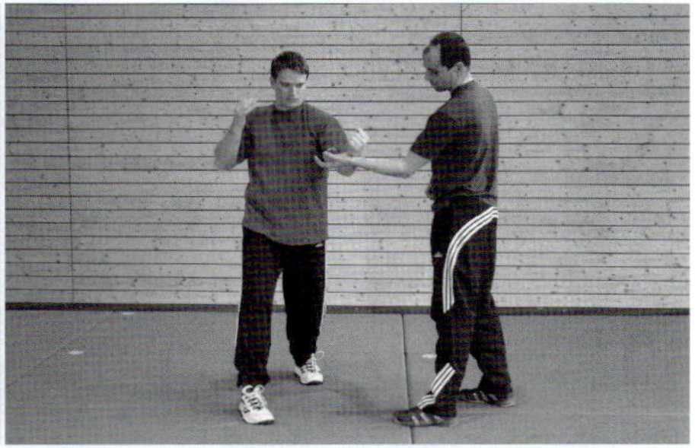

Bild 3:
Jetzt sprengst Du den Griff mit Deinem Unterarm.

Hinweis:
Griffsprengen sind kraftvolle Befreiungen mittels Abwehr- oder Atemitechniken gegen angreifende Extremitäten oder Umklammerungsangriffe.

Nr.	Name der Spielform Ziele/Akzente	Idee/Beschreibung	Hinweise/Organisation
640	**Griffsprengen 1** Übungsform für die Technik	Dein Partner ergreift Dein diagonales Handgelenk. Winkel Deinen gefassten Arm an und sprenge den Griff mit Deinem freien Unterarm.	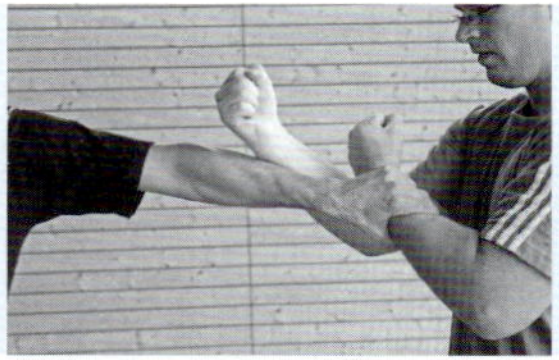
641	**Griffsprengen 2** Übungsform für die Technik	Dein Partner versucht, Dich mit beiden Händen um den Hals zu fassen. Bevor ihm dies gelingt machst Du einen Schritt zur Seite und verhinderst den Griff durch Griffsprengen.	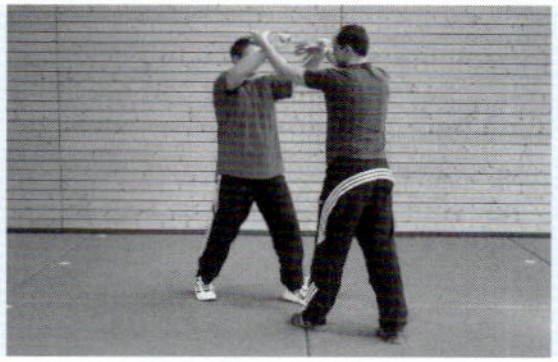
642	**Griffsprengen 3** Übungsform für die Technik	Dein Partner umklammert Dich von hinten über den Armen. Durch das Absenken Deines Körpers, einen kleinen Schritt nach vorne mit gleichzeitigem Vorstoßen der Arme und einem Rückstoß der Hüfte befreist Du Dich aus der Umklammerung.	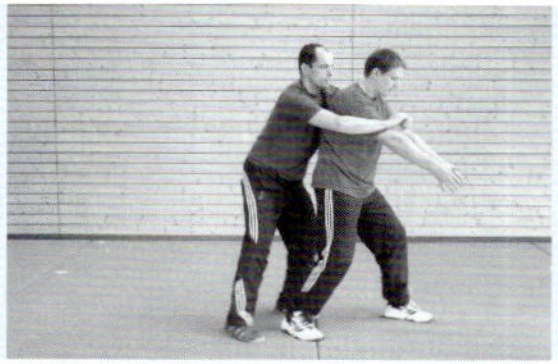
643	**Griffsprengen 4** Übungsform für die Technik	Du wirst an einem Handgelenk festgehalten. Mit einem Unterarmblock nach innen und dem passenden Schritt sprengst Du den Festhalteangriff Deines Partners. Vorsicht: Nicht zu fest abwehren!	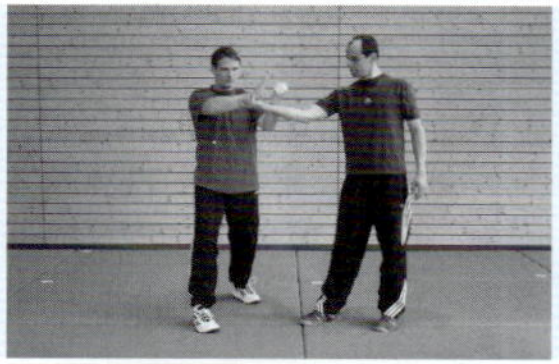
644	**Griffsprengen 5** Übungsform für die Technik	Ihr befindet euch im Griffkampf und wollt euch beide werfen. Dein Partner greift Dich an der Ju-Jutsu-Jacke. Du ziehst Deinen Arm an und sprengst den Griff in dem Du mit Deinem Knie von oben auf das Handgelenk des Partners drückst.	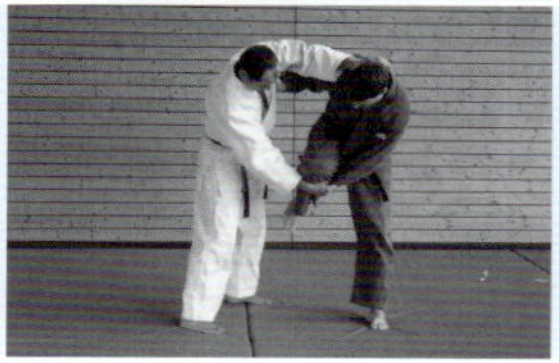

Abwehrtechnik für Anfänger: Griff lösen

645

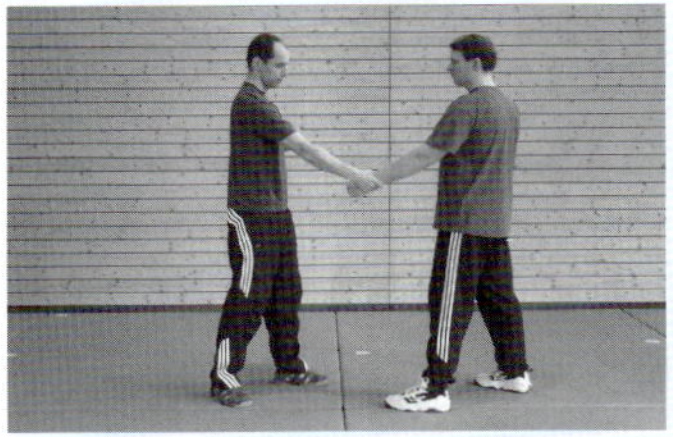

Bild 1:
Dein Partner erfasst Dein gegenüberliegendes Handgelenk

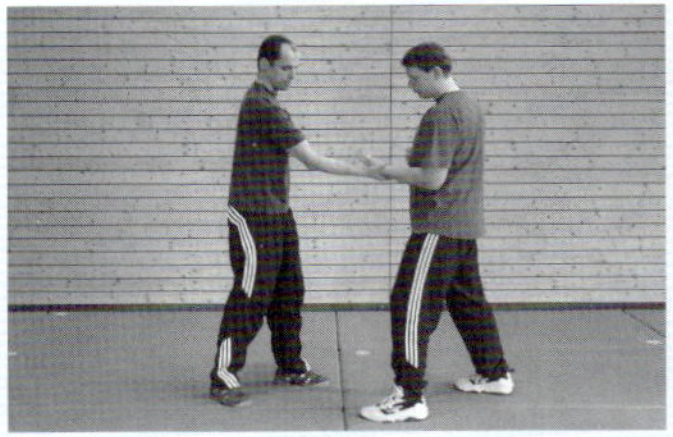

Bild 2:
Du ziehst den gefassten Arm an und machst einen Schritt zur Seite.

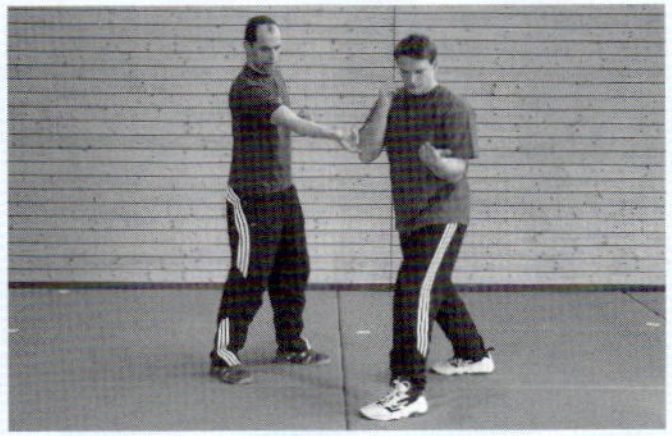

Bild 3:
Nun drehst Du Dich leicht nach außen und hebelst Deine Hand über den Daumen des Partners heraus.

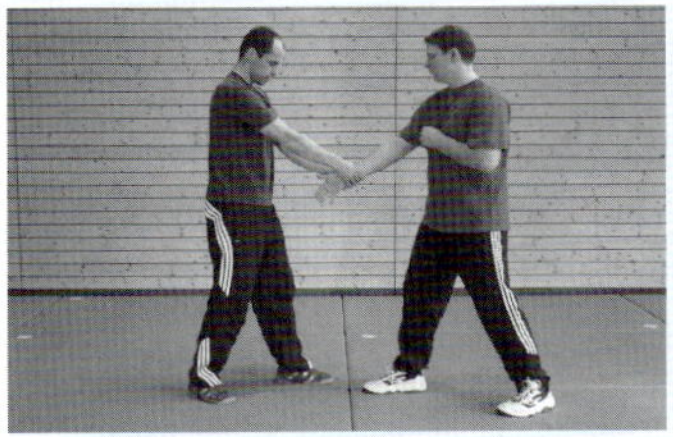

Bild 4:
Jetzt wird ein Handgelenk mit beiden Händen erfasst.

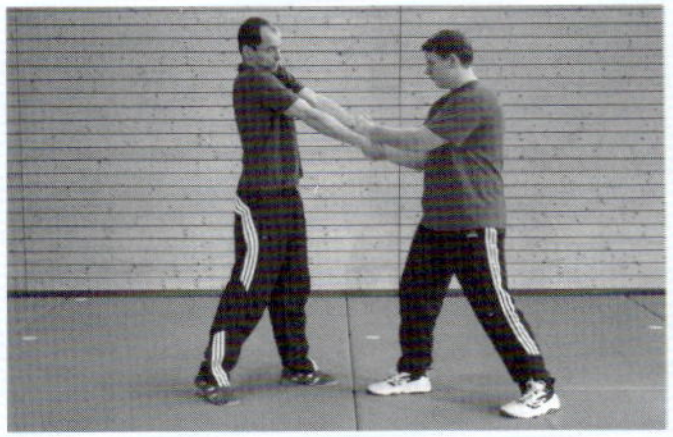

Bild 5:
Du greifst Deine eigene Hand von oben und

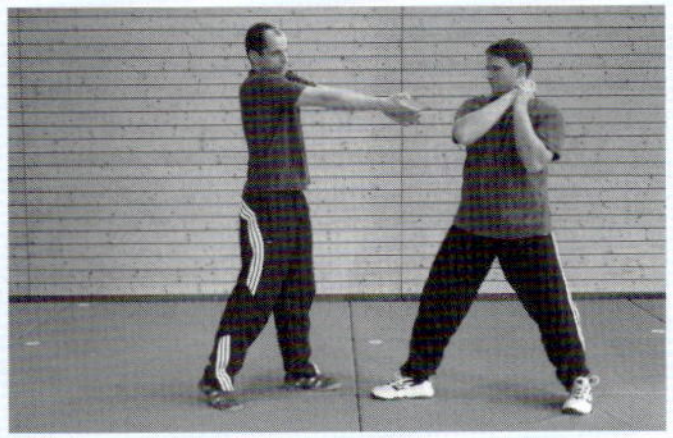

Bild 6:
befreist Dich durch starken Zug wieder über die Daumen des Angreifers.

Hinweis:
Beim Grifflösen befreist Du Dich immer durch heraushebeln oder herauswinden. Gehe immer über das Daumengrundgelenk Deines Partners, dann kannst Du Dich auch gegen stärkere Angreifer erfolgreich verteidigen.

Nr.	Name der Spielform Ziele/Akzente	Idee/Beschreibung	Hinweise/Organisation
646	**Grifflösen 1** Übungsform für die Technik	Du wirst an beiden Handgelenken gegriffen. Löse zuerst die rechte und anschließend die linke Hand.	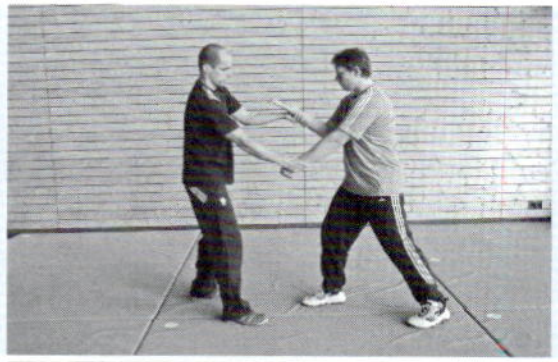
647	**Grifflösen 2** Übungsform für die Technik	Dein Partner und Du fassen sich wechselseitig an den Handgelenken und lösen die Griffe wie oben beschrieben.	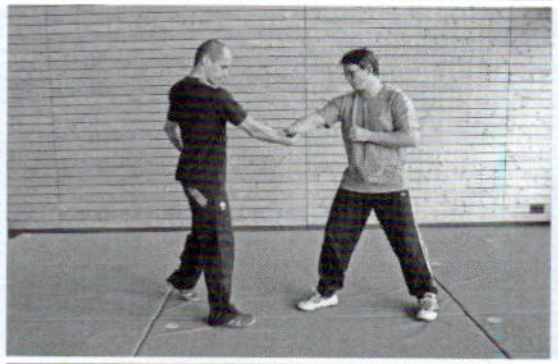
648	**Grifflösen 3** Übungsform für die Technik	Dein Partner fasst Dich mit einer Hand am Revers Deiner Ju-Jutsu-Jacke. Du löst die Technik, indem Du Deine Schulter nach hinten schiebst, Dein Revers mit dem eigenen Kinn fixierst, Deinen Rücken nach hinten streckst und gleichzeitig die Hand des Partners, entlang des Revers, nach unten drückst.	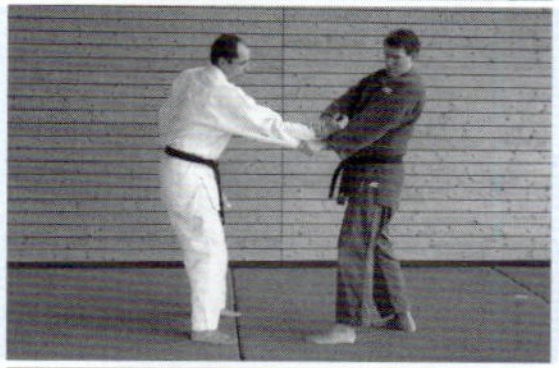
649	**Grifflösen 4** Übungsform für die Technik	Dein Partner erfasst ein Handgelenk mit beiden Händen. Jetzt löst Du den Griff, indem Du mit Deiner freien Hand die umschlossene greifst und nach oben aus den Händen des Partners heraushebelst.	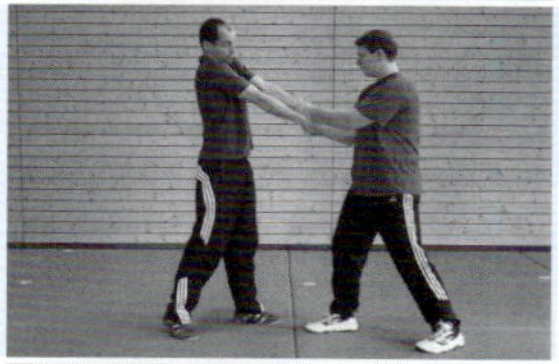
650	**Grifflösen 5** Übungsform für die Technik	Dein Partner greift Dich vorne am Ärmel der Ju-Jutsu-Jacke. Du winkelst den gegriffenen Unterarm an und fegst mit Deiner freien Hand die Hand des Partners weg. Abwechselnd üben!	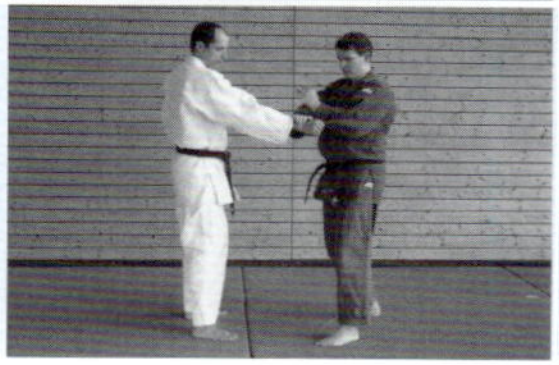

Abwehrtechnik für Anfänger: Passivblock gegen Angriff auf Kopfhöhe

651

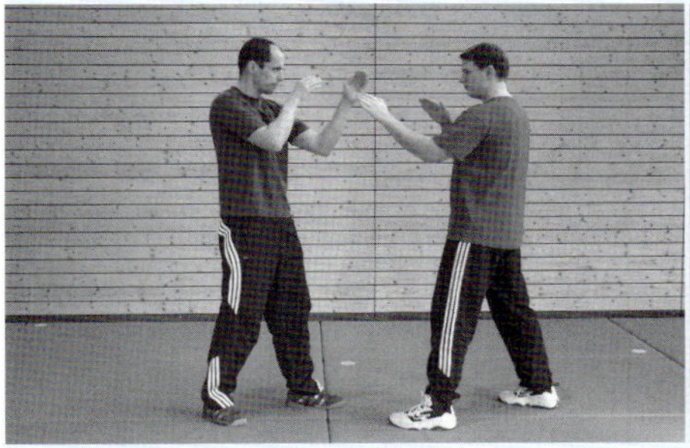

Bild 1:
Dein Partner versucht, Dich mit einer Backpfeife am Kopf zu treffen.

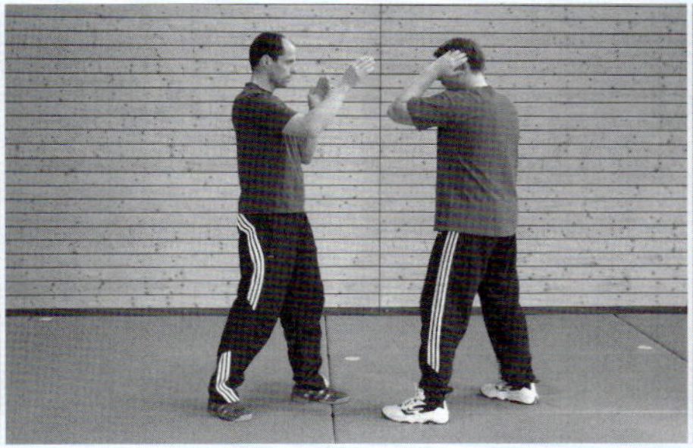

Bild 2:
Sobald Du den Angriff erkennst, winkelst Du Deinen Unterarm an und führst diesen direkt an Deinen Kopf.

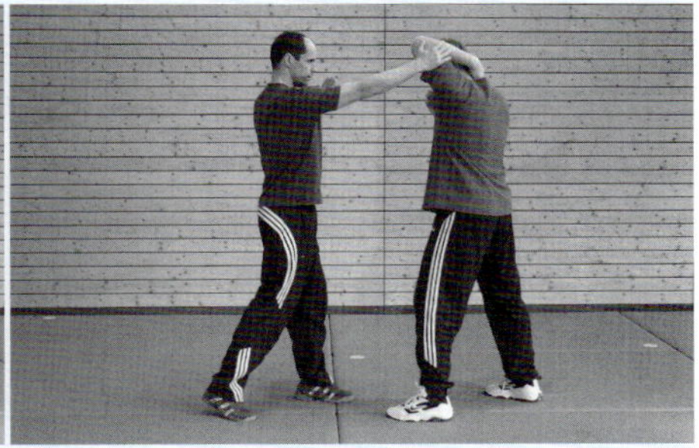

Bild 3:
Jetzt verriegelst Du Deinen Unterarm und nimmst Kontakt zu Deinem Kopf auf. Drücke mit Deinem Kopf gegen den Arm.

Nr.	Name der Spielform Ziele/Akzente	Idee/Beschreibung	Hinweise/Organisation
652	**Passivblock oben außen 1** Technik lernen	Schütze Dich gegen einen Schlag mit dem Luftballon von innen! Führe den Passivblock direkt an Deinem Kopf aus!	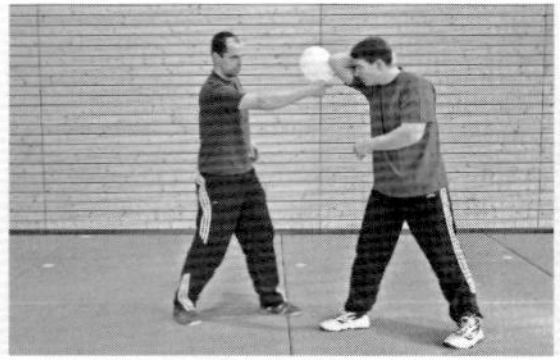
653	**Passivblock oben außen 2** Übungsform für die Technik	Dein Partner versucht, Dich von außen mit dem Luftballon am Kopf zu treffen. Schütze Dich durch den Passivblock.	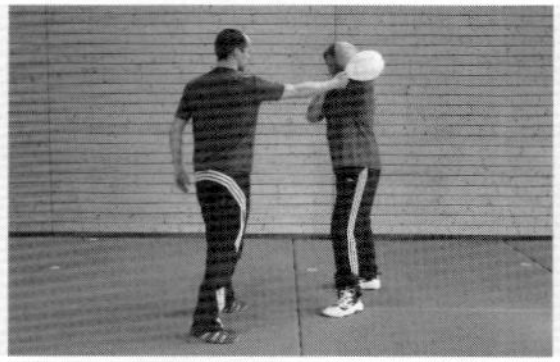
654	**Passivblock oben außen 3** Übungsform für die Technik	Mit einer Backpfeife sollst Du leicht an der Wange touchiert werden. Du schützt Dich durch den Passivblock. Dein Partner versucht sein Glück auf beiden Seiten! Der Partner muss darauf achten, dass seine Finger im Angriff eng aneinander sind.	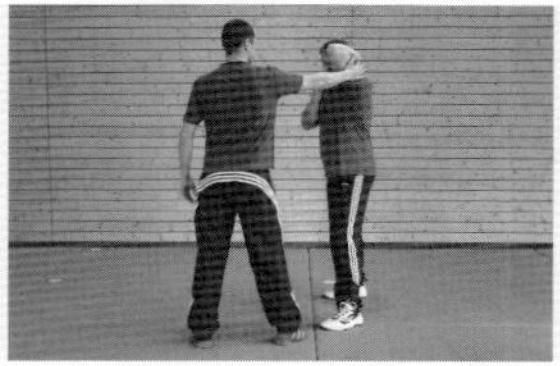
655	**Passivblock oben außen 4** Übungsform für die Technik	Versuche mit dem Ellenbogen des Passivblocks einen Luftballon über die Matte zu transportieren.	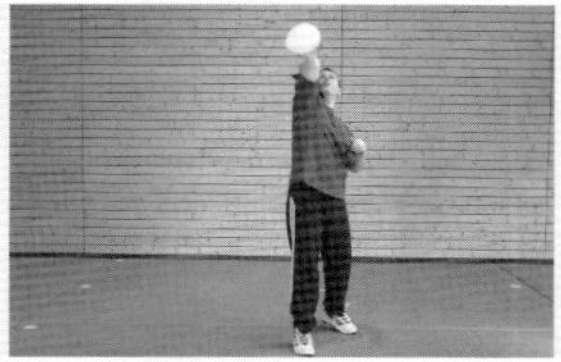
656	**Passivblock oben außen 5** Übungsform für die Technik	Nun musst Du Dich gegen eine Zeitung von außen schützen! Wehre den Angriff mit dem Passivblock ab!	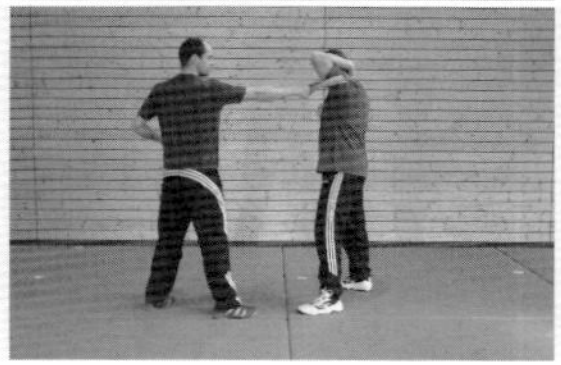

Abwehrtechnik für Anfänger: Passivblock außen gegen einen Angriff zur Körpermitte

657

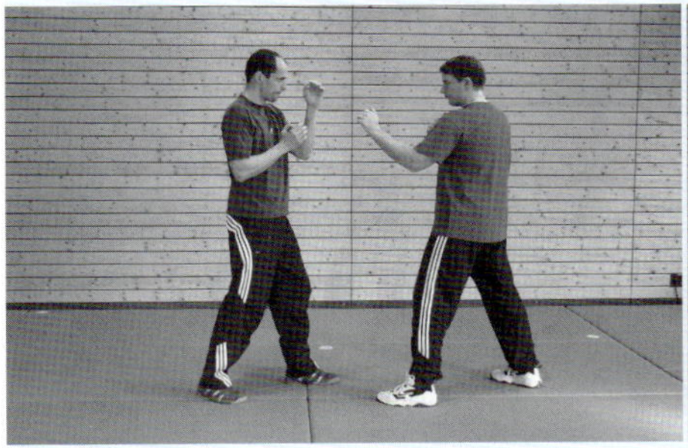

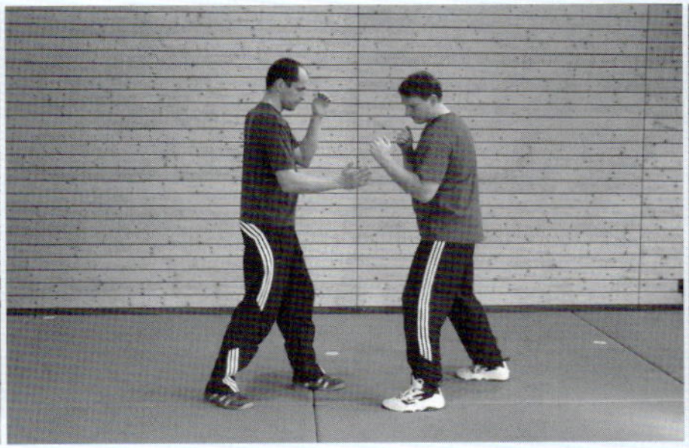

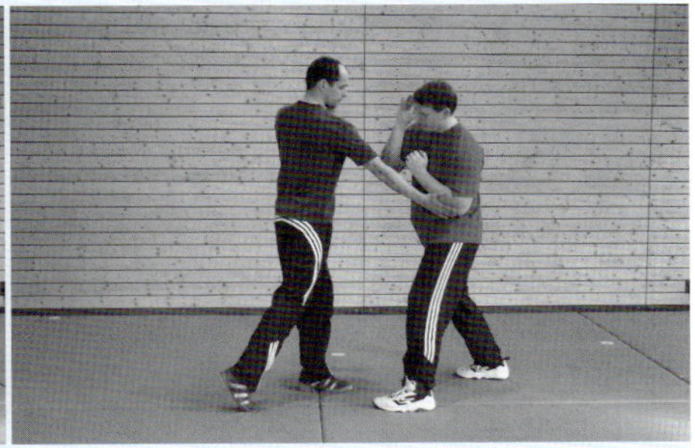

Bild 1:
Ihr steht euch in der Kampfstellung gegenüber.

Bild 2:
Dein Partner versucht, Dich an Deiner linken Rippe zu treffen. Du ziehst Deinen linken Arm ganz eng an Deinen Körper,

Bild 3:
wehrst jetzt erfolgreich den Angriff ab und schützt Dich mit Deinem zweiten Arm vor weiteren Angriffen.

Nr.	Name der Spielform Ziele/Akzente	Idee/Beschreibung	Hinweise/Organisation
658	**Passivblock außen Körpermitte 1** Spielform	Vorsicht Jackendieb! Dein Partner versucht Dir das T-Shirt seitlich aus dem Gürtel zu ziehen! Schütze Dich mit dem Passivblock.	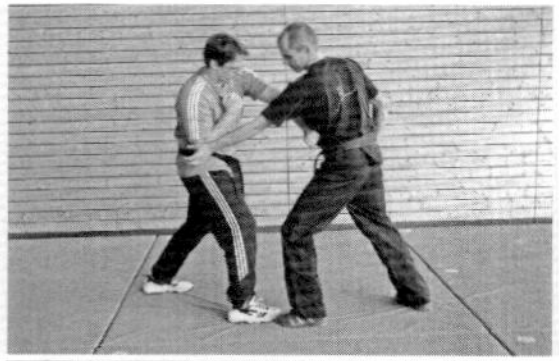
659	**Passivblock außen Körpermitte 2** Übungsform für die Technik	Dein Partner versucht, Dich an Deiner Seite mit einem Handtuch zu treffen. Schütze Dich mit dem Passivblock und in dem Du Dich klein machst.	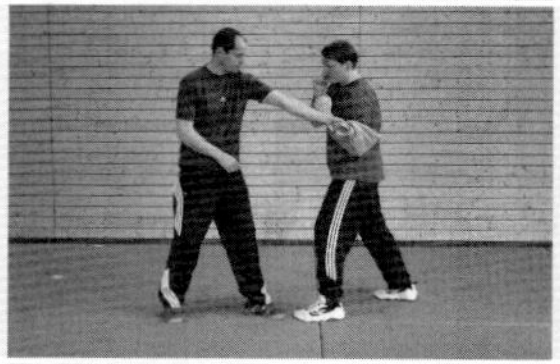
660	**Passivblock außen Körpermitte 3** Übungsform für die Technik	Nun musst Du Dich gegen eine Zeitung oder Pratze von außen schützen! Wehre den Angriff mit dem Passivblock ab!	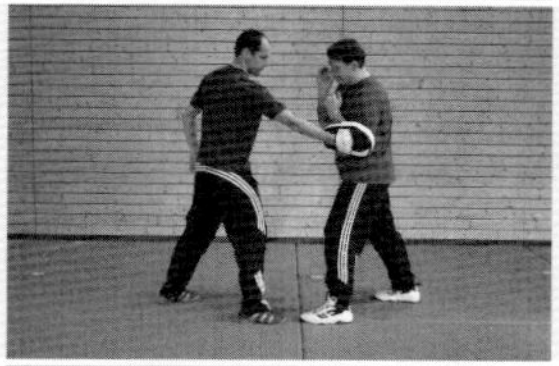
661	**Passivblock außen Körpermitte 4** Übungsform für die Technik	Ein Halbkreisfußtritt zum Körper wird mit dem Passivblock geblockt. Mache diese Bewegung sehr sauber und exakt. Dein Partner soll langsam angreifen und agieren.	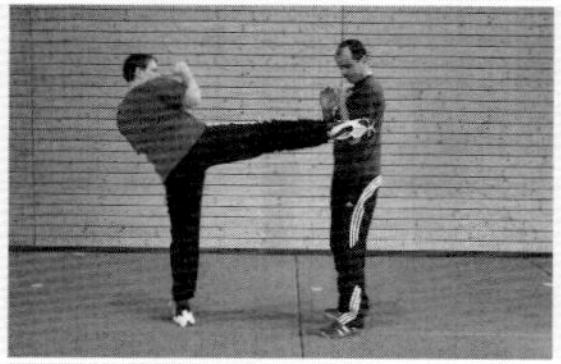
662	**Passivblock außen Körpermitte 5** Übungsform für die Technik	In Deinem Gürtel trägst Du Wäscheklammern. Dein Partner versucht Dir diese zu klauen und Du schütz Dich durch den Passivblock.	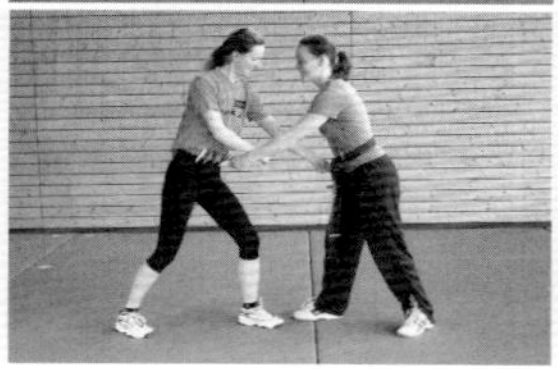

Abwehrtechnik für Anfänger: Passivblock innen gegen einen Angriff zur Körpermitte

663

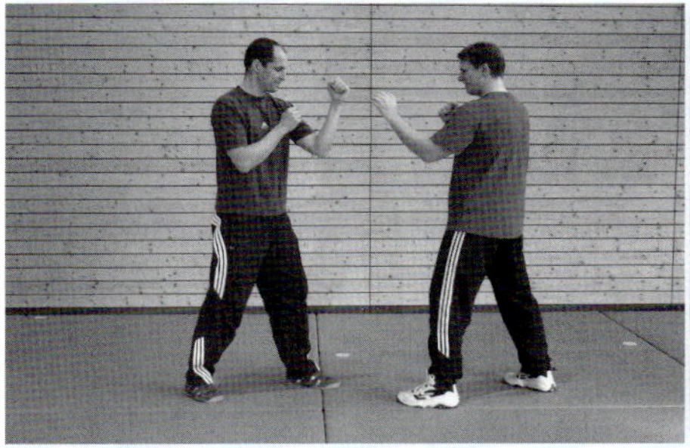

Bild 1:
Ihr steht euch in der Kampfstellung gegenüber.

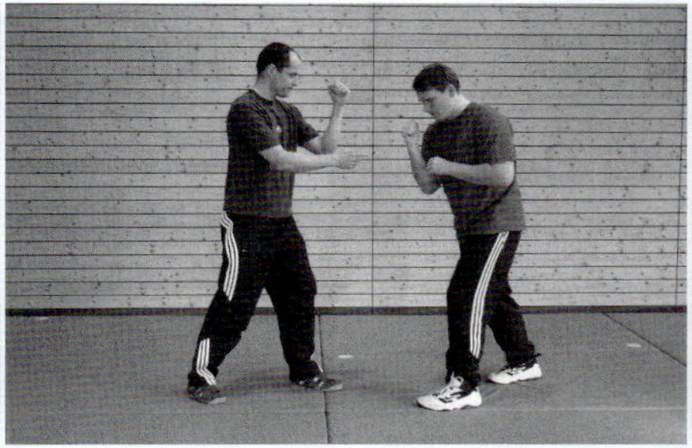

Bild 2:
Dein Partner versucht, Dich in Deinen Bauch zu stechen. Du ziehst Deinen rechten Arm ganz eng an Deinen Körper,

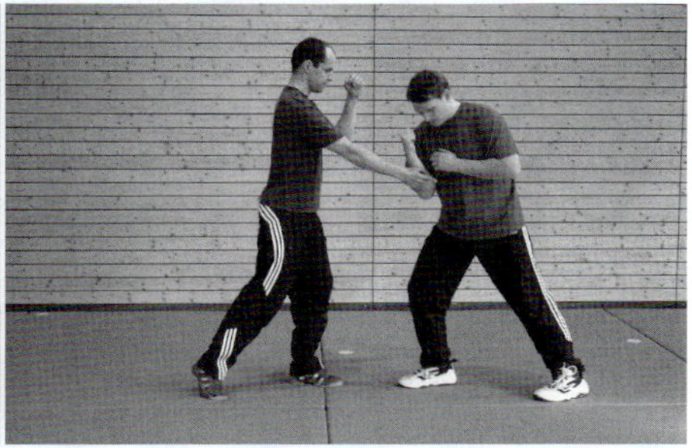

Bild 3:
wehrst jetzt erfolgreich den Angriff mit der Innenseite des Unterarms ab und schützt Dich mit Deinem zweiten Arm vor weiteren Angriffen.

8

Nr.	Name der Spielform Ziele/Akzente	Idee/Beschreibung	Hinweise/Organisation
664	**Passivblock innen Körpermitte 1** Spielform	Zeitungsattacke! Dein Partner versucht, Dich mit einem Zeitungsschlag von innen am Bauch zu treffen. Schütze Dich mit dem Passivblock!	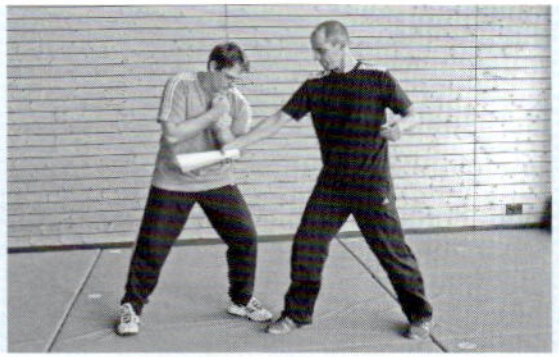
665	**Passivblock innen Körpermitte 2** Übungsform für die Technik	Achtung! Dein Gürtel ist in Gefahr! Dein Partner versucht, den Knoten zu greifen und diesen zu öffnen. Schütze Dich mit dem Passivblock nach innen.	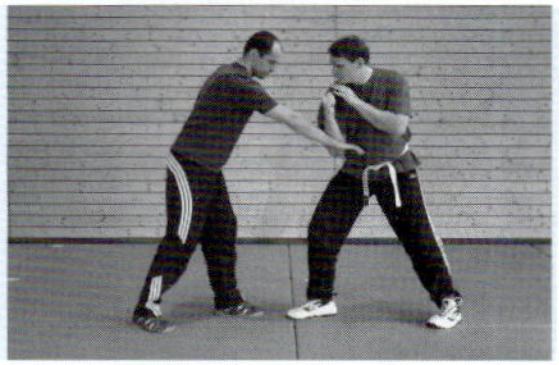
666	**Passivblock innen Körpermitte 3** Übungsform für die Technik	Wäscheklammerklau! Du hast an Deinem Revers mehrere Wäscheklammern. Schütze Sie durch Passivblöcke nach innen!	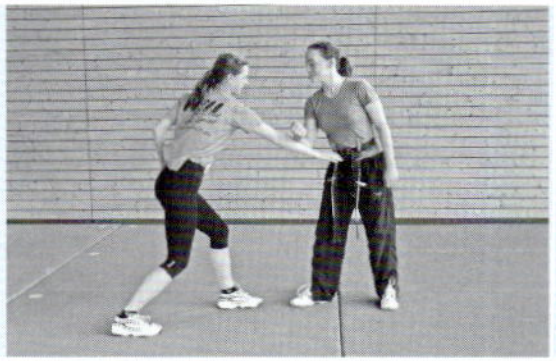
667	**Passivblock innen Körpermitte 4** Übungsform für die Technik	Kitzelalarm! Dein Partner möchte Dich von vorne am Bauch kitzeln. Schütze Dich mit dem Passivblock nach innen und einem Körperabdrehen.	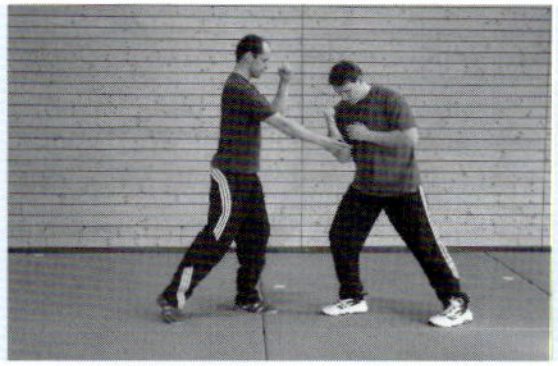
668	**Passivblock innen Körpermitte 5** Übungsform für die Technik	Dein Partner versucht, locker mit einem Faustostoß Deinen Bauch zu berühren. Schütze Dich durch ein Körperabdrehen und einen Passivblock nach innen.	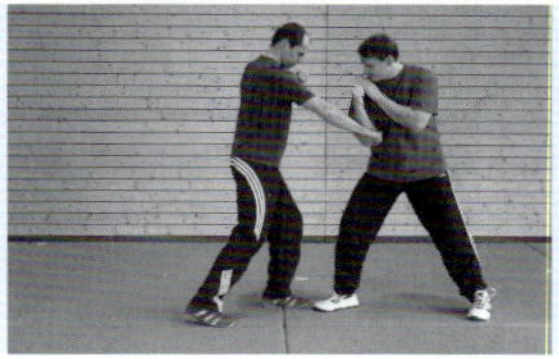

Abwehrtechnik für Anfänger: Abwehrtechnik mit dem Unterschenkel

669

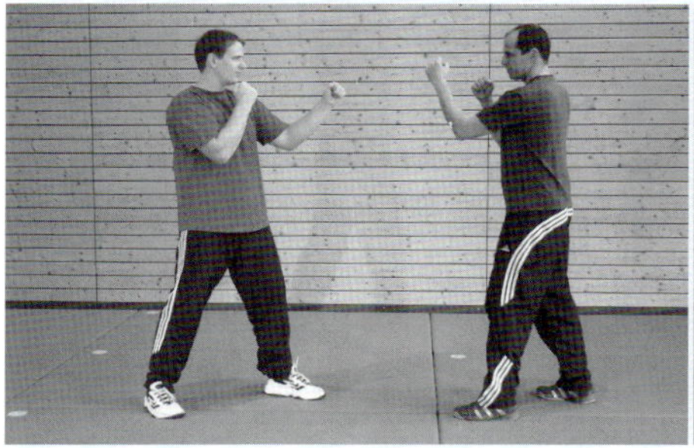

Bild 1:
Ihr steht euch in der Kampfstellung gegenüber.

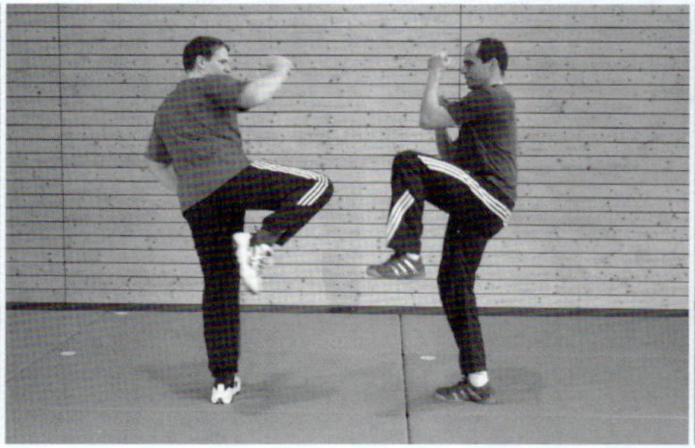

Bild 2:
Dein Partner versucht, Dich mit einem Tritt von außen an der Seite zu treffen.
Du ziehst Deinen linkes Bein nach oben, ziehst Deinen Unterschenkel an und

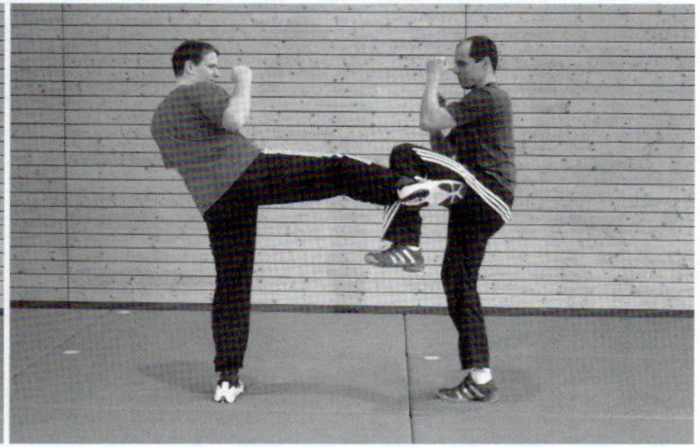

Bild 3:
drehst Dich leicht gegen den Tritt. So wehrst Du erfolgreich den Angriff ab.

Nr.	Name der Spielform Ziele/Akzente	Idee/Beschreibung	Hinweise/Organisation
670	**Abwehrtechnik mit dem Unterschenkel 1** Spielform	Schuhalarm! Ein Schuh hat es auf Deine Pobacke abgesehen. Schütze Dich mit Deinem Unterschenkel.	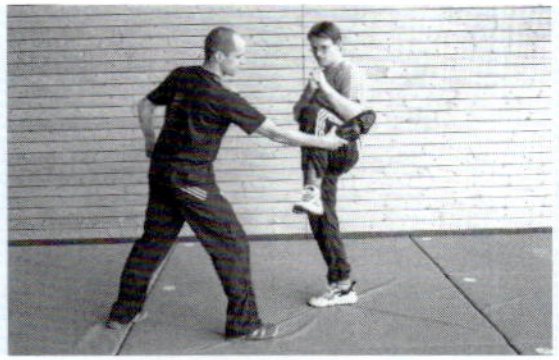
671	**Abwehrtechnik mit dem Unterschenkel 2** Übungsform für die Technik	Dein Partner versucht, Dich auf dein Gesäß zu klatschen. Du wehrst den Angriff mit einer Abwehrtechnik mit dem Unterschenkel ab, indem Du seinen Unterarm ableitest.	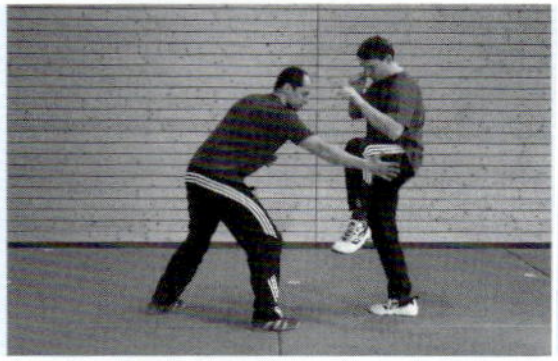
672	**Abwehrtechnik mit dem Unterschenkel 3** Übungsform für die Technik	Dein Partner versucht ständig, Deinen Bauch zu berühren. Du „fegst" seine Hand mit dem Unterschenkel weg. Für jeden Treffer erhält er einen Punkt. Spielt auf Zeit. Nach 30 Sekunden wird gewechselt.	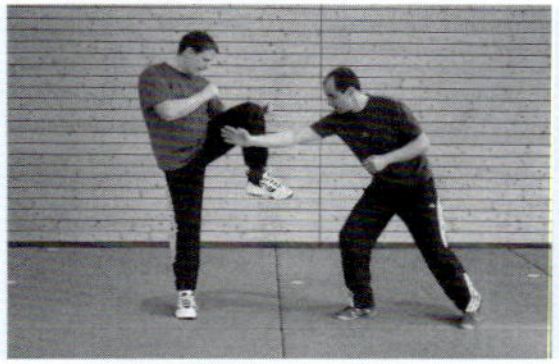
673	**Abwehrtechnik mit dem Unterschenkel 4** Übungsform für die Technik	Dein Partner versucht, Dich auf Deinen Oberschenkel mit dem Spann zu treten. Du stehst links vorne und gehst mit Deinem Unterschenkel aktiv gegen den Spann und verhinderst so den Treffer des Partners.	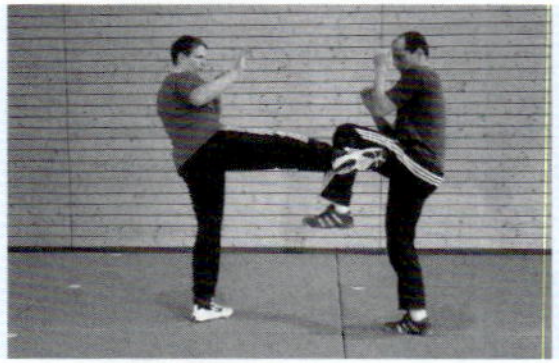
674	**Abwehrtechnik mit dem Unterschenkel 5** Selbstverteidigung	Du wirst mit einem Halbkreisfußtritt vorwärts zum Bauch angegriffen. Durch eine Abwehrtechnik mit dem Unterschenkel schützt Du Dich und schubst Deinen Gegner weg.	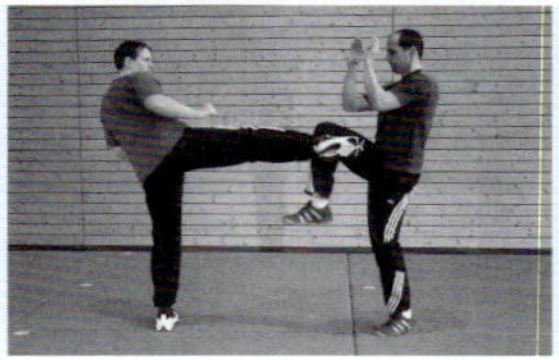

Nr.	Name der Spielform Ziele/Akzente	Idee/Beschreibung	Hinweise/Organisation
675	**Abwehrzirkel Beintechniken** Techniktraining	Dein Partner greift Dich ständig mit allen möglichen Fußtritten an. Du musst jeden Tritt mit einer anderen Technik abwehren.	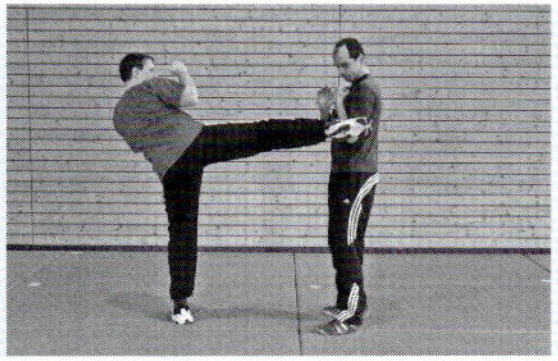
676	**Abwehrzirkel Handfegen** Techniktraining	Du wirst ständig mit geraden Bein- und Fausttechniken angegriffen. Wehre alle Angriffe mit Handfegetechniken ab.	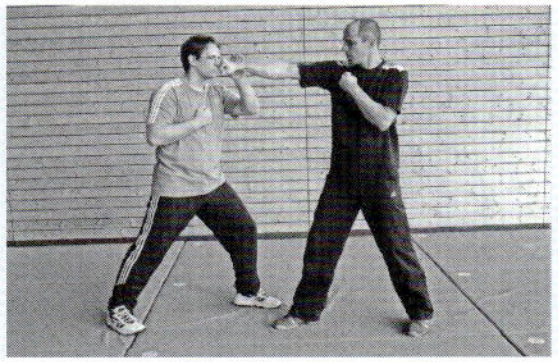
677	**Abwehr und Konter** Techniktraining	Wehre die kommenden Angriffe mit Abwehrtechniken Deiner Wahl ab. Nach jeder Abwehr musst Du mit einer Atemitechnik kontern. Achte auf die optimale Distanz.	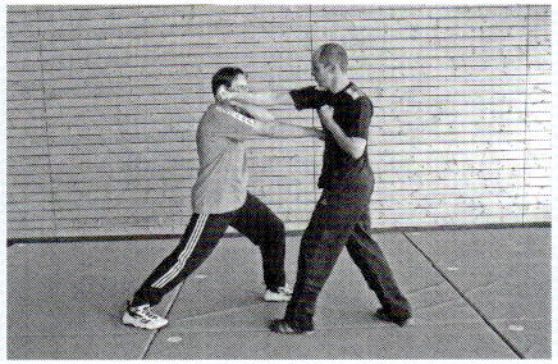
678	**Mehrfachangriffe** Techniktraining	Dein Partner greift Dich mit zwei Atemitechniken an. Die erste musst Du blocken und dann darfst Du auch in den Griffkontakt gehen.	z. B.: – Ohrfeige, Fauststoß – Fußstoß, Faustrückenschlag
679	**Kontaktangriffe** Techniktraining	Du wirst ständig von Deinem Partner umklammert oder gefasst. Befreie Dich ständig durch Grifflösen oder -sprengen. Übe locker alle Möglichkeiten, die Du kennst.	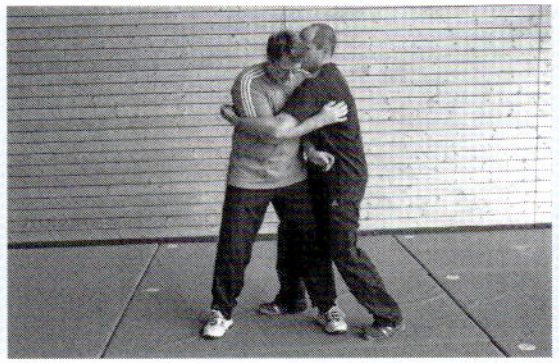

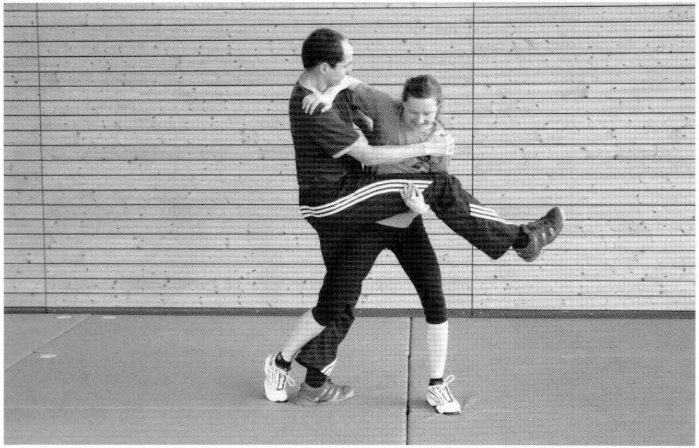

8.3 Wurftechniken

Bei den Wurftechniken werden die Basiswürfe der bekannten Kampfsportarten vorgestellt. Hierbei besteht kein Anspruch auf Vollständigkeit. Viel mehr sollen die Übungsformen zu den einzelnen Techniken im Vordergrund stehen.

Zu den verschiedenen Techniken sollen vor allem vorbereitende Übungen und anwendungsbezogene Selbstverteidigungssituationen vorgestellt werden.

Zum besseren Verständnis wird zuerst eine Bildreihe der jeweiligen Technik vorgestellt und anschließend einführende und ergänzende Übungen und Trainingsformen vorgestellt.

Wurftechnik: Hüftwurf

680

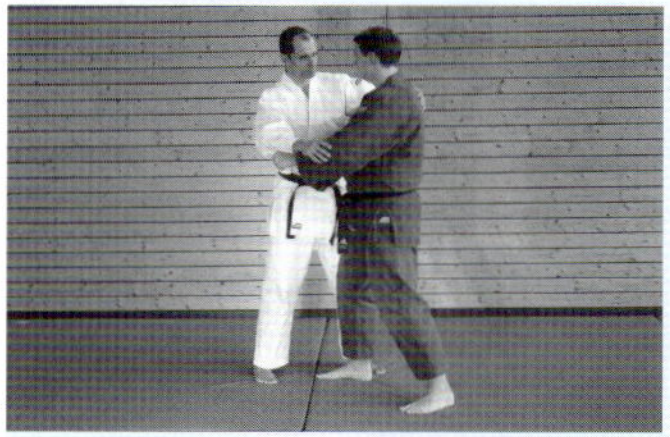

Bild 1:
Du greifst Deinen Partner mit einem Ärmel-Gürtelgriff.

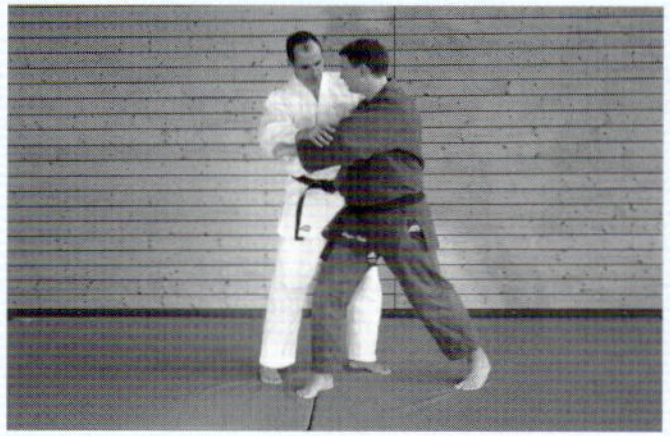

Bild 2:
Nun stellst Du Dein rechtes Bein vor das rechte Bein Deines Partners und leitest die Eindrehbewegung ein.

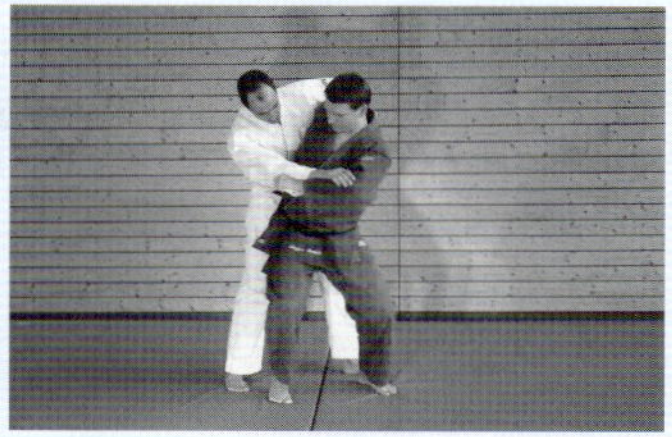

Bild 3:
Jetzt wird das linke Bein nachgezogen und Du beginnst Deinen Partner auszuheben,

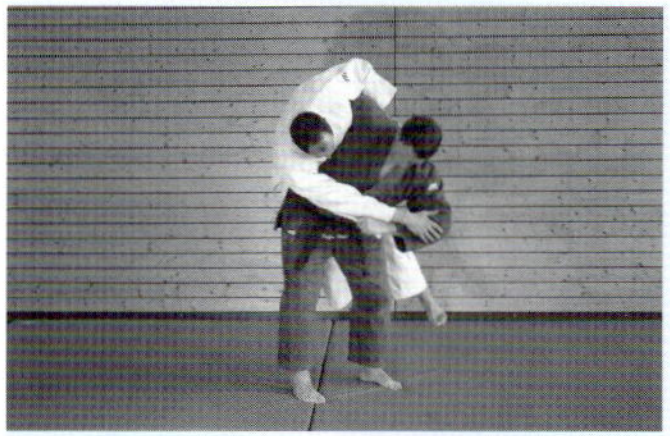

Bild 4:
komplett aufzuladen und

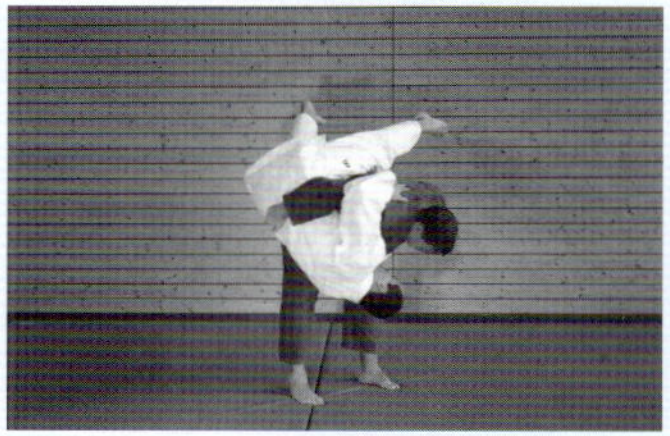

Bild 5:
wirfst ihn nun zu Boden.

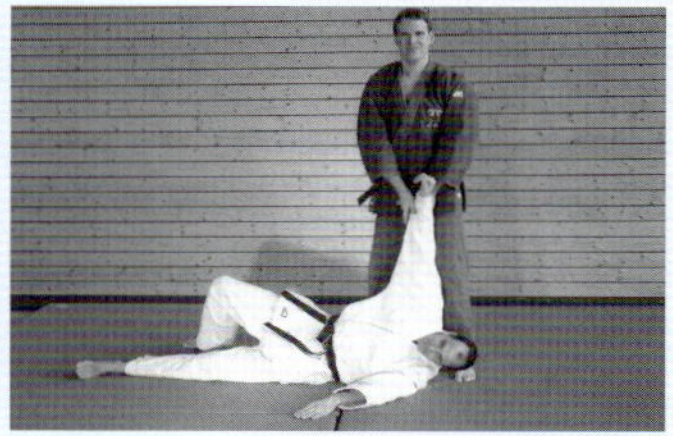

Bild 6:
Dein Partner liegt nun ordentlich auf seiner linken Seite.

Nr.	Name der Spielform Ziele/Akzente	Idee/Beschreibung	Hinweise/Organisation
681	**Hüftwurf** Kräftigung für den Hüftwurf	Mache 15 Kniebeugen. Achte auf Deinen Rücken. Er soll immer gerade sein. Gehe nicht weiter als 90° Grad in die Kniebeugung. Versuche bei der Übung auf Deinem Fußballen zu stehen!	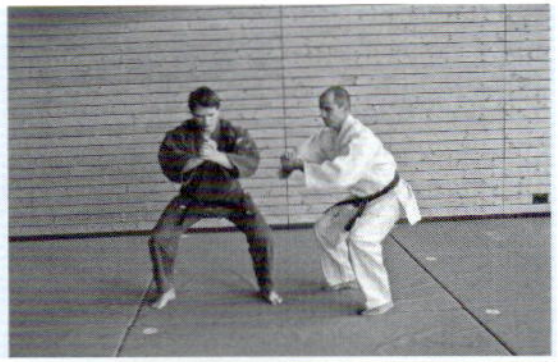
682	**Huckepack** Kräftigung für den Hüftwurf	Nimm Deinen Partner huckepack und transportiere ihn einmal um die Matte herum!	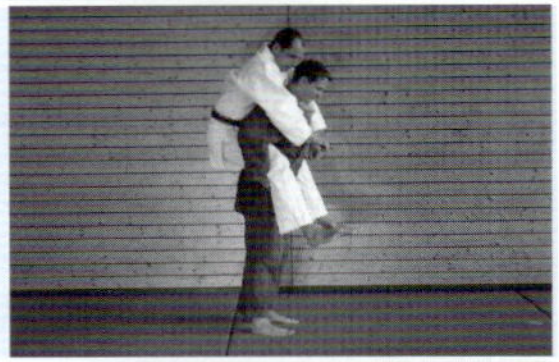
683	**Mehlsack** Kräftigung für den Hüftwurf	Lege Dir Deinen Partner wie einen Mehlsack über die Hüfte und transportiere ihn einmal um die Matte herum.	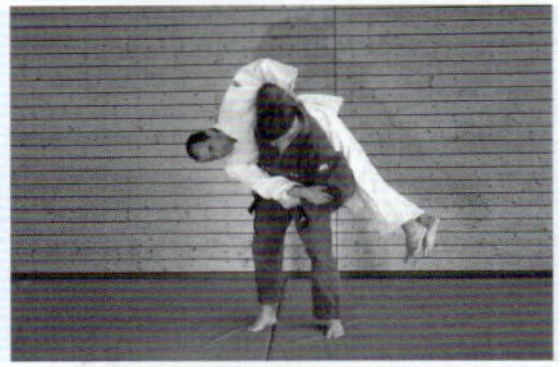
684	**Mehlsack Staffel** Kräftigung für den Hüftwurf	Du transportierst Deinen Partner fünf Matten weit, dann wechselt ihr euch ab. Wiederholt diese Übungsform, bis beide den Partner 20 Meter weit transportiert haben.	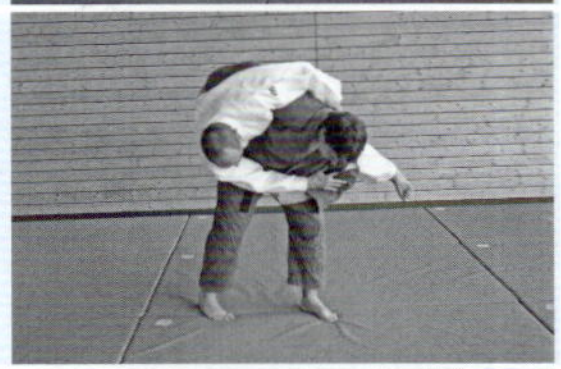
685	**Kano O-Goshi** Sanfter Hüftwurf	Du wirfst jetzt den Hüftwurf ganz sanft und in Zeitlupe. Bevor der Partner auf dem Boden landet, hältst Du ihn mit der linken Hand im Nacken und legst ihn ganz locker ab.	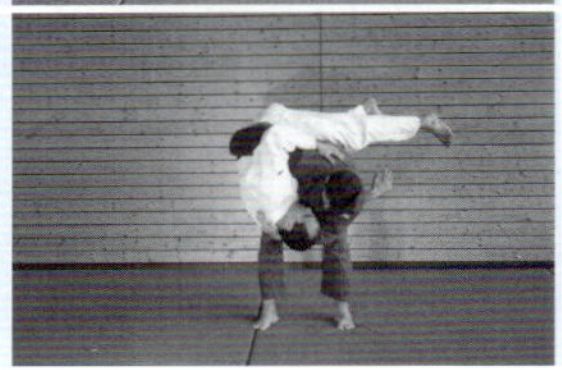

Nr.	Name der Spielform Ziele/Akzente	Idee/Beschreibung	Hinweise/Organisation
686	**Hüftwurf** Vorbereitung 1	Du hast Deinen Partner im Hüftwurf-Griff. Ziehe nun den Partner mit Deiner rechten Hand in einem Halbkreis zu Dir heran und werfe ihn anschließend zu Boden.	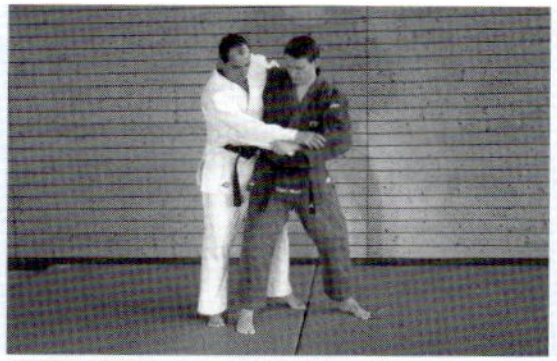
687	**Hüftwurf Kata** Bewegungskoordination beim Hüftwurf	Dein Partner und Du laufen im gleichen Rhythmus aufeinander zu. In dem Moment, in welchem Dein Partner einen Schritt mit links auf Dich zumacht, drehst Du Dich rechts in den Hüftwurf ein.	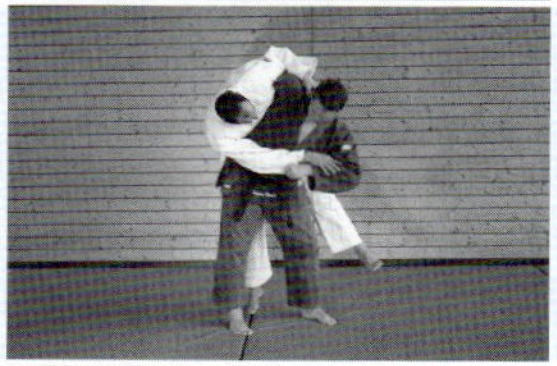
688	**Hüftwurf** Selbstverteidigung 1	Du wirst am Oberarm gefasst. Nach einem Schock zum Magen mit einem Faustschlag wirfst Du Deinen Partner zu Boden.	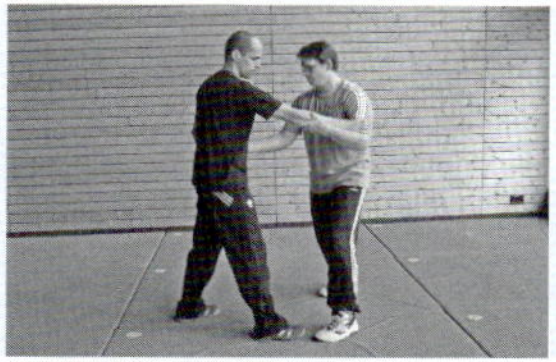
689	**Hüftwurf** Selbstverteidigung 2	Dein Partner umklammert Dich von der Seite. Du sprengst den Griff durch das Absenken Deines Schwerpunktes und einen Schritt zur Seite. Jetzt drehst Du Dich rechts ein und wirfst Deinen Partner auf den Boden.	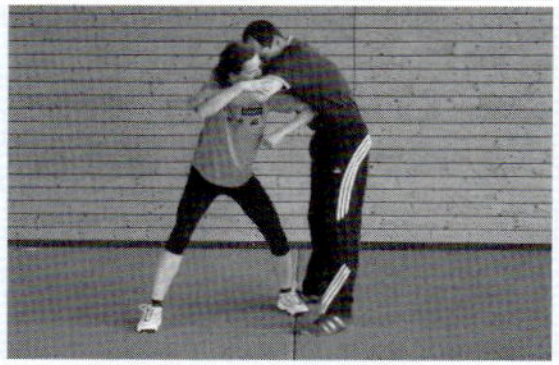
690	**Hüftwurf** Hüftwurf gegen Hüftwurf	Dein Partner versucht einen Hüftwurf rechts bei Dir. Du entgehst dieser Technik, indem Du in Wurfrichtung ausweichst. Nun wirfst Du Deinen Partner mit einem Hüftwurf links.	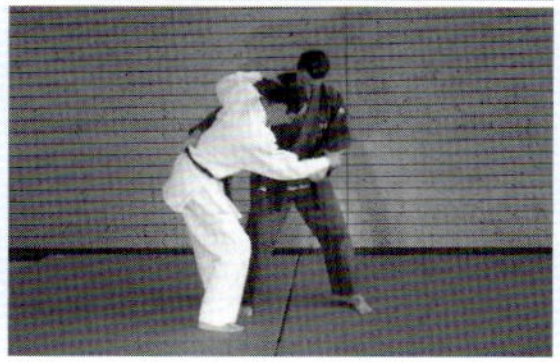

Wurftechnik: Schulterwurf

691

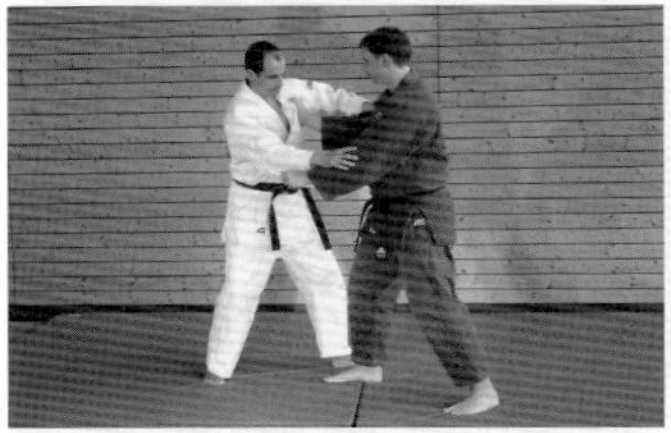

Bild 1:
Du greifst Deinen Partner mit einem Ärmel-Reversgriff.

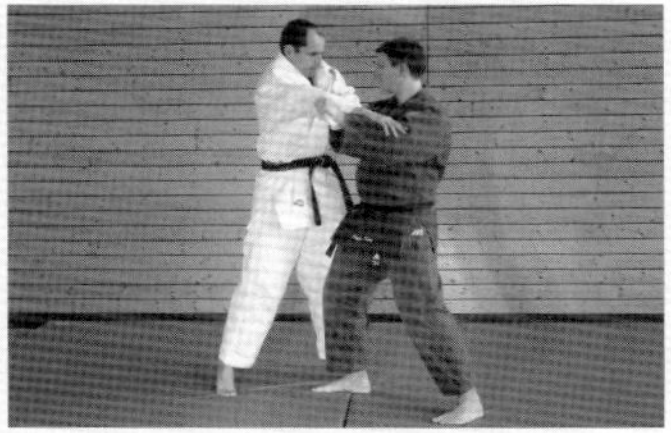

Bild 2:
Zuerst bringst Du Deinen Partner durch einen starken Zug nach vorne oben aus dem Gleichgewicht.

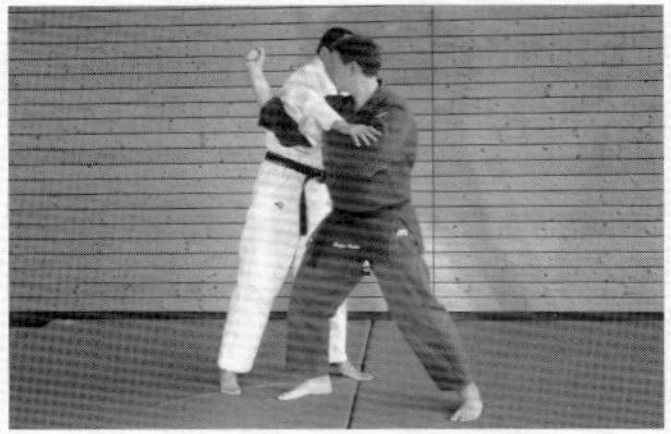

Bild 3:
Jetzt stellst Du Dein rechtes Bein vor das rechte Bein des Partners und klemmst seinen rechten Arm mit Deinem rechten Arm ein.

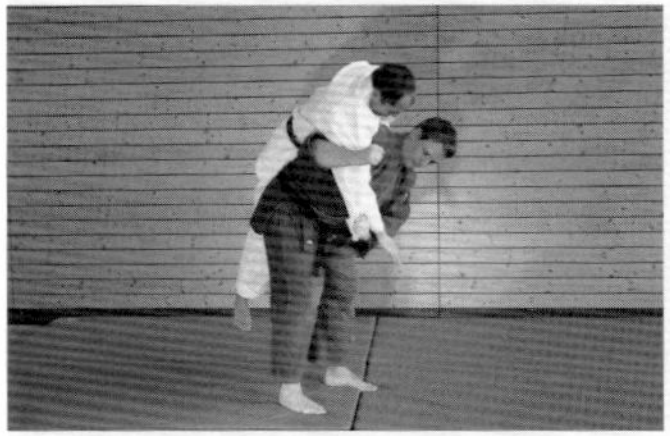

Bild 4:
Nach der Drehung hebst Du Deinen Partner aus und

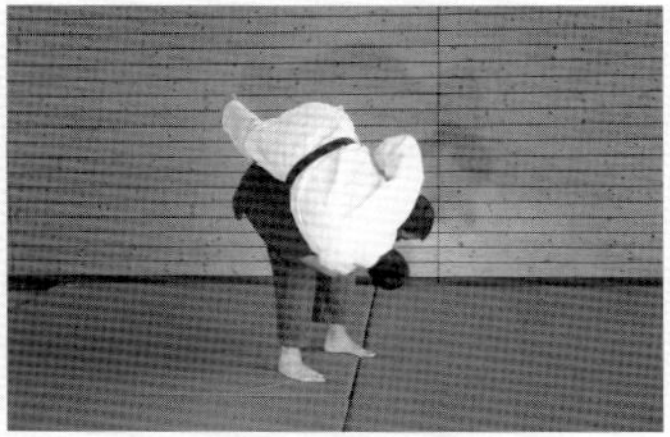

Bild 5:
wirfst ihn kontrolliert zu Boden.

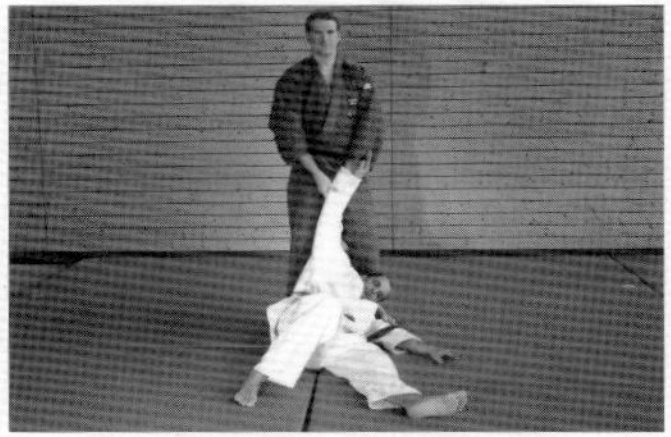

Bild 6:
Dein Partner liegt nun ordentlich auf seiner linken Seite.

Nr.	Name der Spielform Ziele/Akzente	Idee/Beschreibung	Hinweise/Organisation
692	**Schulterwurf** Kräftigung für den Schulterwurf	Hüpfe eine Mattenbahn im Strecksprung auf den Fußballen. Achte darauf, dass Deine Beine gestreckt sind. Auch die Arme sollen während der ganzen Übung nach oben gestreckt werden.	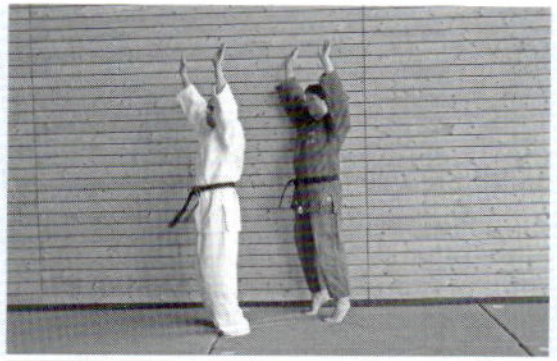
693	**Baumstamm transportieren** Kräftigung für den Schulterwurf	Lade Deinen Partner wie beim Hüftwurf auf und transportiere ihn über die Matte. Diese Übung kann auch als Staffel durchgeführt werden.	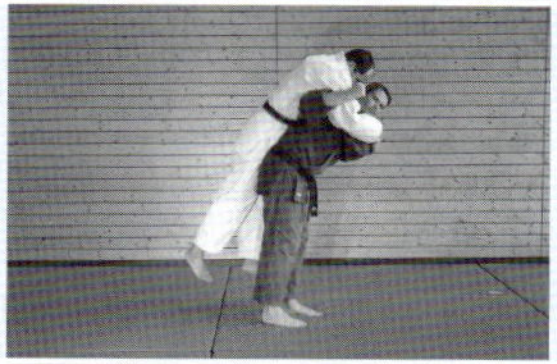
694	**Rollwurf** Vorbereitende Übung für den tiefen Schulterwurf	Du drehst Dich vor Deinem Partner ganz tief ein, bleibst in dieser Position und lässt Deinen Partner los. Er rollt jetzt aktiv über Dich hinweg.	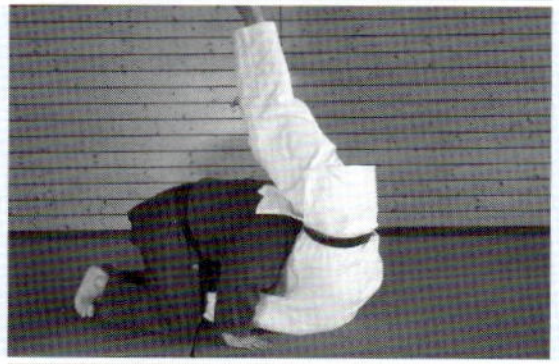
695	**Ausheben** Trainingsform für den Schulterwurf	Du hast den Basisgriff am Ärmel und Revers Deines Partners. Nun hebst Du Deinen Partner mit einem rechten Schulterwurf und anschließend mit einem linken Schulterwurf aus, ohne den Griff zu wechseln!	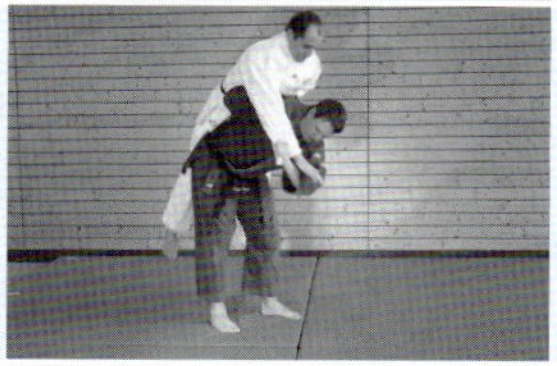
696	**Schattentraining** Trainingsform für den Schulterwurf	Stelle Dir zwei Schlappen ca. doppelte Schulterbreite auseinander auf den Boden. Jetzt drehst Du den Schulterwurf locker ein. Achte darauf, dass Dein Rücken immer aufrecht bleibt und Du auf Deinen Fußballen stehst.	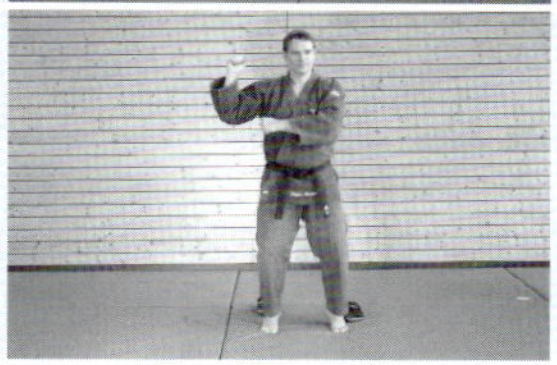

8

Nr.	Name der Spielform Ziele/Akzente	Idee/Beschreibung	Hinweise/Organisation
697	**Dreier-Ausheben** Trainingsform für den Schulterwurf	Dein Partner wird von einem weiteren Helfer am Gürtel festgehalten und mit den Fußsohlen an der Ferse fixiert. Du kannst jetzt mit maximaler Kraft ansetzen und den Schulterwurf üben.	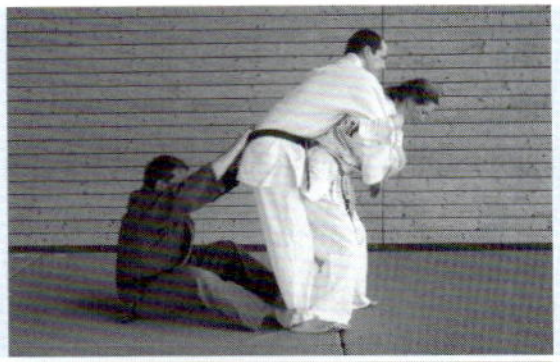
698	**Tiefer Schulterwurf** Variante des Schulterwurfs	Du drehst mit dem Ärmel-Reversgriff tief vor Deinem Partner ein und hebst ihn nun vollständig aus und wirfst ihn ab.	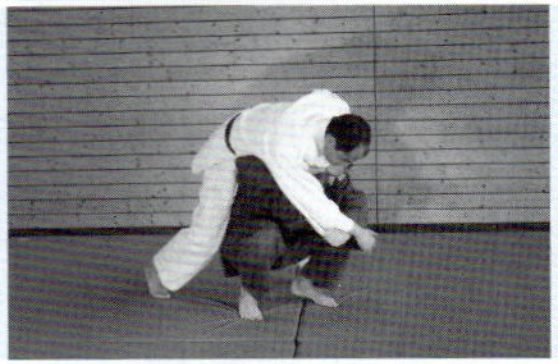
699	**Schulterwurf** Selbstverteidigung 1	Du wirst von hinten über den Armen umklammert. Mache Dich klein und sprenge den Griff durch einen Schritt nach vorne. Nun wirfst Du den Partner mit einem Schulterwurf.	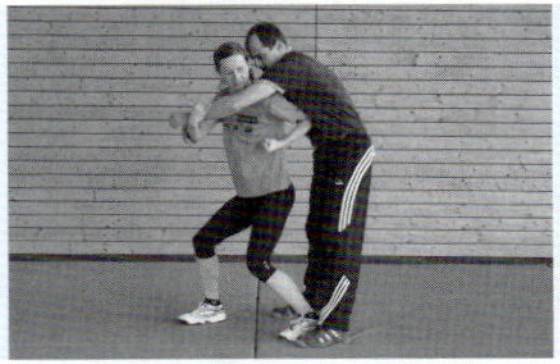
700	**Schulterwurf** Selbstverteidigung 2	Dein Partner würgt Dich von der Seite. Löse die Hand des Partners und werfe ihn mit Schulterwurf zu Boden.	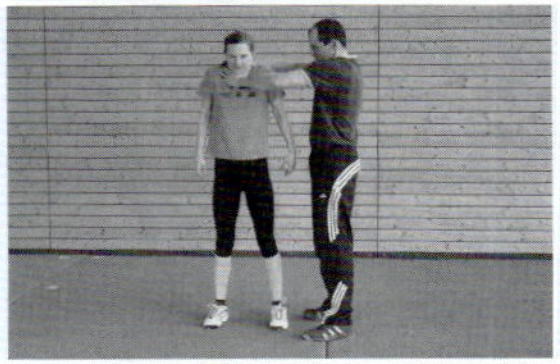
701	**Schulterwurf** Vorbereitung	Du versuchst eine Außensichel bei Deinem Partner. Dieser verhindert die Sichel durch einen Schritt nach hinten. Werfe ihn nun mit einem Schulterwurf!	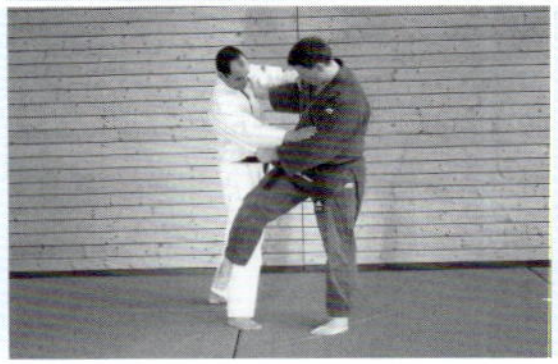

Wurftechnik: Schrittstellungswurf

702

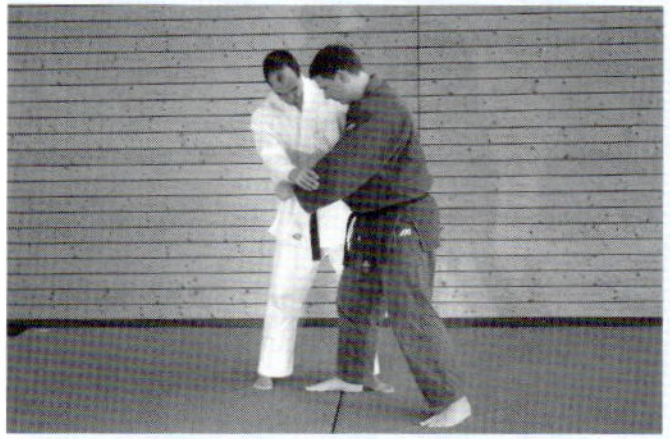

Bild 1:
Du greifst Deinen Partner mit einem Ärmel-Gürtelgriff.

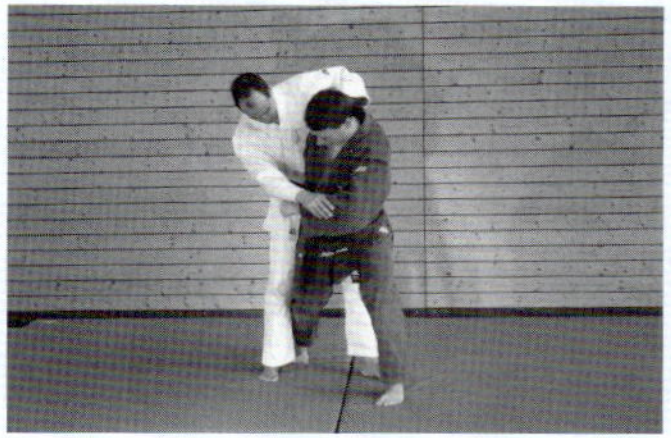

Bild 2:
Du springst jetzt tief zwischen die Beine des Partners, in eine Schrittstellung.

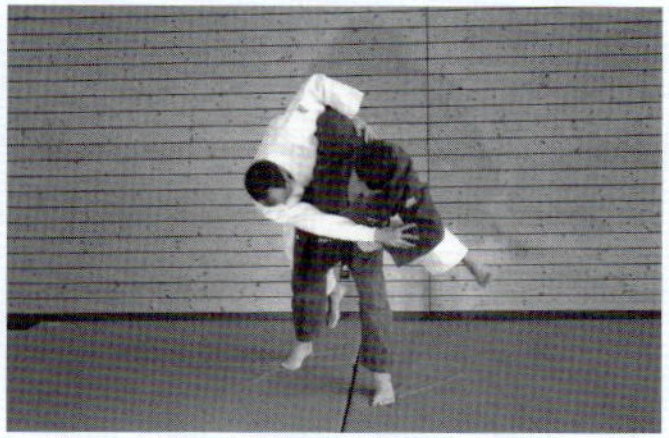

Bild 3:
Jetzt wird das rechte Bein gestreckt und der Gegner nach vorne unten gezogen.

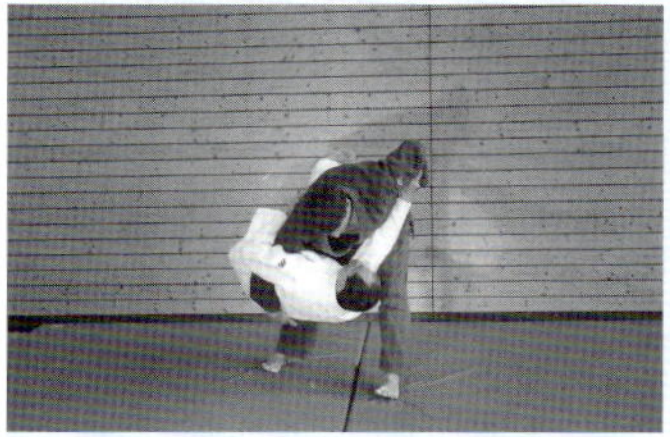

Bild 4:
Du wirfst ihn nun zu Boden.

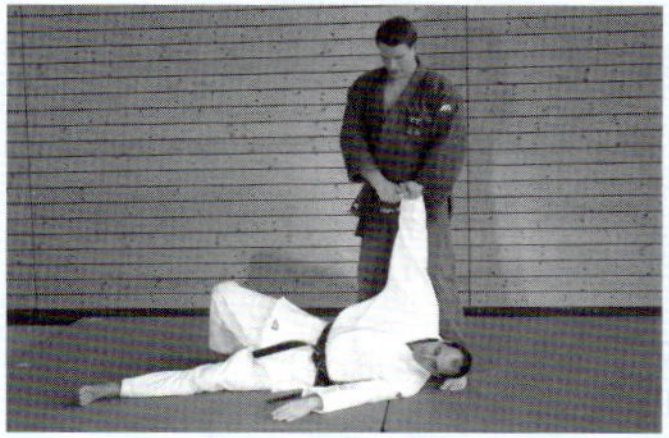

Bild 5:
Dein Partner liegt nun ordentlich auf seiner linken Seite.

Nr.	Name der Spielform Ziele/Akzente	Idee/Beschreibung	Hinweise/Organisation
703	**Schrittstellungswurf** Vorbereitende Übung	Bewege Dich im Hopserlauf über die Matte. Stoße Dich immer explosiv mit dem Fußballen wie ein Hochspringer ab.	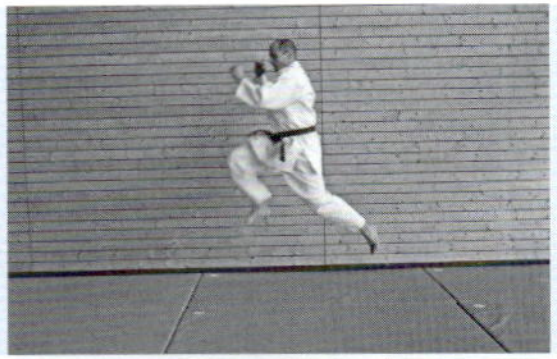
704	**Der Sprinter** Vorbereitende Übung	Stelle Dir zwei Schuhe ca. doppelte Schulterbreite auseinander auf den Boden. Du stellst Dich wie ein Sprinter zwischen die beiden Schuhe in die Startposition im Stand. Sprinte auf Kommando zwei Schritte los!	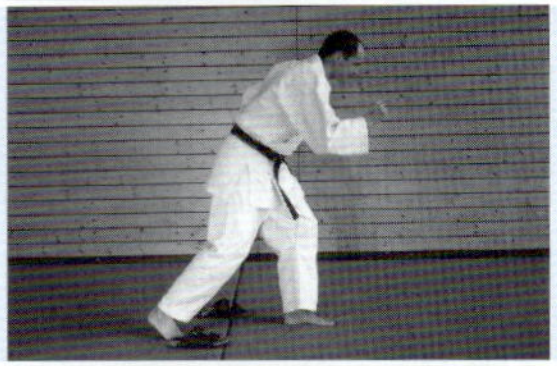
705	**Der Fauststoß** Vorbereitende Übung	Nun stehst Du in einer rechten Stellung vor den Schuhen. Du springst jetzt in die Sprinterstellung und führst gleichzeitig einen Fauststoß aus. Achte auf eine optimale Hüftdrehung.	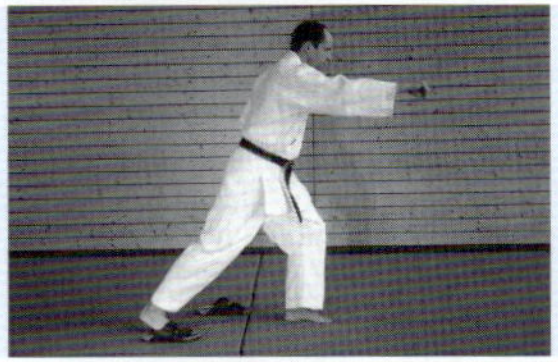
706	**Wechselwurf** Vorbereitende Übung	Dein Partner und Du versuchen gleichzeitig, die Hüfte vor den Bauch des Partners zu bekommen. Der eine links, der andere rechts. Viel Spaß beim Raufen!	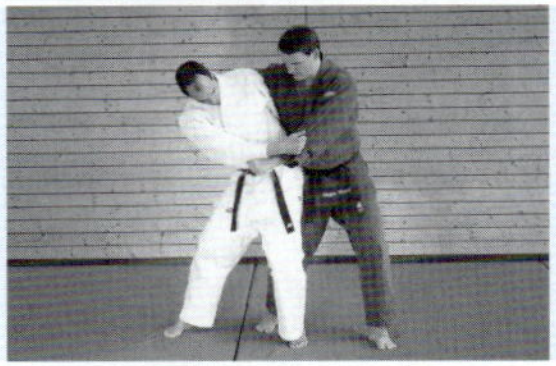
707	**Schnelles Werfen** Technikverbesserung	Du stehst rechts vorne und hast Deinen Partner mit einem Ärmel-Gürtel-Griff gefasst. Jetzt springst Du in die Sprinterposition und streckst Dein hinteres Bein. Schon liegt Dein Partner auf dem Boden.	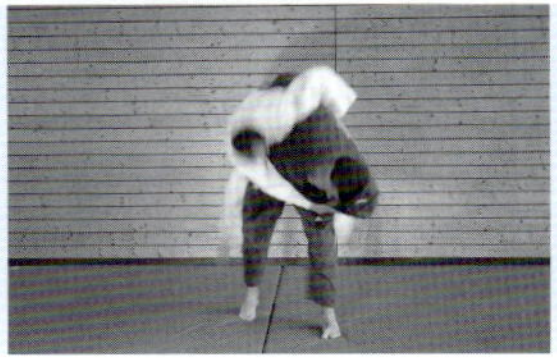

Nr.	Name der Spielform Ziele/Akzente	Idee/Beschreibung	Hinweise/Organisation
708	**Der Kreisel** Technikweiterführung	Du stehst rechts vorne und hast Deinen Partner mit einem Ärmel-Gürtel-Griff gefasst. Jetzt springst Du in die Sprinterposition und streckst Dein hinteres Bein. Gleichzeitig begibst Du Dich in eine Kreisbewegung und wirfst den Partner zu Boden.	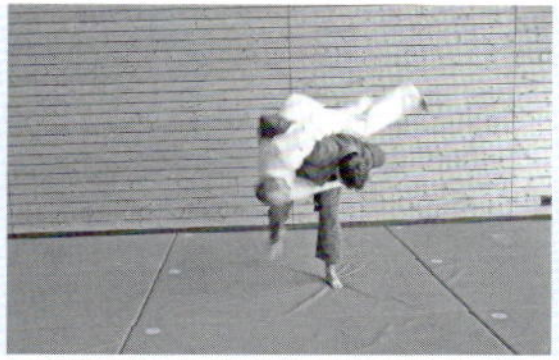
709	**Hinten-Vorne** Vorbereitung der Technik	Du stehst wieder rechts vorne. Nun hakelst Du mit Deinem rechten Fuß am linken Bein des Partners herum. Sobald sich dieser nach hinten stabilisiert, drehst Du den Schrittstellungswurf ein.	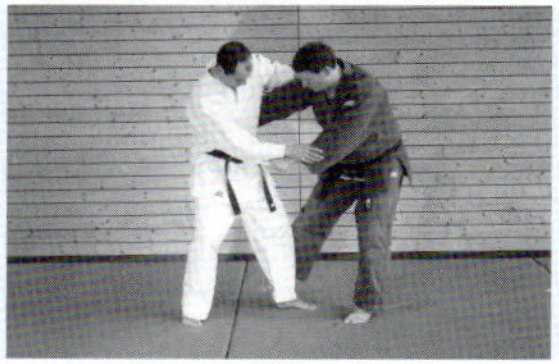
710	**Anfegen** Vorbereitung der Technik	Du stehst rechts und führst nun einen Stemmschritt mit dem rechten Bein in den Partner aus. Darauf weicht dieser mit seinem rechten Bein nach hinten aus. Jetzt setzt Du sofort den Wurf an!	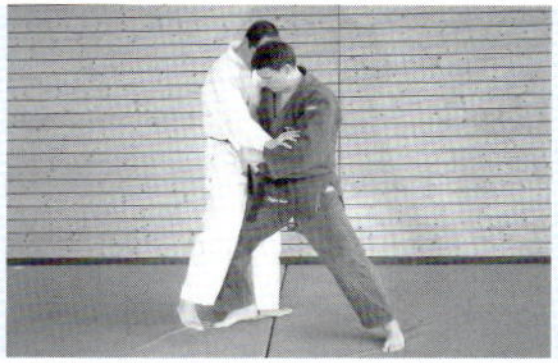
711	**Schrittstellungswurf** Selbstverteidigung 1	Dein Partner versucht, Dich mit einer Ohrfeige rechts und links zu treffen. Du schützt Dich durch zwei Passivblöcke und wirfst den Partner anschließend zu Boden.	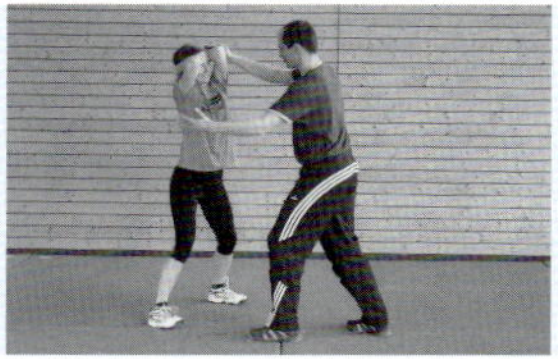
712	**Schrittstellungswurf** Selbstverteidigung 2	Dein Partner fasst Dich an beiden Oberarmen und schüttelt Dich. Greife auf seinen Rücken und werfe ihn zu Boden.	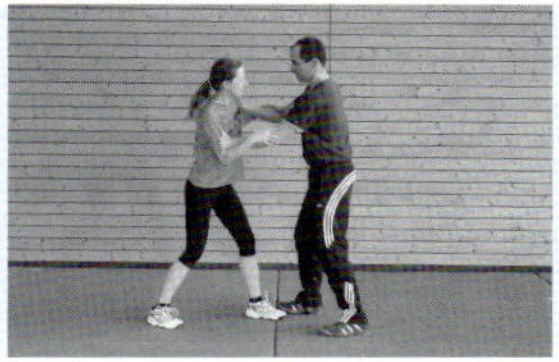

Wurftechnik: Hüftfegen

713

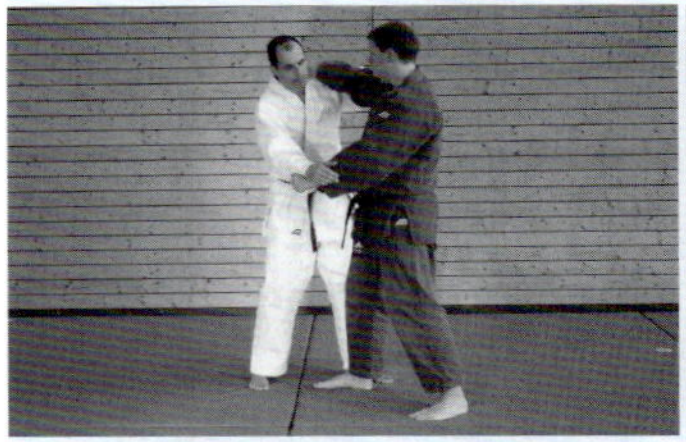

Bild 1:
Du greifst Deinen Partner mit einem Ärmel-Nackengriff.

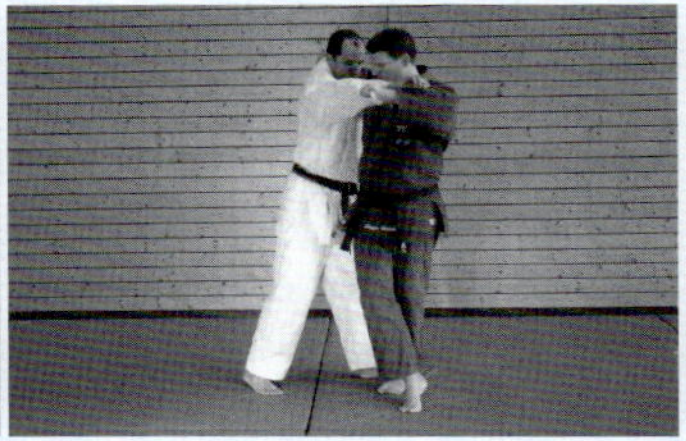

Bild 2:
Nun machst Du mit Deinem linken Bein einen Übersetzschritt hinter das rechte Bein, ziehst den Partner aus dem Gleichgewicht und entlastest so das rechte Schwungbein.

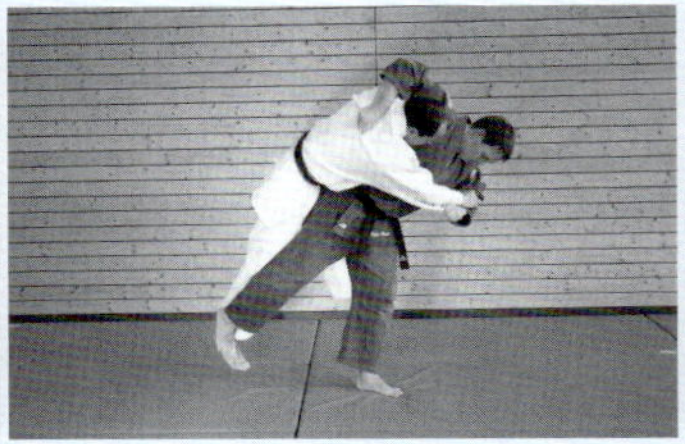

Bild 3:
Nun fegst Du Deinen Partner zwischen Knöcheln und Knie, hebst ihn aus

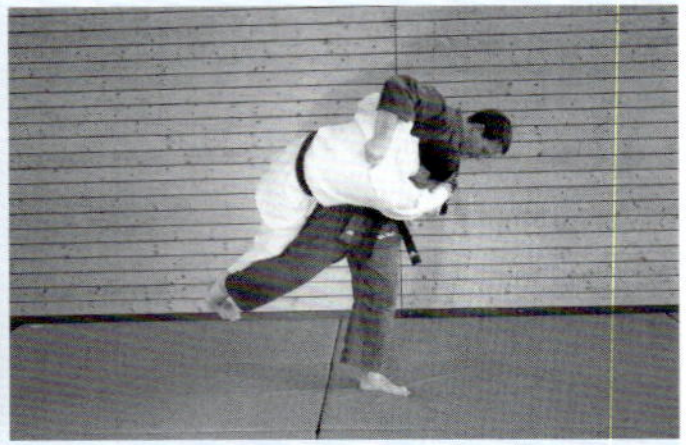

Bild 4:
und bringst ihn in die Rotation.

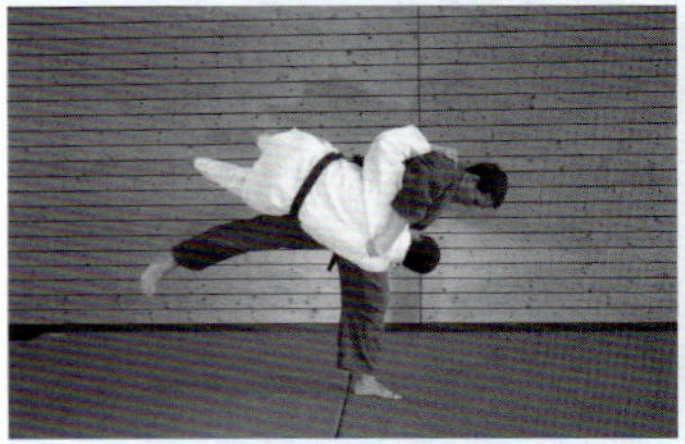

Bild 5:
Dein Bein und Dein Rücken bilden ständig eine Gerade!

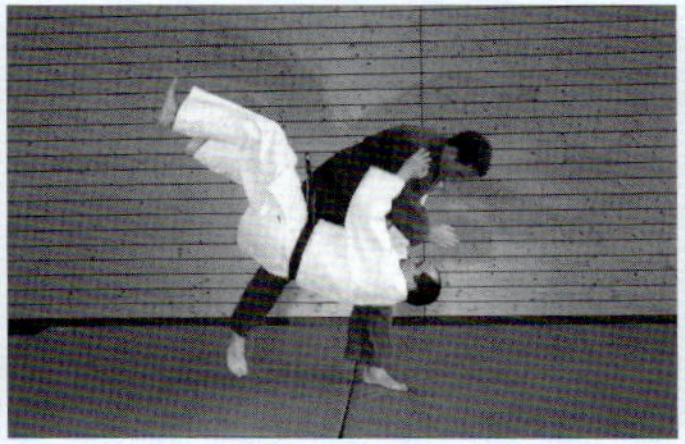

Bild 6:
Jetzt wirfst Du den Partner ab und

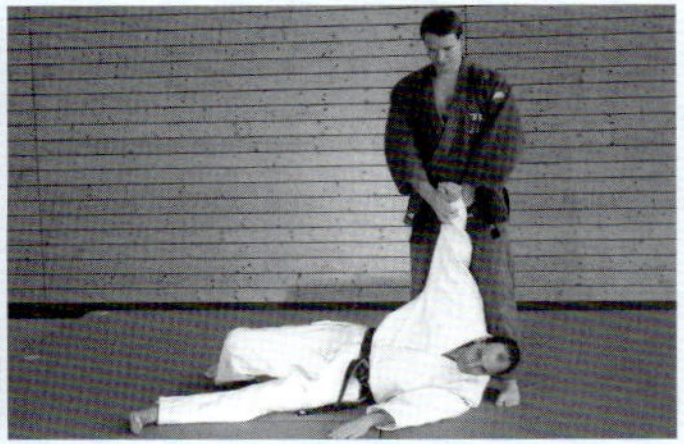

Bild 7:
lässt ihn kontrolliert zu Boden fallen.

Nr.	Name der Spielform Ziele/Akzente	Idee/Beschreibung	Hinweise/Organisation
714	**Hüftfegen** Vorbereitende Übung	Lege Dich auf die Matte. Beobachte Dich, wie Du die Technik durchführst. Nimm Deine Gefühle war. Wie in einem Film siehst Du Dich bei der Technikausführung.	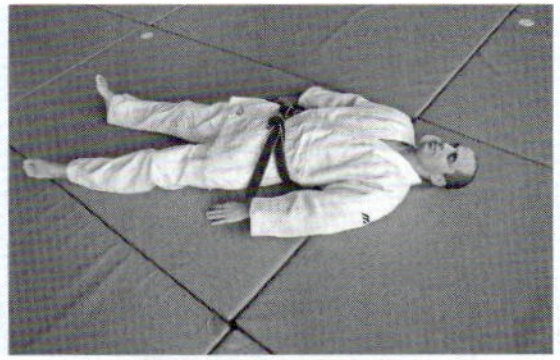
715	**Übersetzschritt** Vorbereitende Übung	Ziehe Deinen Partner zu Dir und übersetze gleichzeitig auf der Stelle mit Deinem linken Bein, hinter dem rechten Schwungbein. Achte auf genügend Abstand zwischen Dir und Deinem Partner.	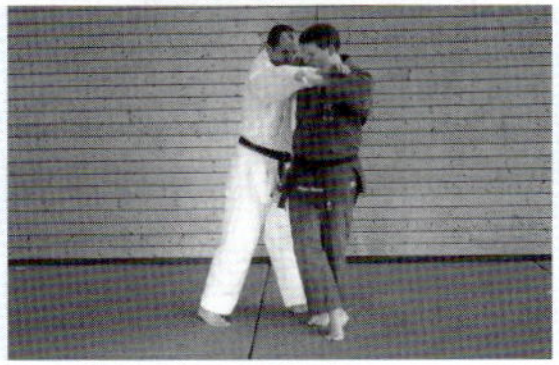
716	**Standwaage** Vorbereitende Übung	Alle laufen auf der Matte durcheinander. Auf Kommando des Trainers gehen alle aus dem Laufen in die Standwaage!	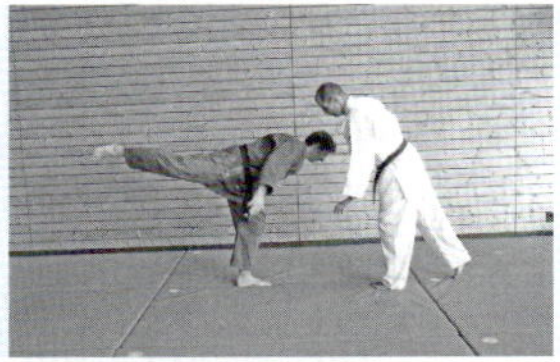
717	**Schattentraining** Vorbereitende Übung	Aus einer rechten Stellung drehst Du den Wurf, wie oben beschrieben, ein und setzt die Technik an. Wichtig: Beuge Dich nicht zu weit nach vorne und rotiere in der Schulter!	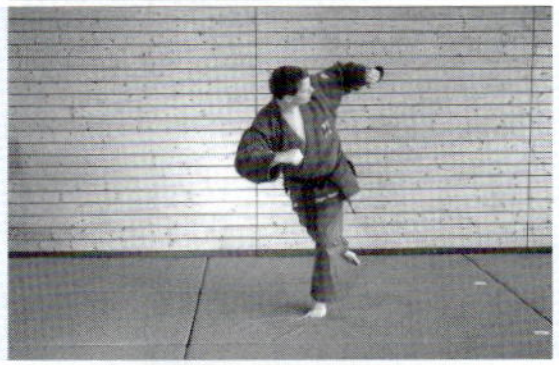
718	**Hüftwurf zu Hüftfegen** Techniktraining	Drehe einen Hüftwurf ein. Dein Partner weicht nun zur Seite aus. Du setzt ein wenig nach und wirfst den Partner mit einem Hüftfegen zu Boden.	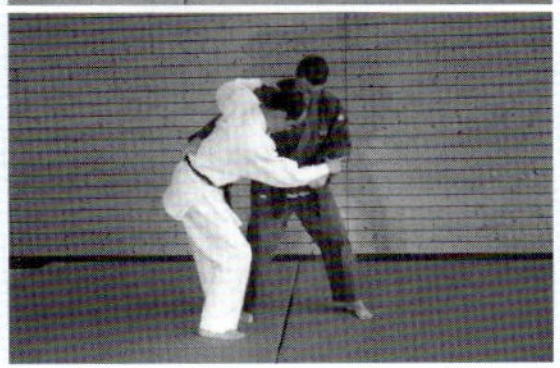

Nr.	Name der Spielform Ziele/Akzente	Idee/Beschreibung	Hinweise/Organisation
719	**Außensichel zu Hüftfegen** Techniktraining	Du setzt eine Außensichel an. Dein Partner weicht mit einem Schritt nach hinten aus. Jetzt setzt Du sofort mit einem Hüftfegen nach.	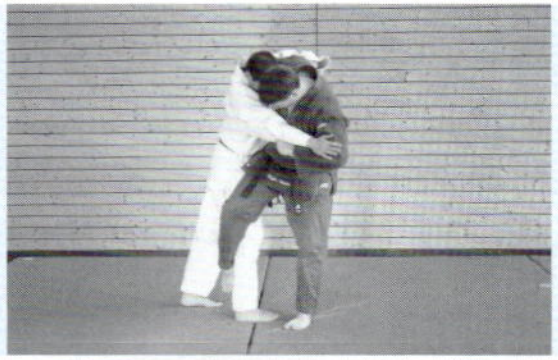
720	**Hüftzug** Techniktraining	Du ziehst Deinen Partner mit einem Ärmel-Nacken-Griff auf Deine rechte Hüfte und wirfst ihn nun zu Boden.	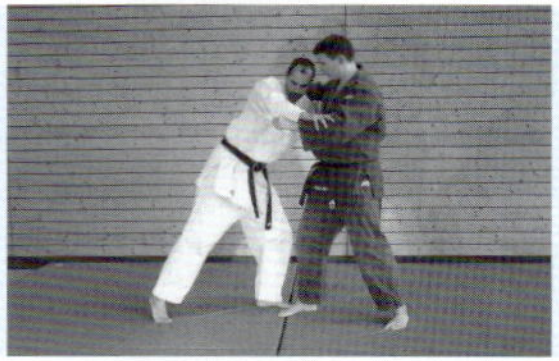
721	**Ausheben** Technikübung	Du drehst den Hüftfeger bei Deinem Partner ein und hebst ihn nun kontrolliert aus. Übe 10 x zu jeder Seite!	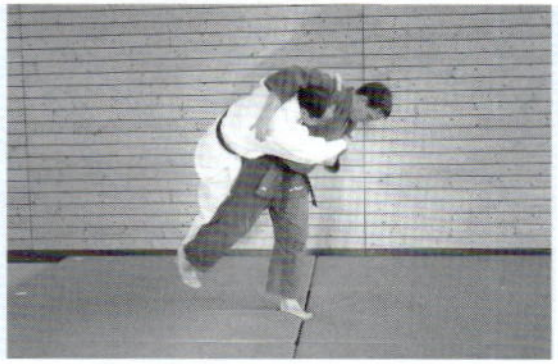
722	**Hüftfegen** Selbstverteidigung 1	Dein Partner fasst Dich mit einer Hand am Oberarm und versucht, Dir mit der anderen eine Ohrfeige zu geben. Schütze Dich durch einen Aktivblock nach außen und werfe ihn anschließend mit Hüftfegen.	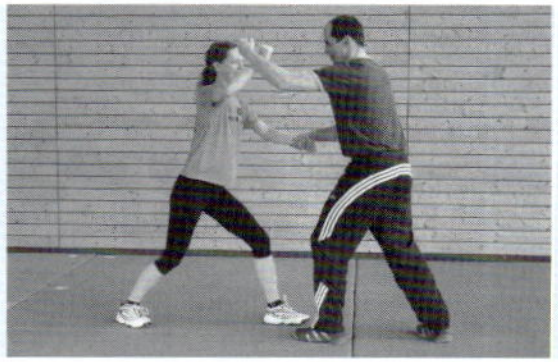
723	**Hüftfegen** Selbstverteidigung 2	Führe die Technik gegen eine Umklammerung von der Seite unter den Armen aus!	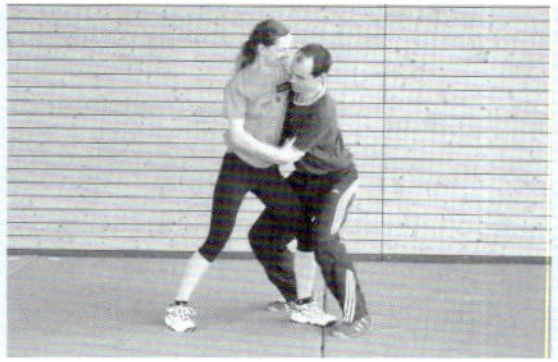

Wurftechnik: Schenkelwurf

724

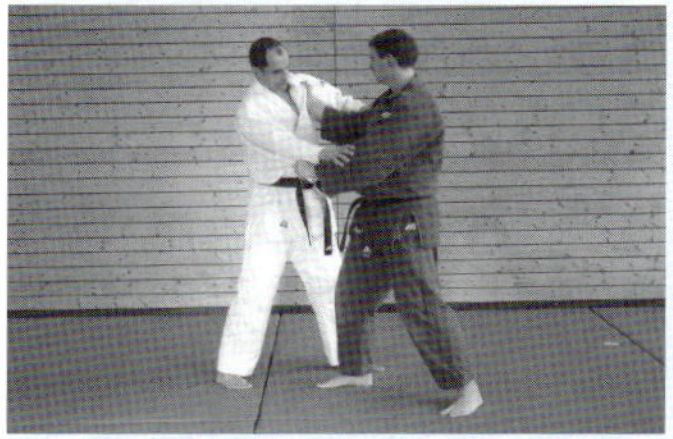

Bild 1:
Du greifst Deinen Partner mit einem Ärmel-Reversgriff.

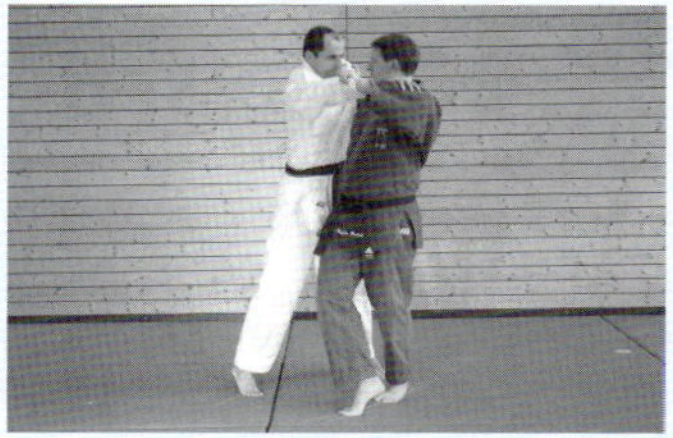

Bild 2:
Nun machst Du mit Deinem linken Bein einen Übersetzschritt hinter das rechte Bein, ziehst den Partner aus dem Gleichgewicht und entlastest so das rechte Schwungbein.

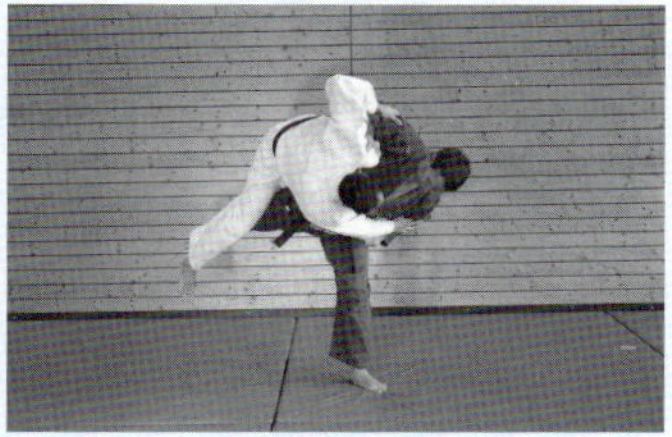

Bild 3:
Nun schwingst Du Dein rechtes Bein zwischen die Beine des Partners und greifst mit Deinem Schenkel das rechte Bein des Partners an.

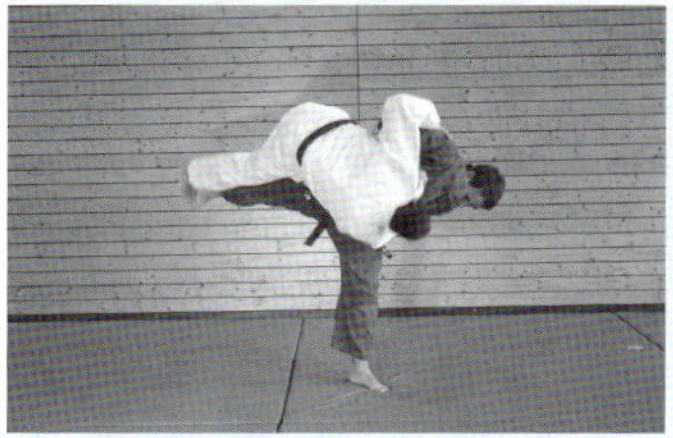

Bild 4:
Durch das Hochschwingen des Beines und Einsatz Deiner Arme, hebst Du Deinen Partner weiter aus

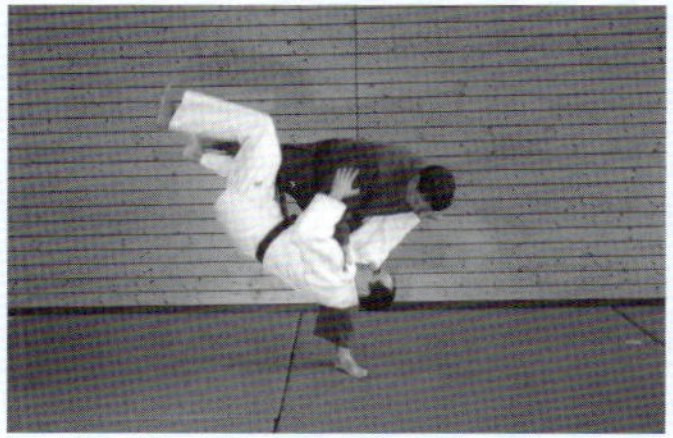

Bild 5:
und wirfst ihn ab.

Nr.	Name der Spielform Ziele/Akzente	Idee/Beschreibung	Hinweise/Organisation
725	**Schenkelwurf** Vorbereitende Übung	Stelle Dich seitlich an die Wand und halte Dich mit einem Arm fest. Schwinge jetzt ein Bein nach hinten hoch und beuge Deinen Oberkörper gleichzeitig vor. Dein Bein bleibt ständig in der Verlängerung Deines Körpers!	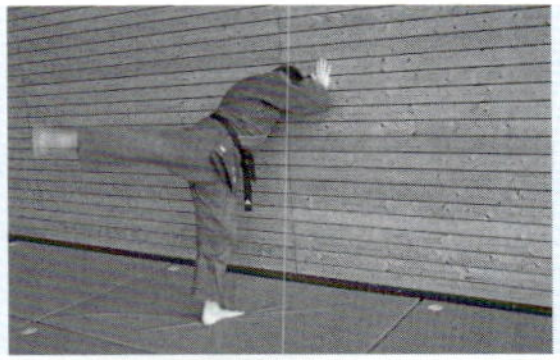
726	**Hüpfende Standwaage** Vorbereitende Übung	Alle stellen sich an einem Ende der Halle auf. Nun wird in die Standwaage gegangen und eine Bahn in der Standwaage bis zum Ende der Halle vorwärts und anschließend rückwärts gesprungen. Bitte beidseitig üben!	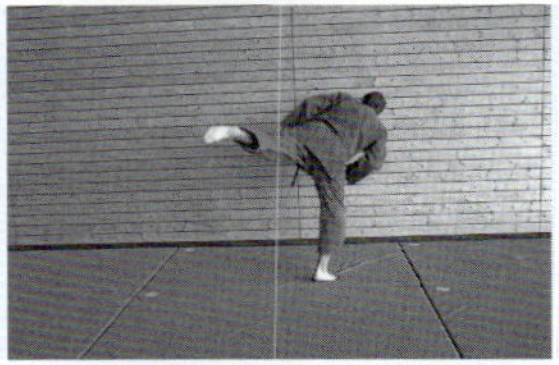
727	**Partnertransport** Vorbereitende Übung	Der Partner wird mit dem Schenkelwurf ausgehoben und in der Standwaage ein paar Meter transportiert.	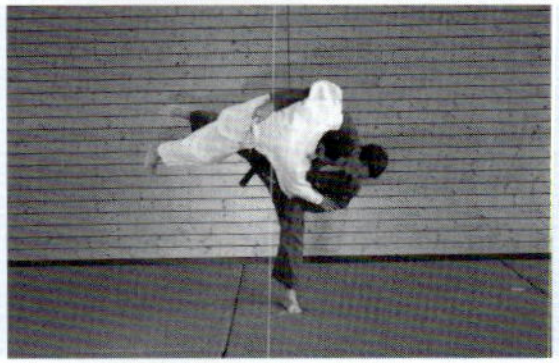
728	**Der Wackler** Vorbereitende Übung	Der Schenkelwurf wird auf einem Wackelkissen angesetzt. Stehe in die Standwaage und mache zusätzlich ein paar Kniebeugen.	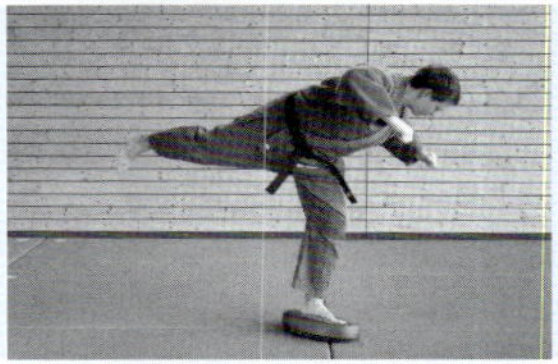
729	**Aufreißen** Vorbereitende Übung	Du greifst Deinen Partner mit einem Ärmel-Revers-Griff. Ziehe den Partner aus dem Stand an Deine Seite. Übe 10 x pro Seite in mehreren Sätzen.	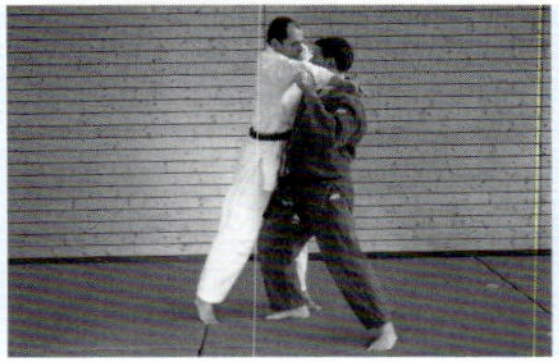

Nr.	Name der Spielform Ziele/Akzente	Idee/Beschreibung	Hinweise/Organisation
730	**Stemmschritt hinten** Vorbereitende Übung	Zum Aufziehen der vorgehenden Übung führst Du nun einen Stemmschritt aus, indem Du mit Deinem linken Bein hinten überkreuzt.	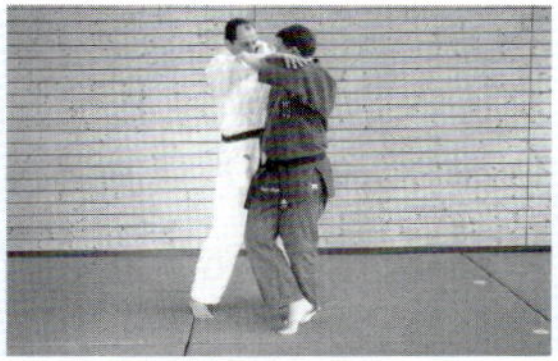
731	**Eingesprungener Schenkelwurf** Technikvariante	Strecke Dein rechtes Bein zwischen die Beine des Partners und springe in den Schenkelwurf. Schon liegt Dein Partner auf dem Rücken!	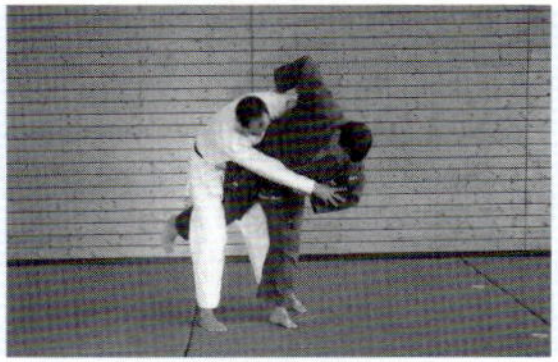
732	**Innensichel in Schenkelwurf 1** Techniktraining	Du versuchst eine kleine Innensichel bei Deinem Partner. Er weicht mit einem Schritt nach hinten rechts aus. Jetzt kannst Du sofort mit Schenkelwurf nachsetzen.	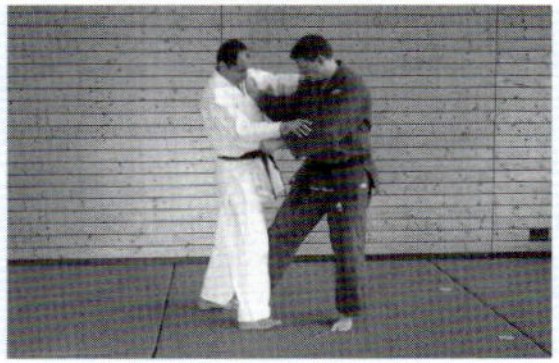
733	**Innensichel in Schenkelwurf 2** Techniktraining	Jetzt versuchst Du, Deinen Partner mit einer großen Innensichel zu werfen. Dein Partner hebt das angegriffene Bein hoch. Springe sofort in den Schenkelwurf und führe Deinen Partner zu Boden.	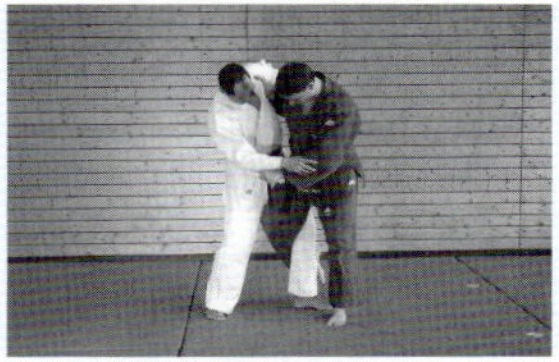
734	**Schenkelwurf** Selbstverteidigung	Du wirst von der Seite umklammert. Schaffe Dir durch einen Schritt zur Seite etwas Platz und werfe Deinen Partner zu Boden.	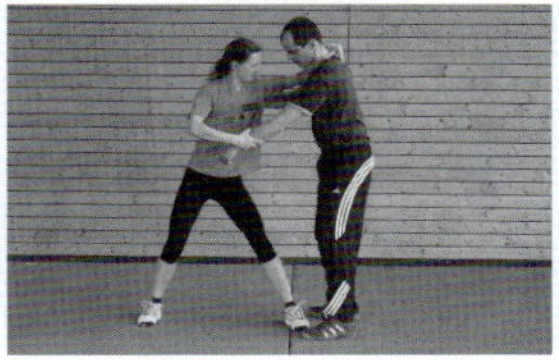

Wurftechnik: Beinstellen

735

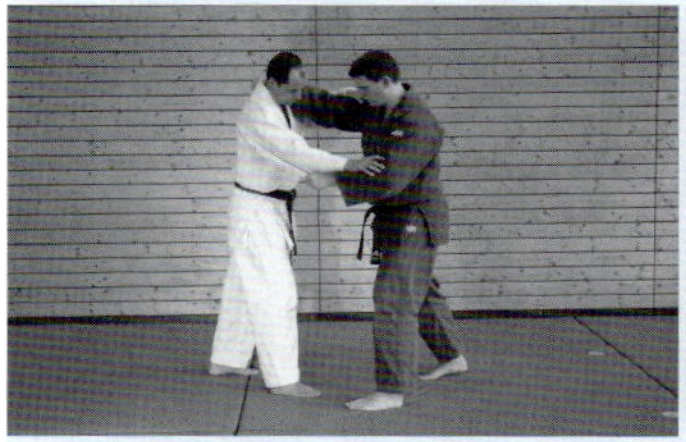

Bild 1:
Du greifst Deinen Partner mit einem Ärmel-Nackengriff.

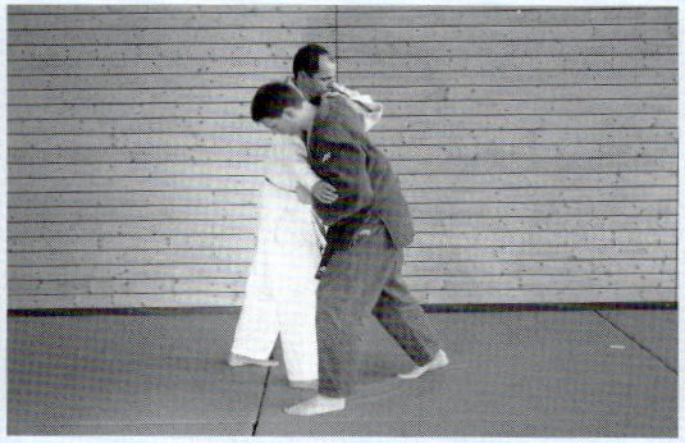

Bild 2:
Als erstes machst Du einen Ausfallschritt mit dem linken Bein hinter Deinen Partner. Dabei ziehst Du ihn aus dem Gleichgewicht und stellst ihn auf das rechte Bein.

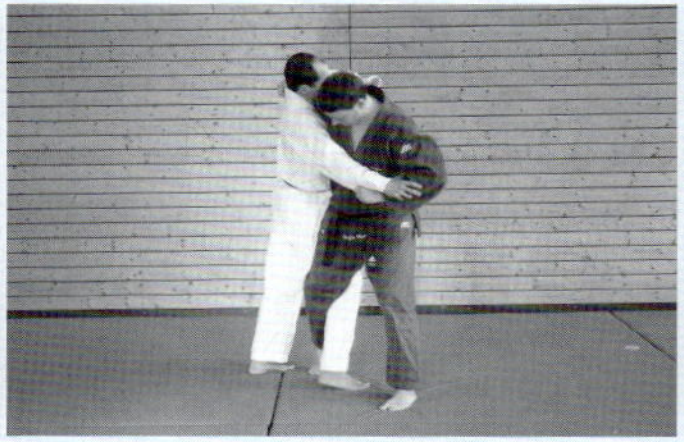

Bild 3:
Jetzt führst Du blitzschnell Dein rechtes Bein zwischen die Beine des Partners und stellst es auf dem Fußballen ab. Achte auf Kontakt an der Schulter, Hüfte und Kniekehle.

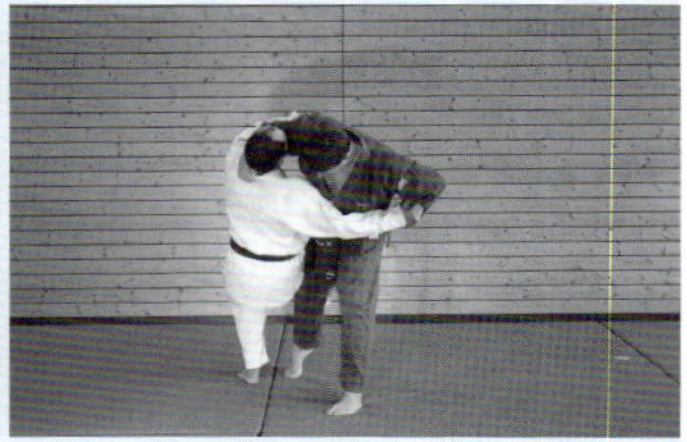

Bild 4:
Ziehe am Arm, drücke am Oberkörper und strecke das Bein, nun fällt Dein Partner zu Boden.

Nr.	Name der Spielform Ziele/Akzente	Idee/Beschreibung	Hinweise/Organisation
736	**Beinstellen** Vorbereitende Übung	Hüpfe auf einem Bein über die Matte. Halte dabei Dein Gleichgewicht. Wechsele das Bein nach einer Minute.	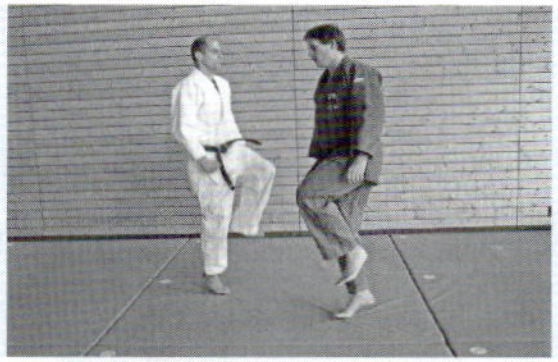
737	**Beinringen am Boden** Vorbereitende Übung	Beide Partner liegen Hüfte an Hüfte auf dem Rücken am Boden, wobei die Köpfe in die andere Richtung schauen. Beide hakeln sich in der Kniekehle ein und versuchen sich nun umzudrücken.	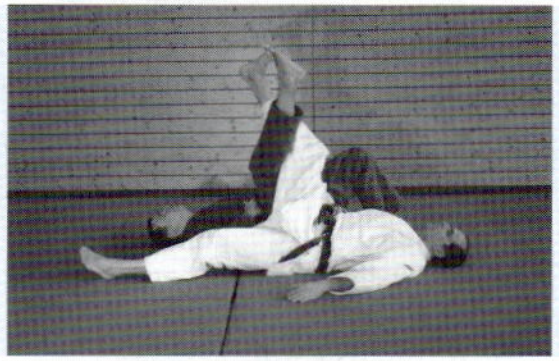
738	**Beinringen im Stand** Vorbereitende Übung	Beide Partner stehen parallel nebeneinander mit Blick in die jeweilige andere Richtung und haben die Beine in der Kniekehle eingehakt. Nun wird versucht, den Partner auf den Boden zu drücken.	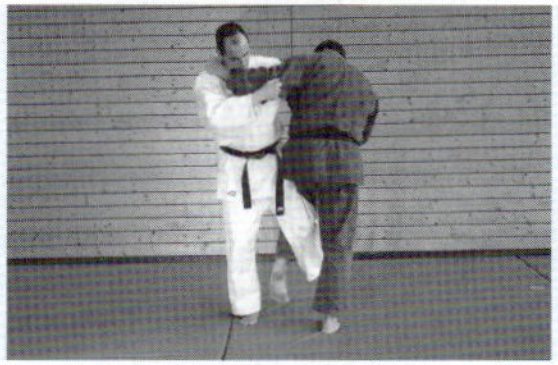
739	**Ausfallschritt** Vorbereitende Übung	Dein Partner steht mit dem rechten Bein vorne. Du ergreifst ihn und machst einen Ausfallschritt nach links hinter dessen vorderes Bein, um sein Gleichgewicht zu brechen.	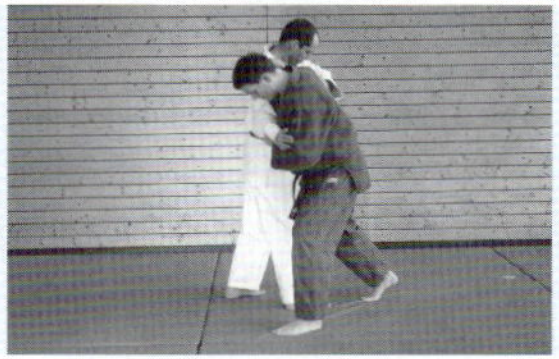
740	**Umdrücker** Vorbereitende Übung	Du führst wieder den Ausfallschritt aus und wirfst Deinen Partner dynamisch zu Boden.	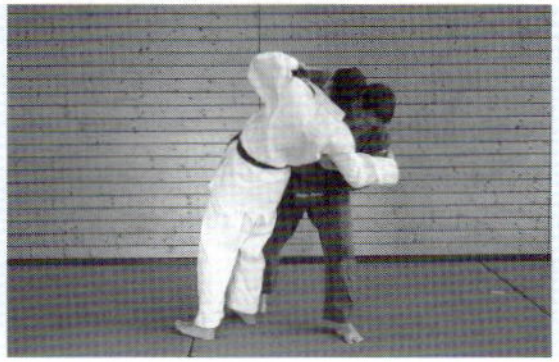

8

Wurftechnik: Große Außensichel

741

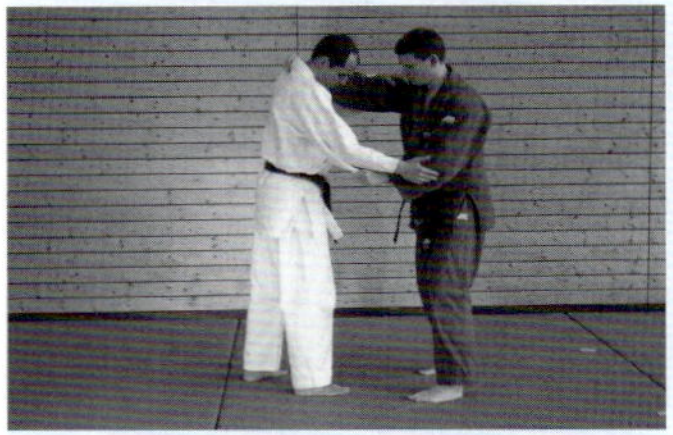

Bild 1:
Du greifst Deinen Partner mit einem Ärmel-Nackengriff.

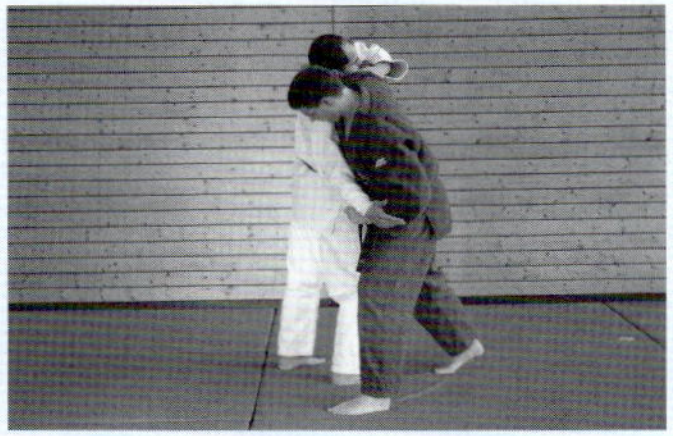

Bild 2:
Nun machst Du mit Deinem linken Bein einen Ausfallschritt hinter das rechte Bein und ziehst den Partner aus dem Gleichgewicht .

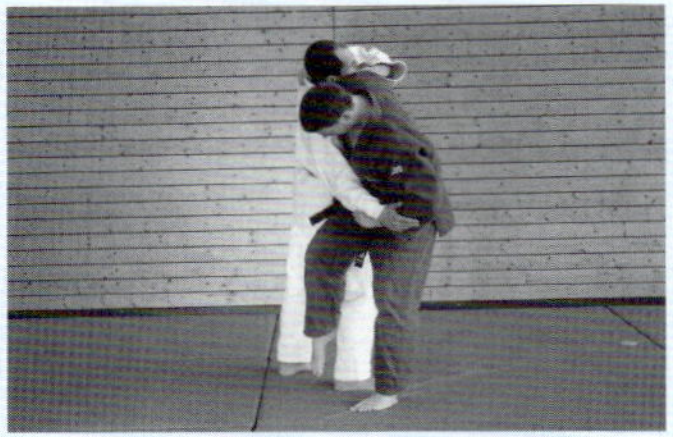

Bild 3:
Jetzt schwingt Dein Bein zwischen die Beine des Partners. Achte auf einen engen Kontakt an der Hüfte und Schulter.

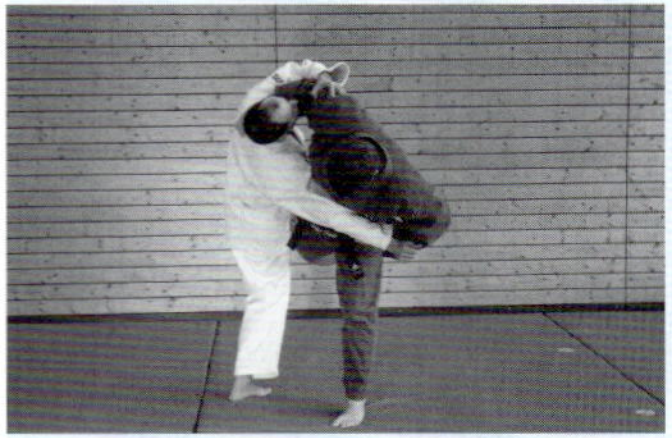

Bild 4:
Bringe Deinen Partner durch Zug und Druck aus dem Gleichgewicht und

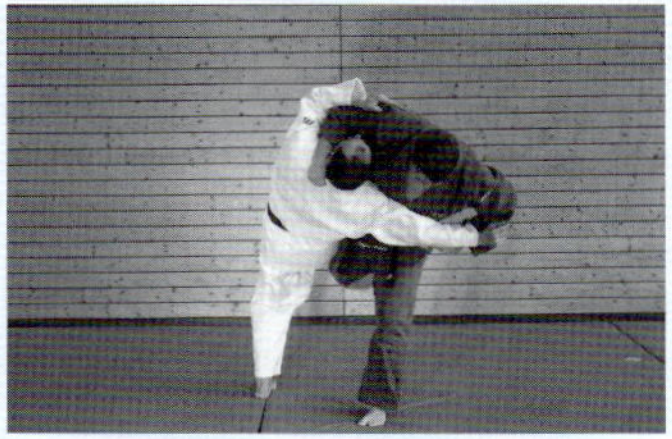

Bild 5:
werfe ihn jetzt kontrolliert ab.

Nr.	Name der Spielform Ziele/Akzente	Idee/Beschreibung	Hinweise/Organisation
742	**Außensichel** Vorbereitende Übung	Schattenkönig! Bewege Dich ohne Partner über die Matte und „werfe" die Außensichel schattenmäßig. Achte auf Dein Gleichgewicht!	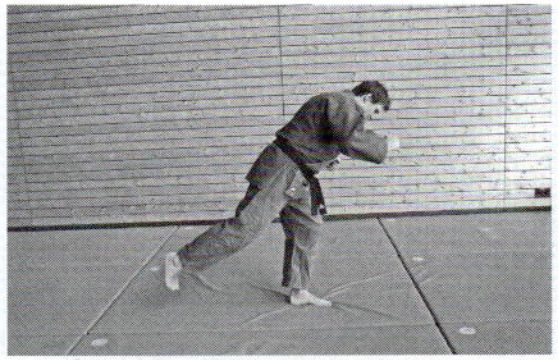
743	**Außensichelkampf** Vorbereitende Übung	Beide Partner haken wieder die Beine ein. Nun wird versucht, das Bein nach oben zu schwingen und den Partner auf den Boden zu bringen.	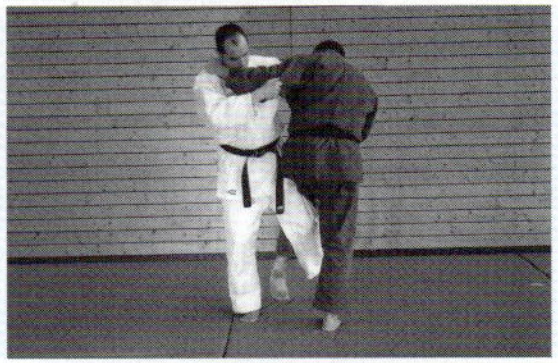
744	**Große Innensichel – Außensichel** Techniktraining	Du setzt eine große Innensichel an. Dein Partner weicht mit dem linken Bein nach hinten aus. Nun folgt Dein Ausfallschritt und Du wirfst entweder die große Außensichel oder ein Bein stellen.	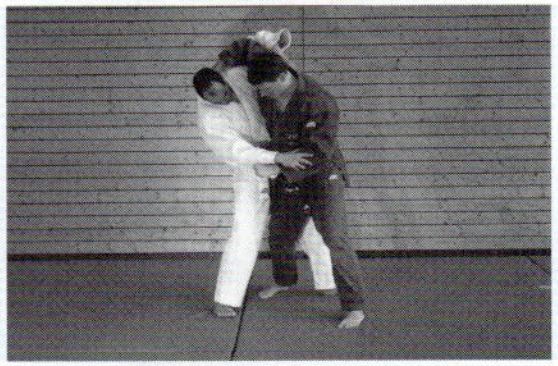
745	**Außensichel** Selbstverteidigung 1	Dein Partner ergreift Dich von hinten am Nacken oder in den Haaren. Du drehst Dich schnell um und ergreifst den Arm des Partners, machst einen Ausfallschritt und wirfst ihn zu Boden.	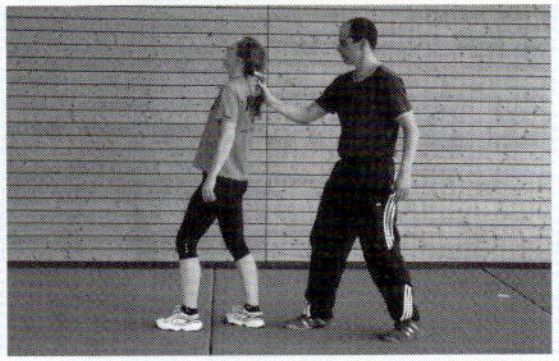
746	**Wackeltraining** Trainingsform	Ihr werft euch abwechselnd auf der Weichbodenmatte, um euer Gleichgewicht zu verbessern.	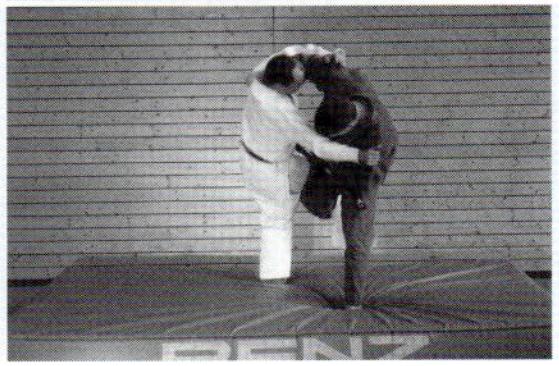

8

Wurftechnik: Große Innensichel

747

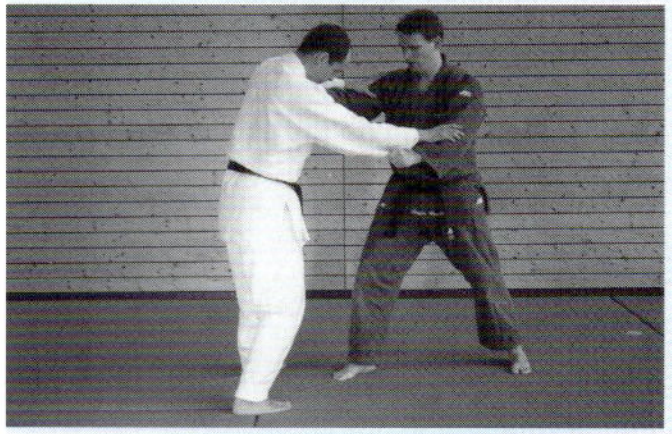

Bild 1:
Du greifst Deinen Partner mit einem Ärmel-Reversgriff.

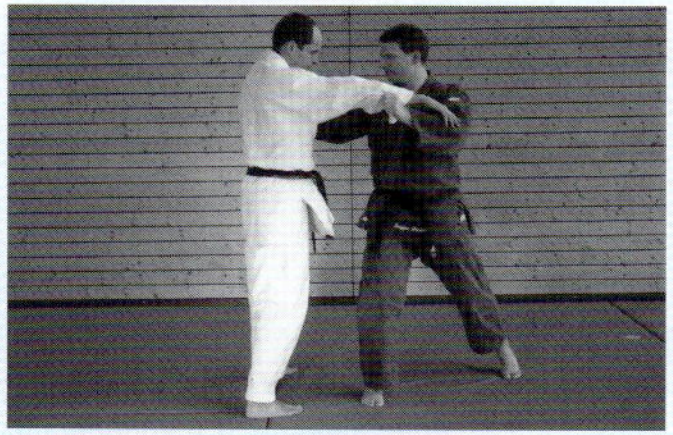

Bild 2:
Zuerst bringst Du Deinen Partner durch Zug nach vorne aus dem Gleichgewicht. Du gibst ihm genügend Zeit, sich nach hinten zu stabilisieren.

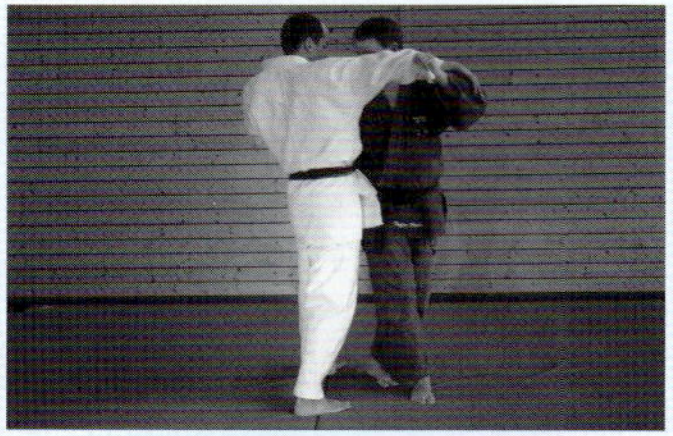

Bild 3:
Jetzt bringst Du Deinen rechten Fuß schräg nach vorne und übersetzt anschließend mit dem linken Fuß.

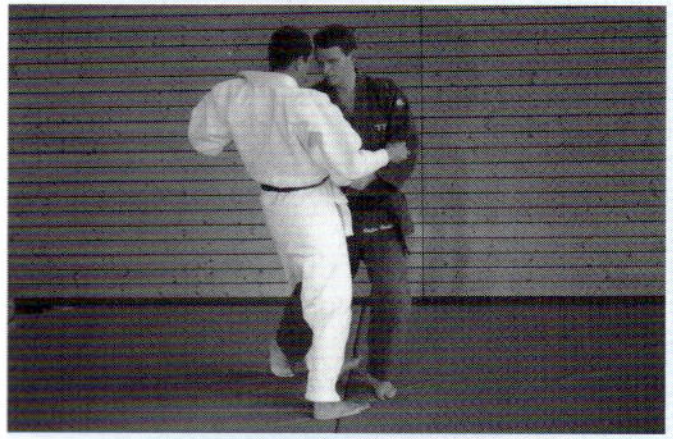

Bild 4:
Du schwingst mit Deiner rechten Kniekehle nun in die Kniekehle Deines Partners und ziehst Dich auf sein Standbein.

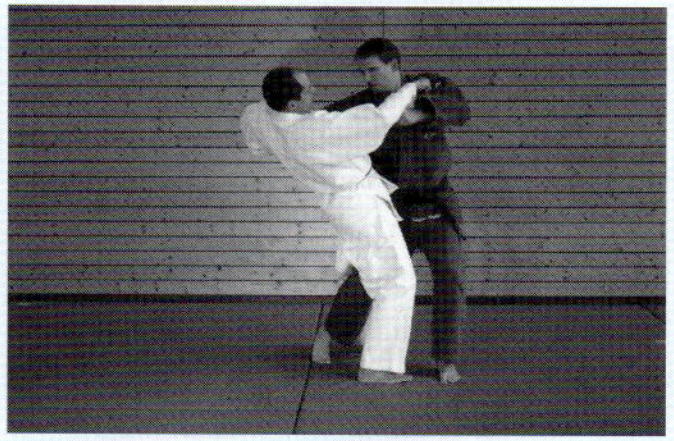

Bild 5:
Jetzt schiebst Du noch mit Deiner Hüfte nach und wirfst ihn nach hinten zu Boden.

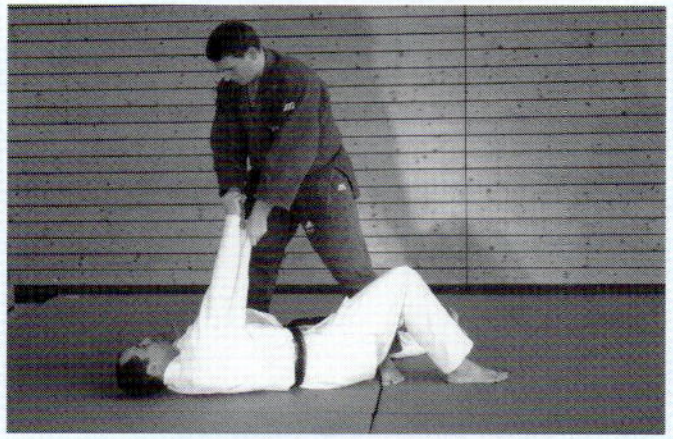

Bild 6:
Dann liegt Dein Partner ordentlich auf der linken Seite.

Nr.	Name der Spielform Ziele/Akzente	Idee/Beschreibung	Hinweise/Organisation
748	**Obelix** Spielform	Jetzt schiebst Du Deinen Partner, wie Obelix die Römer, mit der Hüfte über die Matte. Dabei stehst Du mit einem Bein zwischen die Beine des Partners und drückst ihn so vor Dir her.	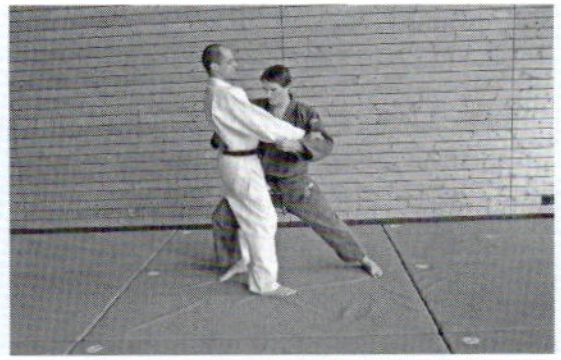
749	**Schattentraining** Vorbereitende Übung	Stelle zwei Schuhe mit ca. doppelter Schulterbreite parallel auf den Boden. Du stehst in der rechten Stellung und übersetzt nun mit dem linken Bein hinten. Nun sichelst Du den Schuh weg. Bitte auf beiden Seiten üben!	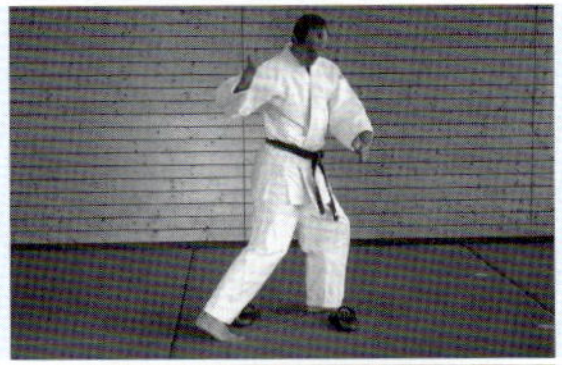
750	**Wanddrücker** Vorbereitende Übung	Du setzt die große Innensichel an einer stehenden Weichbodenmatte an und drückst Dich mit Deinem ganzen Körper gegen die Matte.	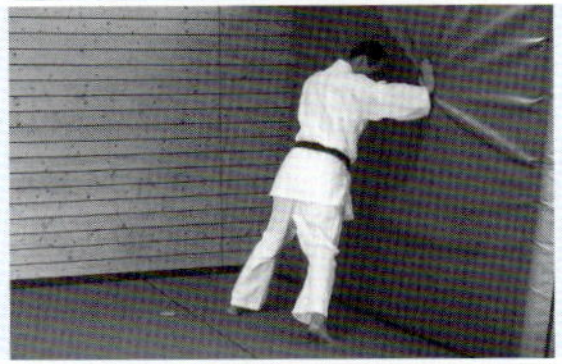
751	**In den Kreis ziehen** Vorbereitende Übung	Du fasst den Partner am Ärmel und an der Schulter. Ziehe ihn in einer Kreisbewegung auf Deine rechte Hüfte und werfe ihn zu Boden.	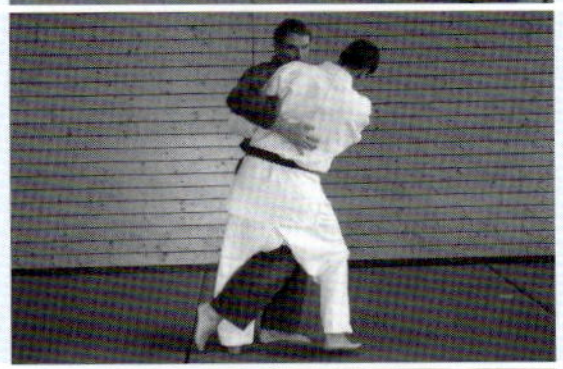
752	**Beingrapscher** Technikvariante	Ergreife das rechte Bein des Partners und fixiere es. Hebe das Bein an und führe nun eine Innensichel am Standbein des Partners aus.	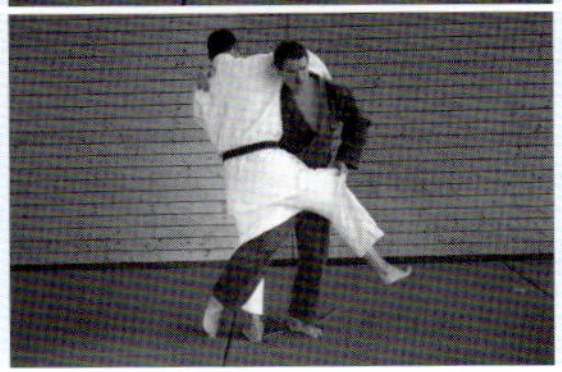

Nr.	Name der Spielform Ziele/Akzente	Idee/Beschreibung	Hinweise/Organisation
753	**Kleine zu großer Innensichel** Techniktraining	Du setzt eine kleine Innensichel an und zwingst Deinen Partner so zu einem Schritt nach hinten mit dem rechten Bein. Jetzt bist Du in einer optimalen Situation für die große Innensichel rechts!	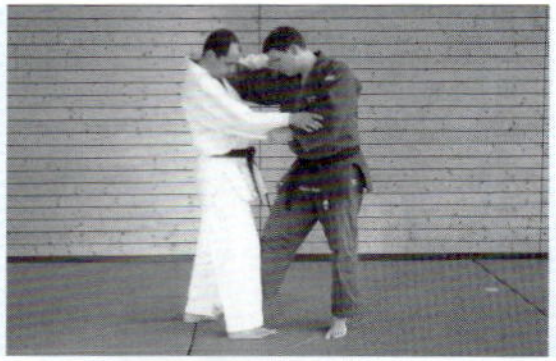
754	**Schenkelwurf zu großer Innensichel** Techniktraining	Du versuchst einen Schenkelwurf. Dein Partner drückt seine Hüfte stark nach unten. Du nutzt seine Kraft und führst in die große Innensichel weiter.	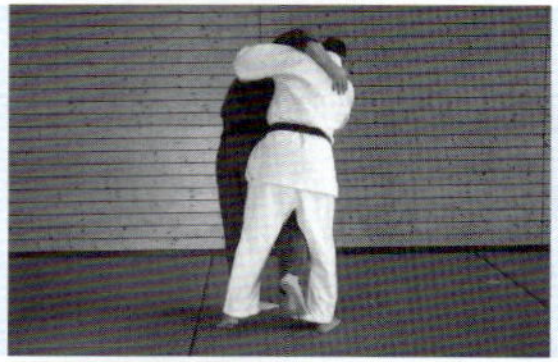
755	**Krafttraining** Techniktraining	Dein Partner wird von einem Dritten an beiden Revers von hinten gefasst. Du führst jetzt mit maximaler Kraft eine große Innensichel aus und versuchst, beide Partner aus dem Gleichgewicht zu bringen.	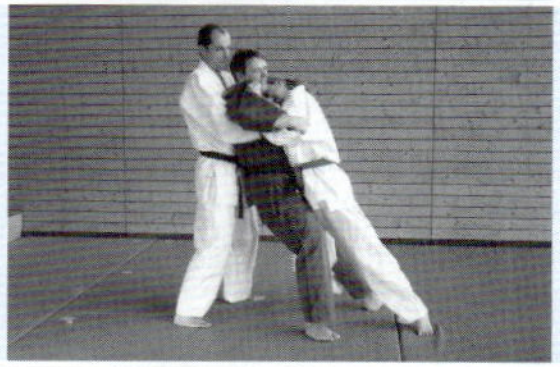
756	**Große Innensichel** Selbstverteidigung 1	Dein Partner versucht, Dich mit einem Halbkreisfußtritt zum Körper zu treffen. Du wehrst den Tritt ab und hältst ihn fest. Nun wirfst Du den Partner zu Boden.	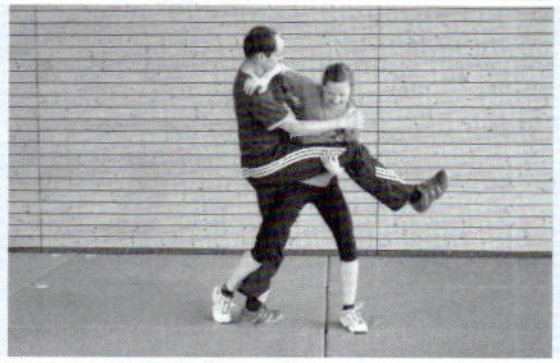
757	**Große Innensichel** Selbstverteidigung 2	Du wirst beidhändig von der Seite gewürgt. Löse den Angriff und werfe den Partner zu Boden.	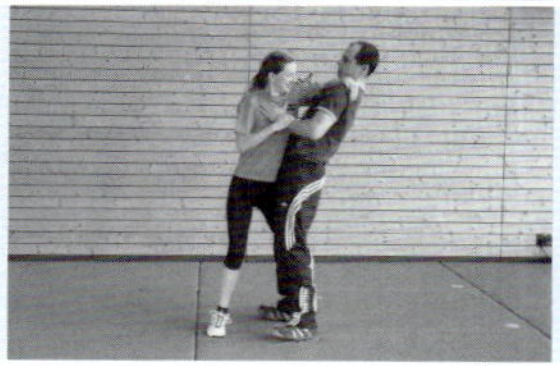

Wurftechnik: Kleine Innensichel

758

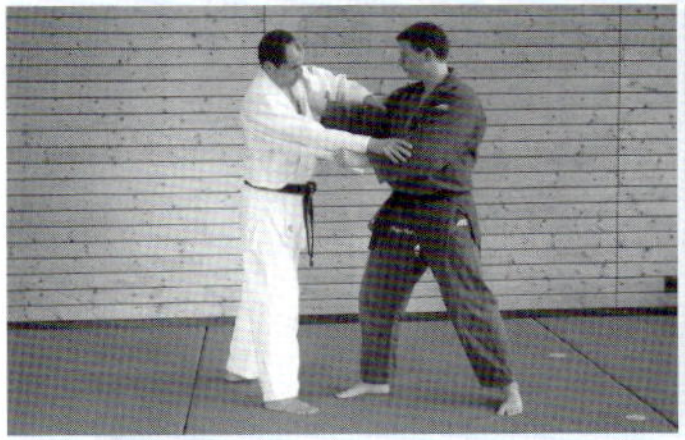

Bild 1:
Du greifst Deinen Partner mit einem Ärmel-Reversgriff.

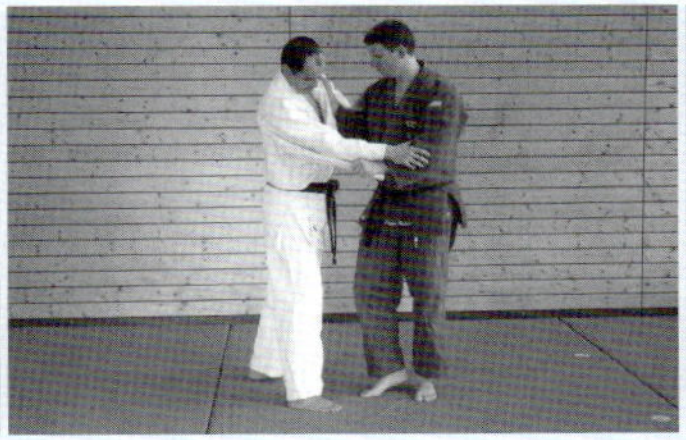

Bild 2:
Zuerst gleitest Du mit Deinem hinteren an Dein vorderes Bein.

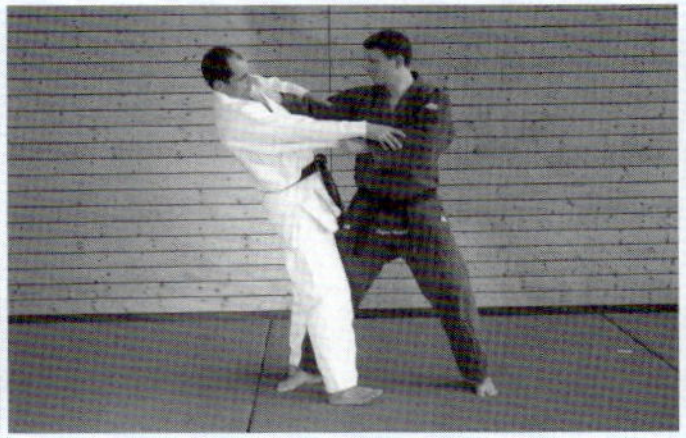

Bild 3:
Nun machst Du einen tiefen Schritt zwischen die Beine Deines Partners und stellst Deinen Partner auf sein linkes Bein.

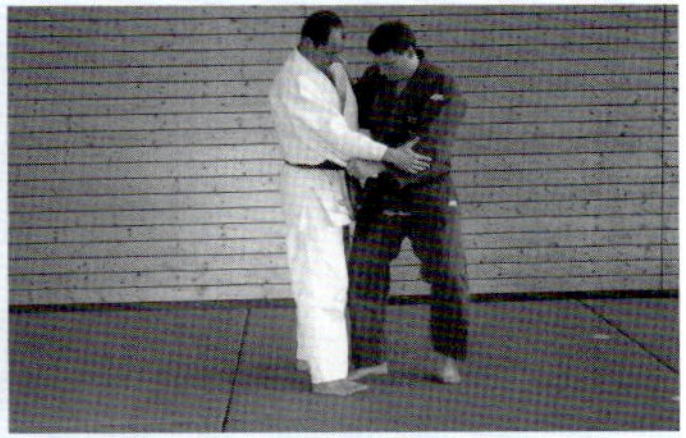

Bild 4:
Du ziehst Dein linkes Bein nochmals nach und

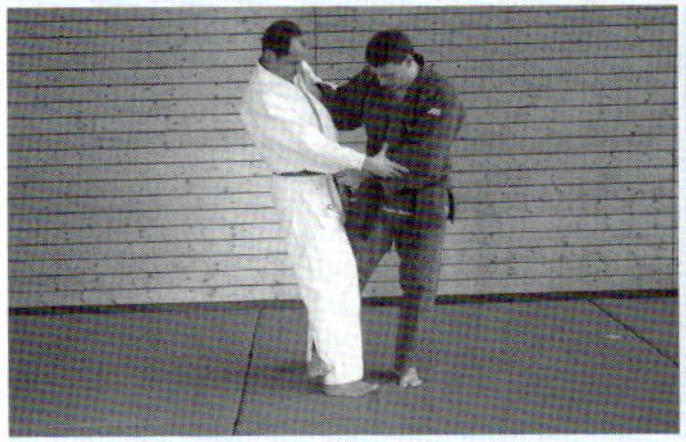

Bild 5:
sichelst jetzt mit Deinem rechten Bein das linke Bein Deines Partners.

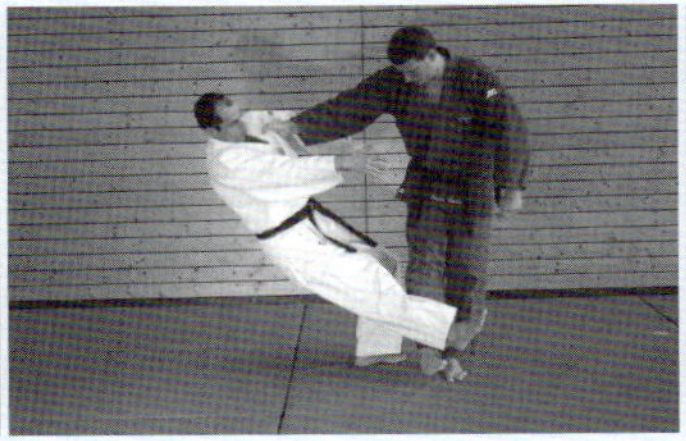

Bild 6:
Löse den Griff am Ärmel und führe den Partner mit der Revershand zu Boden.

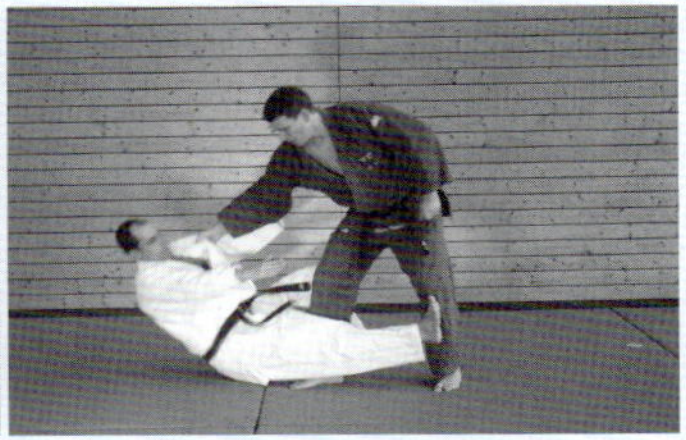

Bild 7:
Achte darauf, dass Dein Partner ordentlich fällt.

Nr.	Name der Spielform Ziele/Akzente	Idee/Beschreibung	Hinweise/Organisation
759	**Mattenkehrer** Spielform	Mit Deiner Fußsohle bzw. Fußaußenkante „kehrst" Du die Matte sauber. Strecke Dein Bein und schiebe die Hüfte vor.	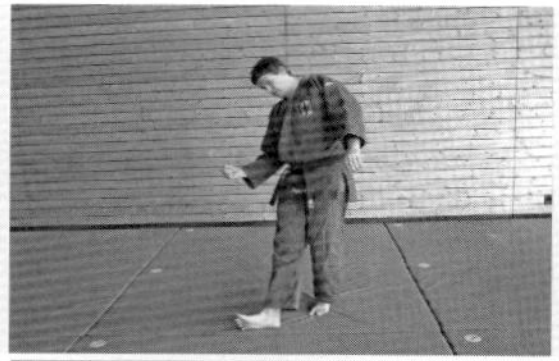
760	**Schattentraining** Vorbereitende Übung	Du stellst wieder zwei Schuhe auf die Matte und stellst Dich in die rechte Ausgangsstellung für Wurftechniken. Nun ziehst Du Dein linkes Bein an Dein rechtes heran, gehst mit dem rechten Bein nach vorne zwischen die Schuhe und sichelst nun den Schuh weg.	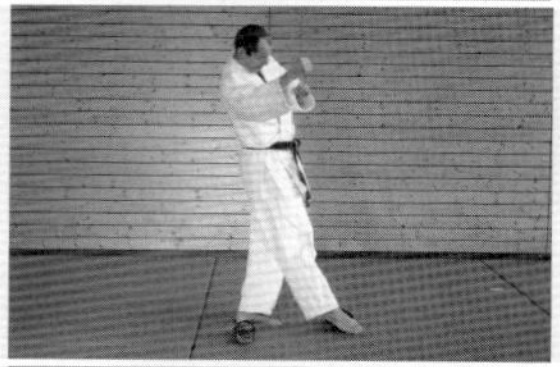
761	**Große Innensichel in kleine Innensichel** Techniktraining	Du setzt eine große Innensichel an. Dein Partner weicht mit dem linken Bein nach hinten aus. Jetzt sofort das vordere rechte Bein sicheln.	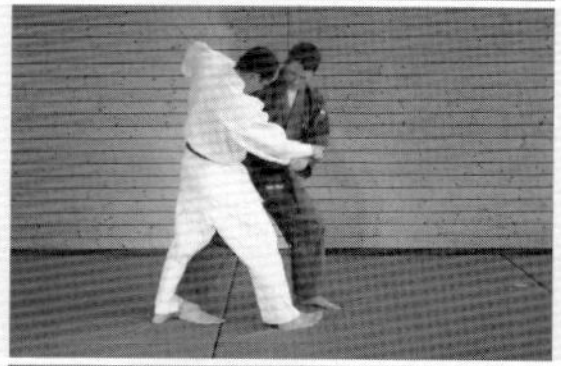
762	**Schenkelwurf in kleine Innensichel** Techniktraining	Du setzt einen Schenkelwurf an. Dein Partner balanciert auf einem Bein. Sichele sein Standbein weg!	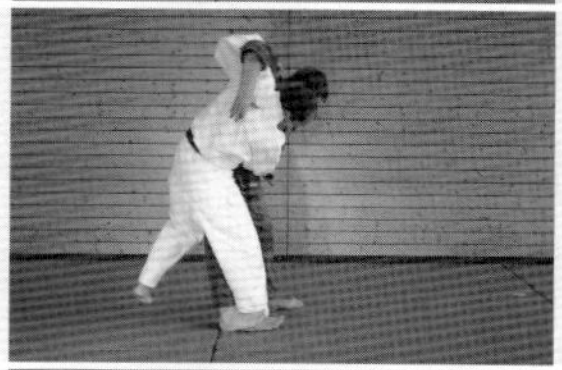
763	**Kleine Innensichel** Vorbereitende Übung	Dein Partner und Du spielen sich einen Softball mit der Sohle zu. Bitte nur die Sohle benutzen! Mit dieser wird auch gesichelt!	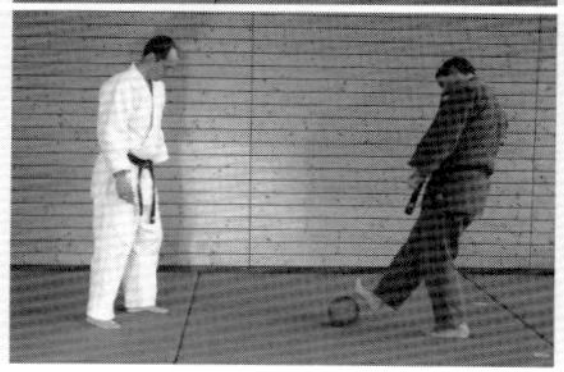

Wurftechnik: Kleines Beineinhängen

764

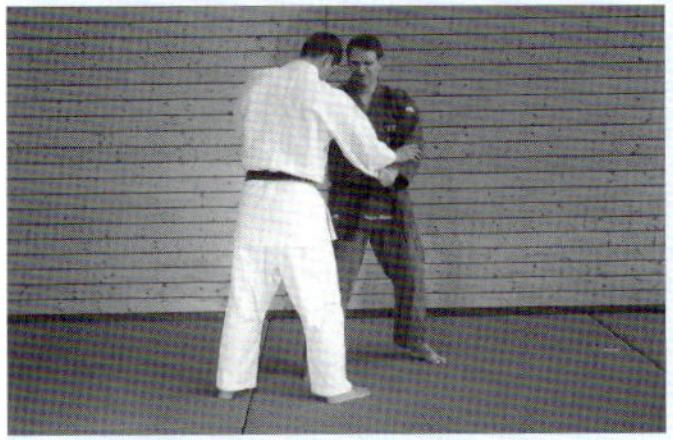

Bild 1:
Du greifst Deinen Partner mit einem Ärmel-Reversgriff.

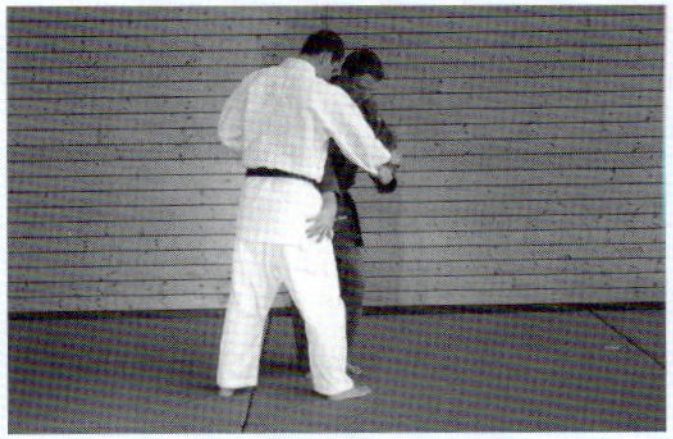

Bild 2:
Zuerst gleitest Du mit Deinem hinteren an Dein vorderes Bein.

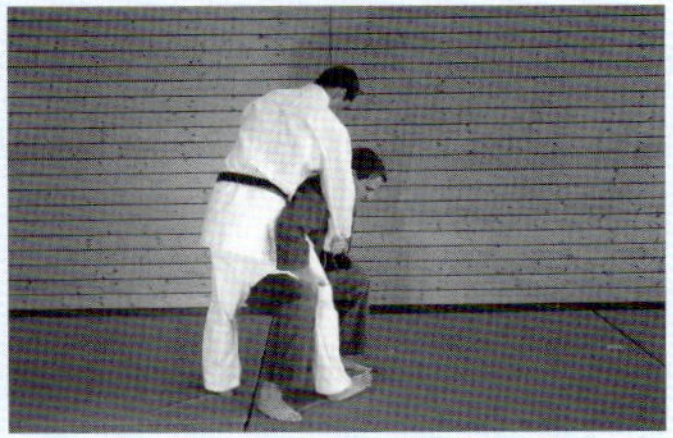

Bild 3:
Nun machst Du einen tiefen Schritt zwischen die Beine Deines Partners und ziehst Deinen Partner auf sein linkes Bein.

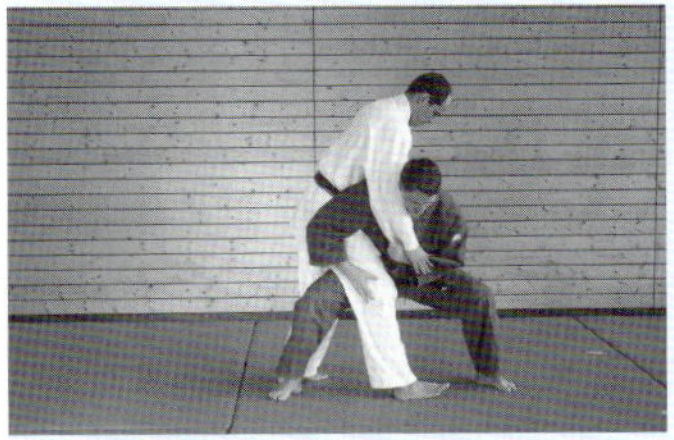

Bild 3a: Bleibe aufrecht und gehe tief zwischen die Beine des Partners.

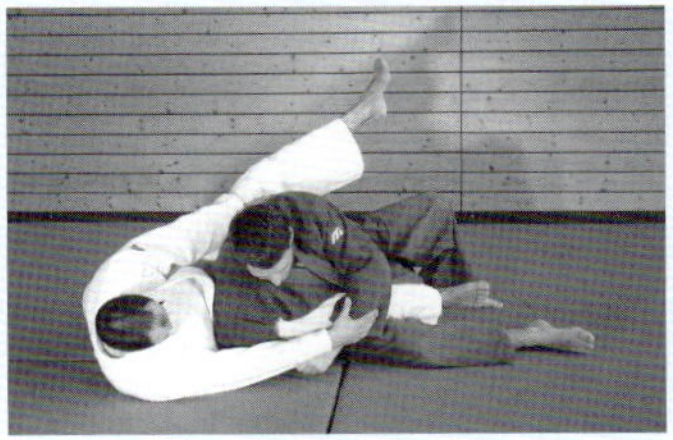

Bild 4:
Jetzt hängst Du Dein linkes Bein um das rechte Deines Partners und wirfst ihn zu Boden.

Nr.	Name der Spielform Ziele/Akzente	Idee/Beschreibung	Hinweise/Organisation
765	**Schwabbler** Spielform	Du bist weich wie Gummi und „schwabbelst“ aus dem Stand zu Boden. Lasse Dich seitlich zu Boden gleiten und versuche auf dem Bauch zu landen.	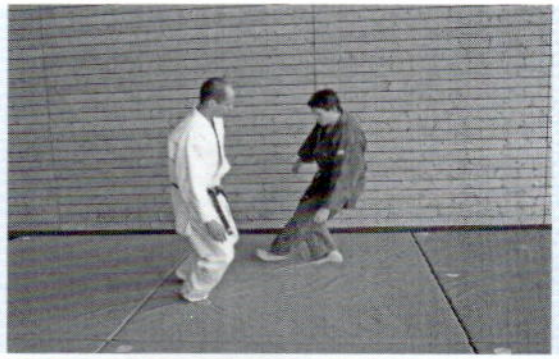
766	**Zug und Stemmschritt** Vorbereitende Übung	Du ziehst Deinen Partner mit links nach vorne und zwingst ihn so zu einem Schritt nach vorne rechts. Gleite in den Partner hinein und werfe ihn zu Boden.	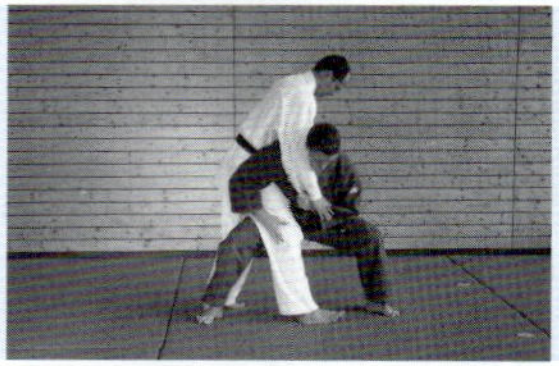
767	**Hundehütte** Vorbereitende Übung	Du krabbelst einem Partner von hinten zwischen den Beinen durch. Drehe Dich um und drücke den Partner um. Er soll eine ordentliche Fallschule machen.	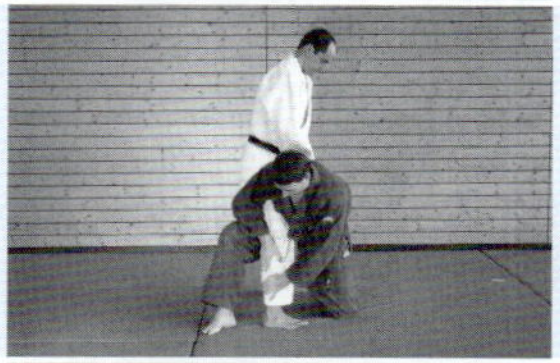
768	**Krafttraining** Techniktraining	Dein Partner wird von einem Dritten an beiden Revers von hinten gefasst. Du führst jetzt mit maximaler Kraft ein kleines Beineinhängen aus und versuchst, beide Partner aus dem Gleichgewicht zu bringen.	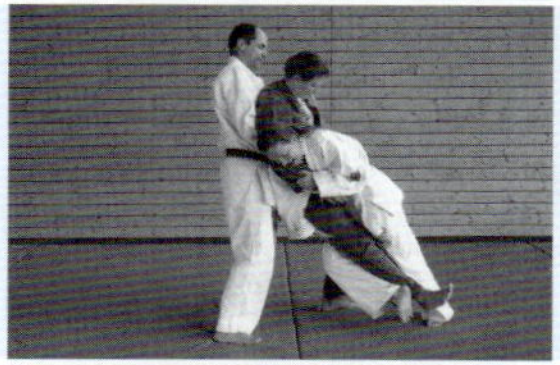
769	**Schulterwurf in kleines Beineinhängen** Techniktraining	Du setzt einen Schulterwurf an. Dein Partner weicht in Wurfrichtung aus. Nun brauchst Du nur noch in den Partner gleiten und ihn zu Boden werfen.	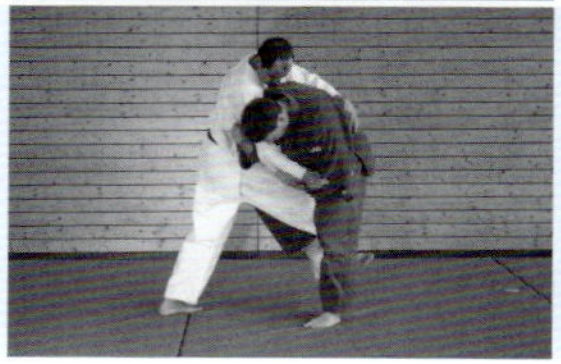

Wurftechnik: Fußfeger

770

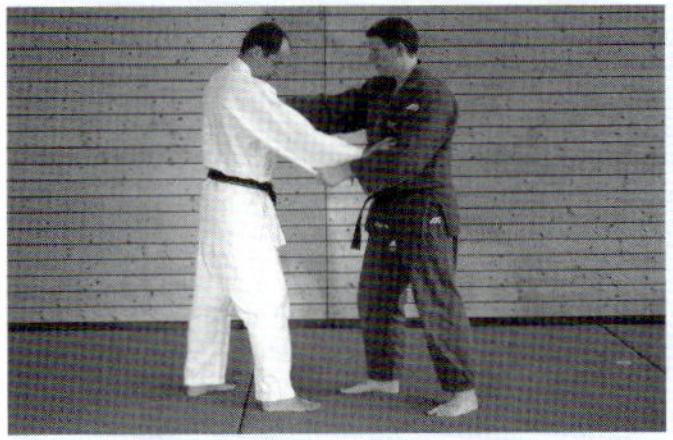

Bild 1:
Du greifst Deinen Partner mit einem Ärmel-Reversgriff.

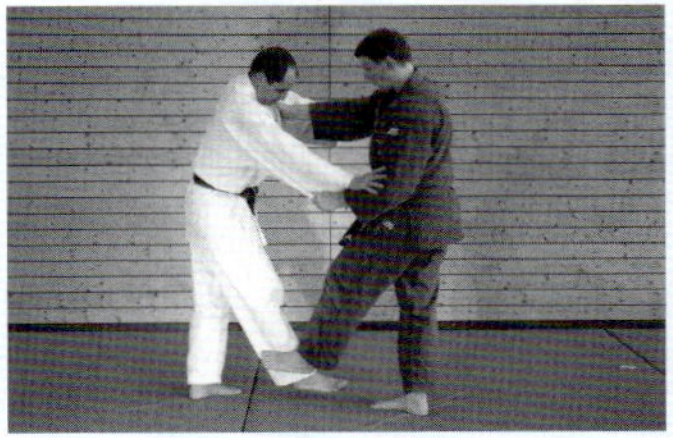

Bild 2:
Zuerst zwingst Du Deinen Partner durch Zug am Arm zu einem Schritt mit rechts nach vorne.

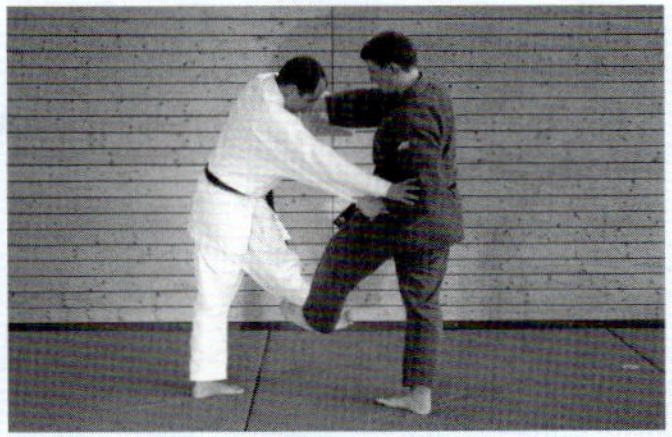

Bild 3:
Nun fegst Du den rechten Fuß des Partners mit Deiner linken Sohle an und leitest eine Lenkradbewegung mit Deinen Armen ein.

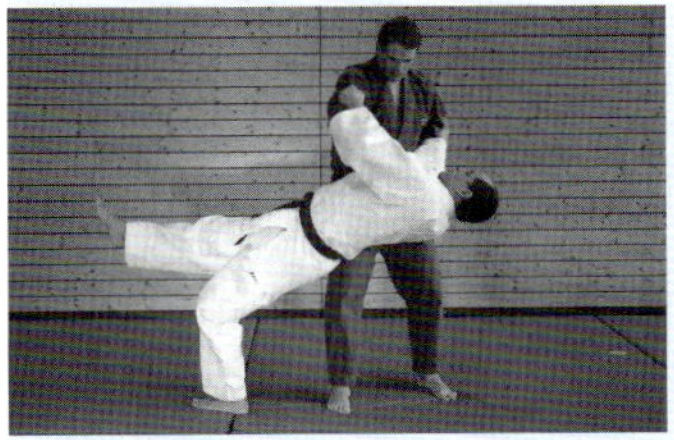

Bild 4:
Verstärke die Fegetechnik und Lenkbewegung.

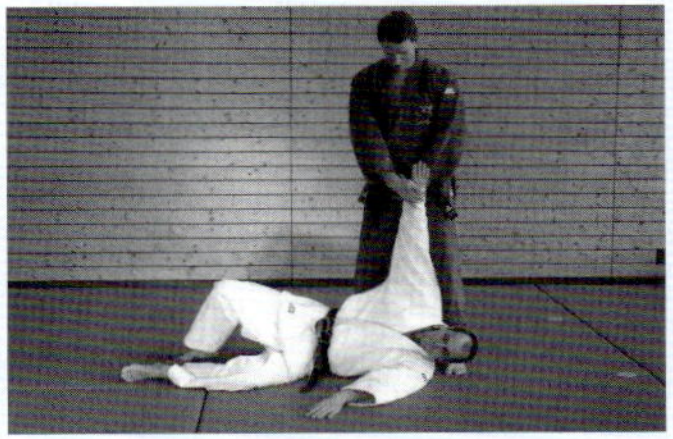

Bild 5:
Drehe Dich und werfe Deinen Partner zu Boden.

Nr.	Name der Spielform Ziele/Akzente	Idee/Beschreibung	Hinweise/Organisation
771	**Heißer Feger** Spielform	Dein Partner und Du spielen sich ein Paar zusammengeknüllte Strümpfe mit der Sohle zu. Spielt die Strümpfe mit gestrecktem Bein zu!	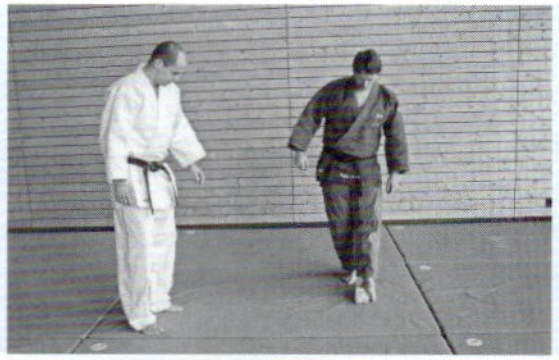
772	**Fußtippkampf** Vorbereitende Übung	Beide Partner halten sich gegenseitig mit einem Doppelreversgriff fest. Nun versuchen beide, sich gegenseitig mit den Füßen auf die Füße zu tippen.	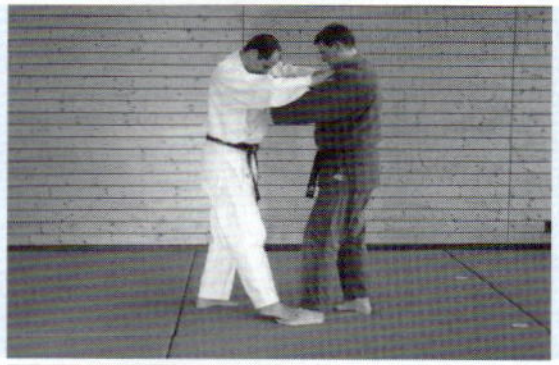
773	**Fußfegerkampf** Zweikampfspiel	Beide Partner wählen einen Griff ihrer Wahl und versuchen, sich mit einem Fußfeger zu werfen!	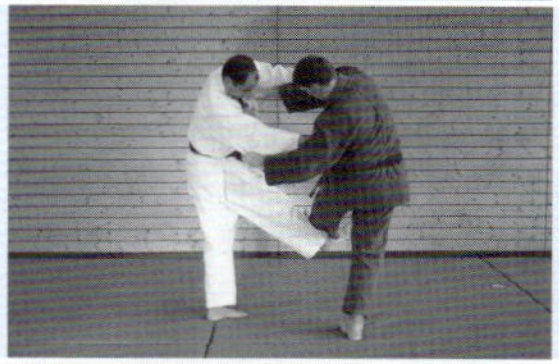
774	**Fußfeger in Hüftfeger** Techniktraining	Du setzt einen Fußfeger an. Dein Partner hebt seinen Fuß und verhindert so den Wurf. Du nutzt Deinen Schwung aus und wirfst direkt einen Hüftfeger.	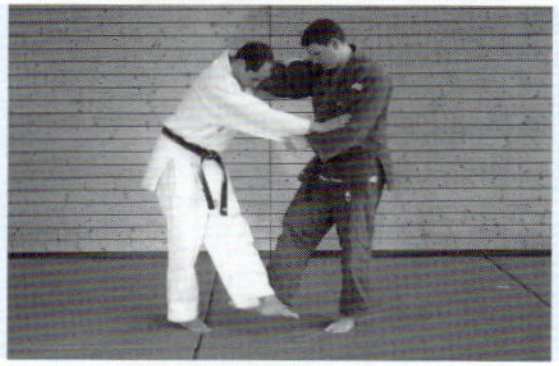
775	**Fußfeger** Selbstverteidigung	Dein Partner greift Dich mit einem Fußfeger an. Du hebst Deinen Fuß hoch und fegst sein Bein nach. Das ist kinderleicht!	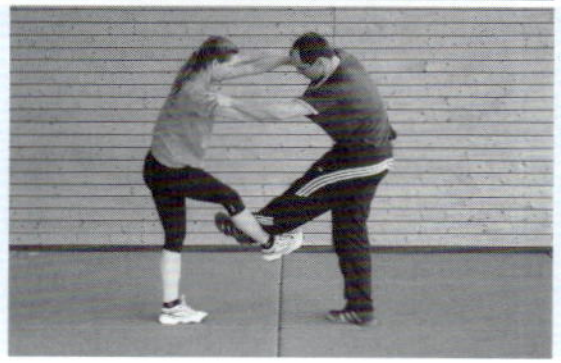

Wurftechnik: Fußstopper

776

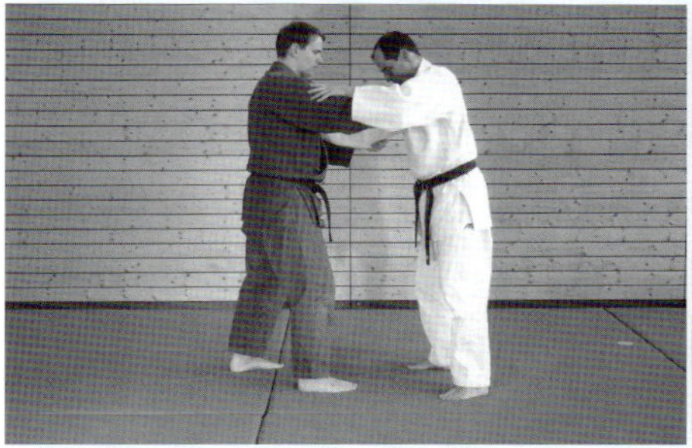

Bild 1:
Du greifst Deinen Partner mit einem Ärmel-Reversgriff.

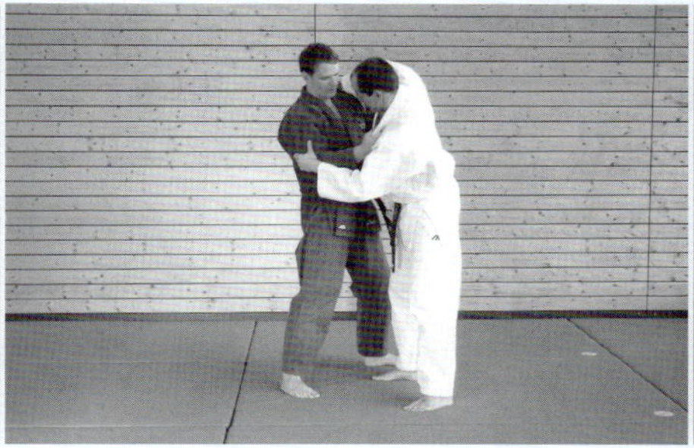

Bild 2:
Du ziehst Deinen Partner auf Dich und machst gleichzeitig einen Schritt mit links zur Seite.

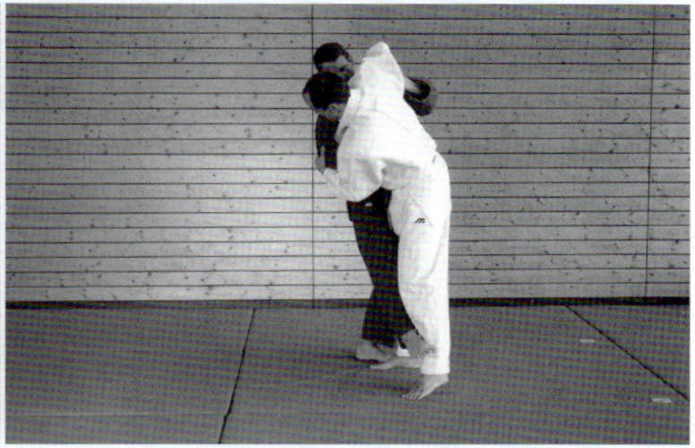

Bild 3:
Nun wirfst Du Deinen Partner, in dem Du seinen Ausfallschritt zur Stabilisierung des Gleichgewichts stoppst.

Nr.	Name der Spielform Ziele/Akzente	Idee/Beschreibung	Hinweise/Organisation
777	**Fußstopper fangen** Spielform	Du bist der Fänger. Die anderen Mitspieler können nur durch das kontrollierende berühren mit der Sohle am Schienbein abgeschlagen werden.	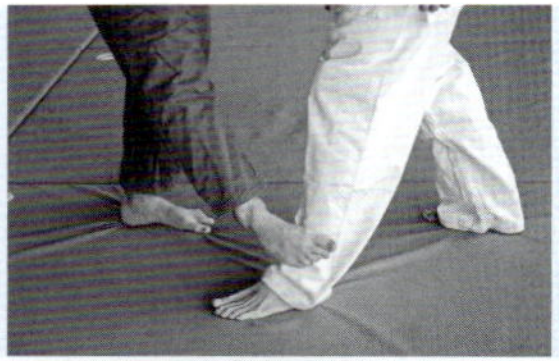
778	**Wurf aus dem Kniestand** Vorbereitende Übung	Dein Partner kniet vor Dir. Du greifst ihn mit einem Nacken-Ärmel-Griff. Jetzt machst Du einen Schritt zur Seite und blockierst sein linkes Knie. Durch Zug und Druck bringst Du den Partner auf den Boden. Bitte beidseitig üben, ohne den Griff zu wechseln.	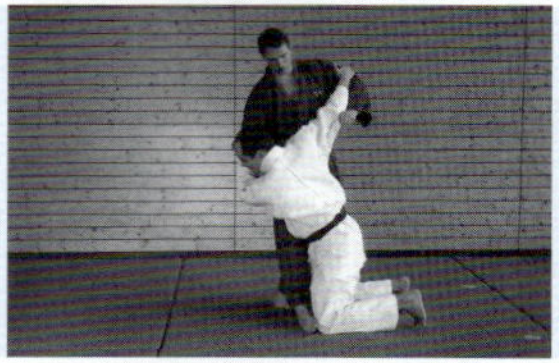
779	**Winnetou** Zweikampfspiel	Zwei Partner halten sich an der gegenüberliegenden Hand. Nun versuchen sie, sich gegenseitig am Bein zu stoppen.	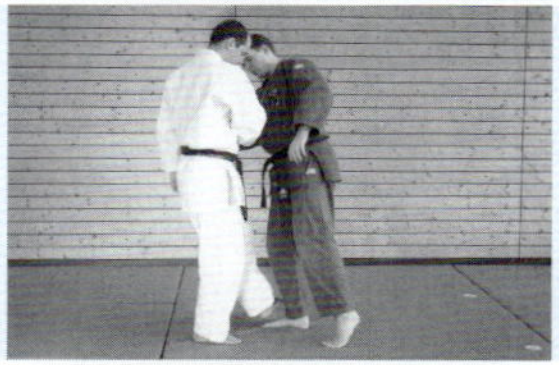
780	**Fußstopper zu Schenkelwurf** Techniktraining	Du setzt einen Stopper an. Dein Partner verhindert diese Technik und steigt über Dein Bein. Jetzt stehst Du sehr günstig für einen Schenkelwurf.	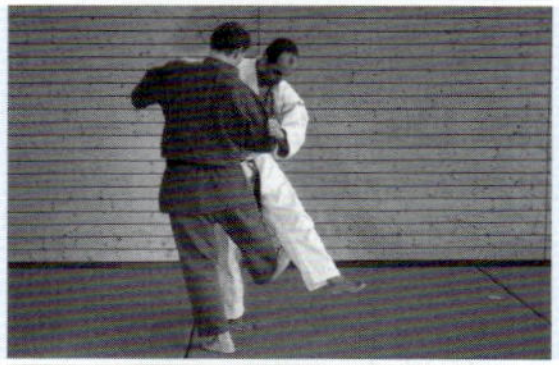
781	**Fußstopper** Selbstverteidigung	Dein Partner fasst Dich an das Revers und schiebt Dich. Du machst einen Schritt zur Seite und stoppst die Bewegung des Partners.	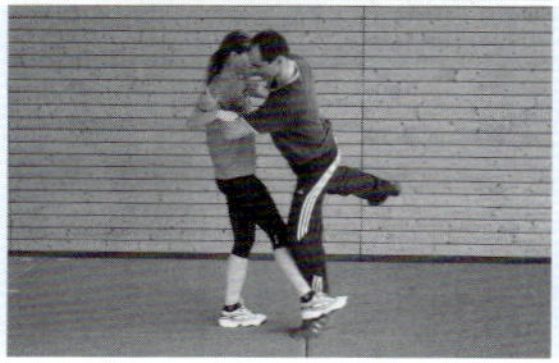

Wurftechnik: Körperwurf

782

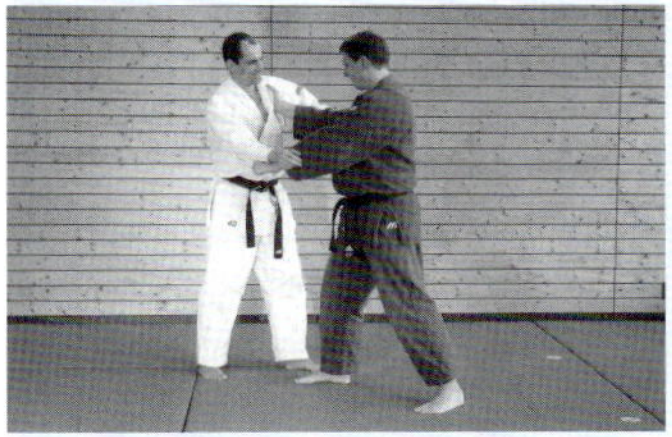

Bild 1:
Du greifst Deinen Partner mit einem Ärmel-Reversgriff.

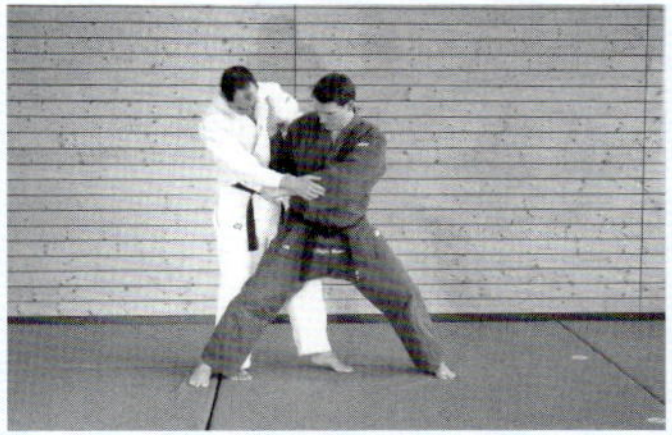

Bild 2:
Du springst direkt in die Technik und stehst mit doppelter Schulterbreite vor Deinem Partner.

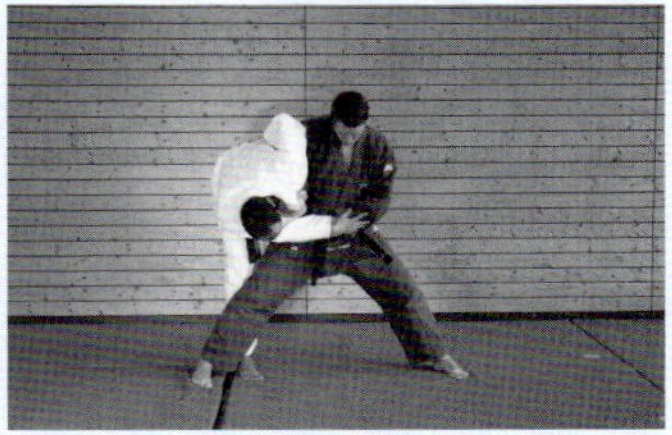

Bild 3:
Ziehe ihn nun schräg nach vorne und werfe ihn wahlweise über Dein Bein oder Deinen Rücken.

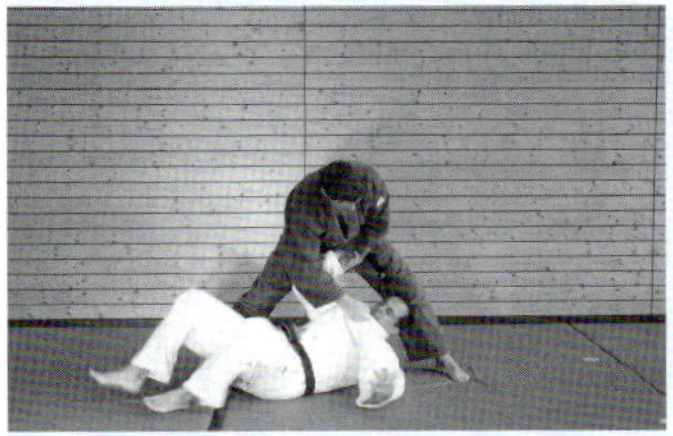

Bild 4:
Führe ihn kontrolliert zu Boden und

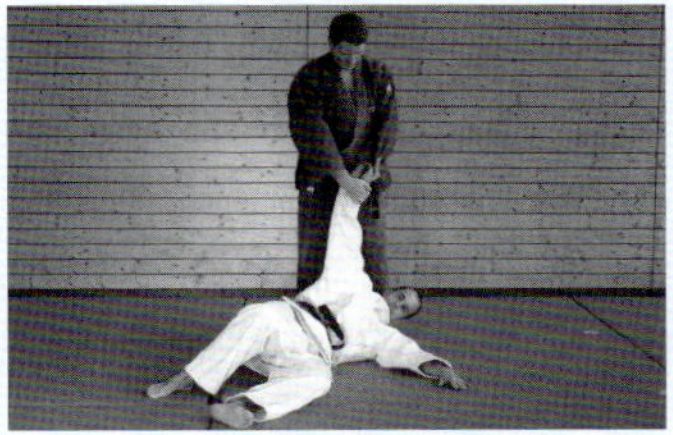

Bild 5:
vergiss nicht den Zugarm nach oben zu ziehen.

Nr.	Name der Spielform Ziele/Akzente	Idee/Beschreibung	Hinweise/Organisation
783	**Roller** Spielform	Stelle Dich breitbeinig vor Deinen Partner. Dein Partner macht nun eine Rolle über Dein Bein und legt sich bequem auf die Matte.	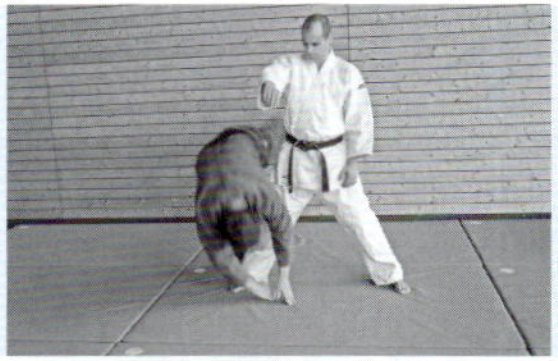
784	**Kniestand** Vorbereitende Übung	Dein Partner kniet vor Dir. Du greifst ihn mit einem Ärmel-Nacken-Griff. Jetzt drehst Du Dich breitbeinig vor ihm ein und wirfst ihn zu Boden.	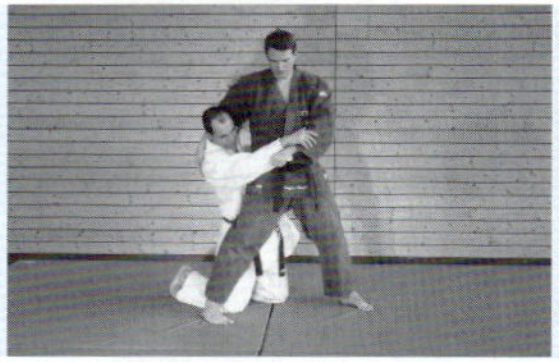
785	**Bahnenwerfen** Techniktraining	Du ziehst Deinen Partner auf Dich zu und wirfst ihn mit Körperwurf. Sobald er aufgestanden ist wirft er Dich. Werft zwei Mattenbahnen.	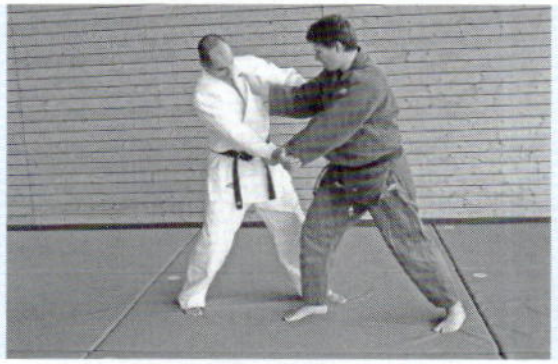
786	**Seitlicher Eingang** Techniktraining	Dein Partner steht extrem links und Du extrem rechts. Du wirfst Deinen Partner nun, indem Du seitlich in ihn hineingleitest.	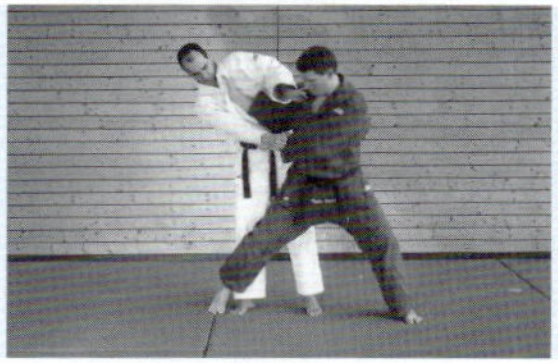
787	**Körperwurf** Selbstverteidigung	Dein Partner würgt Dich von der Seite. Du löst den Griff und gleitest seitlich in Deinen Partner.	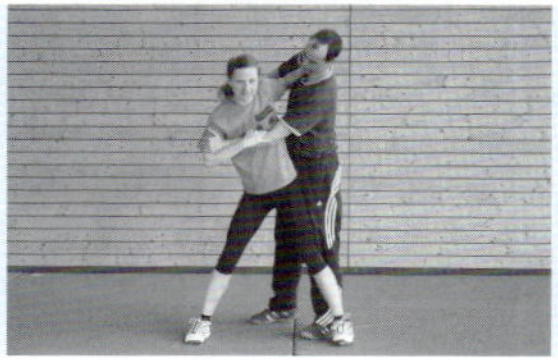

Wurftechnik: Körperabbiegen

788

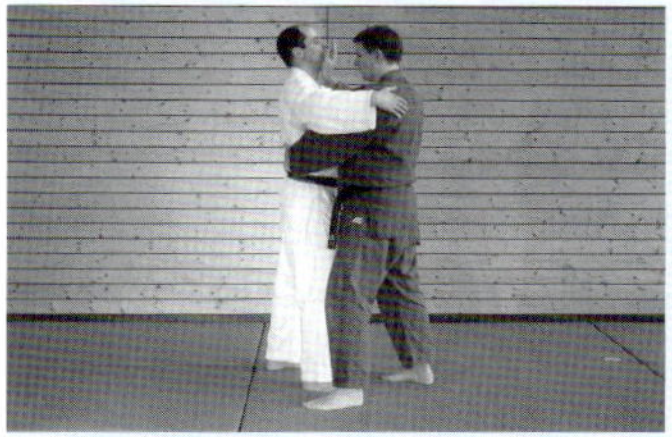

Bild 1:
Du greifst Deinen Partner mit dem Handballen am Kinn und mit der flachen Hand im Bereich der Lendenwirbelsäule.

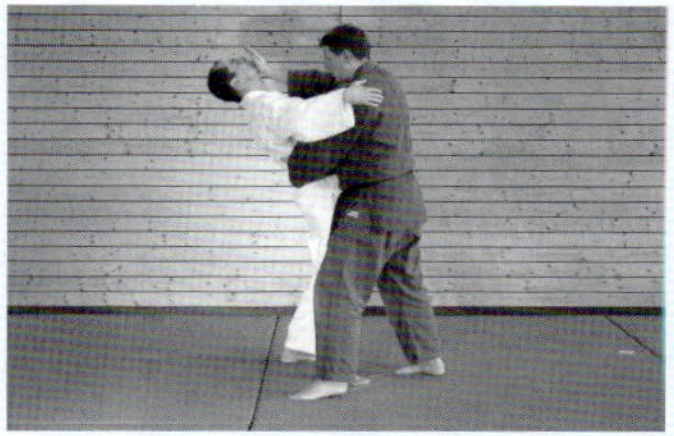

Bild 2:
Nun machst Du einen Ausfallschritt mit links am Partner vorbei und brichst sein Gleichgewicht durch Zug und Druck am Kinn und Rücken.

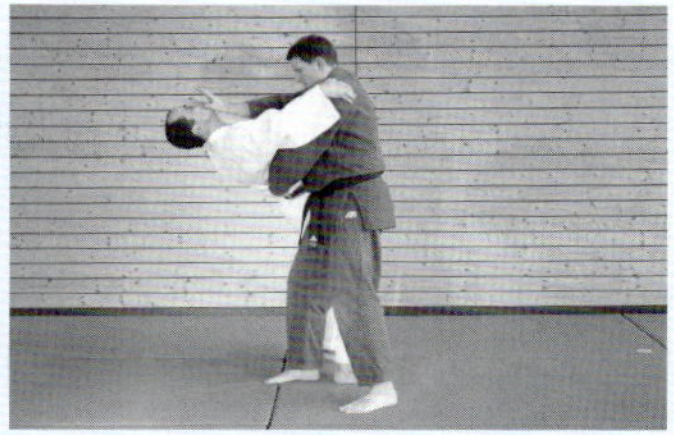

Bild 3:
Überhole jetzt Deinen Partner mit einem Schritt rechts vorbei.

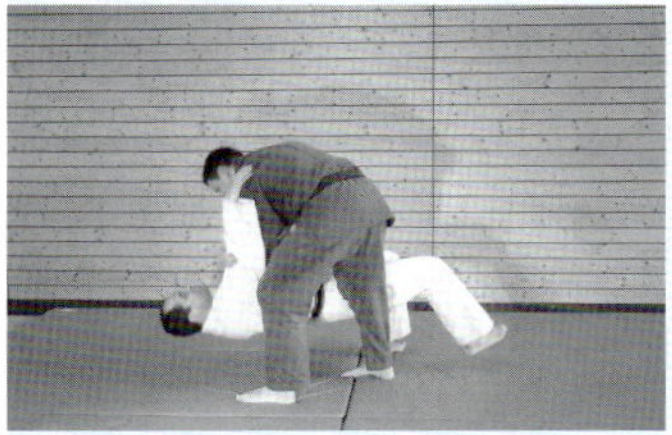

Bild 4:
Führe ihn kontrolliert zu Boden und

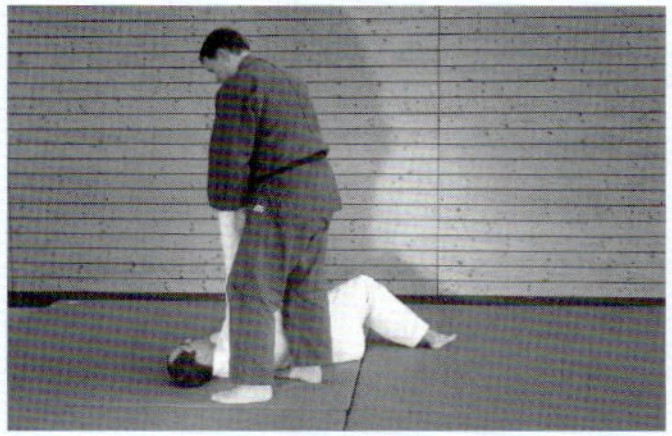

Bild 5:
vergiss nicht den Zugarm nach oben zu ziehen.

Nr.	Name der Spielform Ziele/Akzente	Idee/Beschreibung	Hinweise/Organisation
789	**Softe Typen** Spielform	Alle rennen über die Matte. Auf Kommando fallen alle ganz sanft auf die Seite. Achtet darauf nicht auf dem Rücken zu landen.	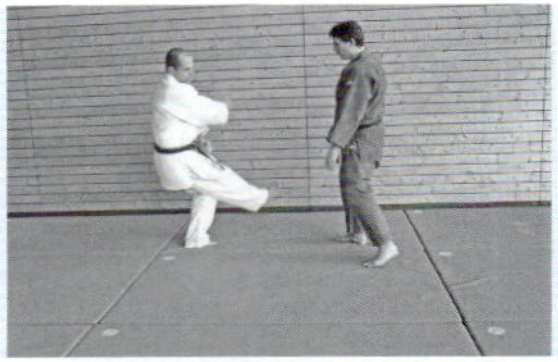
790	**Aktives Fallen** Vorbereitende Übung	Du fasst Deinen Partner am Kinn und an der Lendenwirbelsäule und führst ihn langsam in die Bodenlage.	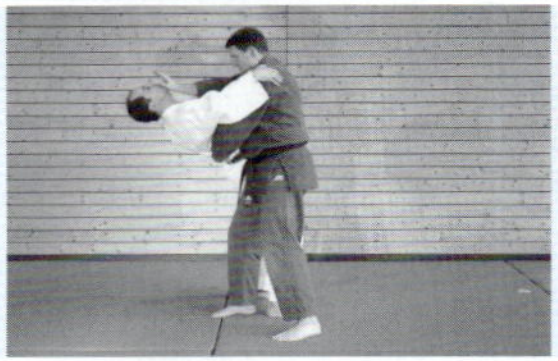
791	**Aktives Fallen** Vorbereitende Übung	Dein Partner hält sich an Deinem ausgesteckten Arm fest und rutscht langsam an ihm zu Boden. Er landet in der Endposition des Sturz seitwärts.	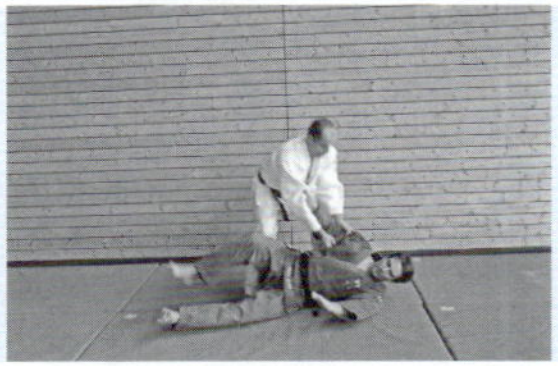
792	**Körperabbiegen** Selbstverteidigung 1	Du wirst an beiden Oberarmen gefasst. Mache einen Ausfallschritt, fasse Deine Partner am Kinn und an der Wirbelsäule und werfe ihn kontrolliert zu Boden.	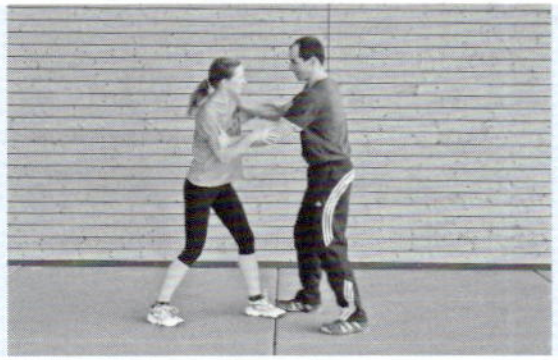
793	**Körperabbiegen** Selbstverteidigung 2	Dein Partner zieht Dich von hinten am Kragen. Drehe Dich, mache einen Ausfallschritt und führe die Technik durch.	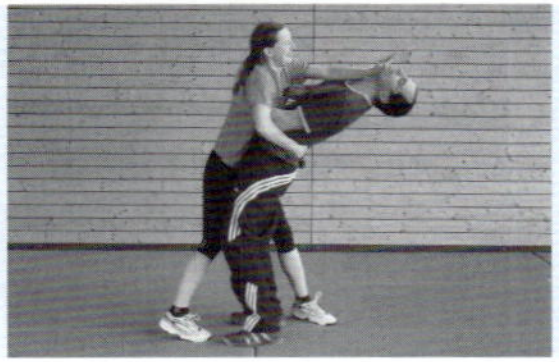

Wurftechnik: Ausheber

794

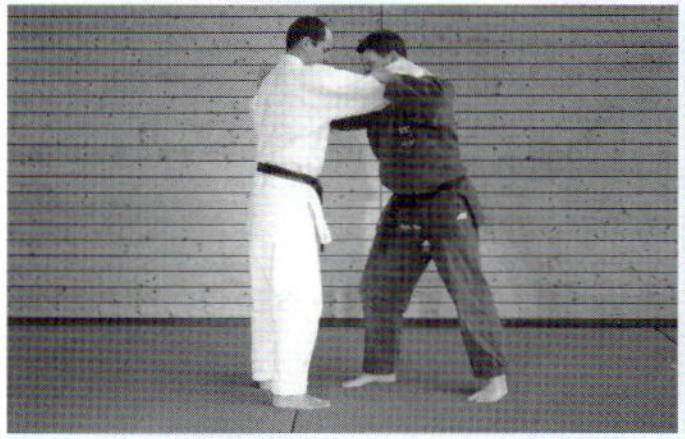

Bild 1:
Du greifst Deinen Partner mit einer Hand am Kragen und der anderen Hand auf Höhe des Ellenbogens.

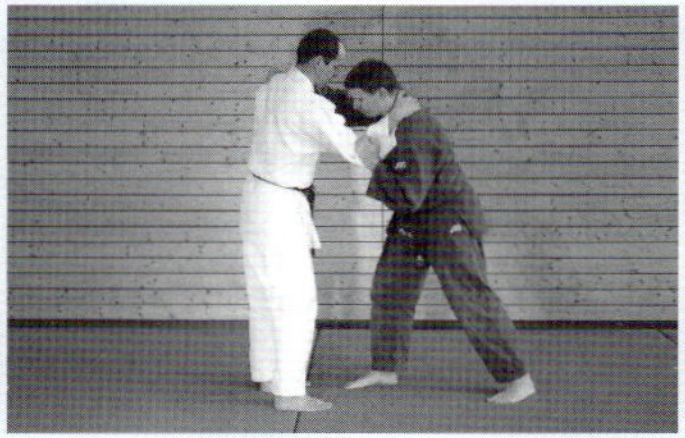

Bild 2:
Zuerst drückst Du seinen Ellenbogen nach unten und zwingst ihn so dazu, seinen Ellenbogen nach oben zu drücken.

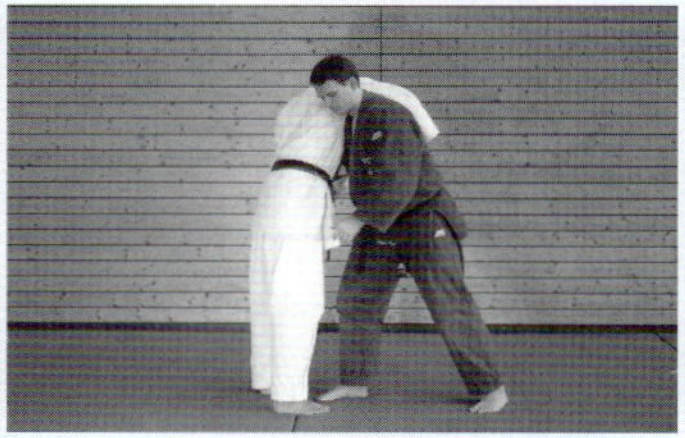

Bild 3:
Du gibst dem Druck nach und gehst mit Deinem Kopf unter die Achselhöhle des Partners.

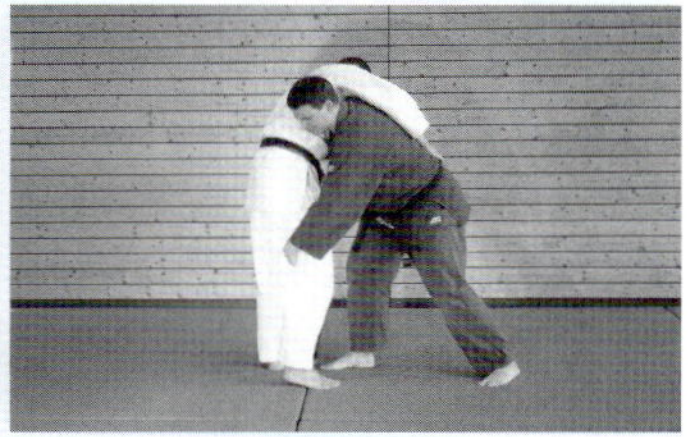

Bild 4:
Jetzt ergreifst Du das Bein Deines Partners in Höhe des Knies.

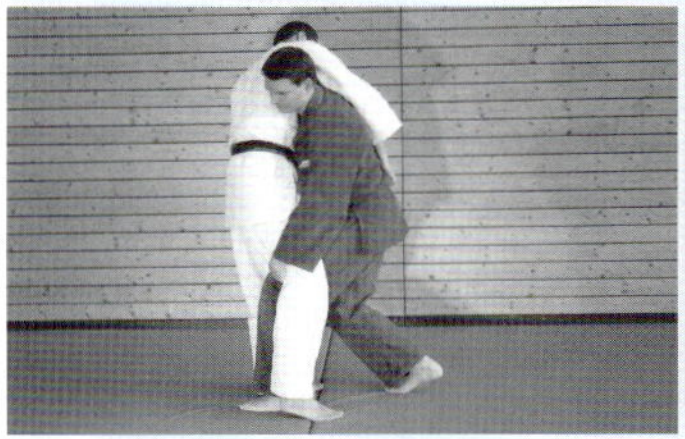

Bild 5:
Fast gleichzeitig machst Du einen Schritt mit links zwischen die Beine des Partners. Stehe aufrecht!

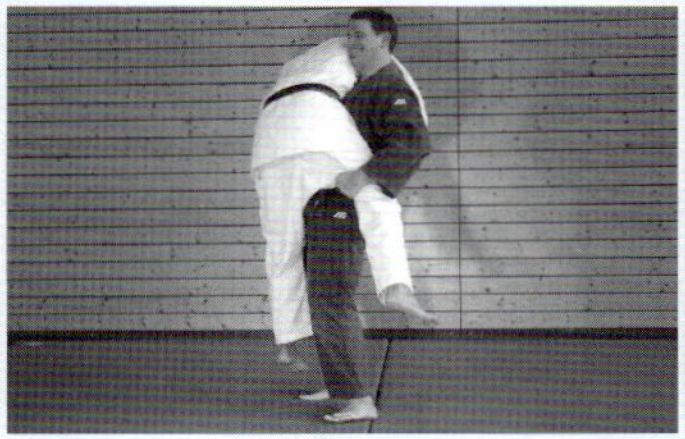

Bild 6:
Durch das Vorschieben Deiner Hüfte und die Streckung der Beine hebst Du Deinen Partner aus.

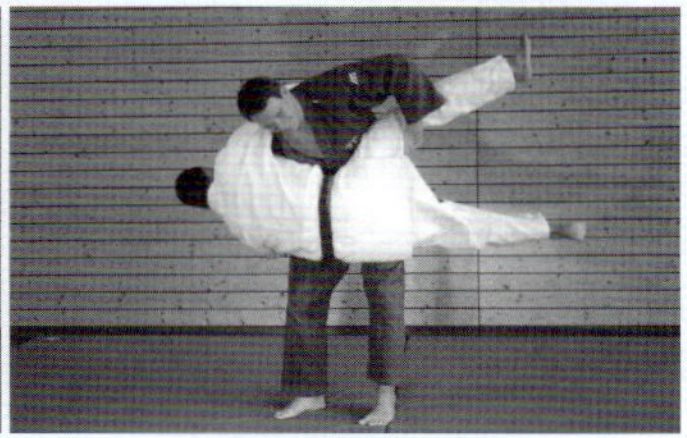

Bild 7:
Nun bringst Du ihn in eine Drehbewegung, in dem Du mit der rechten Hand nach unten und mit rechts das Bein nach oben ziehst.

Nr.	Name der Spielform Ziele/Akzente	Idee/Beschreibung	Hinweise/Organisation
795	**Packesel** Vorbereitende Übung	Lege Dir Deinen Partner über die Schulter und transportiere ihn einmal über die Matte. Jetzt wird gewechselt!	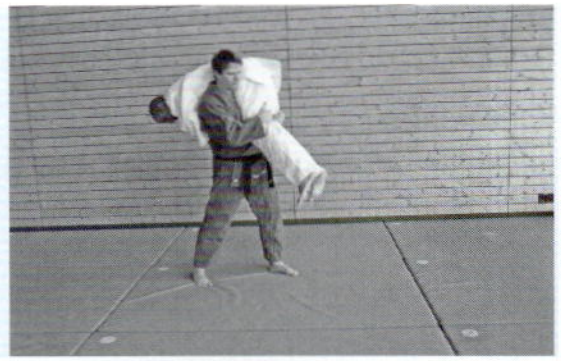
796	**Wandheber** Vorbereitende Übung	Du stehst mit Deinem Partner an der Weichbodenmatte an der Wand. Du hebst Deinen Partner mit geradem Rücken an der Wand hoch! Auf beiden Seiten üben!	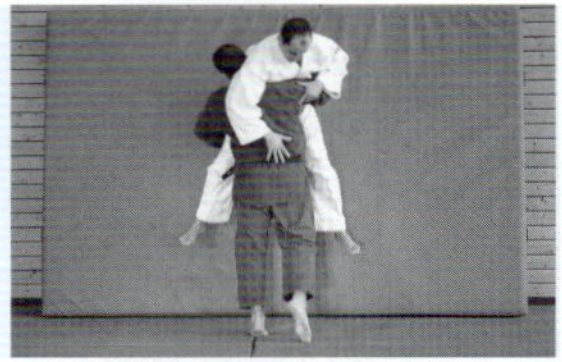
797	**Osteuropäischer Ausheber** Techniktraining	Du hast einen Nacken- und Kniegriff. Du bringst Deinen Partner durch Zug im Nacken und das Anheben des Knies in eine Kreisbewegung und führst ihn zu Boden.	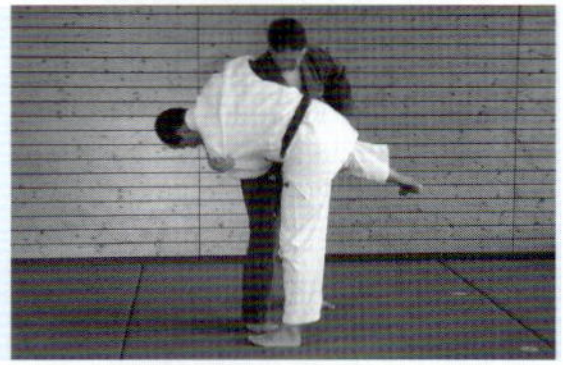
798	**Konter des Aushebers** Techniktraining	Dein Partner versucht, Dich auszuheben. Du verhinderst diese Technik, indem Du Deine Beine nach hinten wegstreckst und den Oberkörper Deines Partners belastest.	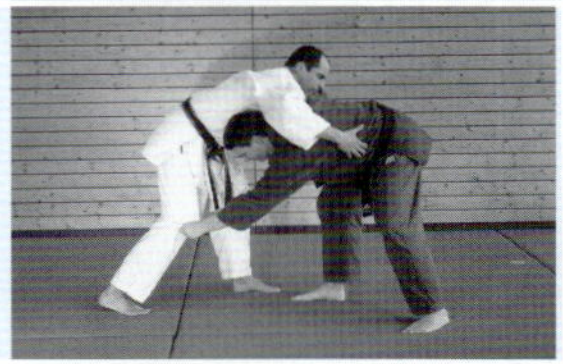
799	**Ausheber gegen Hüftfegen** Techniktraining	Du wirst mit einem großen Wurf angegriffen. Während der Eindrehphase des Partners unterläufst Du dessen Schwerpunkt und hebst ihn aus.	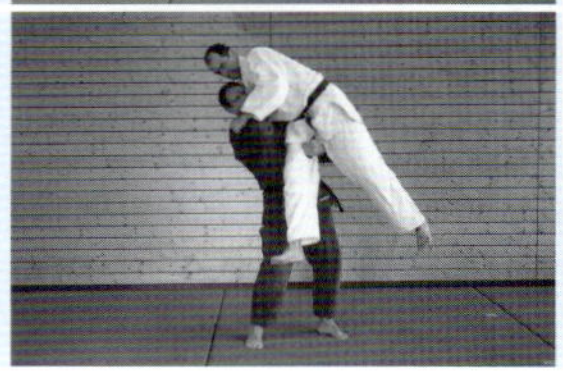

Nr.	Name der Spielform Ziele/Akzente	Idee/Beschreibung	Hinweise/Organisation
800	**Ausheber im Angriff** Techniktraining	Dein Partner ergreift Dich im Nacken. Du drückst seinen Ellenbogen nach unten und verleitest ihn zum Gegendruck. Jetzt unterläufst Du seinen Schwerpunkt und wirfst ihn mit Ausheber.	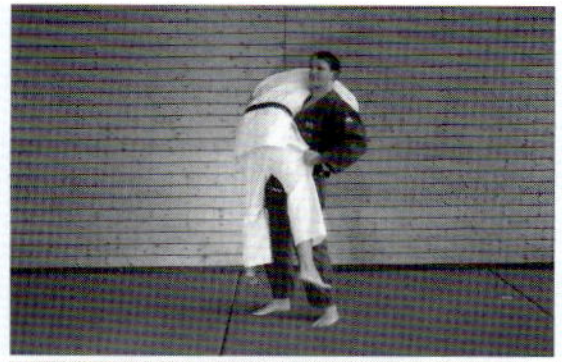
801	**Transportspiel** Vorbereitende Übung	Du hebst Deinen Partner aus und transportierst ihn fünf Meter mit geradem Rücken.	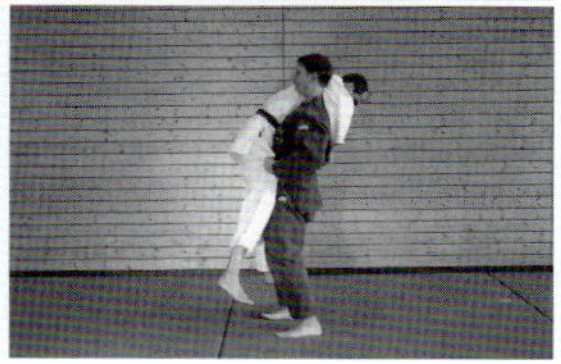
802	**Ausheben mit Mitfallen** Techniktraining	Du wirfst eine beliebige Variante des Aushebers und fällst locker neben den Partner auf der Weichbodenmatte.	**Achtung:** Nicht mit der Schulter in den Bauch des Partners fallen!
803	**Ausheber** Selbstverteidigung 1	Du wirst mit einem Fauststoß angegriffen. Du schützt Dich durch ein Handfegen und wirfst nun den Partner mit einem Ausheber.	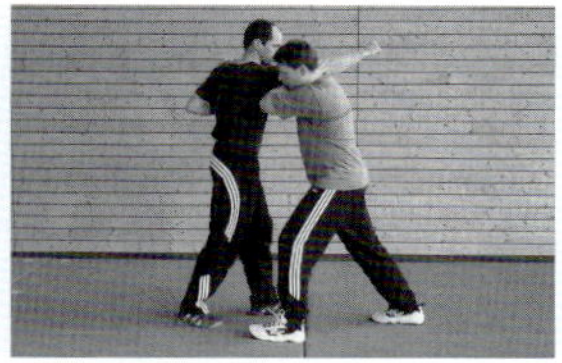
804	**Ausheber** Selbstverteidigung 2	Du wirst mit einem Schulterwurf angegriffen, blockierst die Technik und konterst mit einem Ausheber.	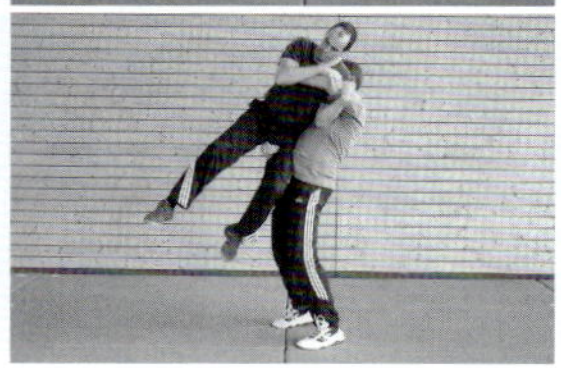

Wurftechnik: Abtaucher

805

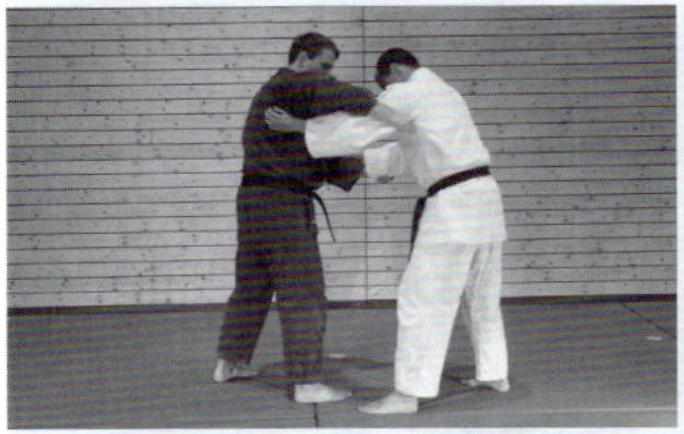

Bild 1:
Du greifst Deinen Partner mit einer Hand am Handgelenk und mit der anderen im Schulterzwickel.

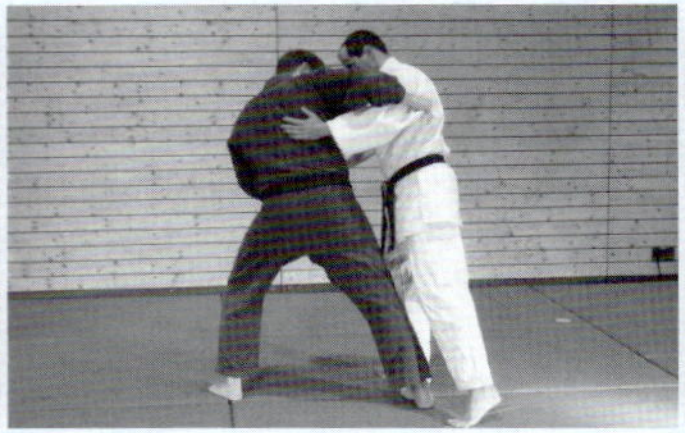

Bild 2:
Mit einer großen Innensichel als Finte bringst Du Deinen Partner zu einem Schritt nach hinten mit seinem linken Bein.

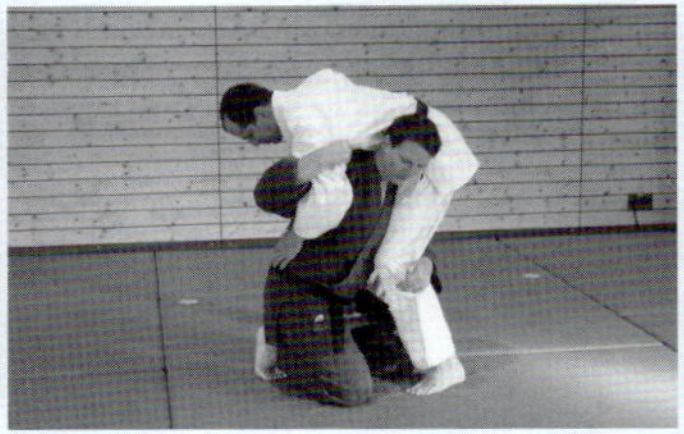

Bild 3:
Jetzt kniest Du mit Deinem linken Bein zwischen die Beine des Partners und mit dem anderen vor sein linkes Bein.

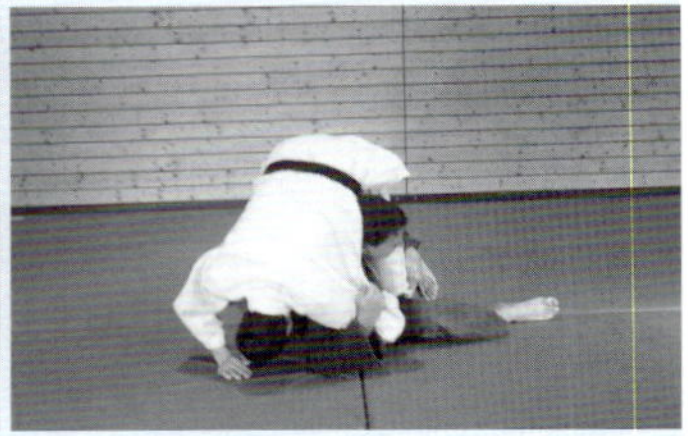

Bild 3a:
Alternativ setzt Du Dich in den Hürdensitz und bringst Deinen Partner sofort in die Bodenlage.

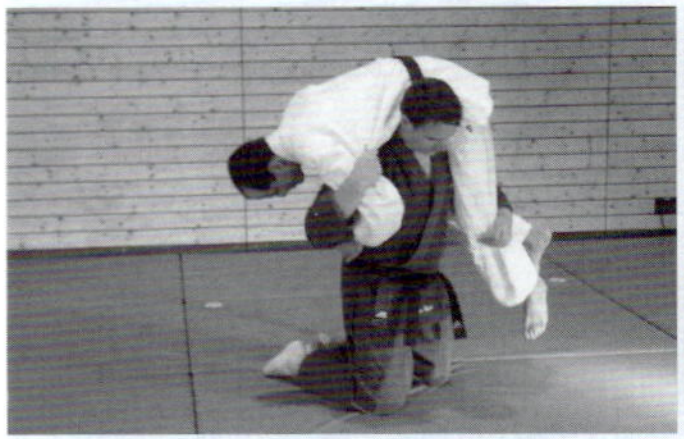

Bild 4:
Nun hebst Du Deinen Partner auf Deine Schultern und

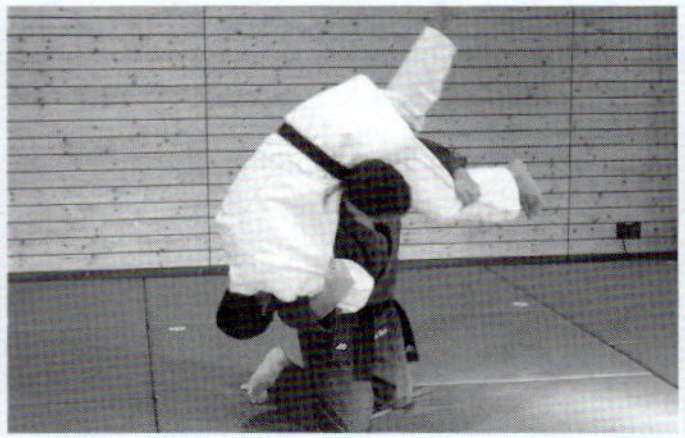

Bild 5:
wirfst ihn durch eine Rotation um Deine Längsachse schräg nach vorne ab.

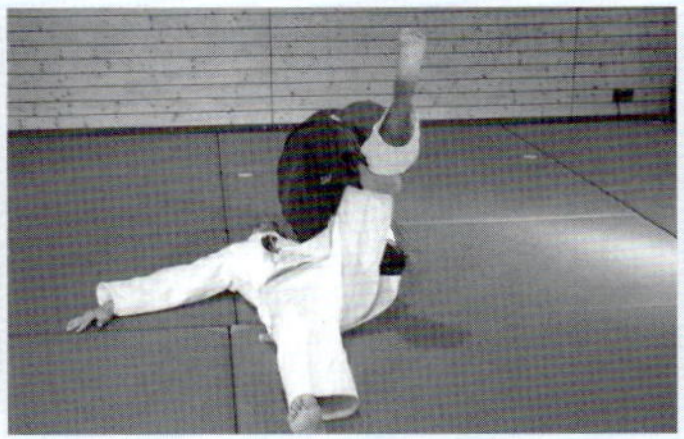

Bild 6:
Halte den Griff am Bein, bis Deine Partner auf dem Rücken gelandet ist.

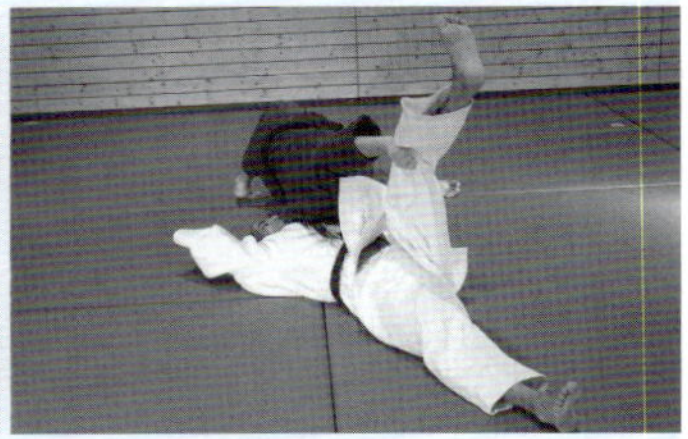

Bild 7:
Du stützt Dich auf Der Schulter des Partners ab und gehst in eine tiefe Brücke. Liege nicht auf den Kopf Deines Partners!

Nr.	Name der Spielform Ziele/Akzente	Idee/Beschreibung	Hinweise/Organisation
806	**Hürdensitz** Vorbereitende Übung	Setze Dich in den Hürdensitz und dehne Dich locker. Belaste Dich 3 x 10 Sekunden lang, um die Spannung zu erhöhen.	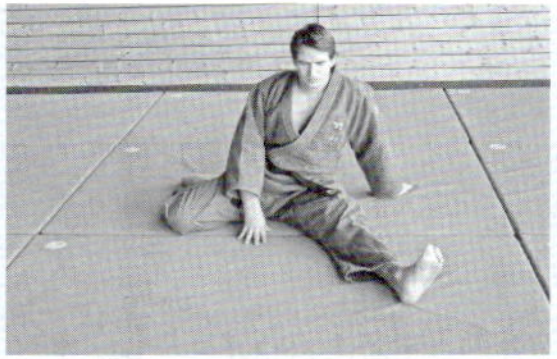
807	**Schulterrolle** Vorbereitende Übung	Du kniest vor Deinem Partner ab und dieser rollt sich über Dich hinüber.	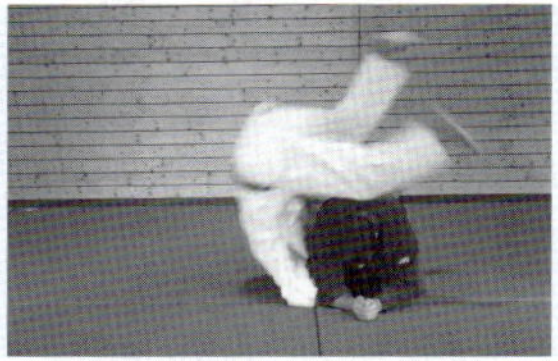
808	**Schrauber** Vorbereitende Übung	Du kniest wieder vor Deinem Partner. Nun schraubst Du Deinen Kopf unter dessen Achsel und hältst ihn an der Schulter fest. Durch eine Rotation um Deine Längsachse, bringst Du Deinen Partner zu Boden.	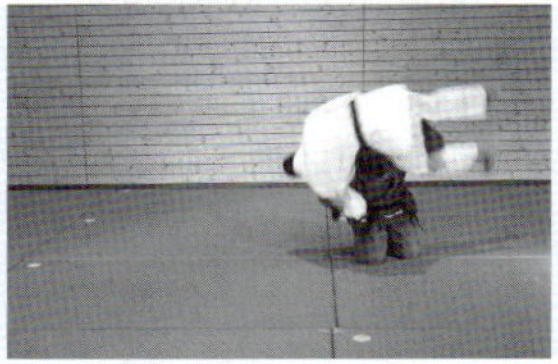
809	**Abtaucher von außen** Techniktraining	Du stehst seitlich von Deinem Partner mit einem einseitigen Ärmel-Reversgriff. Jetzt kniest Du Dich seitlich neben ihn und wirfst ihn von außen mit einem Abtaucher.	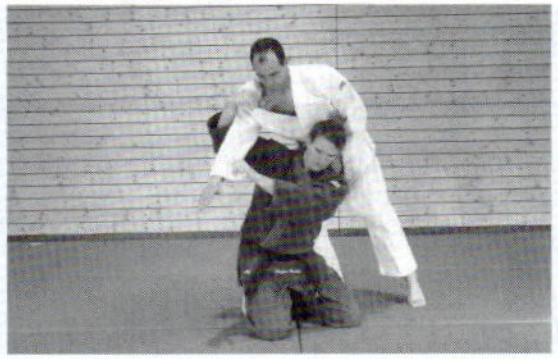
810	**Schulterrad am Boden** Techniktraining	Du kniest seitlich zwischen die Beine Deines Partners und hebst ihn aus. Nun wirfst Du mit Schulterrad ab.	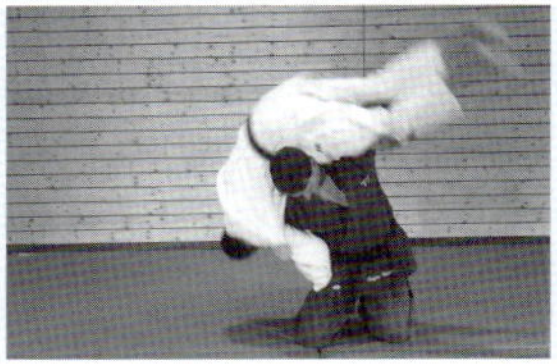

8

Nr.	Name der Spielform Ziele/Akzente	Idee/Beschreibung	Hinweise/Organisation
811	**Schenkelwurf in Abtaucher** Techniktraining	Du setzt einen Schenkelwurf an. Dein Partner hebt sein Bein hoch. Dies nutzt Du als Vorbereitung für Deinen Abtaucher.	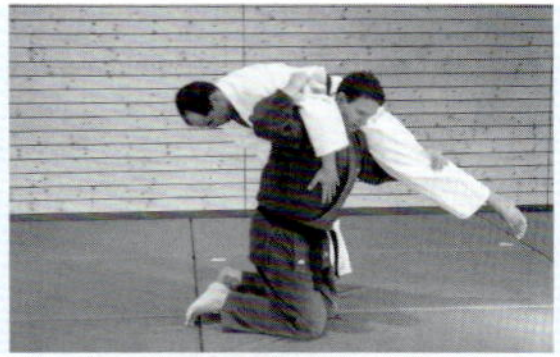
812	**Große Innensichel in Abtaucher** Techniktraining	Du setzt eine große Innensichel an. Durch den Schritt nach hinten des Partners kannst Du perfekt in den Abtaucher einsteigen.	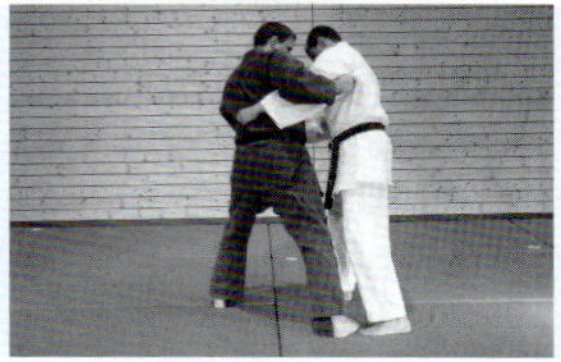
813	**Kniestand Rotation** Vorbereitende Übung	Du kniest seitlich vor Deinem Partner. Lege ihn Dir auf die Schulter und rotiere vorsichtig von rechts nach links und wieder zurück.	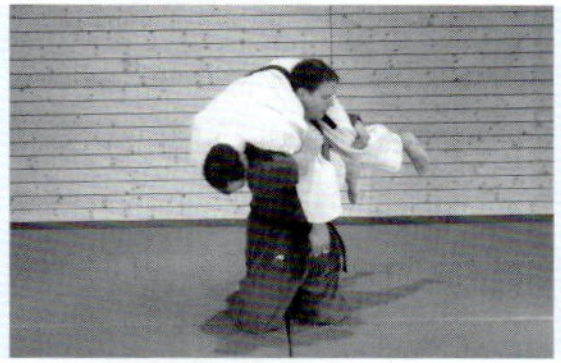
814	**Abtaucher** Selbstverteidigung 1	Du wirst mit einem Schwitzkasten von vorne angegriffen. Lockere den Arm und werfe den Partner mit einem Abtaucher.	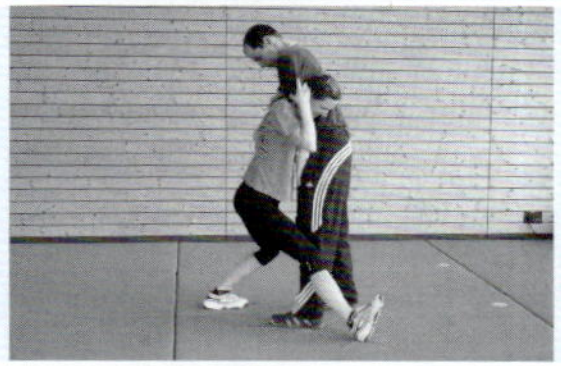
815	**Abtaucher** Selbstverteidigung 2	Du wehrst einen Doppelschwinger mit zwei Aktivblöcken ab und setzt nun einen Abtaucher links an, indem Du die linke Schulter Deines Partners erfasst.	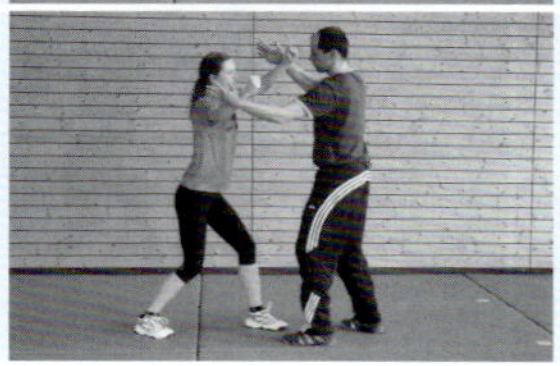

Wurftechnik: Außendrehwurf

816

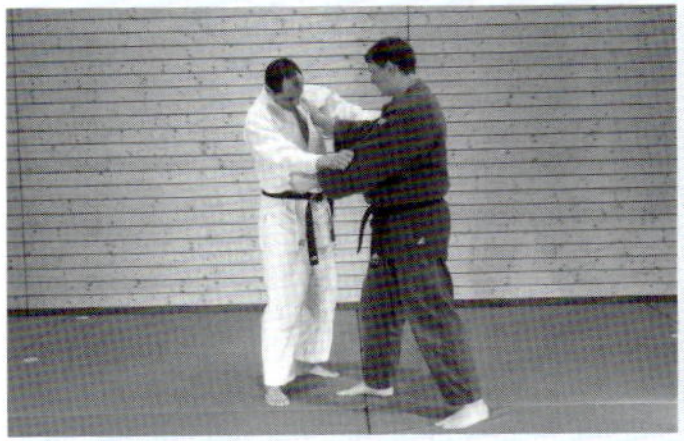

Bild 1:
Du greifst Deinen Partner mit einem Ärmel-Reversgriff.

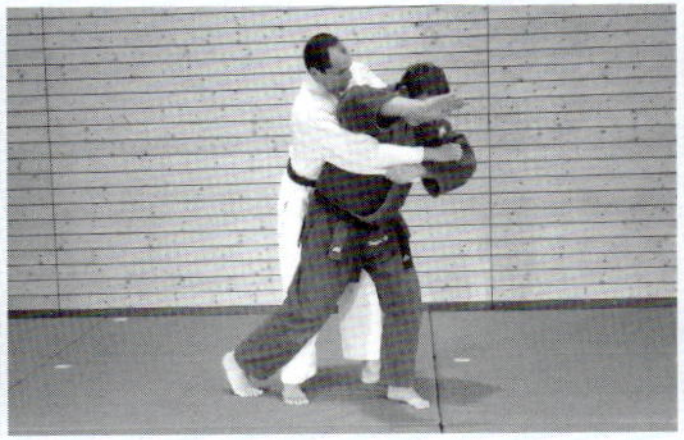

Bild 2:
Du drehst Dich direkt in die Technik ein, in dem Du mit Deinem rechten Bein seitlich an Deinem Partner vorbei stehst.

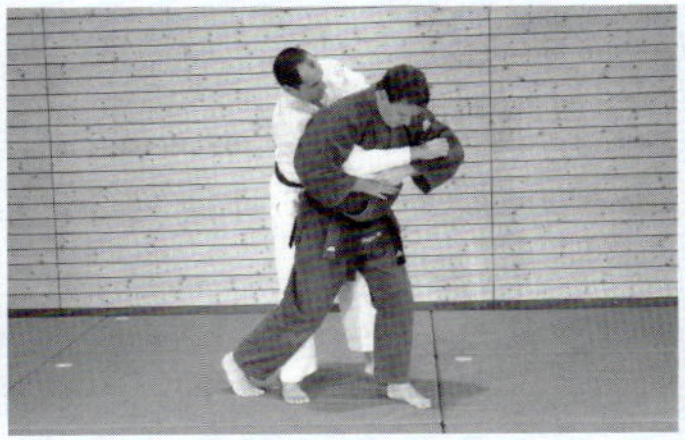

Bild 2a:
Der Arm des Partners kann eingeklemmt oder fest um den eigenen Bauch gehalten werden.

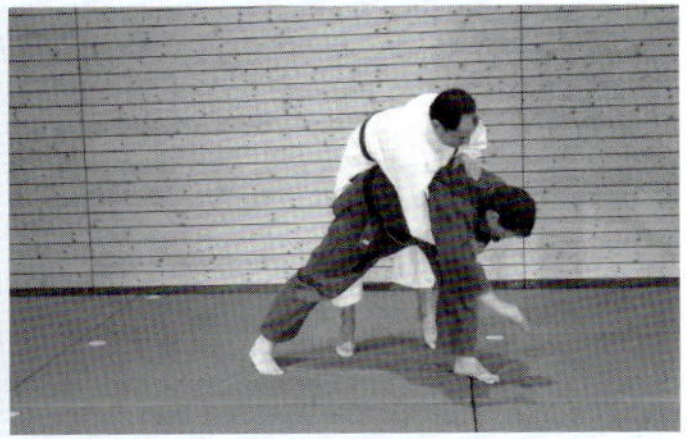

Bild 3:
Durch einen starken Zug nach vorne und die Einleitung einer Rolle vorwärts bereitest Du den Wurf vor.

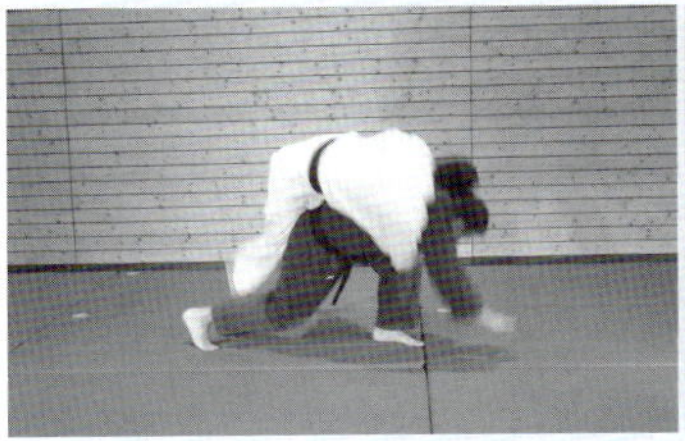

Bild 4:
Du gehst tiefer und

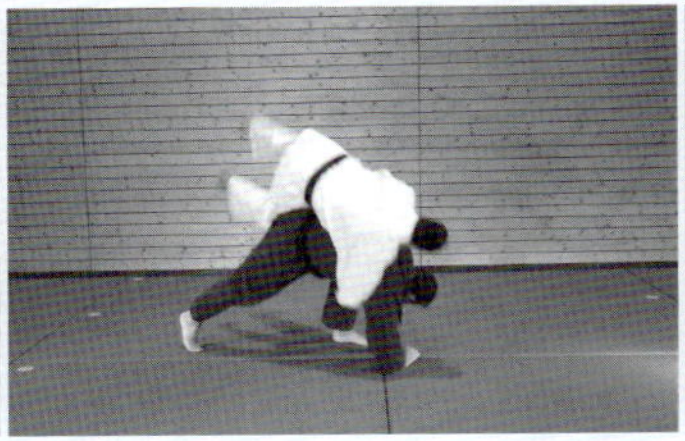

Bild 5:
katapultierst Deinen Partner durch die Streckung Deiner Beine nach oben.

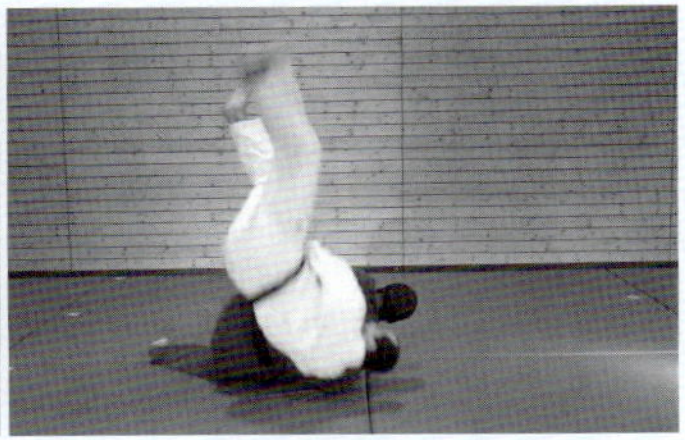

Bild 6:
Lande neben Deinem Partner und nicht auf ihm!

Nr.	Name der Spielform Ziele/Akzente	Idee/Beschreibung	Hinweise/Organisation
817	**Walze** Spielform	Lege Dich auf die Matte. Strecke Deine Arme nach oben und rolle wie eine Walze über die Matte. Versuche Dich so schnell wie möglich zu drehen.	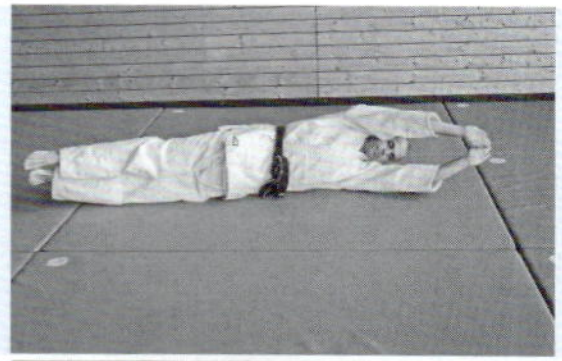
818	**Wälzer** Vorbereitende Übung	Du bist in der Bankposition. Dein Partner greift von der Seite um Deinen Rumpf. Fixiere seinen Arm oberhalb des Ellenbogens und rolle Dich explosionsartig um Deine eigene Achse. Fixiere Deinen Partner am Boden. Strecke das körperferne Bein!	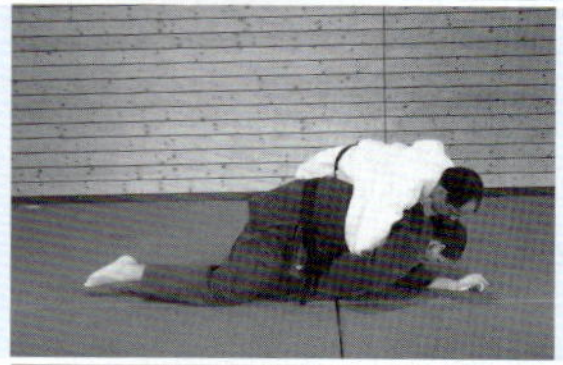
819	**Seitkipper** Vorbereitende Übung	Du stehst mit dem Rücken zu Deinem Partner und hast seinen Arm mit Deinem Arm eingeklemmt. Hebe ihn aus und kippe ihn zur Seite ab. Bleibe stehen!	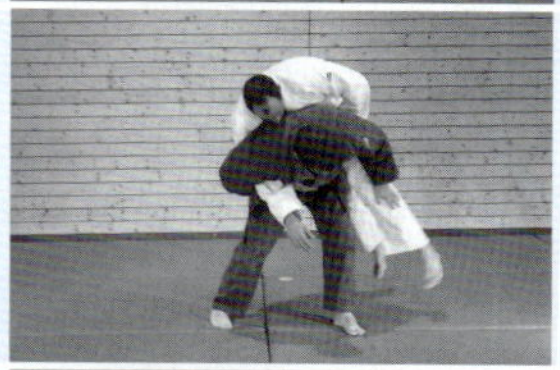
820	**Außendrehwurf** Selbstverteidigung 1	Du wirst am Oberarm gefasst und mit einem Schwinger angegriffen. Wehre den Angriff ab und werfe Deinen Gegner zu Boden.	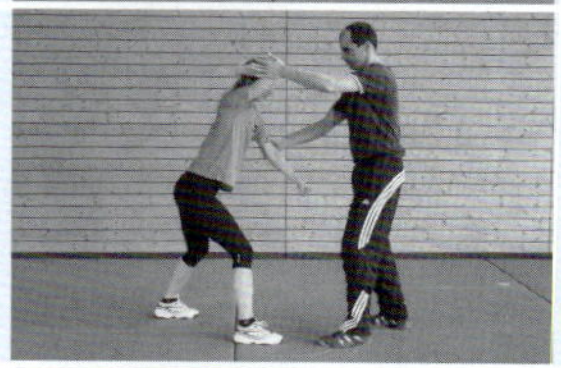
821	**Außendrehwurf** Selbstverteidigung 2	Du wirst von der Seite unter den Armen umklammert. Fixiere den rechten Arm des Partners und werfe ihn mit Außendrehwurf.	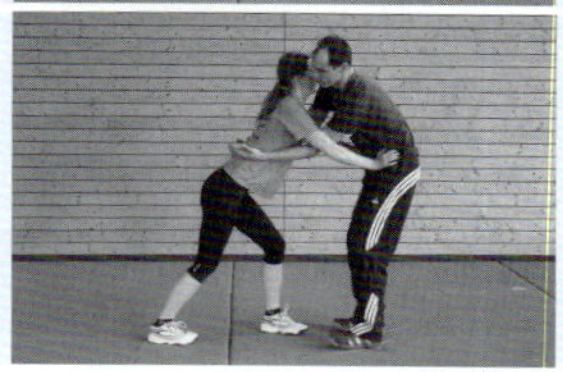

Wurftechnik: Hüftrad

822

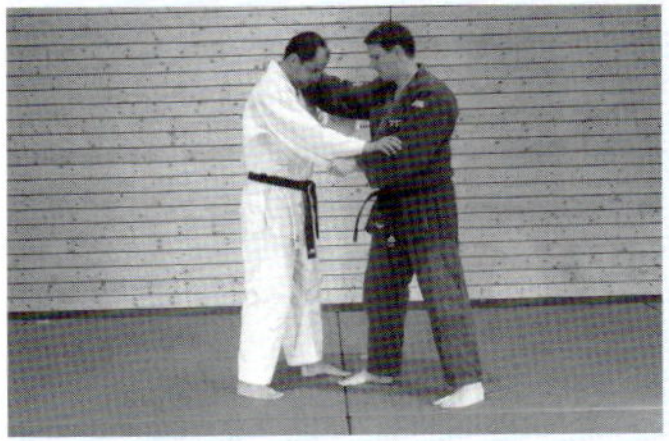

Bild 1:
Du greifst Deinen Partner mit einem Ärmel-Nackengriff.

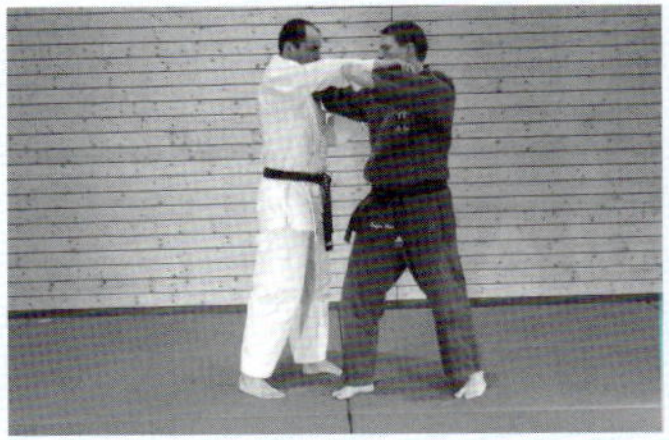

Bild 2:
Durch Zug nach vorne und einen Schritt mit Deinem rechten Bein vor das rechte Bein des Partners brichst Du das Gleichgewicht.

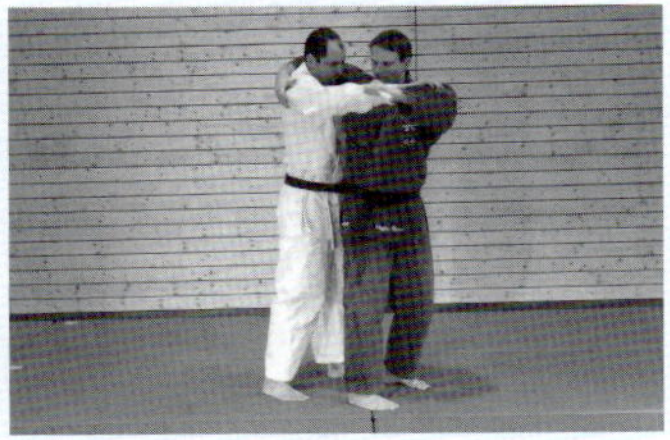

Bild 3:
Nun stehst Du mit dem Rücken zu Deinem Partner und beginnst mit der Aushebephase.

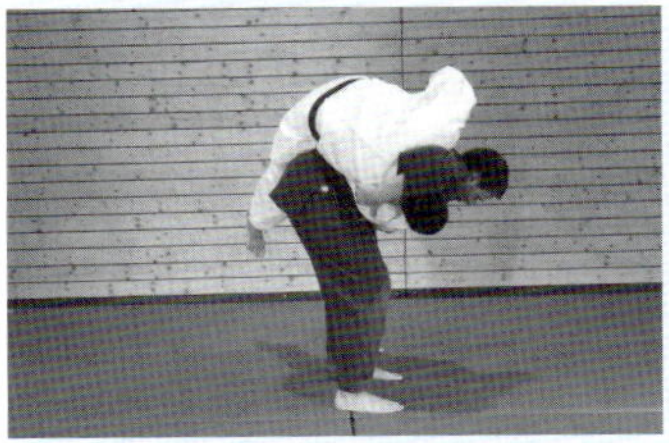

Bild 4:
Du drehst Dich jetzt noch weiter in die Wurfrichtung und legst den Partner quer über Deinen Rücken.

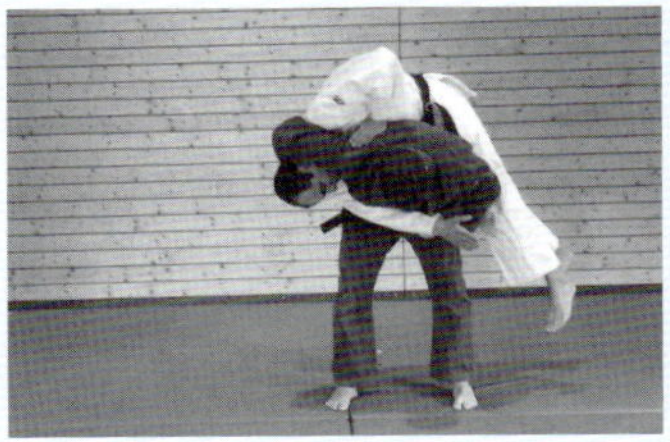

Bild 5:
Dein Partner wird nun wie ein Rad um Deinen Rücken auf den Boden geworfen.

Nr.	Name der Spielform Ziele/Akzente	Idee/Beschreibung	Hinweise/Organisation
823	**Hüftrad** Vorbereitende Übung	Stelle ein Paar Mattenschuhe in doppelter Schulterbreite auf die Matte. Drehe Dich nun in den Parallelstand um 270° Grad ein.	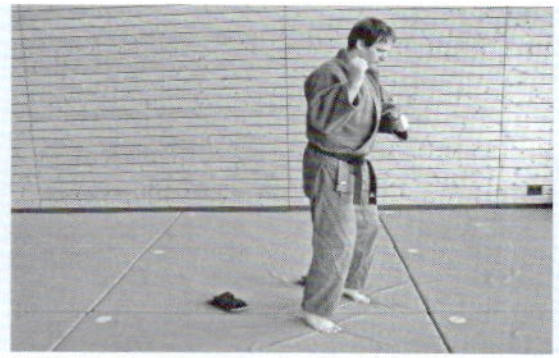
824	**Mehlsacktransport** Vorbereitende Übung	Lege Deinen Partner wie einen sehr schweren Mehlsack über Deinen Rücken und transportiere ihn über die Matte.	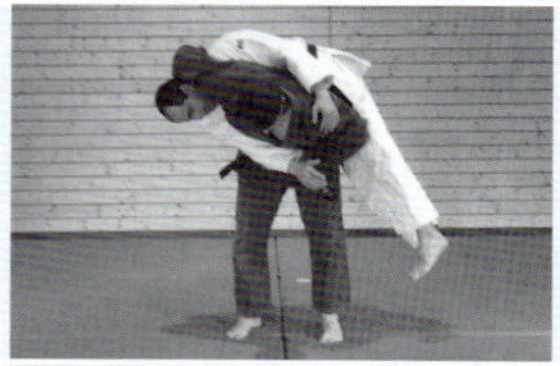
825	**Hüftrad gegen Hüftwurf** Techniktraining	Du wirst mit einem Hüftwurf angegriffen. Weiche in Wurfrichtung aus und kontere mit einem Hüftrad auf der anderen Seite.	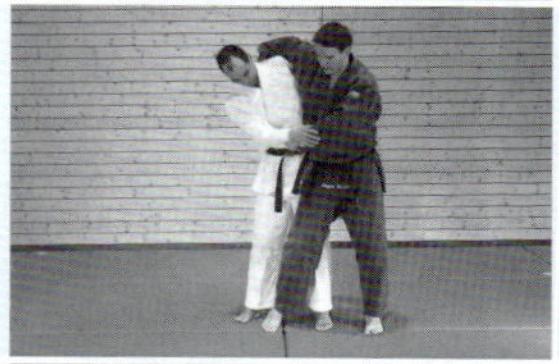
826	**Hüftrad auf den Knien** Techniktraining	Du setzt die Technik auf den Knien an und rollst mit Deinem Partner auf den Boden.	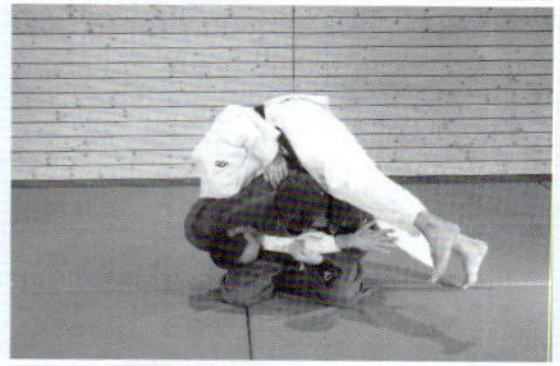
827	**Hüftrad** Selbstverteidigung	Verteidige Dich mit einem Hüftrad gegen eine Umklammerung von vorne unter den Armen. Löse Dich durch einen Schritt zur Seite und drehe sofort in den Wurf ein.	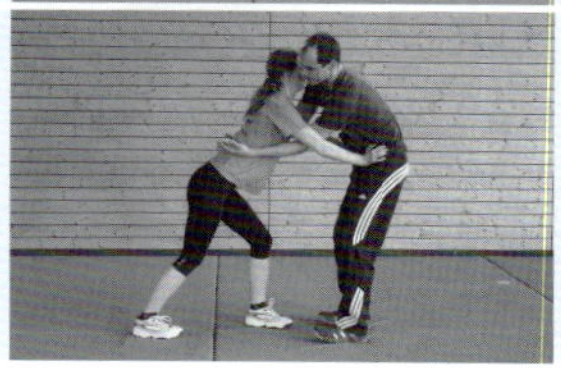

Wurftechnik: Doppelhandsichel

828

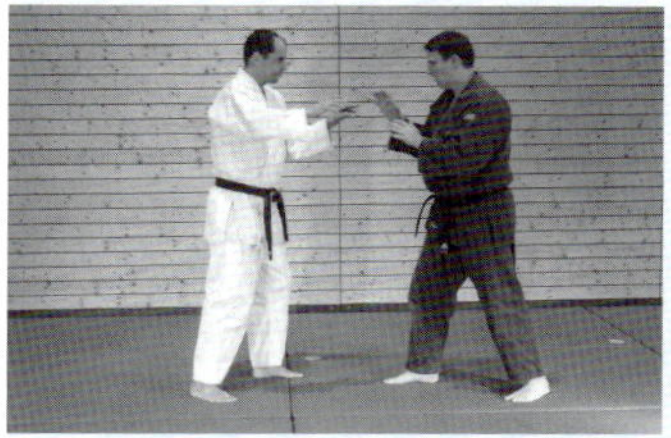

Bild 1:
Du versuchst Deinen Partner zu greifen.

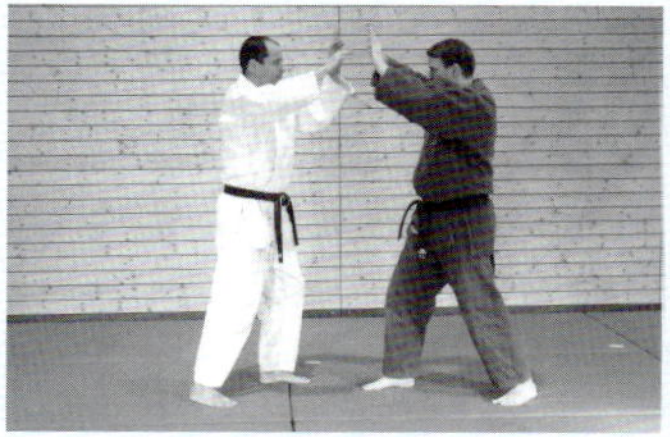

Bild 2:
Durch das schnelle Hochziehen Deiner Arme bringt Dein Partner seine Arme zum Schutz nach oben.

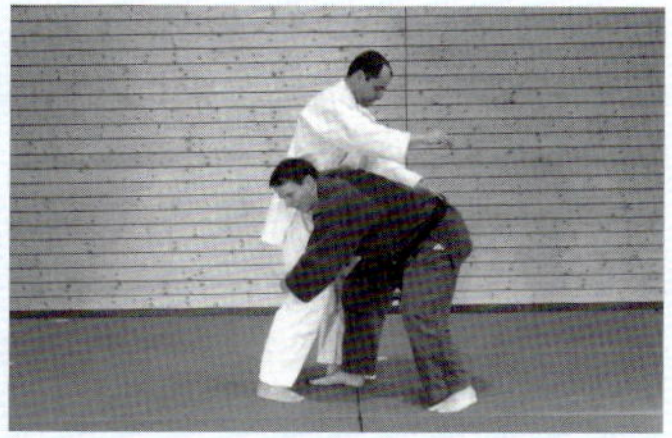

Bild 3:
Nun tauchst Du blitzschnell mit Deiner Schulter auf Bauchhöhe des Partners ab und legst Deinen Kopf an seine Hüfte.

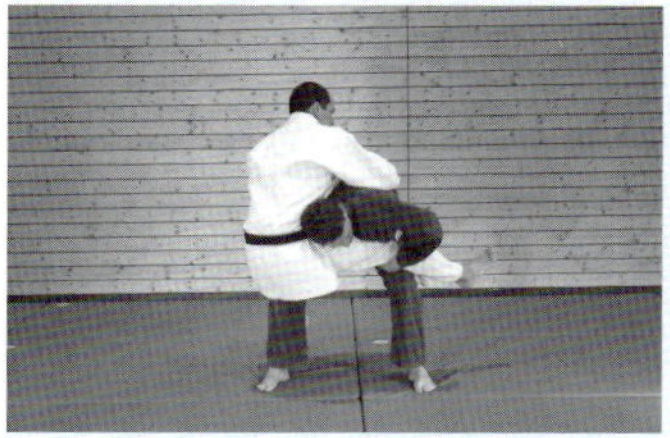

Bild 4:
Durch einen tiefen Schritt zwischen die Beine, Druck mit der Hüfte und das Auseinanderziehen der Beine wirfst Du Deinen Partner.

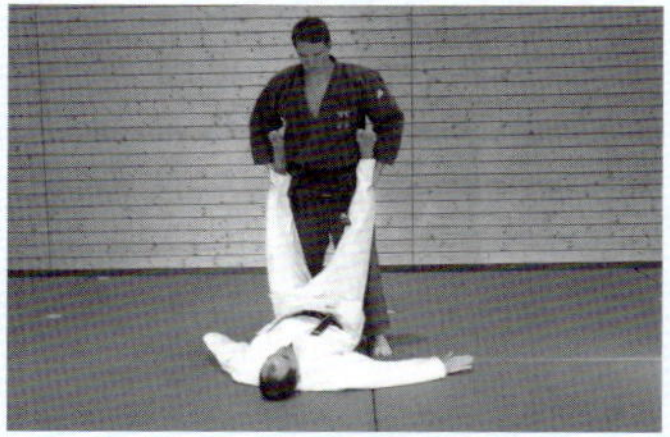

Bild 5:
Kontrolliere die Beine Deines Partners bis dieser sicher auf dem Boden liegt. Dein Partner darf mit seinem Kopf nicht den Boden berühren.

Nr.	Name der Spielform Ziele/Akzente	Idee/Beschreibung	Hinweise/Organisation
829	**Oberschenkelklatscher** Spielform zum Abtauchen	Dein Partner und Du versuchen sich gegenseitig am Oberschenkel zu treffen. Ihr dürft nur mit den offenen Händen treffen.	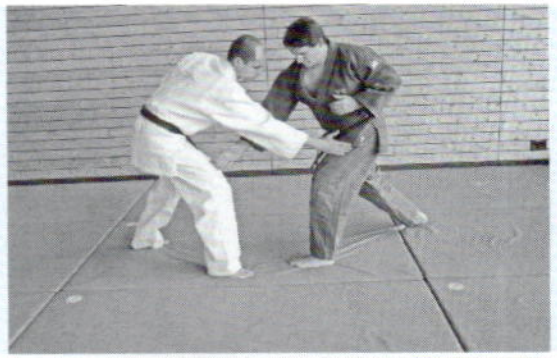
830	**Schulterdrücker** Vorbereitende Übung	Dein Partner steht aufrecht und breitbeinig vor Dir. Du gehst mit dem rechten Bein zwischen die Beine des Partners und schiebst ihn durch Druck mit der Schulter weg.	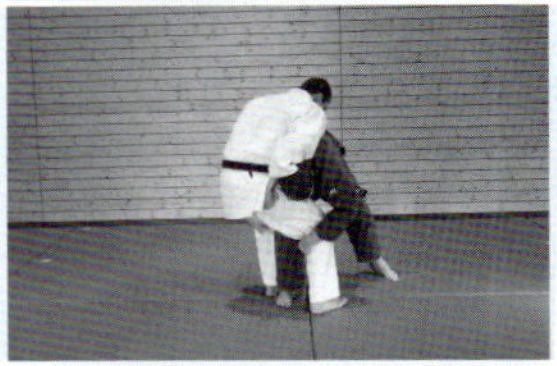
831	**Doppelhandsichel aus der Bodenlage** Techniktraining	Du kniest vor Deinem Partner. Jetzt ziehst Du seine Beine seitlich an Deinem Oberkörper vorbei und bringst ihn zu Boden.	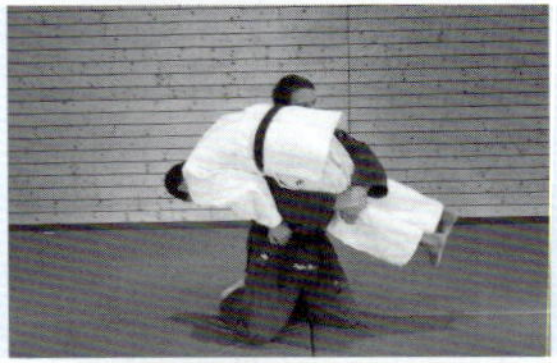
832	**Doppelhandsichel** Selbstverteidigung 1	Dein Partner drückt Dich am Nacken nach unten. Du gibst nach und wirfst ihn mit einer Doppelhandsichel.	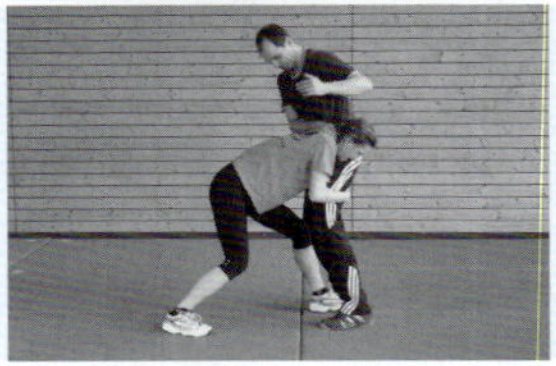
833	**Doppelhandsichel nach vorne** Selbstverteidigung 2	Du wirst mit einem Fußstoß angegriffen und weichst nach außen aus. Du stellst ein Bein zwischen die Beine des Partners und fasst dessen Knie. Nun bringst du ihn durch Zug und Druck zu Boden.	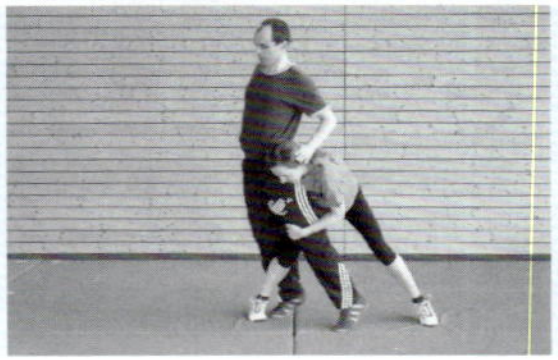

Wurftechnik: Beingreifer

834

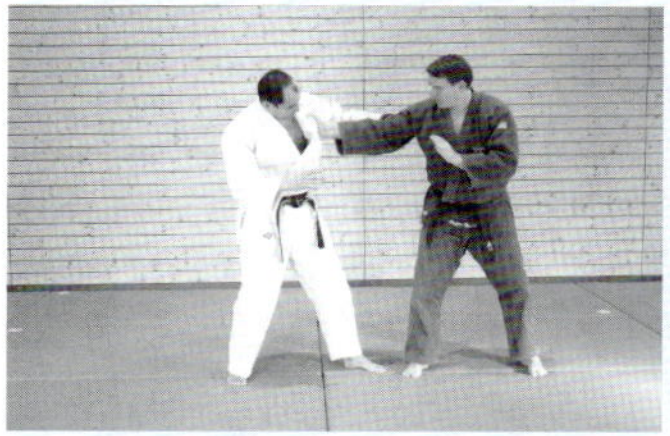

Bild 1:
Dein Partner und Du stehen auf einer Linie. Ihr fasst euch jeweils nur an einem Revers.

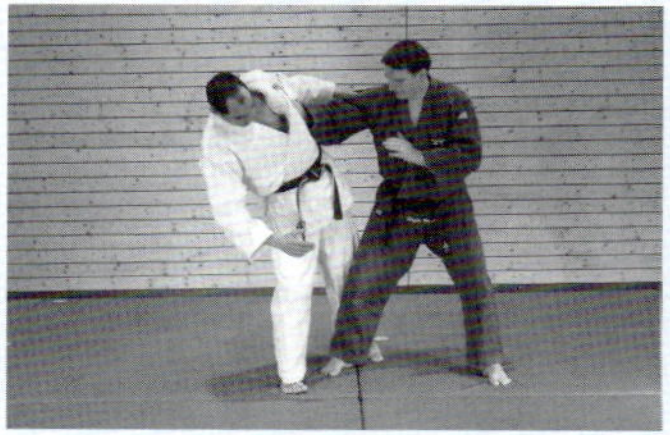

Bild 2:
Mit einer großen Innensichel zwingst Du Deinen Partner zu einem Schritt nach hinten.

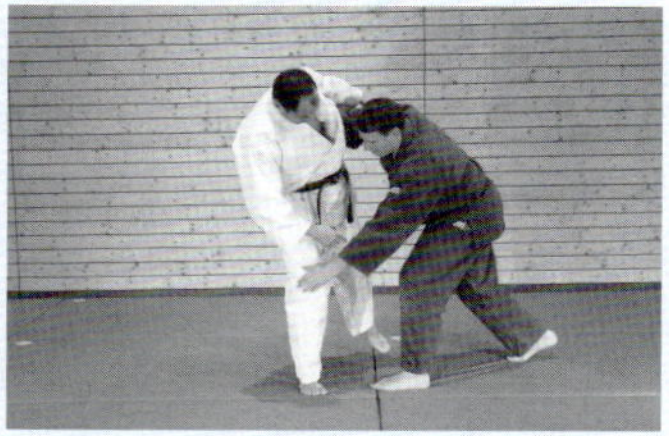

Bild 3:
Nun drückst Du ihn mit Deinem rechten Arm seitlich auf sein rechtes Bein und führst einen Platzwechsel aus.

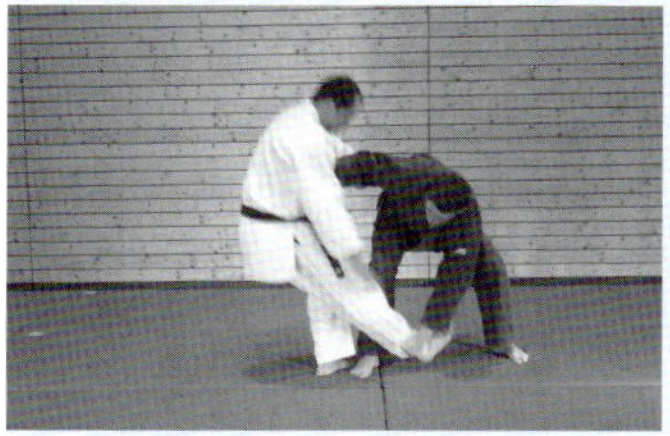

Bild 4:
Du läufst mit rechts tief in Deinen Partner, greifst sein Bein und bringst ihn vollends aus dem Gleichgewicht.

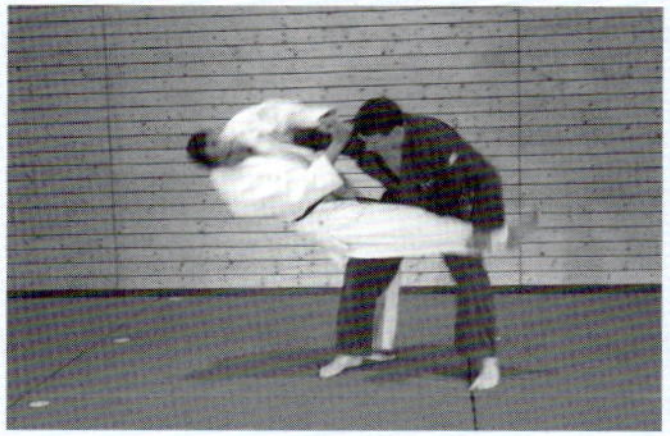

Bild 5:
Gleite ständig weiter in ihn hinein, bis er am Boden liegt.

Nr.	Name der Spielform Ziele/Akzente	Idee/Beschreibung	Hinweise/Organisation
835	**Beingreifer** Vorbereitende Übung	Knie Dich zwischen die Beine Deines Partners. Umklammere nun das rechte Bein des Partners mit beiden Armen. Drücke ihn kontrolliert in die seitliche Position zu Boden. Halte sehr engen Körperkontakt zum Partner.	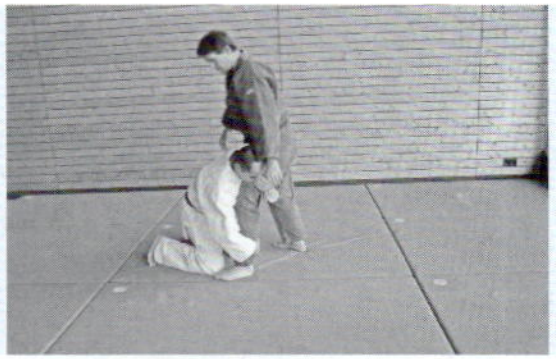
836	**Bananenschale** Vorbereitende Übung	Du erfasst ein Bein Deines Partners. Dieser rutscht anschließend wie auf einer Bananenschale aus und fällt ordentlich auf die Matte.	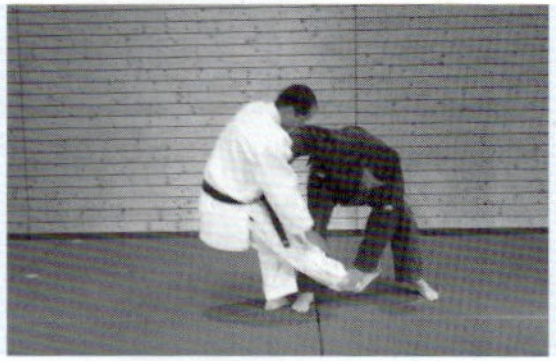
837	**Schenkelwurf zu Beingreifer** Techniktraining	Du setzt einen Schenkelwurf an, kannst aber nicht erfolgreich werfen. Greife ein Bein des Partners und werfe ihn um.	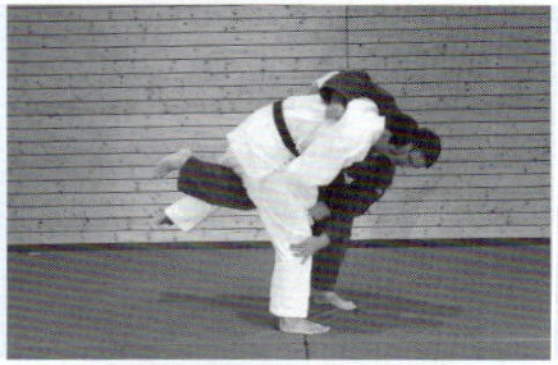
838	**Große Innensichel zu Beingreifer** Techniktraining	Du bereitest den folgenden Beingreifer durch eine große Innensichel vor. Sobald Dein Partner ausweicht, attackierst Du sein anderes Bein.	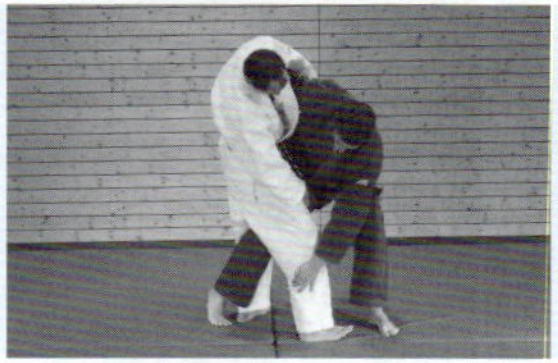
839	**Beingreifer** Selbstverteidigung	Du schützt Dich gegen eine Ohrfeige mit einem Passivblock auf Kopfhöhe. Erfasse nun ein Knie des Partners, ziehe es nach oben und stelle dem Partner ein Bein.	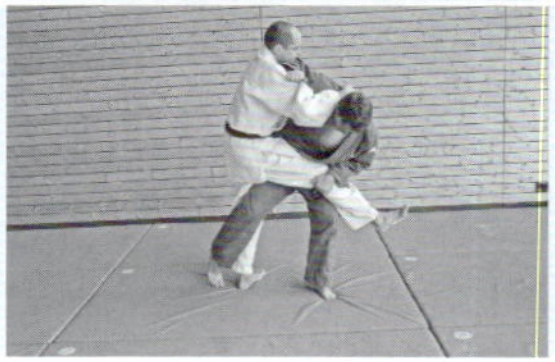

Wurftechnik: Talfallzug

840

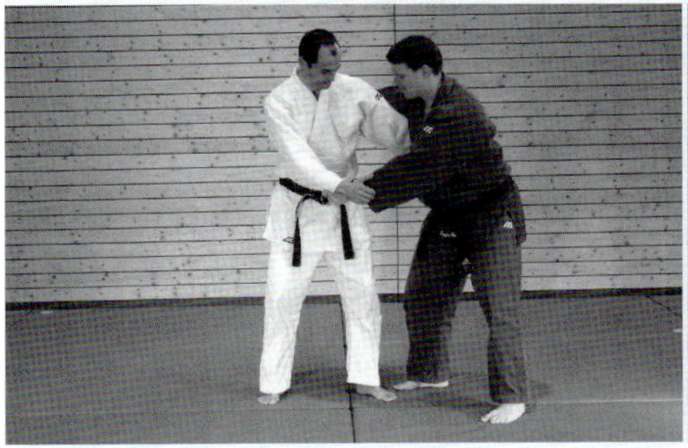

Bild 1:
Du greifst Deinen Partner mit einem Ärmel-Rückengriff.

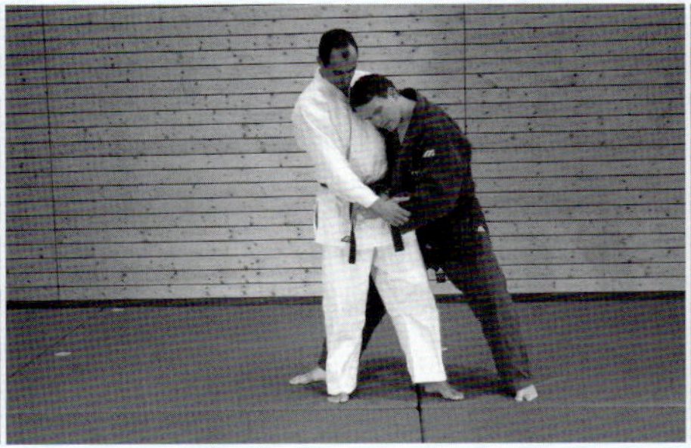

Bild 2:
Jetzt gleitest Du blitzschnell mit Deiner Hüfte an Deinen Partner und schiebst ihn zur Seite. Durch die Streckung Deines Beines

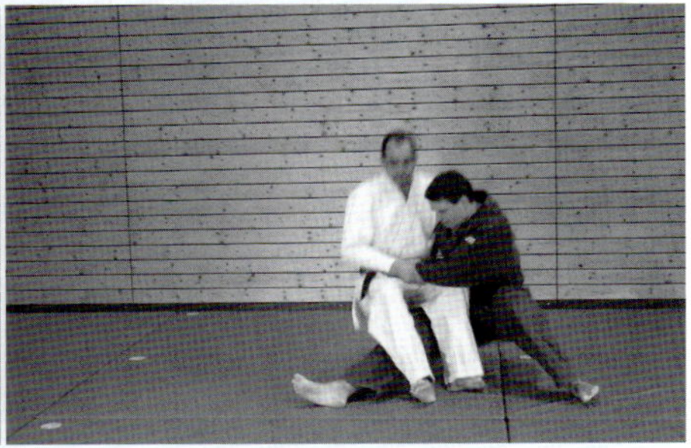

Bild 3:
und das Absenken der Hüfte fällt Dein Partner schräg nach hinten auf die Seite. Dein Partner muss immer sein Kinn an der Brust haben!

Nr.	Name der Spielform Ziele/Akzente	Idee/Beschreibung	Hinweise/Organisation
841	**Obelix 2** Spielform	Jetzt stehst Du seitlich von Deinem Partner. Schiebe ihn mit Deiner Hüfte seitlich über die Matte. Schiebe Deine Hüfte dabei stark nach vorne.	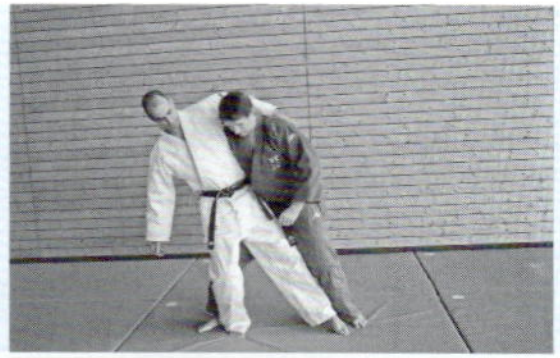
842	**Rutscher** Vorbereitende Übung	Du stehst und rutscht mit Hüfteinsatz zur Seite. Du übst aktiv den Sturz seitwärts und damit die Vorbereitung des Talfallzugs.	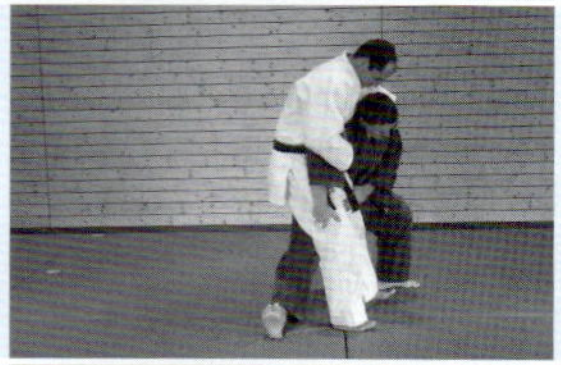
843	**Hüftblock** Vorbereitende Übung	Dein Partner dreht mit einem Hüftrad ein. Du blockierst seinen Wurfversuch durch das Vorschieben der Hüfte und Druck zu Seite.	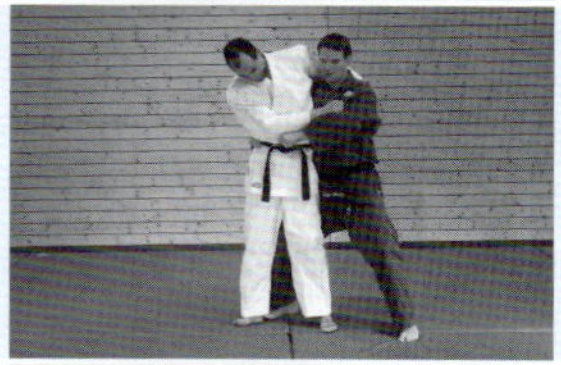
844	**Schub mit der Hüfte** Vorbereitende Übung	Du stehst neben Deinem Partner und schubst ihn mit Deiner Hüfte über die Matte.	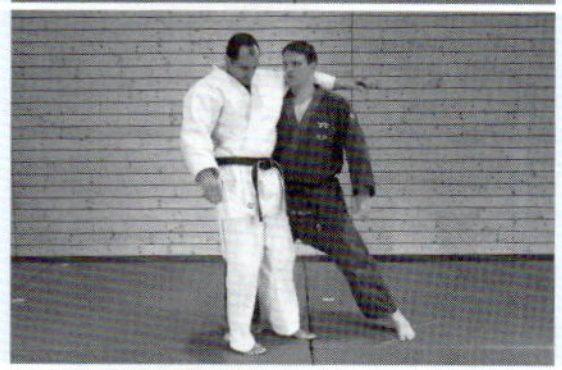
845	**Vorne-Hinten Finte** Techniktraining	Du täuschst einen Wurf nach vorne an, indem Du Deinen Partner nach vorne ziehst und Dein Bein anhebst. Sobald Dein Partner sich sperrt, nutzt Du diese Reaktion und wirfst ihn mit dem Talfallzug.	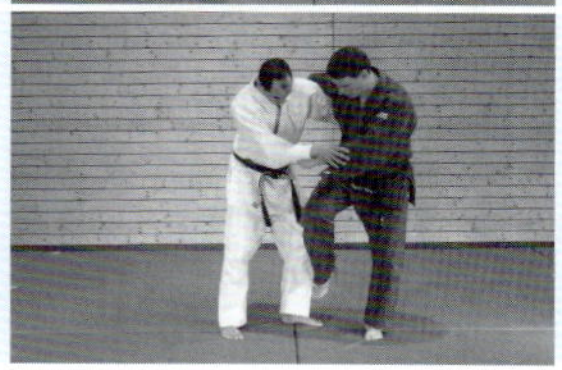

Nr.	Name der Spielform Ziele/Akzente	Idee/Beschreibung	Hinweise/Organisation
846	**Talfallzug gegen einen großen Wurf** Techniktraining	Du wirst mit einem Schulterwurf angegriffen. Verhindere den Wurf durch einen Hüftblock und kontere mit dem Talfallzug.	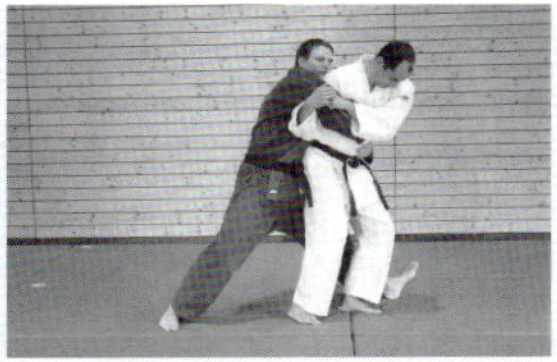
847	**Angriffstalfallzug** Techniktraining	Greife Deinen Partner beliebig. Überlaufe ihn mit einem Talfallzug durch geschickten Zug und Druck.	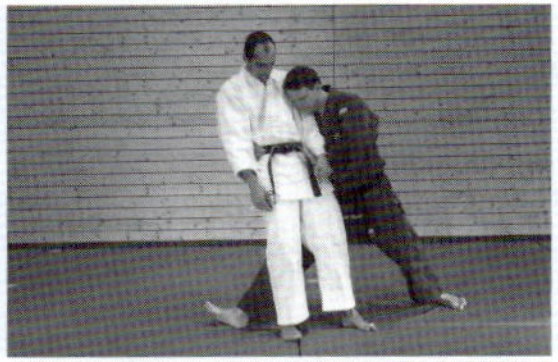
848	**Konter mit Innensichel** Techniktraining	Jetzt konterst Du einen Talfallzug mit einer kleinen Innensichel. Sobald Dein Partner den Talfallzug ansetzt hängst Du ein und lässt Dich auf ihn fallen.	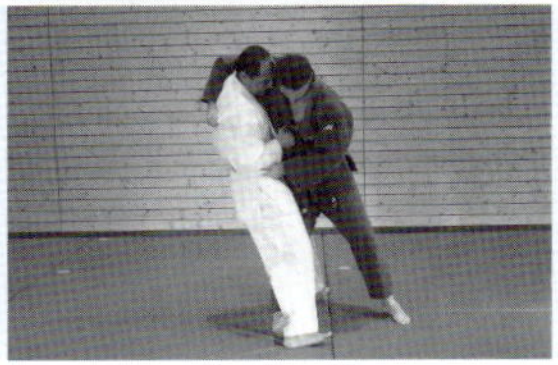
Eigene Ideen			
Eigene Ideen			

8

Nr.	Name der Spielform Ziele/Akzente	Idee/Beschreibung	Hinweise/Organisation
849	**Bahnen ziehen** Krafttraining	Du greifst Deinen Partner mit einem Ärmel- und Revers-Griff. Nun ziehst Du Deinen Partner mit Stemmschritten über die Mattenfläche.	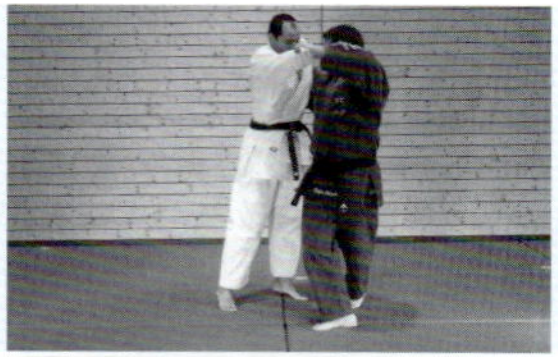
850	**Hocke ziehen** Krafttraining	Dein Partner sitzt in der Hocke. Du ziehst ihn jetzt nach oben und drehst direkt einen Schulterwurf ein. Übe mehrere Bahnen!	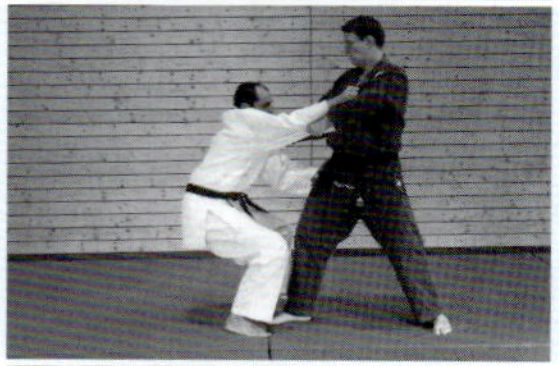
851	**Umfaller** Koordinationstraining	Dein Partner steht ganz steif. Er lässt sich nun langsam mit guter Körperspannung nach vorne fallen. Du drehst gleichzeitig einen Wurf ein und nutzt seine Bewegung zum Wurf.	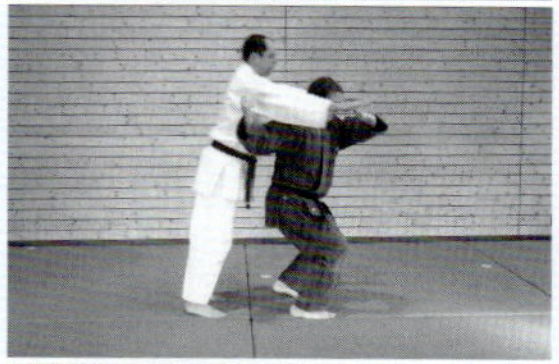
852	**Riesen werfen** Schnelligkeitstraining	Dein Partner springt vor Dir auf und ab. Sobald er sich im Sprung nach unten bewegt, drehst Du einen Schulterwurf ein und wirfst ihn sehr schnell, aber kontrolliert, zu Boden.	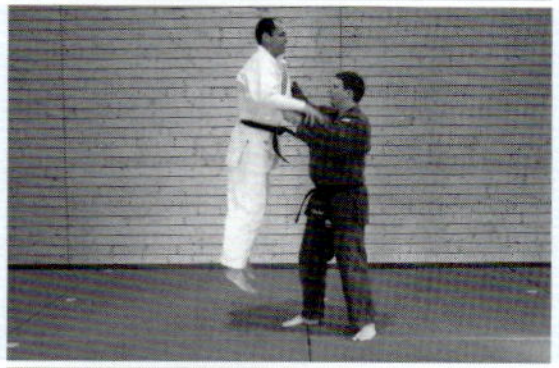
853	**3-er-Werfen** Techniktraining	Drei Partner stehen in einer Linie. Der mittlere rennt zuerst zum rechten Partner und wirft diesen mit einem Wurf. Anschließend wird zum nächsten Partner gerannt und dieser mit einer anderen Wurftechnik zu Boden geworfen.	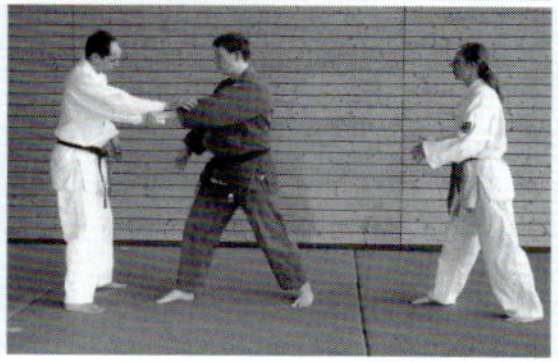

Nr.	Name der Spielform Ziele/Akzente	Idee/Beschreibung	Hinweise/Organisation
854	**Kreis werfen** Techniktraining	Mehrere Sportler stehen in einem Kreis. Nun beginnt der erste, alle Sportler der Reihe nach zu werfen. Achte darauf, dass Du immer sauber wirfst, egal, ob Dein Partner größer oder schwerer als der vorherige Partner ist!	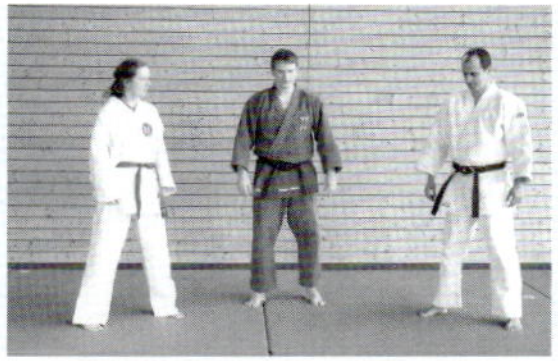
855	**Das Pendel** Koordination	Dein Partner steht breitbeinig vor Dir und pendelt ständig vom rechten auf das linke Bein. Du versucht in einer günstigen Phase, Deinen Partner nach vorne zu werfen.	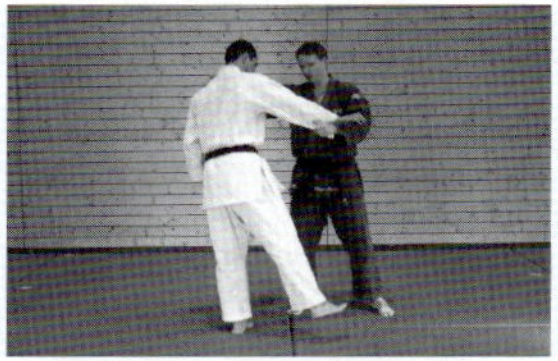
856	**Galoppieren** Koordination	Du galoppierst vor Deinem Partner auf der Stelle. Aus diesem Galopp springst Du ansatzlos in eine Wurftechnik und bringst Deinen Partner zu Boden.	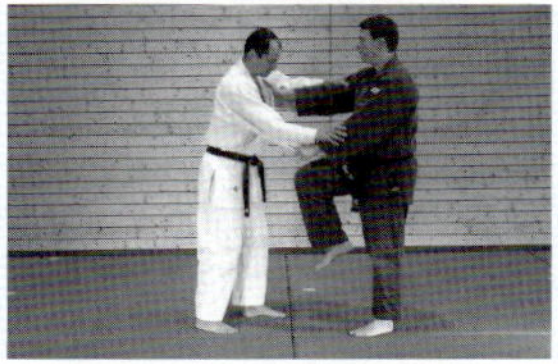
857	**Aus der Bewegung werfen** Koordination	Du ergreifst Deinen Partner und bewegst Dich über die Matte. Ohne Gegenwehr wirfst Du Deinen Partner fünfmal. Nun ist er an der Reihe.	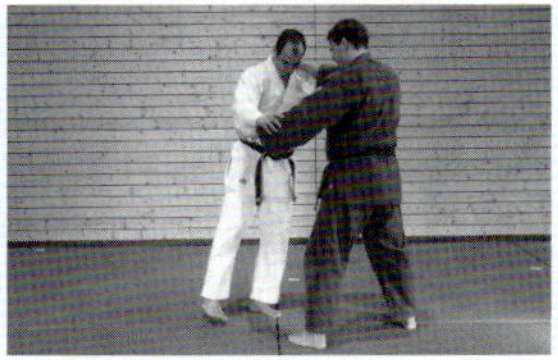
858	**Ohne Gi werfen** Koordination	Nun werden alle Würfe, die Du beherrschst, aus der Bewegung ohne Gi geworfen. Achte auf guten Körperkontakt, Griffsicherheit und die Kontrolle des Partners.	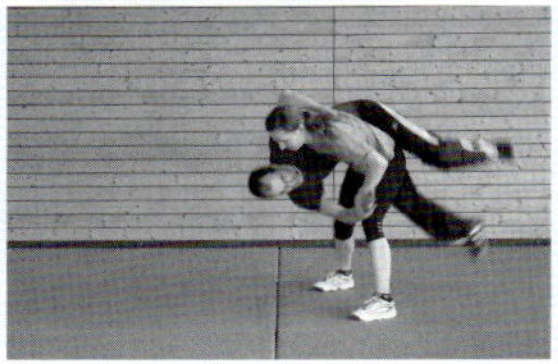

Nr.	Name der Spielform Ziele/Akzente	Idee/Beschreibung	Hinweise/Organisation
859	**Von einer Erhöhung werfen** Schnelligkeit Hauptphase der Technik	Du baust Dir einen Mattenberg oder wirfst Deinen Partner von einem Kastendeckel.	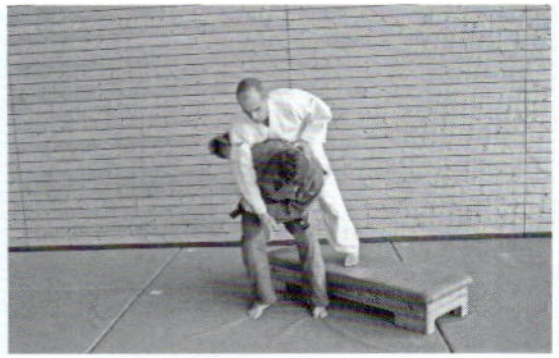
860	**Leichtere Partner werfen** Schnelligkeit	Jetzt suchst du Dir einen kleineren und leichteren Partner. Werfe ihn so schnell Du kannst mit Deinem Lieblingswurf!	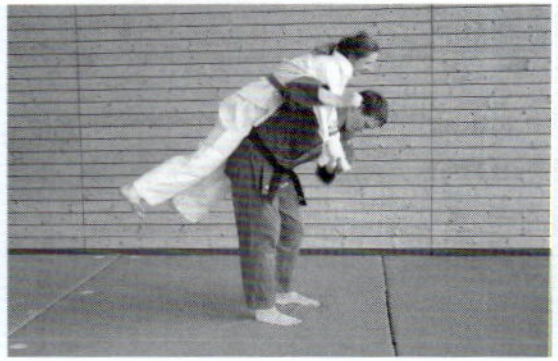
861	**Bahnen werfen** Techniktraining	Du ziehst Deinen Partner zu Dir her und wirfst ihn nun eine Bahn lang mit Deiner Lieblingstechnik. Achte auf eine exakte Aufziehbewegung!	3 x Ziehen, dann Werfen 3 Durchgänge!
862	**Blind werfen** Koordination	Verbinde Deine Augen und werfe Deinen Partner nun blind auf eine Weichbodenmatte. Arbeite zuerst sehr vorsichtig und werde dann immer schneller, sobald Du Dich sicher fühlst.	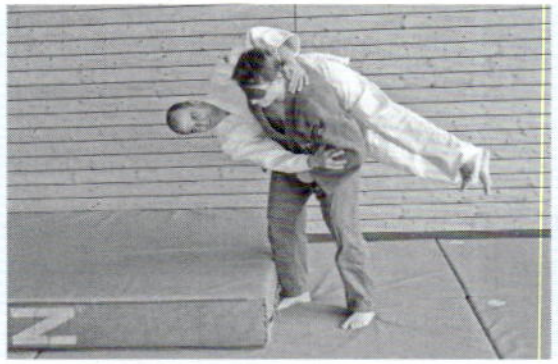
863	**Vorbelastendes Werfen** Ausdauer	Mache zehn Liegestützen und 20 Kniebeugen. Werfe jetzt Deinen Partner 20-mal, so schnell Du kannst.	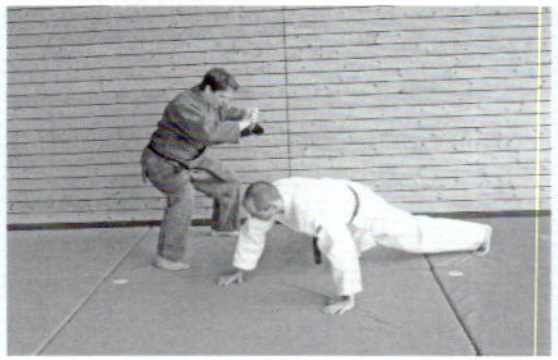

Nr.	Name der Spielform Ziele/Akzente	Idee/Beschreibung	Hinweise/Organisation
864	**Werfen aus dem Seitgalopp** Koordination	Ihr bewegt euch beide im Seitgalopp über die Matte. Werfe nun Deinen Partner zu Boden. Achte auf ein optimales Timing der Bewegung!	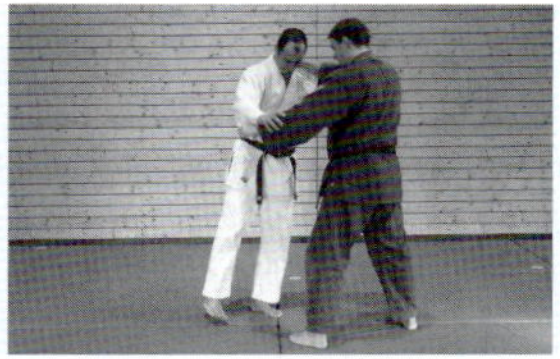
865	**Werfen aus der Kreisbewegung** Koordination	Du ziehst Deinen Partner mit dem rechten Nackengriff zu Dir heran und zwingst ihn so in eine Kreisbewegung. Ziehe ihn mehrmals an Dich heran und lasse Dein rechtes Bein zwischen den Beinen des Partners. Sobald er optimal steht, wirfst Du ihn zu Boden.	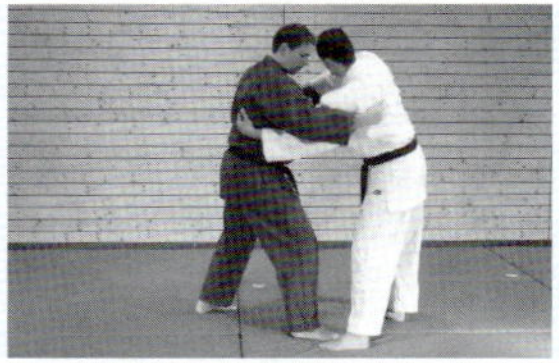
866	**Werfen aus dem Schieben** Koordination	Dein Partner schiebt Dich über die Matte. Nutze seine Bewegung und drehe Dich in einen passenden Wurf ein! Achte auf ein dynamisches Gleichgewichtbrechen.	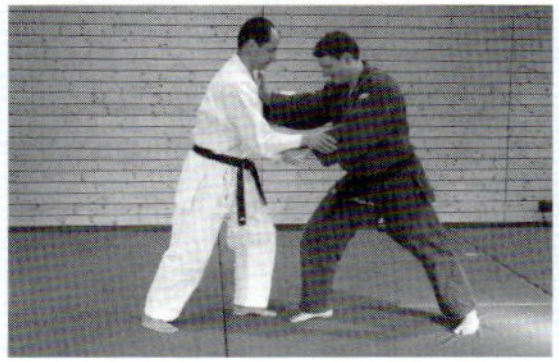
867	**Werfen aus der Druckbewegung** Koordination	Du drückst Deinen Gegner an den Mattenrand. Er gibt Dir Gegendruck. Reagiere auf seinen Krafteinsatz und nutze diesen aus, um ihn erfolgreich zu werfen!	Reagiere auf den Druck des Partners!
868	**Werfen auf der Weichbodenmatte** Gleichgewicht	Ihr bewegt euch beide auf einer Weichbodenmatte und werft abwechselnd beliebig Wurftechnik!	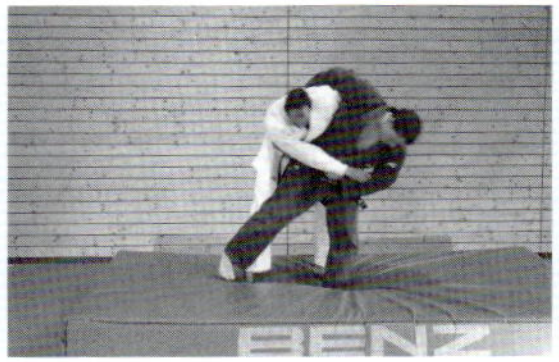

8

Nr.	Name der Spielform Ziele/Akzente	Idee/Beschreibung	Hinweise/Organisation
869	**Ausweichen in Wurfrichtung** Techniktraining	Du wirst mit einem Hüftradwurf angegriffen. Weiche durch einen schnellen Schritt zur Seite nach rechts der Technik des Partners aus! Stabilisiere Dich und mache nun einen Wurf links.	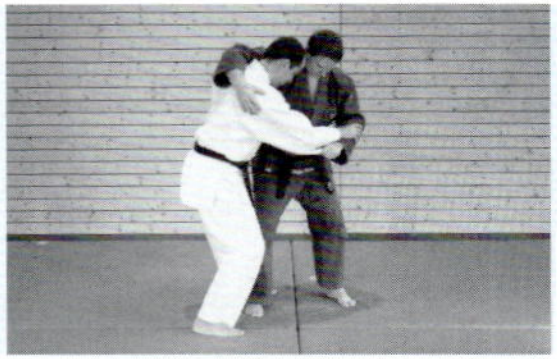
870	**Ausweichen gegen die Wurfrichtung** Techniktraining	Jetzt versucht Dein Partner einen Schulterwurf bei Dir. Du läufst jetzt gegen die Wurfrichtung des Partners und bringst ihn so aus dem Gleichgewicht.	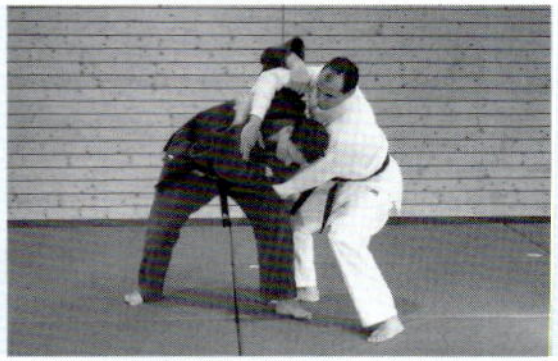
871	**Blockieren** Techniktraining	Dein Partner setzt jetzt einen Hüftwurf an. Du weichst seitlich aus und blockierst seine Technik durch das Vorschieben Deiner Hüfte. Nun kann ein Talfallzug nach links hinten erfolgen.	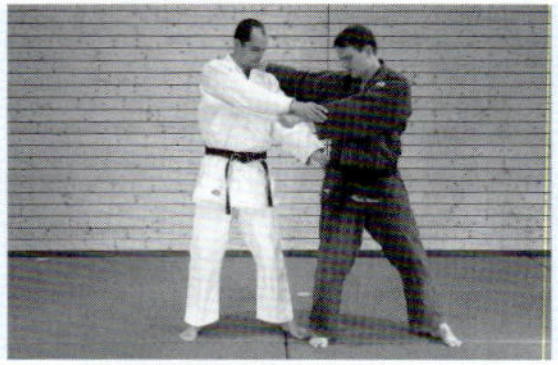
872	**Zeitlupenwerfen** Koordination	Nun wirfst Du Deinen Partner mit verschiedenen Techniken in Zeitlupe. Konzentriere Dich und achte auf sehr saubere Würfe!	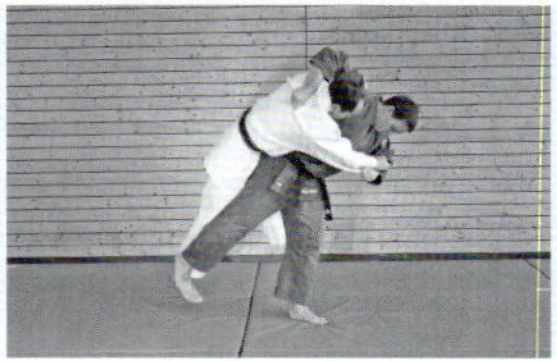
873	**Mathe-Ass** Automatisierung	Während Du beliebige Wurftechniken durchführst, zählst Du laut von 200 bis 100 rückwärts. Und zwar in 5er- oder 3er-Schritten.	200, 195, ..., 100 150, 147, ..., 100

Nr.	Name der Spielform Ziele/Akzente	Idee/Beschreibung	Hinweise/Organisation
874	**Superstar** Automatisierung	Jetzt sollst Du während des Wurftrainings ein Lied vor Dich her singen. So wirst Du den Wurf viel besser automatisieren. Singe Dein Lieblingslied, oder „Alle meine Entchen, ...", „Bruder Jakob" bzw. andere bekannte Lieder.	Tipp: Jeder Sportler summt sein Lieblingslied!
875	**Poet** Automatisierung	Sage Deinem Partner ein Gedicht auf, während Du Deine Würfe übst!	Tipp: Gedichte passend zur Jahreszeit auswählen!
876	**Geschichtenerzähler** Automatisierung	Erzähle Deinem Partner, was Du heute alles erlebt hast und werfe ständig Deine Techniken durch!	Tipp: Im Notfall vom Wetter erzählen!
877	**Athletenraten** Koordination	Du machst die Techniken eines Sportlers aus Deiner Gruppe nach und die Gruppe muss erraten, wer gemeint ist.	Wer bin ich? Übertreibe bei der Übungsform.
878	**Mitfallen** Koordination	Du wirfst Deinen Partner kontrolliert aus dem Stand oder der Bewegung und lässt Dich locker mitfallen. Achte darauf immer neben dem Partner zu landen oder über ihn hinüberzurollen.	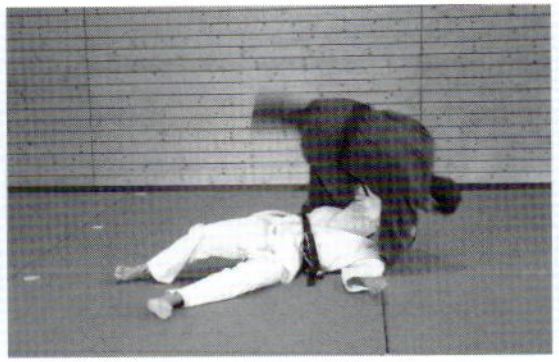

8

Standtechnik für Anfänger: Schulterschwung

879

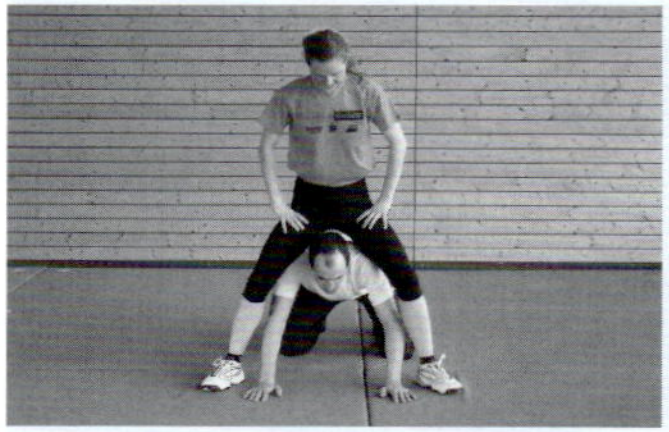

Bild 1:
Du krabbelst durch die gegrätschten Beine Deiner Partnerin.

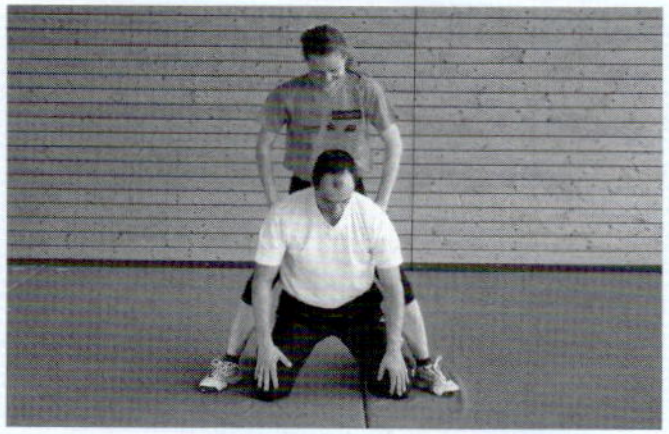

Bild 2:
Richte Dich vor ihr im Kniestand auf. Dabei musst Du mit Deinem Rücken den Bauch Deiner Partnerin berühren.

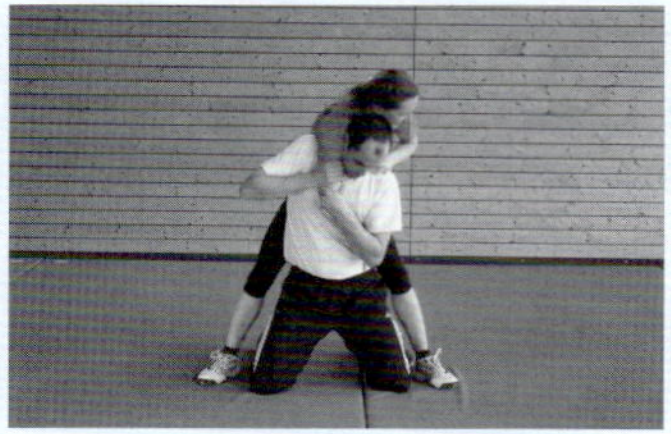

Bild 3:
Ergreife einen Oberarm Deiner Partnerin (oberhalb des Ellenbogengelenks).

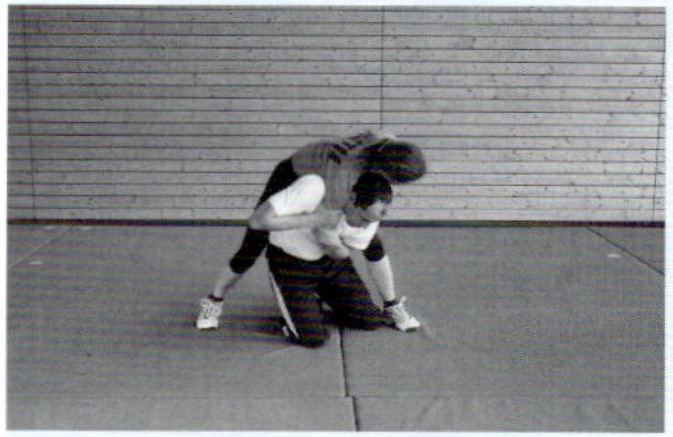

Bild 4:
Ziehe Deine Partnerin am Oberarm nach vorne unten über Deinen Rücken.

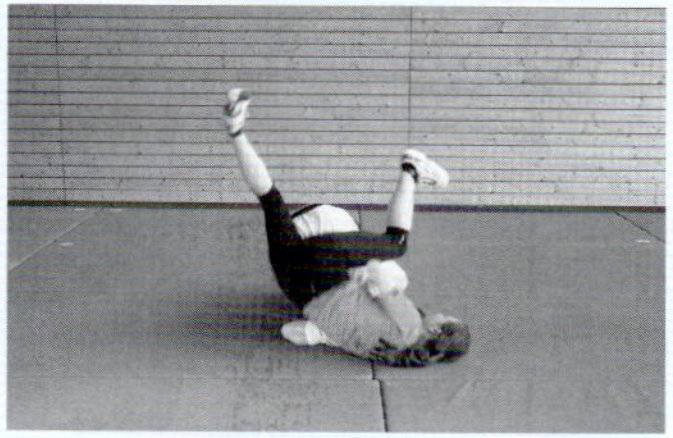

Bild 5:
Führe deine Partnerin kontrolliert zu Boden.

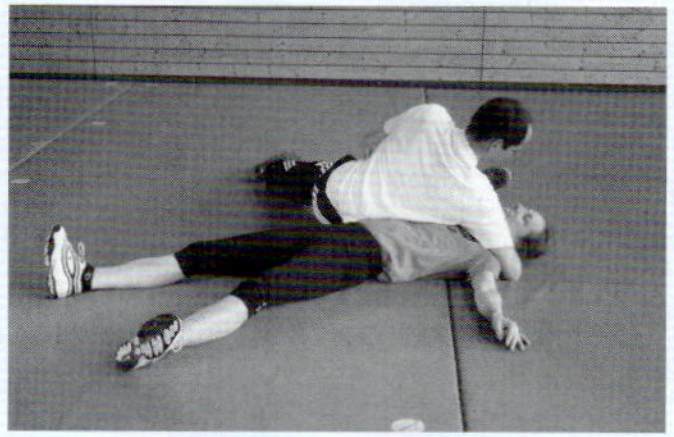

Bild 6:
Halte den Arm Deiner Partnerin weiterhin fest. Mit dem anderen Arm kannst Du den Kopf zu einem regelgerechten Haltegriff fassen.

Standtechnik: Durchschlüpfen

880

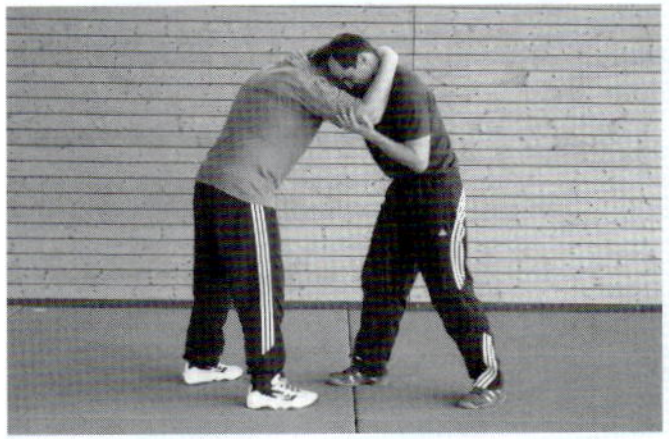

Bild 1:
Fasse Deinen Partner am Nacken. Drücke mit Deiner anderen Hand seinen Arm am Ellenbogen nach oben.

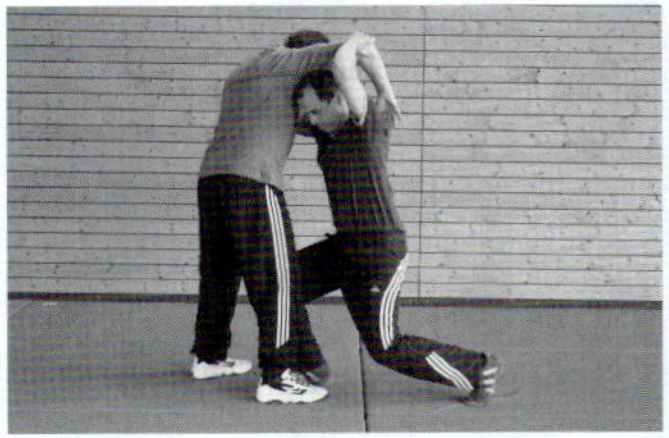

Bild 2:
Gehe in die Knie und schlüpfe mit dem Kopf unter seinem Arm hindurch.

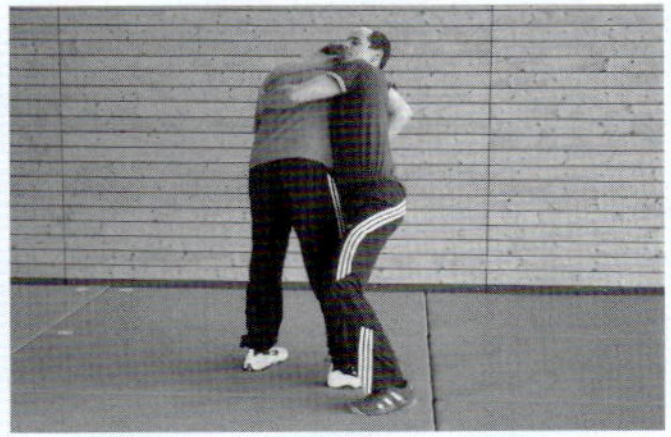

Bild 3:
Stehe wieder auf – bleibe dabei immer am Körper Deines Partners. Lege Deinen Kopf in den Nacken und ziehe den Nacken Deines Partners kräftig nach vorne unten, so dass Dein Partner das Gleichgewicht verliert.

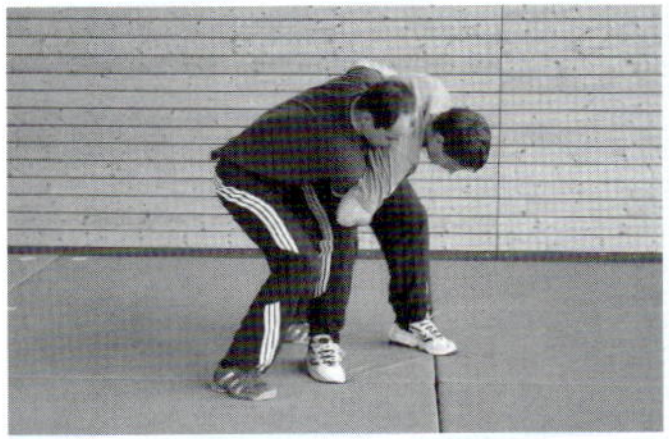

Bild 4:
Drehe Dich weiter am Körper Deines Partners, so dass Du am Ende hinter ihm zum Stehen kommst.

Standtechnik: Doppelbeinangriff

881

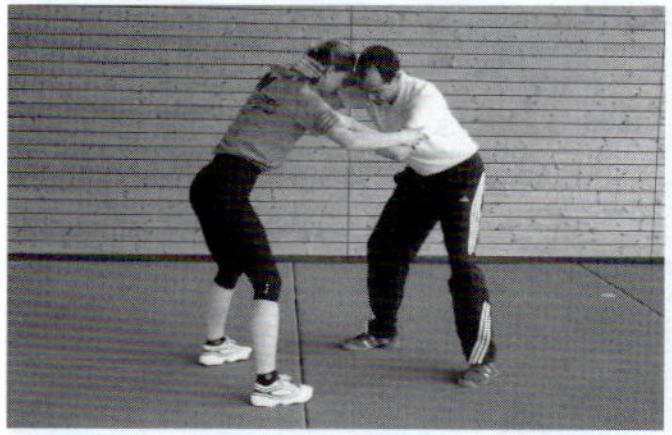

Bild 1:
Kontrolliere Deine Partnerin über ihren Kopf und ihren Arm.

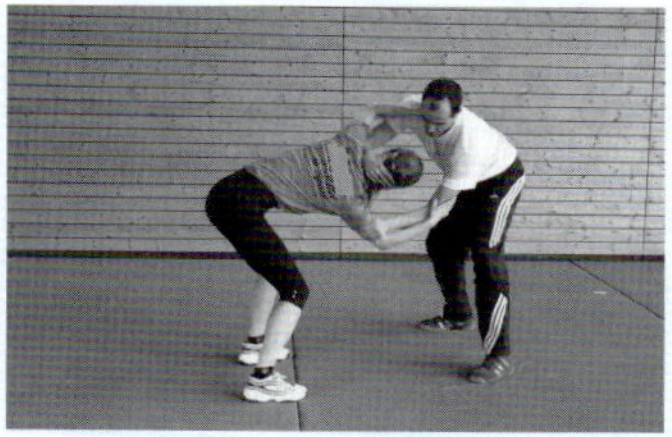

Bild 2:
Ziehe an ihrem Arm und drücke ihren Kopf in die Zugrichtung, so dass sie fast aus dem Gleichgewicht gerät und in die andere Richtung drückt.

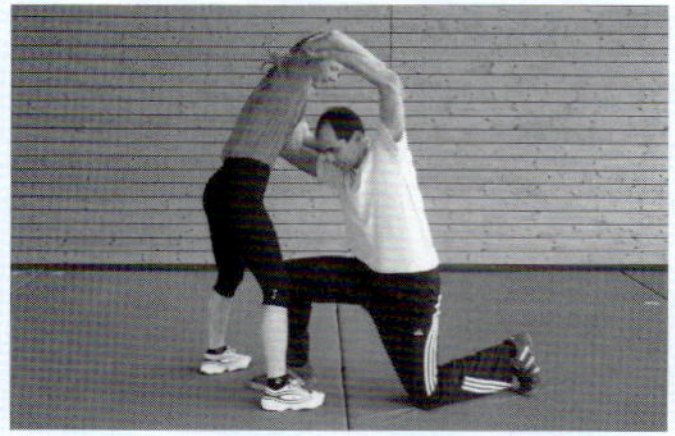

Bild 3:
Nutze ihren Gegendruck aus, indem Du sie ebenfalls in diese Gegenrichtung drückst. Tauche dabei gleichzeitig ab an ihre jetzt offen zugänglichen Beine.

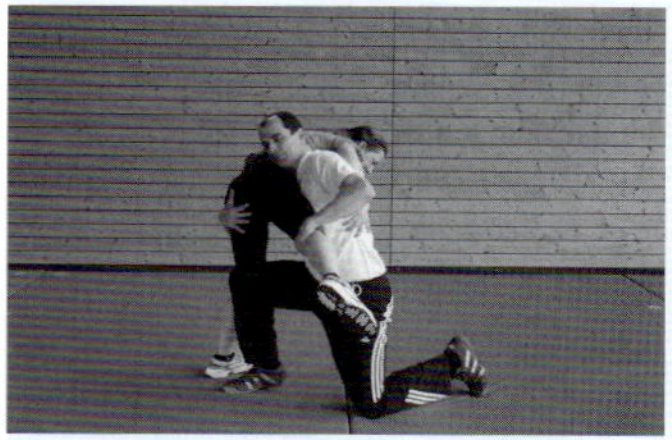

Bild 4:
Greife mit einem Arm um den Oberschenkel ihres Beines, mit dem anderen Arm an den Unterschenkel/Kniekehle des anderen Beines. Wichtig: Deine Schulter muss ganz an ihrem Becken sein und Du musst Deine Partnerin mit Deinem seitlichen Kopfdruck aus dem Gleichgewicht bringen.

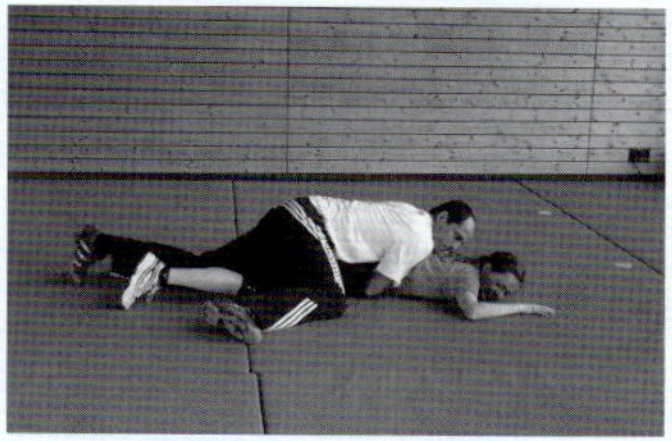

Bild 5:
Drücke Deine Partnerin in dieser Stellung zu Boden, so dass Du Dich am Ende hinter ihr befindest und weitere Griffe am Boden (z. B. Halbnelson) ansetzen kannst.

Standtechnik: Befreiung aus der Kopfklammer

882

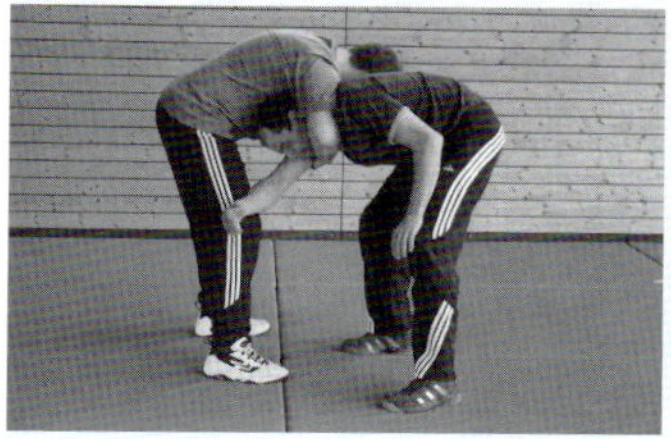

Bild 1:
Wenn Dein Partner die Kopfklammer gefasst hat, versuche mit dem eingeschlossenen Arm seinen gegenüberliegenden Ellenbogen zu ergreifen.

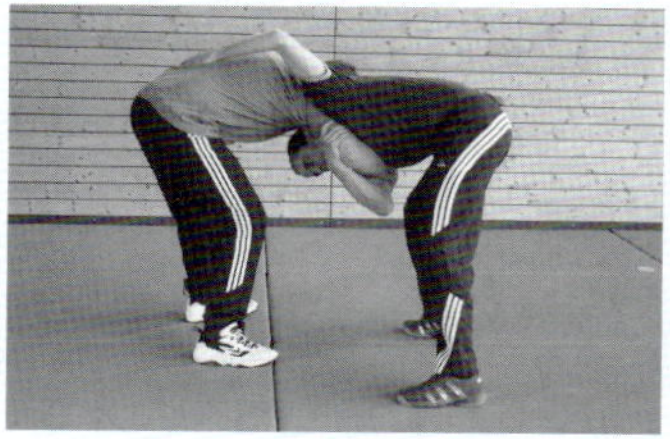

Bild 2:
Ziehe kräftig an dem Ellenbogen. Drehe Dich dabei seitlich zur anderen Richtung des gegriffenen Armes. Bringe Deinen freien Arm um die Hüfte Deines Partners.

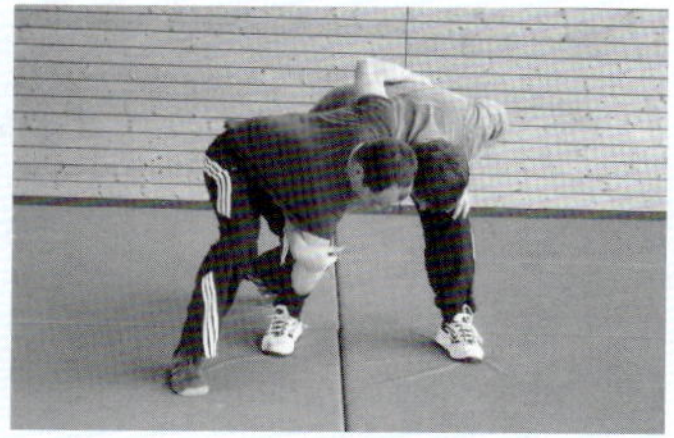

Bild 3:
Drehe Dich aus der Umklammerung. Ziehe Deinen Partner an seinem Arm und gleichzeitig an seiner Hüfte nach vorne unten.

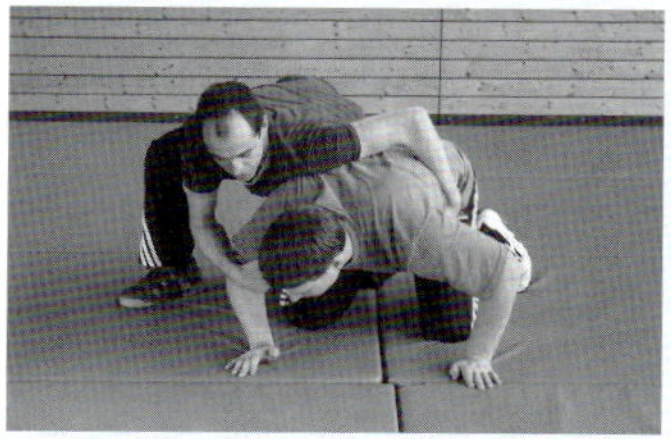

Bild 4:
Überführe so Deinen Partner in die Bodenlage.

Standtechnik: Knöchelgriff

883 **Zum Ausprobieren und selbstständigen Lernen: Kopieren, Vergrößern und an die Sportler austeilen.**

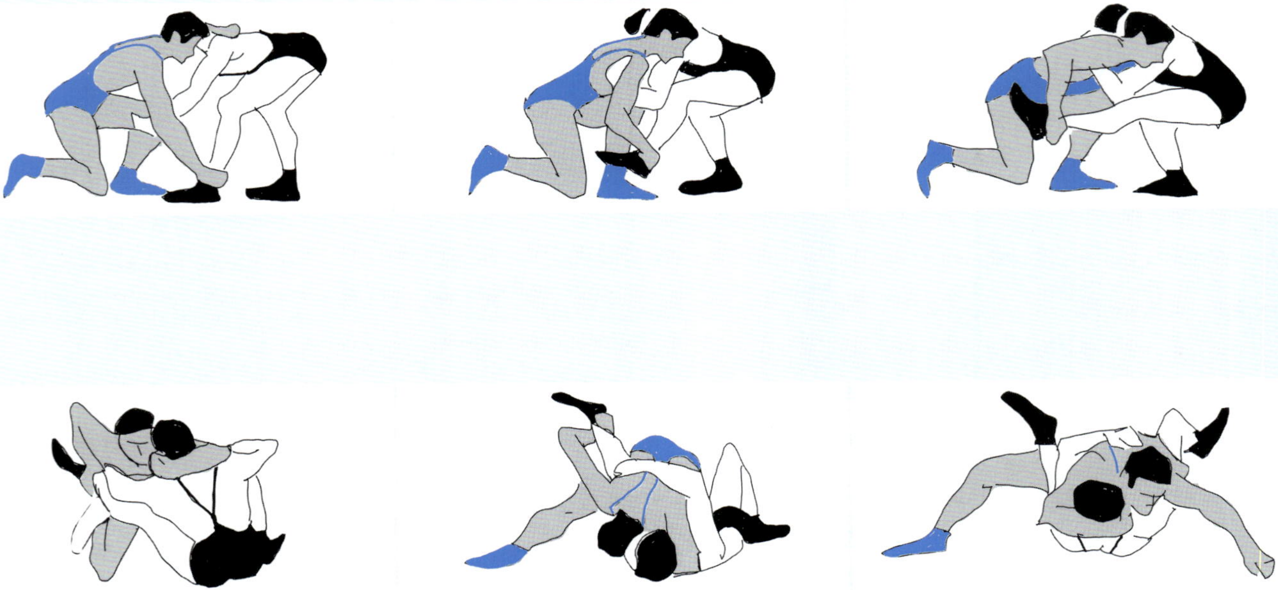

Standtechnik: Runterreißer

884 **Zum Ausprobieren und selbstständigen Lernen: Kopieren, Vergrößern und an die Sportler austeilen.**

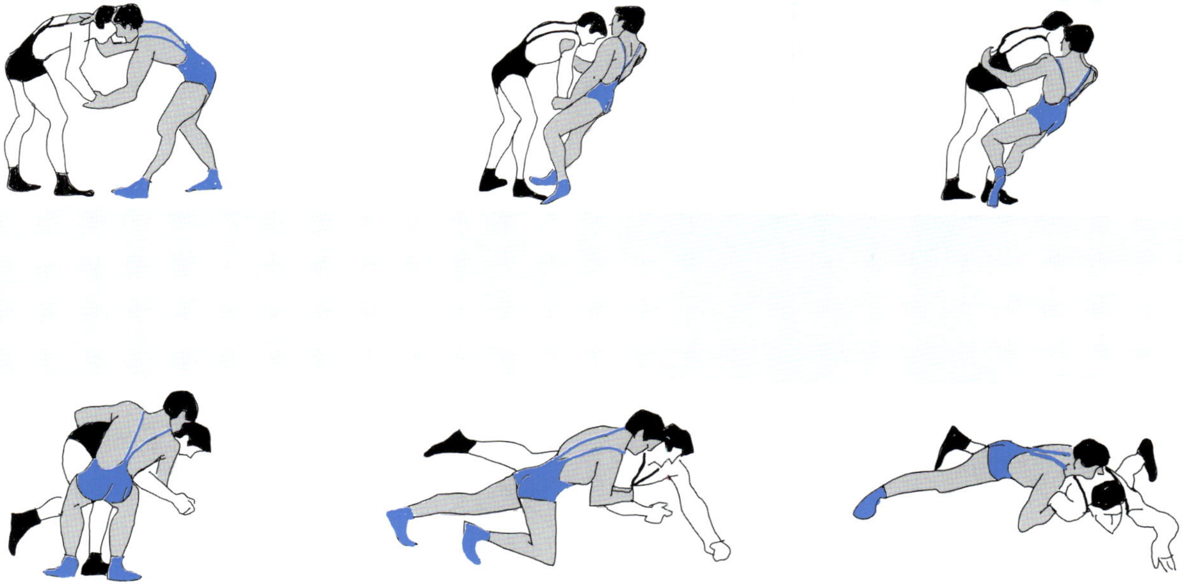

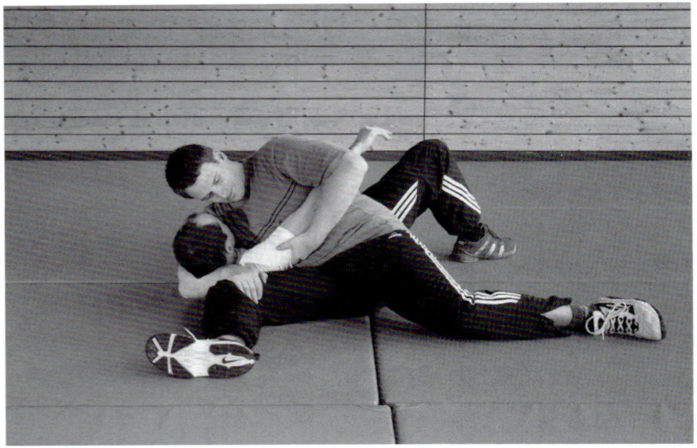

8.4 Bodentechniken

Der Bodenkampf wird in der Schule mit Sicherheit die größte Bedeutung erfahren. Hier kann man sich sehr gut ausleben, die Kraft des Partners und seine eigene Kraft wahrnehmen und erfahren. Zuerst werden ein paar spezielle Spiel- und Übungsformen vorgestellt die in Form von Bewegungsaufgaben schon die ersten Techniken anbahnen.

Anschließend werden die Basishaltegriffe als Bildreihe eingeführt und dann mit vielen Trainingsformen ergänzt. Auch die zwei häufigsten Hebeltechniken, der Seitstreckhebel und die Gruppe der Armbeugehebel werden vorgestellt und behandelt. Viel Spaß beim Üben.

Nr.	Name der Spielform Ziele/Akzente	Idee/Beschreibung	Hinweise/Organisation
885	**Rolle rückwärts in die Bauchlage** Vorbereitende Übung	Du sitzt mit gestreckten Beinen auf dem Boden. Rolle Dich nun wie bei einer Ju-Jutsu Rolle rückwärts auf den Bauch. Dein Kopf darf den Boden nicht berühren!	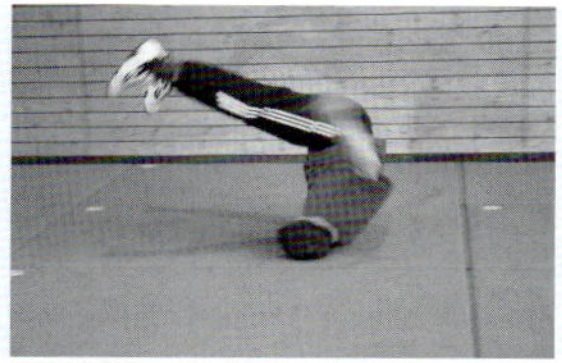
886	**Bauch zu Bauch** Vorbereitende Übung	Jetzt liegst Du auf Deinem Bauch. Nun rollst Du Dich über Deine Schultern wieder in die Bauchlage. Eine koordinativ schwere Übung. Bitte mit dem Kopf nicht den Boden berühren.	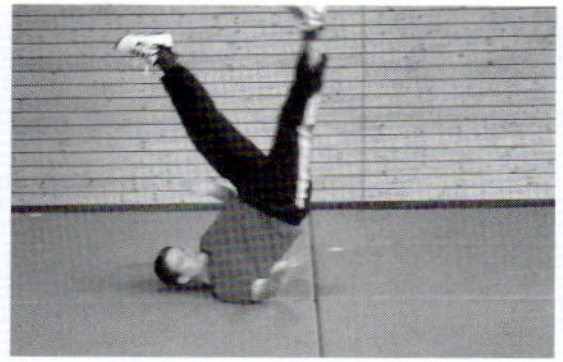
887	**Krebsfangen** Spielform zur Kräftigung	Alle bewegen sich wie ein Krebs auf allen vieren fort. Der Fänger berührt alle Krebse, um sie ebenfalls zu Fängern zu machen.	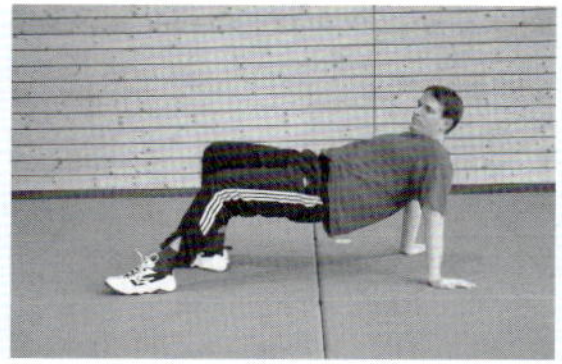
888	**Hüftwechsel** Spielform zur Beweglichkeit	Du bist in einer Liegestützposition. Schiebe nun ein Bein nach vorne und drehe die Hüfte ein. Wechsle rhythmisch von einem zum anderen Bein.	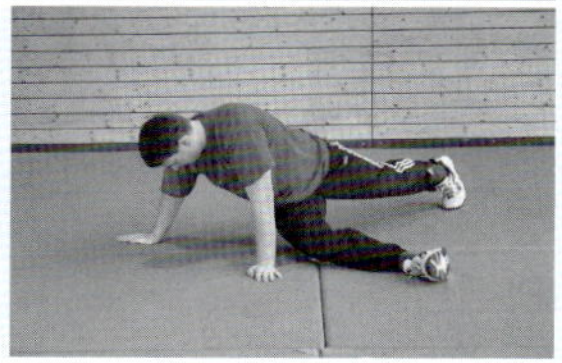
889	**Uhrzeigerspiel** Vorbereitende Übung	Dein Partner liegt auf dem Rücken. Du liegst wie ein Kreuz auf ihm drauf. Jetzt bewegst Du Dich wie ein Uhrzeiger über Deinen Partner hinweg. Versuche Dein Gleichgewicht zu halten und Deinen Partner zu kontrollieren! Übe auch wenn Dein Partner auf dem Rücken liegt.	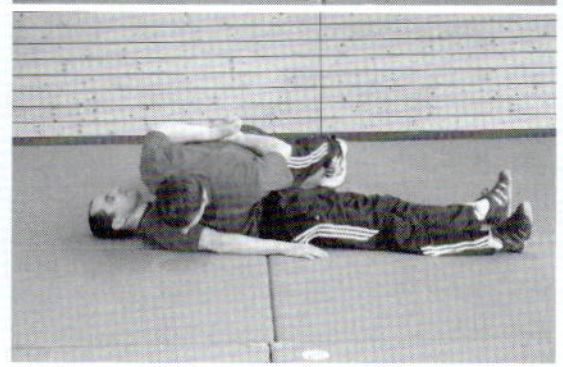

Koordinationsübung: Spinne

890

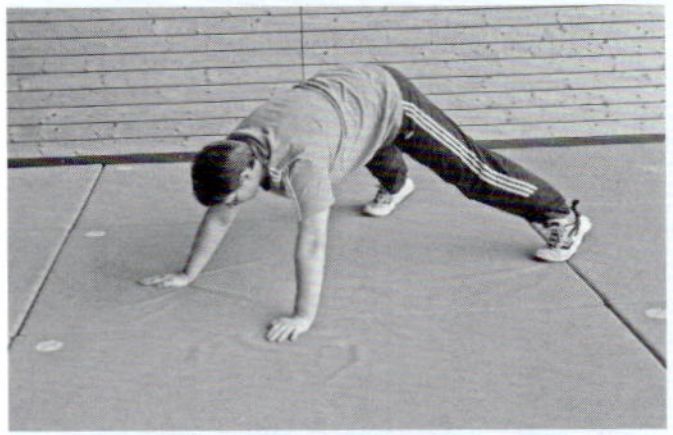

Bild 1:
Du befindest Dich in der Spinne (Liegestützposition).

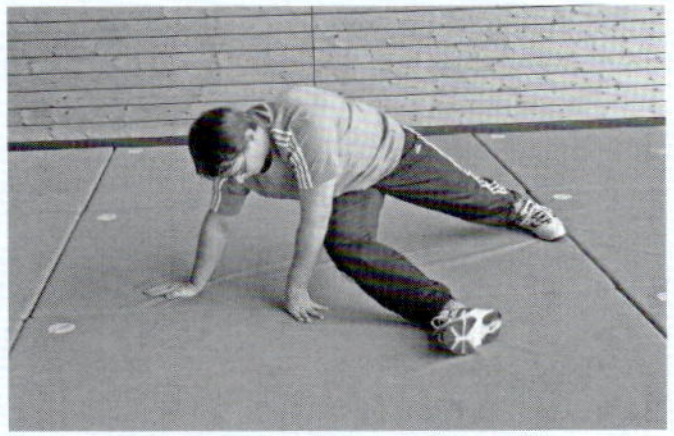

Bild 2:
Nun bewegst Du Dich in eine beliebige Stützposition. Dein Becken darf nicht auf den Boden kommen.

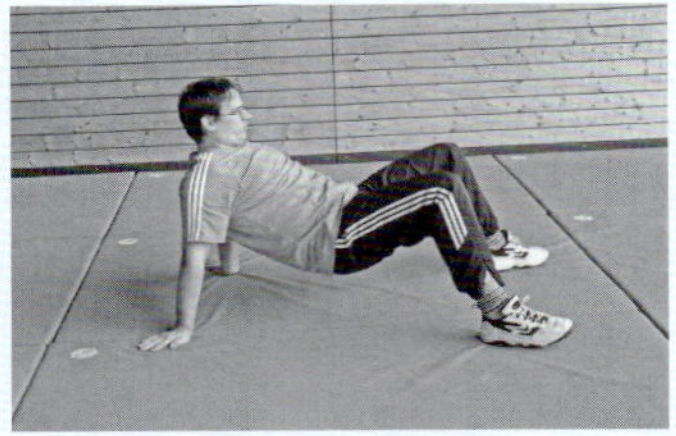

Bild 3:
Jetzt bist Du in der Krebsposition.

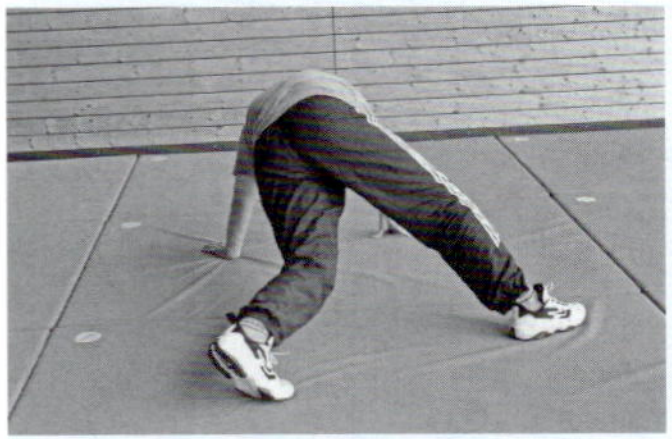

Bild 4:
Drehe Dich weiter ...

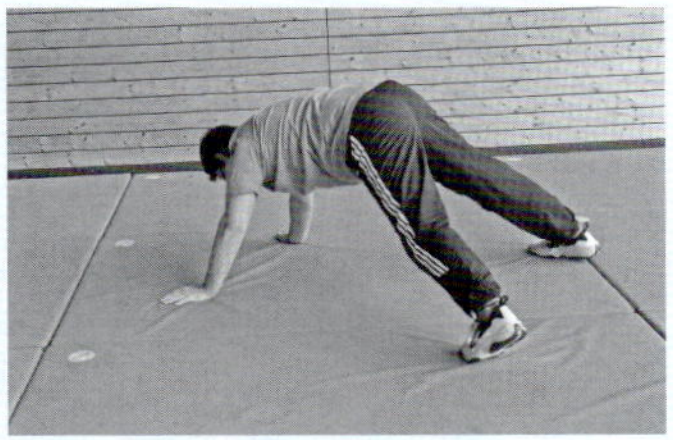

Bild 5:
Zurück zur Spinne!

Nr.	Name der Spielform Ziele/Akzente	Idee/Beschreibung	Hinweise/Organisation
891	**Haltegriff laufen 2** Vorbereitende Übung	Jetzt hältst Du Dich mit Deinem rechten gestreckten Arm oben. Du wanderst um den Drehpunkt und bewegst Deine Beine wie beim Haltegriff in seitlicher Position.	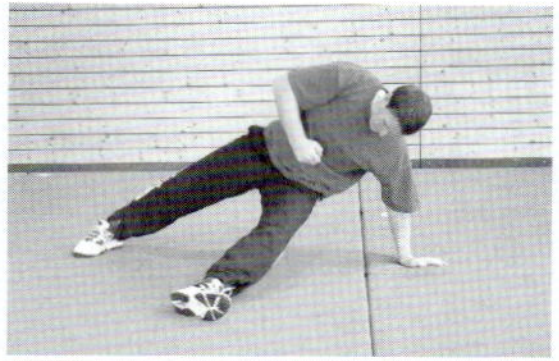
892	**Rückenrolle** Vorbereitende Übung	Du rollst Dich über Deinen Rücken. Nach vorne, hinten, rechts und links. Dein Kopf darf dabei den Boden nicht berühren.	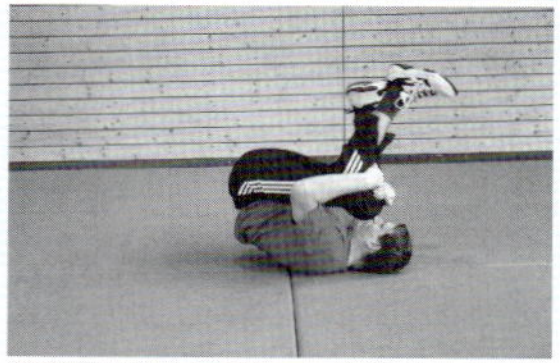
893	**Liegestützsprünge** Vorbereitende Übung	Ihr befindet euch in Liegestützposition. Jetzt springt ihr alle so hoch ihr könnt! Übt auf Zeit!	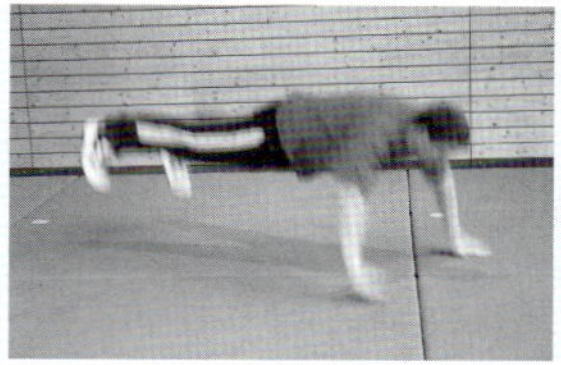
894	**Affentransport** Kräftigungsübung	Dein Partner umklammert Deine Hüfte mit seinen Beinen und Deinen Oberkörper mit seinen Armen. Transportiere ihn nun über die Matte!	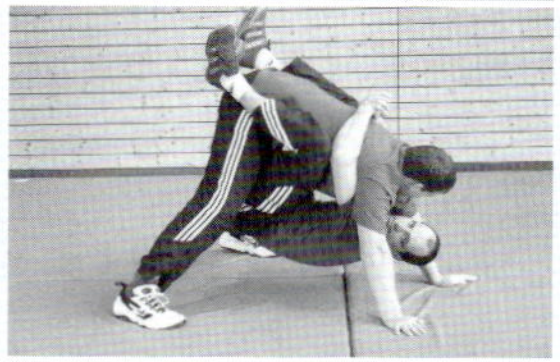
895	**Ringerrolle** Vorbereitende Übung	Dein Partner befindet sich in der Bank. Du umklammerst seinen Rumpf von hinten und rollst Dich nun schwungvoll neben ihn. Du ziehst ihn über Dich hinüber und ihr landet wieder in der Bank.	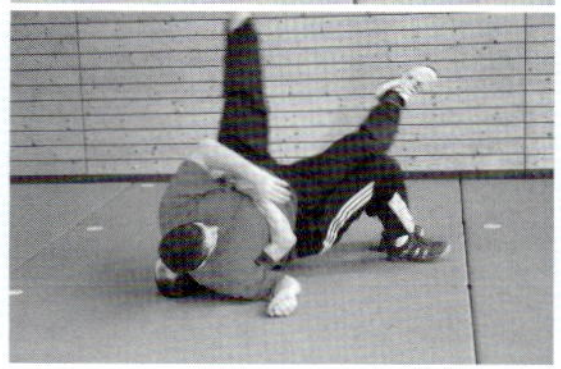

Nr.	Name der Spielform Ziele/Akzente	Idee/Beschreibung	Hinweise/Organisation
896	**Mattenziehen (Bauch)** Krafttraining Bodenkampf	Dein Partner steht vor Dir und Du liegst auf Deinem Bauch auf dem Boden. Dein Partner läuft so weit vor, bis Deine Beine gestreckt sind. Nun ziehst Du Dich an ihn heran. Dein Partner muss auf sein Gleichgewicht achten!	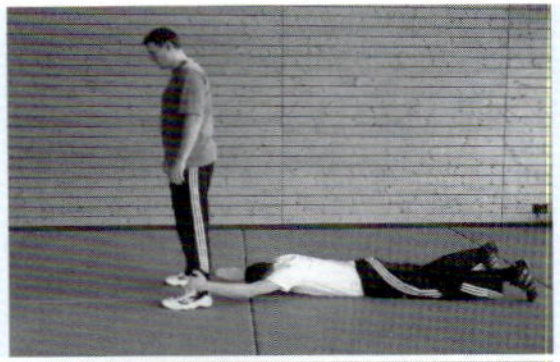
897	**Mattenziehen (Rücken)** Krafttraining Bodenkampf	Jetzt liegst Du auf dem Rücken und hast Deine Beine angewinkelt. Ziehe Dich nach der Streckung Deiner Arme wieder an Deinen Partner heran.	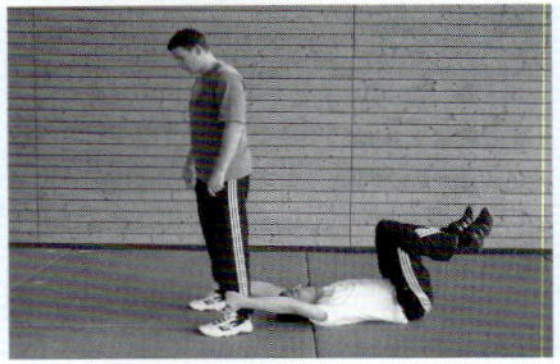
898	**Beinpresse am Boden** Krafttraining Bodenkampf	Dein Partner hält Deine Beine in Höhe der Waden eingeklemmt. Er hat einen geraden Rücken und „setzt“ sich hin. Ziehe Dich mit Deinen Beinen an ihn heran!	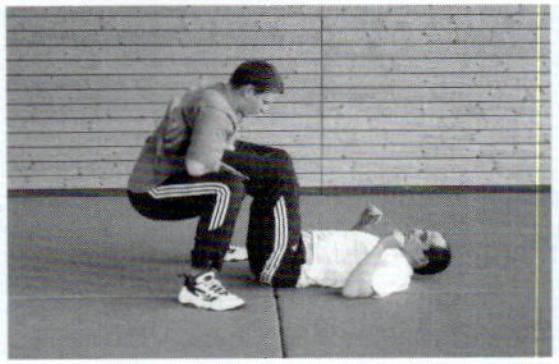
899	**Medizinballrobben** Krafttraining Bodenkampf	Du liegst auf dem Rücken und hast einen Medizinball auf Deinem Oberkörper. Robbe mit dem Ball über die Matte.	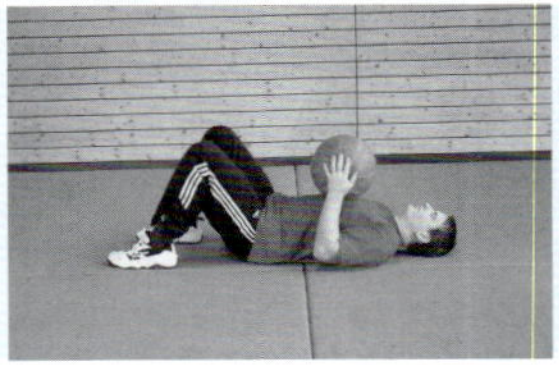
900	**Affenfelsen** Koordinations- und Krafttraining	Dein Partner befindet sich in der Bankposition. Nun versuchst Du um ihn herum zu klettern, ohne den Boden zu berühren!	Tipp: Stütze Dich am Oberschenkel des Partners ab!

Nr.	Name der Spielform Ziele/Akzente	Idee/Beschreibung	Hinweise/Organisation
901	**Banktransport** Koordinationstraining	Dein Partner befindet sich in der Bankposition. Du legst Dich mit dem Rücken auf seinen Rücken und ihr versucht das andere Ende der Matte zu erreichen. Dann wird gewechselt.	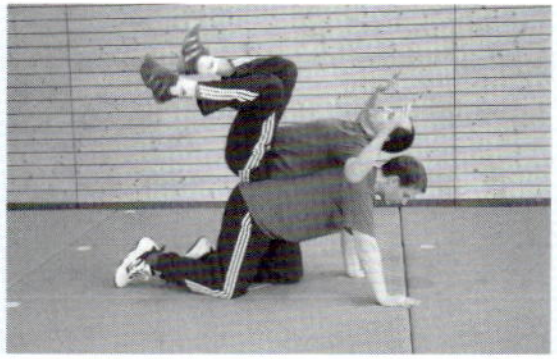
902	**Banktransport rückwärts** Koordinationstraining	Jetzt bist Du in der Bank und Dein Partner legt sich verkehrt herum auf Deinen Rücken. Wie weit schafft ihr es gemeinsam? Wechsel nicht vergessen.	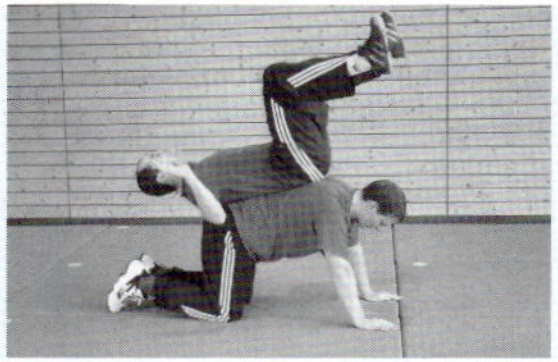
903	**Affentransport seitlich** Krafttraining	Bei dieser Übung umklammerst Du Deinen Partner seitlich. Nun versucht er Dich über die Matte zu transportieren.	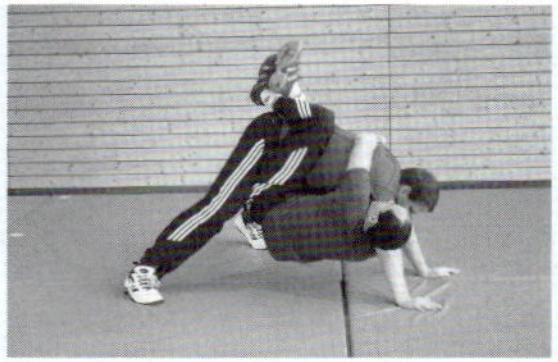
904	**Schubkarren** Krafttraining	Du hältst Deinen Partner kurz vor seinen Knöcheln. Er befindet sich in Liegestützposition und hat einen geraden Rücken. Bewegt euch über die Matte.	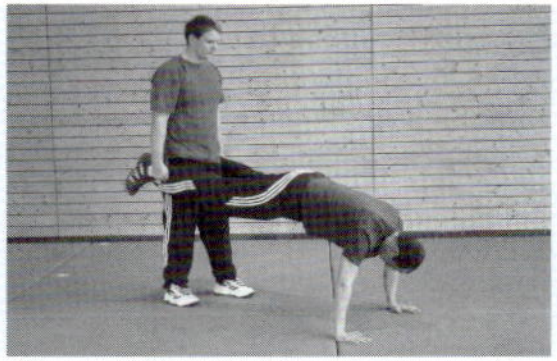
905	**Wagenrennen** Koordinations- und Krafttraining	Zwei Partner befinden sich in der Bank nebeneinander. Ein dritter Partner befindet sich ebenfalls in der Bank, aber auf den anderen beiden. Bewegt euch über die Matte. Der obere Partner darf nicht die Wirbelsäule belasten.	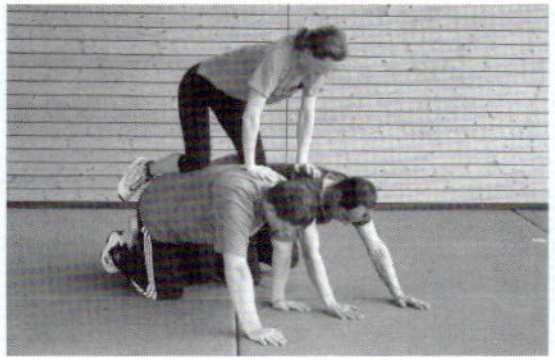

8

Bodentechnik: seitliche Haltetechnik

906

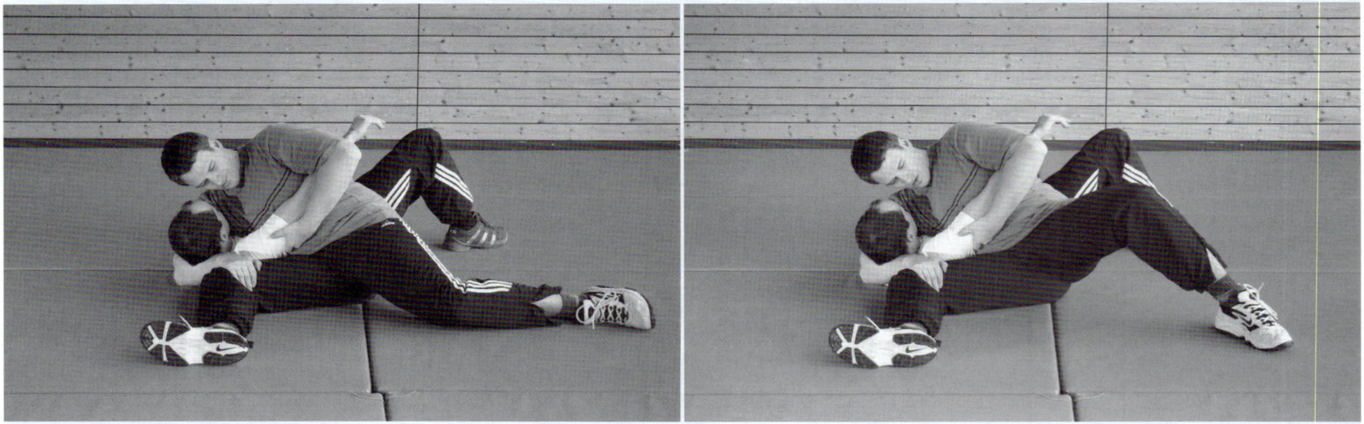

Hinweise zur seitlichen Haltetechnik:

- Partner in Rückenlage, Du befindest Dich seitlich neben ihm.
- Ein Arm kontrolliert den körpernahen Arm des Partners.
- Ein Arm kontrolliert den anderen Arm oder vorzugsweise den Kopf.
- Das untenliegende Bein kontrolliert die körpernahe Schulter.
- Das hintere Bein ist flach (Bild 1) oder aufgestellt (Bild 2).
- Durch Gewichtsverlagerung und Bewegung wird der Partner belastet.

Bodentechnik: Befreiung seitliche Haltetechnik

907 Hinweise zu Befreiungsmöglichkeiten:

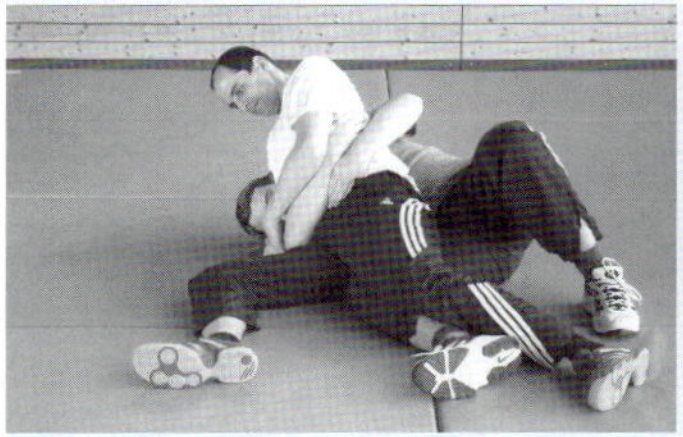

Bild 1:
Schiebe Dich ganz eng an Deinen Partner heran.

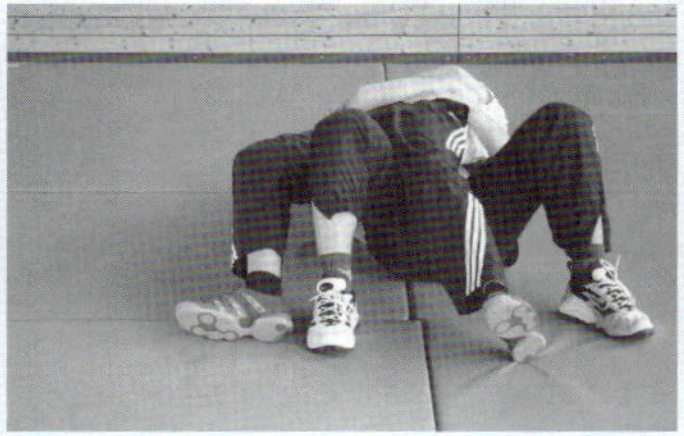

Bild 2:
Schiebe Dein körpernahes Bein unter Deinen Partner und lade

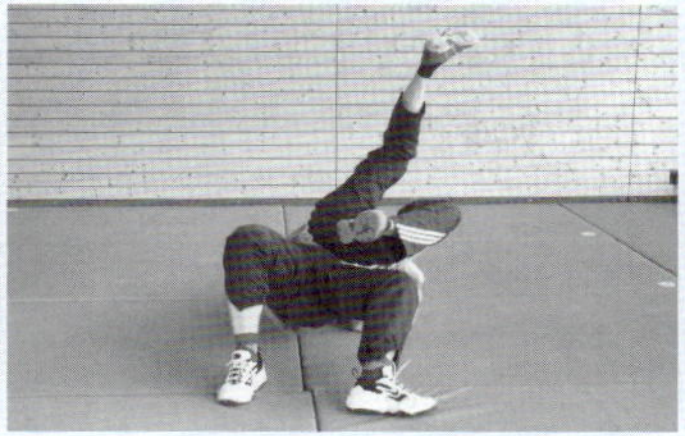

Bild 3:
ihn so auf Deine Hüfte und kippe ihn zur Seite.

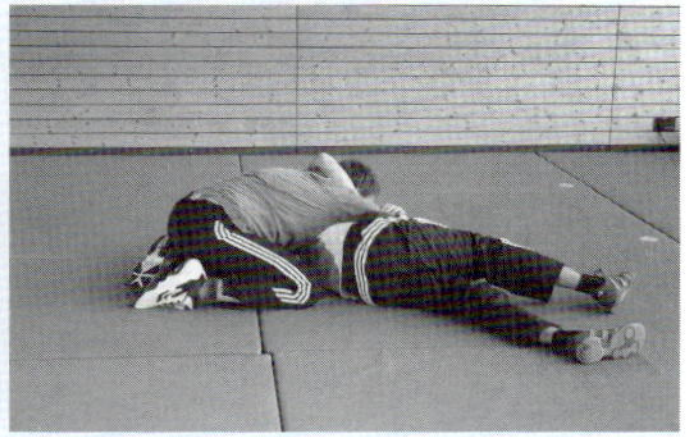

Bild 4:
Kontrolliere ihn nun am Boden.

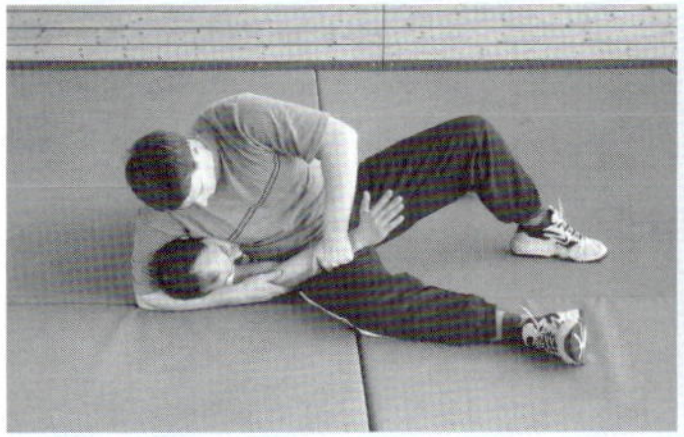

2. Möglichkeit:
Bild 5:
Versuche Dich auf Deinen Bauch zu drehen.

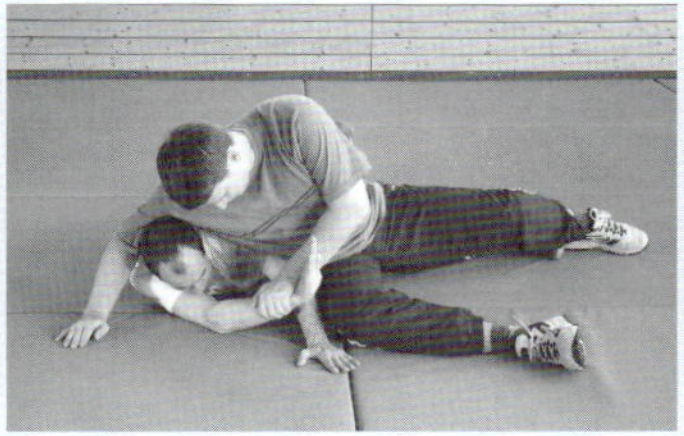

Bild 6:
Schiebe Deinen freien (linken) Arm zwischen Dich und Deinen Partner.

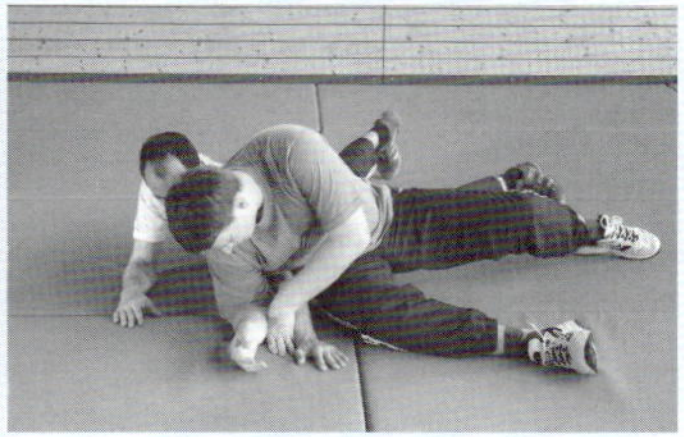

Bild 7:
Löse Dich jetzt komplett von Deinem Partner.

Bodentechnik: Haltetechnik in Kreuzposition

908 Hinweise zur Haltetechnik in Kreuzposition:

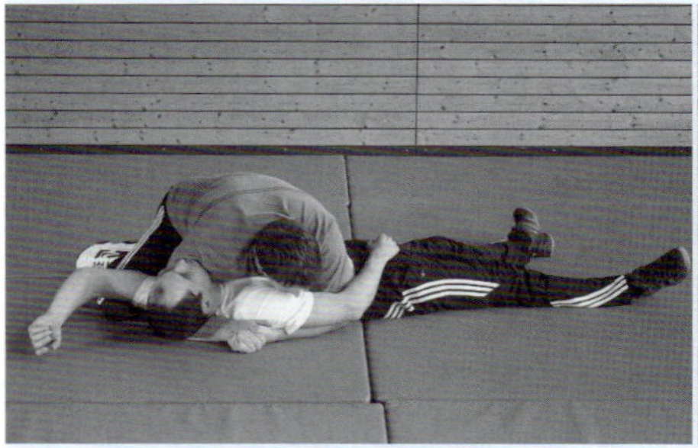

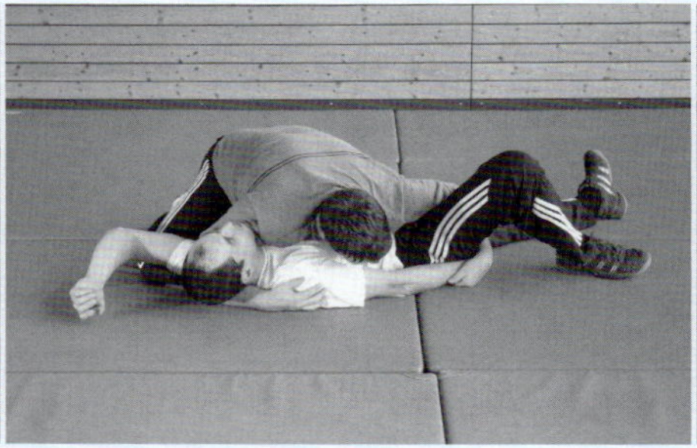

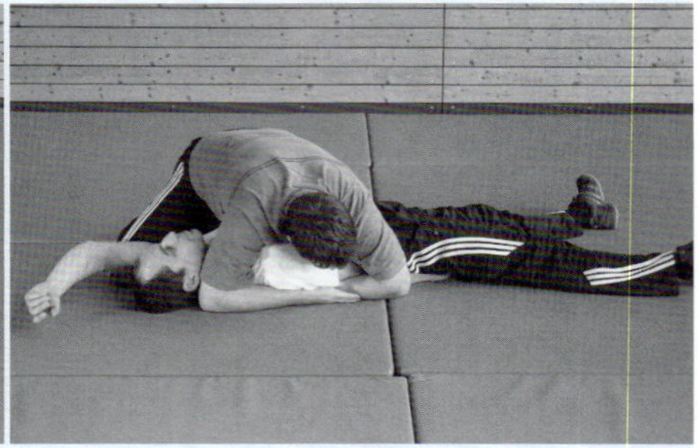

- Partner in Rückenlage, Du befindest Dich quer auf ihm.
- Beide Arme kontrollieren den Kopf (Bild 1), die Arme (Bild 2) oder die Seite (Bild 3).
- Durch Gewichtsverlagerung und Bewegung wird der Partner belastet.

Bodentechnik: Befreiung aus der Haltetechnik in Kreuzposition

909

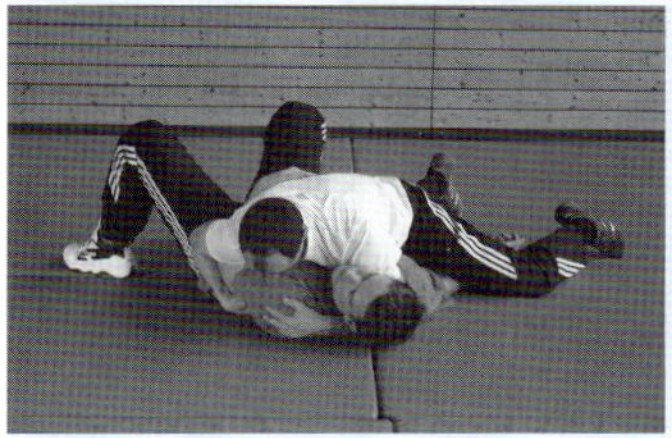

Bild 1:
Du befindest Dich in der Haltetechnik.

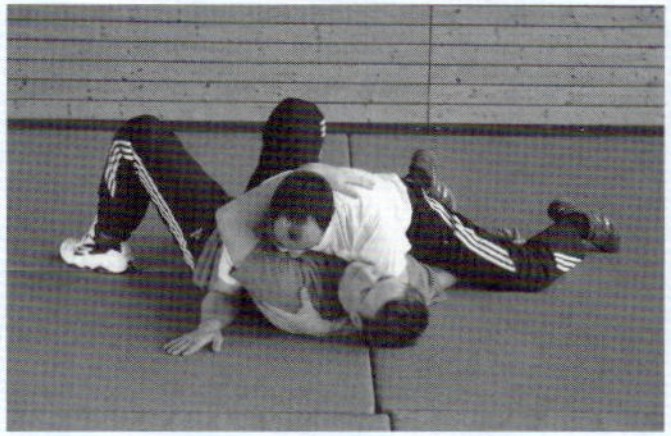

Bild 2:
Zuerst befreist Du Deinen linken Arm.

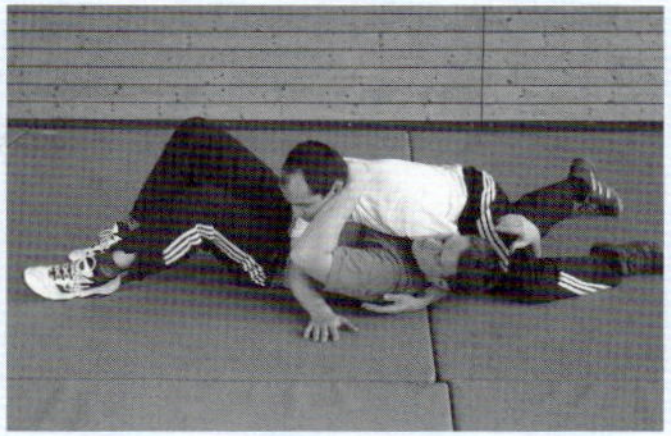

Bild 3:
Nun schiebst Du den Kopf zu Deinem Bauch und drehst Dich gleichzeitig in eine Linie zu Deinem Partner.

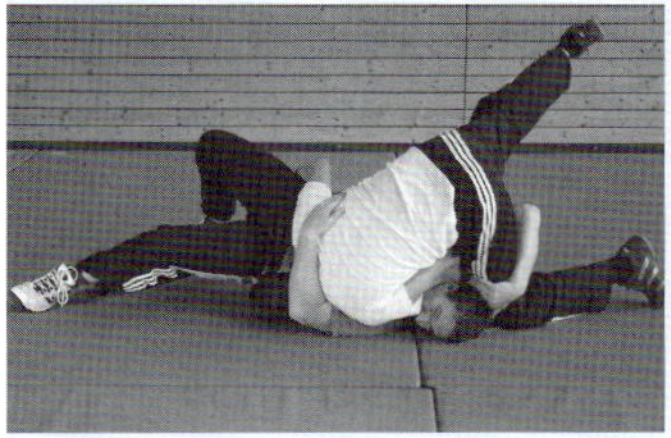

Bild 4: ,
Sobald ihr beinahe die Linie erreicht, machst Du eine Schulterbrücke und

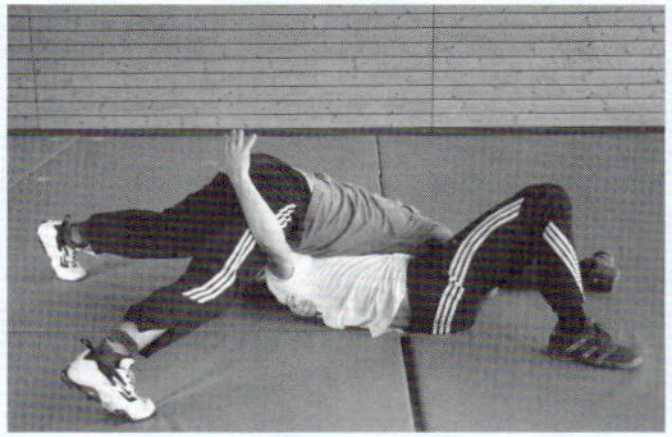

Bild 5:
kontrollierst nun Deinen Partner am Boden.

Bodentechnik: Hammerlock in Kreuzposition

910

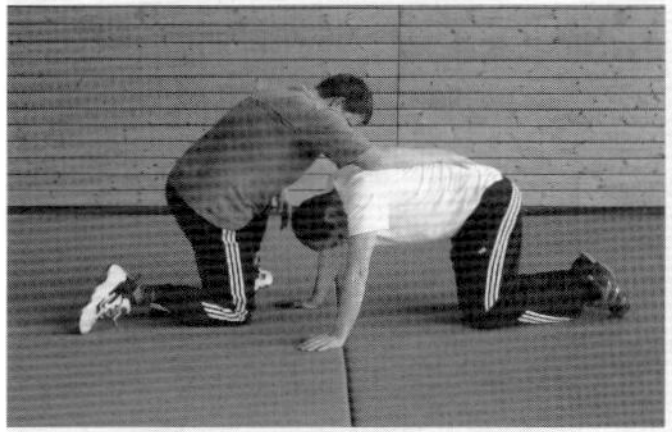

Bild 1:
Dein Partner kniet in der tiefen Bank vor Dir. Du kommst von vorne und greifst mit dem einen Arm auf den Rücken.

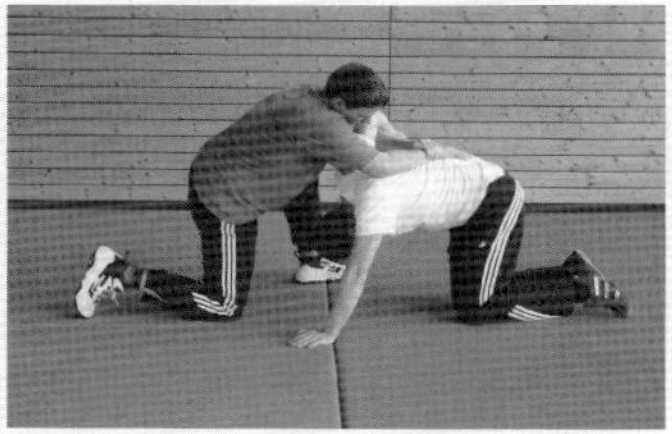

Bild 2:
Mit dem anderen Arm greifst Du von vorne unter dem rechten Arm des Partners durch und erfasst Deinen anderen Arm.

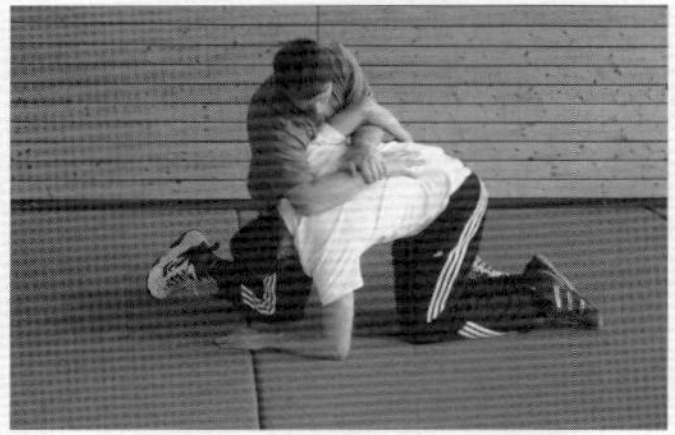

Bild 3:
Nun drehst Du Dich neben Deinen Partner und drückst ihn zur Seite.

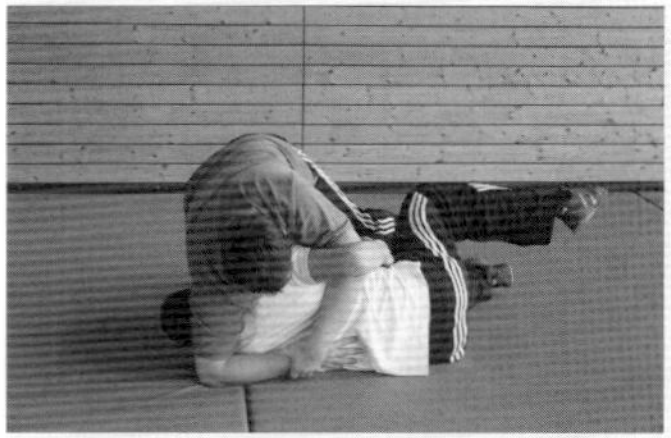

Bild 4:
Führe ihn kontrolliert zu Boden und

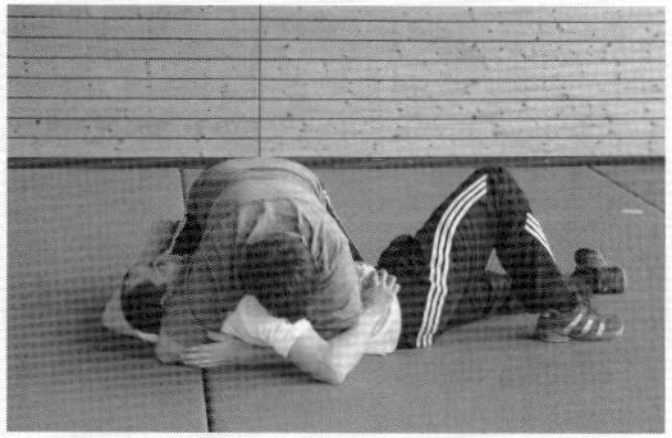

Bild 5:
halte ihn in der Kreuzposition fest.

Bodentechnik: Haltegriffwechsel von seitlicher Position zu Kreuzposition

911

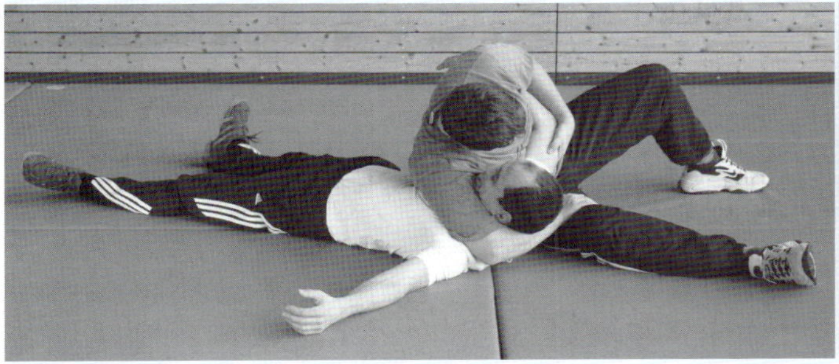

Bild 1:
Du kontrollierst Deinen Partner in der seitlichen Haltetechnik. Dieser bewegt sich auf Dich zu, so dass Du den Haltegriff wechseln musst.

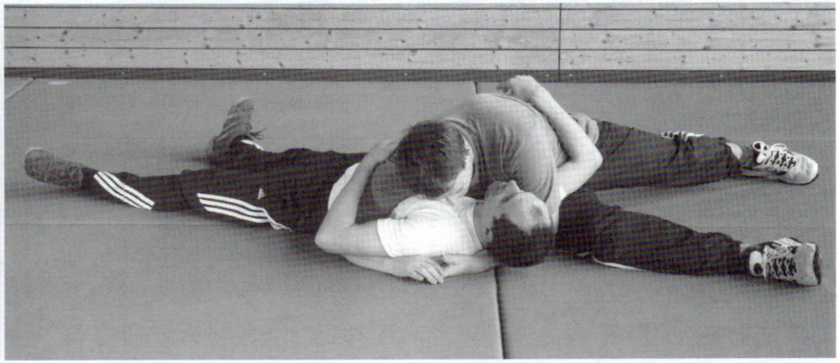

Bild 2:
Zuerst schiebst Du Deinen Arm unter den Nacken Deines Partners und belastest seinen Oberkörper.

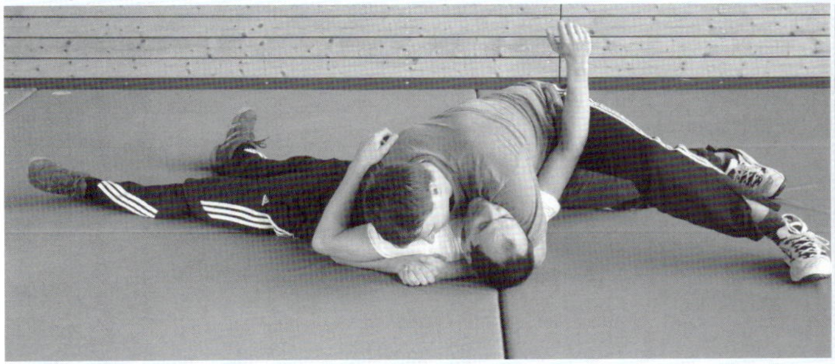

Bild 3:
Nun wechselst Du Deine Beinhaltung und schiebst das rechte Bein in die Kreuzposition.

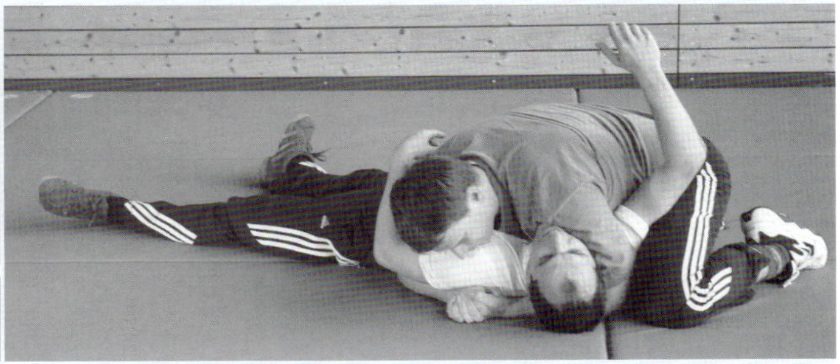

Bild 4:
Halte Deinen Partner nun sicher in der Kreuzposition.

Bodentechnik: Haltetechnik in Reitposition

912

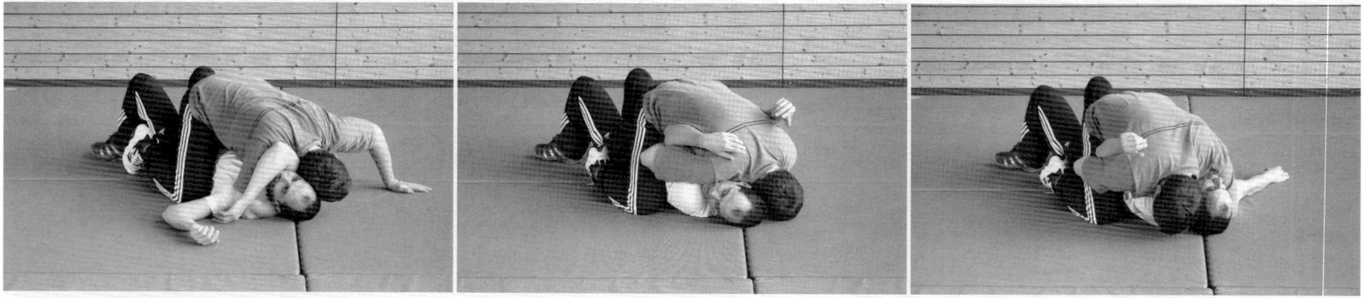

Hinweise zur Haltetechnik in Reitposition:

- Partner in Rückenlage, Du befindest Dich im Reitsitz auf ihm
- Deine Arme kontrolliere den Kopf (Bild 1), die Arme (Bild 2) oder die Seite (Bild 3)
- Deine Beine kontrollieren die Hüfte Deines Partners
- Durch Gewichtsverlagerung und Bewegung wird der Partner belastet

Bodentechnik: Befreiung aus der Haltetechnik in Reitposition

913

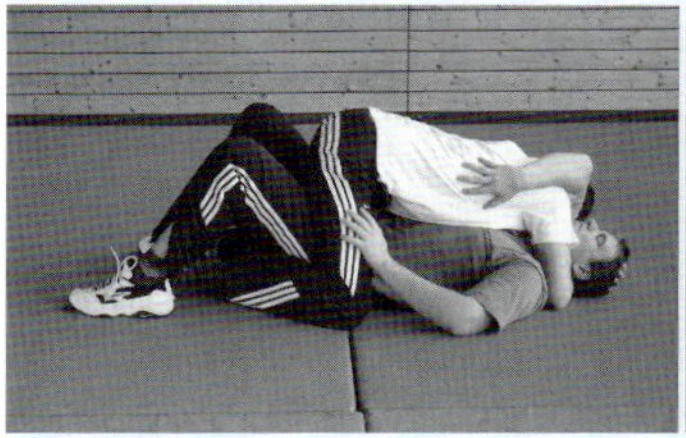

Bild 1:
Du befindest Dich in der Haltetechnik in Reitposition.

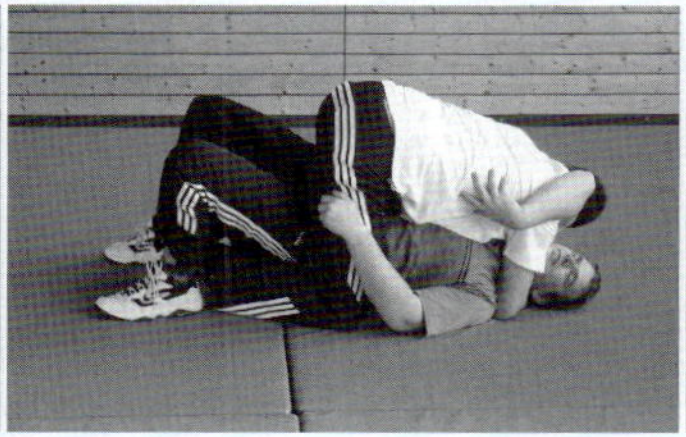

Bild 2:
Zuerst hältst Du den Oberschenkel mit Deiner Hand fest und umklammerst das Bein mit Deinem Fuß.

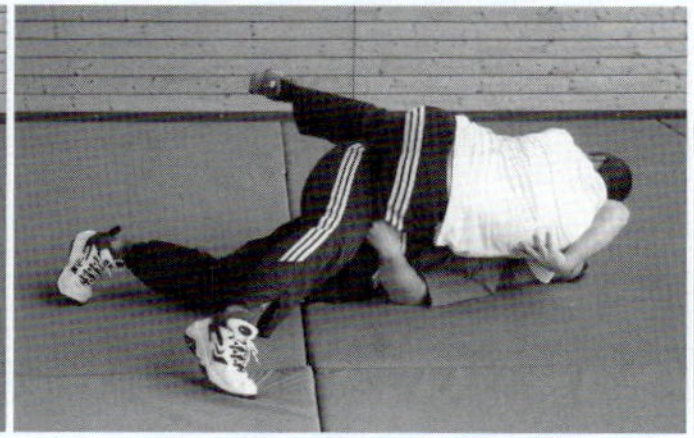

Bild 3:
Nun führst Du explosionsartig eine Schulterbrücke aus und katapultierst Deinen Partner von Dir herunter.

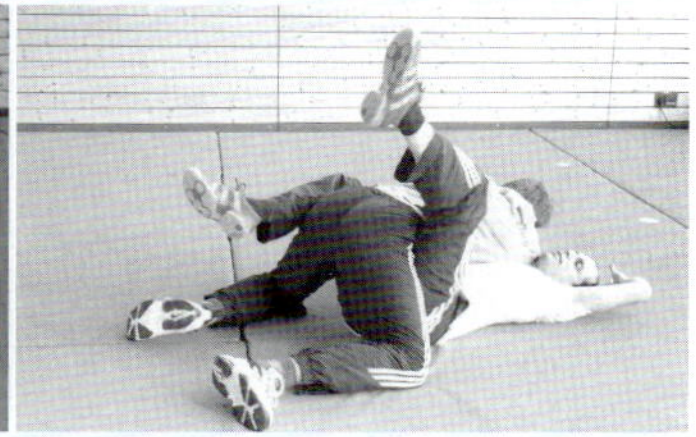

Bild 4:
Jetzt befindest Du Dich in der sicheren Position zwischen den Beinen Deines Partners.

Bodentechnik: Befreiung Standardsituation zwischen den Beinen

914

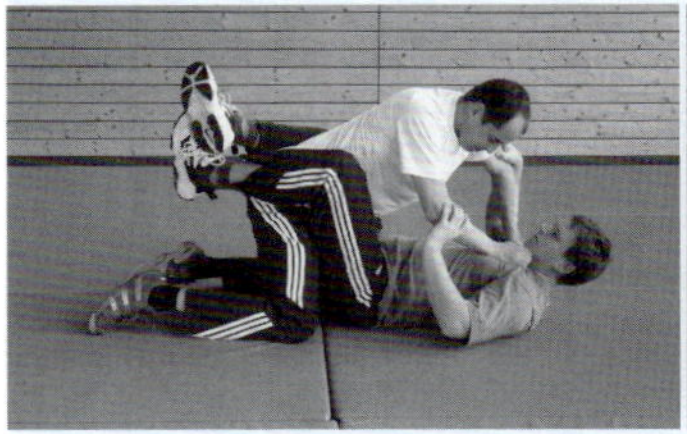

Bild 1:
Dein Partner kniet zwischen Deinen Beinen.

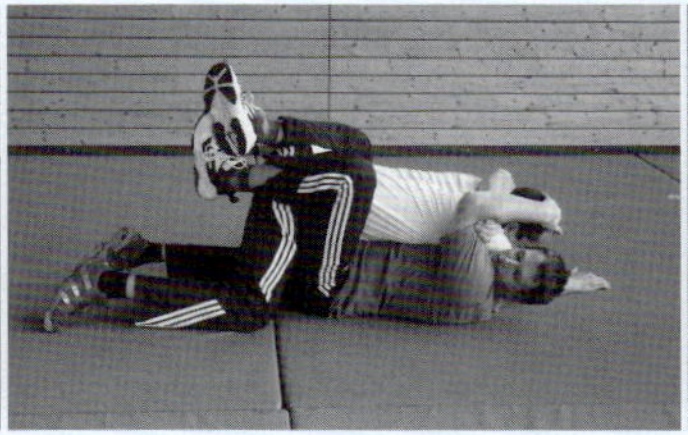

Bild 2:
Ziehe einen Arm diagonal an Deinem Kopf vorbei, kontrolliere den Arm und Kopf Deines Partners.

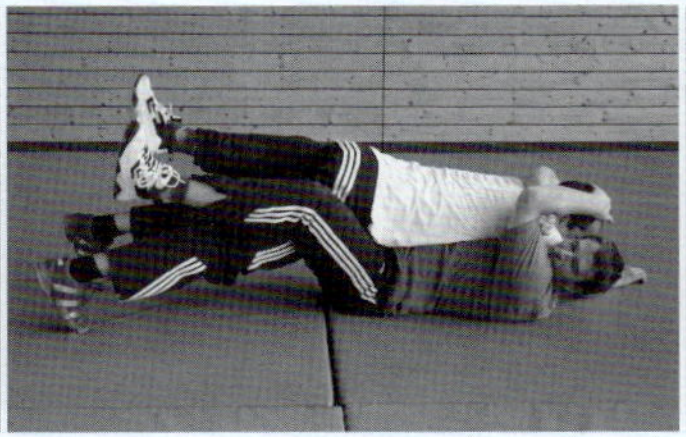

Bild 3:
Nun stößt Du ruckartig Deine Beine nach vorne, führst eine Schulterbrücke aus

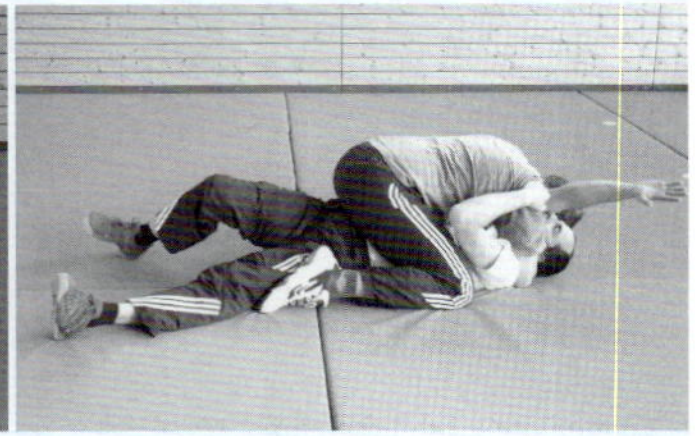

Bild 4:
und hältst Deinen Partner nun in der Reitposition.

Bodentechnik: Haltegriffwechsel von Kreuz- in die Reitposition

915

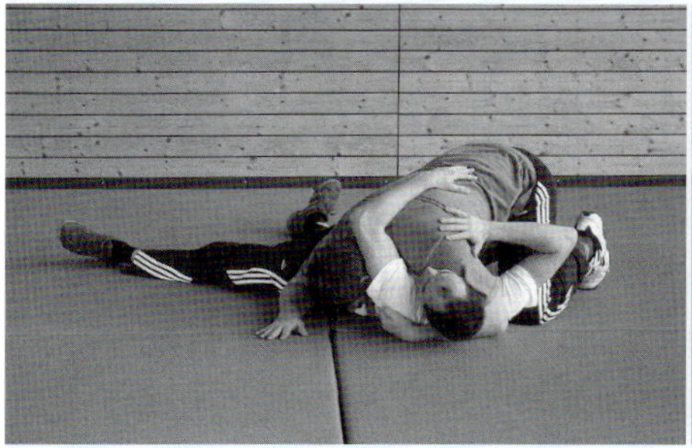

Bild 1:
Du kontrollierst Deinen Partner in der Kreuzposition. Dieser bewegt sich auf Dich zu, so dass Du den Haltegriff wechseln musst.

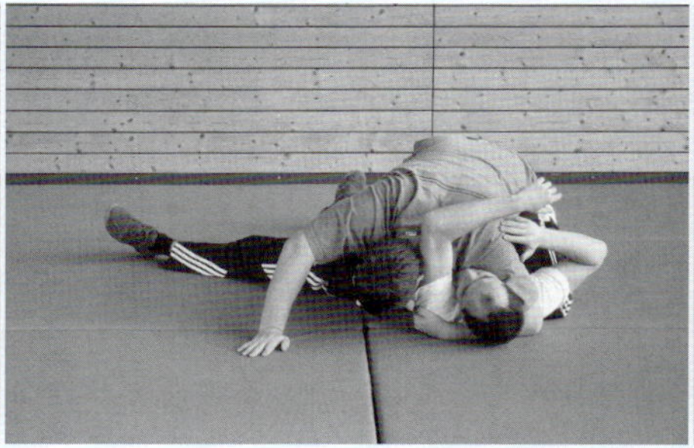

Bild 2:
Zuerst schiebst Du Deinen Kopf gegen seinen Oberarm und Dein Schienbein über seinen Bauch.

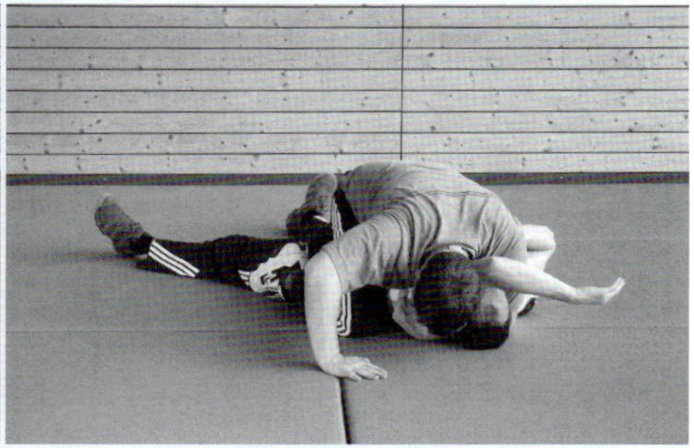

Bild 3:
Nun rutscht Du voll durch und hältst Deinen Partner sicher in der Reitposition.

Bodentechnik: Haltetechnik von der Kopfseite

916

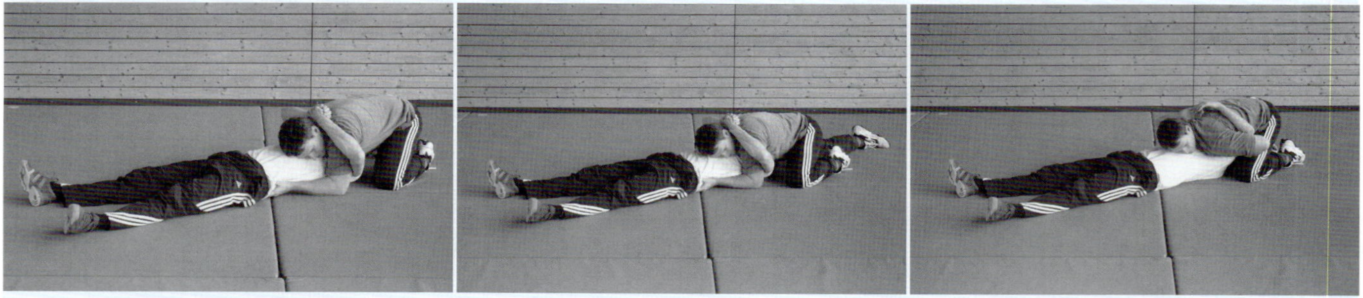

Hinweise zur Haltetechnik von der Kopfseite:

- Partner in Rückenlage, Du befindest Dich an seiner Kopfseite.
- Deine Arme kontrollieren den Kopf (Bild 1 + 2) oder die Arme (Bild 3).
- Deine Beine sind entweder eng angezogen oder eines gestreckt und das andere angezogen.
- Durch Gewichtsverlagerung und Bewegung wird der Partner belastet.

Bodentechnik: Befreiung aus der Haltetechnik von der Kopfseite

917

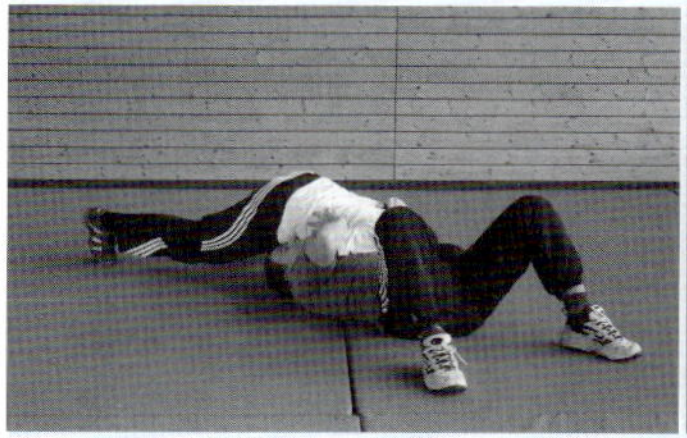

Bild 1:
Du befindest Dich in der Haltetechnik von der Kopfseite und schiebst Deinen Oberkörper nach vorne.

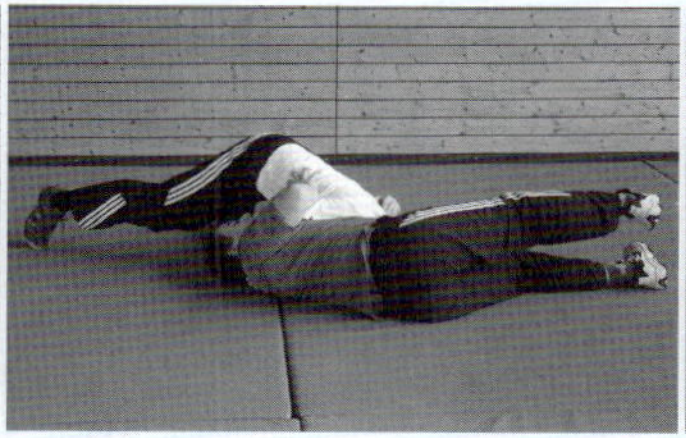

Bild 2:
Jetzt holst Du auf der kopffernen Seite Schwung und

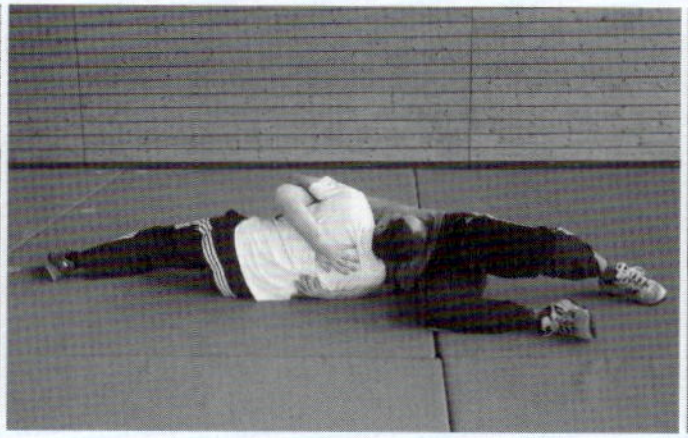

Bild 3:
schwingst Deine Beine so schnell Du kannst auf die Seite und bringst Deinen Partner dadurch in die Rückenlage.

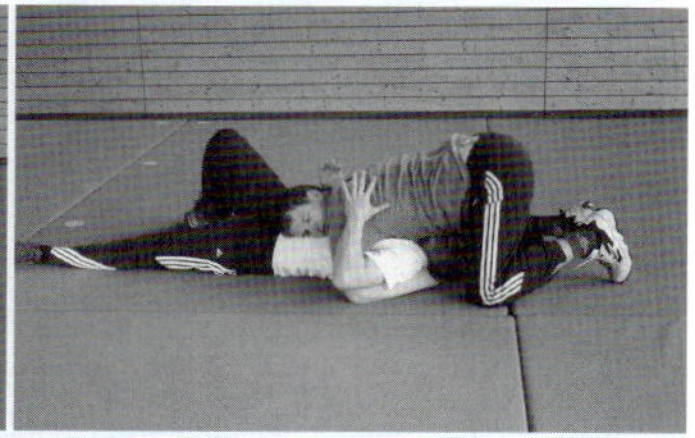

Bild 4:
Kontrolliere ihn nun mit der Haltetechnik von der Kopfseite.

Bodentechnik: Hammerlock zur Haltetechnik von der Kopfseite

918

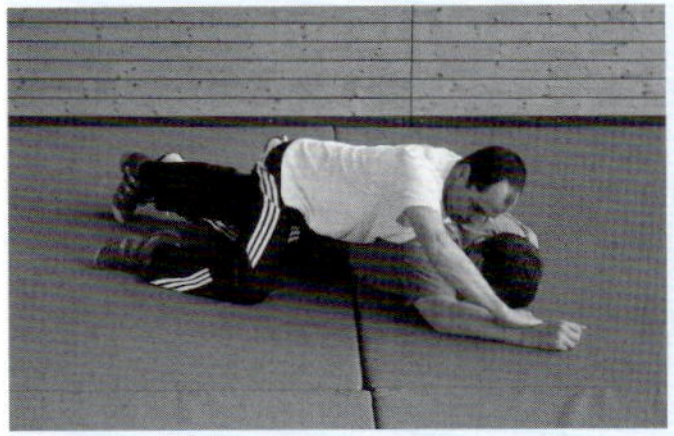

Bild 1:
Dein Partner befindet sich in Bauchlage vor Dir.

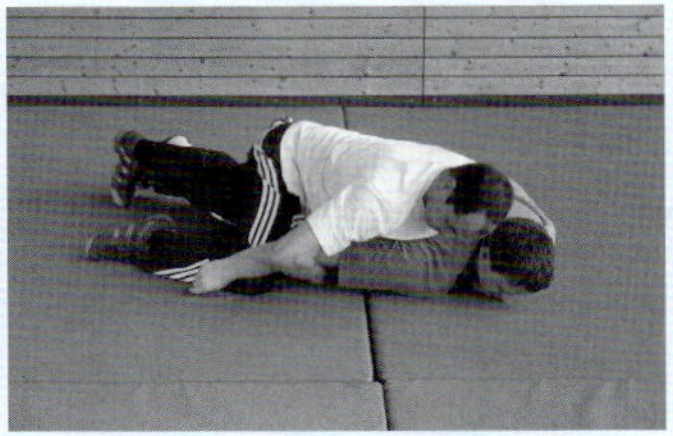

Bild 2:
Du holst Dir seinen rechten Arm und

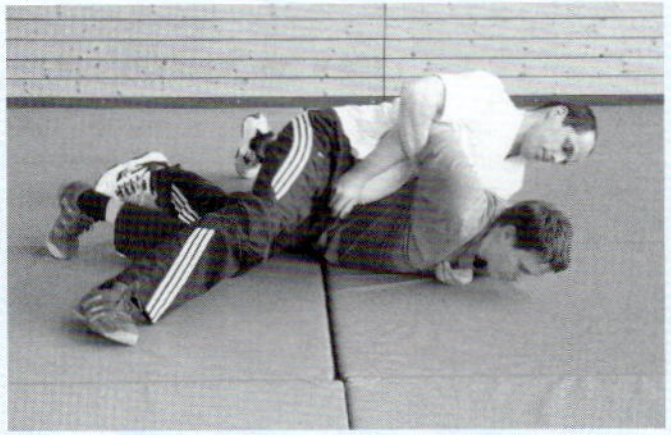

Bild 3:
begibst Dich neben Deinen Partner, gleichzeitig führst Du Deinen Arm unter seinen Arm und

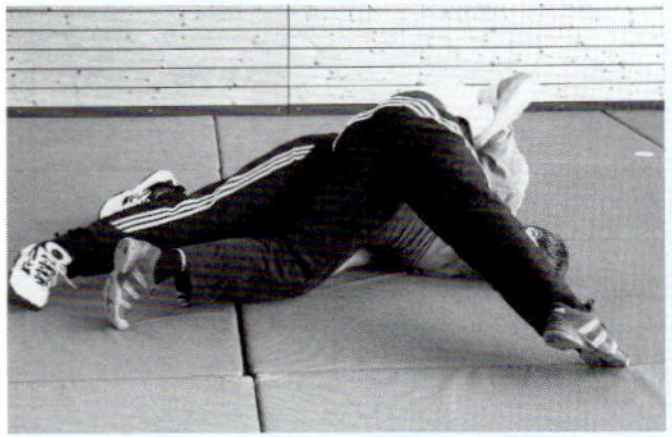

Bild 4:
zwingst ihn so zu einer Drehung um seine eigene Längsachse.

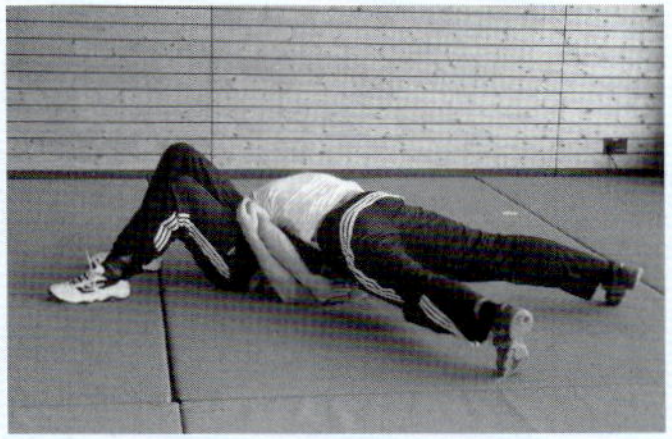

Bild 5:
Rutsche weiter vor bis zu seinem Kopf und

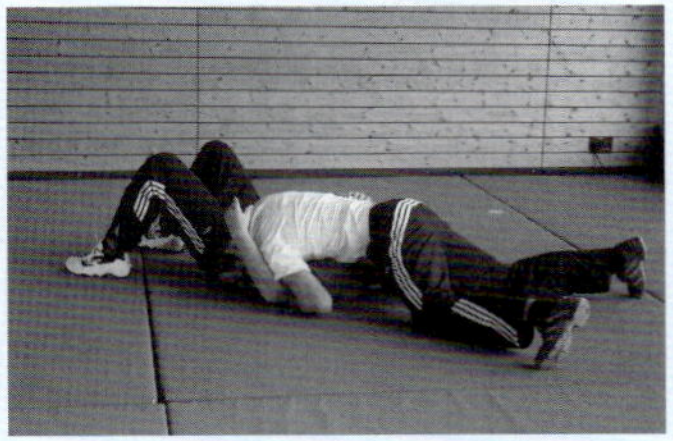

Bild 6:
kontrolliere ihn nun mit dem Haltegriff von der Kopfseite.

Bodentechnik: Haltegriffwechsel von der Kreuzposition zur Kopfseite

919

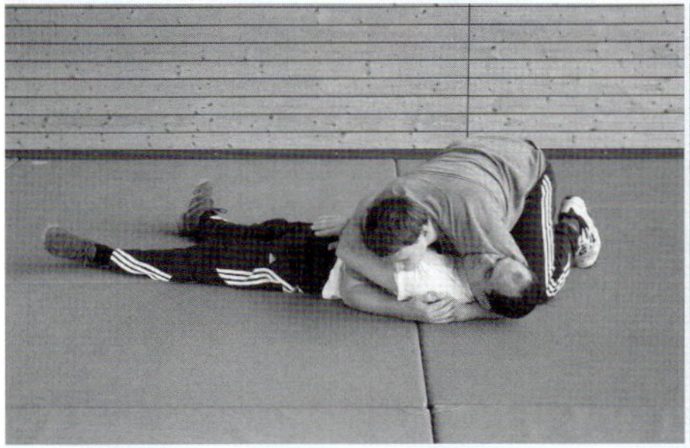

Bild 1:
Du hältst Deinen Partner in der Kreuzposition fest. Er dreht sich von Dir weg, so dass Du zu einem Wechsel gezwungen bist.

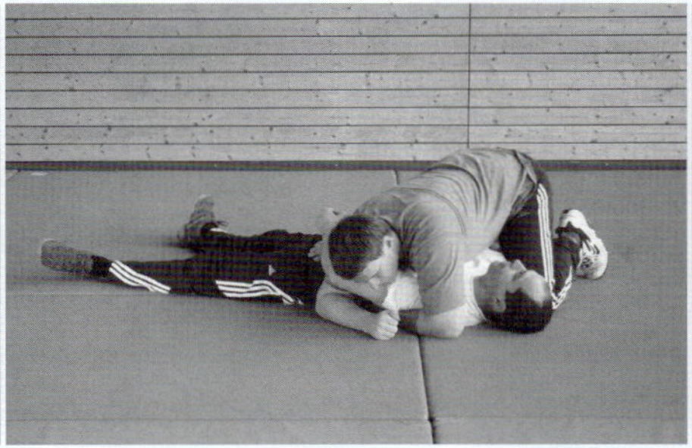

Bild 2:
Zuerst wechselst Du Deinen linken Arm und kontrollierst die Hüfte Deines Partners.

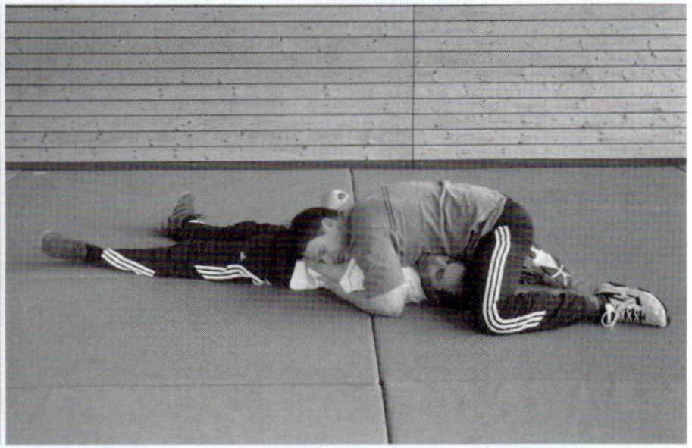

Bild 3:
Nun rutscht Du voll durch und hältst Deinen Partner sicher von der Kopfseite fest.

Bodentechnik: Haltetechnik „Langmacher"

920

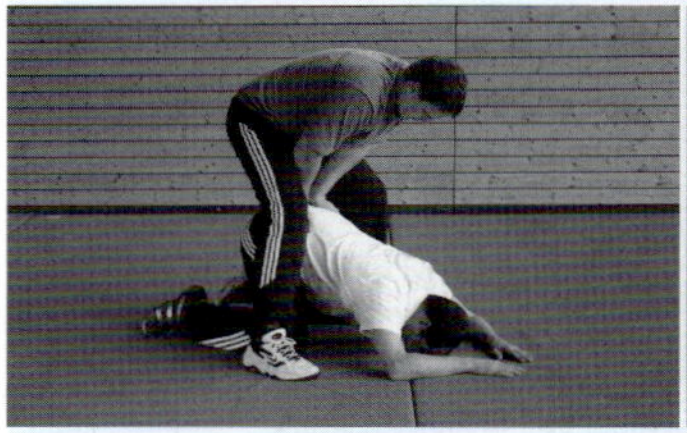

Bild 1:
Du hebst Deinen Partner an seiner Hüfte bzw. an seinem Gürtel an.

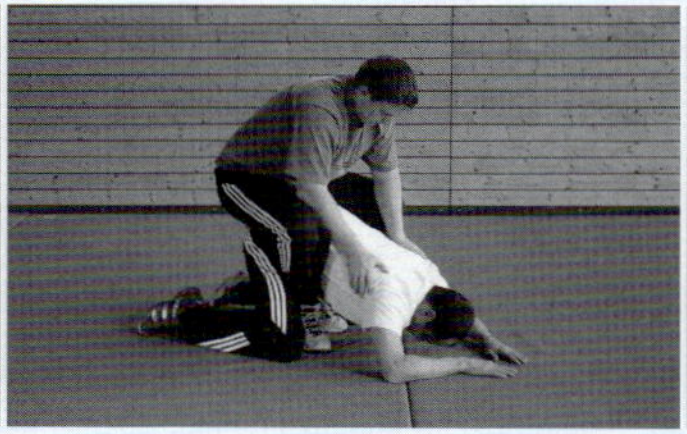

Bild 2:
Nun hakst Du Deinen Fuß an seinen Oberschenkeln ein und beginnst

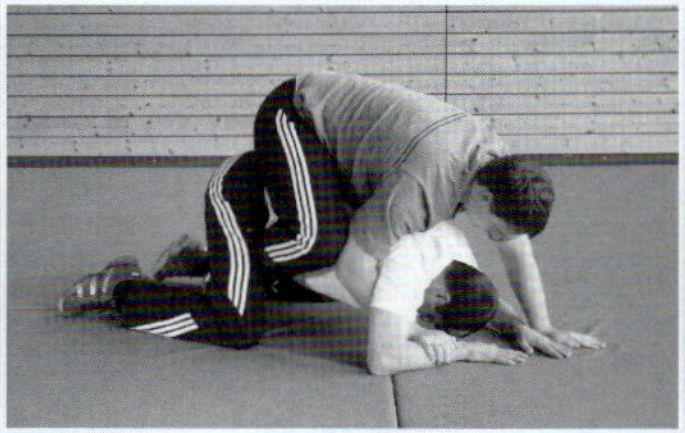

Bild 3:
Dein Gewicht nach vorne zu schieben, Deine Beine nach hinten zu strecken und einen Arm des Partners zu kontrollieren.

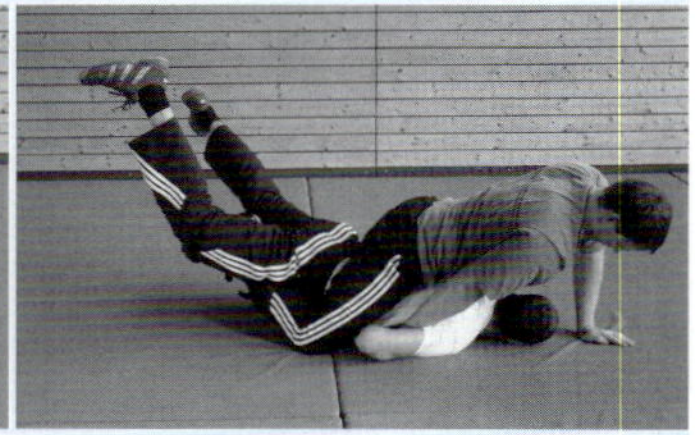

Bild 4:
In der Endposition gleichst Du die Bewegungen Deines Partners aus, in dem Du Deine Hüfte vorschiebst und Dich mit einer Hand stabilisierst.

Hinweise zur Haltetechnik Langmacher:

- Du belastest Deinen in Bauchlage befindlichen Partner mit Deinem Körpergewicht.
- Mit Deiner Hüfte kontrollierst Du Deinen Partner und schränkst seine Bewegungsfreiheit ein.
- Ein oder beide Arme sichern einen Arm des Gegners.

Bodentechnik: Befreiung aus der Haltetechnik Langmacher

921

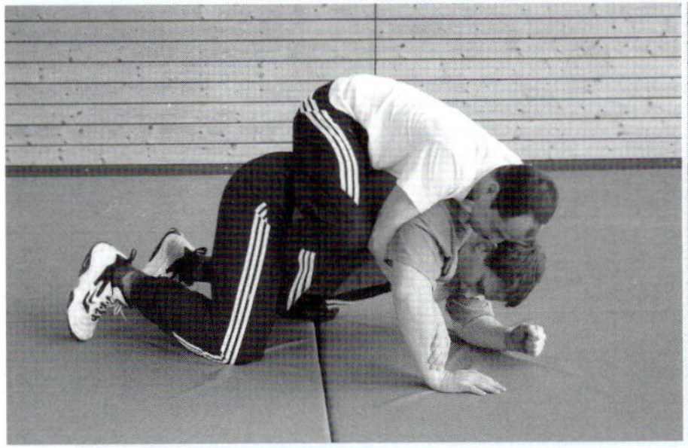

Bild 1:
Dein Partner versucht Dich in den Langmacher zu nehmen.

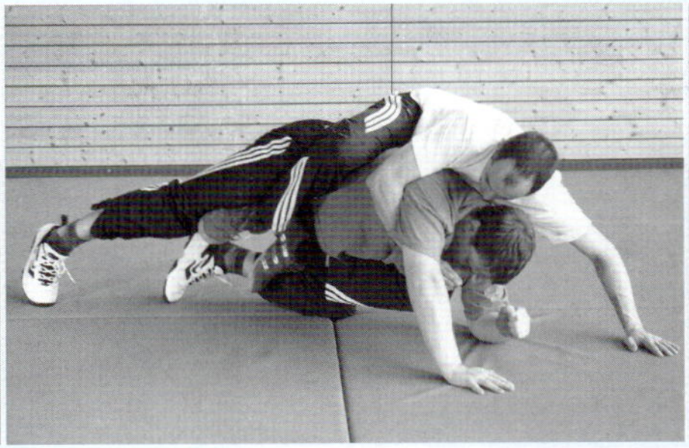

Bild 2:
Schon im Ansatz des Partners drehst Du Dich auf eine Seite und streckst ein Bein, damit er sich nicht einhaken kann.

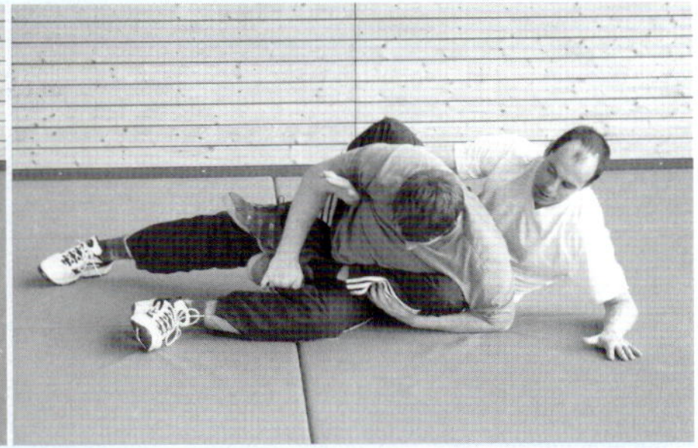

Bild 3:
Abschließend machst Du Dich klein, kontrollierst eines seiner Beine mit Deinen Armen oder der Beinklammer.

Bodentechnik: Halbnelson

922

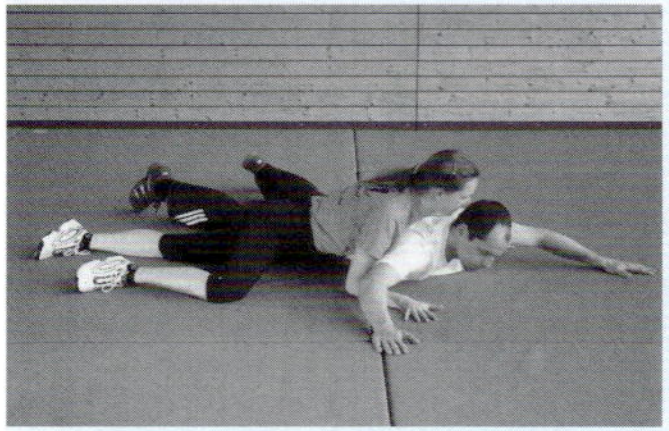

Bild 1:
Fixiere Deinen Partner mit Deinem ganzen Gewicht auf dem Boden.

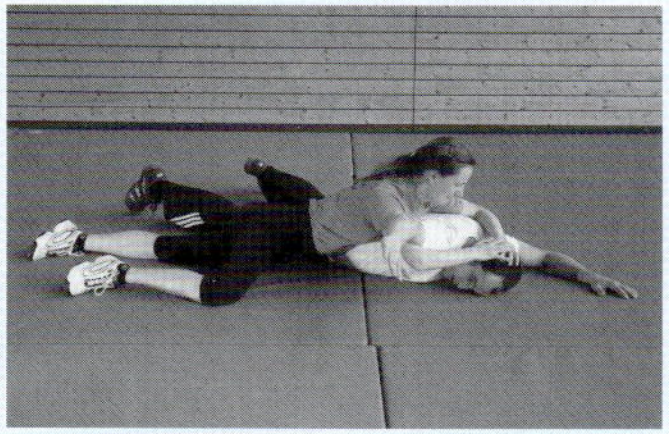

Bild 2:
Drücke seinen Kopf auf die Matte und führe Deinen Arm auf der Seite, auf der Du liegst, unter seinen Arm hindurch. Lege Deine Hand in seinen Nacken.

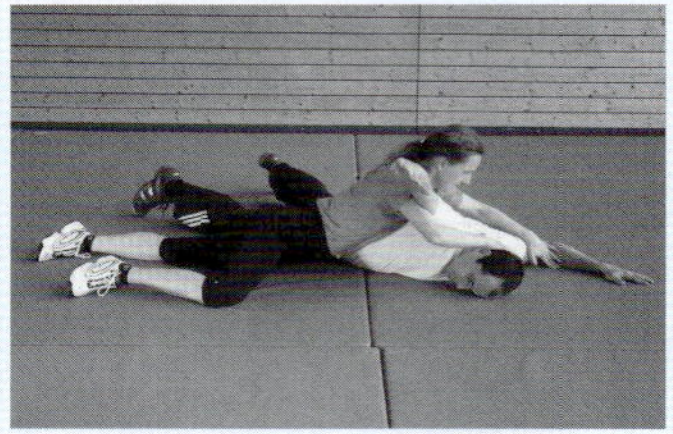

Bild 3:
Verursache eine Spannung in der Schulter Deines Partners, indem Du den Kopf nach unten hebelst und seinen Arm nach oben hebelst. Führe den anderen Arm des Partners an seinen Kopf oder an seine Seite (damit Du ihn leichter auf den Rücken drehen kannst).

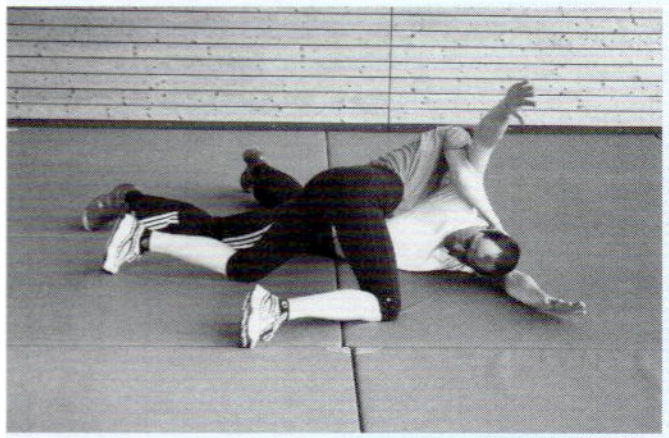

Bild 4:
Bewege Dich langsam mit Deinen Füßen Richtung Kopf Deines Partners. Schiebe ihn mit Deinem Oberkörper und belaste ihn dabei die ganze Zeit mit Deinem Gewicht.

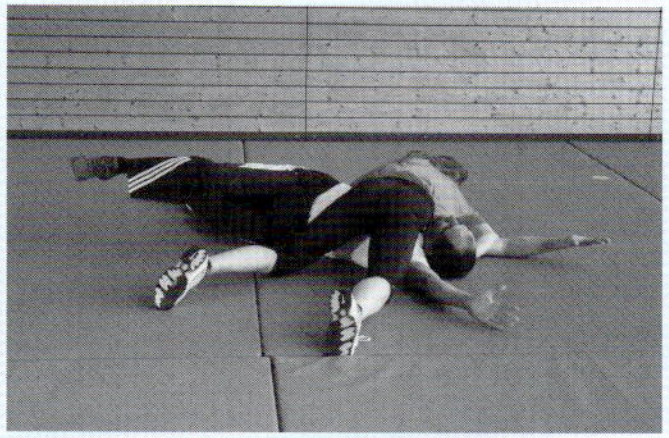

Bild 5:
Drehe Deinen Partner vollends auf den Rücken und liege mit Deinem gesamten Gewicht auf ihn.

Bodentechnik: Armdurchzug

923

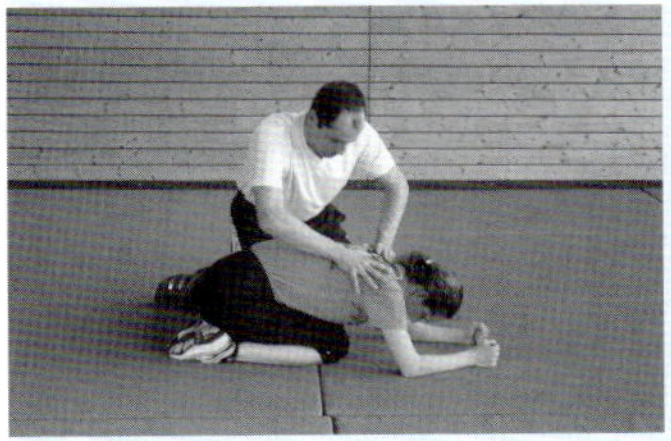

Bild 1:
Deine Partnerin befindet sich in der tiefen (oder hohen) Bank.

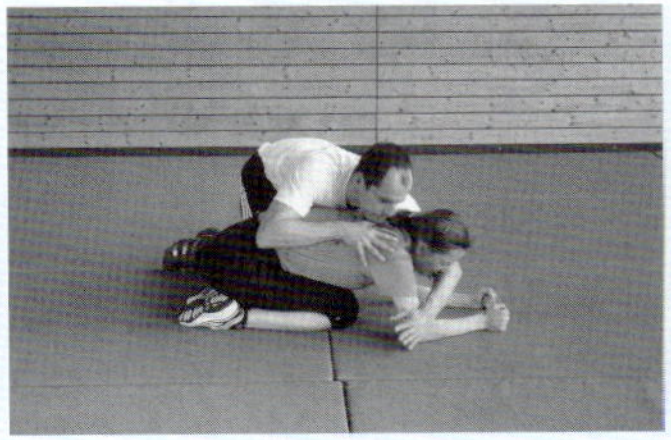

Bild 2:
Fasse mit einem Arm unter dem Kopf hindurch zum gegenüberliegenden Ellenbogen.

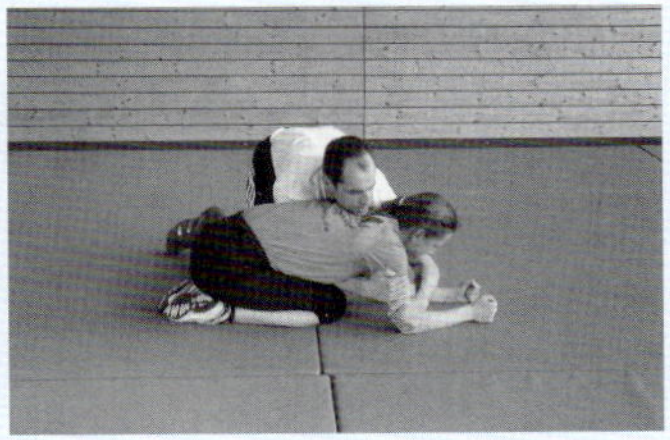

Bild 3:
Fasse mit dem anderen Arm unter dem Körper hindurch ebenfalls zum gegenüberliegenden Ellenbogen.

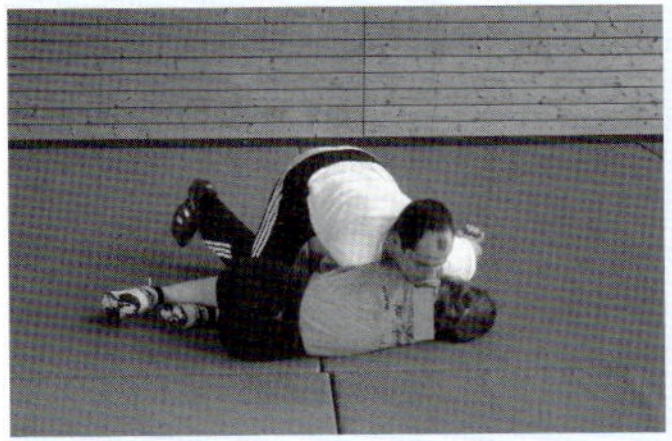

Bild 4:
Ziehe den Arm Deiner Partnerin zu Dir (Achtung: Bei der hohen Bank nicht gegen das Ellenbogengelenk hebeln!). Schiebe dabei gleichzeitig mit Deiner Schulter an ihrer Seite in die andere Richtung, so dass sie auf die Seite umfällt.

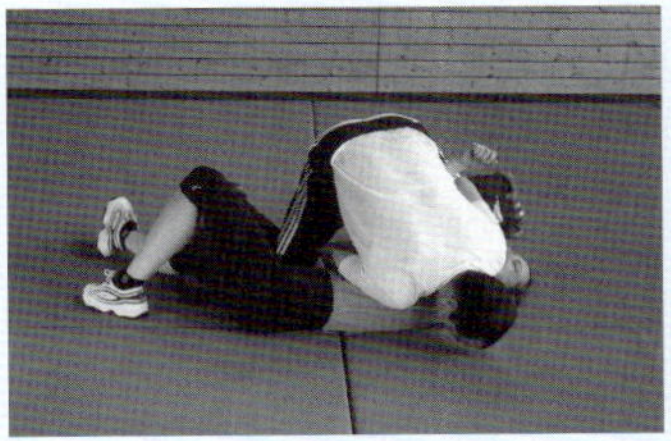

Bild 5:
Schiebe Deine Partnerin weiter bis in die Rückenlage. Lasse dabei nie den Arm los und behalte immer Körperkontakt. Liege mit Deinem ganzen Gewicht auf den Oberkörper Deiner Partnerin.

Bodentechnik: Abklemmer/Saurolle

924

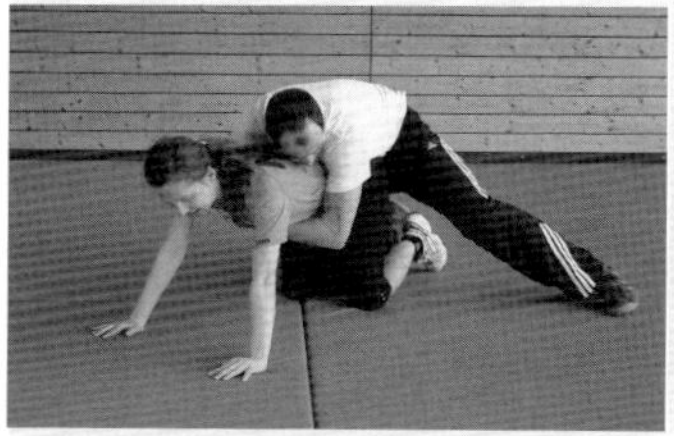

Bild 1:
Dein Partner umfasst Deinen Oberkörper.

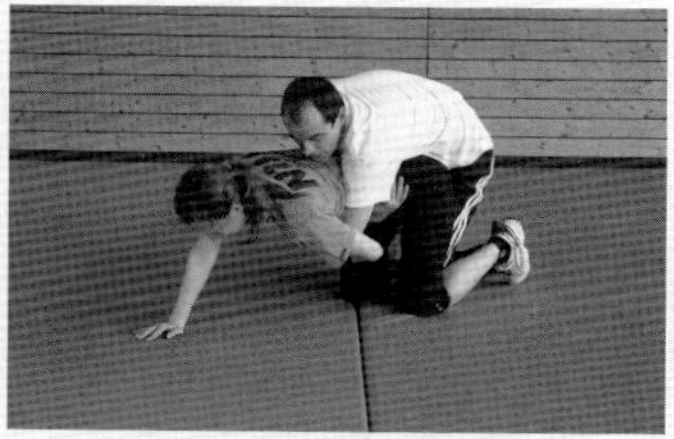

Bild 2:
Klemme seinen Oberarm oberhalb seines Ellenbogens ein und beginne Dich auf die Seite des eingeklemmten Armes zu drehen.

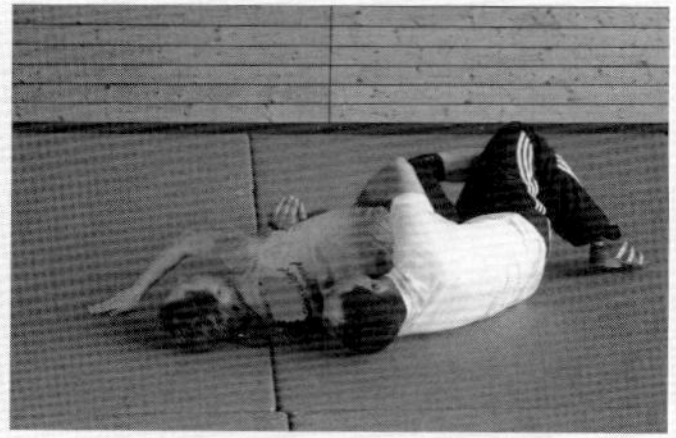

Bild 3:
Drehe Dich weiter, so dass Dein Partner in die gefährliche Lage kommt.

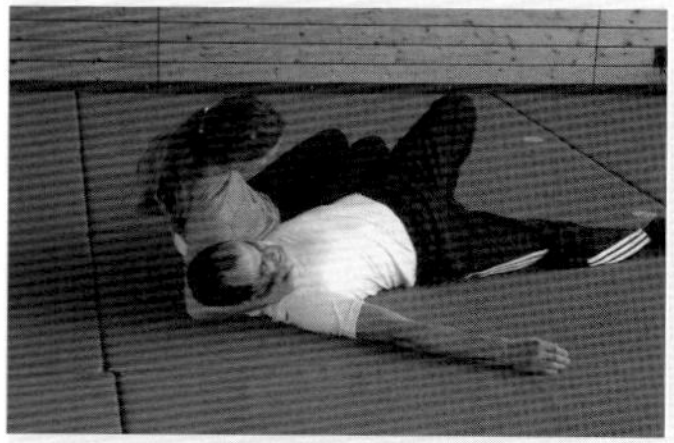

Bild 4:
Drehe Dich noch weiter und halte dabei seinen Arm weiterhin fest.

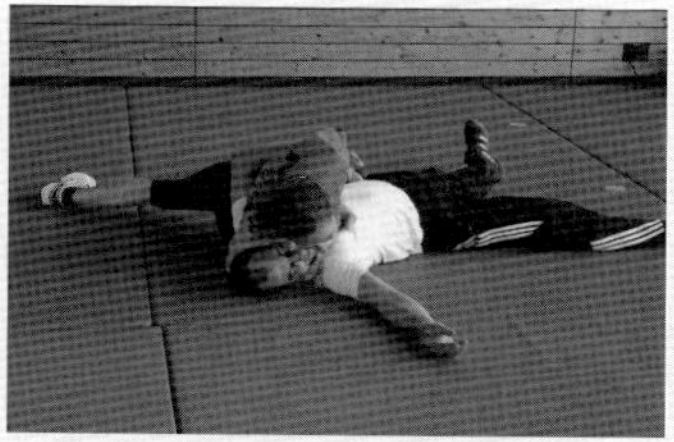

Bild 5:
Fixiere Deinen Partner mit Deinem ganzen Gewicht in dieser Lage.

Bodentechnik: Abklemmer/Schweinerolle

925 **Zum Ausprobieren und selbstständigen Lernen: Kopieren, Vergrößern und an die Sportler austeilen.**

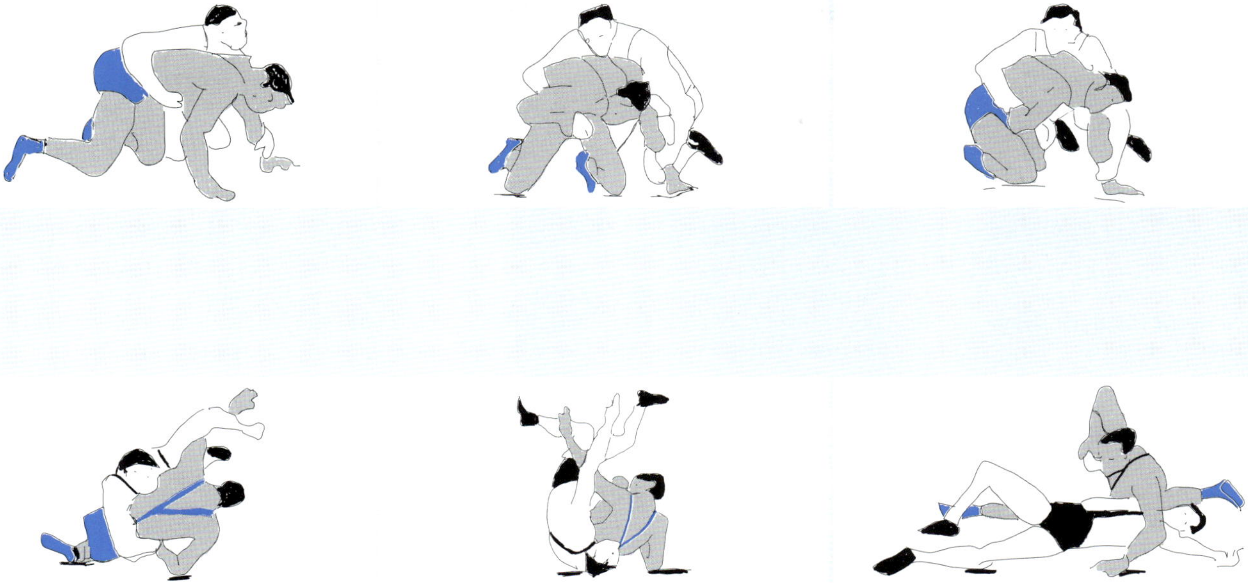

Bodentechnik: Seitstreckhebel

926 In diesem Kapitel werden der Vollständigkeit wegen die zwei gängigsten Hebeltechniken im Bodenkampf vorgestellt. Hebel funktionieren durch die Überstreckung von Gelenken in ihrem natürlichen Bewegungsgrad oder das Beugen bzw. Verdrehen gegen die natürliche Bewegungsrichtung. Hebel müssen vorsichtig und kontrolliert angesetzt werden! Die Sportler müssen lernen, verantwortungsvoll zu handeln und auch rechtzeitig abzuschlagen, sobald ein Hebel gut angesetzt ist.

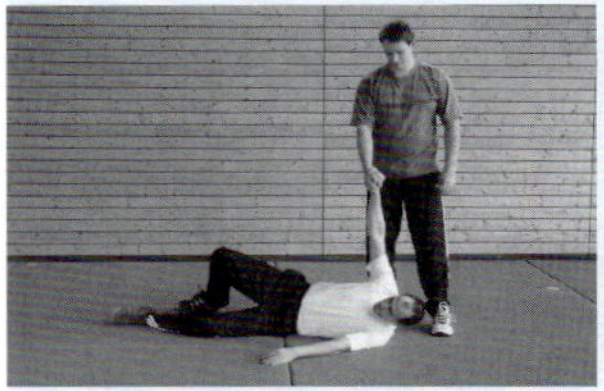

Bild 1: Du stehst seitlich neben Deinem Partner und hältst seine rechte Hand mit Deiner rechten Hand fest.

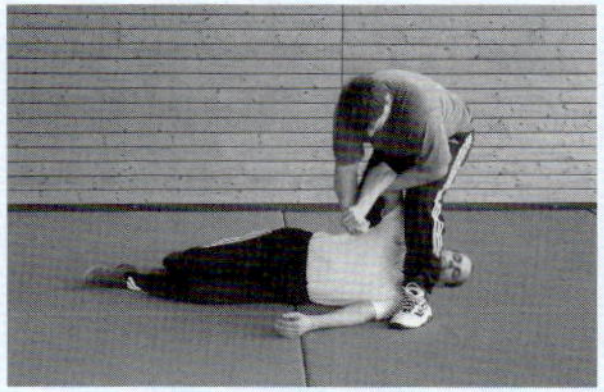

Bild 2: Ziehe ihn auf seine Seite, steige mit Deinem linken Bein über seinen Kopf und schiebe Dein rechtes Schienbein ganz eng an sein Schulterblatt.

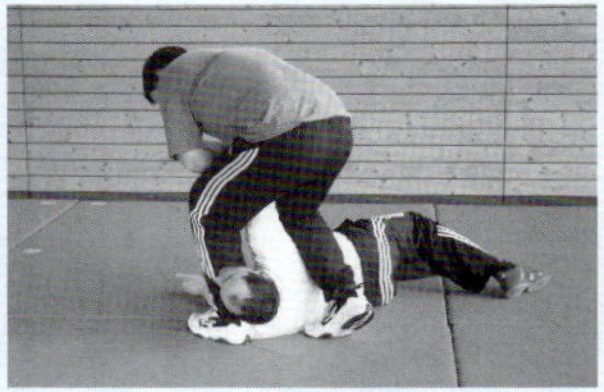

Bild 3: Halte den engen Kontakt und lasse Dich jetzt nach hinten rollen. Ziehe Deine Beine an und drücke Deine Knie zusammen.

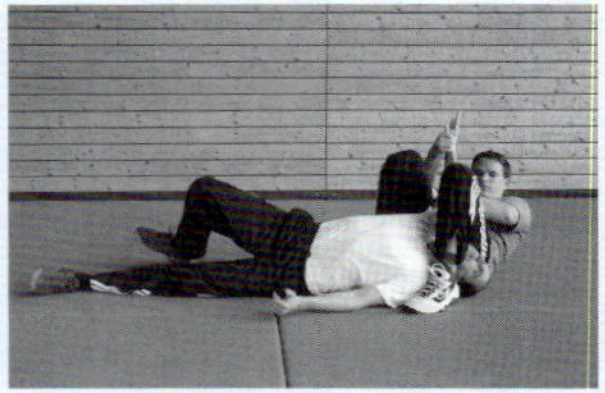

Bild 4: Jetzt musst Du nur noch seinen Arm strecken und die Hüfte kontrolliert nach oben schieben.

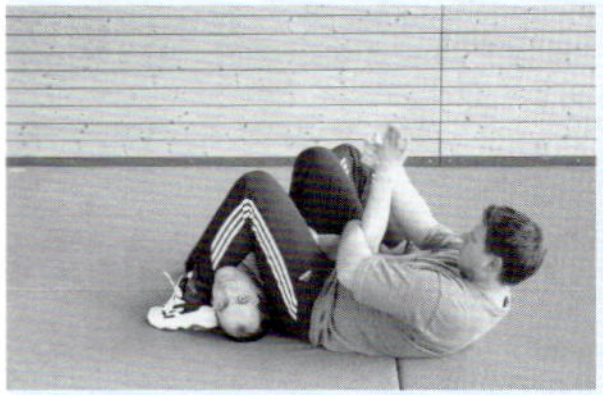

Bild 5: Achte darauf, dass die Kleinfingerseite der Hand des Partners zu Deinem Rumpf zeigt. Dann kannst Du am einfachsten Hebeln.

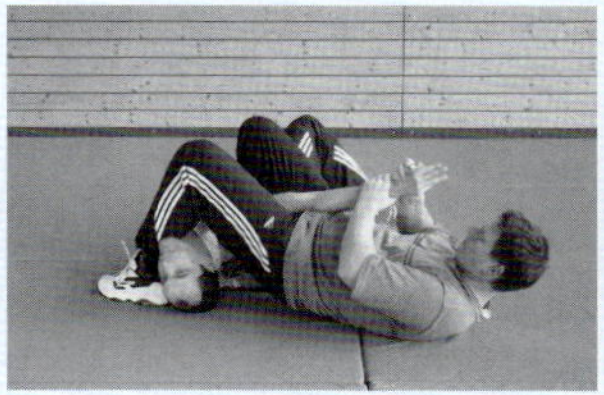

Bild 6: Schiebe die Hüfte hoch und zwinge ihn zum Abschlagen.

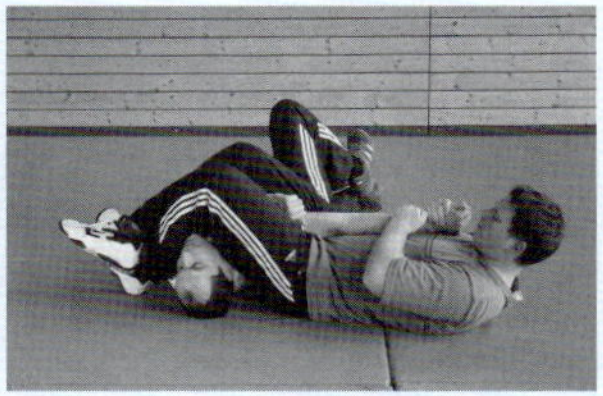

Bild 7: Du kannst selbstverständlich auch beide Beine über seinen Oberkörper legen und den Partner so kontrollieren. Es gibt sehr viele erfolgversprechende Varianten.

Nr.	Name der Spielform Ziele/Akzente	Idee/Beschreibung	Hinweise/Organisation
927	**Haltegriffwechsel zur Reitposition** Techniktraining	Dein Partner dreht sich unter Dir um die eigene Achse. Gib nach bis er auf dem Rücken liegt. Jetzt hältst Du ihn in Reitposition.	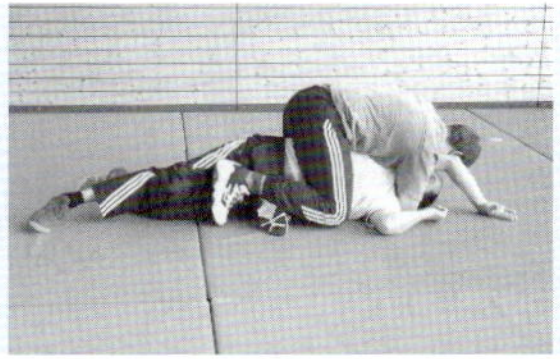
928	**Schenkelklemmer** Vorbereitende Übungsform	Klemme den Oberarm Deines Partners wie beim Seitstreckhebel beschrieben ein. Versuche den Arm mindestens fünf Sekunden zu halten, während Dein Partner versucht den Arm herauszuziehen.	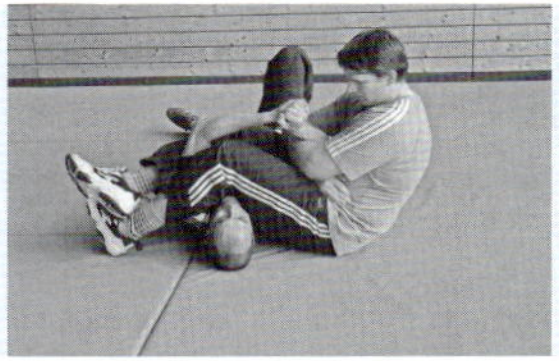
929	**Stehaufmännchen** Techniktraining	Du stehst an der Seite Deines Partners und hast seinen rechten Arm mit Deinem rechten Arm erfasst. Ziehe ihn hoch und setze einen Seitstreckhebel mit dem rechten Bein unter der Schulter an. Löse Dein linkes Bein und „kicke“ Deinen Partner mit dem rechten Bein in den Stand. Nun ist er an der Reihe.	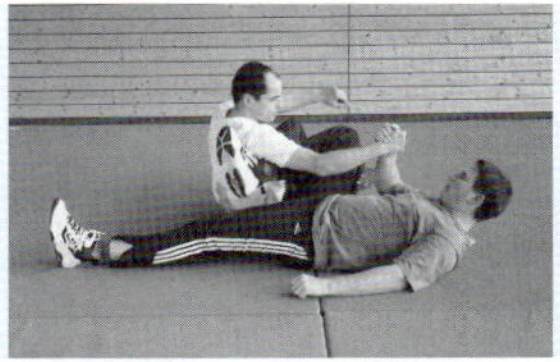
930	**Seitstreckschaukel** Techniktraining	Dein Partner liegt mit dem Kopf zu Dir in Rückenlage auf dem Boden. Seine Hände bilden einen Kreis. Er schaukelt von einer zur anderen Seite. Du setzt nun den Seitstreckhebel aus seinem Bewegungsimpuls an. Arbeite ryhthmisch!	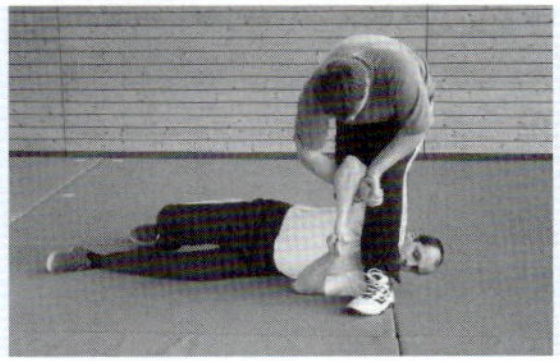
931	**Auf dem Rücken drehen** Vorbereitende Übungsform	Du liegst auf Deinem Rücken mit angewinkelten Beinen. Nun streckst Du Deine Beine nach oben und drehst Dich auf der Stelle um ca. 90°. Übe auf beiden Seiten!	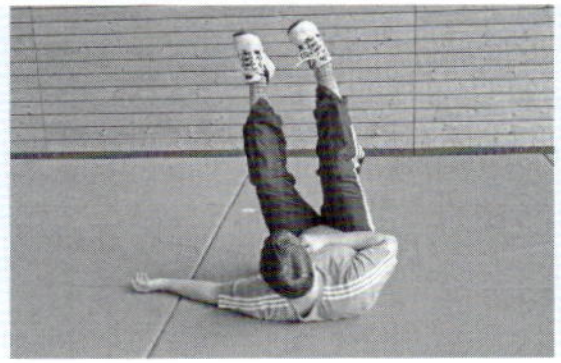

8

Bodentechnik: Seitstreckhebel aus der eigenen Rückenlage

932

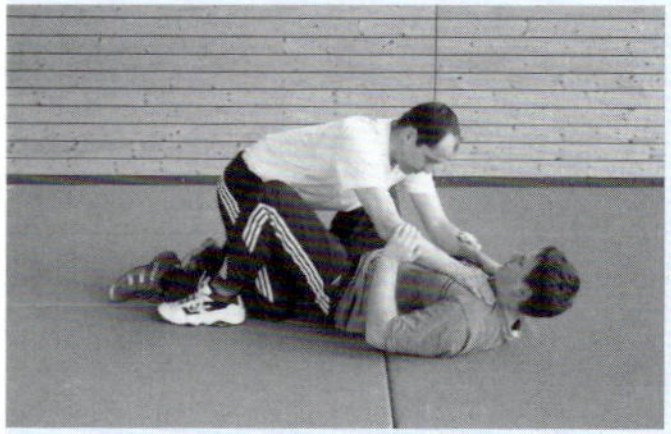

Bild 1:
Dein Partner kniet zwischen Deinen Beinen und versucht Dein T-Shirt zu fassen oder Dich zu würgen.

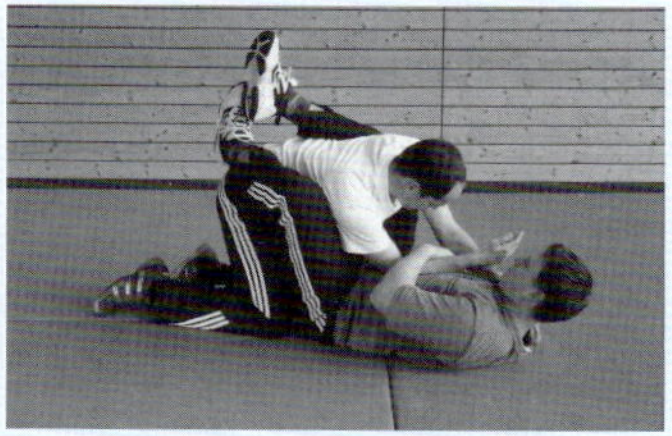

Bild 2:
Zuerst versucht Du einen der Arme des Partners diagonal auf Deinem Bauch zu kontrollieren.

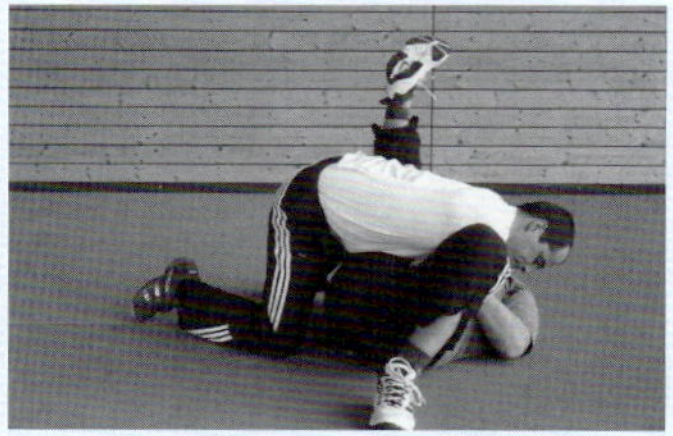

Bild 3:
So bald Dir dies gelingt, dreht Du Dich auf der Stelle um etwas mehr als 90° unter dem Partner und drückst mit einem Bein gegen den Rumpf

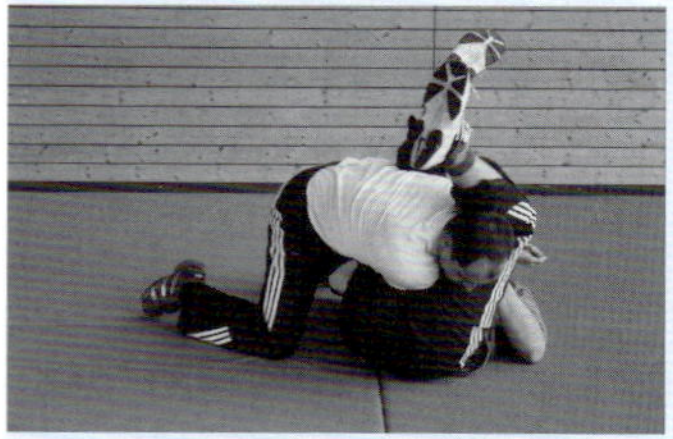

Bild 4:
und mit dem anderen kontrollierst Du den Kopf des Partners. Mit der freien rechten Hand hast Du Deine Drehung unterstützt und eingeleitet.

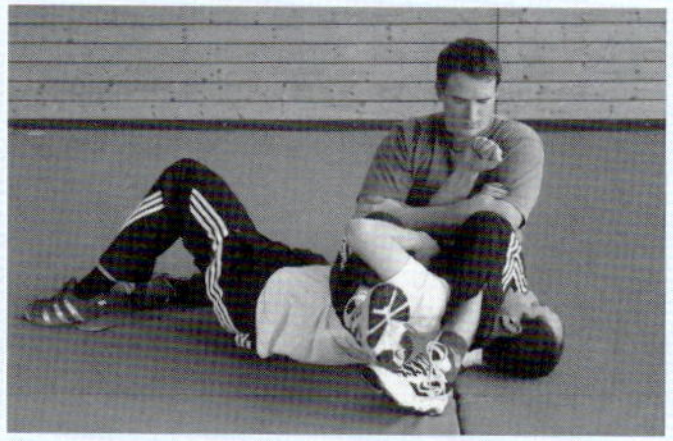

Bild 5:
Jetzt drückst Du Deinen Partner um und kontrollierst ihn mit engen, verschränkten Beinen.

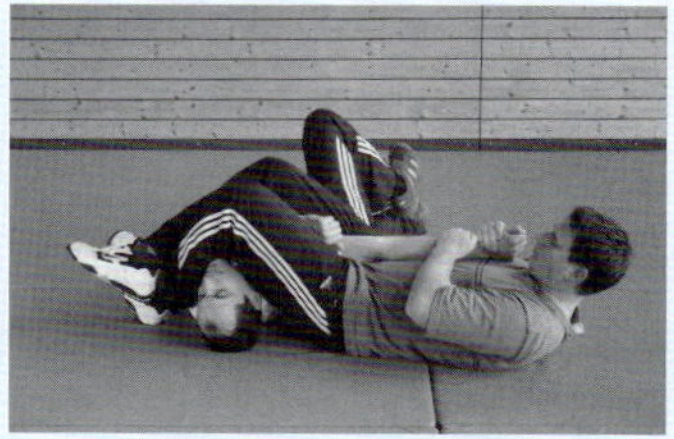

Bild 6:
Lege Dich auf Deinen Rücken, schiebe die Hüfte hoch und zwinge Deinen Partner kontrolliert zum abklopfen.

Nr.	Name der Spielform Ziele/Akzente	Idee/Beschreibung	Hinweise/Organisation
933	**Reflextraining Rückenlage** Techniktraining	Sobald Dein Partner ein Bein nach außen stellt, greifst Du den diagonalen Arm an. So kannst Du Dich sehr gut in die Lücke unter Deinem Partner drehen.	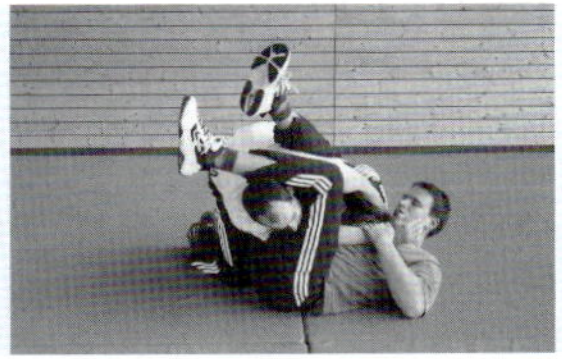
934	**Rollbank** Vorbereitende Übungsform	Du befindest Dich in der tiefen Bankposition. Jetzt ergreifst Du mit Deiner linken Hand das rechte Knie. Rolle Dich nun über Deine linke Seite, über den Rücken zurück in die Bankposition. Achte darauf, dass die Knie eng zusammenbleiben. Beidseitig üben.	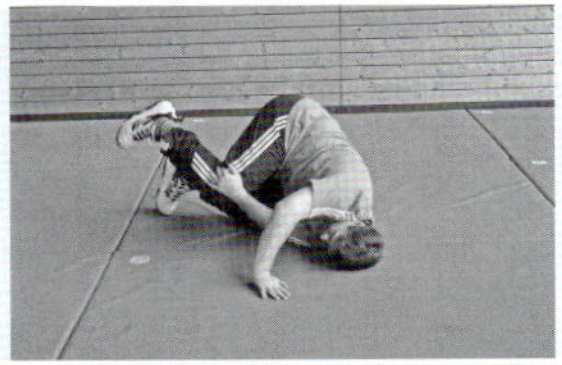
935	**Zeitlupenansatz** Techniktraining	Dein Partner befindet sich in der Bank. Du krabbelst jetzt rückwärts an ihn heran und bringst zuerst Deine Beine und dann Deine Arme in die optimale Position für einen Rollbankhebel. Rolle Deinen Partner nun in einem Kreis über die Matte.	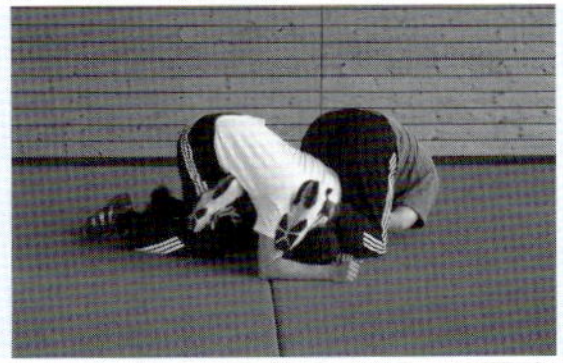
936	**Reaktionstraining** Techniktraining	Dein Partner befindet sich in der Bank und Du sitzt auf ihm. Sobald er einen Arm nach außen stellt, greifst Du diesen Arm mit einem Rollbankhebel an.	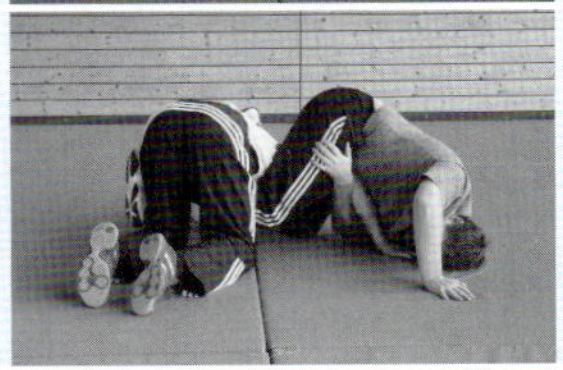
937	**Durchdreher Seitstreckhebel** Techniktraining	Du hast einen Seitstreckhebel bei Deinem Partner angesetzt. Dieser versucht aufzustehen um diese Technik zu verhindern. Du greifst sein Bein und drehst Dich zwischen die Beine Deines Partners. So zwingst Du ihn in eine Rolle vorwärts. Nun kannst Du ihn am Boden kontrolliert zur Aufgabe zwingen.	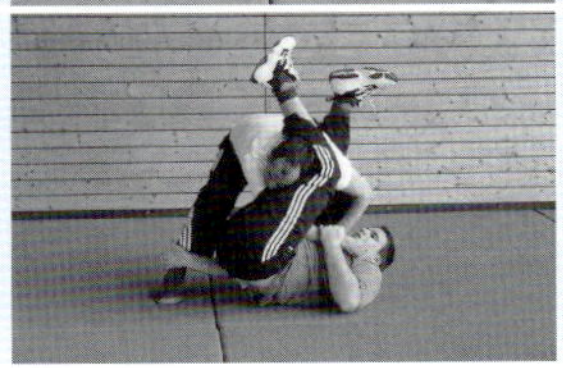

Bodentechnik: Rollbankhebel (Variante Seitstreckhebel)

938

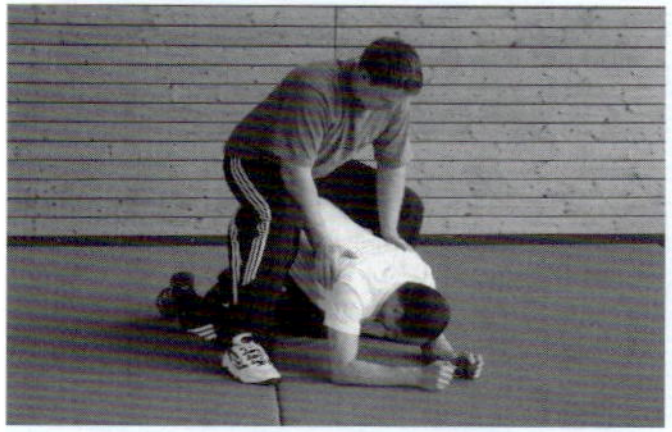

Bild 1:
Dein Partner befindet sich in der tiefen Bank vor Dir. Du sitzt auf ihm und belastest seinen Oberkörper.

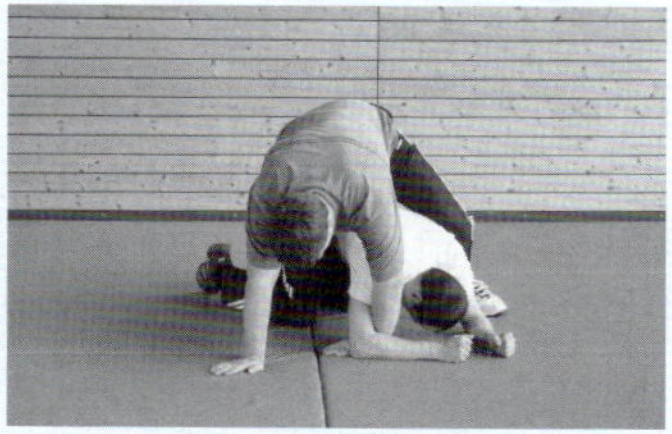

Bild 2:
Zuerst versucht Du Dein rechtes Bein unter seinem Bauch durchzuschieben und seinen linken Oberschenkel damit zu kontrollieren. Dein linker Arm umklammert seinen rechten Oberarm in Höhe des Ellenbogens und Dein Rechter Arm stabilisiert Dich.

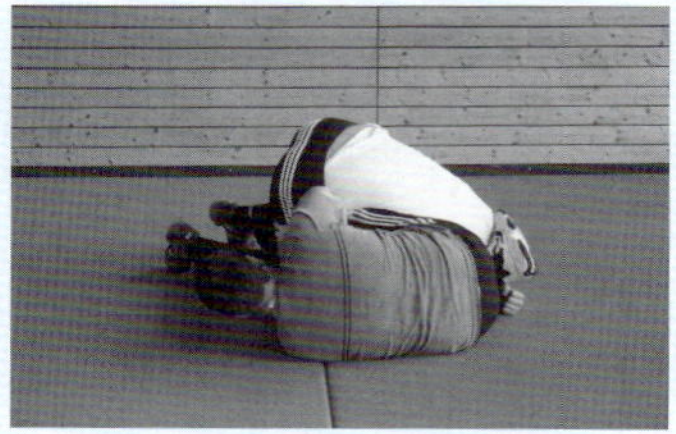

Bild 3:
Jetzt legst Du Deinen linken Spann in den Nacken des Partners und drehst Dich auf Deine linke Körperseite. Deine rechte Hand erfasst das Hosenbein Deines Partner so tief wie möglich.

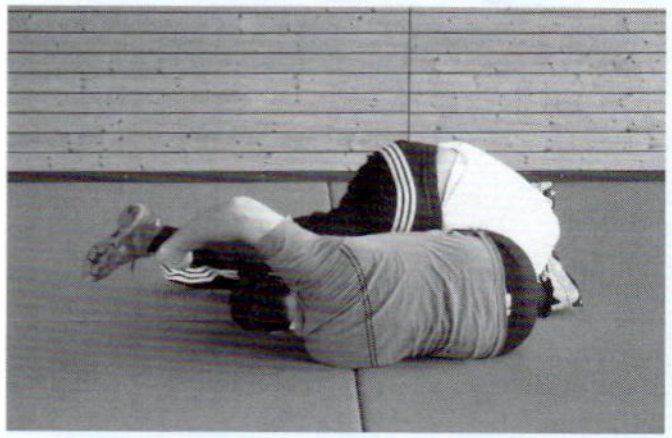

Bild 4:
Kontrolliere den Partner mit Deinen Beinen, ziehe sein Bein über Deinen Kopf zu Dir und drehe Dich gleichzeitig auf Deinen Rücken.

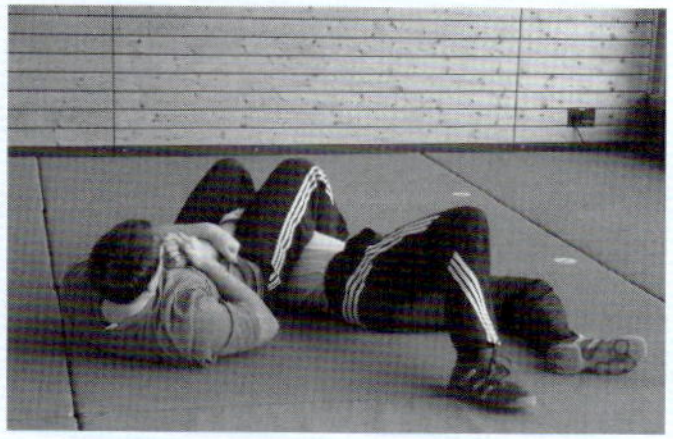

Bild 5:
Jetzt schiebst Du wieder Deine Hüfte nach oben und kontrollierst ihn in der Endposition Seitstreckhebel.

Bodentechnik: Armbeugehebel

939

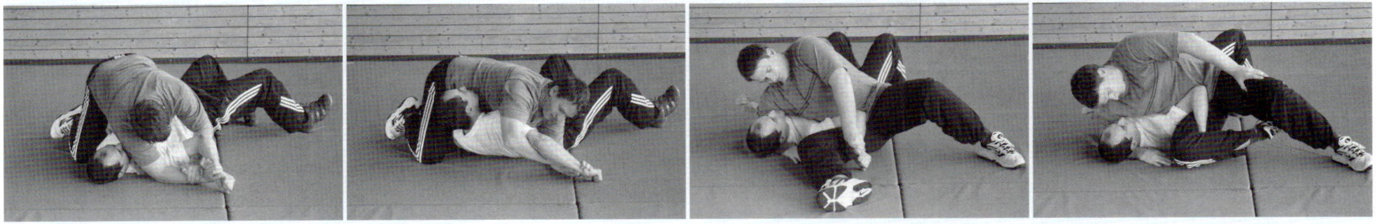

Bild 1:
Mit rechts erfasst Du das Handgelenk des Partners, Dein linker Arm schiebt sich unter dem Arm des Partners hindurch. Ergreife Deinen eigenen Arm, fixiere das Handgelenk des Partners und hebe Deinen linken Arm langsam an.

Bild 2:
Nun machst Du die gleiche Bewegung wie zuvor, nur verkehrt herum.

Bild 3:
Aus der seitlichen Halteposition drückst Du den Arm des Partners über Deine Hüfte und beugst ihn zum Boden.

Bild 4:
Zur Verstärkung des Hebels klemmst Du sein Handgelenk unter Deiner Kniekehle ein und verriegelst Deine Beine. Durch das Vorschieben Deiner Hüfte muss Dein Partner abschlagen.

Hinweise zu Armbeugehebeln:

- Jede Überdehnung des gebeugten Arms mit Wirkung auf das Ellenbogen- und/oder Schultergelenk ist ein Beugehebel.
- Diese Techniken sind ebenfalls langsam und kontrolliert auszuführen.
- Der Einsatz der Hüfte bzw. des Oberkörpers verstärkt die Wirkung.

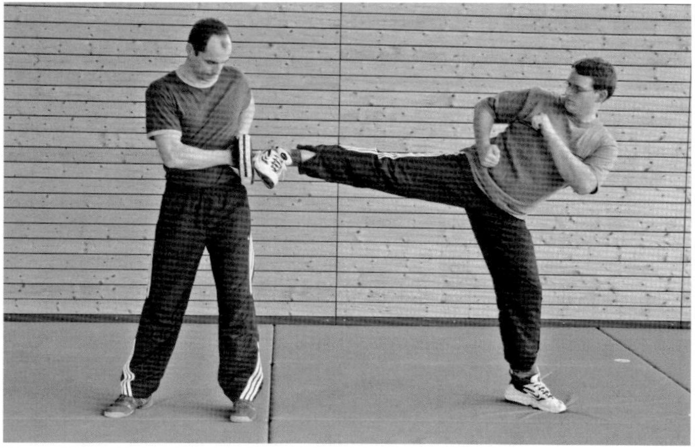

8.5 Atemitechniken

Atemi ist der Oberbegriff für alle Schlag-, Stoß-, Tritt- und Abwehrtechniken in den Zweikampfsportarten. Vor allem im Vereinssport sind immer wieder neue, partnerschonende Ideen gefragt. Hier sollen einige Anregungen gegeben werden, wie Atemitechniken für alle Altersstufen mit Spaß unterrichtet werden können.

Die Technikausführungen werden nur kurz beschrieben. Diese können von Sportart zu Sportart variieren. So soll aber ein allgemeines Verständnis der Bezeichungen erreicht und eine Erleichterung fürs Training geschaffen werden.

Atemitechnik: Fauststoß mit der Schlaghand

940

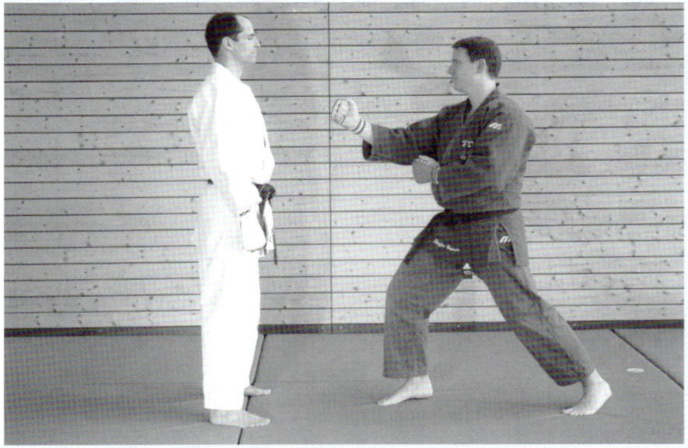

Bild 1:
Du stehst in Deiner Kampfstellung. Du gleitest nach vorne, verkürzt die Distanz zu Deinem Partner und

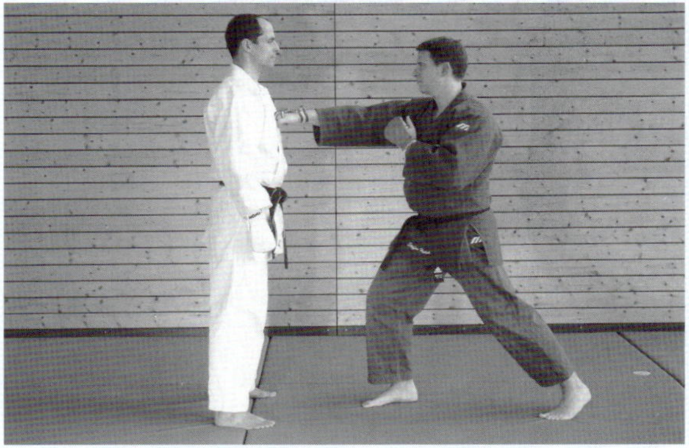

Bild 2:
triffst ihn mit der vorderen Hand (Führhand) auf Höhe der Brust. Achte auf den Hüfteinsatz und das die Faust beim Treffen geschlossen ist.

8

Hinweise zur Führhand:
- Fauststöße sind immer geradlinige Techniken.
- Die Führhand ist immer die vordere Hand in Deiner Kampfstellung.
- Die Führhand eröffnet in der Regel den Übungskampf.
- Mit ihr werden Lücken geschaffen, die mit der Schlaghand genutzt werden.
- Die Führhand ist schneller als die Schlaghand und zur Vorbereitung für „Big Points" ein sehr gutes Mittel.
- Bei einem Rechtshänder ist in der Regel die linke Hand die Führhand (umgekehrt bei einem Linkshänder).

Atemitechnik: Fauststoß mit der Schlaghand

941

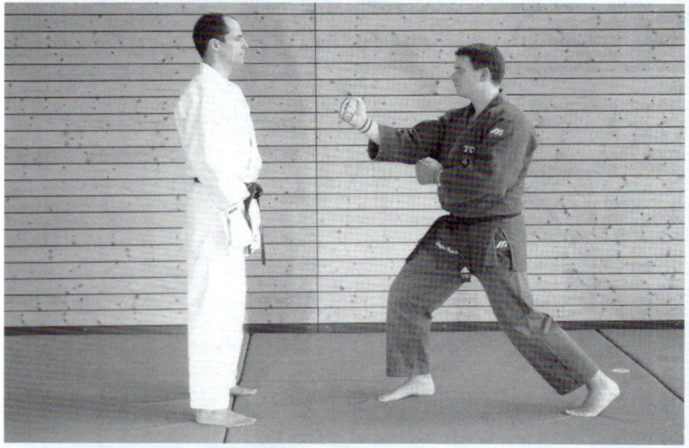

Bild 1:
Du stehst in Deiner Kampfstellung. Du gleitest nach vorne, verkürzt die Distanz zu Deinem Partner und

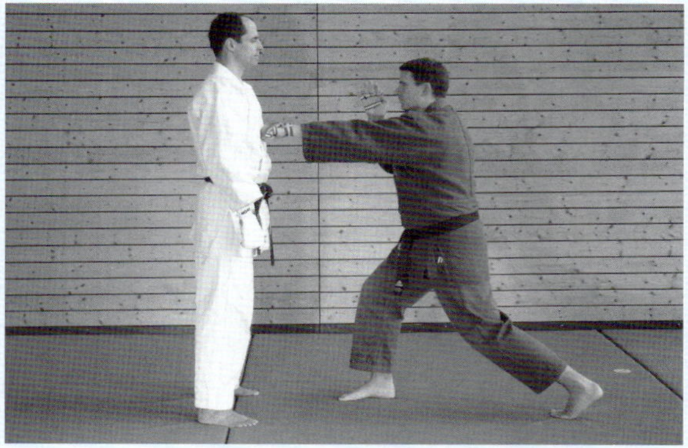

Bild 2:
triffst ihn mit der hinteren Hand (Schlaghand) auf Höhe des Solarplexus. Achte auf Deinen Hüfteinsatz und den Schutz des Kopfes mit der Führhand.

Hinweise zur Schlaghand:

- Fauststöße sind immer geradlinige Techniken.
- Die Schlaghand ist immer die hintere Hand in Deiner Kampfstellung.
- Die Schlaghand ist in der Regel die „präzisere und härtere" Technik. Im Leichtkontakt werden mit ihr die „Big Points" gemacht.
- Bei einem Rechtshänder ist in der Regel die rechte Hand auch die Schlaghand.

Nr.	Name der Spielform Ziele/Akzente	Idee/Beschreibung	Hinweise/Organisation
942	**Kombination Führ-hand – Schlaghand** Techniktraining	Jetzt schlägst Du die Kombination Führhand-Schlaghand am Partner. Achte auf die Distanz, den Hüfteinsatz und das Lösen vom Partner!	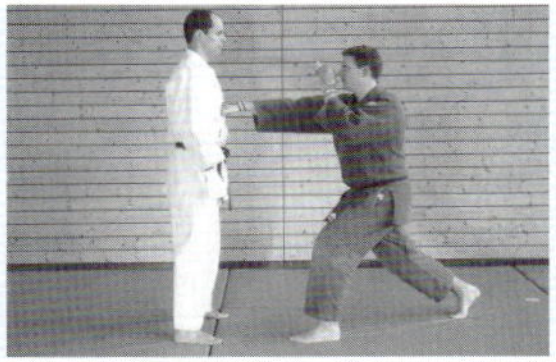
943	**Pratzentraining Kombinationen** Techniktraining	Nun werden beliebige Kombinationen an Pratzen geübt. Du kannst dabei mehrer Ziele verfolgen: hart schlagen, die Distanz trainieren, Bewegungsabläufe einschleifen. Sei Dir im Klaren, welches Ziel Du verfolgst!	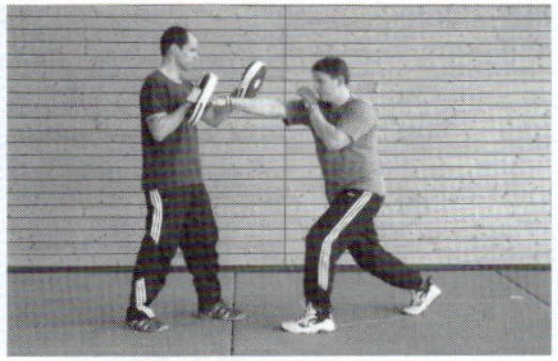
944	**Ballstoßen** Vorbereitende Übung	Bewege Dich in der Kampfstellung und stoße einen Medizinball Deinem Partner zu. Steht weit genug auseinander! Stoße den Ball wie bei einem Druckpass mit Hüfteinsatz!	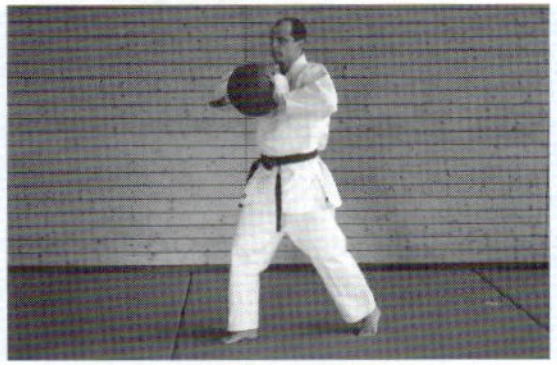
945	**Tipp Kick** Reaktionsschulung	Du bewegst Dich in Deiner Kampfstellung. Dein Partner ist hinter Dir und tippt Dich an die rechte Schulter. Nun machst Du sofort einen Fauststoß mit rechts. Du stößt immer auf der Seite, auf der Du berührt wirst!	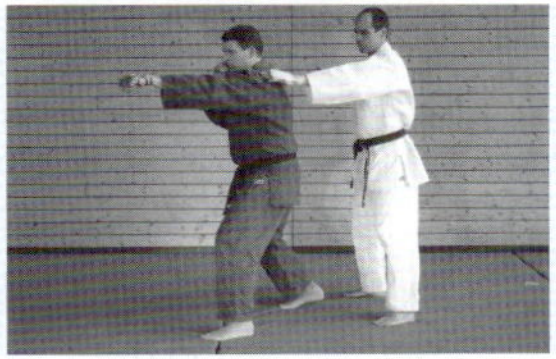
946	**Stoppspiel** Distanztraining	Zwei Partner bewegen sich in ihrer Kampfstellung über die Matte. Beide sind außerhalb der Distanz des Partners. Auf das Kommando „Stopp" wird überprüft, ob man außerhalb der Reichweite ist. Man darf den Partner nicht treffen.	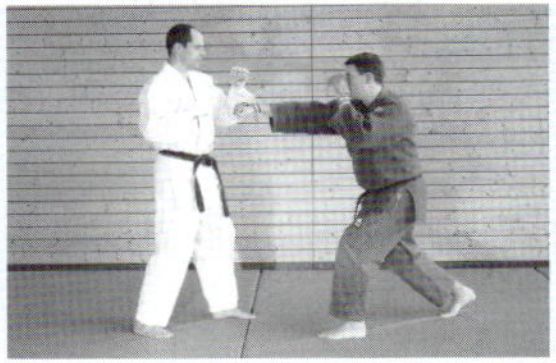

8

Nr.	Name der Spielform Ziele/Akzente	Idee/Beschreibung	Hinweise/Organisation
947	**Dreh Dich** Reaktionsschulung	Du stehst mit Deinem Rücken zum Partner und bewegst Dich locker in der Kampfstellung. Dein Partner bewegt sich in einem Halbkreis hinter Dir. Auf sein Kommando drehst du Dich um und triffst ihn mit einer vorher abgemachten Atemitechnik.	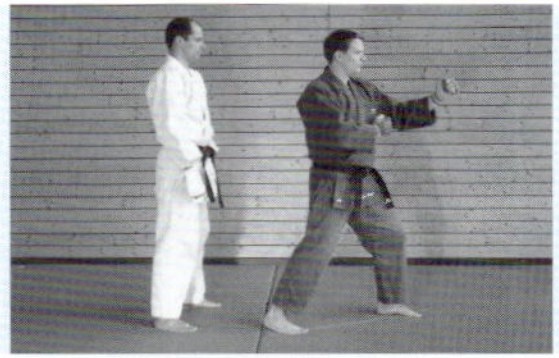
948	**Lückenbüßer** Reaktionsschulung	Beide Partner bewegen sich mit Deckung locker über die Matte. Sobald ein Partner die Deckung öffnet, muss der andere in die Lücke treffen. Immer fünfmal üben, dann wechseln!	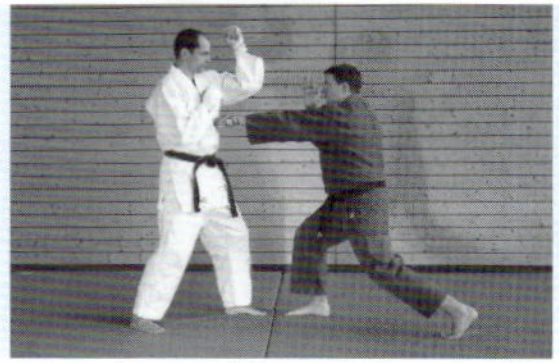
949	**Vorsager** Techniktraining	Dein Partner sagt Dir vor, wie oft Du die Technik machen musst und den Partner bzw. die Pratze treffen musst.	2x Führhand und 1x Schlaghand 3x Führhand und 1x Schlaghand 3x Führhand und 2x Schlaghand
950	**Training auf der weichbodenmatte** Gleichgewichts-schulung	Jetzt machst Du Deine Atemitechniken auf einer Weichbodenmatte. Du kannst mit und ohne Partner üben!	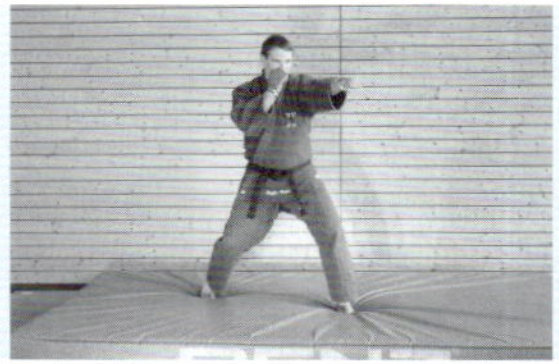
951	**Training auf dem Wackelbrett** Gleichgewichts-schulung	Stelle Dich mit einem oder beiden Beinen auf ein Wackelbrett und übe konzentriert Deine Atemitechniken.	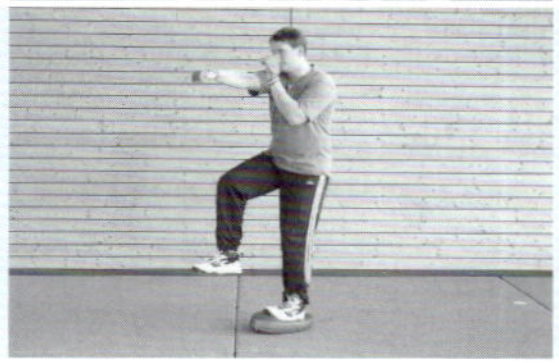

Nr.	Name der Spielform Ziele/Akzente	Idee/Beschreibung	Hinweise/Organisation
952	**Ballstoß** Hauptfunktionsphase Fauststoß	Du hälst einen Medizinball an Deiner rechten Rippe. Stoße den Ball jetzt so schnell und weit wie möglich gerade nach vorne! Achte auf die optimale Drehung in Deiner Hüfte. Übe auf beiden Seiten. Immer fünfmal den Ball stoßen!	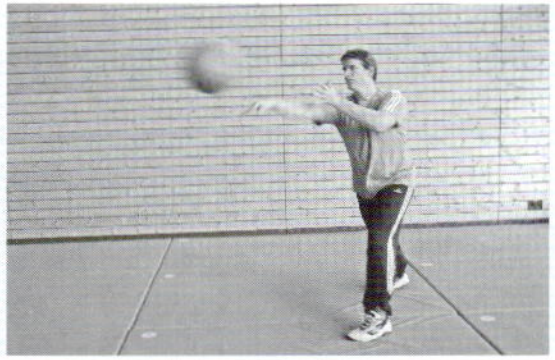
953	**Backpfeifenspiel** Zweikampfverhalten	Beide Partner versuchen, sich gegenseitig an der Wange zu berühren. Schützt euch und trefft den Gegner trotzdem kontrolliert!	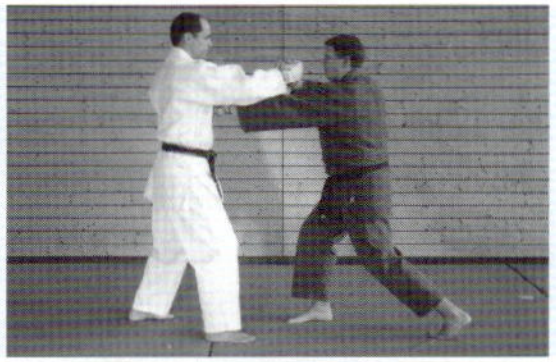
954	**Winnetou** Zweikampfverhalten	Zwei Partner halten sich an der rechten Hand fest und sind wie Winnetou und Old Shatterhand am Marterpfahl festgebunden. Beide versuchen sich an der gegenüberliegenden linken Schulter zu berühren!	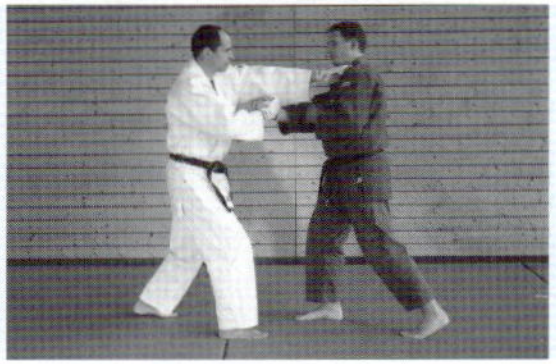
955	**Zeitlupenboxen – ohne Partner** Techniktraining	Nun verbindest Du die Schlagtechniken zu lockeren Kombinationen und kämpfst gegen die Luft!	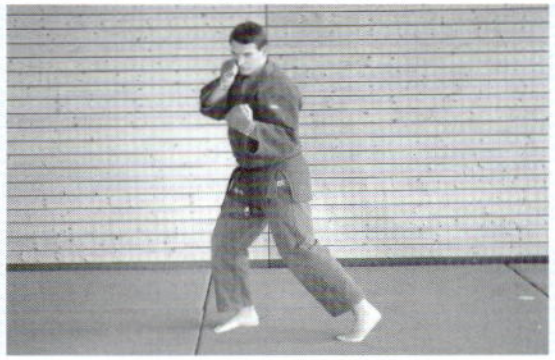
956	**Zeitlupenboxen – mit Partner** Techniktraining	Arbeite nun in Zeitlupe mit allen Atemitechniken an Deinem Partner. Achte auf die Sauberkeit, Distanz und den Einsatz der Hüfte!	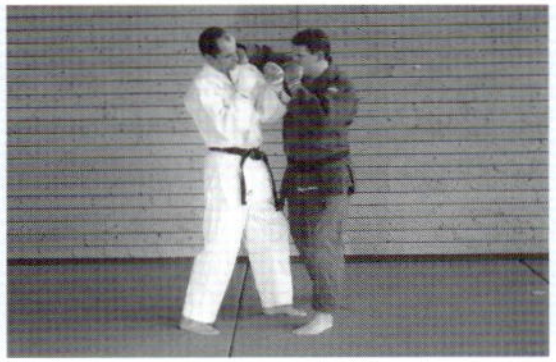

8

Atemitechnik: Faustschlag zum Magen

957 Hinweise zu Faustschlägen:

- Faustschläge sind runde bzw. geschnappte Techniken.
- Der Einsatz der Hüfte ist unabdingbar für die Wirkung der Technik.
- Du musst Dich gut schützen, da Du Dich bei Faustschlägen in der Regel in der Nahdistanz befindest.
- Faustschläge sind mit der Führ- und Schlaghand möglich.

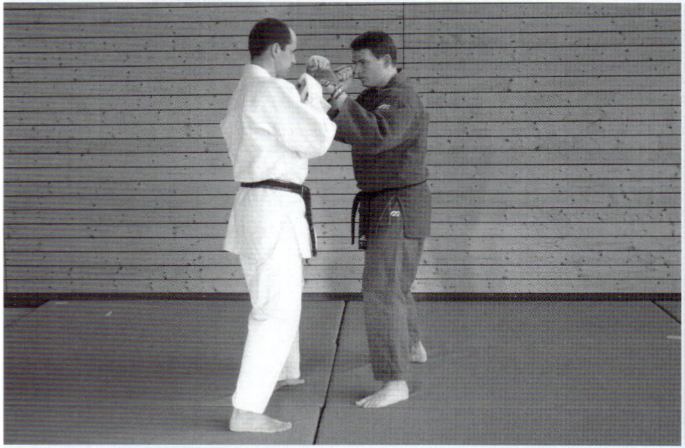

Bild 1:
Du stehst in Deiner Kampfstellung. Du gleitest nach vorne, verkürzt die Distanz zu Deinem Partner und bist in der Nahdistanz.

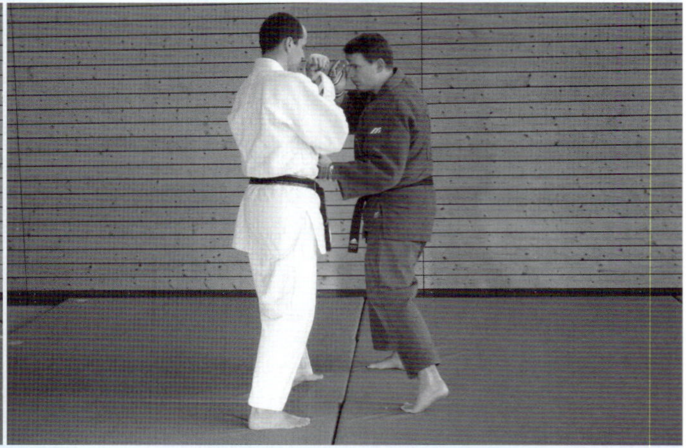

Bild 2:
Nun triffst Du Deinen Partner mit einem Faustschlag zum Magen. Achte auf den Hüfteinsatz und Deinen Schutz des Kopfes mit der freien Hand.

Atemitechnik: Faustrückenschlag

958

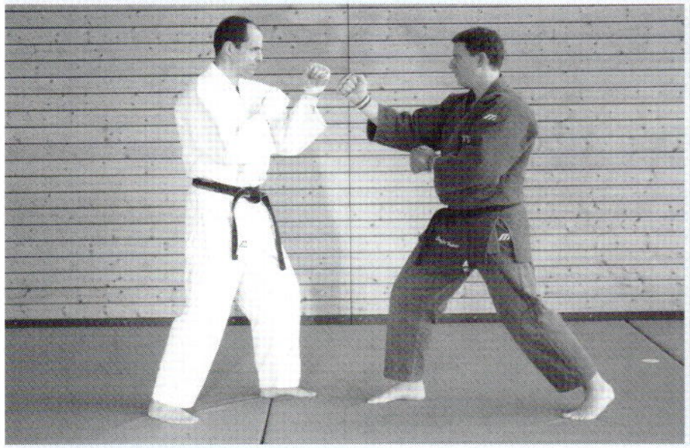

Bild 1:
Du stehst in Deiner Kampfstellung, gleitest nach vorne und verkürzt die Distanz zu Deinem Partner.

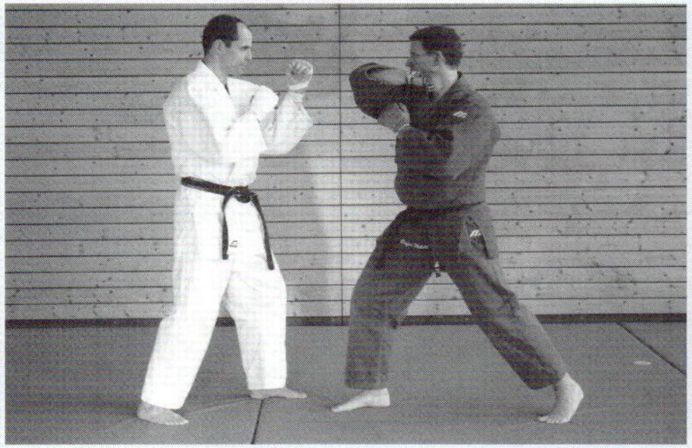

Bild 2:
Du klappst Deine Führhand ein und schützt Deinen Kopf mit dem Ellenbogen und die Seite mit der Faust.

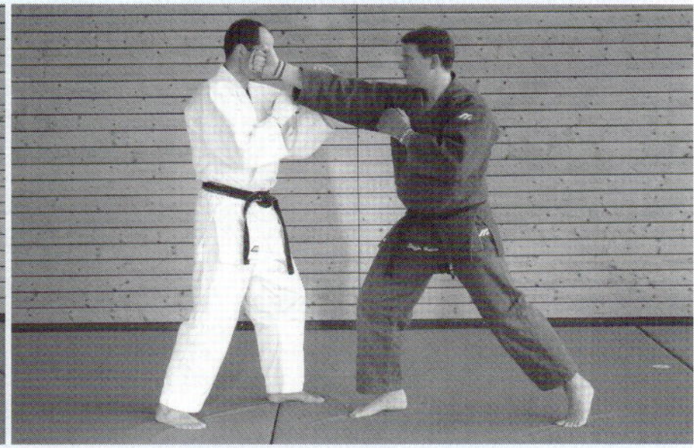

Bild 3:
Nun schnappst Du den Arm nach vorne und berührst Deinen Partner leicht an dessen Wange.

Die Technik kann auch mit der Schlaghand ausgeführt werden!

Atemitechnik: Schwinger

959

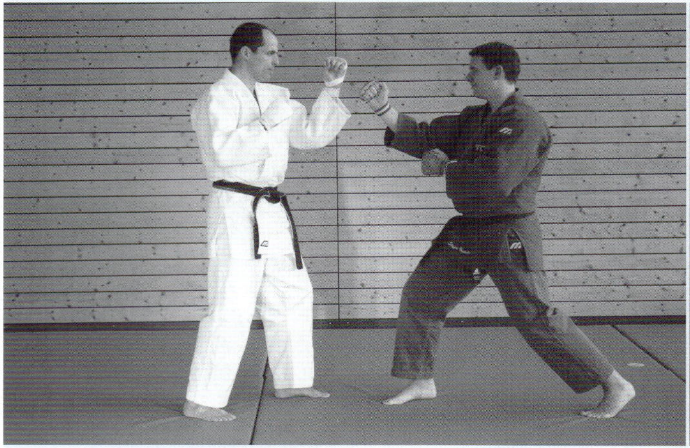

Bild 1:
Du stehst in Deiner Kampfstellung, gleitest wieder nach vorne und verkürzt die Distanz zu Deinem Partner.

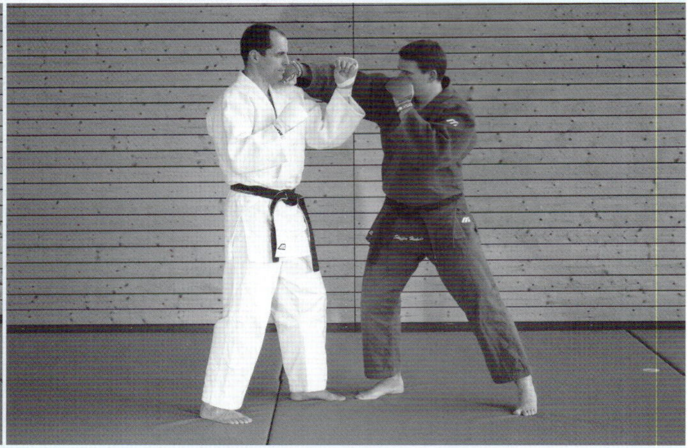

Bild 2:
Jetzt schlägst Du von außen halbkreisförmig, um die Deckung des Partners herum, zum Kinn. Achte auf das „Öffnen" der Hüfte.

Atemikombination: Führhand – Schlaghand

960

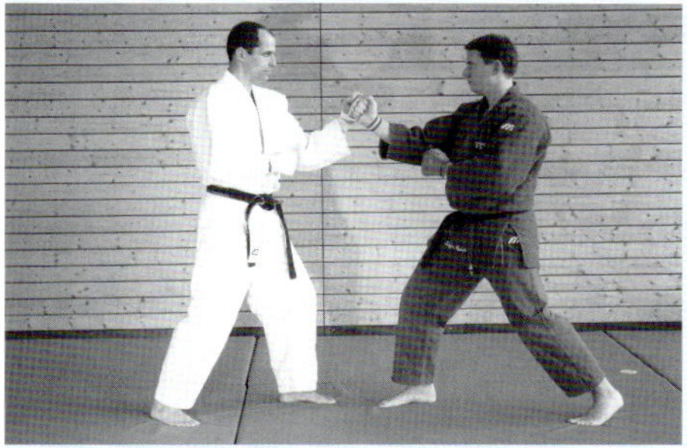

Bild 1: Du stehst in Deiner Kampfstellung.

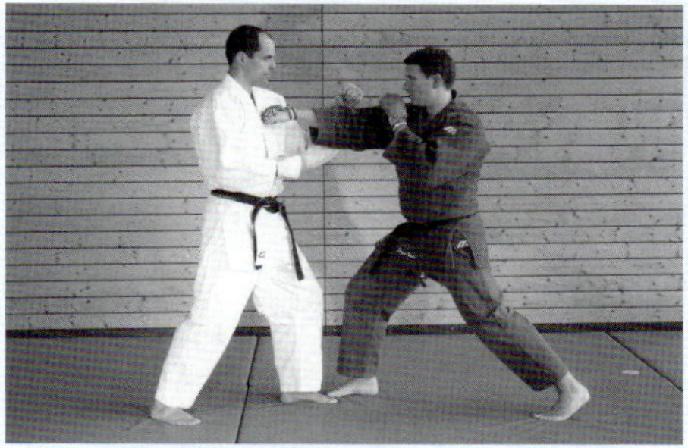

Bild 2: Nun gleitest Du nach vorne, verkürzt die Distanz zu Deinem Partner und triffst ihn mit einem Faustst0ß mit der Führhand.

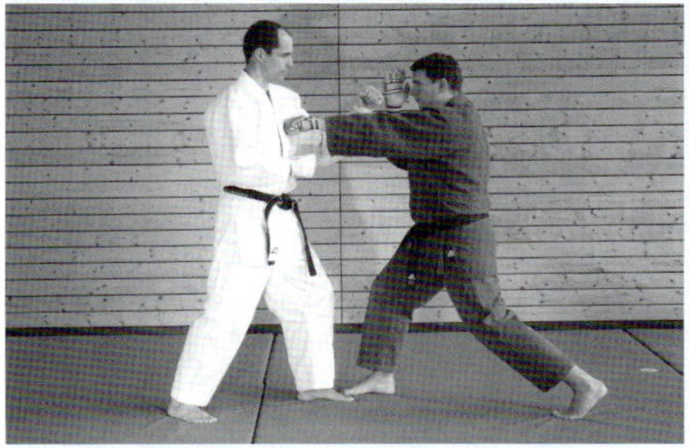

Bild 3: Dein Gegner weicht nun zurück. Gleite nach und treffe ihn mit einem Fauststoß mit der Schlaghand in den Magen.

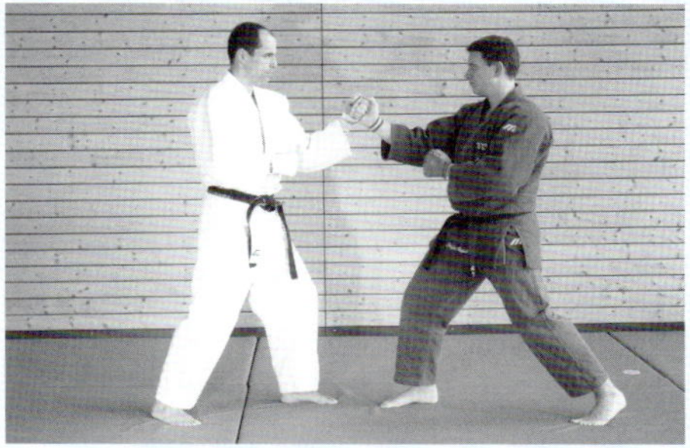

Bild 4: Jetzt gleitest Du zurück und stehst wieder, in sicherem Abstand, in Deiner Kampfstellung.

Dies ist die wohl häufigste und effektivste Kombination im Faustkampf aller Zweikampfsportarten.

Atemikombination: Führhand – Schlaghand – Faustschlag zum Magen – Schwinger

961

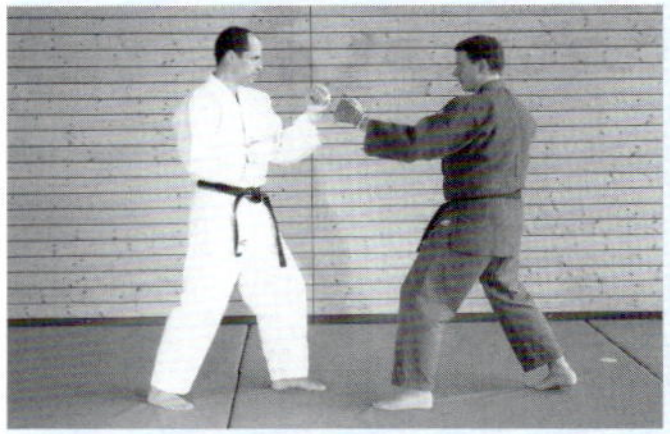

Bild 1:
Du stehst in Deiner Kampfstellung.

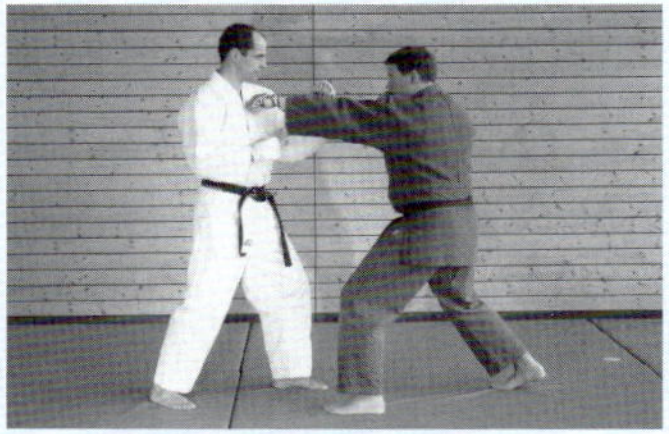

Bild 2:
Nun gleitest Du nach vorne, verkürzt die Distanz zu Deinem Partner und triffst ihn mit einem Fauststoß mit der Führhand.

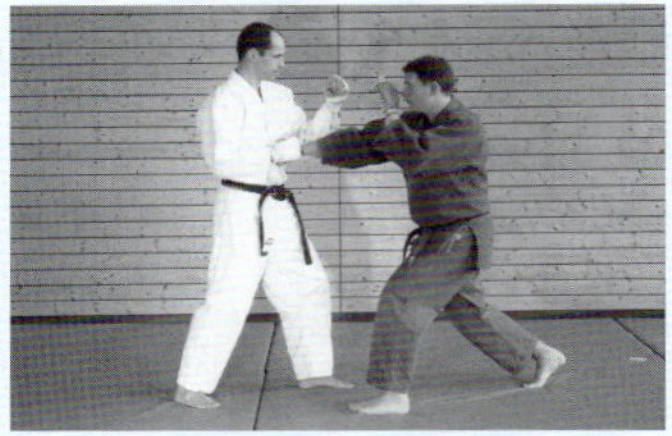

Bild 3:
Dein Gegner weicht nun zurück. Gleite nach und treffe ihn mit einem Fauststoß mit der Schlaghand in den Magen.

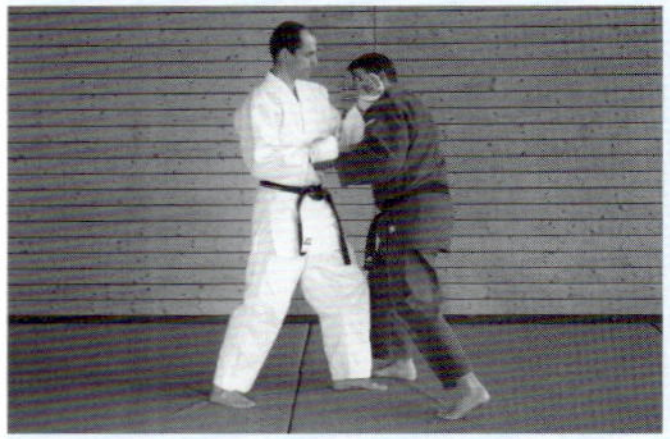

Bild 4:
Überhole ihn jetzt mit einem Schritt rechts nach vorne und gehe in die Nahdistanz. Jetzt folgt ein Faustschlag zum Magen mit Hüfteinsatz.

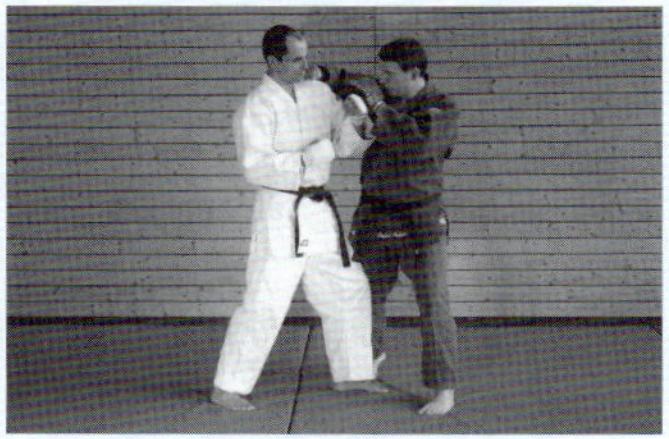

Bild 5:
Drehe die Hüfte jetzt schnell nach rechts und treffe die Wange des Partners mit einem Schwinger.

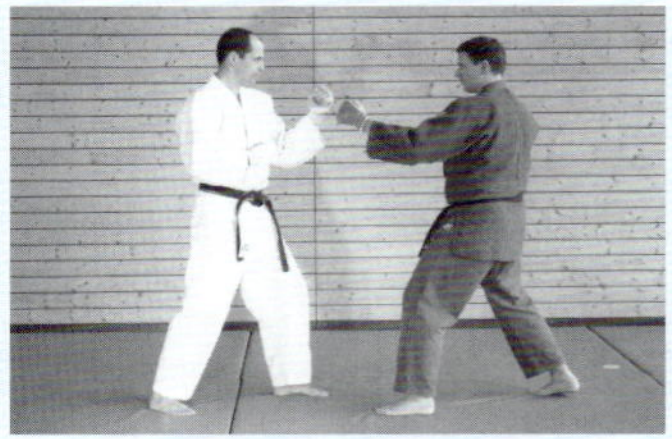

Bild 6:
Jetzt gleitest Du zurück und stehst wieder, in sicherem Abstand, in Deiner Kampfstellung.

Diese Kombination eignet sich sehr gut um in die Nahdistanz zu kommen und anschließend Griffkontakt aufzubauen.

Atemikombination: Führhand – Schlaghand – Handrückenschlag

962

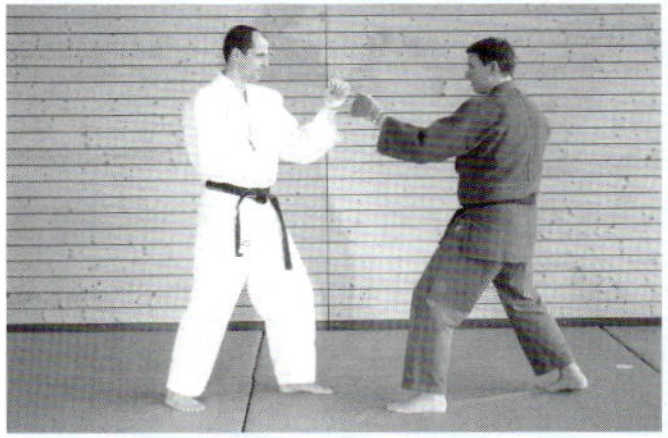

Bild 1:
Du stehst in Deiner Kampfstellung.

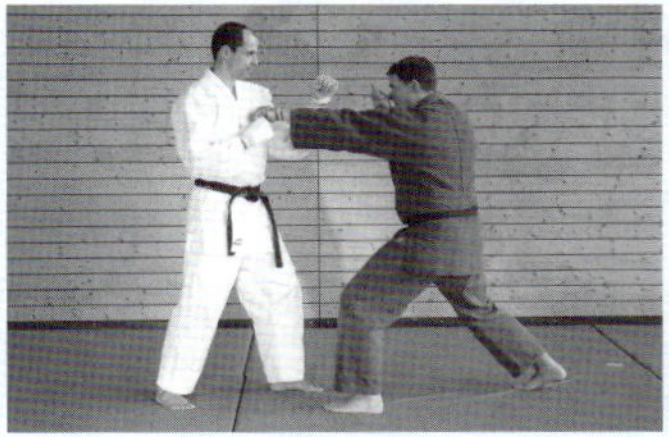

Bild 2:
Nun gleitest Du nach vorne, verkürzt die Distanz zu Deinem Partner und triffst ihn mit einem Fauststoß mit der Führhand.

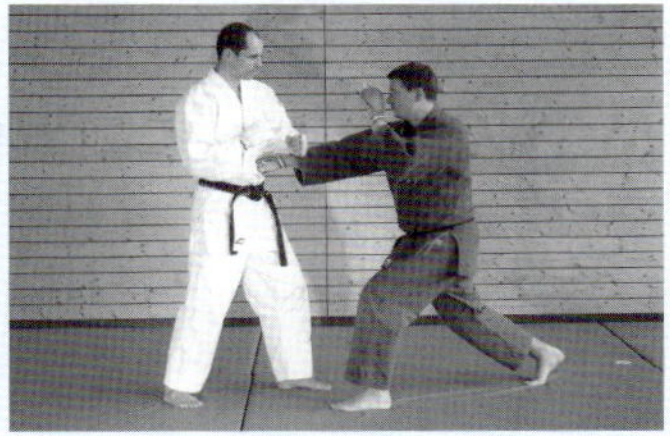

Bild 3:
Dein Gegner weicht nun zurück, Du gleitest nach und triffst mit einem Fauststoß mit der Schlaghand. Diese Technik wird geblockt.

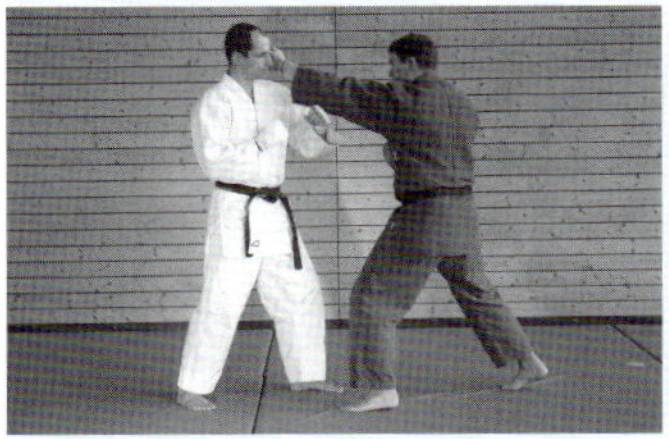

Bild 4:
Ziehe die Schlaghand zurück und führe einen blitzschnellen Faustrückenschlag zur Wange aus.

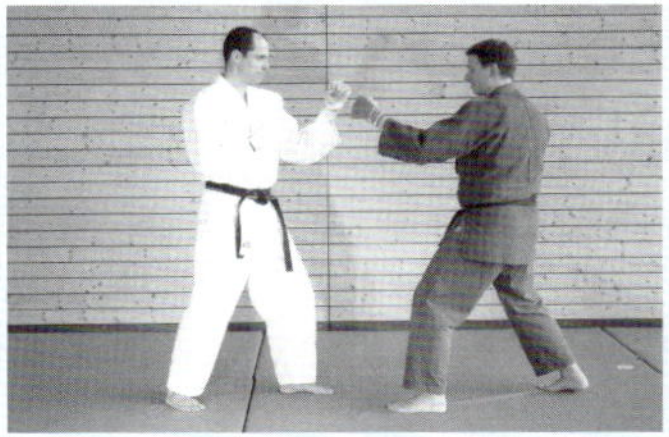

Bild 5:
Jetzt gleitest Du zurück und stehst wieder, in sicherem Abstand, in Deiner Kampfstellung.

Diese Kombination eignet sich sehr gut, um sich wieder von seinem Partner zu lösen.

Nr.	Name der Spielform Ziele/Akzente	Idee/Beschreibung	Hinweise/Organisation
963	**Atemitechniken** Selbstverteidigung 1	Eine Person wird an der Wand mit beiden Händen von vorne gewürgt. Du kommst zu Hilfe und erfasst den Angreifer mit beiden Händen an seinen Schultern. Gleichzeitig führst Du einen Stoppfußstoß in dessen Kniekehle aus und bringst ihn so zu Boden.	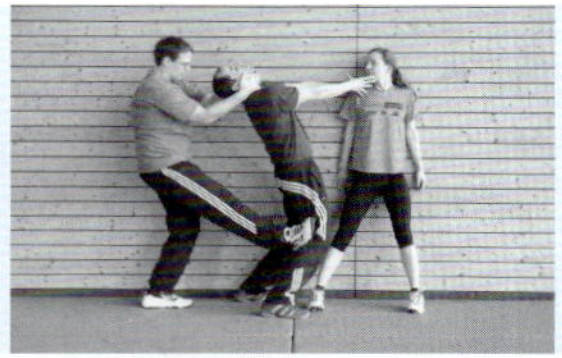
964	**Atemitechniken** Selbstverteidigung 2	Dein Partner versucht Dich von vorne zu würgen. Du schützt Dich mit Deinen Armen und führst gleichzeitig einen Stoppfußstoß zum Oberschenkel des Angreifers aus und kannst dann wegrennen.	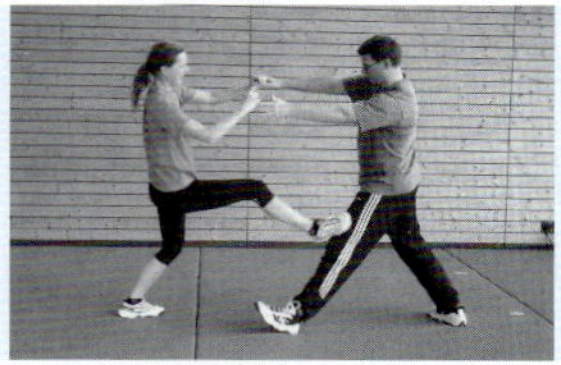
965	**Zeitlupentritte** Kräftigung der Beinmuskulatur	Trete alle Techniken, die Du kannst, in Zeitlupe. Achte darauf, dass Du das Bein immer gut zurückziehst.	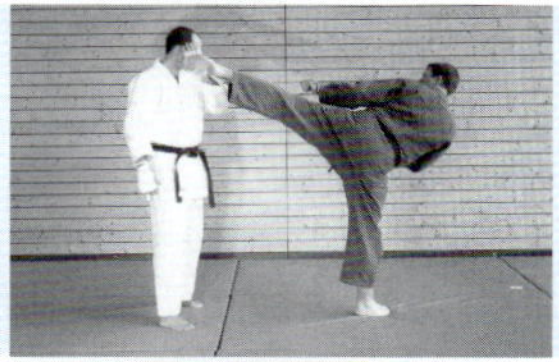
966	**Beinschlinge 1** Kräftigung der Beinmuskulatur	Ziehe Dein Knie bis zur Brust und stoße das Bein nun langsam nach unten auf Kniehöhe. Achte auf den korrekten Einsatz der Hüfte.	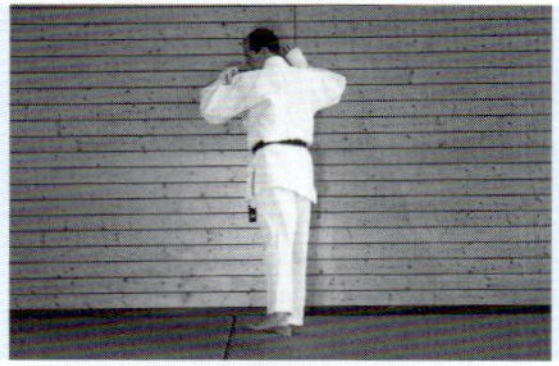
967	**Beinschlinge 2** Kräftigung der Beinmuskulatur	Nun hast Du Dein Knie zur Brust gezogen. Von hieraus schnappst Du Dein Bein kontrolliert auf Deine eigene Kinnhöhe bzw. die Höhe, die Du optimal kontrollieren kannst. Du Kannst Dich auch an der Wand abstützen!	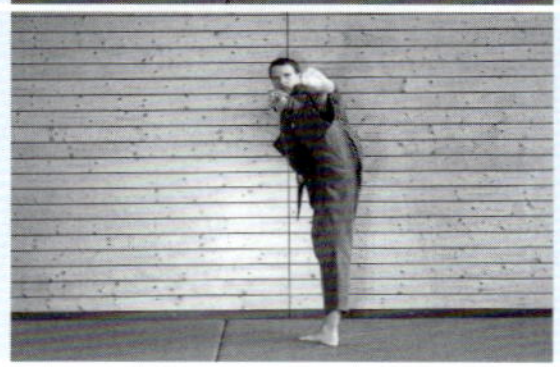

Atemitechnik: Fußstoß vorwärts

968 **Beintechniken:**
Nun sollen die einfachsten, effektivsten und am häufigsten eingesetzten Tritte und Stöße mit den Füßen/Beinen vorgestellt werden. Selbstverständlich gibt es noch viele weitere Beintechniken und auch alternative Ausführungsformen.

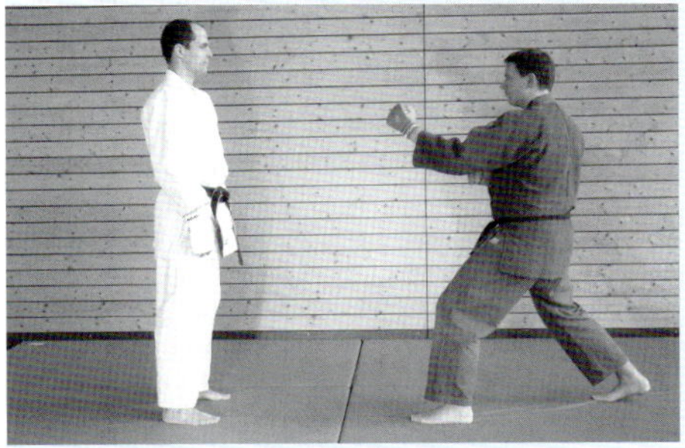

Bild 1: Du stehst in Deiner Kampfstellung.

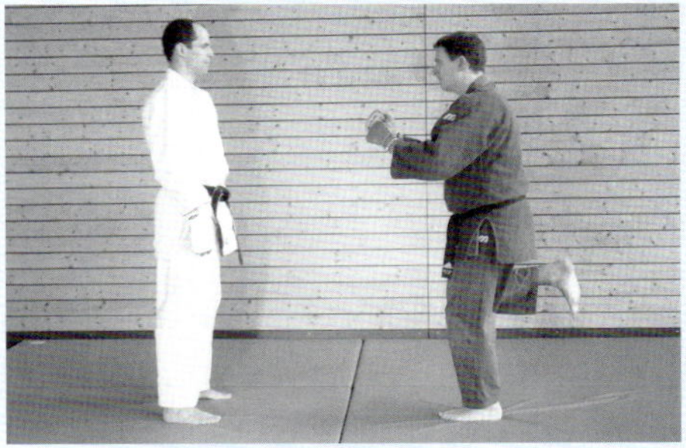

Bild 2: Zum Auftakt der Technik winkelst Du Dein rechts Bein an und ...

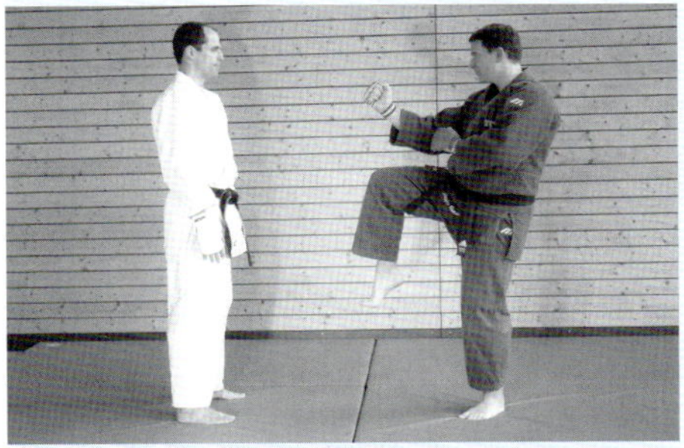

Bild 3: ... bringst es nach vorne, wobei Dein Knie auf die Höhe der Trefferfläche angehoben, Dein Spann gestreckt und die Zehen angezogen werden.

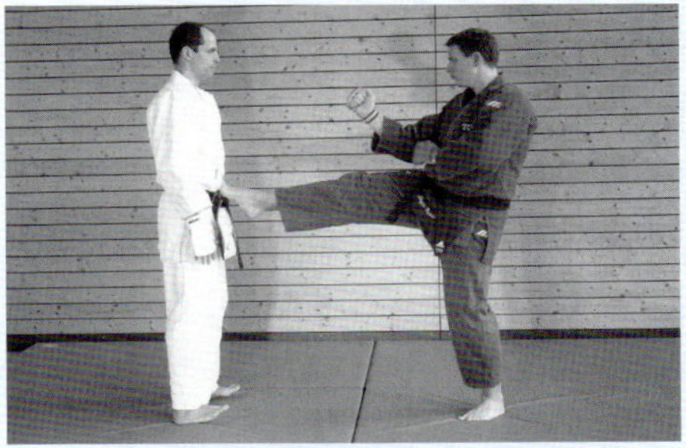

Bild 4: Nun streckst Du Dein Bein und schiebst die Hüfte nach vorne. Der Fußstoß vorwärts.

Der Fußstoß vorwärts erfolgt mit vollem Hüfteinsatz und wird geradlinig ins Ziel gestoßen.

Atemitechnik: Fußtritt vorwärts

969

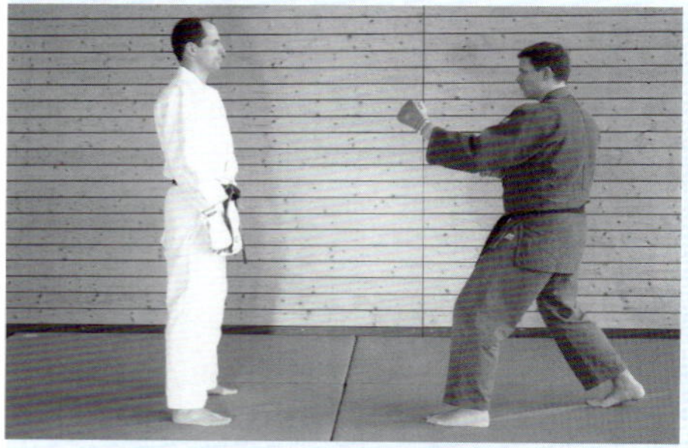

Bild 1: Du stehst in Deiner Kampfstellung.

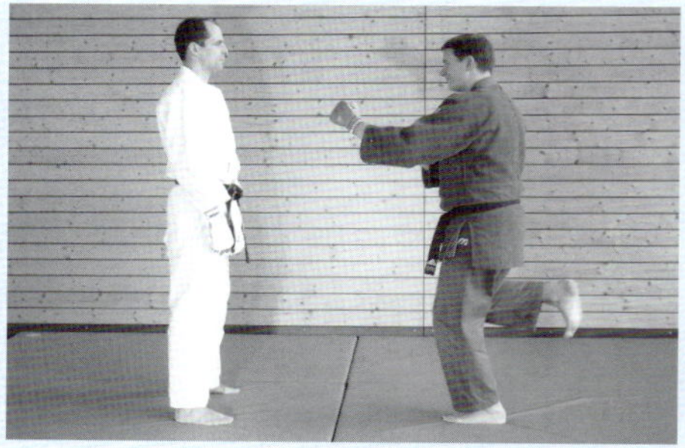

Bild 2: Zum Auftakt der Technik winkelst Du Dein rechtes Bein an und

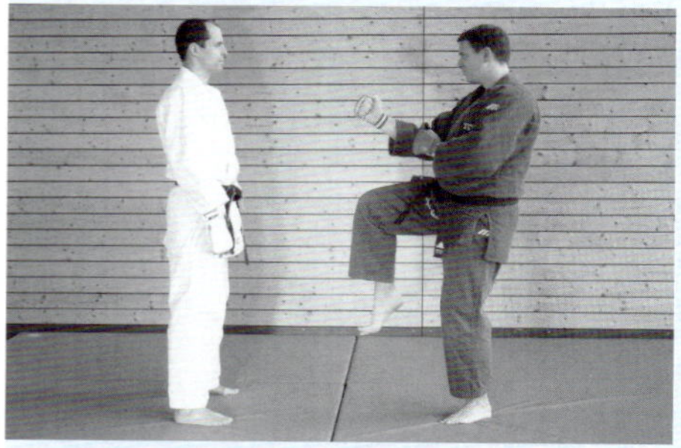

Bild 3: bringst es nach vorne, wobei Dein Knie auf die Höhe der Trefferfläche angehoben, Dein Spann gestreckt und die Zehen angezogen werden.

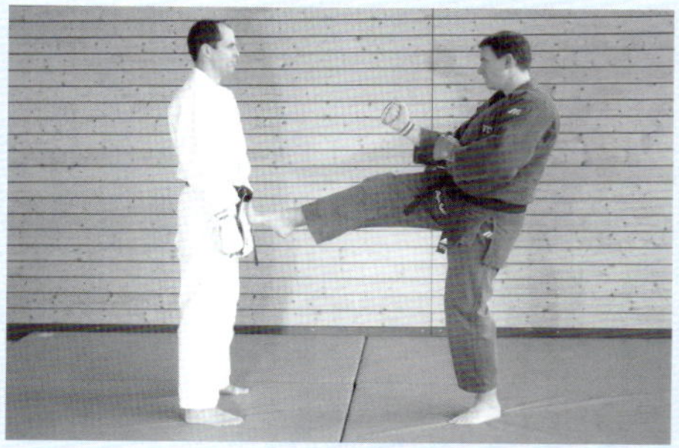

Bild 4: Nun schnappst Du Dein Bein nach vorne und triffst mit Deinem Ballen in Höhe des Bauchnabels, kurz unter dem Gürtel. Der Fußtritt vorwärts.

Beim Fußtritt vorwärts trifft man mit einer Schnappbewegung, halbkreisförmig ins Ziel.
Je nach Distanz zum Partner sind auch Mischformen aus Fußstoß und Fußtritt vorwärts möglich.

Atemitechnik: Fußstoß seitwärts

970

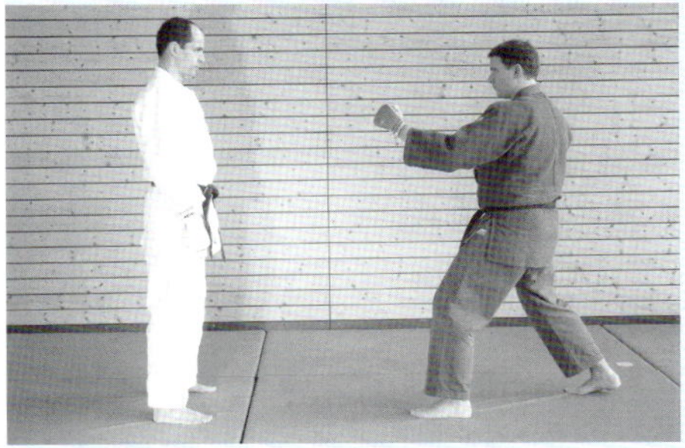

Bild 1: Du stehst in Deiner Kampfstellung.

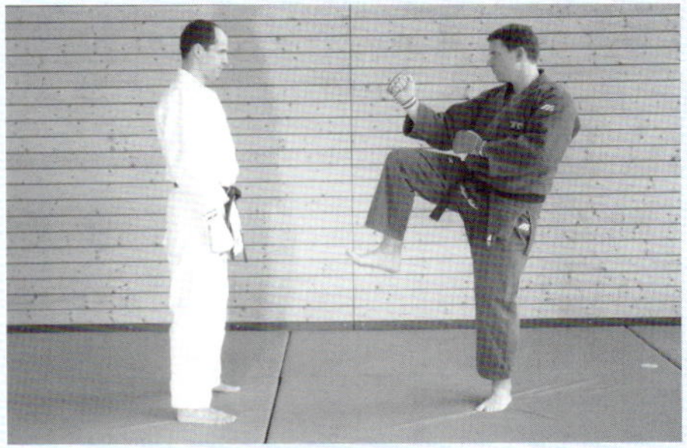

Bild 2: Zum Auftakt der Technik ziehst Du Dein rechtes Bein nach oben und wechselst die Armhaltung.

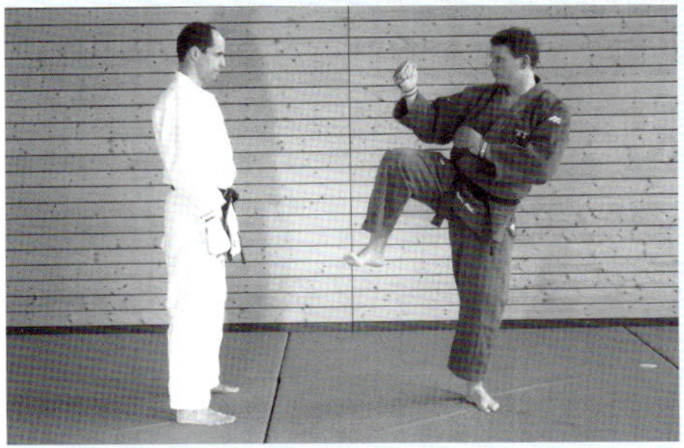

Bild 3: Drehe nun das Standbein und bringe die Hüfte schon weiter nach vorne.

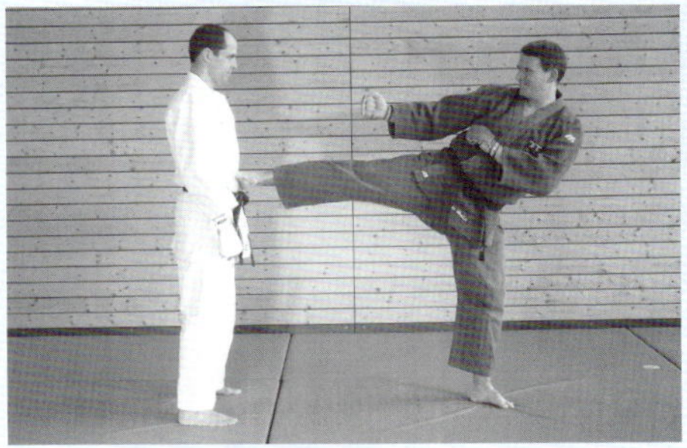

Bild 4: Jetzt stößt Du das Bein seitwärts auf den Partner. Trefferfläche ist die Ferse bzw. Fußaußenkante. Achte auf den Hüfteinsatz.

Atemitechnik: Halbkreisfußtritt vorwärts

971

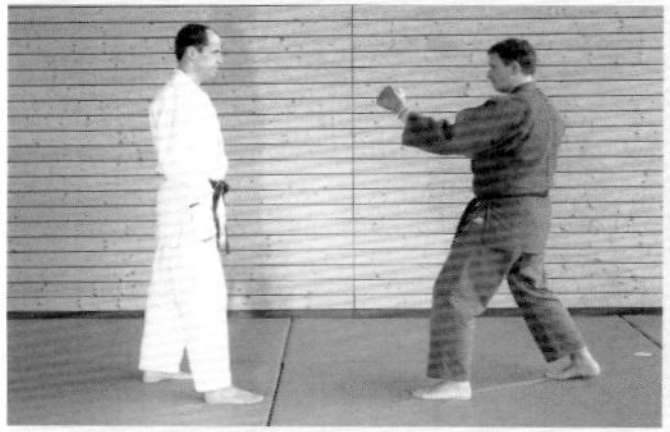

Bild 1:
Du stehst in Deiner Kampfstellung.

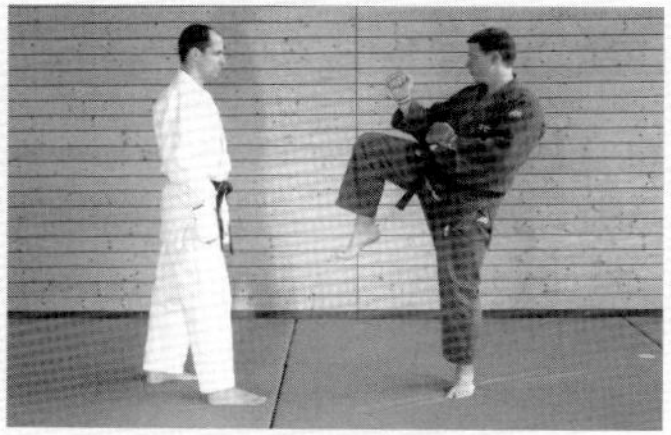

Bild 2:
Zum Auftakt der Technik ziehst Du Dein rechtes Bein gerade nach oben und wechselst die Armhaltung.

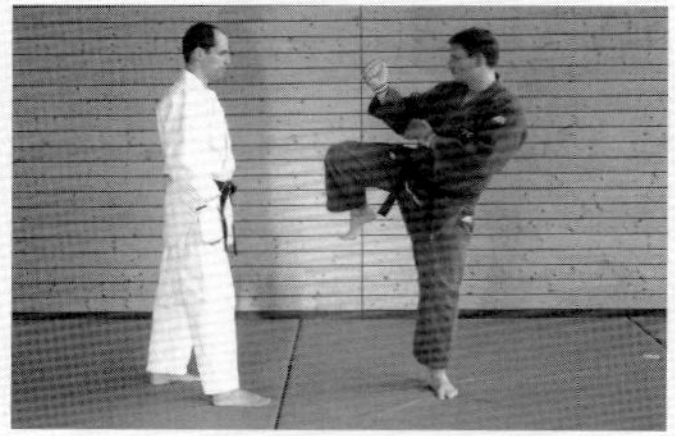

Bild 3:
Drehe nun das Standbein und bringe die Hüfte schon weiter nach vorne.

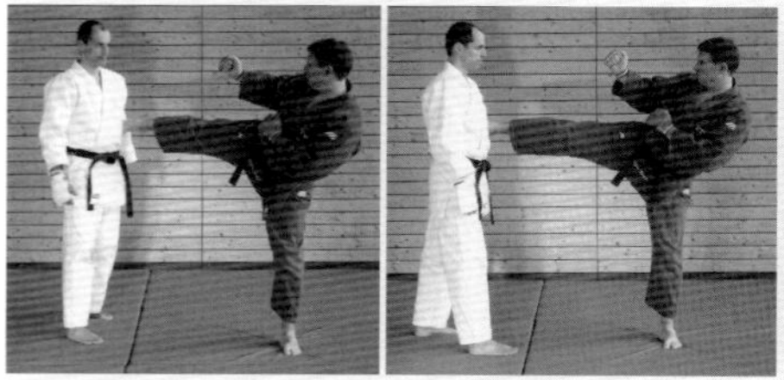

Bild 4 + 4 a:
Schnappe nun Deinen Unterschenkel nach vorne und treffe Deinen Partner mit dem Fußballen oder Spann (Bild 4a) an der kurzen Rippe.

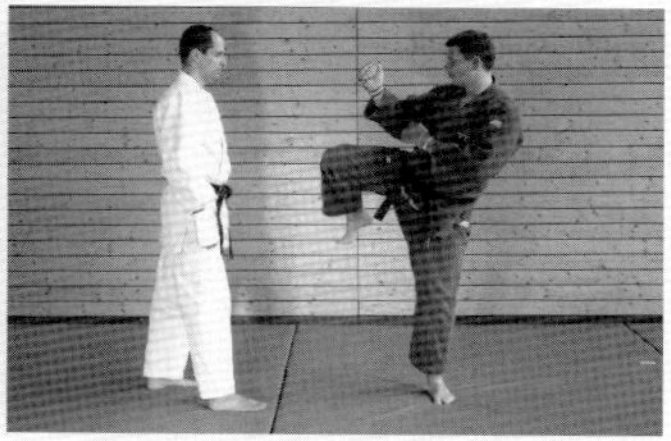

Bild 5:
Ziehe den Unterschenkel auf dem gleichen Weg zurück und stehe wieder

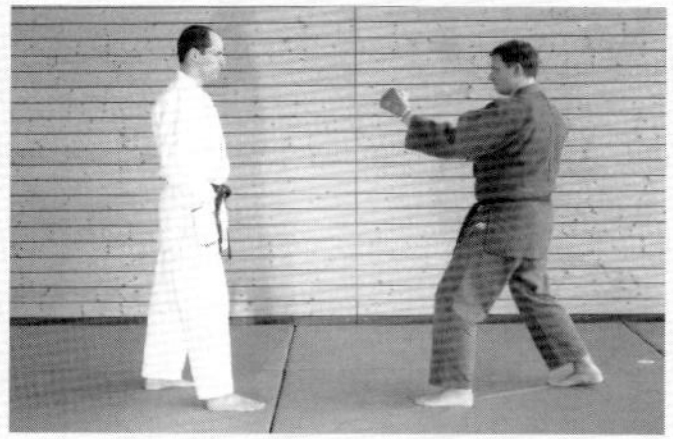

Bild 6:
in Deiner Kampfstellung.

Atemitechnik: Halbkreisfußtritt rückwärts

972

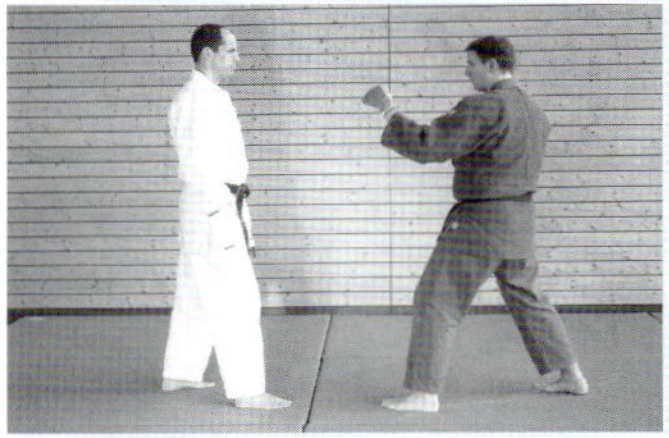

Bild 1:
Du stehst in Deiner Kampfstellung.

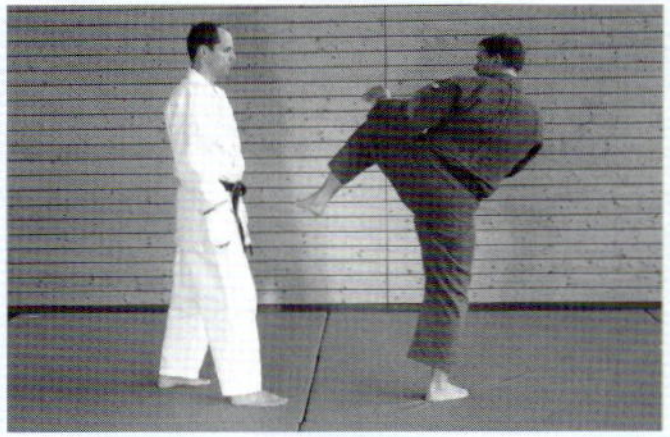

Bild 2:
Zum Auftakt der Technik ziehst Du Dein linkes Bein gerade nach oben und drehst gleichzeitig Dein Standbein.

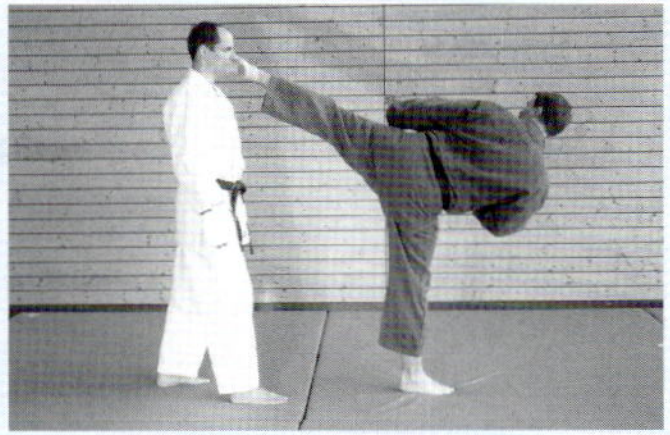

Bild 3:
Schnappe nun Deinen Unterschenkel zum Kopf des Partners.

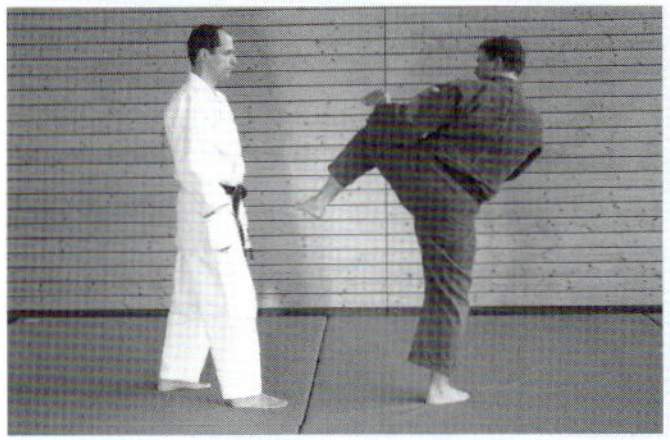

Bild 4:
Ziehe den Unterschenkel auf dem gleichen Weg zurück

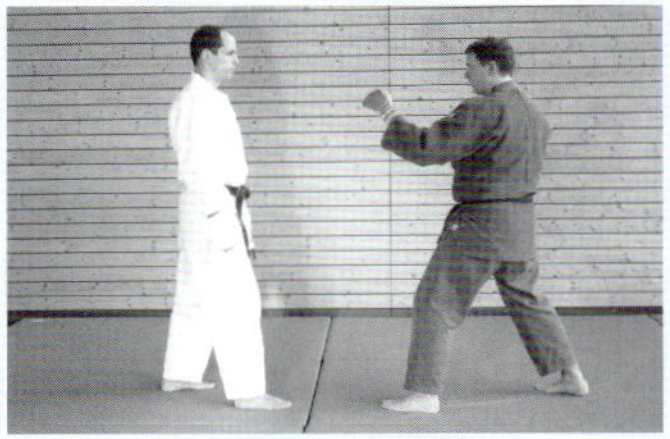

Bild 5:
und stehe wieder in Deiner Verteidigungsstellung.

Atemitechnik: Low Kick

973

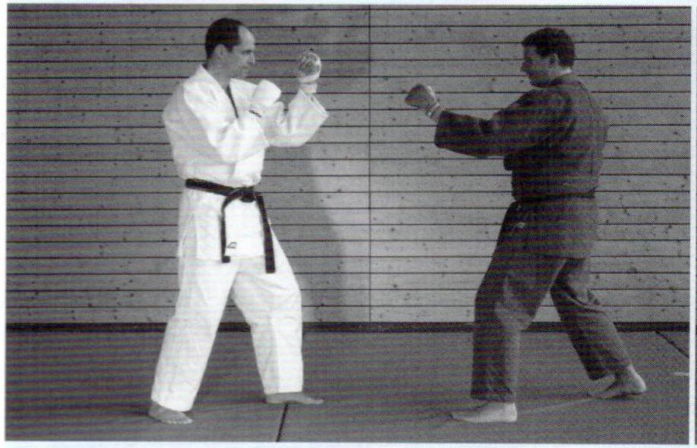

Bild 1:
Du stehst in Deiner Kampfstellung.

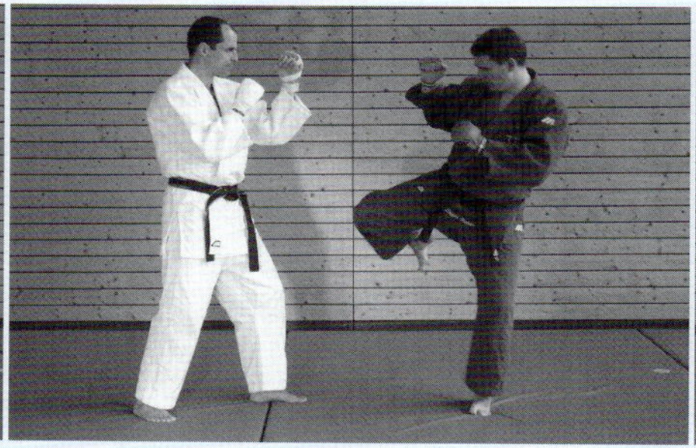

Bild 2:
Ziehe Dein rechtes Bein nach außen und oben, hole Schwung

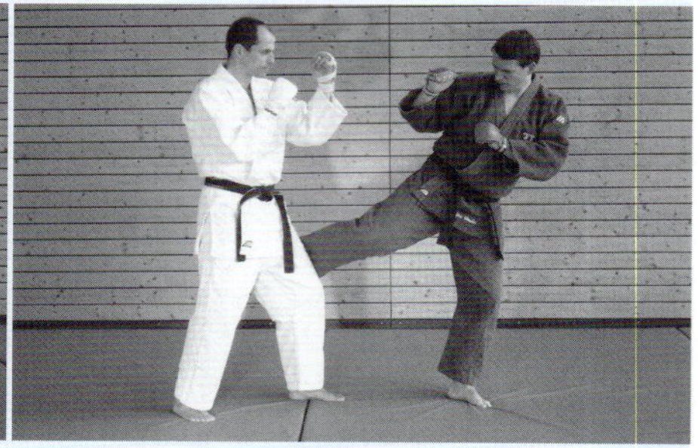

Bild 3:
und kicke nun von außen, wie eine Sense gegen den Oberschenkel des Partners. Setze Dein Bein vorne ab.

Hinweise zum Low Kick:
Der Low Kick ist eine sehr sinnvolle Technik für die Selbstverteidigung. Er kann jedoch auch sehr gefährlich sein, wenn er nicht kontrolliert gelernt und geübt wird. Bitte immer nur den Oberschenkel des Partners angreifen und nie gegen das Knie treten. Bei einem ernsthaft ausgeführten Low Kick, ist das Zurückziehen nicht möglich, da die Technik durchgezogen wird.

Atemitechnik: Stoppfußstoß

974

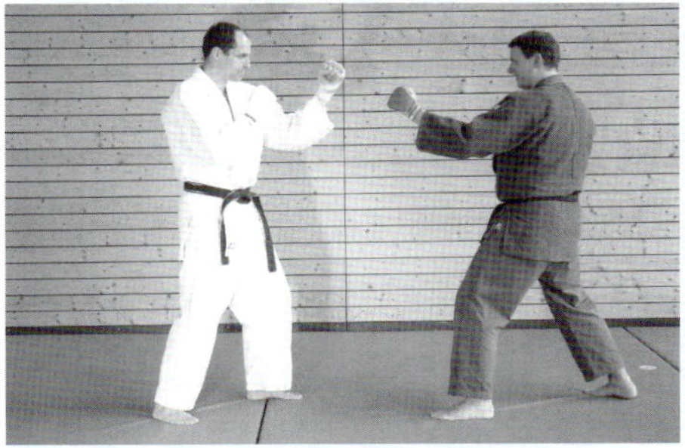

Bild 1: Du stehst in Deiner Kampfstellung.

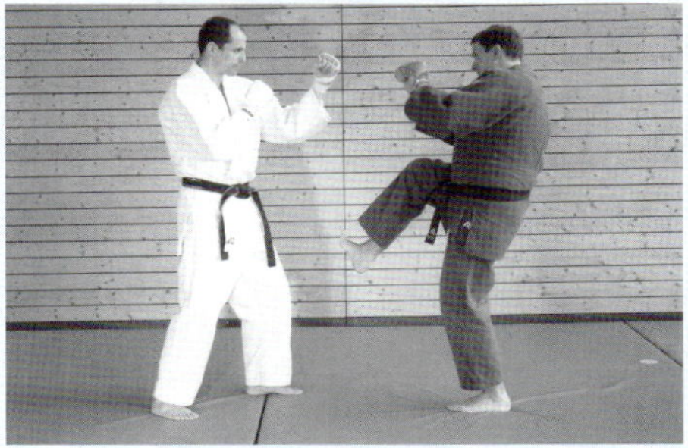

Bild 2: Zuerst ziehst Du das rechte Bein nach oben. Dein Fuß ist schon nach außen gedreht.

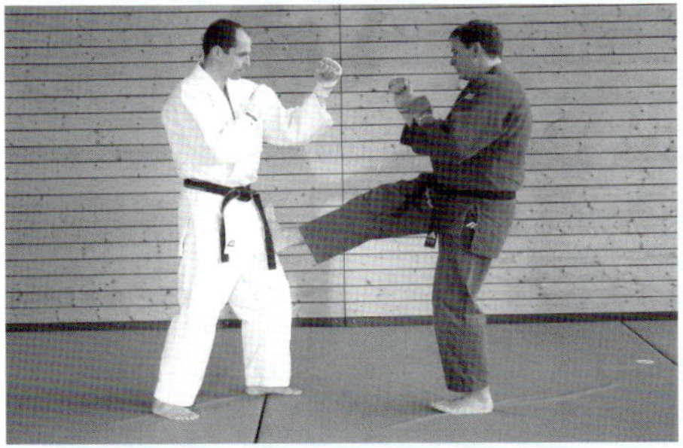

Bild 3: Nun stößt Du das Bein nach vorne. Achte auf die Außenrotation Deines Fußes.

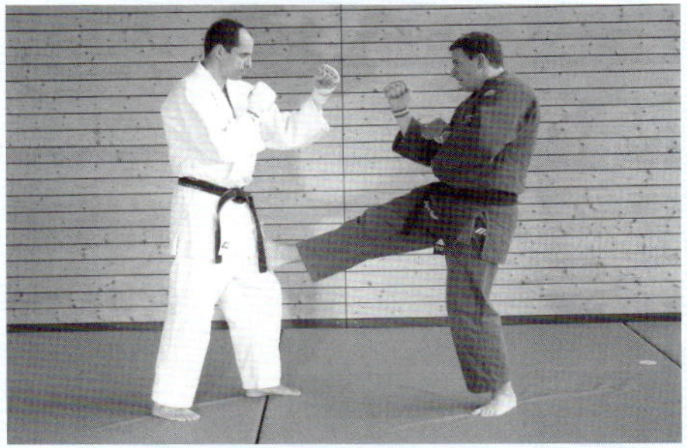

Bild 4: Du triffst den Oberschenkel Deines Partners mit Deiner Sohle oder der Ferse. Nicht auf das Knie stoßen!

Hinweise zum Stoppfußstoß:
Der Stoppfußstoß ist ebenfalls eine Technik für eine effektive Selbstverteidigung. Übe ihn immer kontrolliert und niemals gegen das Knie. Ein Zurückziehen dieser Technik ist bei konsequenter Anwendung kaum möglich. Übe immer konzentriert.

Nr.	Name der Spielform Ziele/Akzente	Idee/Beschreibung	Hinweise/Organisation
975	**Beinschwünge 1** Kräftigung der Beinmuskulatur	Du hältst Dich an der Wand fest und schwingst in Deiner natürlichen Bewegungsamplitude Dein gestrecktes Bein nach vorne und lässt es nach hinten auspendeln. Bitte nicht ruckartig schwingen!	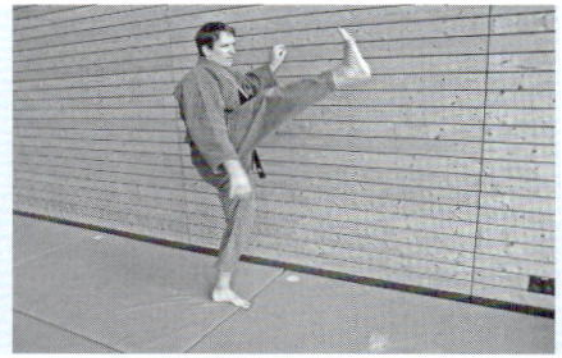
976	**Beinschwünge 2**	Jetzt schwingst Du Dein Bein seitlich! Nicht ruckartig arbeiten! Immer mit der Hüfte arbeiten.	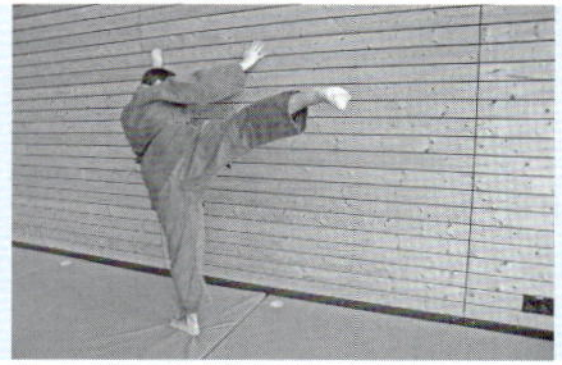
977	**Beinschwünge 3** Kräftigung der Beinmuskulatur	Jetzt schwingst Du das Bein nach hinten, wie eine Ballerina. Bitte auch jetzt nicht über Deine Bewegungsamplitude gehen.	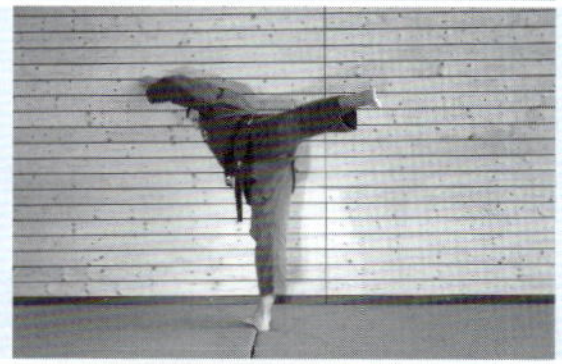
978	**1 x 1 mit den Beinen** Techniktraining	Dein Partner und Du führen abwechselnd alle Beintechniken aus, die ihr kennt. Achte auf Sauberkeit und eine optimale Distanz!	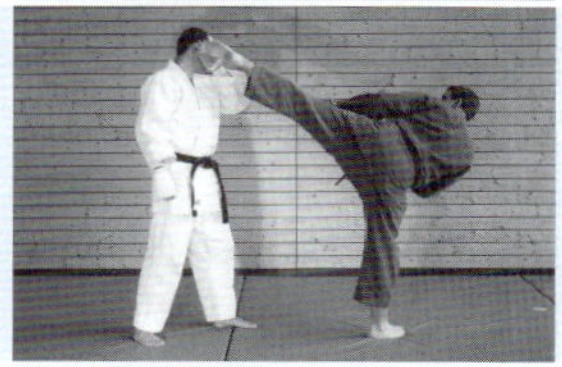
979	**Pratzentraining** Techniktraining	Nun wirst Du alle Atemitechniken an Pratzen ausführen! Treffe genau in der Mitte der Pratze.	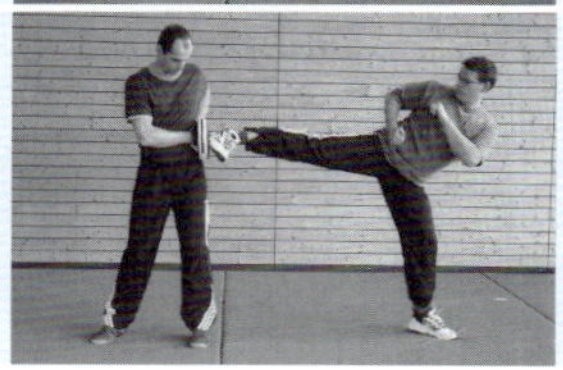

Nr.	Name der Spielform Ziele/Akzente	Idee/Beschreibung	Hinweise/Organisation
980	**Rausziehen am Medizinball** Techniktraining	Dein Partner hält einen Medizinball an seiner Seite fest. Du trittst nun locker gegen den Ball und ziehst Dein Bein so schnell wie möglich wieder zurück. Drücke Dich am Medizinball ab!	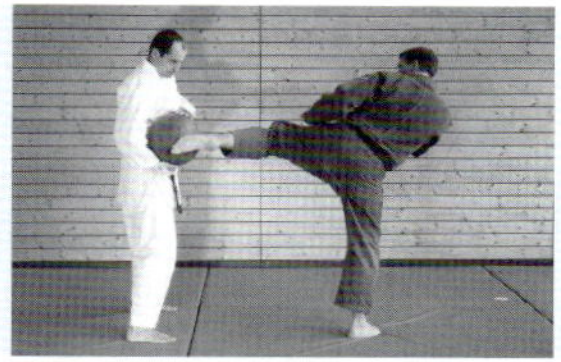
981	**Handpratzen** Techniktraining	Übe die einzelnen Techniken auf das Pratzensignal Deines Partners! Vereinbart zuerst, welche Pratzenhaltung für welche Technik gilt!	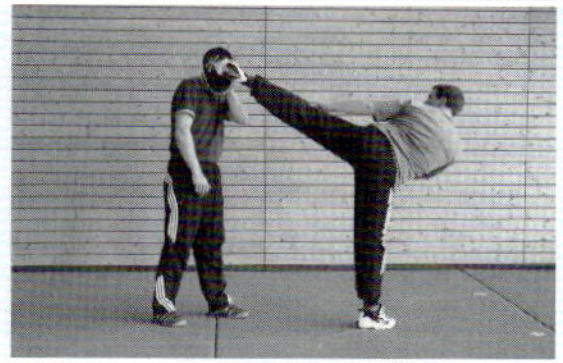
982	**Türrahmen** Techniktraining	Übe im Türrahmen Halbkreisfußtritte vorwärts und rückwärts sauber und kontrolliert! Acht darauf, dass Dein Knie immer oben bleibt.	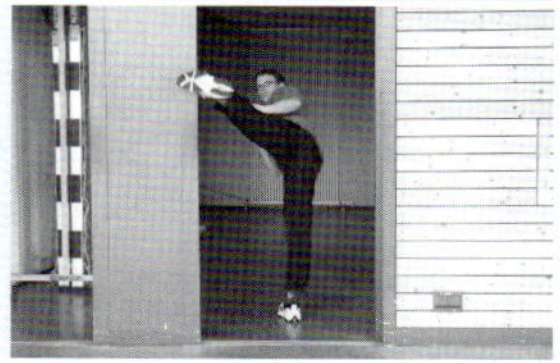
983	**Der Seiltänzer** Gleichgewichtstraining	Du stehst auf einer umgedrehten Turnbank. Übe nun die verschiedenen Tritte. Achte auf guten Hüfteinsatz und ein stabiles Gleichgewicht!	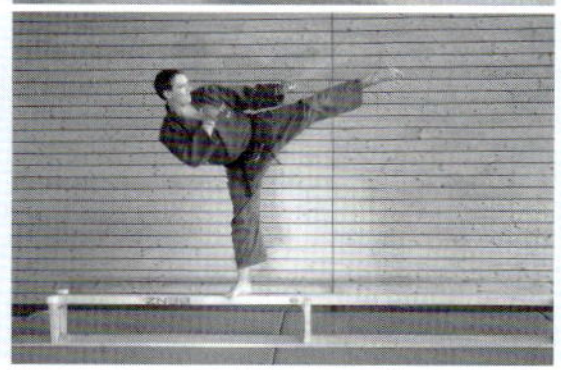
984	**Auf dem Medizinball** Gleichgewichtstraining	Nun führst Du alle Tritte auf einem Medizinball aus. Arbeite sauber und langsam! Achte auf die Höhe Deines Knies.	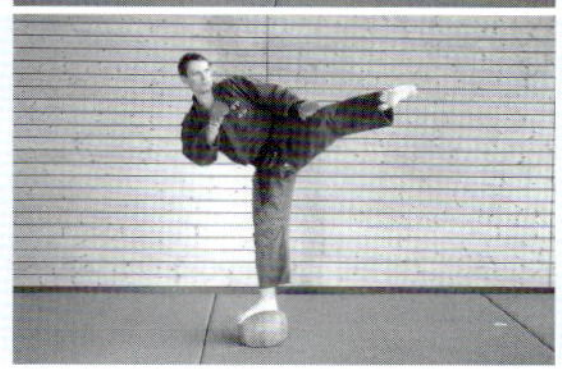

Nr.	Name der Spielform Ziele/Akzente	Idee/Beschreibung	Hinweise/Organisation
985	**Theraband 1** Schnelligkeit	Du stehst mit dem Rücken zu Deinem Partner. Beide halten sich an einem Theraband fest. Du führst immer wieder Fauststöße mit der Schlaghand aus. Das Theraband hilft Dir beim schnellen Zurückziehen!	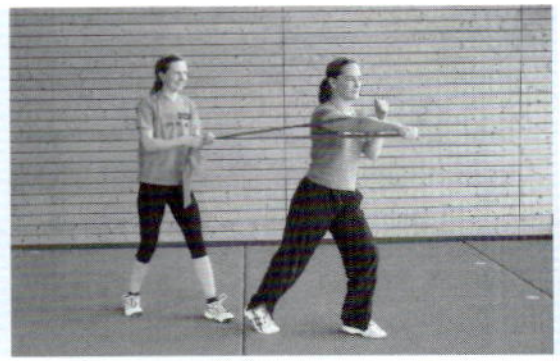
986	**Theraband 2** Schnelligkeit	Zwei Partner stehen sich gegenüber und halten sich an einem Theraband fest. Das Theraband ist gespannt, wenn Du Deine Faust an der Hüfte hast. Mache nun einen Fauststoß und lasse Dich von dem Band beschleunigen!	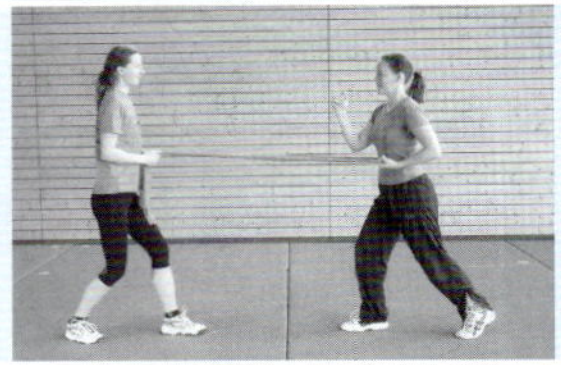
987	**Theraband 3** Bewegungsgefühl	Dein Partner hat Dir ein Theraband um die Hüften gelegt und hält beide Enden fest. Du bewegst Dich nun in Deine Kampfstellung und gleitest immer wieder nach vorne und zurück. Das Theraband beschleunigt Dich beim „Rausgleiten".	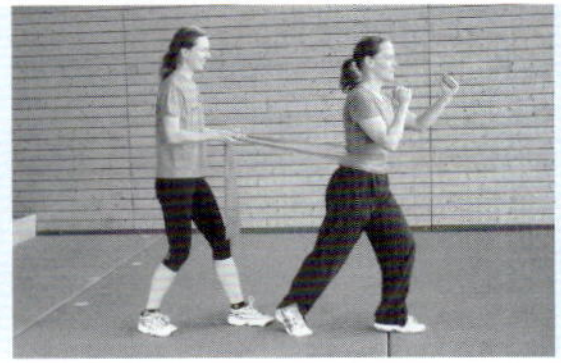
988	**Taktgeber** Ausdauer	Du arbeitest mit der Kombination Führhand – Schlaghand an den Pratzen. Dein Partner gibt Dir vor, wie oft Du mit welcher Hand schlagen sollst. 2 : 1 bedeutet z. B. 2 x Führhand, 1 x Schlaghand. Tipp: Mehr als drei Techniken mit der Schlaghand sind meistens nicht sinnvoll.	2:1 3:1 3:2
989	**Wechsel-kombinationen** Distanz	Jetzt arbeitest Du mit sauberen Kombinationen am Partner. Jede zweite Kombination ist die Kombination Führhand-Schlaghand. Die andere Kombination wählst Du beliebig aus.	Kombi: Führhand, Schlaghand, Tritt mit rechts

Nr.	Name der Spielform Ziele/Akzente	Idee/Beschreibung	Hinweise/Organisation
990	**Weichklopfer 1** Hauptfunktionsphase Fußstoß seitwärts	Du stehst seitlich vor der Weichbodenmatte. Tritt jetzt mit Deiner Ferse auf Kniehöhe in die Matte. Tritt so hart Du kannst. Achte darauf, dass Deine Hüfte ganz eingedreht ist.	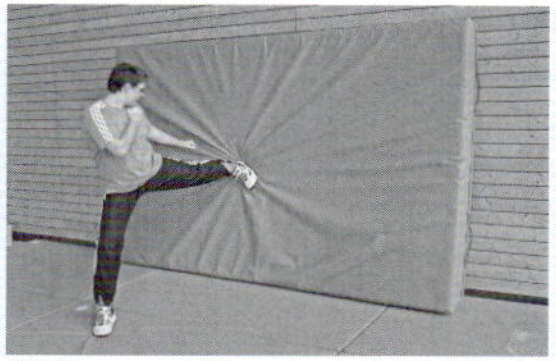
991	**Ballweitstoß** Techniktraining Fußstoß seitwärts	Auf einem großen Kasten liegen mehrere Medizinbälle. Versuche die Bälle mit einem Fußstoß seitwärts vom Kasten zu treten. Treffe mit der Ferse oder Fußaußenkante. Tipp: Versuch den Ball so tief wie möglich zu treffen. Wer kommt am weitesten?	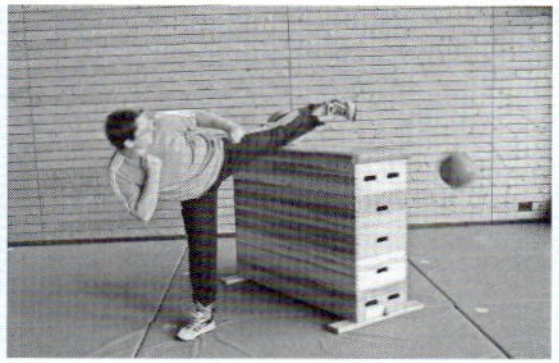
992	**Weichklopfer 2** Hauptfunktionsphase Halbkreisfußtritt vorwärts	Jetzt trittst Du so hart Du kannst auf die seitlich Fläche der Weichbodenmatte. Achte auf eine ordentliche Schnappbewegung im Kniegelenk! Viel Spaß dabei.	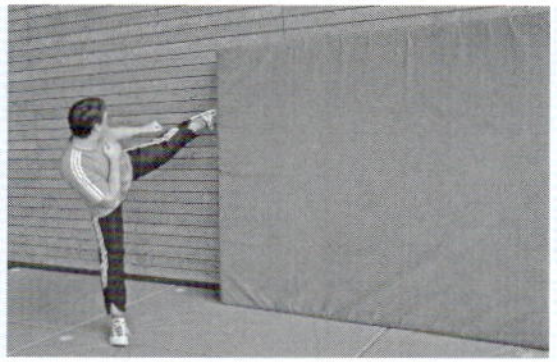
993	**Weichklopfer 3** Hauptfunktionsphase Fußstoß und -tritt vorwärts	Bei dieser Übung stehst Du frontal vor der Weichbodenmatte. Hebe Dein Knie an und stoße jetzt so hart Du kannst in die Matte. Trete maximal auf Bauchhöhe, damit Du Dich voll auf das Vorschieben Deiner Hüfte konzentrieren kannst!	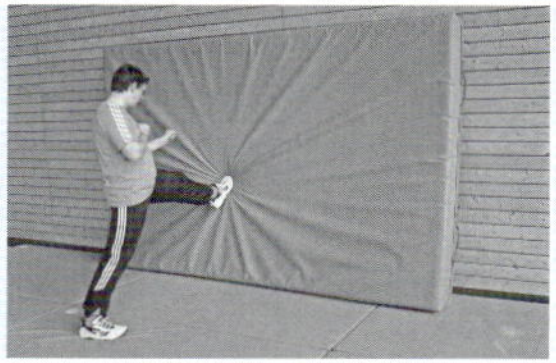
994	**Knieheber** Hauptfunktionsphase Fußstoß und -tritt vorwärts	Diese Übung wird an der Bank ausgeführt. Hebe Deine Knie möglichst nahe an der Bank auf Bauchhöhe und schnappe mit Deinem Bein auf Höhe des Bauchnabels. Schiebe wieder Deine Hüfte nach vorne!	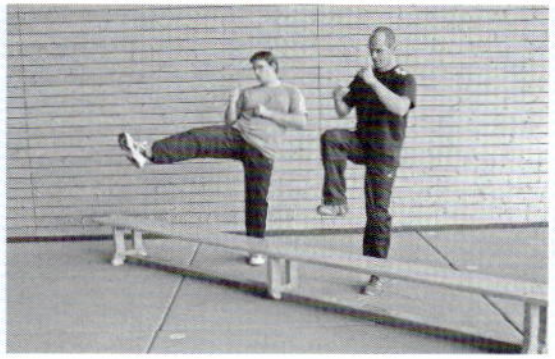

Nr.	Idee/Beschreibung	Hinweise/Organisation
995 **Randori ohne Technik** Distanz und Schnelligkeit	Beim Randori ohne Technik kämpfst Du mit Deinem Partner, ohne ihn zu treffen. Du setzt die Techniken nur an, indem Du z. B. Dein Knie hochreißt, aber nicht trittst, bzw. nur mit dem Arm zuckst. Hier wird optimal die Distanz und die Beinarbeit geschult!	Übe immer in Runden mit 30 Sek. Dauer! Wechsle den Partner nach jeder Runde!
996 **Einzeltechniken** Distanz	Du und Dein Partner arbeiten abwechselnd mit Einzeltechniken. Trefft euch sauber, in einer guten Distanz und mit Hüfteinsatz!	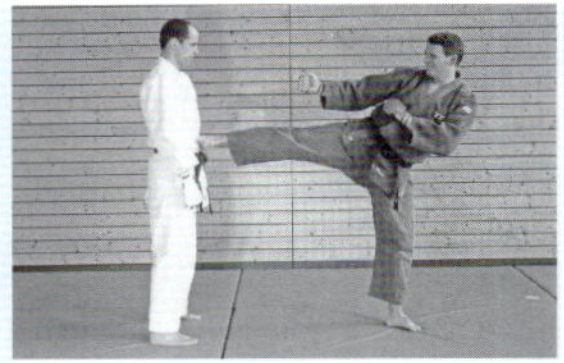
997 **Doppeltritte** Techniktraining	Übe mit Deinem vorderen Bein den Halbkreisfußtritt zum Körper und anschließend zum Kopf, ohne Dein Bein abzusetzen. Konzentriere Dich auf Dein Gleichgewicht und das Dein Knie oben bleibt. Übe auch auf der anderen Seite.	Tipp: Übe vor allem mit Deinem Spielbein!
998 **Kombination Beine** Techniktraining	Trete verschiedene Beintechniken an Deinem sich bewegendem aber ansonsten passiven Partner. Achte auf die Distanz.	z. B.: Fußstoß vorwärts, dann Halbkreisfußtritt.
999 **Kombination Faust Fuß** Techniktraining	Kombiniere Faust- und Fußtechniken. Baue Deine Kombinationen über die Fausttechniken Führhand – Schlaghand auf.	Tipp: Übe zuerst in Zeitlupe und achte auf die richtige Distanz!

Verwendete und weiterführende Literatur

Anders, W. & Beudels, W. (2003). Themenheft Ringen, Raufen und Kämpfen. *Zeitschrift Sportpädagogik, 3,* 2003. Seelze: Friedrich.

Anders W. & Beudels, W. (2001). *Wo rohe Kräfte sinnvoll walten. Handbuch zum Ringen, Rangeln und Raufen in Pädagogik und Therapie.* Dortmund: Borgmann.

Bächle, F. & Heckele, S. (2004). *Gewalt – Gewaltprävention. Handlungsempfehlungen zum Abbau von Gewaltbereitschaft bei Jugendlichen durch Zweikampf-Sport.* Stuttgart: Württembergische Sportjugend (WSJ).

Peukert, E. & Tünnemann, H. (1995). *Ringen. Rahmentrainingsplan für Kinder und Jugendliche im Leistungssport.* Deutscher Ringer-Bund e.V.

Frommann, B. (2006). *Wilde Spiele.* Schorndorf: Hofmann.

Hartmann, J. (1993). *100 kleine Zweikampfübungen.* Frankfurt a. M.: Ullstein Sport.

Kessler, K. & Weeyers, M. (2007). *Spiel- und Übungsformen für den Judo-Bodenkampf* (DVD). Overath: KJL.

Lange, H. & Sinning, S. (2003). Themenheft Kämpfen und Spielen. *Zeitschrift Sportpraxis.* Wiebelsheim: Limpert.

LSB & Sportjugend NRW (2002). *Ringen und Kämpfen – Zweikampfsport. Handreichung für die Schulen der Primarstufe und Sekundarstufe 1.* Duisburg: LSB NRW.

Meiners, J. (2007). *Koordinationsübungen für Budosportler (DVD).* Prichsenstadt: Meiners.

Meiners, J. (2006). *99 kleine Spiele für Budosportler (DVD).* Prichsenstadt: Meiners.

Ruch, L. (1998). *Ringen. Rahmentrainingsplan für Kinder und Jugendliche im Leistungssport.* Wiesbaden: Limpert.

Weitere Spiel- und Übungsformen

Preise und weitere Informationen finden Sie unter sportfachbuch.de

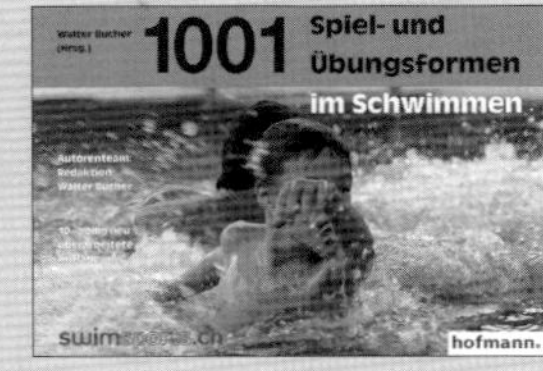

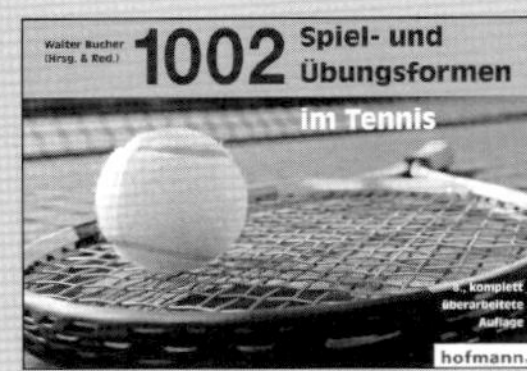

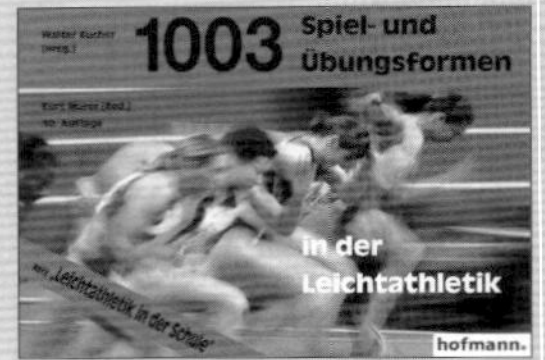

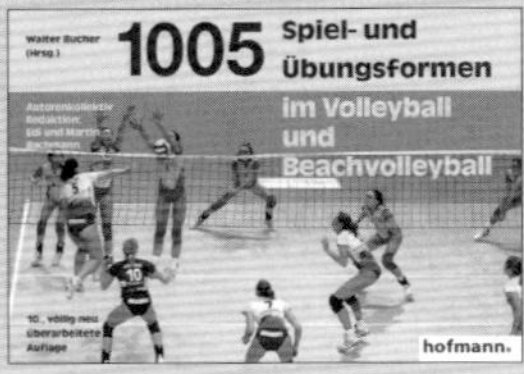

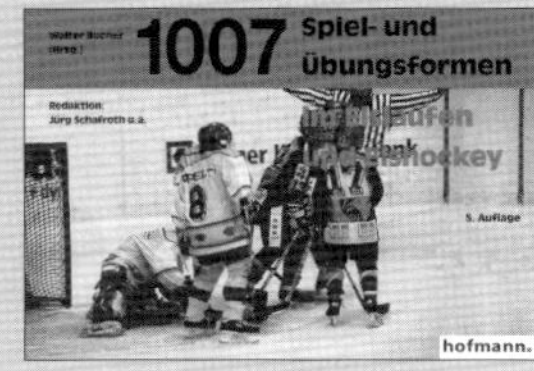

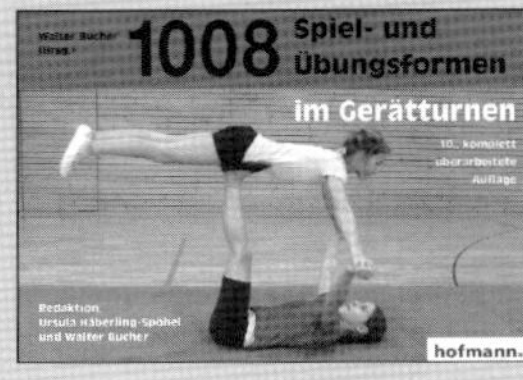

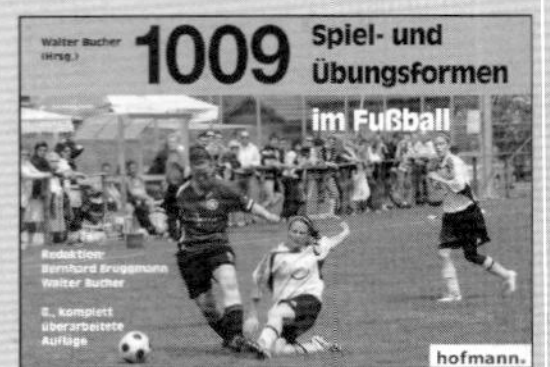

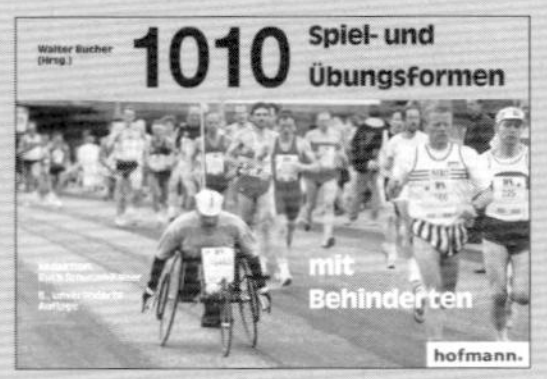

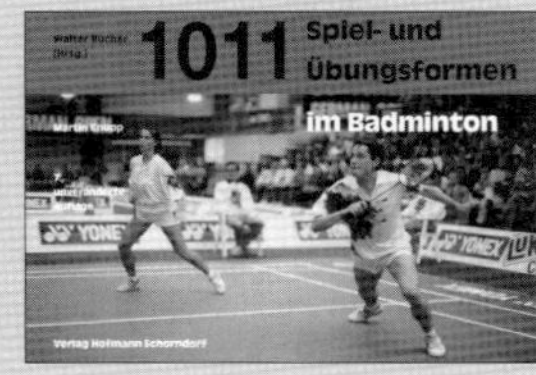

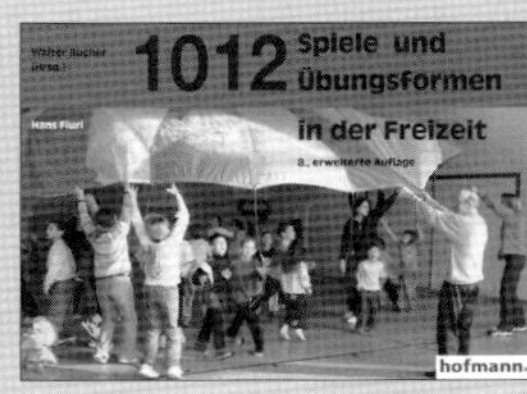

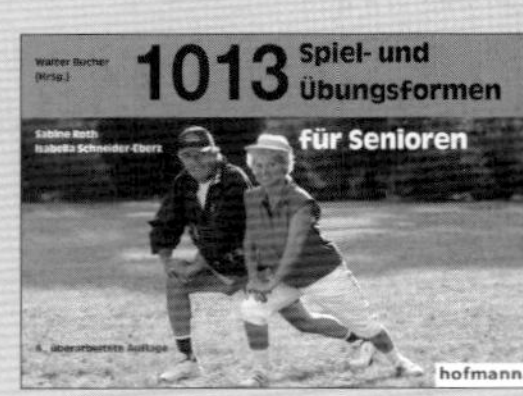

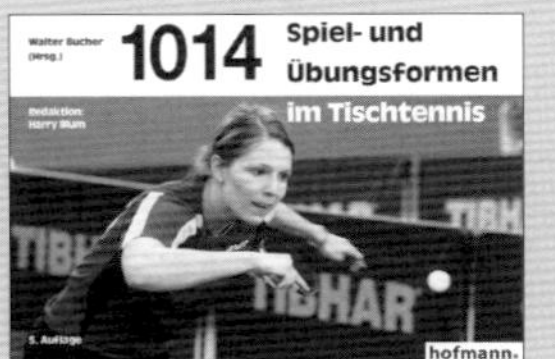

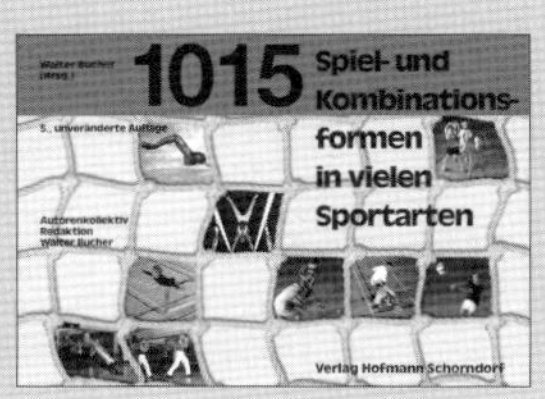

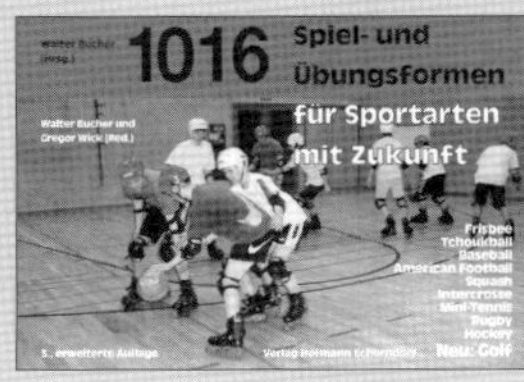

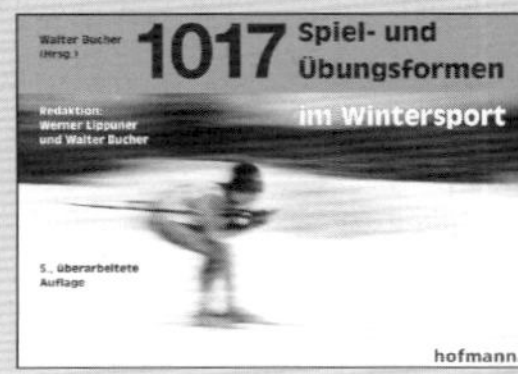

hofmann. VERLAG

Steinwasenstraße 6–8 · 73614 Schorndorf · Telefon (07181) 402-125 · Telefax (07181) 402-111
E-Mail: bestellung@hofmann-verlag.de · www.hofmann-verlag.de
Bezug in der Schweiz: bupro@bluewin.ch / Buchhandel

...zu folgenden Sportarten:

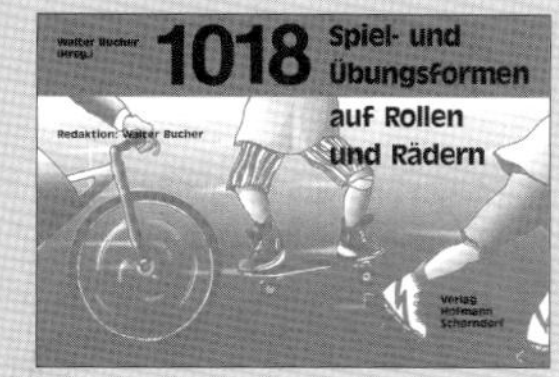

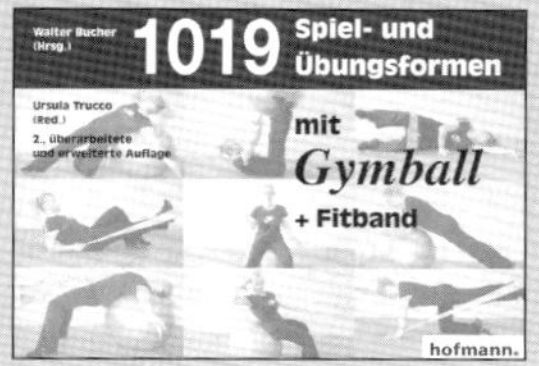

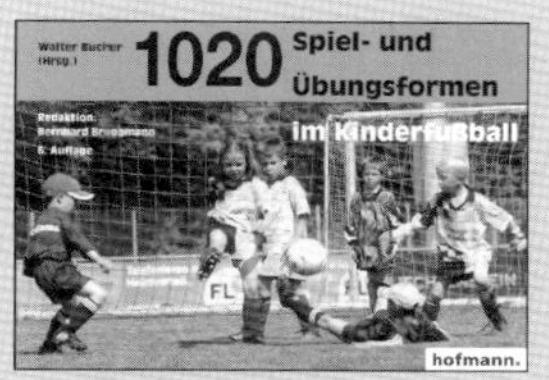

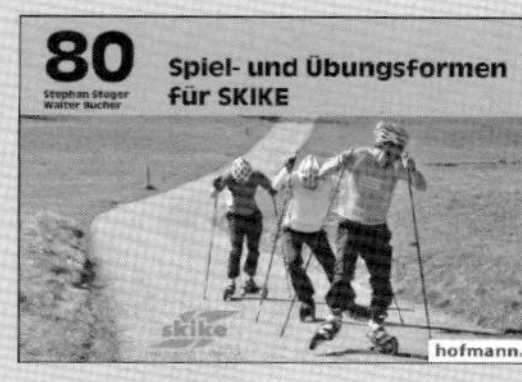

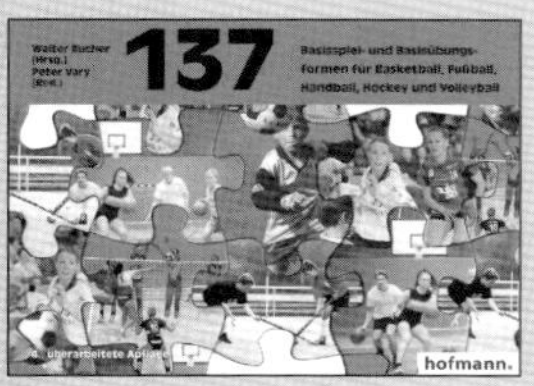

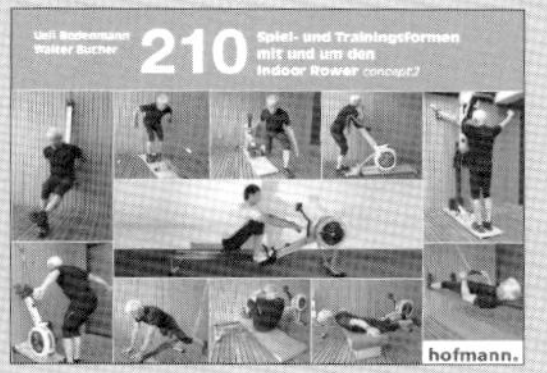

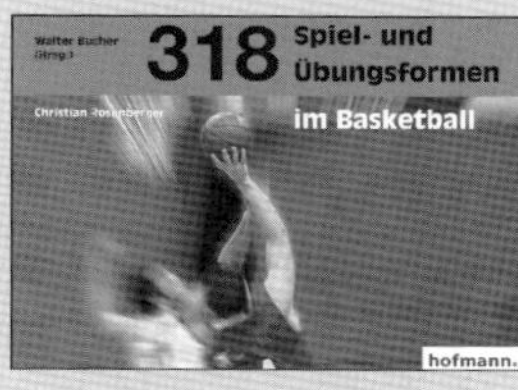

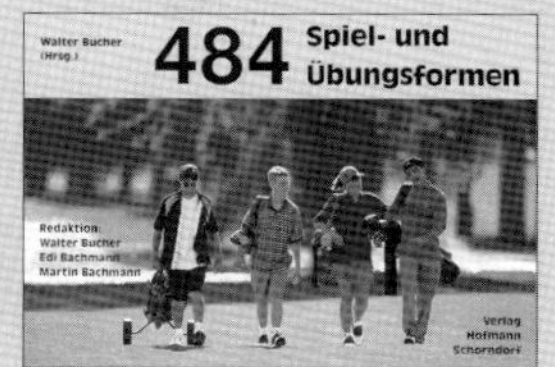

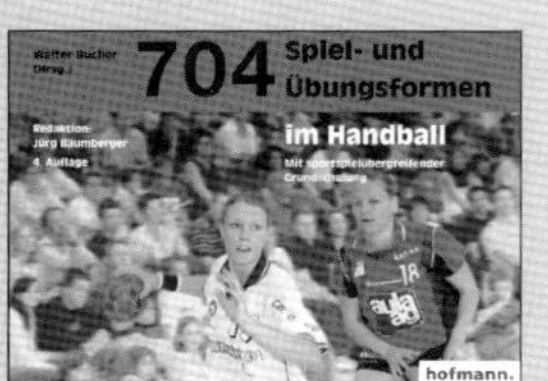

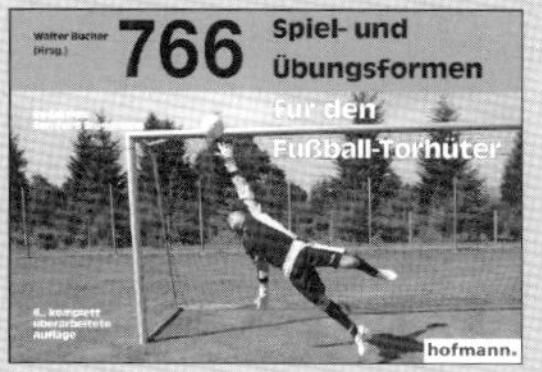

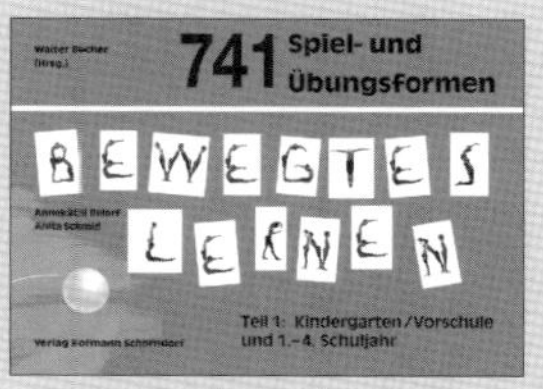

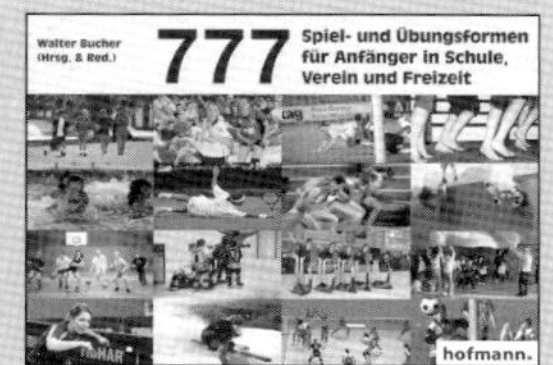

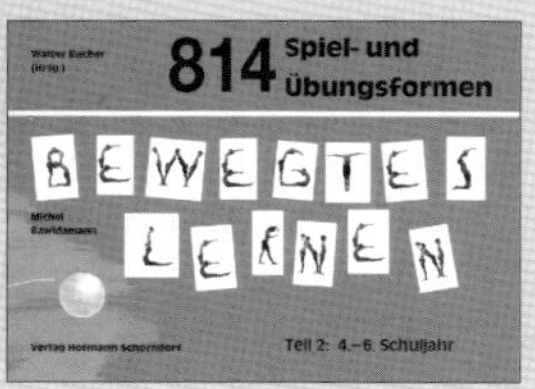

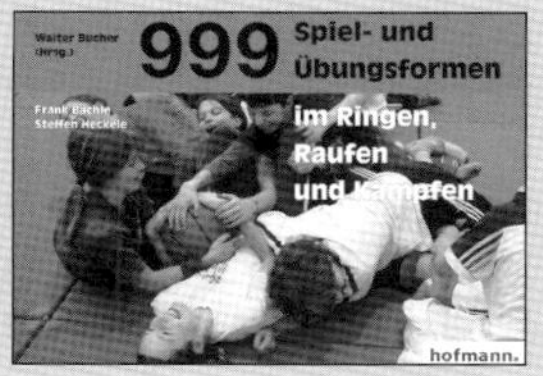

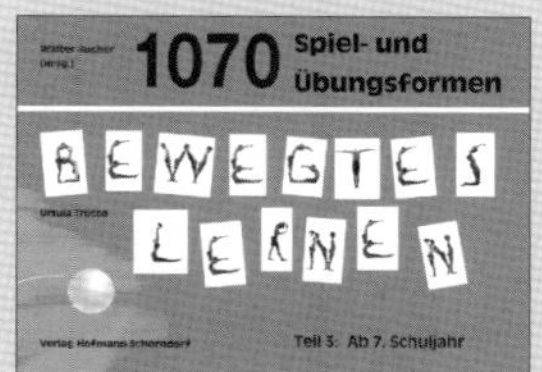

Bücher Probe lesen ist möglich unter www.sportfachbuch.de

hofmann. VERLAG

Steinwasenstraße 6–8 · 73614 Schorndorf · Telefon (07181) 402-125 · Telefax (07181) 402-111
E-Mail: bestellung@hofmann-verlag.de · www.hofmann-verlag.de
Bezug in der Schweiz: bupro@bluewin.ch / Buchhandel